给以除上

建设新支

贺教育部

本科项目

成果立项

教育部哲学社会科学研究重大课题攻关项目

中国海外投资的风险防范与管控体系研究

RISK PREVENTION
AND MANAGEMENT SYSTEM
OF CHINESE OVERSEAS INVESTMENT

陈菲琼 等著

经济科学出版社
Economic Science Press

图书在版编目（CIP）数据

中国海外投资的风险防范与管控体系研究/陈菲琼等著.
—北京：经济科学出版社，2015.8
（教育部哲学社会科学研究重大课题攻关项目）
ISBN 978-7-5141-5960-8

Ⅰ.①中… Ⅱ.①陈… Ⅲ.①海外投资－投资风险－研究－中国 Ⅳ.①F832.6

中国版本图书馆 CIP 数据核字（2015）第 174831 号

责任编辑：刘　茜　李　喆
责任校对：靳玉环
责任印制：邱　天

中国海外投资的风险防范与管控体系研究

陈菲琼　等著

经济科学出版社出版、发行　新华书店经销
社址：北京市海淀区阜成路甲 28 号　邮编：100142
总编部电话：010-88191217　发行部电话：010-88191522
网址：www.esp.com.cn
电子邮件：esp@esp.com.cn
天猫网店：经济科学出版社旗舰店
网址：http://jjkxcbs.tmall.com
北京万友印刷有限公司印装
787×1092　16 开　49.75 印张　950000 字
2015 年 8 月第 1 版　2015 年 8 月第 1 次印刷
ISBN 978-7-5141-5960-8　定价：125.00 元
（图书出现印装问题，本社负责调换。电话：010-88191502）
（版权所有　侵权必究　举报电话：010-88191586
电子邮箱：dbts@esp.com.cn）

首席专家和课题组主要成员

首 席 专 家 陈菲琼

课题组成员 杨柳勇　王　寅　王旋子　黄义良　张晶晶
　　　　　　　钟芳芳　陈　珧　徐旸憨　刘美丽　李　飞

编审委员会成员

主　任　孔和平　罗志荣
委　员　郭兆旭　吕　萍　唐俊南　安　远
　　　　　文远怀　张　虹　谢　锐　解　丹
　　　　　刘　茜

总　序

哲学社会科学是人们认识世界、改造世界的重要工具，是推动历史发展和社会进步的重要力量。哲学社会科学的研究能力和成果，是综合国力的重要组成部分，哲学社会科学的发展水平，体现着一个国家和民族的思维能力、精神状态和文明素质。一个民族要屹立于世界民族之林，不能没有哲学社会科学的熏陶和滋养；一个国家要在国际综合国力竞争中赢得优势，不能没有包括哲学社会科学在内的"软实力"的强大和支撑。

近年来，党和国家高度重视哲学社会科学的繁荣发展。江泽民同志多次强调哲学社会科学在建设中国特色社会主义事业中的重要作用，提出哲学社会科学与自然科学"四个同样重要"、"五个高度重视"、"两个不可替代"等重要思想论断。党的十六大以来，以胡锦涛同志为总书记的党中央始终坚持把哲学社会科学放在十分重要的战略位置，就繁荣发展哲学社会科学作出了一系列重大部署，采取了一系列重大举措。2004年，中共中央下发《关于进一步繁荣发展哲学社会科学的意见》，明确了新世纪繁荣发展哲学社会科学的指导方针、总体目标和主要任务。党的十七大报告明确指出："繁荣发展哲学社会科学，推进学科体系、学术观点、科研方法创新，鼓励哲学社会科学界为党和人民事业发挥思想库作用，推动我国哲学社会科学优秀成果和优秀人才走向世界。"这是党中央在新的历史时期、新的历史阶段为全面建设小康社会，加快推进社会主义现代化建设，实现中华民族伟大复兴提出的重大战略目标和任务，为进一步繁荣发展哲学社会科学指明了方向，提供了根本保证和强大动力。

高校是我国哲学社会科学事业的主力军。改革开放以来，在党中央的坚强领导下，高校哲学社会科学抓住前所未有的发展机遇，紧紧围绕党和国家工作大局，坚持正确的政治方向，贯彻"双百"方针，以发展为主题，以改革为动力，以理论创新为主导，以方法创新为突破口，发扬理论联系实际学风，弘扬求真务实精神，立足创新、提高质量，高校哲学社会科学事业实现了跨越式发展，呈现空前繁荣的发展局面。广大高校哲学社会科学工作者以饱满的热情积极参与马克思主义理论研究和建设工程，大力推进具有中国特色、中国风格、中国气派的哲学社会科学学科体系和教材体系建设，为推进马克思主义中国化，推动理论创新，服务党和国家的政策决策，为弘扬优秀传统文化，培育民族精神，为培养社会主义合格建设者和可靠接班人，作出了不可磨灭的重要贡献。

自2003年始，教育部正式启动了哲学社会科学研究重大课题攻关项目计划。这是教育部促进高校哲学社会科学繁荣发展的一项重大举措，也是教育部实施"高校哲学社会科学繁荣计划"的一项重要内容。重大攻关项目采取招投标的组织方式，按照"公平竞争，择优立项，严格管理，铸造精品"的要求进行，每年评审立项约40个项目，每个项目资助30万~80万元。项目研究实行首席专家负责制，鼓励跨学科、跨学校、跨地区的联合研究，鼓励吸收国内外专家共同参加课题组研究工作。几年来，重大攻关项目以解决国家经济建设和社会发展过程中具有前瞻性、战略性、全局性的重大理论和实际问题为主攻方向，以提升为党和政府咨询决策服务能力和推动哲学社会科学发展为战略目标，集合高校优秀研究团队和顶尖人才，团结协作，联合攻关，产出了一批标志性研究成果，壮大了科研人才队伍，有效提升了高校哲学社会科学整体实力。国务委员刘延东同志为此作出重要批示，指出重大攻关项目有效调动了各方面的积极性，产生了一批重要成果，影响广泛，成效显著；要总结经验，再接再厉，紧密服务国家需求，更好地优化资源，突出重点，多出精品，多出人才，为经济社会发展作出新的贡献。这个重要批示，既充分肯定了重大攻关项目取得的优异成绩，又对重大攻关项目提出了明确的指导意见和殷切希望。

作为教育部社科研究项目的重中之重，我们始终秉持以管理创新服务学术创新的理念，坚持科学管理、民主管理、依法管理，切实增强服务意识，不断创新管理模式，健全管理制度，加强对重大攻关项目的选题遴选、评审立项、组织开题、中期检查到最终成果鉴定的全过程管理，逐渐探索并形成一套成熟的、符合学术研究规律的管理办法，努力将重大攻关项目打造成学术精品工程。我们将项目最终成果汇编成"教育部哲学社会科学研究重大课题攻关项目成果文库"统一组织出版。经济科学出版社倾全社之力，精心组织编辑力量，努力铸造出版精品。国学大师季羡林先生欣然题词："经时济世　继往开来——贺教育部重大攻关项目成果出版"；欧阳中石先生题写了"教育部哲学社会科学研究重大课题攻关项目"的书名，充分体现了他们对繁荣发展高校哲学社会科学的深切勉励和由衷期望。

创新是哲学社会科学研究的灵魂，是推动高校哲学社会科学研究不断深化的不竭动力。我们正处在一个伟大的时代，建设有中国特色的哲学社会科学是历史的呼唤，时代的强音，是推进中国特色社会主义事业的迫切要求。我们要不断增强使命感和责任感，立足新实践，适应新要求，始终坚持以马克思主义为指导，深入贯彻落实科学发展观，以构建具有中国特色社会主义哲学社会科学为己任，振奋精神，开拓进取，以改革创新精神，大力推进高校哲学社会科学繁荣发展，为全面建设小康社会，构建社会主义和谐社会，促进社会主义文化大发展大繁荣贡献更大的力量。

教育部社会科学司

前 言

一、写作的背景和意义

(一) 研究背景

在世界经济一体化加速发展的背景下,发展中国家和转型经济国家正愈来愈深地融入经济全球化浪潮中。世界投资格局也正经历显著的改变,后起的新兴工业化国家和发展中国家、转型经济国家,在世界对外投资中的比例呈上升趋势。企业跨国发展已成为后起国家增强企业国际竞争力、扩大市场份额的重要战略环节,这些国家纷纷放松对外投资的限制,并采取各种鼓励对外投资的政策。自2000年党中央、国务院提出"走出去"发展战略以来,中国的企业逐步走出国门,踏上了海外投资之路。近年来中国企业海外投资规模呈现出逐年上升的趋势,在2012年达到历史新高(见表1)。

表1　　　　中国历年对外直接投资流量与存量走势　　　单位:亿美元

年份	流量	存量
2002	27.0	299.0
2003	28.5	332.0
2004	55.0	448.0
2005	122.6	572.0
2006	211.6	906.3

续表

年份	流量	存量
2007	265.1	1 179.1
2008	559.1	1 839.7
2009	565.3	2 457.5
2010	668.1	3 172.1
2011	746.5	4 247.8
2012	878	5 319.4

资料来源：2012年度《中国对外直接投资统计公报》。2002~2005年数据为中国非金融类对外直接投资数据，2006~2012年数据为全行业对外直接投资数据。

尽管2012年全球海外投资市场持续低迷，但作为世界第二大经济体，中国海外投资却是逆势上扬。2012年，中国对外直接投资创下流量878亿美元的历史新高，同比增长17.6%，中国亦首次成为世界三大对外投资国之一。联合国贸发会议（UNCTAD）《2013年世界投资报告》显示，2012年全球外国直接投资流出流量1.39万亿美元，年末存量23.59万亿美元，以此为基数计算，2012年中国对外直接投资分别占全球当年流量、存量的6.3%和2.3%，2012年中国对外直接投资流量名列按全球国家（地区）排名的第3位，仅次于美国和日本。

然而，在这庞大投资数据背后的却并不尽是风光无限，在中国企业的对外直接投资额逐年递增的同时，海外投资的风险也呈逐年递增的趋势，且呈现出如下特征：

第一，各国投资管制逐渐增加，海外投资的区域风险不容忽视。近年来，国际社会局势动荡，受世界经济危机的影响，国际贸易的摩擦日益加剧，各国之间的政治、经济利益冲突增多，加剧了企业海外投资的风险以及经营环境的不稳定性。2010年，全球至少74个国家采取了超过149项影响外国投资的政策措施。这些措施中101项与投资开放、促进和便利化政策相关，另外有48项引进了和外国直接投资（FDI）相关的限制或管制措施。和2009年相比，限制性更强的政策措施所占比重略微上升，从30%升至32%。对于正处于上升通道的中国企业海外投资来说，这无疑又增加了海外投资的准入、经营监管和法律的风险。

第二,国际金融市场波动频繁,海外投资的金融风险较为突出。2008年以来,受到全球金融危机影响,海外资产缩水严重。我国不少实力较强的企业趁此机会赴海外"抄底",如2007年中投公司收购美国黑石和摩根士丹利、2008年平安收购富通、民生收购美国联合银行,但上述并购都造成了账面巨亏,中投在黑石集团上的浮亏为初始投资额的2/3,而平安收购富通后不久,富通集团轰然倒塌,平安的投资最少的时候仅剩下不到30%。

第三,企业并购整合能力偏弱,海外投资的经营与管理风险尤为关键。海外投资的高失败率值得警醒,越来越多的中国企业意识到海外投资的风险,特别是海外投资中并购带来的资源整合难题。这与国外学者哈贝、克罗格和拉姆(Habeck, Kroger & Tram, 2000)研究结果相吻合:投资前失败的风险占30%,谈判和交易阶段的失败风险占17%,投资后整合失败风险占了53%。全球范围内超过80%的海外投资失败案例,都与整合不力有关。综观我国企业海外投资活动,投资后经营与管理环节中的整合风险主要包括企业技术整合风险、文化整合风险和财务风险。

综上所述,海外投资风险对海外投资的成功与否起着决定性的作用。理性科学地了解海外投资风险,提高和加强海外投资风险应对能力,促进中国海外投资发展,是中国政府和中国企业需要面对的共同的、紧迫的现实问题。因此,研究海外投资风险防范与管控体系,并以此对我国企业的海外投资行为做出指导,对于实施我国的"走出去"战略具有重要的现实意义。

(二) 研究价值和意义

1. 研究的理论价值

综观国内外海外投资领域的研究文献,本书较为全面、系统地对中国企业海外投资风险生成、演化的影响因素及其管控与防范策略这一课题作出了深入的研究。本书的理论价值主要体现在以下几个方面:

(1) 回顾与研究海外投资风险的相关理论。

海外投资风险主要有哪几类,分别受哪些因素影响,又主要在哪些环节中产生,这些问题唯有对既往相关理论进行系统的回顾和研究才能厘清。本书在对海外投资区域风险、金融风险、经营与管理风险理论梳理的基础上，明确了海外投资风险影响因素的来源。对这些理论和学派作系统性总结，有助于后续研究者在该领域研究的深入和发展。

（2）分析并提出海外投资风险防范与管控的理论体系。

通过基础的理论研究，廓清海外投资风险防范与管控的基本定义、内涵、外延，提出有中国特色的海外投资风险防范与管控体系理论范式，这将引领国内学界海外投资风险防范与管控研究的前沿。进一步地，通过国际比较研究，提出针对中国作为发展中大国的海外投资风险防范与管控框架，有助于丰富和完善相关理论成果。

（3）通过跨学科的交叉研究，对学科发展具有重要推动作用。

通过海外投资风险演化仿真的研究，结合国际投资、跨国公司、风险管理的理论研究与国际国内形势相结合，全局性的、普遍性的现实问题研究与前瞻性的、战略性的未来趋势研究相结合，从而形成多学科、跨学科、综合的、交叉的新的海外投资风险防范与管控学科的发展。

2. 研究的现实意义

近年来，随着中国企业海外投资的飞速发展，一大批中国企业通过绿地投资、收购兼并以及组建战略联盟等方式进行海外投资，加快了"走出去"的步伐。但从总体上看，中国企业海外投资仍存在较大风险，尤其是近年来，国际政治经济形势动荡的加剧，保护主义等进入壁垒的逐渐提高，以及全球金融危机的影响给中国企业海外投资带来了更大的不确定性。在这种特殊时代背景下，本书研究的现实意义主要有以下几个方面：

（1）明确中国企业海外投资风险的生成与演化影响因素。

本书试图在系统梳理海外投资与风险管理理论的基础上，在中国经济发展的阶段性特征的背景下，充分吸收国际投资与跨国公司、风险管理的理论和实证研究的最新成果，结合系统仿真、多元回归分析、模糊评价技术、VaR方法、案例分析、路径分析、预测技术等分析工具，对海外投资可能遇到的风险的生成因素细化分析，研究不同阶段、不同类型海外投资风险生成与演化机制，为中国企业有效控制海外投资风险提供了重要依据。

（2）提出中国企业海外投资风险防范与管控策略。

本书试图构建中国海外投资的风险防范与管控支撑体系，包括基本理论范式、识别模式、投资国、跨国公司、东道国三个层面的多层次中国海外投资的风险防范与管控的支撑点和综合框架；分别从区域风险、金融风险、经营与管理风险三个维度提出中国海外投资的风险防范与管控战略。这三个战略分别结合投资国、跨国公司、东道国、当前今后的多种影响因素可能造成的海外投资的风险进行系统、全局而有所侧重的研究。本课题的研究不但对中国海外投资风险控制重大意义，同时在国家经济、产业领域也具有重要意义。

二、海外投资风险概述

企业海外投资风险是指在一定环境和期限内客观存在的，导致境外投资企业在海外市场上生产经营管理等一系列过程中发生损失的不确定性。海外投资风险有多个维度，在我们的研究框架下，按照已有文献较为成熟的理论体系，将海外投资的风险划分为以下三类：海外投资区域风险、海外投资金融风险和海外投资经营与管理风险。

（一）海外投资区域风险

区域风险是企业海外投资风险中覆盖面最广也是投资企业需要考虑的首要问题。根据伊顿、格绍维茨和施蒂格利茨（Eaton, Gersovitz & Stiglitz, 1986）的论述，区域风险是一个主权国家能够履行国家承诺的不确定性。区域风险的分析依赖于经济、社会和政治的不平衡可能会给该国家以及对该国家进行的投资回报率产生波动。因此，本书对海外投资区域风险的定义为："区域风险是一个主权国家能够履行国家承诺的不确定性。区域风险的分析依赖于经济和政治（包括社会）的不平衡可能会给该国家以及对该国家进行的投资回报率产生波动"。

区域风险有不同的表现形式，不同层次的区域风险需要根据公司海外投资活动的不同动机、不同类型和不同阶段进行区别评价。在海外投资的进程模型中，无论投资进入前、进入中、进入后，区域风险都是极其相关的因素（Yip, Biscarri & Monti, 2000）。举个例子，战略计划、市场研究和市场选择这些投资进入前活动都要考虑到市场潜力和风险评估的变动。如果不对区域风险给予足够重视的话，将使策略变得很糟糕。海外投资公司现在更关心的区域风险方面，如区域社会动荡以及毁约情况等（Hashmi & Guvenli, 1992；Molano, 2001；Pahud de Mortanges & Allers, 1996；Rice & Mahmoud, 1990）。

区域风险是海外投资项目评估的起点，它对海外投资的成功与否起着决定性的作用。区域风险的发生往往不是一个企业能操作和改变的，因此投资前期对区域风险的完全分析和掌握以及在后续阶段建立灵敏的预警体系是至关重要的。本书的第一篇"中国海外投资区域风险防范与管控战略"在理论逻辑上以区域风险为研究对象，以获取目标、行业和东道国市场的经济网络模型为基本分析框架，将海外投资区域风险与三方主体——东道国、跨国企业和投资国联系起来，分析海外投资的网络系统的区域构成要素以及要素结构关系的特征，研究海外投资的区域风险的生成与演化机制，动态评估各行业海外投资风险的变化，构建海外投资的区域风险防范与管控战略。

（二）海外投资金融风险

企业在进行海外投资及经营的全过程中贯穿着国际资本的流动，企业将不可避免地参与到国际金融市场的运行中。因此金融风险管理不只是企业海外投资财务管理的一方面，更是影响企业海外投资战略的重要因素。在本书中，金融风险的定义如下："海外投资的金融风险是指在海外投资中，由于各种不确定因素的变化，导致国际金融市场上各国汇率、利率的变动，或国际信用的变动而引起海外投资者资产价值变化的可能性"。海外投资金融风险主要包括信用风险、市场风险（利率风险和汇率风险）、流动性风险等，此外，由于宏观经济波动对海外投资收益造成的波动也在本书讨论范围内。

关于海外投资金融风险的研究主要集中在汇率变动的不确定性对海外投资的影响，而研究的结果呈现两派分立的状态。库什曼（Cushman, 1985, 1988）发现相关证据表明，金融风险（汇率的波动）增加了美国对加拿大、法国、德国、日本和英国的海外投资，并且是双向的增加。高德博格和科尔斯塔德（Goldberg & Kolstad, 1995）在研究美国对加拿大、日本和英国的海外投资时也有类似的结论。然而，查克拉巴蒂和索尔尼克（Chakrabarti & Scholnick，2002）发现美国对20个OECD国家的海外投资与汇率波动是负相关的。戈尔格和韦克林（Gorg & Wakelin，2002）在研究美国对12个OECD国家的海外投资时发现汇率波动的效应是微不足道的。

汇率的变动似乎对发展中国家的海外投资有一个相对很清晰的影响。高德博格和克莱因（Goldberg & Klein，1997）调查了东南亚和拉丁美洲国家海外投资和汇率变动两者的联系，结果表明，实际的海外投资额是实际双边汇率和实际收入来源的函数。高德博格和克来恩（Goldberg & Klein，1997）发现双边汇率水平对日本在亚洲的海外投资有消极影响。贝纳西等（Benassy-Quere et al.，2001）发现，汇率波动会导致OECD对42个发展中国家海外投资的减少。

已有的研究大多站在第三方的立场，从宏观层面分析汇率风险对海外投资规模的影响，缺乏针对投资国立场对海外投资金融风险的分析，因此无法为投资国提供确切的政策建议。此外，中国国情特殊，海外投资中的金融风险情况也更为复杂，国外的研究放在中国情况下存在一个适用性的问题。本书的第二篇"中国海外投资金融风险防范与管控战略"在充分研读了已有文献的基础上，从中国作为投资国的立场出发，首先从不同层面，分别分析了不同类型主体海外投资中的金融风险生成机制、影响因素和风险评估方法。然后，针对作为海外投资最重要的途径——企业海外并购，进行了针对性的研究。最后，从整体宏观层面分别分析了中国海外投资中的金融风险的总体情况，构建了海外投资金融风险预警体系，为相关风险的防范和管控提供了一定参考。

（三）海外投资经营与管理风险

海外投资的经营与管理风险是指海外企业在生产经营和管理上由于不可抗力的影响或由于企业决策上的失误而使投资者不能从企业获得正常收益的可能性。与发达国家开展海外投资活动的经验相比，发展中国家企业海外投资面临的挑战主要来源于：第一，技术获取型海外投资的动机在于获得先进的科学技术、引入科学的管理理念等，技术水平、经营能力、管理经验与被投资方存在一定差距。第二，企业的海外投资目标多为发达国家企业，面临着较大的国家文化差异与企业文化差异。第三，由于海外投资活动本身的复杂性以及吉利并购沃尔沃此类"蛇吞象"的海外投资带来的融资压力，企业在海外投资中面临着更为严峻的财务风险。通过对已有中国企业海外投资，特别是海外并购案例的探究，本课题将中国企业在海外投资后的经营管理过程中产生的风险总结为：海外投资的技术整合风险、文化整合风险和财务风险。

技术整合风险是以寻求技术为导向的海外投资面临的主要问题。技术整合风险是指"海外投资企业在限定的时间范围内能否成功地开发出新产品的风险"。在技术获取型海外投资整合风险的研究领域，最基本、最重要的问题就是搞清楚什么类型的资源会为投资方公司创造价值。许多年来，对这个问题最普遍的回答之一就是资源的相似性。公司战略和财务方面的很多实证表明资源相似性对收购后业绩有正效应。但最近的研究表明，建立在资源基础观基础上，资源的互补性才是决定投资与否的最重要因素（Wang & Zajac, 2007）。而金和芬克尔斯坦（Kim & Finkelestein, 2009）提出，投资业绩是相似性与互补性共同创造的协同效应函数。因此，我国企业更有动力进行海外投资，快速提高自身的技术能力，而其中技术整合环节也成为风险的主要来源。

文化整合也是企业整合过程中面临的一大挑战。企业海外投资面临着复杂的文化差异风险，由于历史、地理、气候等方面的原因，不同的国家在语言、风俗习惯、价值观、宗教信仰、教育水平等方面都存在着差异。海外投资的文化整合风险主要体现在两个方面：（1）不同文化背景的员工在价值观等方面形成的差异；（2）制度文化的差异。文化因素作为投资活动中的"软指标"，从某种程度而言其重要性甚至超过了财务、技术、市场等要素。目前的海外投资企业往往还将重点放在了财务状况、市场定位、技术水平等问题上，而忽视了文化整合的重要性。迄今为止，也并没有研究将这些有关企业海外投资文化整合阶段管理的零散观点整理成为具有整体性的战略框架，从而对整个投资活动起到助力推进作用。

财务风险是企业海外投资能否顺利进行的重要因素。在海外投资经营过程中企业财务管理所涉及的内容复杂，包括资金的来源管理、资金的运用、境外筹资管理等各个方面，加上企业会计制度与东道国制度或国际惯例的差异，使得企业财务管理也面临着不少困难。企业海外投资对其财务框架会产生重大影响，相应带来财务风险：最佳资本结构的偏离，造成企业价值下降、财务风险高涨；杠杆效应使负债的财务杠杆效益和财务风险都相应放大；股利和债息政策也随负债的变化而变化。同时，目标企业价值评估风险、融资风险和流动风险贯穿企业投资的始终。因此，在海外投资的过程中，应认真分析并有效防范和控制财务风险。

海外投资的经营与管理风险防范与管控，是企业在完成海外投资后整合阶段中最为重要和关键的战略，决定着海外投资的实际成败。本研究的第三篇"中国海外投资经营与管理风险防范与管控战略"在大量参阅国内外文献基础上，以海外投资经营与管理风险中的整合行为作为理论研究的主线支撑，围绕整合的协同效应和摩擦成本，从投资主体、主体间相互作用和资源基础观视角出发，以技术整合风险、文化整合风险、财务风险作为研究的切入点，探讨中国企业海外投资经营管理风险的生成机制和动态演化，在此基础上开展适应中国国情的海外投资经营与管理风险的实证研究和案例研究，最终总结出构建经营与管理风险防范与管控体系的政策建议，为中国企业海外投资实践活动提供理论指导和经验借鉴。

三、研究内容、方法和结构

（一）研究内容

本研究的基本内容可以概括为：在充分吸收国际投资与跨国公司、风险管理的理论和实证研究的最新成果基础上，对海外投资可能遇到的风险的生成因素进行细化分析，研究不同阶段、不同类型海外投资风险生成与演化机制。回顾、总结和反思欧美国家、新兴工业化国家以及我国典型海外投资的风险防范与管控的经验教训，在此基础上，展开三个战略的研究：中国海外投资的区域风险防范与管控战略研究，中国海外投资的金融风险防范与管控战略，中国海外投资的经营与管理风险防范与管控战略。这三个战略分别结合投资国、跨国公司、东道国当前今后的多种影响因素可能造成的海外投资的风险进行系统、全局而有所侧重的研究，构建包括投资国、跨国公司、东道国三个层面的多层次中国海外投资的风险防范与管控的支撑点和综合框架。本书针对中国企业海外投资区域风险、金融风险和经营与管理风险分设三篇，每一篇的具体研究内容和目标如下：

第一篇"中国海外投资区域风险防范与管控战略"：首先，本书从整体风险层面研究海外投资区域风险的生成、结构和风险水平，对海外投资区域风险的发生基础进行全面铺垫。其次，研究中国企业海外投资政治风险的生成和演化过程。对于区域风险中最重要的政治风险，从两个方面对其进行理论和实证的双重验证：动态博弈建模和距离分类研究。再次，采用区域风险预警系统和案例分析方法构建海外投资区域风险防范与管控体系。鉴于国内海外投资风险预警系统建设的不完善及国外研究成果适用性不足的现状，通过构建区域风险预警系统和对比分析两组案例，为中国企业海外投资风险防范管控提供了经验借鉴和具有可操作性的风险监控预测方法。最后，构建中国海外投资区域风险防范与管控战略的支撑体系。

第二篇"中国海外投资金融风险防范与管控战略"：首先，本书站在投资国立场，按投资主体不同，分别研究了基于国有主体的主权财富基金海外投资风险，以及基于企业的海外投资汇率风险。其次，本书针对海外投资最主要的形式——跨国并购，进行了有针对性的研究。一方面，根据中国特有情况，分析了中国企业跨国并购绩效与其政治关联度的关系；另一方面，着重研究了我国银行跨国并购的绩效。再次，本研究从宏观整体的视角对中国海外投资中的金融风险进行研究。一方面，本研究从系统性风险的角度出发，通过研究全球、区域性的经济周期波动，分析了中国海外投资的全球、区域系统性风险；另一方面，构建海外投资金融风险的指标体系，通过人工神经网络建立海外投资金融风险预警体系。最后，在上文研究的基础上，分别从政府层面和跨国公司层面，提出中国海外投资金融风险的防范和管控的对策建议。

第三篇"中国海外投资经营与管理风险防范与管控战略":首先,研究企业海外投资的总体整合风险的生成与演化机制,并借助多主体仿真平台建立动态仿真模型。其次,对于中国企业海外投资的技术整合风险,沿着技术相似性和技术互补性的思路,进行风险生成机制的研究,并在此基础上开展演化仿真研究。对中国企业海外投资的技术整合风险进行了规范的实证研究和案例研究,总结中国企业海外投资技术整合风险的特征现状和最优整合对策。再次,对于中国企业海外投资的文化整合风险,基于海外投资双方文化匹配、投资方对目标公司文化整合以及目标公司对投资方文化认同三个因素构建海外投资文化整合模型,并在此基础上综合运用多主体动态仿真、结构方程模型等方法,深入分析了海外投资文化整合风险的各要素之间关系。此外,对于中国企业海外投资的财务风险,将海外投资财务风险的增强机制拓展为估值风险、融资和支付风险以及财务整合风险;将财务风险影响因素拓展为交易特征因素、企业特征因素、区位因素和行业因素对财务风险的生成机制展开研究。最后,综合中国企业海外投资的三大经营与管理风险——技术整合风险、文化整合风险和财务风险的特点,构建中国海外投资经营与管理风险防范与管控战略的支撑体系。

(二) 研究方法

本课题主要运用了以下研究方法:

1. 规范化理论研究

本课题综合运用对外直接投资论、资源经济学、风险管控理论、制度经济学、博弈论、企业资源基础观、风险评估理论等从理论上把握中国企业海外投资风险的生成机制,深入分析了各因素对海外投资风险的影响作用机理,并且采用系统分析法,分层次论述了不同的海外投资风险(区域风险、金融风险、经营与管理风险)的情况,进而为进一步的数理模型、演化仿真模型、实证计量模型的建立提供了理论基础。

2. 仿真分析

本研究对中国企业海外投资风险中的技术整合风险、文化整合风险分别进行了多主体仿真,总结出风险的演化规律。采用资源基础观,将企业海外投资的行为作为动态系统的变化,利用资源间的相互作用作为仿真机理。我们忠诚地复制真实系统的动态行为特征,可以让模型拟合系统过去的状态并预测系统未来的演变趋势,确定海外投资整合风险的生成机制与动态演化规律。

3. 计量分析

本研究运用多种实证分析方法:通过聚类法(智能聚类和自组织映射模型)和因子分析法完成对海外投资区域风险的基本评估;基于拓扑结构构建了人工神经网络模型,对海外投资风险预警体系做出了有益的尝试;运用回归分析及 Blind – Oxaca 分解,分析了政治关联度对企业海外并购绩效的影响;通过数据包络分析方法相结合的方式,分析了银行业跨境并购绩效;运用 logistic 回归方法、多元回归方法等建立了中国企业海外投资整合风险的计量模型。并运用结构方程模型,因子分析模型分别验证了海外投资技术整合风险和文化整合风险的主要风险因素来源。

4. 案例分析

本课题选取多个受到广泛关注的中国企业海外投资的典型案例,结合企业海外投资的区域风险、经营与管理风险,分别进行了深度的案例分析。在此基础上,采用了案例比较分析方法,总结出一系列成功案例的经验和失败案例的教训,探讨当下适宜的风险防范和管控策略,为构建中国企业海外投资风险防范与管控体系提供了实践指导。

(三)结构安排

本书分为三篇,共三十一章。第一篇中国海外投资区域风险防范与管控战略,共分为九章(第一章至第九章);第二篇中国海外投资金融风险防范与管控战略,共分为八章(第十章至第十七章);第三篇中国海外投资经营与管理风险防范与管控战略,共分为十四章(第十八章至第三十一章)。三篇分别就海外投资不同阶段的多种影响因素可能造成的海外投资风险进行系统、全局而有所侧重的研究,共同构建起包括基本理论范式、识别模式和综合框架在内的中国海外投资风险防范与管控支撑体系。三篇内容互为联系、前后承接,具体结构安排如下:

第一章为海外投资区域风险的国内外研究现状述评,回顾了海外投资理论及投资风险研究发展,重点从海外投资区域风险要素的生成和演化入手综述了海外投资区域风险研究框架,从而奠定了本研究的理论基础。对研究方法的综合梳理也为后续研究提供了方法论上的指导。

第二章研究海外投资区域风险的基本机制,是本书的一个研究重点。突破传统研究的要素视角,本章从宏观和微观两个层面对海外投资区域风险形成机制进行了深入探讨,确立了区域风险中系统性风险的研究基础,并据此判断东道国、母国和投资企业三方关系会与东道国制度交互作用,共同决定海外投资区域风险的实际水平,进而为后续研究在理论上奠定了基础。

第三章是以中国自然资源型海外投资为例的中国海外投资区域风险的实证研究。在国家层面上,针对资源型投资行业敏感性,结合制度发展水平、双边政治和资源属性对中国资源型海外投资区域风险进行创新性评估。利用智能聚类法和层次分析模型(AHP)对44个主要投资东道国制度、政治敏感度和资源风险分散能力进行分析,针对不同制度发展水平的东道国提出针对性的投资风险关注要点。

第四章是基于中国制造业海外投资区域风险的实证研究。本章利用中国制造业海外投资相关数据,运用聚类分析和自组织映射模型(SOM),从区域风险的宏观视角,根据风险因素的来源,把区域风险分成政治(社会)风险和经济风险两个维度,并通过距离变量衡量政治(社会)风险的大小。

第五章以动态的视角构建海外投资者与东道国策略互动的动态博弈框架。首先,在政治风险存在环境中引入通过政府偏好刻画的特殊行为来分析海外投资三方主体——投资国、投资企业和东道国的谈判政治风险。其次,从税收及征收风险两个层面揭示海外投资主权风险的动态演化机制。

第六章探讨了政治风险和中国企业海外并购的实证关系。本章以中国上市公司1999~2010年完成的海外并购为例构建了一个泊松分布模型,以东道国民主化程度为视角,对政治风险在中国企业走出去的过程中的演化路径进行了探索。

第七章是海外投资区域风险预警体系的构建。引入一套具有强警戒功能的区域风险评价指标体系，利用因子分析确定海外投资东道国区域风险状况并客观评级；在各项指标预警界限基础上建立基于 BP 人工神经网络模型的区域风险预警模型，分析警兆并预报警度，是将前文研究引入实践的一个切合点，同时也为后续研究针对性管控策略做好铺垫。

第八章总结了中国企业海外投资的典型案例和投资经验。本章在总结和回顾中国企业海外投资区域风险的理论研究、仿真研究和实证研究的基础上，提出了案例分析的基本逻辑框架。首先利用中海油和中铝集团的两组海外投资案例对中国企业海外投资谈判阶段的区域风险成因和风险演化进行对比分析，其次就中国石油企业海外经营阶段的重大风险事件进行梳理，从案例中总结海外投资经营阶段风险的影响作用。

第九章构建中国海外投资区域风险防范与管控战略的支撑体系。综合本研究理论探讨和实证检验的成果，基于海外投资风险防范和管控的国际经验比较和我国海外投资区域风险的实践，从政府和企业两个层面提出在海外投资区域风险防范与管控对策。

第十章为海外投资金融风险的国内外研究现状述评，分别分析了国家、金融类及非金融类企业主要类型的海外投资中的金融风险测量方法的国内外相关研究情况，并从整体宏观层面，整理了海外投资金融风险预警以及海外投资中的系统性风险相关研究。为整个课题的研究做了详实的理论铺垫。

第十一章分析了国有主体主权财富基金投资风险。将中国主权财富基金海外投资面临的主要风险分为政治风险和经济风险两大类，对中投公司近年来主要投向的美国、加拿大、英国、中国香港这四个国家和地区进行评分。运用 VaR 模型，对中国主权财富基金主要投向国家和地区的汇率风险进行度量。

第十二章分析了非金融类企业海外直接投资中的汇率风险。利用我国对外投资的主要货币——欧元、港币和美元的最新日数据、周数据和月数据，对在我国大陆和香港上市的最大的 40 家对外投资企业和证监会的 13 个标准行业进行实证分析，来对我国对外投资企业和行业的汇率风险水平进行检验。

第十三章利用2001~2012年中国海外并购相对完整的数据，构建了细化的企业政治关联度指数，将外部政治环境条件的影响纳入考虑，分析企业所在地的市场化程度、政府干预度对政治关联与海外并购绩效之间关系的影响，验证了企业的政治关联性通过优惠贷款的途径对海外并购产生实际影响。

第十四章分析了银行业海外并购绩效。通过案例和数据包络分析方法相结合的方式分析了跨境并购带来的并购公司成本比率、盈利能力比率、风险比率以及技术效率和成本效率角度的变化。

第十五章研究了中国海外投资的系统性风险。将一国海外投资风险分解为全球系统性风险、区域系统性风险以及非系统性风险。通过实证分析，运用动态面板增长模型GMM估计、主成分回归法等方法，对2003年以来中国的主要海外投资国家和区域的总风险进行了分解，对各国全球、区域系统性与非系统性风险进行了测量。

第十六章研究了中国海外投资金融风险预警模型。首先用因子分析法构建海外投资金融风险指标体系。采用BP人工神经网络建模，对神经网络模型进行训练、检验，并利用该模型进行风险等级预测。

第十七章在前述研究章节的基础上，以企业为主体构建海外投资金融风险防范与管控的战略体系，为企业提供海外投资风险规避的实践指导；以政府为主体构建海外投资金融风险防范与管控的政策支撑体系，为之提供切实可行的政策建议。

第十八章为海外投资经营与管理风险的国内外研究现状述评，回顾了企业海外投资的分析切入点，重点从海外投资的技术整合风险、文化整合风险和财务风险角度阐明了经营与管理风险的影响因素和评价机制，从而奠定了本书研究的理论基础。同时，本章在文献回顾中加入了海外投资风险的演化仿真的方法论研究，奠定了本书研究的创新方法论的理论基础。

第十九章为海外投资总体整合风险的理论研究，分别基于资源相似性与资源互补性的视角，进一步通过两者的交互作用，研究其对企业海外投资的总体整合风险的作用机制。在理论机理的梳理基础上，构建一个垄断竞争框架下的两国模型，对上述理论探讨中的资源相似性与互补性进行了刻画，基于此运用多主体仿真研究整合风险的动态演化规律。本章的理论分析为后文海外投资总体整合风险的实证研究提供了坚实的理论基础和分析依据。

第二十章开展基于资源相似性与互补性的企业海外总体整合风险的实证研究。对多家中国海外投资的企业开展了问卷调查，在此基础上收集了详实的有关资源相似性和互补性的数据，针对理论上资源相似性、互补性对整合风险的交互作用开展了实证研究。

第二十一章以海外投资技术整合风险的生成机理和动态演化规律为研究对象，从技术相似性与互补性、整合程度的匹配这一视角进行分析，利用多主体仿真模型动态地刻画了随着整合程度的变化，技术相似性与互补性的变化，投资方海外投资技术整合风险的演化规律。

第二十二章作为对第二十一章海外投资技术整合风险生成机理的补充研究，从海外投资整合速度与整合程度的角度出发，建立海外投资技术整合风险的动态数理模型。运用最优控制方法揭示了海外投资者为了实现整合价值最大化应采取何种整合速度与整合程度策略；通过相位图分析得到系统的稳定均衡点。同时对海外投资企业的吸收能力进行比较静态分析，探讨了吸收能力对整合价值、最优整合速度及整合程度的影响方向。

第二十三章是我国企业海外投资技术整合风险的实证研究。首先采用上市公司和相关专利库的公开数据，针对技术相似性和互补性开展技术获取型海外投资整合风险的相关实证研究。其次对基于技术转移角度的中国企业海外投资技术整合进行了实证分析。从企业的动态能力观入手，揭示并购双方企业层面的影响因素——并购方企业的技术吸收能力、技术创新能力，以及目标方企业技术转移能力如何影响海外并购技术整合的实施。

第二十四章为中国企业海外投资技术整合风险的案例研究。本章在总结和回顾中国企业海外投资技术整合风险的理论研究、仿真研究和实证研究的基础上，提出了案例分析的基本逻辑框架。通过搜集具有代表性的海外并购案例，包括中联重科并购CIFA、吉利并购沃尔沃、万向并购舍勒以及TCL收购汤姆逊等，本章对案例涉及的海外投资整合中的风险要素、投资方整合模式、投资后业绩分析以及案例中风险防范和管控经验给予了深入分析。在此基础上，将案例通过内在逻辑划分进行了横向比较，得出了切实可行的防范海外投资技术整合风险的实践行动指南，为中国企业的技术获取型海外投资提供宝贵的经验借鉴。

第二十五章为中国企业海外投资文化整合风险生成机制与演化仿真。以海外投资的文化整合风险为研究对象，在对海外投资中文化的定义进行清晰梳理后，本章从海外投资双方的文化匹配、投资方对目标公司的文化整合行为以及目标公司对投资方的文化认同三个方面对文化整合风险生成机制进行勾勒。在此基础上，构建海外投资的文化整合模型并通过仿真分析解释文化整合风险动态演化规律，为后文实证研究提供了理论指导。

第二十六章是企业海外投资文化整合风险的实证研究。本章通过采用结构方程的方法，对中国企业海外投资文化整合的问题进行了研究。研究结果发现，海外投资双方的文化匹配机制、海外投资企业对目标企业的文化整合机制以及目标企业对海外投资企业的文化认同机制，都会对海外投资业绩产生重要的影响。

第二十七章是中国企业海外投资文化整合风险的案例研究。本章在总结和回顾中国企业海外投资文化整合风险的理论研究、仿真研究和实证研究的基础上，提出了案例分析的基本逻辑框架。通过搜集具有代表性的海外并购案例，包括上汽收购韩国双龙、中国蓝星收购法国安迪苏、上海电气收购日本秋山、联想收购 IBM、TCL 收购阿尔卡特、明基收购西门子等，本章对案例涉及的海外投资文化整合中的风险要素、并购双方文化整合行为、并购后业绩分析以及案例中风险防范和管控经验给予了深入分析。在此基础上，将案例通过内在逻辑划分进行了横向比较，得出了切实可行的防范海外投资文化整合风险的实践行动，为中国企业海外投资的文化整合风险的规避提供了宝贵的经验借鉴。

第二十八章是中国企业海外投资财务风险生成机制研究。本章以海外投资的财务风险为研究对象，在对海外投资的财务风险定义进行清晰梳理后，将海外投资财务风险的增强机制拓展为估值风险、融资和支付风险以及财务整合风险；将财务风险影响因素拓展为交易特征因素、企业特征因素、区位因素和行业因素对财务风险的生成机制展开研究。本章的理论分析为后文海外投资财务风险的实证研究和案例研究提供了坚实的理论基础和分析依据。

第二十九章是中国企业海外投资财务风险的实证研究。运用会计指标法对中国企业海外投资的财务风险水平进行判断。此后，采用多元线性回归对中国企业海外投资的财务风险影响因素进行分析。

第三十章是中国企业海外投资财务风险的案例研究。观察到中国企业作为投资方企业在国际舞台上的活跃表现，本章围绕"中国海外投资财务风险水平"和"中国海外投资财务风险影响因素"两个问题展开研究。最后通过中铝并购力拓和五矿并购OZ矿业的对比案例分析，对理论机理和实证结论进行了回应。

第三十一章是构建海外投资经营与管理风险防范与管控体系。基于前面章节的理论和实证分析，在总结报告研究结论的基础上，从海外投资技术整合风险、文化整合风险和财务风险三个方面，提出海外投资经营与管理风险的识别体系，进而提出以企业为主体构建海外投资经营与管理风险防范与管控的战略体系，为企业提供海外投资风险规避的实践指导；以政府为主体构建海外投资经营与管理风险防范与管控的政策支撑体系，为之提供切实可行的政策建议。

摘 要

在世界经济一体化加速发展的背景下,企业发展海外投资已成为后起国家增强企业国际竞争力、扩大市场份额的重要战略环节。自2000年党中央、国务院提出"走出去"发展战略以来,中国的企业逐步走出国门,踏上了海外投资之路。近年来,我国经济迅速发展,海外投资企业数量和对外投资平均增长率均超过了世界平均水平,中国已跻身世界第三大海外投资国。然而,在中国企业海外投资额逐年递增的同时,海外投资的风险也呈逐年递增的趋势。由于海外投资环境的复杂性,加之中国企业在文化背景、技术水平、经营能力、管理经验与海外被投资方往往存在一定差距,中国企业在海外投资的各个阶段都面临着一定风险。

海外投资风险其影响力大、辐射面广、破坏力强,严重影响着我国海外投资者的安全和利益,同时也影响着我国的经济发展计划和外交安全。无论是为了维护国家利益还是为了保障企业自身利益,我们都应该高度重视海外投资所面临的风险。海外投资与风险管理等领域的研究为本书提供了较好的研究基础,但从整体上来看有待于构建一个海外投资的风险防范与管控完整的逻辑框架和理论体系。而且,对于中国所面临的特殊的资源禀赋条件和世界当前经济形势的约束下,仅仅依靠现有的理论分析工具还是远远不够的。本课题研究的总体思路是:对中国海外投资风险进行生成及演化研究,结合国内外海外投资风险防范与管控的经验,提出中国海外投资风险防范与管控战略,构建中国海外投资的风险防范与管控的支撑体系。

企业海外投资风险是指在一定环境和期限内客观存在的，导致境外投资企业在海外市场上生产经营管理等一系列过程中发生损失的不确定性。海外投资风险有多个维度，在我们的研究框架下，按照已有文献较为成熟的理论体系，将海外投资的风险划分为以下三类：海外投资区域风险、海外投资金融风险和海外投资经营与管理风险。在本书的第一篇至第三篇中，我们将分别研究海外投资区域风险、海外投资金融风险及海外投资经营与管理风险的防范与管控战略。这三个战略分别就海外投资不同阶段的多种影响因素可能造成的海外投资风险进行系统、全局而有所侧重的研究，共同构建起包括基本理论范式、识别模式和综合框架在内的中国海外投资风险防范与管控支撑体系。三篇内容互为联系、前后承接。

本书第一篇"中国海外投资区域风险防范与管控战略"在理论逻辑上以区域风险为研究对象，以投资标的和投资行业所属的经济网络的制度效应和动态行为模型为基本研究框架，将海外投资区域风险与三方主体——东道国、跨国企业和投资国联系起来，分析海外投资的网络系统的区域构成要素以及要素结构关系的特征，研究海外投资的区域风险的生成机制，并基于网络要素及其结构关系的演变，借助实证研究、案例分析以及海外投资区域风险的预警系统，建构海外投资的区域风险防范与管控战略体系。

本书第二篇"中国海外投资金融风险防范与管控战略"首先研究不同主体的海外投资所面临的各类不同金融风险的形成机制，构建相关风险衡量的理论框架。在上述理论研究基础上，通过实证分析和案例分析，分别评估当前中国不同主体海外投资中的金融风险，包括国家层面的主权财富基金投资金融风险和企业层面的海外直接投资金融风险的衡量，并研究影响风险的因素。建立海外投资金融风险宏观预警系统，提出各项具体的风险管控策略，构建海外投资金融风险防范与管控体系。

本书第三篇"中国海外投资经营与管理风险防范与管控战略"以海外投资经营与管理风险中的整合行为作为理论研究的主线支撑，围绕整合的协同效应和摩擦成本，从投资主体、主体间相互作用和资源基础观视角出发，以技术整合风险、文化整合风险、财务风险作为研究的切入点，探讨中国企业海外投资经营管理风险的生成机制和动态演化，在此基础上开展了适应中国国情的海外投资经营与管理风险的实证研究和案例研究，最终总结出构建经营和管理风险防范与管控体系的政策建议。

Abstract

With the process of world economic integration developing rapidly, overseas investment of enterprises has already become a key strategic activity for countries to enhance their international competitiveness and expand market share. Since the CPC central committee and the state council put forward the development strategy of "going out" in 2000, China's economy grows rapidly, and the number of enterprises engaging in overseas investment and the average growth rate of overseas investment have exceeded the world average. Meanwhile, the risk of overseas investment has been greater than ever. Due to the complexity of the overseas investment environment, as well as the gap between Chinese enterprises and their foreign targets in various aspects such as cultural background, technology level, management skills and management experience, Chinese enterprises often face certain risks in different stages of overseas investment.

Since the overseas investment risk has influencing and destructive power, it seriously threats the security and interests of the overseas investors in China, and also affects China's economic development plans and foreign security. In order to safeguard national interests as well as protect enterprises' own interests, we should attach great importance to the overseas investment risks. Meanwhile, theories of foreign investment and risk management provide a useful foundation for our work, but integrated perspective needs to be built. Moreover, for the special conditions of China's resource endowments and the constraints of current world economic situation, relying solely on the existing theoretical analysis tools is not enough. The general idea of this research is to analyze the generation and evolution of overseas investment risk of Chinese enterprises, and put forward the risk prevention and management strategy of Chinese overseas investment with the experience from home and abroad, in order to build the supporting system of risk prevention and management in overseas investment.

Overseas investment risk of enterprises refers to a series of uncertainties, which may cause loss of the enterprises in the process of production, operation and management in overseas market. Overseas investment risk has multiple dimensions. According to a mature theoretical system of the existing literature, in our research framework we divide overseas investment risk into the following three categories: the regional risk, the financial risk and the management risk. In the first to the third section of this research, we will study the risk prevention and management strategies of the regional risk, the financial risk and the managerial risk in overseas investment respectively. These three strategies focus on the different influencing factors in various stages of overseas investment systematically and globally, jointly building up a risk prevention and management system of Chinese overseas investment, including the basic theory of paradigm, recognize patterns, and a comprehensive framework. In general the three sections are contextual integrated.

The first section of this research "Prevention and Management Strategy of Regional Risk in Chinese Overseas Investment" takes regional risk as research object and the network and dynamic behavior of the investment target as research framework. We integrate regional risk with the three parties in overseas investment – host country, multinational corporations (MNCs), and home country in a comprehensive approach, and then study the generation and evolution mechanism of regional risk. With the help of a series of empirical researches and case studies, as well as a pre-warning system of regional risk in overseas investment, we then build up the strategic system of regional risk prevention and management in overseas investment.

The second section of this research "Prevention and Management Strategy of Financial Risk in Chinese Overseas Investment" first study the formation mechanism of all kinds of different financial risks faced by different subjects in overseas investment and build relevant theoretical framework of risk measurement. Based on the theoretical framework, various of empirical studies and case studies have been done to assess the current financial risks of different subjects in overseas investment in China, including the investment risk of sovereign wealth funds in national level, and the overseas direct investment financial risk in enterprise level, and then study the influencing factors of financial risk in general. Finally we set up a macro financial risk pre-warning system, and put forward the specific risk management strategies, thus build the strategic system of financial risk prevention and management in overseas investment.

The final section of this research "Prevention and Management Strategy of Managerial Risk in Chinese Overseas Investment" takes both resource similarity and complementarity in M&A integration as the starting point. Along the idea of resource similarity, complementarity and their interaction effect, we take technological integration risk, cultural integration risk and financial risk as research objectives and explore the generation and evolution mechanism of managerial risk in overseas investment. Based on empirical researches and case studies that suit to the Chinese situation, we finally sum up the supporting system of managerial risk prevention and management in overseas investment.

目 录
Contents

第一篇 中国海外投资区域风险防范与管控战略　1

第一章 海外投资区域风险的国内外研究现状述评　3
　　第一节　区域风险对海外投资的影响　3
　　第二节　区域风险对海外投资的影响　7
　　第三节　海外投资区域风险研究方法　9
　　第四节　现存研究空间　10

第二章 中国海外投资区域风险的生成结构研究　11
　　第一节　中国海外投资区域风险决定因素　12
　　第二节　制度、资源与海外投资区域风险　14
　　第三节　制度和资源对海外投资区域风险的影响机制　16
　　第四节　本章小结　17

第三章 中国海外投资区域风险的实证研究：以自然资源型海外投资为例　19
　　第一节　自然资源型海外投资区域风险的影响因素　20
　　第二节　风险指标量化及结果分析　22
　　第三节　实证研究结论　31
　　第四节　本章小结　31

第四章 中国海外投资区域风险的实证研究：以制造业海外投资为例　33
　　第一节　海外投资区域风险因素分析　33

第二节　中国制造业海外投资区域风险的实证　37
第三节　实证结果分析　38
第四节　本章小结　51

第五章 ▶ 中国企业海外投资政治风险的动态研究　53

第一节　中国企业海外投资的谈判政治风险研究　53
第二节　中国企业海外投资的主权政治风险研究　69
第三节　本章小结　79

第六章 ▶ 中国企业海外投资政治风险的实证研究　80

第一节　海外投资政治风险的作用机理与研究假设　81
第二节　数据说明和模型设计　86
第三节　实证结果分析　90
第四节　实证研究结论　95
第五节　本章小结　96

第七章 ▶ 中国海外投资区域风险预警体系构建　97

第一节　海外投资区域风险预警体系构建：明确警源　97
第二节　海外投资区域风险预警体系构建：发现警兆　99
第三节　海外投资区域风险预警体系构建：预报警度　103
第四节　本章小结　108

第八章 ▶ 中国海外投资的区域风险防范与管控战略的案例分析　109

第一节　中国海外投资区域风险的基本结构　109
第二节　中海油北美油气投资项目：在探索中前进　112
第三节　中铝的海外投资之路：投资缘何舍近求远　126
第四节　中国石油企业经营阶段重大区域风险事件　141
第五节　案例分析总结　144
第六节　本章小结　145

第九章 ▶ 中国海外投资区域风险防范与管控战略的支撑体系　146

第一节　中国企业海外投资区域风险研究总论　146
第二节　海外投资区域风险防范与管控的国际经验比较　147
第三节　中国企业海外投资区域风险防范与管控体系　151

第四节　本章小结　158

第二篇

中国海外投资金融风险防范与管控战略　159

第十章　海外投资金融风险的国内外研究现状述评　161

第一节　主权财富基金风险研究述评　161

第二节　海外投资汇率风险研究　163

第三节　海外并购绩效研究　168

第四节　中国海外投资金融风险预警研究　171

第十一章　中国主权财富基金海外投资风险研究　175

第一节　中国主权财富基金的发展现状　175

第二节　主权财富基金海外投资的国际经验及对中国的启示　182

第三节　基于 VaR 模型的中国主权财富基金海外投资风险分析　195

第四节　基于对外投资风险矩阵的中国主权财富基金海外投资风险分析　203

第五节　本章小结　213

第十二章　中国企业对外直接投资汇率风险实证研究　215

第一节　理论机理和实证研究方法　215

第二节　实证研究数据来源与说明　221

第三节　基于 VaR 方法的汇率风险实证研究　225

第四节　基于乔瑞模型的汇率风险实证研究　232

第五节　基于财务绩效模型的汇率风险实证研究　241

第六节　本章小结　249

第十三章　企业政治关联与跨国并购绩效：基于中国并购方数据　251

第一节　研究背景与意义　251

第二节　样本数据与研究方法　253

第三节　实证结果与分析　259

第四节　本章小结　265

第十四章 ▶ 中国银行业跨境并购绩效研究　266

　　第一节　实证研究的数据与方法　267
　　第二节　实证结果分析　272
　　第三节　本章小结　276

第十五章 ▶ 海外投资系统性与非系统性风险分解：
　　　　　　以中国主要海外投资目的地为样本　278

　　第一节　理论模型推导　279
　　第二节　实证分析　281
　　第三节　中国海外投资系统性风险与非系统性分析　288
　　第四节　本章小结　294

第十六章 ▶ 海外投资金融风险预警系统研究　295

　　第一节　海外投资金融风险因素识别与指标提取　295
　　第二节　海外投资金融风险预警指标体系构建　299
　　第三节　海外投资金融风险预警模型建立　304
　　第四节　模型训练与检验　308
　　第五节　模型预警与结果分析　310
　　第六节　本章小结　313

第十七章 ▶ 中国海外投资金融风险防范与管控的支撑体系　314

　　第一节　中国企业海外投资金融风险研究总论　314
　　第二节　海外投资金融风险防范与管控的国际经验比较　315
　　第三节　中国企业海外投资金融风险防范与管控体系　317
　　第四节　本章小结　322

第三篇

中国海外投资经营与管理风险防范与管控战略　323

第十八章 ▶ 海外投资经营与管理风险的国内外研究现状述评　325

　　第一节　企业海外投资整合的相关研究　325
　　第二节　企业海外投资技术整合风险的相关研究　327

第三节　企业海外投资文化整合风险的相关研究　329

第四节　企业海外投资财务风险的相关研究　337

第五节　动态演化仿真的相关研究　341

第十九章　基于资源相似性与互补性的企业海外投资总体整合风险的理论研究与演化仿真　343

第一节　海外投资总体整合风险的数理模型　343

第二节　海外投资总体整合风险的演化仿真　352

第三节　本章小结　363

第二十章　基于资源相似性与互补性的企业海外投资总体整合风险的实证研究　364

第一节　基于资源相似性与互补性的海外投资总体整合风险　364

第二节　基于资源相似性与互补性交互作用的海外投资总体整合风险　367

第三节　中国企业海外投资总体整合风险的实证研究　369

第四节　本章小结　378

第二十一章　海外投资技术整合风险的生成机理与演化仿真　379

第一节　基于技术相似性与互补性的企业海外投资技术整合风险的生成机理　379

第二节　企业海外投资技术整合风险的演化仿真　382

第三节　本章小结　388

第二十二章　基于最优控制方法的海外投资技术整合风险动态研究　389

第一节　海外投资技术整合风险的理论探讨　389

第二节　海外投资技术整合风险的模型建立　392

第三节　海外投资技术整合的均衡整合程度及系统的动态化分析　394

第四节　海外投资技术整合风险模型均衡解的比较静态分析　396

第五节　本章小结　397

第二十三章　中国企业海外投资技术整合风险的实证研究　399

第一节　基于技术相似性与互补性视角的中国企业海外投资技术整合

风险实证研究
　　　　——以海外并购为例　399
第二节　基于技术转移角度的中国企业海外投资技术整合实证分析
　　　　——以海外并购为例　406
第三节　本章小结　415

第二十四章 ▶ 中国企业海外投资技术整合风险的案例研究　417

第一节　案例研究的基本框架
　　　　——以海外并购为例　417
第二节　中联重科并购CIFA　418
第三节　吉利并购沃尔沃　425
第四节　万向并购舍勒　431
第五节　TCL并购汤姆逊彩电业务　438
第六节　案例横向比较　443
第七节　本章小结　446

第二十五章 ▶ 中国企业海外投资文化整合风险生成机理与
演化仿真　447

第一节　海外投资文化整合风险生成的理论机理　447
第二节　海外投资文化整合风险的数理模型　450
第三节　海外投资文化整合的动态演化：基于多主体仿真方法的研究　458
第四节　组织文化整合视角下海外投资风险演化仿真　468
第五节　本章小结　475

第二十六章 ▶ 中国企业海外投资文化整合实证分析
　　　　——以海外并购为例　476

第一节　中国企业海外投资文化整合模型理论探讨　476
第二节　中国企业海外投资文化整合模型理论假设的提出　477
第三节　研究方法　483
第四节　实证结果分析　486
第五节　研究讨论　493
第六节　本章小结　496

第二十七章 ▶ 中国企业海外投资文化整合风险的案例研究　498

第一节　案例研究的基本逻辑框架

——以海外并购为例　　498

　　第二节　上汽收购韩国双龙案例分析　　504

　　第三节　中国蓝星收购法国安迪苏案例分析　　513

　　第四节　上海电气收购日本秋山印刷机械公司案例分析　　520

　　第五节　联想收购 IBM
　　　　　　——蛇吞象的惊世成功　　526

　　第六节　TCL 收购阿尔卡特
　　　　　　——南辕北辙的失败　　535

　　第七节　明基收购西门子　　540

　　第八节　案例对比分析　　546

　　第九节　本章小结　　549

第二十八章 ▶ 中国海外投资财务风险生成机理研究　　550

　　第一节　海外投资财务风险增强机制　　550

　　第二节　海外投资财务风险影响因素　　553

　　第三节　本章小结　　558

第二十九章 ▶ 中国企业海外投资财务风险的实证研究　　559

　　第一节　中国企业海外投资财务风险水平实证研究
　　　　　　——以海外并购为例　　559

　　第二节　中国企业海外投资财务风险影响因素的实证研究　　566

　　第三节　本章小结　　571

第三十章 ▶ 中国企业海外投资财务风险的案例研究　　572

　　第一节　案例研究的基本逻辑框架
　　　　　　——以海外并购为例　　572

　　第二节　五矿集团收购 OZ 矿业　　573

　　第三节　中铝收购力拓　　578

　　第四节　本章小结　　581

第三十一章 ▶ 中国海外投资经营与管理风险防范与管控的
　　　　　　支撑体系　　582

　　第一节　中国企业海外投资经营与管理风险研究总论　　582

　　第二节　海外投资经营与管理风险防范与管控的国际经验比较　　584

第三节　中国海外投资经营与管理风险防范与管控的支撑体系　　587

第四节　本章小结　　593

附录　　595

参考文献　　681

Contents

Section I
Prevention and Management Strategies of Regional Risk in Chinese Overseas Investment   1

1. Regional Risk in Overseas Investment: A Literature Review   3

    1.1   Researches on Regional Risk   3
    1.2   Regional Risk's impact on Overseas investment   7
    1.3   Research Method of Regional Risk   9
    1.4   Future Research Space   10

2. Generating Structure of Regional Risk in Overseas Investment   11

    2.1   Determinants of Regional Risk in Overseas Investment   12
    2.2   Institution, Resource and Regional Risk   14
    2.3   Influencing Mechanism of Institution and Resource on Regional Risk   16
    2.4   Summary   17

3. Empirical Study on Regional Risk in Chinese Overseas Investment: Evidence from Resource - oriented Overseas Investment   19

    3.1   Influencing Factors of Regional Risk in Resource - oriented Overseas Investment   20
    3.2   Risk Index Quantification and Results Analyses   22

3.3 Conclusion of the Empirical Study　31

3.4 Summary　31

4. Empirical Study on Regional Risk in Chinese Overseas Investment: Evidence from Manufacture Overseas Investment　33

4.1 Influencing Factors of Regional Risk in Overseas Investment　33

4.2 Empirical Research on Regional Risk in Manufacture Overseas Investment　37

4.3 Results Analyses　38

4.4 Summary　51

5. Dynamic Study on Political Risk in Chinese Overseas Investment　53

5.1 Study on Negotiation Political Risk in Chinese Overseas Investment　53

5.2 Study on Sovereign Political Risk in Chinese Overseas Investment　69

5.3 Summary　79

6. Empirical Study on Political Risk in Chinese Overseas Investment　80

6.1 Mechanism of Political Risk and Reaseach Hypothesis　81

6.2 Model Design and Data　86

6.3 Research Analyses　90

6.4 Research Conclusion　95

6.5 Summary　96

7. The Pre-warning System of Regional Risk in Chinese Overseas Investment　97

7.1 Source of Warning　97

7.2 The Warning Signs　99

7.3 Pre-alarm Model　103

7.4 Summary　108

8. Case Study on the Prevention and Management Strategy of Regional Risk in Chinese Overseas Investment　109

8.1 Basic Structure of Regional Risk in Chinese Overseas Investment　109

8.2 CNOOC's Oil Gas Investment Project in North America　112

8.3 Chinalco's Overseas Investment　126

8.4 Major Risk Events of China's Petroleum Enterprises　141

8.5　Conclusion　144

8.6　Summary　145

9. Supporting System of Prevention and Management Strategy of Regional Risk in Chinese Overseas Investment　146

9.1　A Pandect of Regional Risk in Chinese Overseas Investment　146

9.2　International Experience on the Prevention and Management of Regional Risk　147

9.3　Supporting System of Prevention and Management Strategy of Regional Risk in Chinese Overseas Investment　151

9.4　Summary　158

Section II
Prevention and Management Strategies of Financial Risk in Chinese Overseas Investment　159

10. Financial Risk in Overseas Investment: A Literature Review　161

10.1　A Review of Sovereign Wealth Fund Risk　161

10.2　Study on Exchange Rate Risk of Overseas Investment　163

10.3　Study on Overseas M&A Performance　168

10.4　Study on Risk Pre-warning of Financial Risk in Overseas Investment　171

11. Study on Chinese Sovereign Wealth Fund Risk　175

11.1　The Situation of Chinese Sovereign Wealth Fund　175

11.2　International Experience of Overseas Investment by Sovereign Wealth Fund　182

11.3　Chinese Sovereign Wealth Fund Risk Analyses: Based on VaR Model　195

11.4　Chinese Sovereign Wealth Fund Risk Analyses: Based on Risk Matrix　203

11.5　Summary　213

12. Empirical Study on Exchange Rate Risk in Chinese Overseas Investment　215

12.1　Theoretical Mechanism and Research Method　215

12.2　Data and Statistical Description　221
12.3　Empirical Study on Exchange Rate Risk：based on VaR Method　225
12.4　Empirical Study on Exchange Rate Risk：based on Jorion Model　232
12.5　Empirical Study on Exchange Rate Risk：based on Financial Performance Model　241
12.6　Summary　249

13. Study on Political Connection and Overseas M&A Performance：Based on Chinese Acquirer　251

13.1　Research Background and Purpose　251
13.2　Sample and Method　253
13.3　Empirical Results Analyses　259
13.4　Summary　265

14. Study on Overseas M&A Performance of Bank Industry　266

14.1　Data and Method　267
14.2　Empirical Results　272
14.3　Summary　276

15. Systematic and Non–systematic Risk Decomposition in Overseas Investment　278

15.1　Theoretical Model　279
15.2　Empirical Study　281
15.3　Systematic and Non–systematic Analyses of Chinese Overseas Investment　288
15.4　Summary　294

16. The Pre–warning System of Financial Risk in Chinese Overseas Investment　295

16.1　Identification of Financial Risk in Overseas Investment　295
16.2　Pre–warning Index System of Financial Risk in Overseas Investment　299
16.3　Pre–warning Model of Financial Risk in Overseas Investment　304
16.4　Model Training and Testing　308
16.5　Results of the Pre–warning Model　310

16.6 Summary 313

17. Supporting System of Prevention and Management Strategy of Financial Risk in Chinese Overseas Investment 314

17.1 A Pandect of Financial Risk in Chinese Overseas Investment 314

17.2 International Experience on the Prevention and Management of Financial Risk 315

17.3 Supporting System of Prevention and Management Strategy of Financial Risk in Chinese Overseas Investment 317

17.4 Summary 322

Section III
Prevention and Management Strategies of Managerial Risk in Chinese Overseas Investment 323

18. Managerial Risk in Overseas Investment: A Literature Review 325

18.1 Integration in Overseas Investment 325

18.2 Technological Integration Risk in Overseas Investment 327

18.3 Cultural Integration Risk in Overseas Investment 329

18.4 Financial Risk in Overseas Investment 337

18.5 Dynamic Simulation 341

19. Theoretical Research and Dynamic Simulation of Overall Integration Risk in Overseas Investment: From the Viewpoint of Resource Similarity and Complementarity 343

19.1 Mathematical Model of Overall Integration Risk in Overseas Investment 343

19.2 Dynamic Simulation of Overall Integration Risk in Overseas Investment 352

19.3 Summary 363

20. Empirical Study of Overall Integration Risk in Overseas Investment: From the Viewpoint of Resource Similarity and Complementarity 364

20.1 Overall Integration Risk in Overseas Investment from the Viewpoint of Resource Similarity and Complementarity 364

20. 2　Overall Integration Risk in Overseas Investment from the Interaction of Resource Similarity and Complementarity　367

20. 3　Empirical Study of Overall Integration Risk in Overseas Investment　369

20. 4　Summary　378

21. Generation and Dynamic Evolution of Technological Integration Risk in Overseas Investment　379

21. 1　Generation of Technological Integration Risk from the Viewpoint of Resource Similarity and Complementarity　379

21. 2　Dynamic Simulation of Technological Integration Risk　382

21. 3　Summary　388

22. Dynamic Study of Technological Integration Risk in Overseas Investment: Based on Optimum Control　389

22. 1　Theoretical Discussion　389

22. 2　Model Design　392

22. 3　Dynamic Analyses of the System　394

22. 4　Comparative Static Analysis of the Equilibrium Solution　396

22. 5　Summary　397

23. Empirical Study of Technological Integration Risk in Overseas Investment　399

23. 1　Empirical Study of Technological Integration Risk in Overseas Investment: From the Viewpoint of Resource Similarity and Complementarity　399

23. 2　Empirical Study of Technological Integration Risk in Overseas Investment: From the Viewpoint of Technology Transfer　406

23. 3　Summary　415

24. Case Study of Technological Integration Risk in Overseas Investment　417

24. 1　Basic Framework of Case Study　417

24. 2　Zoomlion's Acquisition with CIFA　418

24. 3　Geely's Acquisition with Volvo　425

24. 4　Universal's Acquisition with Scheler　431

24. 5　TCL's Acquisition with Tomson　438

24. 6　Contrastive Analysis　443

24.7　Summary　446

25. Generation and Dynamic Evolution of Cultural Integration Risk in Overseas Investment　447

25.1　Generation of Cultural Integration Risk in Overseas Investment　447
25.2　Mathematical Model of Cultural Integration Risk in Overseas Investment　450
25.3　Dynamic Study of Cultural Integration Risk in Overseas Investment: Based on Multi-agency Simulation　458
25.4　Dynamic Simulation of Overseas Investment Risk: From the Viewpoint of Organizational Cultural Integration　468
25.5　Summary　475

26. Empirical Study of Cultural Integration in Overseas Investment　476

26.1　Theoretical Discussion　476
26.2　Theoretical Hypothesis　477
26.3　Research Method　483
26.4　Results Analyses　486
26.5　Discussion　493
26.6　Summary　496

27. Case Study of Cultural Integration Risk in Overseas Investment　498

27.1　Basic Framework of Case Study　498
27.2　Shanghai Automotive's Acquisition with Ssangyong　504
27.3　China National Bluestar's Acquisition with Adisseo　513
27.4　Shanghai Electric's Acquisition with Akiyama　520
27.5　Lenovo's Acquisition with IBM　526
27.6　TCL's Acquisition with Alcatel　535
27.7　Benq's Acquisition with Siemens　540
27.8　Contrastive Analysis　546
27.9　Summary　549

28. Generation of Financial Risk in Chinese Overseas Investment　550

28.1　The Risk Enhancement Mechanism　550
28.2　Influencing Factors of Financial Risk in Overseas Investment　553

28.3 Summary　558

29. Empirical Study of Financial Risk in Chinese Overseas Investment　559

　29.1　Empirical Study of Financial Risk in Chinese Overseas Investment　559
　29.2　Empirical Study of the Influencing Factors of Financial Risk in Overseas Investment　566
　29.3　Summary　571

30. Case Study of Financial Risk in Overseas Investment　572

　30.1　Basic Framework of Case Study　572
　30.2　Minmetals' Acquisition with OZ　573
　30.3　Chinalco's Acquisition with Rio Tinto　578
　30.4　Summary　581

31. Supporting System of Prevention and Management Strategy of Managerial Risk in Chinese Overseas Investment　582

　31.1　A Pandect of Managerial Risk in Chinese Overseas Investment　582
　31.2　International Experience on the Prevention and Management of Managerial Risk　584
　31.3　Supporting System of Prevention and Management Strategy of Managerial Risk in Chinese Overseas Investment　587
　31.4　Summary　593

Appendix　595

Main References　681

第一篇

中国海外投资区域
风险防范与管控
战略

第一章

海外投资区域风险的国内外研究现状述评

第一节 区域风险对海外投资的影响

区域风险是企业海外投资风险中覆盖面最广也是投资企业需要考虑的首要问题，主要涉及对东道国的选择。根据伊顿、格尔瑟维茨和斯蒂格利茨（Eaton, Gersovitz & Stiglitz, 1986）[①]论述，区域风险是一个主权国家能够履行国家承诺的不确定性。区域风险的分析依赖于经济、社会和政治的不平衡可能会给该国家以及对该国家进行的投资回报率产生波动。因此，本书对海外投资区域风险使用如下定义：

"区域风险是一个主权国家能够履行国家承诺的不确定性。区域风险的分析依赖于经济和政治（包括社会）的不平衡可能会给该国家以及对该国家进行的投资回报率产生波动"。

一、区域风险因素识别与评估研究

区域风险的范围非常广，它主要涵盖了政治、经济以及社会等风险因素。在

[①] Eaton, J., Gersovitz, M. and Stiglitz, J. *The pure theory of country risk*. European Economic Review, 1986, 30: 481-513.

本书研究中，关注系统性风险和特殊风险的不同特征，本节重点分析具有稳定性特征的上述三类风险因素。此外，制度视角下海外投资区域风险的研究对直接风险因素进行了延伸，拓展了相对稳定的风险发生环境和形成背景，有力地解释了在给定行业和企业差异条件下，跨国企业在不同东道国获利能力的差异化表现（Christmann，Day & Yip，1999；Makino，Isobe & Chan，2004），特别是针对新兴市场的研究。因此，一些制度化的因素被政治特征数据库（IPD）和世界治理指标（WGI）等研究纳入政治、社会或经济的评价体系，这也为我们的海外投资系统性区域风险因素识别提供了一个好的思路。

（一）政治与社会因素

一般政治风险有：政局风险，指由于投资东道国政局不稳定造成的风险。政策变化风险，指由于投资东道国有意变更政策而可能给外国投资者造成的经济损失，是投资环境不稳定的一种表现形式，如国有化风险、投资企业被迫将股份折价卖给其他投资者等（Nordal，2007）和设置贸易关税、非关税壁垒、对外来投资经营范围和股权比例的限制等（郑先武，1998）；转移风险，指东道国禁止投资企业转移产品获利润的风险，其中，汇兑限制、实行外汇管制间接地限制投资者将其投资原本、利润和其他合法收入转移到投资所在国境外。

政治制度包括政府和他们对关键角色，例如政客和政党，施加的限制。政治制度决定例如在税收和关税方面（Casson，1982；Grubert & Mutti，1991），投资管制方面（Contractor，1990；Djankov et al.，2002），外国所有权的限制（Gomes-Casseres，1990），政府保护（Boddewyn & Brewer，1994；Salorio，1993）以及外汇管制方面（Casson，1982）的政策。一些东道国政策阻碍了外国经营的盈利机会。这样的政策例子是当地政府提高准入限制（Bergara，Henisz，& Spiller，1998），引入有着良好管理和采购条件的本地竞争者（Henisz，2000b），以及改变贸易协定和投资法规处罚国外经营（Bergara et al.，1998；Henisz & Zelner，2005）。然而一些本地政府通过给予投资激励来引入外国直接投资，例如对投资风险的保护和贸易和投资的许可，或者例如通过政府购买与垄断，保证其超越本地竞争对手在经济和非经济贡献的回报上具备的比较优势。政治制度同样制定和执行法律（Rodriguez，Uhlenbruck & Eden，2005）。法律缺乏透明度或者强制力不足都会导致对知识产权的保护不足（Ostergard，2000）和广泛传播的腐败（Habib & Zurawicki，2002）。对产权的保护不足阻碍了企业追求创新和有竞争力的经营（North，1990）。腐败的蔓延会为外国企业参与政治行为创造机会，但是也能够威胁到他们从经营中获得公平租的能力，因为他们被迫在非生产性行为中浪费资源。诚然，腐败被认为是一个在经济活动中比法律税还要昂贵的税收

(Habib & Zurawicki, 2002)。

特别地，米勒（Miller, 1992）认为社会与文化风险来自东道国居民的信仰、价值观和生活态度，这些因素未必在政府政策和商业惯例中有所体现。社会与文化风险体现在当东道国劳动者的价值观与投资者差异较大时，会采取的一系列无法预料的行为的可能性。社会与文化风险可能仅仅表现为小范围的罢工、游行，但也可能引起更大范围的政治动荡，所以社会文化风险与政治风险难以分割。

（二）经济因素

一般经济风险，指在经济全球化背景下，投资东道国的经济环境变化对海外投资造成的影响，在评估区域风险的生成机制的框架时，一些学者强调也要考虑经济变量（Alon & Martin, 1998; de la Torre & Neckar, 1988; Monti-Belkaoui & Riahi-Belkaoui, 1998）以寻求"因为什么引起了潜在的问题"（de la Torre & Neckar, 1988）。经济风险与政治风险息息相关，如果国家政局稳定、经济发达，那么利率和汇率的波动相对平稳，于是，企业能够有一个合理的预期，对企业投资的影响也较小。

经济制度，普遍涉及市场中介，决定了经济行动的激励和约束（North, 1990）。市场中介机构包括如投资银行家、审计师、律师、顾问、经纪人、交易商、经销商。中介机构诚信地在交易双方之间交流信息（如销售者、消费者、投资者和债权人），并且在产品、资本和金融市场中服务于解决信息问题和降低交易成本（Akerlof, 1970; Diamond, 1984; Khanna & Palepu, 1997, 2000a; Khanna & Rivkin, 2001）。当诚信的中介机构的可得性不满足（Khanna & Palepu, 1997, 2000a），企业会发现借债很贵，为了获得必需的投入，并且寻找适合的专业的中介机构服务（Khanna & Palepu, 2000）。经济制度还涉及支持经济交易的基础平台供应者。这个支持平台有着三个形式：物质的、人力的和技术的。物质平台涉及当地经济发挥作用所需的基本设施、服务和设备。人力平台涉及熟练劳动力和企业获得新知识的社会或者专业网络（Saxenian, 1994; Teece, 1986）。技术平台涉及波特（Poter, 1990）称为技术发展的"母国基础"，利用该基础企业能够在一个特定的行业中塑造起比较优势。这三类支持平台在企业的经营、知识并购和技术发展中产生效率。

二、政治风险生成与演化特征

内部—政治风险：理解东道国的政治状况包含两方面的内容：一方面是社会

结构、人民的不同信仰和期望；另一方面是国家领导质量、政府的相对力量、国家机构的力量和传统，更普通的变量如官方腐败和社会动乱（de la Torre & Neckar，1988）。因此，研究通常包括：政治稳定性、民主水平和红色地带和腐败的水平。政治稳定性是指"政治波动性，会显著改变商业环境"（Robock，1971）。政治不稳定性或政治系统未来的不稳定性，会导致政策不稳定性。企业会面临不同的税收规则，进口限制或由于体制变化而被没收，并最小化对政策可信度低的市场的承诺（Henisz & Delios，2001）。然而，不是每种制度的改变都会引起政府政策的改变。政治稳定性本身通常被其他政治和社会经济因素影响（Balkan，1992；Brewer，1985）。最后，政治转变不需要突然，但破坏效应同突然的政策一样（Minor，2003）；民主水平指被选举的就职于行政和执法机关的政府人员放映了民众意愿。艾和伊斯（Aii & Isse，2004）认为民主机制比集权机制更有经济活力，因此更好地满足人民的需要。他们发现民主更不易出现激进的政策但政治上并不比极权稳定。Balkan（1992）发现了民主和政治风险的相反关系。东道国政府红色地带通常指运行/管理规则和流程的多层性，通常是政治引起的并且是测量政府运行效率的指标。在特别的范围，它也包括腐败和贿赂。每个国家对于腐败都有一定程度的容忍度。但当超出这个范围，腐败对政治系统的稳定性会产生风险（Raddock，1986）。腐败的持续对于跨国公司是一种风险，因为预示着随时间增长而增加的贿赂需求。赵、金和杜（Zhao, Kim & Du, 2003）发现，更少的腐败和更多的透明化对FDI有更大吸引力。

外部—政治风险：政治风险通常来自外部。需要考察的要素包括国际事务的位置，区域和国际政治冲突和合作等。通常，政府对国际事务的态度可以影响政治冲突或同关键合作者的合作。区域和国际政治冲突和合作是指国际大事包括东道国和母国的关系如外交联系的破裂及东道国和第三方国家的如创造区域贸易集团（Nigh，1985）。东道国对外国企业的态度指现行政治体制对外国投资和贸易的全球态度（de la Torre & Neckar，1988）。这种态度是政治风险的信号并且是意识形态、民族主义和政府干预市场的倾向的综合结果（Toyne & Walters，1993）。

三、经济风险生成与演化特征

内部—经济风险：内部经济要素包括评估东道国的经济和它的发展速率（de la Torre & Neckar，1988）。使用经济发展水平的评价指标如人均收入、价格指数、收入分配和经济增长。人民期望和经济现实的巨大缺口显著地增加了改革的可能性（Knudsen，1974）。高的人均收入和快速的经济增长对国家的风险水平有积极的影响（Cosset & Roy，1991）。

外部—经济风险：区域风险分析必须考虑外部经济状况（de la Torre & Neckar，1988）。在这方面，要素包括外国贸易和贸易障碍、外部债务、总体的国际收支平衡、资本流动和通常的因素如汇率。文献通常包括以下指标：保护主义水平、外债水平、资本流出限制和汇率稳定性。东道国的保护包括关税和配额方面的进口限制（Rice & Mahmoud，1990），买方规则，当地含量限制。东道国现行保护主义的水平和其他要素，帮助决定东道国政府在未来的保护政策走向；东道国的外债水平也是一个重要的因素，因为有较高水平外债的国家需要管理债务并同外国银行和多边机构如国际货币基金组织进行协调。这些协调的结果和因此导致的政策转变很难预测并且会潜在地提升政治、社会和经济的不稳定性（Miller，1992）；资本流动限制是指东道国政府对外汇储备的限制（Eiteman, Stonehill & Moffett，2004），或政府屈服于政治压力时实施的（Sethi & Luther，1986）。因此，资本流动限制是当经济困难和被政治游说时政府想要干预市场的象征，目前资本流动限制水平预示着未来水平的高低（Hashmi & Guvenii，1992）；汇率稳定性是指政府会引入新政策的可能性，如因为迅速的贬值导致的外汇管制（Eiteman et al.，2004），通常，不稳定的汇率导致主要的经济问题，会导致跨国经济增加的政治风险（Eun, Resnick & Brcan，2005）。

第二节 区域风险对海外投资的影响

近期研究区域选择和国际化经营绩效的文献中，卡吉奇等（Cakici et al.，1996）比较了美国企业对外收购和外国企业对美收购的财富效应。他们发现对两种竞价者都有着显著的财富效应。卡麦斯和穆克吉（Kiymaz & Mukherjee，2000）同样指出美国竞价者显著的财富获得并且给出了财富获得同两个国家经济同向移动水平的相关性。米尔曼、维梅洛、艾瓦尔和阿韦拉埃斯（Milman, D'Mello, Aybar & Arbelaez，2001）指出很多拉美国家使用对美国的并购作为在全球环境中竞争的有效途径。卡麦斯和穆克吉检验参与跨国并购美国企业的风险变动。结论显示当风险下降的显著水平各国不同时，美国企业的风险在下降。祖卡斯和朗（Doukas & Lang，2003）展示地理位置的多元化增加了股票持有人的价值和提高企业的长期业绩。

但同样也有研究指出并不是所有的海外投资都能显著提高企业经营绩效。卡麦斯（Kiymaz，2004）发现美国金融竞价者在并购声明中遭遇不显著的财富收入,而穆勒和施林曼(Moeller & Schlingemann, 2005)给出在国际并购中并购企业比国内并购获得较低的财富。祖卡斯和阚(Doukas & Kan, 2006)发现海外投资企业股东价值损失与杠杆效应密切相关而全球多元化并没有破坏股东价值。

在大量以跨国企业视角研究海外投资活动带来国际多元化经营对企业绩效的影响之外,一些之前的研究检验了对跨国企业商业活动和绩效水平的国家层面影响。其中一组研究关注于东道国的比较优势,这是由生产中"自然继承"因素的可利用性差异中衍生的(例如,劳动、土地和资本)(Dunning, 1980, 1988, 1993),并且检验了为什么跨国企业选择将他们的子公司选址在一个国家而不是别的国家来提高生产率。另一组研究关注于母国的比较优势,这是由在母国"被创造的"能力的差异产生的——特别是带来研发升级创新和技术的优势(Porter, 1990),并且检验为什么,在一个特定的行业里,源于母国的跨国企业表现优于那些来自其他国家的企业。还有一组研究关注于跨国企业的比较优势和东道国比较优势的相互作用(Kogut, 1985),并且解释了跨国企业是如何从国家间相似性(集聚)和差异性(套利)中盈利(Ghemawat, 2003)。

此外还有一组文献从东道国视角出发,分析和估计国家风险(例如,Conklin, 2002; Oetzel, Bettis & Zenner, 2001; Mudambi & Navarra, 2003; Click, 2005),这些研究大体上一致认为国家风险是政治、经济、社会和金融因素的产物。例如康克林(Conklin, 2002)提出在选址进行国际商业活动时,评价国家风险是一个核心的过程。奥策尔等(Oetzel et al., 2001)勾勒出国家风险评估的有效性。可里克(Click, 2005)使用资产回报作为资本和影响该回报的因素的检验指标来检验美国 FDI 的风险。发现金融风险揭示了一些国家的风险差异但没有解释国家的风险与政治风险相关。厄尔布、哈维和维斯肯塔(Erb, Harvey & Viskanta, 1996)指出国家风险测量与未来股权回报正相关。同样的结果参见戴蒙特等(Diamonte et al., 1996)在他们对新兴和发达市场政治风险影响研究。他们更深入发现在政治风险逐步降低的新兴市场的回报要高于政治风险渐高的其他市场。在一个相关组的研究中,哈比卜和茹拉维茨基(Habib & Zurawicki, 2002)检验了 FDI 和腐败的关系并且指出腐败对 FDI 有着负影响。韦策尔和伯恩斯(Weitzel & Berns, 2006)使用跨国和国内并购者数据说明腐败和收购报价负相关。

总的来说,无论是从企业内部经营角度还是从东道国风险角度,海外投资活动本身就充满了对回报的不确定性,根据上文对海外投资区域风险的定义,我们将主要从经济和政治(包括社会)的不平衡的基础因素进行分析来认识海外投资区域风险的程度和变化。

第三节 海外投资区域风险研究方法

区域风险分析的历史可以追溯到 20 世纪 60 年代，也即阿维莫维奇（Aveamovic，1968）在世界银行进行对影响国家支付由此确定对外负债能力的因素的一项系统检测。被银行和其他机构用于区域风险分析的方法可以大体上分为定性的和定量的。美国进出口银行 1976 年做的一个调查将银行对区域风险评估的方法分为四类：全定性分析、结构化定性分析、列表分析以及其他定量分析。

全定性分析（fully qualitative method）通常对一个国家进行非格式化的深入分析。它通常采用包括一个国家经济、政治和社会条件及展望的报告的形式。这是一种针对性分析（adhoc）的方法，让使用者很难与别的国家进行比较。这种方法的一个优点是能够在评估中用来评价国家的特殊优势和问题。

结构化定性分析（structural qualitative method）使用一些规定了具体范围和重点的标准化表格。因为它有着跨国的统一形式并且包含经济数据，能够比较容易地进行国家间比较。然而，分析员还是会作出大量的主观判断。这种方法在 20 世纪 70 年代后期银行间最为普遍。商业环境风险评估（BERI）S. A. 提供的政治风险指数就是利用结构化定性方法对区域风险评级的一个例子。

列表分析（清单法）利用包含定性和定量在内的特定指标对被评估国进行打分。以定量变量为例，这样的评分不要求个人的评判甚至是被评估国的第一手信息。然而，对于定性变量，这样的评分要求主观决断。每一个项目都由从最低到最高分度量。分数加总后就会被用于测量区域风险。通过对每一个指标赋予一个权重来区分每一个组成变量对总分的影响，这就是加权清单法。这种方法的主要优势是最后加总的分数能经得起复杂的量化处理。这样的处理能够在区域风险评估中审视清单的准确性。最近几年，这个方法受到银行和一些国家评级机构的欢迎。

风险量化旨在通过对风险相互作用的评估来评价项目可能的结果，以此确定哪些风险和机会需要应对，哪些风险和机会可以接受，以及哪些风险和机会可以忽略。目前国内外对风险量化的研究方法可归纳为两类：一是基于数理统计的风险量化方法；二是基于专家知识的风险量化方法。基于数理统计的风险量化方法以大数定理为理论基础，依赖充足历史数据的分析，得出作为概率近似的风险频率。这种方法在实际中由于历史数据非常有限，其使用受到了限制。基于专家知识的风险量化方法以风险分析人员和有关专家对风险因素所作的主观估计为依据，在运用中存在一定的主观性。

第四节　现存研究空间

在大量关于海外投资区域风险的国外文献中，大多数研究是利用发达国家的对外投资作为研究样本，而发达国家跨国企业是在一定市场基础和较完善的风险保障体系下开展投资活动。就中国目前企业的投资经验、风险管理和控制水平、对外部市场的适应程度和世界的接纳度而言，与发达国家成熟的投资体系相去甚远。如何在界定并测度海外投资风险之后，从企业自身能力、动机、外部环境支持等方面确定的企业投资的风险偏好及风险容忍度与东道国风险状况及发展目标之间的匹配度入手，解决企业在海外投资决策中的区域风险识别和管控难题，构建一套多元的、灵活有弹性的风险防范体系，是我们接下去研究的重点。

第二章

中国海外投资区域风险的生成结构研究

随着全球经济一体化，海外投资不再是发达国家之间相互吞并形成垄断优势以及向发展中国家转移淘汰产业以及获取廉价资源的专用手段。许多的发展中国家已进入海外投资行列，并且涉及到新兴市场国家的海外投资呈现出前所未有的特征。虽然，越来越多的研究关注中国海外投资决定因素，但研究结论并不一致。巴克利等（Buckley et al., 2007）发现中国的海外投资一般是去政治制度不完善的国家（高政治风险），然而张和钱（Cheung & Qian, 2008）发现政治制度没有显著影响，并且发现中国的海外投资一般是去自然资源丰富的国家，郑和马（Cheng & Ma, 2008）的文章没有将政治制度和自然资源作为解释变量来充分论证二者对海外投资的影响。

除了最关键的国家制度问题（North, 1990）外，投资企业具有一定的国籍，而东道国与母国之间存在着外交和政治战略关系。贸易关系、外交关系以及母国对东道国企业的干预程度等因素构成的"政治敏感度"，补充解释中国海外投资风险的特殊表现。除了东道国制度引发的种种政治、经济和社会风险外，投资行业本身所特有的资源属性差异也极大地影响着东道国政府政策干预力，进而决定其海外投资的风险分散方式。因此本章从投资企业、东道国和母国的关系出发，利用与各主体相对应的资源观、制度观和政治敏感度来系统化分解各主体特性，力求合理解释中国海外投资区域风险的状况和层次架构。因此，本章将从"制度因素+资源因素"的基本模式下，探讨制度观、政治敏感度和资源观影响海外投资区域风险的形成机制。

第一节　中国海外投资区域风险决定因素

大量研究暗示中国的投资者可能和其他投资者对东道国的影响因素反映不一，至少在制度变量上是如此。理论研究指出东道国完善的政治制度将会降低做生意的风险和成本同时增加生产率（Blonigen，2005），因此吸引着外商直接投资。大多数关于海外投资的经验研究都证实了东道国的政治制度和吸引海外投资存在正向关系（Asiedu，2006；Gani，2007；Globerman & Shapiro，2002；Harms & Ursprung，2002；Wei，2000）。然而贝纳西－格雷、库佩和迈耶（Bénassy－Quéré，Coupet & Mayer，2007）认为这些研究并没有控制内生性问题，指出没有看到任何研究表明不完善的政治制度会增加外商直接投资的流入。然而在邓宁（Dunning，1993）的OLI框架中，自然资源就是当地的优势之一，他们对外商直接投资影响的经验研究仍较少。当以石油为虚拟变量的时候，哈姆斯和乌尔施普龙（Harms & Ursprung，2002）获得了混乱的结果。同时阿塞杜（Asiedu，2006）发现对于所有流入非洲的海外投资资源有显著影响。

许多理论机理可以解释为什么中国的投资往往流向有着丰富自然资源或者政治制度不完善的国家，在某种程度上也解释中国海外投资不同模式。从理论观点上来看，中国海外投资的两个主要背景可以用来解释中国海外投资同东道国政治制度、自然资源以及其交互影响的关系。

第一，中国海外投资的企业主要都是央企，尽管这一趋势从2006年以来出现了下降，但2009年，67.6%的中国非金融海外投资是由央企完成的。在海外投资排名前五十的企业几乎全是国有体制。尽管大多数央企都发行上市，但是政府仍然有主要控制权以及任命行政长官，主要是从党政里面出来的（Morck et al.，2008），他们附带的政治目的可能是促进本国的发展（Deng，2004），或者是为了支持中国的外交政策，促进东道国的发展（Yeung & Liu，2008）。这将会促使更多的中国直接投资投向更加贫穷的国家，这个经验研究是无法证实的。然而一些研究也表明中国的海外投资逐渐变得商业化（Cheng & Stough，2007；Hong & Sun，2006），但是同其他国家相比央企的政治目的依然相对很重。甚至连私人企业的海外投资政治气息都是很重，因为他们投资海外会受到政策的支持和刺激。

第二，其他国家相比中国的海外投资可能也反映着不同的机会和刺激，尤其是同其他发达的海外投资国相比，中国有着不一样的制度环境。例如，中国的股票市场管理制度相比其他主要国家较不完善，仅仅有15%的中国海外投资企业在美国上市（Hung et al.，2008）。许多研究争论到本国的政治体制影响他们的竞争优势（Belloc，2006；Costinot，2009；Levchenko，2007）。就海外投资而言，一些研究表明投资模式没有反映更好更差的政治制度，以及本国和东道国政治体制的相似性。举例来说，哈比和茹拉维茨基（Habib & Zurawicki，2002）发现两个国家腐败程度的差距对双边外商直接投资有负的影响。中国的政治制度可能是决定其投资某个国家和地区的重要决定因素。

相应地，许多中国海外投资的研究表明中国的企业在政治制度不完善的国家有竞争优势。同那些来自发达国家的企业相比，中国企业对于如何处理复杂的双边关系更有经验，他们会利用广泛的个人或者社会网络代替了正式的制度体系（Shafer, Fukukawa & Lee，2007；Tong，2005）。所有这些争论汇集到一个假设上：中国的海外投资可能喜欢去那些政治制度不完善的国家。实际上中国的央企的行为带有一定政治目的对该假说产生了影响。一些研究争论央企的焦点在政治权宜的投资，经济和政治的背景导致其承担了过多风险以及无利润的投资（Buckley et al.，2007；Morck et al.，2008；Yeung & Liu，2008）。政治体制的一个主要效果就是降低风险（Blonigen，2005），这再一次表明中国的投资可能喜欢去政治制度不完善的国家。

对于自然资源，许多研究表明中国在资源丰富国家的投资是为了获得能源和其他资源的安全保证（Cheng & Ma，2008；Deng，2004；Hong & Sun，2006；Morck et al.，2008）。弗莱纳斯和保罗（Frynas & Paolo，2007）将这个视为中国在非洲投资的主要目的。能源安全被视为维持经济高速增长的必要保障，这是政府未来所要依靠的。鉴于其他国家由于能源短缺或者能源价格增长而带来社会不稳定的经验，这被视为维持政治统治的最为关键的东西。考虑到石油在全球的重要性，控制能源资源是具有高度战略意义的，而金融危机后中国加快投资自然资源也反映这一点。

以往的实证验证这两个假设都是认为它们是相互独立，然而我们认为这两个变量是有相关性的；也就是制度对中国海外投资的影响取决于这个国家的自然资源水平。许多关于资源和发展的研究指出，这些资源可以为国家的一些人提供相当大的寻租空间，这些租金导致腐败（Kolstad & Wiig，2009）。一份研究石油企业在安哥拉的投资也提到制度可能降低风险、成本以及增加生产率，制度同时也对利润在企业、东道国政府以及东道国居民之间分配产生影响（Wiig & Kolstad，2010）。

综上所述，东道国自然资源越丰富，那么该国政治制度的完善性对吸引中国的海外投资有负的效果。或者相反地，一个国家政治制度越不完善那么自然资源可以吸引更多的中国海外投资。下面，我们将系统地从制度、资源视角下分析区域风险的发生可能。进一步，正如上文所述，双边政治敏感度也是决定投资量及投资风险的一个重要影响变量。不同于以往的投资决定因素分析，我们着眼于东道国制度和资源条件的另一面——风险因素的生成与演化，综合分析中国企业海外投资的区域风险。

第二节　制度、资源与海外投资区域风险

一、制度因素与海外投资区域风险

不同于传统的国家制度观，我们认为制度和其他风险因素一样，存在内部和外部维度之分（Agarwal & Feils，2007）。内部维度指东道国国内政治、经济和社会因素反映的制度发展水平，而外部维度则强调其外部政治、外交和经济活动对与外国直接投资绩效相联系的两国间政治敏感性。我们认为，基于自然资源的地域性分布特征，资源型海外投资应放到更广阔的制度和政治空间中研究。

（一）制度的内部维度：制度发展水平与投资风险

每个国家在其制度环境和制度发展水平的差异很大。海外投资的区域风险主要来自东道国的投资环境，而东道国的投资环境因素大多决定于其国家制度发展水平，因为国家制度调整着企业在该国从事商业活动的成本（Henisz，2004）。针对新兴市场的研究表明，较低的制度发展水平主要是因为制度规范缺失、无效率或者缺乏强制性（Hitt et. al.，2004）。缺乏可靠的市场信息、有效的中间机构、可预期的政府行为和有效的政府就造成了"制度缺失"（Khanna & Palepu，2000a）。缺少在该制度体系下的合法性基础，制度缺失使得海外投资涉及主体之间的市场交易昂贵并且带来转型无效率（Henisz & Zelner，2005）。海外投资企业在制度发展水平较低的国家投资特别是参与本地化经营，在"制度缺失"的情况下更有可能面临昂贵的市场交易和低效率的整合，而在较高制度发展水平国家中经营的企业能够利用发展较好的制度所带来的优势以合理预期投资收益。尽管制度的评价不能够按照传统的规范性评价进行，但完善的国家制度扮演着促进降低不确定性和交易、搜寻和生产成本的互动的角色。有着更好制度的国家为海外投资提供了更有利的体制环境，就对海外投资企业投资和经营的盈利能力产生了积

极的影响。一种极端的在制度安排下的区域政治风险便是征收，而渐进式征收和差别征税也更多地出现在存在拥有强势政府和较大制度缺陷的国家中。我们认为制度发展水平越低，由于"制度缺失"带来的市场失灵就越严重，而海外投资者基于对不确定性市场上"成本—收益"的不明确预期，会提高投资者的成本预算。此外不同类型海外投资的特质而导致该额外成本无法转嫁，这样会继续增加投资者不能合理预期投资收益且做出适当经营决策的风险，因此极可能落入"高成本—低收益"的风险区。

（二）制度的外部维度：政治敏感度与投资风险

"政治敏感度"是我们对由两国之间外贸、宗教文化、地理距离、政治体制等外部战略关系带来双边政治摩擦导致投资风险变化的总体概括。我们认为，一国的政治敏感度不仅包括外部政治环境，还包括其世界经济地位和环境。外部政治环境通常与东道国与其他国家关系和交往活动相联系，需要考察的要素包括国际事务的位置、区域和国际政治冲突和合作、对外国企业的态度等。通常，政府对国际事务的态度可以影响政治冲突或同关键合作者的合作。区域和国际政治冲突和合作是指国际大事包括东道国和母国的关系如外交联系的破裂及东道国和第三方国家的如创造区域贸易集团（Nigh，1985）。东道国对外国企业的态度指现行政治体制对外国投资和贸易的全球态度（de la Torre & Neckar，1988）。这种态度是政治风险的信号并且是意识形态、民族主义和政府干预市场的倾向的综合结果。进一步，考虑东道国区域风险的地缘因素，我们确定政治敏感度的外部政治环境因素主要包括：（1）两国之间的地缘关系，主要指国家间地理、防卫距离；（2）国家状况，主要指东道国相对大小和强弱；（3）全球地缘政治格局，主要包括东道国在国际事务中的地位，包括政治事务和经济事务，如是否为联合国安理会理事国等，这决定了其影响世界经济和政治走向的话语权和强制权；（4）国家之间的战略合作关系，主要是和中国的外交关系，外交关系的亲近程度影响政府间决策的偏向性，也决定企业进入该市场面临的贸易和投资保护。

二、资源因素与海外区域投资风险

宏观区域风险效应可能十分剧烈，特别是当一个政府被推翻或者其经济社会发生变革的时候，而企业面临的微观风险同样也是重大的而且不可预期的，往往更加频繁和普遍的，但是针对宏观制度对企业的影响或微观政治风险的评估相对较少被关注（Al Khattab et al.，2007）。微观风险并不独立于宏观风险。这两种构建在经济、社会和政府环境上分享着一些共同要素。微观风险评估被用来增加或者调整宏观风险得分（Alon & Herbert，2009）。有着特殊敏感性的企业更有可能受到特定宏观风险的影响；因此，资源型企业对政治干预更加脆弱。因此，我们在宏观制度因素中特别引入行业对目标资源分散能力的差异表现来观察区域风险。

海外投资的目标资源可分为有形资源和无形资源，而所有类型的海外投资都可认为在寻求某种本国并不具有战略优势的资源。迈耶等（Meyer et al.，2009）指出随着对本地资源的没有需求→需求有形资源→无形资源，外国投资者进入难度加大，这需要投资者有着更强的环境适应力，例如策略和组织灵活性，能够提升在东道国多变环境下的竞争力（Uhlenbruck et al.，2003）。我们假设每个企业在投资之前都有一个或几个备选投资目的地，当一个方案受到阻碍，会利用企业所有的资源以最低成本调整到另一个目的地。如果投资目的地是唯一的，那么当该国出现不可避免风险时，该风险损失无法分散。因此，由于每个大洲内的国家之间有着在地质状况、文化、政治沿革、气候等各方面的相似性，我们认为对东道国的资源投资是可以在该国所在大洲内分散的，我们将其定义为"资源风险分散度"。

上述分析表明，资源型海外投资有别于其他类型的投资，容易受到东道国制度和政治力量的影响；但由于其资源特性，在一定程度上可以分散或转移，因此在合理的框架内研究其风险决定因素和总体风险水平差异是非常具有实践意义的。

第三节　制度和资源对海外投资区域风险的影响机制

制度缺失造成了公共或者私人的额外非市场商业成本（Kurtzman et al.，2004），但同时一国的富裕程度所形成的市场吸引力仍然成为海外投资的吸铁石，这是因为不同类型的海外投资能够通过不同的方式转嫁该部分超额成本（Brouthers et al.，2008），从而削弱东道国的制度缺失所带来的成本上升对海外投资的负影响。不同于市场寻求型海外投资、战略跟随型等其他类型投资，资源寻求型海外投资的三个特点决定其经济和社会发展水平的高级化并不能够补偿其制度缺失的负影响：（1）资源寻求者的动机——跨国配置产品以便于获得较有竞争力的劳动成本以及可信赖的投入供给（Bartlett & Ghoshal，1988）。（2）资源寻求者的活动范围——参与企业全球化竞争而不是局限于东道国市场，资源寻求者对于东道国市场的认识要少于其他类型投资者，并且因此对于市场不稳定性的准备也不那么充分（Pan & Chi，1999）。（3）资源寻求者的适应性——倾向于比市场寻求型投资更加大额以及流动性更差（Nachum & Zaheer，2005）。因此，相对于其他类型的海外投资，资源寻求型海外投资对本地化资源的依赖程度更高，而其对该国投资风险的分散能力更弱。

资源寻求型海外投资都以一定的东道国资源为对象，总体来说，该资源包括有形资源和无形资源。在本章中，前者主要关注于矿产和石油一类的自然资源，而后者则是主要是被本地企业控制被掌握的系统资源，如社会和政府关系、需求的技术和专利等。这些资源都是与当地环境紧密相连的，可以称为特定环境资源（Meyer et al.，2009）。特定环境资源的获取可以使企业获得更多的竞争优势（Meyer & Peng，2005）。而外国投资者对这类资源的依赖程度决定其所需要采取的战略措施也不同，例如采取不同的进入策略（Meyer et al.，2009）。因此，从资源观角度对制度发展水平对投资风险影响的补充有两个方面：

第一，在如合同法和财产权的强制性等法律制度较弱的国家，企业需要依赖于更多的市场网络和关系基础，来拓展强制实现合同的能力，通常是非正式的，多使用规范而不是诉讼。因此，和其他企业建立网络和关系，在发行渠道拥有代理商以及有着当地政府的支持是在新兴经济中的所有重要的资产（Peng & Heath，1996）。

第二，特定环境适应能力，例如策略和组织灵活性，能够提升在东道国多变环境下的竞争力（Uhlenbruck et al.，2003）。另一个能够与被投资企业共享的重要能力是关于管理大量的本地劳动、管理和政府当局的交往以及发展能够使企业建立和拥有网络及关系的能力（Henisz，2003）。

因此，从制度和资源对海外投资区域风险水平存在交互影响的视角分析，制度的内部维度——制度发展和资源风险分散度共同决定区域风险水平（强度），而制度的外部维度——政治敏感度则体现在风险发生概率（密度），于是我们提出核心观点：

制度水平越高的国家海外投资宏观区域风险普遍较小，但由于资源分散能力和政治敏感度的调节作用，资源型海外投资区域风险的实际水平受东道国制度发展水平、双边政治关系和资源风险交互作用的共同影响。

第四节 本章小结

本章从系统性风险角度出发，首先通过中国海外投资的资金流向来厘清中国海外投资的主要动机及变化，结合文献研究及国家制度发展分析在宏观层面上指出制度因素会构成东道国海外投资区域风险的系统风险，在宏观层面上具有一定的稳定性。进一步就中国海外投资行业及地缘政治学分析，资源因素和双边政治关系与宏观制度因素交互影响，共同决定了海外投资区域风险的实际水平。这很好地解释了中国海外投资的地区分布状况及近年投资案例的成败问题，同时也为下文中国企业资源型海外投资区域风险评估体系的构建提供理论支撑。此外，为补充论证中国另一类重要的海外投资——制造业海外投资的区域风险特征，本书还将设计一个区别于资源型海外投资区域风险的实证研究，来完善中国企业海外投资区域风险的要素和结构及国别风险差异分析。

第三章

中国海外投资区域风险的实证研究：
以自然资源型海外投资为例

企业进行海外投资的起点就是进行海外投资区域风险（或者国家风险）的评估。大多数研究（Conklin, 2002；Oetzel, Bettis & Zenner, 2001；Mudambi & Navarra, 2003；Click, 2005）大体上一致认为区域风险是政治、社会、经济等因素的产物。例如康克林（Conklin, 2002）提出在选址进行国际商业活动时，评价区域风险是一个核心的过程。奥策尔等（Oetzel et al., 2001）勾勒出区域风险

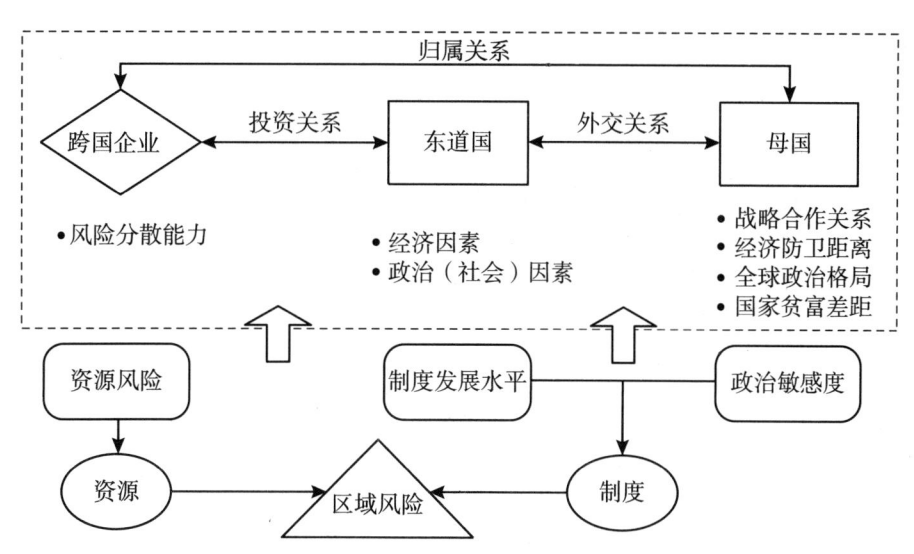

图 3-1 中国自然资源型海外投资区域风险演化体系

评估的有效性。在第二章的基本逻辑框架下，本章着眼于不同动机海外投资对区域风险的不同敏感度，选取资源获取型海外投资为主要研究对象，在宏观区域风险——制度观和微观调节风险——资源观的综合体系下，提出对中国海外投资区域风险的全面校验。

第一节 自然资源型海外投资区域风险的影响因素

新制度观点下检验制度发展对海外投资或公司绩效的影响有两条思路，一是构建母国及东道国之间制度距离变量（Henisz, 2000b; Miller & Eden, 2006）；二是直接检验东道国制度发展水平（Meyer, 2009; Chan, Isobe & Makino, 2008）。我们认为，东道国的制度环境发展各不相同，制度距离仅能反映中国与东道国制度环境的相似性，而不能充分说明该东道国影响国民经济发展和参与商业活动的盈利能力的制度因素。因此，基于陈等（Chan et al., 2008）对制度的分解以及从国际国家风险指南（ICRG）、世界银行（WB）和制度特征数据库（IPD）中对指标数据的针对性配比与替换，我们定义制度发展涵盖经济和政治因素，具体指标描述及来源参见附录 A.1。政治敏感度来源于国家间经贸交往与战略安全关系，通过地缘政治视角能够很好地构建这一评估体系（孔小惠，2010），相应指标可通过世界银行、联合国和中国外交部网站提取。

一、政治（社会）和经济因素

政治（社会）因素。东道国政府通过制定政策来干预外国投资者的活动，如提高准入限制，引入本地竞争者，以及改变贸易协定和投资法规处罚外国经营等，也包括制定和执行法律；同时差异化的社会因素形成了信任、民主、对于生产力基础的认知等，影响到参与外国商业活动的成本。因此政治和社会因素涵盖：（1）法律保障（contract）主要指针对交易和合同的法律保障，1 代表低水平而 4 代表高水平；（2）政府战略合作与发展（strategy），1 表示能力弱 4 表示能力强；（3）公共管理有效性（publicadm），1 表示低水平而 4 表示高有效水平；（4）政治体制（polinstitutions）体现公共权力和自由，1 代表低水平而 4 代表高水平制度框架；（5）军队武装（armedfor）用军队占劳动力比例表示，政治稳定的保障；（6）社会安全、法律和秩序（order），1 代表不安全和无秩序而 4 代表稳定的社会秩序；（7）国家对外开放水平（openess），1 代表低开放度 4 代表高开放度；(8) 信息的信用深度指数 (credit) 指部门或个人在做出决策时能够获得信息的信用参考，1 表示信用度低而 6 表示信用度高；(9) 社会流动性和社会凝聚力 (cohesion)，1 表示低水平而 4 表示高水平凝聚力。

经济因素。经济因素包括决定经济行动的激励和约束，还涉及支持经济交易的基础平台包括物质、人力和技术：(1) 商业自由度 (ease)，1 表示最友好的商业规范和环境；(2) 劳动力市场刚性 (employment)，0 为较小市场刚性而 100 为较强市场刚性；(3) 通货膨胀 (inflation) 通过 GDP 平减因子计算，表示经济中价格的变化率；(4) 税收水平 (taxrate) 由税收占利润的比例计算；(5) 外国直接投资 (netFDIin) 指外国直接投资的净流入；(6) 经济权益用合法权益强度指数表示 (rights)，指经济纠纷中法律保护完善度，1 表示弱而 10 表示强。

二、双边政治敏感度

地理距离。存在文化共通的障碍，东道国和母国之间的地理距离会影响双边海外投资的留存量。针对国际贸易和投资，法国经济研究中心 (CEPII) 特别地将地理距离 geo_cepii 按照 Mayer & Zignago (2006) 的算法取 dist_W 值。将中国到其他国家的 dist_W 标准化分段为：1 表示 16 000～20 000km，2 表示 12 000～15 999km，3 表示 8 000～11 999km，4 表示 4 000～7 999km，5 表示 1～3 999km。

国家状况。经济实力一方面，决定其国际政治话语权和力量，在冲突中更能影响政策的偏向；另一方面，收入水平较高的国家，出于对国民财富的保护，会倾向于制定保护主义政策来干涉外国企业进入。而低收入国家欢迎外国直接投资的进入，因为这带给他们额外的经济增长刺激。因此数据表示：1 为高收入 (OECD 国家)，2 为高收入 (非 OECD 国家)，3 为中等偏上收入，4 为中等偏下收入，5 为低收入。

全球地缘政治格局。政治格局决定在中短期内国家的外部政治力量及可能面临的影响，决定东道国在国际事务中的地位。该数据通过国家担任联合国安理会理事国的次数表示，1 表示常任理事国，2 表示担任不少于 7 次，3 表示担任过 3～6 次，4 表示担任过 1～3 次，5 表示从未担任过。

战略合作关系。中国按照外交关系亲疏，从 1998 年开始将与建交国家的关系分类，按照等级由低至高依次为：单纯建交、睦邻友好、伙伴、传统友好合作以及血盟 5 种关系。随着外交等级的升高，面临的政治敏感度也越低，1 为单纯建交，2 为其他合作关系，3 为睦邻友好关系，4 为伙伴关系，5 为传统友好合作关系。

三、资源风险分散度

最后,利用 [1-(中国在i国投资额/中国在i国所在大洲总投资额占比)] 定义中国海外投资资源风险分散能力。在拉丁美洲的总投资额中我们去掉了英属维尔京群岛、开曼群岛等具有避税性质的投资地;在亚洲的投资中,因中国大陆对中国香港、中国澳门和中国台湾的政策影响,也不计入总投资额,该数据来自《2008年度中国对外直接投资统计公报》。

第二节 风险指标量化及结果分析

一、数据的描述性统计

利用上述体系中的数据来源,按照涵盖面最宽、数据最新以及中国海外投资主要东道国的原则,我们在227个国家和地区中,首先,挑选出118个国家进行2008年的区域制度风险评估。由于制度资源体系是一个包含了分类变量和离散变量的一个混合系统,因此,在实证中我们考虑使用智能聚类法对上述国家区域制度风险进行评估,并且根据方差显著性分析每一类制度水平中哪些风险因素起到了决定性作用。其次,我们从聚类结果中选择中国自然资源型海外投资(主要指石油和矿石类资源)主要投向的44个东道国进一步考察其双边政治敏感度和资源风险依赖度,完善中国自然资源型区域风险实证研究。

数据的描述性统计参见表3-1和表3-2,从表3-1分析出,大多数国家都有着相对合理的制度水平,但仍有一些国家存在着极端的制度水平,如中非共和国183的商业自由度表明在该国家商业管制很严格,而委内瑞拉共和国2008年31.3%的通胀率意味着该国接下来的价格波动率会很大,潜在价格风险上升等。

表3-1　　　　　　　　　　数据的描述性统计

	样本数(N)	最小值	最大值	均值	标准差
ease 商业自由度	118	1.00	183.00	85.7966	56.11946

续表

	样本数（N）	最小值	最大值	均值	标准差
credit 信息信用深度	118	0.00	6.00	3.5932	2.02648
rights 经济权益	118	1.00	10.00	5.3492	2.40558
employment 劳动市场刚性	118	0.00	77.00	30.3864	17.73204
polinstitutions 政治体制	118	1.23	3.98	2.7393	0.69587
order 安全和秩序	118	1.64	4.00	2.9467	0.62959
publicadm 公共管理	118	1.57	3.46	2.4749	0.40146
strategy 合作与发展	118	1.27	3.96	2.3976	0.63733
contract 法律保障	118	1.23	3.78	2.4381	0.49817
cohesion 社会凝聚力	118	1.19	4.00	3.0072	0.61175
openess 开放水平	118	1.49	3.34	2.5922	0.38392
inflation 通货膨胀	111	−1.20	31.30	9.6807	7.06243
taxrate 税收水平	117	10.40	288.70	47.8034	31.77093
armedforce 军队武装	116	0.00	6.39	1.3420	1.34210
netFDIin 外国直接投资	118	−1.99E4	3.20E5	1.3798E4	37319.81740

表 3-2 系数矩阵

	ease	credit	rights	employment	polinstitutions	publicadm	order	strategy	contract	cohesion	inflation	openness	taxrate	armedforce	netFDIin
ease	1	-0.600**	-0.599**	0.533**	-0.622**	-0.350**	-0.592**	-0.724**	-0.417**	-0.513**	0.452**	-0.436**	0.371**	-0.138	-0.294**
credit	-0.600**	1	0.238**	-0.179	0.519**	0.185*	0.406**	0.429**	0.346**	0.408**	-0.289**	0.230*	-0.122	0.045	0.241**
rights	-0.599**	0.238**	1	-0.411**	0.452**	0.277**	0.331**	0.485**	0.270**	0.289**	-0.272**	0.170	-0.261**	-0.057	0.207*
employment	0.533**	-0.179	-0.411**	1	-0.140	0.023	-0.185*	-0.293**	-0.135	-0.281**	0.169	-0.298**	0.335**	-0.194*	-0.188*
polinstitutions	-0.622**	0.519**	0.452**	-0.140	1	0.660**	0.736**	0.763**	0.579**	0.509**	-0.594**	0.221*	-0.078	-0.157	0.287**
publicadm	-0.350**	0.185*	0.277**	0.023	0.660**	1	0.613**	0.518**	0.488**	0.237**	-0.496**	0.020	-0.027	-0.219*	0.067
order	-0.592**	0.406**	0.331**	-0.185*	0.736**	0.613**	1	0.690**	0.550**	0.471**	-0.524**	0.254*	-0.181	-0.147	0.161
strategy	-0.724**	0.429**	0.485**	-0.293**	0.763**	0.518**	0.690**	1	0.582**	0.432**	-0.531**	0.438**	-0.209*	-0.011	0.357**
contract	-0.417**	0.346**	0.270**	-0.135	0.579**	0.488**	0.550**	0.582**	1	0.352**	-0.487**	0.155	-0.004	-0.124	0.383**
cohesion	-0.513**	0.408**	0.289**	-0.281**	0.509**	0.237**	0.471**	0.432**	0.352**	1	-0.373**	0.165	-0.168	0.088	0.169
inflation	0.452**	-0.289**	-0.272**	0.169	-0.594**	-0.496**	-0.524**	-0.531**	-0.487**	-0.373**	1	-0.091	0.100	0.037	-0.230*
openness	-0.436**	0.230*	0.170	-0.298**	0.221*	0.020	0.254*	0.438**	0.155	0.165	-0.091	1	-0.336**	0.231*	0.024
taxrate	0.371**	-0.122	-0.261**	0.335**	-0.078	-0.027	-0.181	-0.209*	-0.004	-0.168	0.100	-0.336**	1	-0.203*	0.047
armedforce	-0.138	0.045	-0.057	-0.194*	-0.157	-0.219*	-0.147	-0.011	-0.124	0.088	0.037	0.231*	-0.203*	1	-0.068
netFDIin	-0.294**	0.241**	0.207*	-0.188*	0.287**	0.067	0.161	0.357**	0.383**	0.169	-0.230*	0.024	0.047	-0.068	1

**：显著性为 0.01，双侧。
*：显著性为 0.05，双侧。

二、智能聚类结果分析

由于数据样本容量不大但是数据结构较为复杂，包括离散的和连续的，且各变量数据之间有着一定相关性，因此在传统聚类方法不能够满足数据需要的情况下，基于人工智能技术的发展，一系列智能聚类方法被发展出来，其中较常见的是两步聚类法。它的特点是计算量较小，能自动判断最合适的类别数，并且给出各变量在聚类结果中的重要性。里奥斯·莫拉莱斯等（Rios - Morales et al.，2009）也运用智能聚类数据分析方法对东道国政治风险进行了预处理。

根据两步聚类法的要求我们的实证分为两步进行。首先，预聚类。为了对我们的研究结果进行更好的评估及应用，我们首先将两个分类变量提取，也就是说将控制变量中的所属区域和收入群体两个变量进行控制和分类。这样做的一个好处是将它们与连续变量分离。其次，按照层次聚类法的原则将 15 个区域风险变量进行二次聚类处理。聚类初步结果参见表 3-3 和表 3-4。

表 3-3　　　　　　　　　　自聚类

聚类组数	BIC 值	BIC 值变动[a]	BIC 值变动率[b]	距离变量比率[c]
1	2 023.331			
2	1 847.044	-176.287	1.000	1.696
3	1 820.112	-26.932	0.153	1.578
4	1 871.818	51.706	-0.293	1.999
5	1 991.452	119.634	-0.679	1.049
6	2 114.242	122.790	-0.697	1.293
7	2 251.741	137.499	-0.780	1.004
8	2 389.424	137.684	-0.781	1.004
9	2 527.322	137.897	-0.782	1.414
10	2 679.797	152.475	-0.865	1.005
11	2 832.453	152.656	-0.866	1.023
12	2 985.909	153.457	-0.870	1.077
13	3 141.811	155.902	-0.884	1.114
14	3 300.966	159.155	-0.903	1.171
15	3 464.278	163.311	-0.926	1.023

a. 该变化是基于表中前一项聚类数量而得。b. 变化的比率是相对于两个聚类结果的变化而得。c. 距离变量的比率是当前聚类组数比上前一聚类组数而得。

表3-4　　　　　　　　　　聚类分布

	组内样本数	有效样本占比（%）	总样本占比（%）
聚类组别 1	35	32.1	29.7
2	47	43.1	39.8
3	27	24.8	22.9
有效样本	109	100.0	92.4
除外项	9		7.6
总样本	118		100.0

表3-3给出了两步聚类法的BIC值，用于确定样本的聚类组数。根据BIC值，即贝叶斯信息准则，数值越小代表效果越好，3、4两类都是可选择的组数，在本过程中，计算机自动给出最佳聚类组数为3。具体结果参见表3-4。第1组中有35个样本，第二组中有47个样本，第三组中有27个样本，其中因为数据缺失去掉9个样本。下面我们将对聚类结果进行详细分析。

图3-2和图3-3给出3个类中所属区域及收入水平的组内百分比分布。组1以撒哈拉以南非洲为主，兼有少量亚洲、中东及北非和拉美地区国家，该组以低收入和中等偏下收入国家为主。组2主要包括拉美、中东及北非、东亚及欧洲、东亚及太平洋国家，这些国家主要是中等收入水平的。组3以欧洲及中亚国家为主，还包括了北美、东亚及太平洋国家，典型的高收入类国家。图3-2、图3-3对分类变量进行聚类之后，可以初步看出3组之间的明显地区及国家整体经济发展的差异，这也是区域风险分析中两个重要的变量（Mayer，2005）。

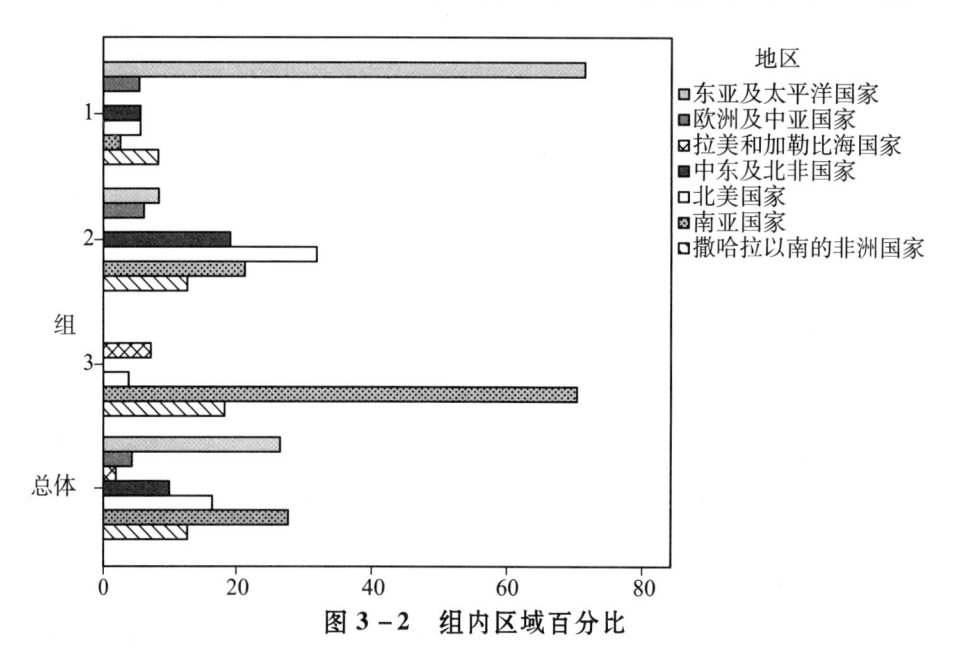

图3-2　组内区域百分比

图 3-3 组内收入水平百分比

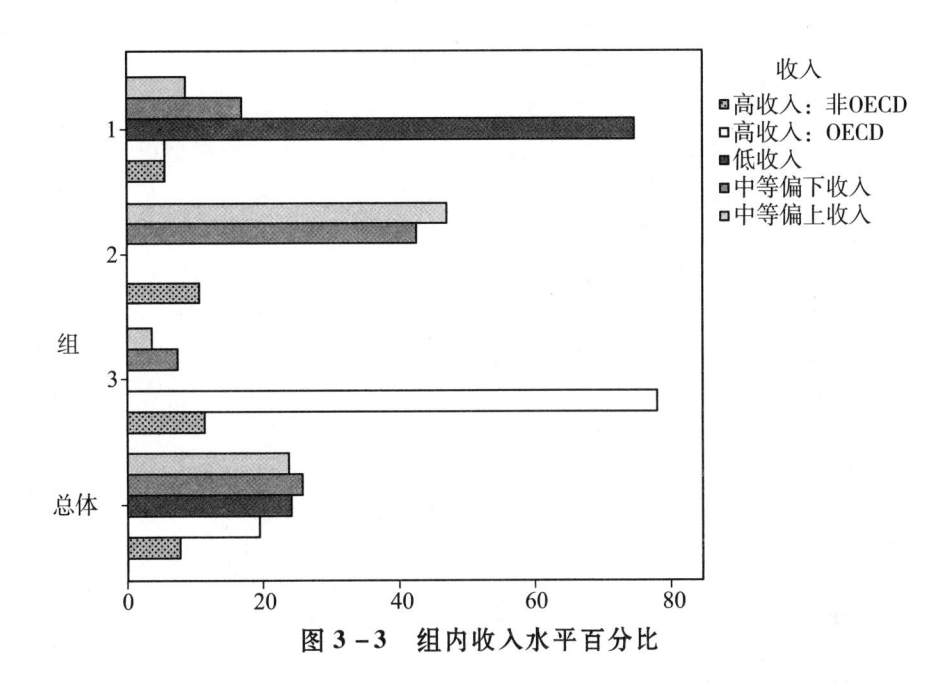

针对 15 个制度化的区域风险变量，各组的风险特征分析参见图 3-4 至图 3-6。组 1（参见图 3-4）制度等级为 1，表示低制度发展水平。该组以撒哈拉以南非洲为主，兼有少量亚洲、中东及北非和拉美地区国家，以低收入和中等偏下收入国家为主。决定该组制度水平的最大影响因子依次为外国直接投资的净流

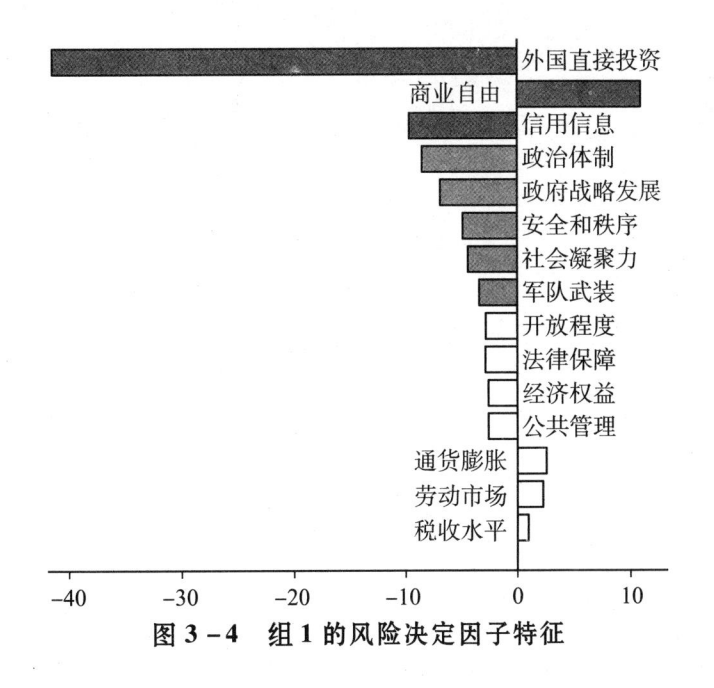

图 3-4 组 1 的风险决定因子特征

第三章 中国海外投资区域风险的实证研究：以自然资源型海外投资为例

入、商业自由度、信用信息深度，方差偏离均值10%以上，说明制约该组国家制度发展的主要因素为落后的经济制度，也表明其市场对海外投资吸引力较低，由于无形资产风险分散难于有形资源，市场型投资会产生比资源型投资更大的风险。此外，政治体制、政府战略发展、安全和秩序、社会凝聚力、军事力量方差影响偏离5%以上，意味着由于政治制度发展的不完善，社会动荡时有发生，而国家缺乏化解内外冲突的有效手段。而当地资本外逃，可以预测这类国家有着较强的资本管制政策。对组1国家进行资源型投资，首先应考量其经济制度对投资收益的影响；其次需要有较强的投资安全准备和风险分散策略，以规避有可能发生的社会动乱。

组2（参见图3-5）制度发展为2，表示中等制度发展水平。该组包括拉美、中东及北非、东亚及欧洲、东亚及太平洋国家，主要由中等收入水平国家组成。组2指标的表现明显优于组1，优惠的税率、可信赖的社会信用深度以及经济开放程度吸引大量海外投资。但政府发展战略、公共服务、法律保障方差小于均值，表示这些国家的政治制度存在较大改进空间，此外制约该国经济稳定的通货膨胀也是不可忽视的风险因素。因此，投资组2国家应首先评估政府执政能力和社会稳定程度，切忌因市场需求所表现的经济利好而忽略潜在政治和社会危机。

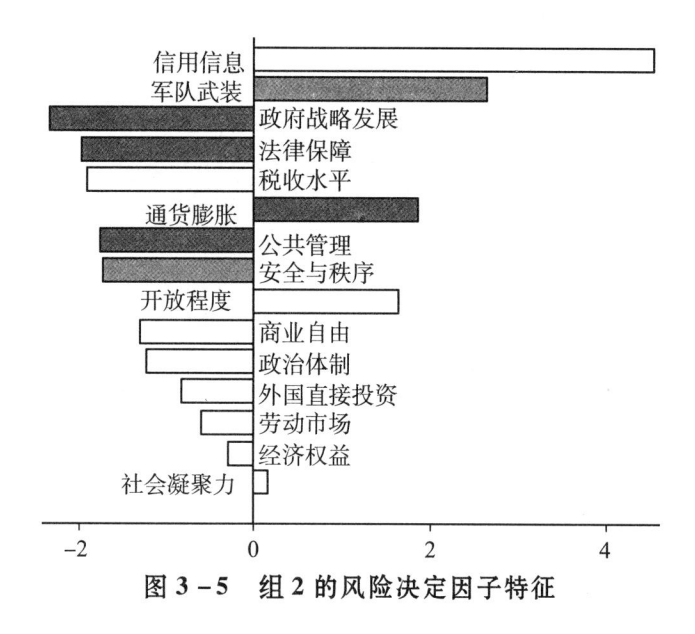

图3-5 组2的风险决定因子特征

组3（参见图3-6）制度发展水平为3，代表高制度发展水平。该组以欧洲及中亚国家为主，还包括北美、东亚及太平洋国家，是典型的高收入国家。组3有着低通胀、高商业自由度、政府服务高效、社会安定等优越的投资环境。但不能忽视组3国家体制与美国（按 IPD 数据设定）相近，而中美为建设性战略合作国，在政治经济各方面短期内存在不可调和的政治摩擦，成为投资该类国家所应当重点关注的风险。

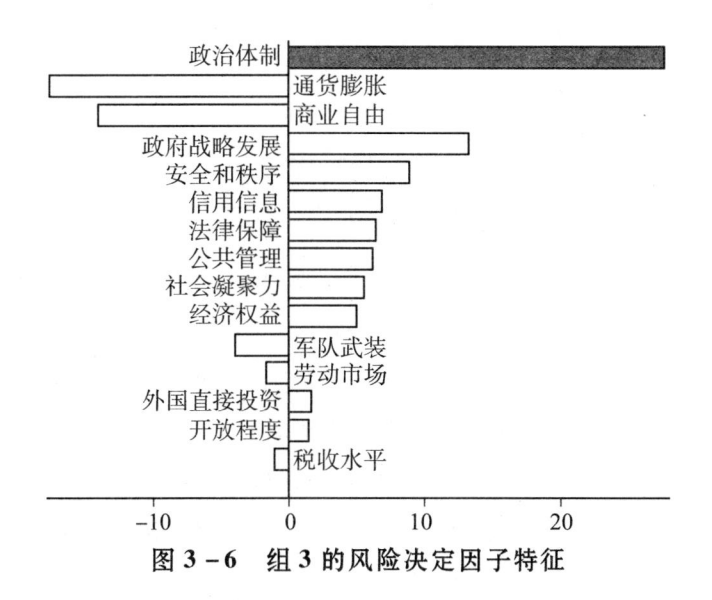

图 3-6 组3的风险决定因子特征

三、AHP 模型结果分析

政治敏感度。使用 Saaty 的权重选择法确定要素间关系从弱到强影响之比为 1~9。据《中国企业对外投资现状及意向调查报告》结果，海外投资因素重要性依次为市场潜力、发展水平、经商的难易程度以及距离，因此构建判断矩阵为：外交关系与政治格局、国家状况、地理距离的重要性之比分别为 7、2、3，国家状况与政治格局、地理距离重要性之比分别为 5、3，以及地理距离与政治格局之比为 4。一致性检验 CR = 0.039 < 0.1 符合检验要求，根据有效权重计算结果见表 3-5。

表 3-5 中国自然资源型海外投资 44 个主要东道国区域风险及其分解

国家	A	B	C	区域风险	国家	A	B	C	区域风险
安哥拉	99.1%	1	2.410	2.39	蒙古国	93.6%	2	3.534	6.62
阿根廷	87.9%	2	3.120	5.49	毛里求斯	97.1%	2	2.098	4.07
澳大利亚	12.1%	3	1.899	0.69	尼日尔	98.3%	1	2.722	2.68

续表

国家	A	B	C	区域风险	国家	A	B	C	区域风险
巴西	84.9%	2	3.120	5.30	尼日利亚	89.8%	1	4.107	3.69
加拿大	65.3%	3	2.859	5.60	荷兰	95.4%	3	1.419	4.06
德国	83.5%	3	2.859	7.16	新西兰	98.2%	3	1.474	4.34
丹麦	99.3%	3	3.013	8.97	巴基斯坦	90.5%	2	4.429	8.01
阿尔及利亚	93.5%	1	2.098	1.96	秘鲁	86.5%	1	3.175	5.49
埃及	98.3%	2	3.949	7.77	俄罗斯	64.2%	2	3.527	4.53
西班牙	97.2%	3	2.859	8.34	沙特阿拉伯	95.5%	2	1.940	3.71
埃塞俄比亚	98.4%	1	3.226	3.17	苏丹	93.2%	1	2.410	2.25
芬兰	99.9%	3	1.628	4.88	新加坡	76.0%	2	1.940	2.95
法国	96.7%	3	2.749	7.98	瑞典	96.9%	3	1.628	4.73
印度	98.4%	2	3.894	7.66	泰国	96.9%	2	2.718	5.27
意大利	97.4%	3	2.859	8.35	土耳其	99.8%	2	3.637	7.26
日本	96.2%	2	2.152	6.21	坦桑尼亚	97.6%	1	2.722	2.66
哈萨克斯坦	89.9%	2	3.692	6.64	美国	34.7%	3	1.789	1.86
柬埔寨	97.2%	1	4.950	4.81	委内瑞拉	89.1%	1	1.889	1.68
韩国	93.9%	3	3.222	9.08	越南	96.2%	1	4.470	4.30
老挝	97.8%	1	4.950	4.84	南非	60.9%	2	3.538	4.31
马达加斯加	98.1%	1	2.722	2.67	刚果（金）	98.3%	1	2.722	2.68
墨西哥	87.9%	2	3.329	5.85	赞比亚	91.7%	1	2.722	2.50

四、中国自然资源型海外投资区域风险评估结果

根据聚类结果和AHP估算结果，按照常用的交互项计算方式：区域风险＝资源风险分散度（A）×制度水平（B）×政治敏感度（C），结果参见表3-5。政治敏感度作为风险发生的可能性对制度发展水平进行了调整，与资源风险分散度的交互作用最终确定区域风险，分值越低表示区域风险越高。

第三节　实证研究结论

评估结果充分验证了我们的假设：首先，制度发展水平越高的国家，其区域风险会稳定在一个较低的水平上，如韩国、丹麦、西班牙及意大利等国家，投资安全等级较高；其次，制度水平、政治敏感度与资源风险分散度的交互作用，最终暴露了一些高制度发展水平国家的资源型海外投资区域风险，如澳大利亚、美国等资源大国，而近年大宗资源型海外投资失败案例也多发于这类国家；最后，良好的双边政治关系和资源分散能力，能够降低因较低的制度发展水平带来的投资风险，从而改善资源型海外投资的整体环境，如老挝、尼日利亚、越南、巴基斯坦、巴西等国家，这也是 2009 年之后中国海外投资逐渐倾斜的一类东道国。

基于上述分析我们就中国资源型海外投资得到两个结论：首先，不同风险因子影响着不同制度水平国家的资源型海外投资。在低制度水平的国家，投资者应首先防范来自经济制度的冲击，做好资源风险分散，避免投资损失的扩大。而中等制度水平国家政治制度的缺陷和法律保障的不完善使得其开放的市场在吸引大量投资时也充满了风险。在这类国家投资可以利用中国"走出去"政策，做好与当地政府的前期接洽与谈判，提前将区域风险锁定。而对于制度建设完善、发展水平较高的国家，避免由于政治体制不同带来的敌视与冲突是降低投资区域风险的关键。其次政治敏感性调节着区域风险的实际发生水平，对于政治较敏感的国家，无论其制度因子如何表现，资源型投资企业都应合理扩大区域风险预算。特别针对一些政治敏感性高、投资不可分散的国家，需要企业在实际投资操作中选择更加灵活的组织和策略以匹配潜在风险。

第四节　本章小结

为解释中国资源型海外投资频遭政治干预而失败的现状，我们针对资源型投资行业敏感性，结合制度发展水平、双边政治和资源属性对中国资源型海外投资区域风险实际生成水平进行了实证评估。利用智能聚类法和 AHP 模型对 44 个主要投资东道国制度、政治敏感度和资源风险分散能力分析发现，中国资源型海外投资在不同制度发展水平的国家受不同风险因子影响，并且两国间政治敏感度显著调整着区域风险的实际发生水平。我们认为资源型海外投资的风险防范，在制度发展水平较高的国家应主要关注政治敏感问题引起的突发性风险，而在制度发展较低的国家则应事前充分评估经济和社会层面的风险及资源风险分散化。这一章整体上论述了资源型海外投资的区域风险发生状况，相对于资源型海外投资的分析而言，制造业海外投资历史更为悠远且其投资动机更偏向于提升技术效率和提高市场占有或降低跨区域配置生产成本。下一章将从构建中国制造业海外投资区域风险评估体系入手，研究影响中国制造业海外投资的风险因素及风险的差异化表现。

第四章

中国海外投资区域风险的实证研究：以制造业海外投资为例

第一节 海外投资区域风险因素分析

一、政治（社会）风险

政治风险是指与东道国（地区）政府的单方面行为、中国与东道国（地区）政府间的关系相关的因素对投资所产生的风险。社会风险主要是指东道国（地区）信仰、人种、社会规范、语言等方面的因素对投资所产生的风险。社会风险主要会影响消费者对产品的偏好、雇工对工作的态度等。中国海外投资的政治（社会）风险主要有以下一些因素：

（一）外交关系

外交关系的亲近程度影响政府决策的偏向性。企业应当投资于与母国具有良好外交关系的国家，这样不易受到东道国（地区）政策的直接打击。同时，如果两国（地区）关系友好，其居民间就更加容易从新闻报道和社会舆论中熟悉彼此，这样方便投资企业融入当地环境和打开市场。所以，在本章中，假设外交关系越紧密，政治距离越小，政治风险越小。

中国的外交关系分为单纯建交、睦邻友好、伙伴、传统友好合作和血盟。其中伙伴关系又分为合作伙伴、建设性合作伙伴、全面合作伙伴、战略伙伴、战略合作伙伴和全面战略合作伙伴，外交关系逐步深化。通过对以上外交关系附值（从1到8，数值越小说明外交关系越紧密）以达到量化风险的目的。

（二）对中国的开放程度

一般来说，贸易量的大小可以反映国与国之间经济上的紧密程度、依赖程度以及政治上的开放程度。如果企业投资于对中国经济依赖较大的地区，受到东道国（地区）对外资政策的打击概率较小。如果企业投资于中国依赖较大的地区，受到中国海外投资政策的打击概率较小。同时，从投资阶段理论来看，企业的海外扩张往往从贸易关系开始，投资于已通过贸易建立信任的国家（地区），能控制投资风险。

在这里我们引入两个变量，一个是中国对东道国（地区）的出口量占东道国（地区）总进口量的比重，以反映东道国（地区）对中国的依赖程度。另一个变量是中国对东道国（地区）的出口量占中国总贸易量的比重，以反映中国对东道国（地区）的依赖程度。以上两个变量没有引入距离概念。但是由于距离变量与风险大小呈正相关关系，而以上两个变量与风险大小呈负相关关系，为了保持一致，在后文的实证中取以上变量的倒数为宜。

（三）东道国（地区）政府对腐败的控制程度

理论上普遍认为，如果东道国（地区）政府机制透明，没有严重的腐败现象，那么商业规则就相对公平，企业经营面临的风险也较小，似乎没有必要建立距离变量。但是，腐败程度可以侧面反映企业的经营方式，如在中国，"关系"是做生意的一种方式。那么习惯了"通关系"的中国企业是否熟悉国外的生意规则呢？于是引入关于对腐败程度的距离变量，假设腐败程度越相近，投资企业越适应东道国（地区）的商业规则，面临的政治风险越小。

（四）东道国（地区）的政局稳定性

政局稳定性比较适合直接比较，没有必要计算距离变量。东道国（地区）的政局越稳定，说明执政党派没有频繁更迭，那么政府推出的政策就越具有稳定性和连续性，企业就可以做出合理预期，于是面临的风险也越小。由于此变量与风险大小呈负相关关系，为了保持一致，在后文的实证中取以上变量的相反数为宜。

(五) 东道国 (地区) 与中国的地理距离

一般来说，距离越远，做生意的难度就越大。但是地理距离并不能简单地用长度单位来衡量，还需要考虑其他因素，如国家（地区）的大小、国内各主要城市距国界的距离、水路交通的便利性、地貌以及基础设施如交通、通信设施的发达程度等（Ghemawat，2001）。地理因素影响运输成本、产品服务、投资壁垒等。把地理距离放入社会文化风险类别中是因为，通常来讲，地理距离更大的国家，文化差异也越大，于是所带来的投资风险也越大。当然一些英联邦国家或者以前被欧美国家殖民过的地区可能不符合上述假设，但是如果讨论的是中国企业的投资，就可以作这一假设。

(六) 东道国 (地区) 与中国是否使用相同的语言

如果东道国（地区）与中国使用相同的语言，那么投资企业能方便地雇用当地员工。如果管理层都是中方员工，那么他们与下属员工间的沟通也会更直接、更顺畅，提高了企业的经营效率。另外，管理层与东道国（地区）的政府官员、社会媒体人士打交道也会更容易、更频繁，有利于提高企业的形象和知名度，在处理危机的时候也能减少误解的发生。此变量为虚拟变量，由于引入了距离变量的概念，数值越小距离越小，所以 0 代表是，1 代表不是。

(七) 东道国 (地区) 与中国对教育投入的差距

对教育投入占 GDP 比重的多少，直接反映一国对教育的重视程度，侧面反映该国的社会观念和人口素质。假设东道国（地区）与中国对教育投入的差距越大，说明两国的社会文化距离越大，企业的投资风险也越大。在这里引入这一变量，仅仅是想要衡量国与国（地区）之间的社会观念差距。

(八) 东道国 (地区) 与中国男女平等程度的差距

男女平等程度可以间接反映一国的民主化程度、人权自由程度和宗教信仰。在欧美国家，男性和女性具有相对平等的社会地位，可以利用相当的社会资源。在这一方面，中国与之不相上下。而在阿拉伯国家，男性占优绝对主导地位，女性处于附属地位，鲜有受教育权、言论权等。如果中国企业在这些地区投资，就必须更注重保护自己的女性员工，做好公关工作，于是相对带来更多成本风险、管理风险等。在本章中，引入 15 岁以上女性占劳动力比例这一变量进行衡量，同样也计算了距离变量。

二、经济风险

经济风险的范围很广泛，影响中国制造业海外投资风险的经济因素主要是指影响企业市场大小、制造成本、销售、物流、融资等方面的经济因素，主要有以下几个方面：

（一）宏观经济因素

东道国（地区）的宏观经济状况是投资企业比较关注的问题。宏观经济运行越稳定，企业的投资就更有持续性和保障。衡量宏观经济的变量主要有 GDP 总量、GDP 增长率、人均 GDP 等变量。这些变量不仅能反映宏观经济的运行情况，还能反映东道国（地区）市场的大小。

（二）行业经济因素

由于讨论的是制造业的海外投资风险，所以除了关心东道国（地区）的宏观经济状况之外，还要从行业层面考虑制造业的发展健康与否。制造业产值总额可以反映东道国（地区）制造业的发达程度和市值大小。

（三）劳动力因素

在用人方面，一般来说，海外公司都会采用人才当地化策略，一方面能降低人力成本，另一方面能通过提供更多的就业机会来提升企业形象。劳动力因素主要考虑三个方面，劳动力数量、劳动力成本和劳动力质量。一般来说，劳动力数量越大、劳动力成本越低廉、劳动力质量越高，投资企业面临的经营风险就越小。

（四）资本因素

虽然制造业企业的投资不如资源业、金融业的投资金额大，但是如果东道国（地区）的贷款更方便、贷款利率更低，还是能给企业带来更多流动性，降低流动性风险。东道国（地区）银行业的贷款量和贷款利率这两个变量可以衡量资本数量和资本成本，贷款量越大，贷款利率越低，投资风险越小。

（五）技术因素

技术因素反映的是东道国（地区）的经济结构和经济发展方式。出于技术寻求动机的企业一般会投资于技术领先的国家。高新技术出口总值、R&D 投资占 GDP 的比重、专利申请量和研究人员数量等变量可以反映东道国的技术水平。

第二节　中国制造业海外投资区域风险的实证

一、建模思路与步骤

建立实证模型的目的是根据不同类型的投资，评估中国制造业企业投资于各国家（地区）时面临的区域风险的大小。实证部分分成两步：第一步先综合分析政治和社会风险维度，第二步再加入经济风险维度。

在第一步中，由于这是一个多变量、高维度的样本集，要一步计算出综合风险的大小并进行排序似乎比较困难。于是，首先想到利用聚类分析的方法，根据各变量的相似性，把所有国家（地区）分成几类，并找出每一类别在政治（社会）风险上的特点。然后把高维的聚类结果，利用主成分分析法（PCA）投射到二维平面，并观察聚类结果的合理性。但是，由于聚类分析只是寻找了变量间数理上的相似性，具有很大局限性。所以又利用人工神经网络中的自组织映射模型（SOM），凭借多层次神经元强大的计算与识别能力，直接把高维变量投射到二维平面，并观察各样本点之间的关系（如距离）。聚类分析和 SOM 都利用 Matlab R2010a 版本实现，其中聚类分析利用 Balazs Balasko, Janos Abonyi and Balazs Feil 开发的模糊聚类（Fuzzy Clustering）分析工具箱，而 SOM 利用了软件自带的工具箱。另绘图方面使用 Microsoft Visio 软件。

第二步，在加入经济风险维度的分析中，我们会利用第一步的聚类结果，分类别分析中国制造业海外投资量与各经济变量的向关系，从而可以分析不同国家（地区）适宜哪一种类型的海外投资。回归分析用到了 EViews5.0 软件。

二、样本选取和数据来源

样本选取我国制造业企业投资较多的国家（地区），同时剔除英属维尔京群岛、开曼群岛等明显属于避税性质的国家（地区）。判断是否是制造业企业投资较多的国家或地区的依据来自于商务部发布的 2003~2009 年各年的《中国对外直接投资统计公报》。中国制造业在亚太地区主要投资于中国香港、中国澳门、日本和韩国；在东南亚地区主要投资于越南、柬埔寨、老挝、马来西亚、泰国和巴基斯坦；在欧洲主要投资于德国、法国、英国、意大利、罗马尼亚、波兰、荷兰、意大利和俄罗斯；在美洲主要投资于美国、巴西。于是，最后选取了以上 21 个国家（地区）作为分析的样本（该部分数据请参见附录 A.2）。

实证部分的数据来源如下：一些常规数据如 GDP、人均 GDP、通货膨胀率等取自世界银行数据库；一些综合评估数据如政府对腐败的控制程度、政局稳定程度取自世界银行"综合执政能力指数"（Aggregate Governance Indicators）；一些文化距离变量，如地理距离、是否为邻国、是否使用相同语言变量取自 CEPII 关于距离的研究数据。另外国家间外交关系的情况来自中国外交部网站。大多数数据都是 2008 年的截面数据，数据缺失就利用往年平均数或用增长率近似计算。具体数据见附录 A.2。

第三节 实证结果分析

一、政治（社会）风险：聚类分析

综合分析政治风险和文化风险两个维度，先把衡量政治（社会）距离的 9 个变量对数据进行标准化，然后利用 Matlab 软件进行聚类。选取的 9 个变量如表 4-1 所示：

表 4-1　　　　　　　　政治（社会）距离变量

维度	变量
政治距离	外交关系 X_1、东道国（地区）对中国的依赖度 X_2、中国对东道国（地区）的依赖度 X_3、腐败距离 X_4、政局稳定性 X_5
社会距离	地理距离 X_6、语言同一性 X_7、教育投入距离 X_8、男女劳动力比例距离 X_9

由于事先不知道最优的组别数量和用哪一种算法好，所以要进行多次尝试，并利用有效性指标进行评价。于是依次运用 K-均值、FCM 两种算法，组别数量

依次设定为 3~7 进行多次聚类，并同时把高维的分类结果投射到二维平面方便观察。设定模型输出了 Partition Index（SC），Separation Index（S）和 Xie and Beni's Index（XB）三个评价聚类效果的指标和评价映射错误率的指标 P。结果如图 4-1 至图 4-4 所示。

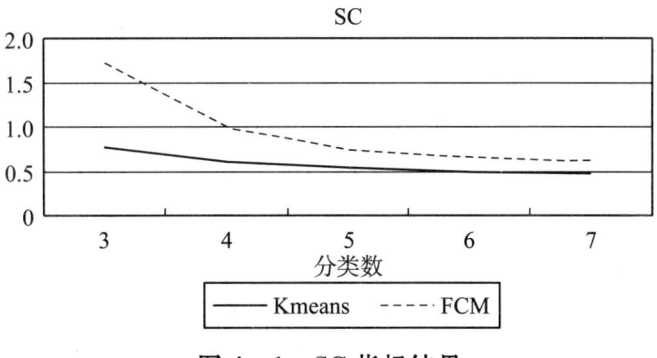

图 4-1　SC 指标结果

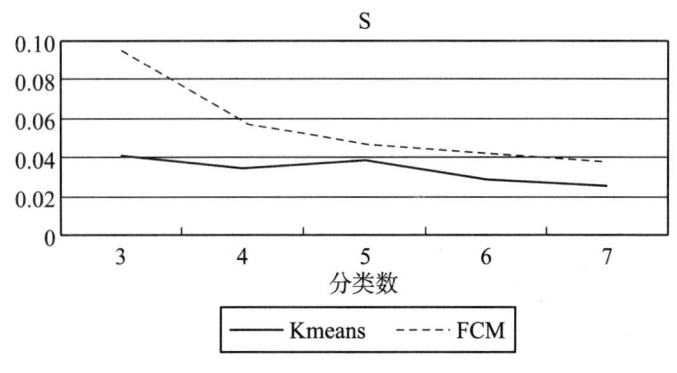

图 4-2　S 指标结果

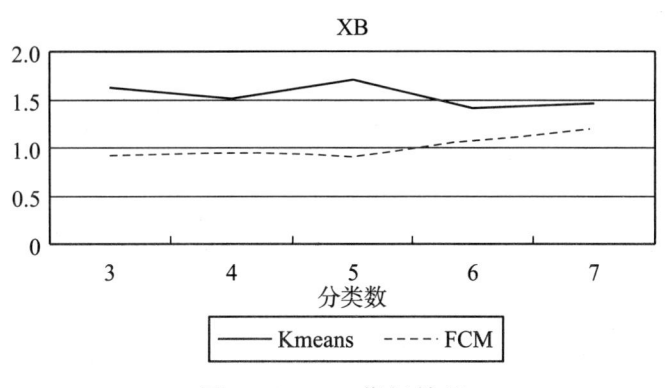

图 4-3　XB 指标结果

图 4-4 P 指标结果

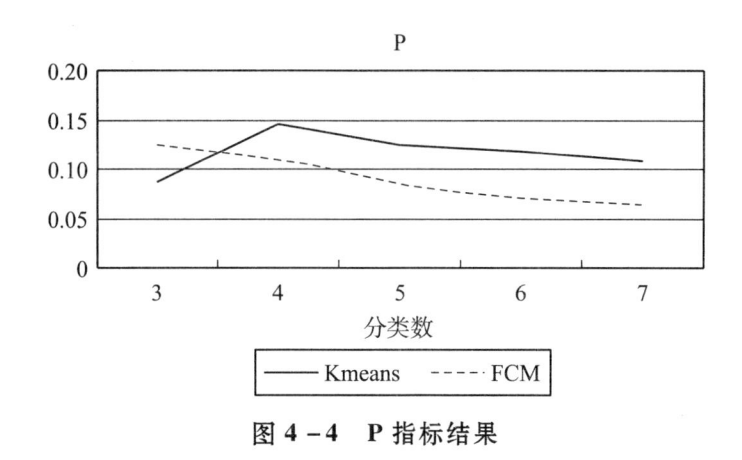

  基本上没有一个完美的有效性评价指标，所以才需要输出多种指标进行综合评价。SC、S 和 XB 三个指标基本上越小越好，但是如果指标数值停留在一个区间附近，没有明显的波动，说明该聚类算法没有识别出样本集的几何形态，那样的结果也是不理想的。K-均值算法虽然简单，但结果不稳定，即使为各系数设定相同的初始值，但运行的结果也会不同。以上 K-均值的结果是经过多次运行后的最佳结果。相比之下 FCM 算法的结果更稳定，只要系数初始值相同，聚类的结果就是相同的。分析图 4-2 和图 4-3 可以发现，FCM 算法下，SC、S 两个指标对类别数的变化的波动性更大，可以看到两者均是一条向右下方倾斜的曲线，说明随着类别数的增多，聚类结果逐步优化。但是在 5 类之后，曲线尾部趋于平缓，优化程度不明显，为了防止过度聚类，所以我们认为 5 类是最优类别数。同时 FCM 算法下的 XB 指标虽然波动性不是很明显，但 5 类同样是区间的最低点。而 SC、S 和 XB 三个指标对 K-均值算法的波动性较小，基本是一条平缓的曲线，在某个较小的区间内波动，很难判定最优类别数量，只有 XB 指标可以略微看出 6 是较优的类别数。

  评价映射效果的指标 P 越小越好，数值越小说明映射的错误率越低。从图 4-4 中可以看出，利用 FCM 算法，随着类别数增多，错误率减小，是一条向下倾斜的曲线。在最优类别数 5 时，错误率约为 7%，说明二维的映射结果基本解释了 93% 的高维聚类结果，映射的结果不错。

  经过综合评价，我们认为 FCM 聚类结果较好，5 是一个相对较优的分类数量，表 4-2 显示了 FCM 算法的高维聚类结果，表中的每一行代表不同的样本，每一列代表样本对不同类别的隶属度（保留两位小数）。每一个样本对所有类别的隶属度之和为 1，即表中每一行的数字之和为 1。对某一类别的隶属度越大，说明该样本越应该被归于该类别。而图 4-5 显示了表 4-2 中高维的信息利用 PCA 方法投射到二维平面的结果。

在图 4-5 中，实心点代表各样本点；星状点（*）代表各类别的中心点，中心点在数学上是各样本点的平均值；各椭圆形线条类似于地理图中的等高线，离星状点越近的线代表具有越大的隶属度，即越应该归属于该类。在图中，标注出了距离各类别中心点最近的样本点，它们分别是中国澳门、柬埔寨、泰国、意大利和英国。从图 4-5 中可以看到，右边的两类集聚度较高，而左边的两类集聚度较低。以表 4-3 根据图 4-5 的信息，依照离中心点由近及远的距离，详细地列出了各国家（地区）的归属情况。

表 4-2　　　　　　　　　　样本隶属度

样本＼组别	1	2	3	4	5
中国香港	0.05	0.74	0.06	0.09	0.07
中国澳门	0.06	0.73	0.06	0.11	0.05
日本	0.12	0.23	0.17	0.30	0.18
韩国	0.10	0.21	0.15	0.43	0.12
越南	0.76	0.04	0.06	0.09	0.05
柬埔寨	0.17	0.07	0.07	0.63	0.06
老挝	0.17	0.16	0.15	0.39	0.13
马来西亚	0.27	0.20	0.19	0.19	0.15
泰国	0.78	0.03	0.07	0.08	0.04
德国	0.02	0.02	0.10	0.03	0.83
法国	0.05	0.04	0.29	0.06	0.55
英国	0.01	0.01	0.04	0.01	0.93
意大利	0.03	0.02	0.82	0.05	0.08
罗马尼亚	0.08	0.04	0.69	0.09	0.11
波兰	0.02	0.01	0.86	0.02	0.08
荷兰	0.11	0.07	0.19	0.10	0.54
匈牙利	0.03	0.02	0.80	0.04	0.12
美国	0.07	0.05	0.18	0.09	0.62
俄罗斯	0.15	0.06	0.12	0.60	0.08
巴西	0.16	0.09	0.33	0.19	0.23
巴基斯坦	0.17	0.14	0.19	0.37	0.13

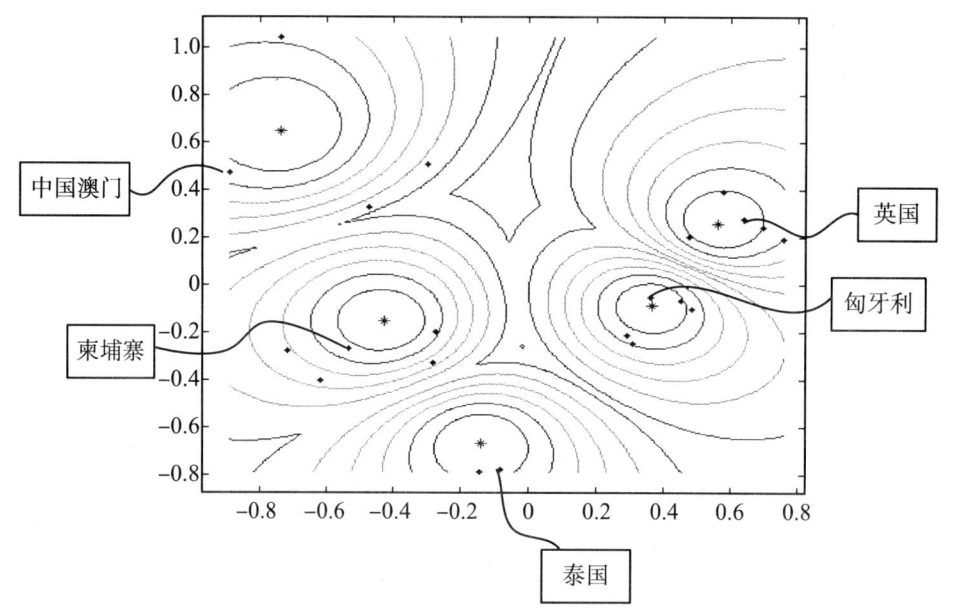

图 4-5 聚类分析的二维降维结果

表 4-3　　　　　　　　　FCM 聚类结果

类别 1	中国澳门、中国香港、日本、韩国
类别 2	柬埔寨、马来西亚、老挝、巴基斯坦、俄罗斯
类别 3	泰国、越南
类别 4	意大利、匈牙利、波兰、罗马尼亚、巴西
类别 5	英国、美国、荷兰、德国、法国

FCM 聚类结果基本符合常识，例如亚太的四个国家（地区）与中国毗邻，被归为一类，处于图 4-5 的右左上方；欧美国家分为两类：一类为发达国家，位于图 4-5 的右方；另一类为东欧和南欧的中等发达国家，位于图 4-5 的右下方，这两个类别距离相近，说明具有相似的特性；东南亚国家也被分为两类，位于图 4-5 的下方和左下方，俄罗斯也被聚到此类别中。

但是，聚类结果也有让人疑惑的地方，如为什么亚太四个国家（地区）的集聚度很低；为什么柬埔寨和泰国被单独分为一类，且在图 4-5 中的位置与其他东南亚国家并不相近，这两个国家有什么特性；聚类分析虽然可以看到每个样本点对不同类别的隶属度，但是无法看到每个类别具有的特性，对应各指标的大小，更不用说各指标间是否具有共线性等关系。

二、政治（社会）风险：SOM

由于聚类分析的结果有一些不完善，于是采用自组织映射网络（SOM）进行类似的分析工作。SOM 网络同样可以将高维的样本集映射到低维的空间中去（一般是二维平面）。但与聚类分析不同的是，聚类分析是在高维空间中聚类得出结果，然后利用主成分分析法等方法映射到低维空间中去，方便对聚类结果的观察和分析。映射过程中会有信息损失，即上文中 P 指标代表的错误率。而 SOM 网络利用神经元组成的隐层，把高维的信息直接映射到低维空间中去，力求保留最大的信息量。更重要的是，SOM 网络不仅保留样本数据的数字信息，还保留样本点在多维空间中的相互关系（即拓扑结构）。

利用 Matlab 人工神经网络工具箱，尝试建立一个拓扑结构为 5 * 5 的六边形平面网络（HEXTOP），距离函数为 LINKDIST，训练的第一阶段的学习率为 0.9，循环 500 步，第二阶段的学习率为 0.02，神经元的最小距离为 1。观察运行结果的学习率的变化以及各样本点在平面网络中的投射是否平均。SOM 分析输出结果如图 4-6、图 4-7 和图 4-8 所示：

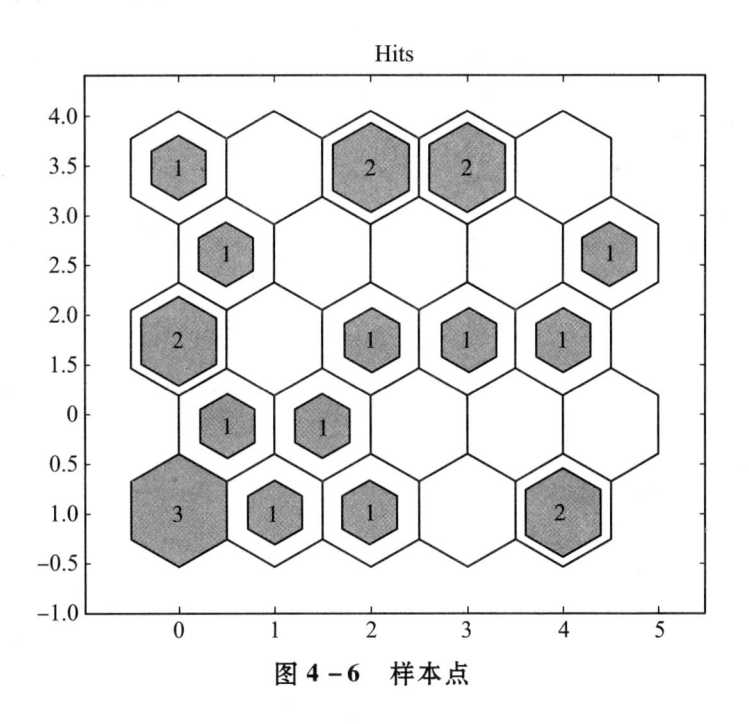

图 4-6 样本点

图 4-7 相邻权重距离

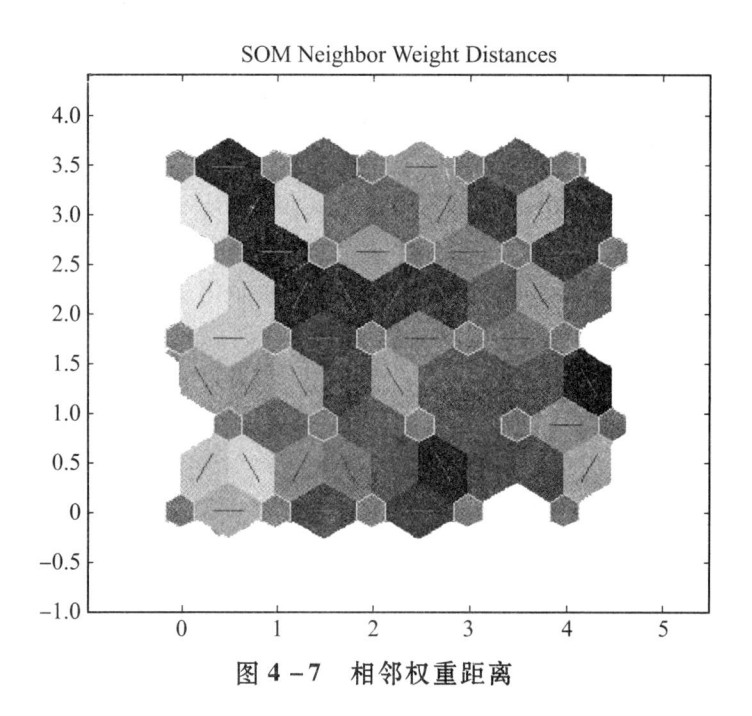

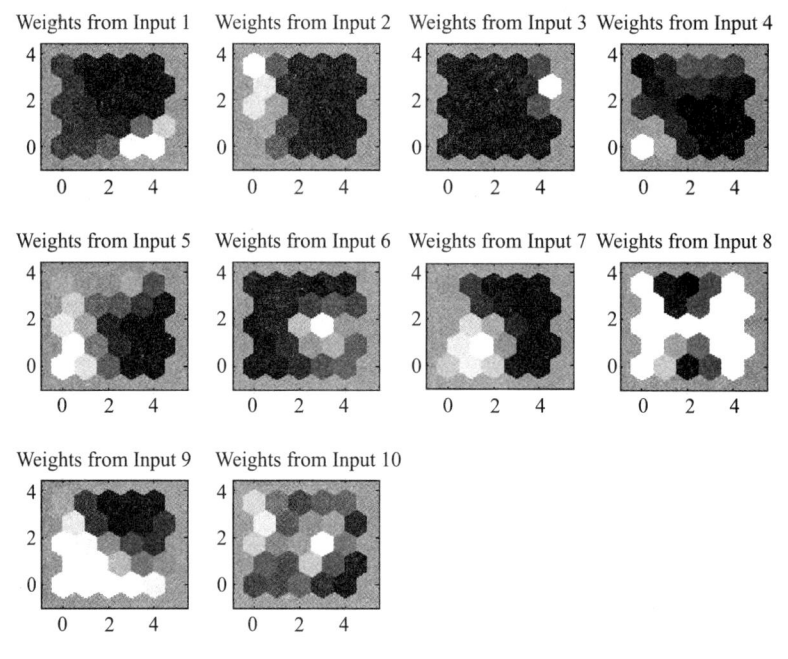

图 4-8 权重平面

图 4-6（Sample Hits）显示了样本在 5*5 的六边形平面网络上的投射情况，可见样本的投射结果较为平均，网络的训练结果令人满意。图 4-7（Neighbor

Weight Distances）中小六边形代表平面网络中的结点（即样本点的投射位置）。连接各结点的线条代表各网络结点间的联系。其他的填充颜色代表网络结点联系的密切程度，颜色越浅说明结点的联系越紧密，结点间的属性越相似，颜色越深则反之。把图 4-6 和图 4-7 两张图联系起来看，可以分析出哪些样本点之间具有相似的属性而集聚在一起，哪些样本点之间的距离很远，通过颜色的深浅可以比较距离的远近程度。当然，可以发现，在 Sample Hits 图中无法直接阅读到各样本点的具体投射位置，其结果是以数字的形式输出的。具体结果会在下文进一步解读。图 4-8（Weight Planes）代表各变量被分配到的不同权重，因为一共有 10 个政治变量和社会变量，所以一共有 10 个小图。小图也是 5*5 的平面网络，与 Sample Hits 图对应，颜色越深说明该网络结点的变量被赋予的权重越大。例如，第一张小图中，右上角颜色较深，说明在右上角的结点处投射的样本，对应的第一个变量（即外交关系）被赋予了较大权重。如果权重各小图的样式相近，说明变量间所解释的信息十分相似，具有多重共线性的问题。从图 4-8 中可以看到，各权重图片的样式各不相同，说明输出结果能够很好地解释信息和说明问题。关于各变量详细的权重大小将在后文进一步解读。

由于系统自动输出的结果具有一定局限性，本书利用 Microsoft Visio 软件将把 Sample Hits 和 Neighbor Weight Distances 两张图综合在一起进行了比较解释，如图 4-9 所示。

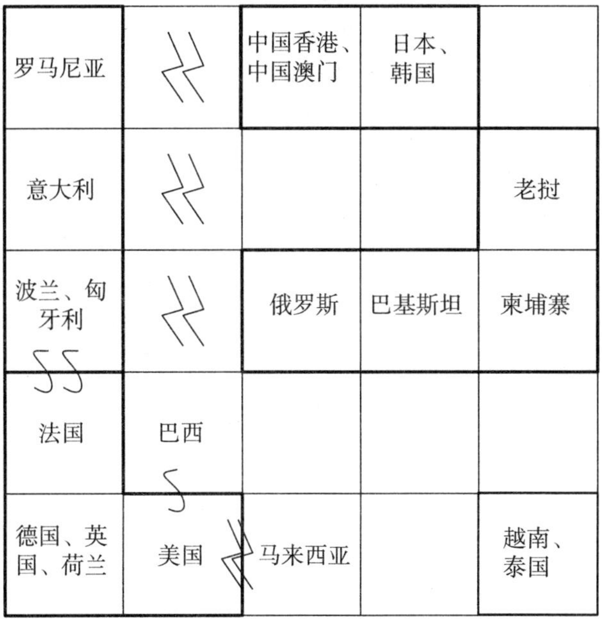

罗马尼亚		中国香港、中国澳门	日本、韩国	
意大利				老挝
波兰、匈牙利		俄罗斯	巴基斯坦	柬埔寨
法国	巴西			
德国、英国、荷兰	美国	马来西亚		越南、泰国

图 4-9　SOM 详细映射结果

在图 4-9 中，我们同样绘制出了一个 5*5 的平面网络，由于绘制工具的局限性，所以我们用正方形网格代替了六边形网格。首先，详细扩展了 Sample Hits 一图的信息，即把投射在各网络结点中的具体国家（地区）列了出来。例如 Sample Hits 图中，左下角显示有三个国家（地区）落入此结点，而在绘制的图 4-9 中就可以看到，它们分别是德国、英国和荷兰。就这样，我们把这些信息一一标示了出来。Neighbor Weight Distances 图中，网络结点间的颜色越浅，说明结点间的距离越小、联系越紧密。类似于聚类分析，我们认为距离近的结点可以被分为一类，并且用粗线条分割了出来。例如，Neighbor Weight Distances 一图中，从左上角出发，有一段比较深的色带向右下角走，似乎把平面分成左右两边，其中左边结点间距离较近，联系较紧密。特别的，左上角有三个结点间的颜色最浅，落在这里的样本点有罗马尼亚、意大利、波兰和匈牙利，可以把它们划分为一类，并用粗线条框起来。同样左下角的三个结点也可以被划分为一类，用粗线条框起来。另外图 4-9 中，还有一些平行的折线，就好像裂痕一样，说明此处结点间的距离很大，这样比较直观。而还有一些曲线，就好像钩子一样，代表类与类之间具有细微的联系，钩子数量越多，说明联系越紧密。

SOM 网络保留了高维空间的拓扑结构，所以网格中距离越大的点或类，在高维空间中所处的距离也较远。由于选取的 10 个距离变量与风险均是正相关关系，即在高维空间中向同一方向变化，而从现在映射在二维平面的结果来看，图的上半部中间有三对裂痕状的图标，左边是东欧国家，右边是亚太和东南亚国家（地区）。凭常识判断，日本、韩国这一类在政治、社会文化方面与中国的距离最近，其次是老挝、俄罗斯、巴基斯坦和柬埔寨这一类，第三是马来西亚、泰国和越南，而欧洲和美国国家距离最远。SOM 这一结果与前文聚类分析的结果十分相似。

结合图 4-8 和图 4-9，可以进一步分析各政治（社会）距离变量在不同类别中被赋予的权重大小。Weight Planes 各图中，颜色越深，说明该变量被赋予的权重越大，表 4-4 显示了不同类别被赋予较大权重的变量：

表 4-4　　　　　　　　　　SOM 聚类的变量权重

国家（地区）	权重较大的变量
中国香港、中国澳门、日本、韩国	外交关系 X_1、东道国（地区）对中国的依赖度 X_2、中国对东道国（地区）的依赖度 X_3、政局稳定性 X_5、地理距离 X_6、教育投入距离 X_8
老挝、柬埔寨、巴基斯坦、俄罗斯	外交关系 X_1、东道国（地区）对中国的依赖度 X_2、地理距离 X_6、教育投入距离 X_8

续表

国家（地区）	权重较大的变量
越南、泰国	东道国（地区）对中国的依赖度 X_2、中国对东道国（地区）的依赖度 X_3、腐败距离 X_4、地理距离 X_6、男女劳动力比例距离 X_9
马来西亚	外交关系 X_1、中国对东道国（地区）的依赖度 X_3
罗马尼亚、意大利、波兰、匈牙利	中国对东道国（地区）的依赖度 X_3、腐败距离 X_4、政局稳定性 X_5
法国、德国、英国、荷兰、美国	中国对东道国（地区）的依赖度 X_3、政局稳定性 X_5
巴西	中国对东道国（地区）的依赖度 X_3、政局稳定性 X_5

从表 4-4 中可以看到，前三个类别，即亚太和东南亚国家（地区），被赋予较大权重的变量较多，既有政治距离变量，也有社会文化距离变量；而后面几个类别，即欧洲和美洲国家，被赋予较大权重的变量较少，并且均为政治距离变量，没有社会文化距离变量。联系图 4-9 与 Neighbor Weight Distances 图可以发现，这两类国家间的距离确实很大。

由于日本、韩国和东南亚国家（地区）与中国的政治（社会文化）距离相近（中国香港、中国澳门与中国内地政治（社会文化）距离相近），所以比较适合效率寻求型投资，到当地去设立制造工厂和工业园，降低成本、提高效率。或者投资于日常消费品的制造与销售，因为日常消费品受文化偏好影响很大，相近的文化距离对卖更多的产品有利。

欧洲和美洲国家与中国在贸易联系上较为紧密，但文化差距较大，适合先通过贸易建立联系，然后再到当地投资的、非日用消费品制造与销售的行业，如电子设备、仪器部件、机械、半导体等。由于欧美国家技术先进，很多中国制造业企业都想以寻求技术为目的到当地投资，但是屡屡碰壁。这是因为这些国家虽然在经济上对中国很开放，双方的贸易依赖程度很大，并且政局稳定，但在关键的政治认同感上，即腐败距离和民主距离差距还较大。所以仅仅以寻求技术为目的投资于欧美国家的风险是很大的。

三、经济风险：回归分析

根据前文的分析结果，亚太和东南亚国家（地区）与中国的政治（社会）距离相近，适合效率寻求型企业的投资，所以中国制造业对这些国家的投资量与劳动力数量、劳动力成本和人均收入等反映要素成本的经济变量相关。欧美国家与中国社会文化距离较远，但某些政治距离相近，技术水平先进，适合非日用消费品的市场寻求型投资和技术寻求型投资，中国制造业对这些国家的投资量与技术水平、人均 GDP、GDP 增长率等反映市场大小和技术水平的经济变量相关。所以，可以针对前文关于政治（社会）风险的分类结果，对每一类别分别建立回归模型，预期得到的回归结果是不同的。回归模型中引入的经济变量如表 4 - 5 所示。

表 4 - 5　　　　　　　　　　　经济变量

变量名	变量描述
FDI	对外直接投资流量
GDPR	东道国 GDP 增长率
GDPP	东道国人均 GDP
LAB	综合劳动力水平，是劳动力数量和东道国的教育投资水平的乘积
RD	高科技产品出口量
CHN	中国的 GDP 总量，是一个控制变量

样本方面，各年度《中国对外直接投资统计公报》中描述了中国制造业主要投资的国家（地区），也就是上文分析的 21 个国家（地区），但是详细的制造业投资量数据无法确切得到，所以只能利用对各国家（地区）的投资总额来代替。经过分析，中国对东南亚国家、东欧国家和一些西欧国家的投资可能大部分都属于制造业，所以用投资总额问题不大，但是中国对美国、俄罗斯、巴基斯坦、日本、韩国的投资属于制造业的比例不大，所以无法用投资总额来代替。于是，最后的回归分析可以分成三个模型，分别回归。第一个模型的样本包括老挝（LA）、柬埔寨（KH）、越南（VN）和泰国（THA）；第二模型的样本包括法国（FRA）、德国（DEU）、英国（GBR）、荷兰和美国（USA）；第三个模型的样本包括罗马尼亚（RO）、意大利（IT）、匈牙利（HU）和波兰（PL）。样本时间段选取方面，虽然，前文中的政治（社会）距离分析的仅仅是 2008 年一年的截面数据，但是可以假设一个国家的政治（社会）环境在短时间内不会发生较大的变化，所以在回归分析中可以选择 2005~2008 年四年的时间段。表面上看来每一个模型的样本是一个面板数据，但是根据前文的分析，第二个模型和第三个模型中的国家相似性较高，所以可以看成时间序列数据，而第一个模型中的国家因为包括了 SOM 结果中属于不同类别的国家，所以算截面数据。在回归前，首先对除了 GDP 增长率之外的其他变量取对数，以消除量纲影响。经过多次回归尝试，第一个模型的回归结果如表 4 - 6 所示。

模型运用了截面加权回归,并且控制了固定影响。从表 4-6 中可以看到,人均 GDP（GDPP）和综合劳动力水平（LAB）进入了模型,且各变量系数在 5% 的显著性水平上均显著。调整后的 R^2 值大于 0.9,F 值在 1% 的显著性水平上显著,说明模型的总体拟合度较好。由此可得,最终的回归方程为:

$$FDILA = 7.197 - 57.818 + 2.546 * GDPPLA + 3.287 * LABLA$$
$$FDIKH = 5.47 - 57.818 + 2.546 * GDPPKH + 3.287 * LABKH$$
$$FDIVN = -4.522 - 57.818 + 2.546 * GDPPVN + 3.287 * LABVN$$
$$FDITHA = -8.144 - 57.818 + 2.546 * GDPPTHA + 3.287 * LABTHA$$

表 4-6　　　　　　　　　模型一回归结果

估计方法:Pooled EGLS（Cross – section weights）

变量 Variable	系数 Coefficient	标准差 Std. Error	t 检验 t – Statistic	错误概率 Prob.
C	-57.81797	23.25338	-2.486433	0.0322
GDPP	2.546090	0.627997	4.054302	0.0023
LAB	3.286587	1.358357	2.419531	0.0361
变截距固定效应				
LA—C	7.196519			
KH—C	5.469661			
VN—C	-4.522393			
THA—C	-8.143788			
加权估计结果				
R – squared	0.998299	Mean dependent var		32.44956
Adjusted R – squared	0.997448	S. D. dependent var		21.62957
S. E. of regression	1.092573	Sum squared resid		11.93716
F – statistic	1173.753	Durbin – Watson stat		1.627181
Prob（F – statistic）	0.000000			
未加权估计结果				
R – squared	0.272143	Mean dependent var		17.47688
Sum squared resid	14.87576	Durbin – Watson stat		0.959808

观察上述回归方程可以发现,GDPP 和 LAB 的系数均为正,说明 FDI 与 GDPP、LAB 属于正相关关系,即人均 GDP 越大,综合劳动力水平越高,海外投资量越大。LAB 前的系数比 GDPP 前的系数大,说明投资于东南亚的企业更看重当地廉价且富余的劳动力。同时,由于第一个模型的样本间有一些差异,所以控制

了固定影响。从结果中发现，越南和泰国的截距要小于老挝和柬埔寨，这和前文 SOM 模型的结果是一致的，越南、泰国这两个国家与中国的政治（社会）距离比老挝和柬埔寨大，所以相应的经济风险也更大。模型二结果如表 4-7 所示。

表 4-7 模型二回归结果

估计方法：Pooled EGLS（Cross-section weights）

变量 Variable	系数 Coefficient	标准差 Std. Error	t 检验 t - Statistic	错误概率 Prob.
RD	1.855827	0.620993	2.988482	0.0092
GDPP	4.955005	2.028579	2.442599	0.0274
C	-82.40322	24.77833	-3.325617	0.0046

加权估计结果

R - squared	0.921762	Mean dependent var	18.75228
Adjusted R - squared	0.911331	S. D. dependent var	3.975478
S. E. of regression	1.183795	Sum squared resid	21.02054
F - statistic	88.36165	Durbin - Watson stat	1.479596
Prob（F - statistic）	0.000000		

未加权估计结果

R - squared	0.370207	Mean dependent var	17.49722
Sum squared resid	23.59201	Durbin - Watson stat	1.760561

从表 4-7 中可以看到，人均 GDP（GDPP）和高科技产品出口量（RD）进入了模型，且各变量系数在 5% 的显著性水平上均显著。调整后的 R^2 值大于 0.9，F 值在 1% 的显著性水平上显著，说明模型的总体拟合度较好。由此可得，最终的回归方程为：

$$FDI = 1.856 * RD + 4.955 * GDPP - 82.403$$

观察上述回归方程可以发现，GDPP 和 RD 的系数均为正，说明 FDI 与 GDPP、RD 属于正相关关系，即人均 GDP 越大，高科技产品出口量越高，海外投资量越大。GDPP 前的系数比 RD 前的系数大，说明投资于欧洲的企业更看重东道国的市场潜力。

经过多次回归尝试，第三个模型无法得出一个符合预期且令人满意的结果，FDI 与 GDPP、LAB、RD 分别有正相关关系，但无法实在在一个模型中一起回归。可能是样本量的问题，也可能还有一些主要因素没有分析到，值得进一步研究。

四、实证研究结论

由此,通过对区域风险的三个维度,即政治(社会)风险和经济风险的实证分析,得到以下结论:

亚太地区(如日本和韩国等)与中国的政治距离、社会文化距离最接近(中国香港、中国澳门与中国内地政治(社会文化)距离相近),这些国家(地区)的市场规则完善,人均消费水平较高,特别适合以寻求市场为目的的消费品制造业的海外投资。当然,还有一些国家如日本、韩国在某些细分行业的技术水平较高,对于以寻求技术为目的的投资风险也较小。

东南亚国家(如老挝、柬埔寨、越南、泰国等)同样与中国的政治(社会)距离相近,但不同于亚太地区,前者在政治认同感方面相近,而后者主要在政治经贸联系方面相近。东南亚国家劳动力资源充沛,劳动力成本较低廉,所以适合效率寻求型的海外投资。由于与中国的政治认同感相近,便于双方国家在政府层面签订协议,建立工业园和制造基地,配以相应的税收优惠,进一步降低企业的制造成本。

欧美国家与中国的社会文化距离较远,没有相似的政治认同感,只有频繁的贸易关系和一定的经济依赖度。由于欧美发达国家(如英国、美国等)技术先进,很多技术寻求型投资企业趋之若鹜,但投资的失败率较高,风险很大,这是因为缺乏政治认同感的原因。当然这些发达国家的人均GDP很高,消费能力很强,也适合以寻求市场为目的的非消费品制造业投资,如电子设备、零部件。东欧国家的经济风险仍不明确,但可以明确的是,东欧国家制造成本较低、劳动力素质较高,对中国制造业投资有正向作用。

第四节 本章小结

本章从区域风险的角度,分析了中国制造业企业在海外投资中面临的风险。根据风险因素的来源,把区域风险分成政治(社会)及经济风险两个维度,并通过距离变量衡量政治(社会)风险的大小。特别的,经济风险要区分不同投资动机(即市场寻求型、效率寻求型和技术寻求型)分别分析。假设所有类型的投资都会关注政治和社会风险,但不同类型的投资关注的经济风险却不尽相同。对21个样本使用聚类分析和自组织映射模型(SOM)分类赋权后分别建立回归模型，分析了对不同投资地区，中国制造业对外直接投资流量对各经济变量的敏感度。结果显示，在与中国政治（社会）距离较近的国家（地区），投资量受成本因素影响最大；在与中国政治（社会）距离较远的国家（地区），投资量受市场因素和技术因素影响最大。

  通过上文对海外投资区域风险的整体研究，我们发现政治因素引起的东道国（地区）政治风险是一类最主要的海外投资区域风险。不同于其他风险的相对稳定和连续，政治风险往往决定于投资参与主体和相关利益集团的互动。因此，下一章我们将重点刻画海外投资政治风险的生成和演化机理，分析政治风险对海外投资的影响作用。

第五章

中国企业海外投资政治风险的动态研究

基于前文文献梳理和对中国海外投资区域风险的整体把握，第五章和第六章将立足区域风险的一个主要表现形式——政治风险，来进一步深化对中国企业海外投资风险的生成结构及动态演化过程的认识。本章关注中国海外投资中多方主体参与下的政治风险动态生成与演变路径，重点把握谈判风险和主权风险对多方主体在投资过程中的决策影响，借以丰富和完善现有对区域风险的静态研究成果。

第一节 中国企业海外投资的谈判政治风险研究

政治风险被证实是影响海外投资收益的消极因素，那么为什么在一些政治风险较高的环境中仍然存在海外投资呢（如 Albuquerque（2003）指出海外投资更有可能在较高政治风险的环境中存在）？李和梁（Li & Liang, 2012）认为双边政治关系有效地降低了海外投资风险的水平，因此会促进海外投资者选择与中国政治关系更好的东道国。而另一类文献的主线认为东道国政府的腐败为投资者提供了政治寻租机会是一个可能合理的解释。吴（Wu, 2006）研究指出尽管发达国家海外投资企业有能力参与到转型经济中的贿赂行为中，但是当他们面对复杂的政府监管所带来的制度/政治风险时，往往会力不从心。而这一现象在自然资源型海外投资中表现更为明显，如巴特查里亚和霍德勒（Bhattacharyya & Hodler, 2010）

的实证指出自然资源租金越高的国家,腐败程度也就越高,同时他们认为这和当地的民主制度质量有一定的关系。基于资源基础观(RBV),万(Wan, 2005)也指出在要素驱动的国家中,企业更重视政治能力来获取竞争优势。本研究通过引入政府行为偏好来内生化政治风险对海外投资的影响作用,这和斯特劳布(Straub, 2008)的假设相似,即政治风险依赖于政府腐败行为来产生作用。类似的,本研究也假定当东道国政府偏好自身收益时,投资者能够通过政治补偿的形式获得进入保护性行业的许可。因此本节在一个存在政治制度风险的环境中重点分析东道国、海外投资企业、母国三方主体的投资行为,发现进入政治风险的作用机理。

本书的另一个尝试是利用一个资源分布不均衡的两国模型,对与资源紧密联系的生产和消费等经济行为和政治行为进行刻画,并指出两国政府和投资企业最终达成投资意愿的可行条件和影响该行为的因素。在该过程中,研究引入了格罗斯曼和赫尔普曼(Grossman & Helpman, 1994)的共同代理思想。不同于其他类型的投资,自然资源寻求型投资往往成为政治风险高发区域,一方面,东道国政府对资源型海外投资的态度往往是具有明确倾向的;而另一方面,资源特定属性决定生产风险并不容易被分散或转移。因此,研究结论对自然资源型投资者的投资风险评估和投资策略选择更具参考意义。

一、基本模型

考虑一个开放经济环境中的两国模型,即投资国 A 国(f)和东道国 B 国(d),每个国家存在一个垄断性资源企业。两国资源分布具有不均衡性,不妨假设 B 国拥有一种稀缺的自然资源,如石油或其他矿产。由于该资源对于两国的经济发展均具有重要的战略意义且有限期内非可再生,为获取这种战略资源,A 国会选择通过本国垄断企业以直接投资的方式在 B 国进行勘探开发,并与 B 国垄断企业利用该资源生产同质的产品(如原油提炼的汽油等)服务两国市场,以较低的价格获得较多的资源产品供给。值得注意的是,B 国出于对自然资源和国内企业的制度性保护,会采取一定的政策干预手段,例如罚没性征税和经济管制(Buckley, 2003; Hill, 1998),从而引发海外投资的政治风险。

(一)企业最大化效用

首先考虑 A 国垄断企业的最优化行为。由于自然资源型行业属于资本密集型产业,因此不妨假设海外投资企业仅需要一种要素,资本 K 作为生产投入。投资期内,A 国企业可用于投资的总资本量为 Ω,可看做 A 国当期的一种禀赋,s 表示在 B 国的投资 K 占 Ω 的份额,$K = s\Omega$。则 A 国企业在 B 国的 Cobb-Douglas 生产函数为：

$$y = aK^\alpha \qquad (5-1)①$$

其中 y 是产出，a 是 B 国自然资源储量和质量的水平，$a>1$。不难理解，当 B 国资源质量和储量很高时，无论是 A 国企业还是 B 国企业的生产效率均能得到提高。此外，$\alpha > 0$，为简化数学表达，令 $\alpha = 1$，因此是规模报酬不变的，在后文将对这个假设进一步拓展为更加符合资源型投资的规模报酬递减。

为分析系统性政治风险的作用，首先假定投资不存在经济风险，B 国会以外生的概率 θ（$0 \leq \theta \leq 1$）发生政治风险。这里采用了一种不像征收那样严重但是却广泛存在的政治风险——罚没性税收（Buckley，2003；Kesternich & Schnitzer，2010）来勾画文中的系统性政治风险。这类政治风险直接影响着投资的利润，也即是说投资回报会被东道国以概率 θ 攫取。作为投资的交易成本，该风险对东道国制度极其敏感诺斯（North，1990）。因此，θ 定义为由东道国政治制度引发的共性风险。

沿着（Méon & Sekkat，2012）的做法，同样引入马科维茨（Markowitz，1952）的平均方差预期效用来分析投资者最大化的项目总体效用为：

$$U = E(\pi) - \rho \mathrm{var}(\pi) \qquad (5-2)$$

其中 π 衡量了投资者的总利润而 ρ 表示他们的相对风险厌恶程度，假设对所有的资产和利润不存在折旧。

假设企业的投资时序。在项目的开始，企业会获得其禀赋并决定以 K 的资本量来进行投资。这个投资项目可能会持续进行多个时期。而在每一个时期的结束，它都将会根据与东道国竞争对手的竞争结果产生一个相应的利润。紧接着系统性政治风险发生。如果每一期的最后当期利润没有被攫取，那么投资企业将会获得该部分收益并将其反送回投资国。在这个假设下，该投资项目的预期整体收益就简化为：

$$E(\pi) = (1-\theta)aK - K \qquad (5-3)②$$

投资者必须确定整体利润方差。给定 θ 遵循二项分布，简化为：

$$\mathrm{var}(\pi) = \theta(1-\theta)a^2K^2 \qquad (5-4)$$

为使得模型有意义，整体利润方差必须随着政治风险发生的可能性增加而上升，即 $\partial \mathrm{var}(\pi)/\partial \theta \geq 0$，因此 θ 必须满足 $\theta \leq 1/2$。在这个条件下，表达式（5-4）就随着政治风险可能性的增加而增加。为确定最优的投资份额 s，将项目整体利润的期望（5-3）和方差（5-4）代入效用函数（5-2），然后对 s 求导。一阶

---

① 该模型设定沿袭 Méon 和 Sekkat（2012）思路构建。
② 此处为更直观地分析 A 国企业在 B 国的投资份额随系统性政治风险的变化情况，假定该资源产品售价为 1。这一假设在下文中的寡头竞争中将被放松。

条件为：

$$s^* = \frac{(1-\theta)a - 1}{2\rho\theta(1-\theta)a^2\Omega} \quad (5-5)$$

研究关注模型的内点解，于是假设 s^* 非负且不大于 1。① 考虑系统性政治风险对投资的影响并且计算式（5-5）对 θ 求偏导数：

$$\frac{\partial s^*}{\partial \theta} = \frac{(1-a)(1-2\theta) - a\theta^2}{2\rho\theta^2(1-\theta)^2 a^2\Omega} \quad (5-6)$$

其中，因为 $a>1$ 且 $\theta<1/2$，则有 $\partial s^*/\partial \theta < 0$。明显的，如果 B 国系统性政治风险很高，那么 A 国企业将会减少在 B 国的投资。这意味着在投资期内，给定 Ω 不变，K 将随着系统性政治风险的上升而减少，即 A 国企业决定减少在 B 国的投资和生产（参见式（5-1））。

（二）消费和生产

如上所设，来自投资国 A 国（f）和东道国 B 国（d）的两个企业分别以各自的资本 K_f 和 K_d 在 B 国同对一自然资源进行投资并同时给两个市场提供同质化产品。为简化模型，假设两国市场规模相等且均为 $n(n>2)$，那么反需求函数就是 $p = 2n - q$，其中 q 是总产出：$q = q_f + q_d$。于是，每个市场的消费者剩余就是 $CS_f = CS_d = q^2/4$。

具体的，当 A 国通过投资在 B 国进行生产时，由于 A 国企业面临着系统性政治风险 θ 而 B 国企业幸免于此，那么二者的利润函数分别为：

$$U_f = E(\pi_f) - \rho\mathrm{var}(\pi_f)$$
$$U_d = E(\pi_d) = \pi_d$$

由于资源型投资一般涉及资金量较大，投资周期长和风险敏感度高等特点，因此假设投资者是风险规避的，即 $\rho = 1$。外国投资者和东道国企业的利润函数可分别写作：

$$U_f = E(\pi_f) - \mathrm{var}(\pi_f) = (1-\theta)(2n - q_f - q_d)q_f - K_f - \theta(1-\theta)(2n - q_f - q_d)^2 q_f^2$$
$$(5-7)$$

$$U_d = E(\pi_d) = \pi_d = (2n - q_f - q_d)q_d - K_d \quad (5-8)$$

（三）政府行为偏好

按照格罗斯曼和赫尔普曼（Grossman & Helpman, 1994）的构建，东道国政

---

① 严格来说，$\theta \in [(a + 2a\Omega - \sqrt{a^2 + 8a\Omega - 4a^2\Omega + 4a^2\Omega^2})/4a\Omega, 1 - 1/a]$ 保证 $0 \leq s^* \leq 1$，由于我们关注政治补偿水平的相关讨论，此处便简化了外生参数 θ 取值范围的相关分析。

府同时关心政治租金 (political contributions) 的水平和社会总体福利。政治租金作为一种被用于选举或维持政权稳固的必要政治资金来源,通常由特殊利益群体向政府提供并借此向其游说 (lobbying) 以获得最有利的政策。因此假设政治补偿 S 是由投资国政府对东道国政府在投资项目达成后对社会福利损失的一种补偿,从而为投资企业获得进入东道国市场的机会。在这个过程中,东道国政府将通过最大化其偏好来确定对外国政府最优政治补偿的收取。政治补偿的有效性取决于东道国政府对政治补偿的看重程度。斯托亚诺夫(Stoyanov,2009)指出政府可能对利益补偿(政治租金)看的比社会福利更重,相对很小的利益补偿会带来很大的政策影响。在关于自由贸易的政治分析文献中,东道国政府对政治补偿的接纳并且更加看重政治补偿[1]是反映了政府干预经济活动的并制定有偏政策一个重要方面(例如 Magee et al., 1989; Grossman & Helpman, 1994)。面对在投资谈判中提供政治补偿的投资国,东道国政府更有可能运用其谈判力量(例如 Grosse(1996)在跨国投资谈判中设定的政府管制手段等)允许投资国企业参与到东道国特定自然资源的开发中来,与东道国企业享受同等的竞争待遇。于是,B 国政府的目标函数就是社会福利 W_d 和 A 国政府给出的政治补偿 $S(S \geq 0)$:

$$G_d = W_d + \beta S, \quad \beta \geq 0 \qquad (5-9)$$

其中 W_d 是当地企业总利润 $\pi_d = (2n - q_f - q_d)q_d - K_d$ 和消费者剩余 CS_d 之和,而 β 是 B 国政府对政治补偿的看重程度。当 $\beta > 1$ 时,意味着东道国政府更加偏好政治补偿,超过其对提高社会福利的评价,行为偏向于权力型政府。而 $0 \leq \beta \leq 1$ 时,β 越趋向于 0,这代表着一个更加清廉和倾向于保护国内福利的保护型政府。

而对于 A 国政府的目标函数是 A 国企业在 B 国生产获得的预期总利润以及获得的商品供给所带来的消费者剩余之和,减去 A 国政府支付给 B 国政府的政治补偿:

$$G_f = U_f + CS_f - S \qquad (5-10)$$

二、均衡分析

下面,考虑一个简单的两阶段博弈。参与者是 A 国政府、B 国政府、A 国企业和 B 国企业。在第 1 阶段,两个政府关于政治补偿的水平进行谈判。如果谈判失败,那么 B 国政府就不会获得政治补偿,因而会选择最大化其社会福利且拒绝 A 国企业进入,而 A 国政府将不会负担任何补偿且 A 国企业盈利为 0。

---

[1] 接受了政治补偿的政府可能会将其用于巩固政权或参与竞选,而不是用于增加社会福利(Magee et al., 1989)。

如果谈判成功，A 国政府给付政治补偿，A 国企业获准进入。第 2 阶段，A、B 企业在 B 国市场上竞争。由于企业依赖自然资源而生产，较高的产品市场份额带给企业更多的利润，因此二者采用古诺竞争方式。采用逆推方式来解决这个博弈模型。

（一）企业产出

在第 2 阶段，当 A 国政府决定支付的政治补偿被 B 国政府所接受，那么 A 国企业就进入 B 国市场并和 B 国企业进行古诺竞争。两个企业同时决定他们的产出来最大化其各自的效用。企业的利润分别由式（5-7）、式（5-8）给定，两式分别对 q_f 和 q_d 求偏导，得到：

$$\begin{cases} 1 - 2\theta(2n - q_f - q_d)q_f = 0 \\ 2n - q_f - 2q_d = 0 \end{cases}$$

联立上式求解，得到：$q_f = n \pm \sqrt{n^2 - 1/\theta}$ 和 $q_d = (n \mp \sqrt{n^2 - 1/\theta})/2$。其中，为了使得函数值有意义，$n^2 - 1/\theta \geq 0$，意味着 $\theta \geq 1/n^2$，则 θ 的取值范围为 $\theta \in [1/n^2, 1/2]$。下面，将分类讨论参数 θ 和 n 的取值以明确 q_f 和 q_d。

1. $\theta_{\min} = 1/n^2$，$n > 2$ 时

此时，$q_f^* = n$，$q_d^* = n/2$。这意味着根据均衡的结果，当政治风险处于最小的时候，A 国企业将投资于 B 国，而产量为 B 国企业的两倍。作为垄断竞争的企业，市场供给小于市场的总需求，$q^* = 3n/2 < 2n$。

2. $\theta_{\max} = 1/2$，$n > 2$ 时

首先判断 $q_f = n \pm \sqrt{n^2 - 1/\theta}$ 的取值。设 n 趋向于无穷，则依据式（5-6）结论，$q_f = 2n$ 大于当 $\theta_{\min} = 1/n^2$ 时 $q_f^* = n$ 的结论，因此这种情况被排除。那么此时，若 n 趋向于无穷，则 $q_f^0 = 0$。这就意味着 A 国不会投资到 B 国，B 国仅有 B 企业生产，那么有 $q_d^0 = n$。一般性的，若 $n \in (2, +\infty)$，则 $q_f \in (0, n - \sqrt{n^2 - 2})$ 而 $q_d \in ((n + \sqrt{n^2 - 2})/2, n)$。

命题 1：（1）资源型海外投资随着东道国系统性政治风险的上升而下降，（2）市场规模越大，东道国企业的市场占有率越高，在竞争中对外国投资者能够形成更高的进入壁垒。其中市场份额之比为 $\gamma = q_f/q_d = 2/(\sqrt{\theta n^2} + \sqrt{\theta n^2 - 1})$，且 $\partial \gamma/\partial \theta < 0$。

这个命题是直观的，如图 5-1 所示。其中，设定 n 的规模分别为 $n = 5$，10 和 20，代表着三个不同规模的市场。注意到，控制边际成本不变，垄断竞争下的古诺竞争利润是产量的增函数，因此市场规模越大，意味着潜在市场利润越高。依据 $\theta \in [1/n^2, 1/2]$,① 分别获得三种市场规模下的 θ 取值区间为 $\theta_{n=5} \in [0.04, 0.5]$, $\theta_{n=10} \in [0.01, 0.5]$ 和 $\theta_{n=20} \in [0.0025, 0.5]$。在 Matlab 实验中设定步数为 100。② 图 5-1 中清楚地看到,随着东道国政治风险逐渐增大,外国企业与东道国企业市场份额之比将会逐渐减小,这意味着外国的资源型投资将逐渐减少或撤回。另外,在同样的政治风险水平下,随着市场规模越大,东道国企业的市场份额和利润越高,逐渐会形成类似 Stackelberg 领导者的竞争优势,通过行业力量限制外国投资者争夺资源和获取市场份额的能力。随着政治风险加大,这一效应进一步被强化,这与普通直觉是吻合的。

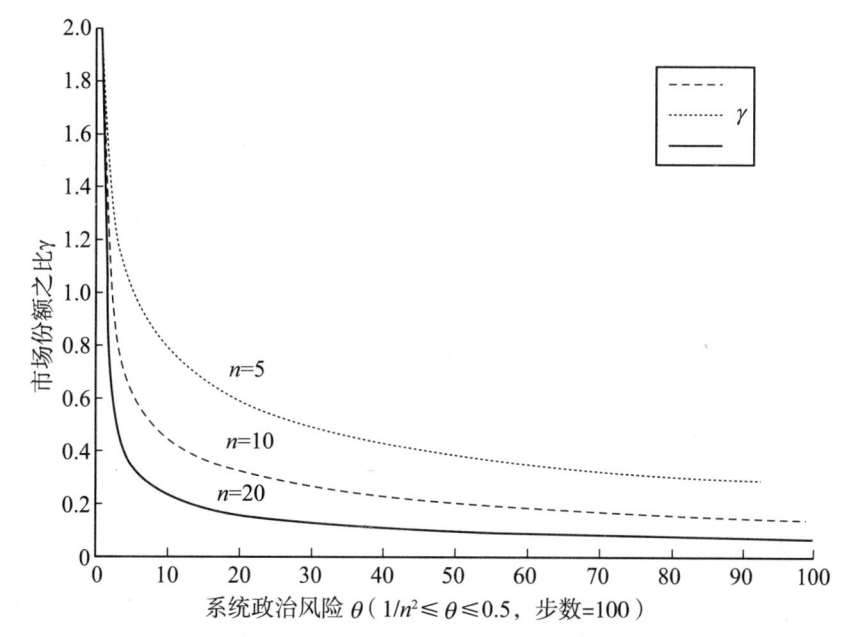

图 5-1　系统政治风险、市场规模和资源型海外投资的数值模拟

在得到上述对于政治风险和市场规模对海外投资壁垒形成的影响后,进一步探讨在政治风险存在的条件下,东道国政府、海外投资企业和投资国政府在博弈第 1 阶段的谈判行为及均衡情况。

(二) 最优政治补偿

政府的政治行为和政治制度环境是相互影响的,政治制度环境限制了政府行为的选择,而政府的政治行为也会影响政治环境的变化,例如 Straub

---

① 一旦 n 的取值确定,那么对应每一个 θ_{min} 的取值也就固定,因此该曲线并不会出现反转的情况。
② 在多组实验中选定的该间隔与步长,能够最佳平滑曲线和完整刻画曲线的准确趋势。

(2008) 的研究指出，政治腐败行为会主要通过与政治风险（如征收风险和国家违约风险）的互动而发生作用。因此，沿着这个思路，下面针对政治风险的两种极端发生概率条件下，探讨双边政府和海外投资企业的最优均衡选择和政治补偿边界。

在第 1 阶段和第 2 阶段中，假设产品在两国间的进口不需要贸易成本，如运输成本或关税（这将在后面的稳健性分析中被放宽），且生产出来的产品将会在两个国家均匀地被消费（假设人口在两国是均匀分布的），从而带来相等的消费者剩余。根据式（5-9）和式（5-10）中对投资国和东道国政府行为的描述，将同样的按照不同风险情况下双方企业的两种产出策略给出如下分析：

1. $\theta_{min} = 1/n^2$ 时

此时，代入 $q_f^* = n$，$q_d^* = n/2$，式（5-9）和式（5-10）可解得在谈判成功情况下最优的东道国和投资国政府目标函数分别为 $G_d^* = \frac{13}{16}n^2 - K_d^* + \beta S$ 和 $G_f^* = \frac{13}{16}n^2 - K_f^* - S - \frac{1}{4}$。于是，A 国企业会进入 B 国市场，而 B 国政府会获得 A 国政府的政治补偿。

2. $\theta_{max} = 1/2$ 且 n 趋向于无穷大时

将 $q_f^0 = 0$ 和 $q_d^0 = n$ 代入式（5-9）和式（5-10），那么有 $G_d^0 = \frac{5}{4}n^2 - K_d^0$ 和 $G_f^0 = \frac{1}{4}n^2$。这等同于谈判失败，A 国企业面临高风险将选择 0 产出策略且东道国将不能从 A 国获得政治补偿。B 国企业作为市场垄断者选择垄断定价策略，此时产量要低于两个企业共同生产的市场产出，两个国家的消费者剩余将同时降低。

（三）静态比较

在分析了双方政府根据在不同政治风险水平下相应的策略后，需要确定谈判双方促成谈判的可能的政治补偿水平。首先，分别将式（5-1）代入 G_d^*、G_f^* 和 G_d^0 的表达式，得到：

$$G_d^* = \frac{13}{16}n^2 - \frac{1}{2a}n + \beta S \tag{5-11}$$

$$G_f^* = \frac{13}{16}n^2 - \frac{1}{a}n - S - \frac{1}{4} \tag{5-12}$$

$$G_d^0 = \frac{5}{4}n^2 - \frac{1}{a}n \tag{5-13}$$

$$G_f^0 = \frac{1}{4}n^2 \qquad (5-14)$$

如果 $\beta = 0$，则意味着 B 国政府是保护型政府，或者是司法体系对其贿选行为监督非常严格，以至于不能收取 A 国政府政治补偿来增加目标效用。明显的，这种情况下，外国投资者的进入，使得 B 国的社会福利变差了，即 $G_d^* < G_d^0$。原因有两个方面：一是总产量提升，竞争价格被压低，$p^0 = n < n/2 = p^*$，B 国企业利润减少；二是由于更多的产品被 A 国消费，带来 B 国资源的加速消耗。于是，B 国政府会选择最大化其社会福利，而拒绝 A 国企业进入。

如果 $\beta > 0$，B 国政府会选择通过最大化社会福利和政治补偿的赋权值来满足自身偏好。这种情况下，仅当两个政府在确定的政治补偿的基础上目标收益不低于不投资时的收益，谈判才会成功。于是 A 国政府会选择的最大政治补偿上限临界条件由式（5-12）≥式（5-14）给定：

$$S_u = \frac{9}{16}n^2 - \frac{1}{a}n - \frac{1}{4} \qquad (5-15)$$

而同时 B 国同意 A 国企业投资并接受 A 国政府支付的最低政治补偿的下限临界条件由式（5-11）≥式（5-13）决定：

$$S_l = \frac{1}{\beta}\left(\frac{7}{16}n^2 - \frac{1}{2a}n\right) \qquad (5-16)$$

将上述内容总结为如下命题：

命题 2：（1）东道国政治风险较大时，投资将不会进行；（2）东道国政治风险适度：当 $\beta = 0$，则 B 国政府会拒绝外国投资者的进入；而当 $\beta > 0$ 时，A、B 两国会基于谈判结果（S）达成投资协议，当且仅当 $S_l \leq S \leq S_u$。

进一步对式（5-15）和式（5-16）中的参数 a，β 求偏导后发现，政治补偿 S 的可取上限 S_u 和下限 S_l（$\beta > 0$ 时）随着资源禀赋 a 的上升而上升，直观上这存在两个可能的解释：一是资源禀赋高的东道国，其政府有较高的筹码，在谈判中处于有利地位并因此提出更高的最低补偿要求；二是面对一个拥有良好资源禀赋的目的地，投资国政府和投资企业基于对预期获得更高利润的判断，会更加愿意支付一个更高的政治补偿来获得准入开发资格，于是二者共同作用下将抬高政治补偿 S 可取范围的上下限。通过 $\partial^2 S_l / \partial a \partial \beta < 0$ 结果发现，随着东道国政府对政治补偿的看重程度越高，其资源禀赋对政治补偿下限的一阶效应会逐渐消失，即腐败的政府将更快地失去资源优势进而失去谈判优势 S_l。这一过程可参见图 5-2。

在图 5-2-A 到图 5-2-D 中，根据前文讨论的取值区间设定 $a = 1.2$，而 β 依次增大。这样的设定是描述了在一个资源禀赋较缺乏的国家中，随着东道国政府更倾向于权力型政府（更加关心获得的政治补偿而非国民福利）增加，通过和投资企业及投资国政府谈判，最终均衡下政治补偿的可取范围的变化。同时，市场规模 $n \in (2, 20]$，步数100。

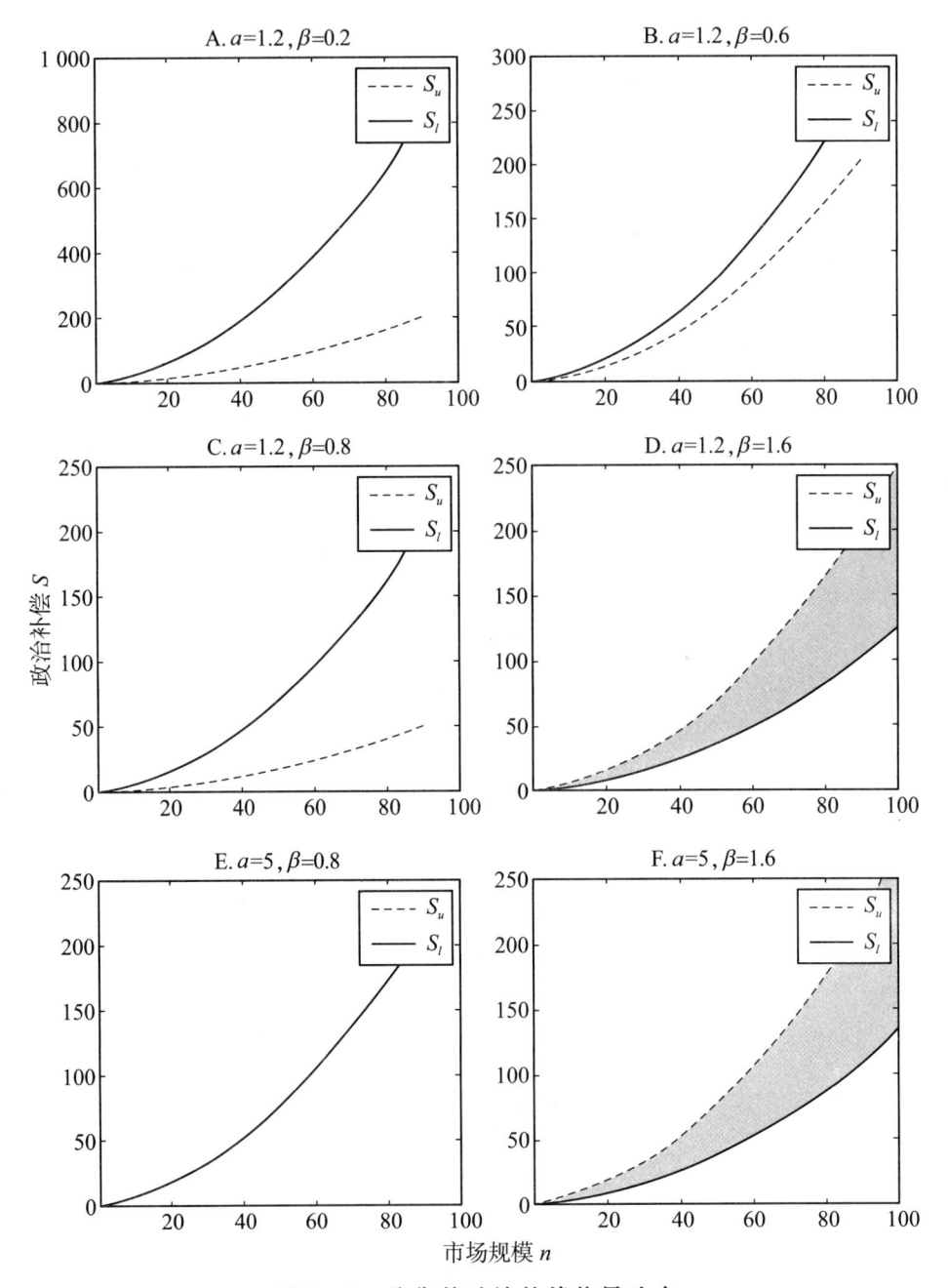

图 5-2 均衡的政治补偿临界动态

结果发现，当东道国政府更倾向于保护型，即 $\beta<0.8$（图 5-2-A 和图 5-2-B 所示）[1]，东道国政府更看重国民福利，因此较高水平的政治补偿才能补偿其国民福利的损失。由于这超出了投资国政府能够支付政治补偿的最高水平，$S_l>S_u$，投资国政府拒绝支付政治补偿而且 A 国的投资企业将不被允许进入 B 国市场。在图 5-2-C 中，两条临界曲线几乎重合，此时若东道国权力追求程度进一步增加，便会出现如图 5-2-D 所示的阴影区域，使得 $S_l \leqslant S \leqslant S_u$。这种情况下，权力型东道国政府效用受政治补偿边际增加的影响更大，投资国政府的政治补偿提议更易被采纳，最终将以 $S \in [S_l, S_u]$ 的结果获准 A 国企业进入 B 国共同开发资源。注意到，由于考虑到政治风险和政府行为偏好的内在联系，并通过使用了政治风险 $\theta \in [1/n^2, 1/2]$ 的临界值来讨论式（5-11）~式（5-14）中政治补偿的上下限，因此对于不同的具体的 θ 将会产生最优的 $S^* \in [S_l, S_u]$，而这对于研究的主要结论并不会产生实质的改变。

此外，同样对资源禀赋丰富条件下的博弈均衡同样进行了对比分析（参见图 5-2-E 和图 5-2-F）。设定 $a=5$，在 $\beta=0.2$ 和 $\beta=0.6$ 的情况与图 5-2-A 和图 5-2-B 分别类似，此处不表。$\beta \geqslant 0.8$ 时（图 5-2-E 和图 5-2-F 所示），投资国的补偿提议开始被东道国政府采纳。进一步，发现图 5-2-F 中阴影区域较图 5-2-D 中要整体上移，意味着在资源更丰富的国家中，促使谈判成功的政治补偿水平要高于资源稀缺的国家，并且随着市场规模的扩大（代表着盈利能力），该效应将进一步被强化。因此，将上述分析总结为如下推论：

推论1：东道国政府越偏好政治权力，资源型海外投资越容易通过给付政治补偿的形式进入东道国市场，而达成投资的政治补偿可取范围将随着东道国资源禀赋丰裕程度和市场规模的增加而增加。

在上述部分对政治风险和投资壁垒的基本模型和均衡分析做了完整的分析，通过数值模拟也初步验证了命题1和命题2。但是上述模型存在一些严格假设，如式（5-11）中规模报酬不变假设和两国间出口产品运输无成本或关税的假设。前一个假设在投资短期内可以保持成立，但是随着资源开发的越加深入，大量自然资源不可再生性使得额外的资本的边际产出逐渐下降，形成规模递减的生产状况。此外，国际贸易中运输成本（关税）问题是一个重要的贸易壁垒，也是促进海外投资快速发展以绕开该贸易壁垒的一个重要手段，因此，在下文的讨论分析中，重点对这两个问题进行探讨，使现有的框架更具有普适性。

---

[1] 该取值通过不断试错来获得。

三、稳健性讨论

（一）规模报酬递减的讨论

如上文同样假设产品在两国间的进口不需要运输成本或关税。由于自然资源生产的规模报酬递减的，则 A 国企业在 B 国的生产函数为：

$$q = aK^\alpha \quad (5-17)$$

其中 $a > 1$ 且 $0 < \alpha < 1$。根据式（5-9）和式（5-10）中对投资国和东道国政府行为的描述，同样将不同政治风险：$\theta_{\min} = 1/n^2$ 和 $\theta_{\max} = 1/2$ 分别对应的两种产出情况 q_f^* 和 q_d^* 以及 q_f^0 和 q_d^0 代入式（5-9）和式（5-10）中，得到与上述相同的关于两国政府偏好的表达式。然后分别将式（5-17）代入 G_d^*、G_f^* 和 G_d^0 中，同样得到：

$$G_d^* = \frac{13}{16}n^2 - \left(\frac{n}{2a}\right)^{1/\alpha} + \beta S \quad (5-18)$$

$$G_f^* = \frac{13}{16}n^2 - \left(\frac{n}{a}\right)^{1/\alpha} - S - \frac{1}{4} \quad (5-19)$$

$$G_d^0 = \frac{5}{4}n^2 - \left(\frac{n}{a}\right)^{1/\alpha} \quad (5-20)$$

$$G_f^0 = \frac{1}{4}n^2 \quad (5-21)$$

如果 $\beta = 0$，同样的 B 国政府会选择最大化其社会福利，而拒绝 A 国企业进入。在 $\beta > 0$ 时，通过式（5-19）$\geq$ 式（5-21）和式（5-18）$\geq$ 式（5-20）给定，政治补偿的临界条件为：

$$S'_u = \frac{9}{16}n^2 - \left(\frac{n}{a}\right)^{1/\alpha} - \frac{1}{4} \quad (5-22)$$

$$S'_l = \frac{1}{\beta}\left[\frac{7}{16}n^2 - (2^{-1/\alpha} - 1)\left(\frac{n}{a}\right)^{1/\alpha}\right] \quad (5-23)$$

接下来将分析不同参数设置条件下 $S'_l \leq S \leq S'_u$ 的不同情况。在图 5-3-A 和图 5-3-B 中，同样获得了如图 5-2-B 和图 5-2-D 中类似的曲线走势，但政治补偿水平略微下移。这意味着当在寡头垄断中存在一定程度的规模报酬递减时，边际生产能力降低将会带来生产利润的下降，进而影响投资国政府目标收益下可负担的最大政治补偿和东道国政府预计的最低政治补偿范围。假设外国企业资本生产弹性为 $\alpha = 0.4$ 和 $\alpha = 0.8$ 分别为低能力和高能力企业，保持东道国企业条件不变。如图 5-3-C 和图 5-3-D 所示，低能力企业将不会进入 B 国市场，因为支付任何一笔资金都将会带来其净收益为负，无论其投资的东道国是保护型或是权力型。对比图 5-3-A 和图 5-3-B 中的高能力企业对应的均衡情况，发现盈利能力和生产效率越强的资源型企业，更有可能克服东道国的政治风险和政府贿选要求的投资障碍，从谈判中胜出并进入东道国市场获取资源。

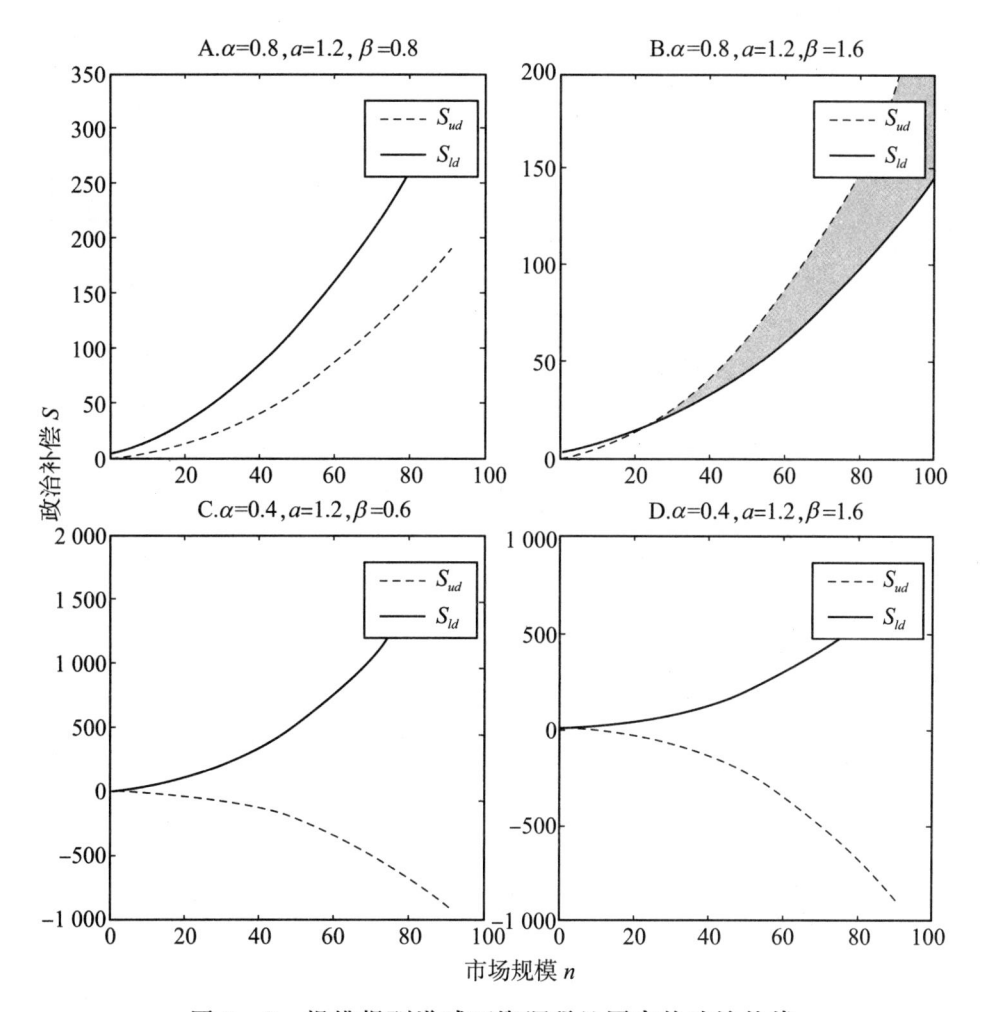

图 5-3 规模报酬递减下资源稀缺国家的政治补偿

作为对比，同样设定了 $a=5$ 的参数值作为资源丰富国家的自然资源属性来讨论在 α、β 变动时企业的投资行为及投资壁垒的变化，如图 5-4 所示。图 5-4-A 和图 5-4-B 形态与图 5-3-A 和图 5-3-B 类似，但在图 5-4-B 中，当步数（市场规模）约在 90 步时，投资国政府愿意支付的最大政治补偿为 250，而图 5-3-B 中这一数值为 200。这一点与推论 1 一致：投资于资源禀赋越高的国家，投资者会通过更高的政治补偿来获得许可。当对比图 5-4-C 和图 5-4-D

时发现，在资源非常丰富的国家内，低能力企业同样可以获利并进入该市场，而这些企业却不会投资于资源贫乏的国家（如图5-3-C和图5-3-D）。同样的，这类低能力企业在国民财富保护型的国家将难于进入该国共同开发资源，而在一个政治权利追求型的国家里，和高能力企业一样可以进入该市场，但是其可支付的政治补偿水平将会略低。

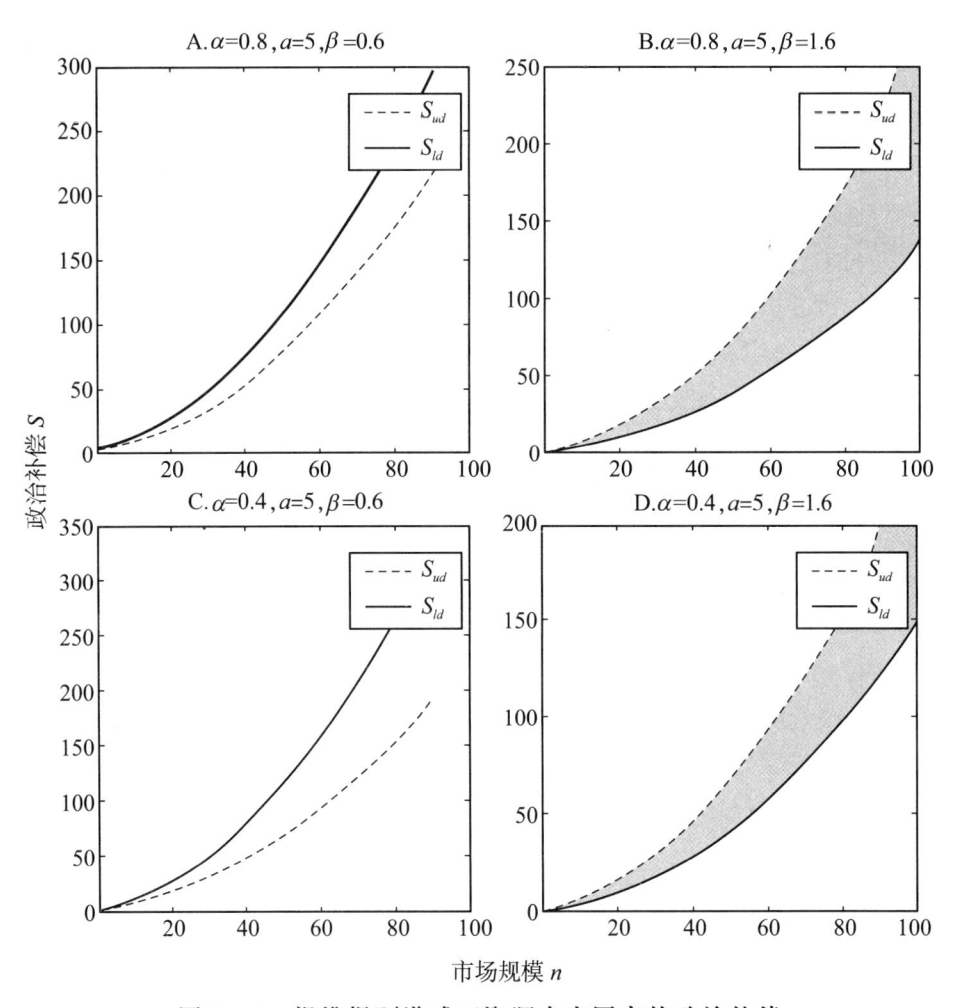

图 5-4 规模报酬递减下资源丰富国家的政治补偿

换个角度来看，这可以被看做是开发一个自然资源项目（如煤矿和石油项目）的不同阶段。在开发前期，自然资源丰裕，此时采掘企业有着较高的生产效率（类似于高能力企业），外国投资者参与投资该类型的项目往往需要面对更严苛的东道国政府，要么是不开放这类项目给外国投资者，要么就是面对着高额的政治补偿。而在开发后期，当一地的资源逐渐枯竭，采掘企业难以获得如前期高效的生产（此时类似于低能力企业），东道国往往会放开这些矿井和油田给外国投资者参与共同开发，或仅索取低额政治补偿即可准入。但此时这类项目对外国投资者的吸引力是很低的，这种入不敷出的表现也与现实中大量海外矿井油田项目投资亏损的实际状况相一致。于是将上述分析总结为如下推论：

推论2：在更高的政治权力倾向和较低的资源禀赋条件下，盈利能力较高的资源型企业更能够克服投资壁垒，参与到外国自然资源项目的开发中。

（二）贸易壁垒的讨论

下面将在基本模型的基础上考虑一个冰山假设的运输成本问题。由于两国模型中A、B两国的企业均在B国市场生产且A、B两国消费者对生产的产品是均匀消费，不存在生产中利润最大化的区域资源配置问题，那么运输成本仅影响产品的消费一端。按照冰山成本假设，当有 $x = q = q_f + q_d$ 单位产品被消费时，从B国运往A国供其消费的产品在到达A国时的量为 $x_f = \tau \frac{x}{2}$，其中 $\tau \in (0, 1)$，$1 - \tau$ 即为运输成本。由此A、B两国的消费者剩余变为：$CS'_f = \frac{1}{16}(1+\tau)^2 q^2$，$CS'_d = q^2/4$。那么根据式（5-9）和式（5-10）中对投资国和东道国政府行为的描述，同样将不同政治风险：$\theta_{\min} = 1/n^2$ 和 $\theta_{\max} = 1/2$ 分别对应的两种产出情况 q_f^* 和 q_d^* 以及 q_f^0 和 q_d^0 代入式（5-9）和式（5-10）中，得到与上述相同的关于两国政府偏好的表达式。保持规模报酬不变假设，上述表达式代入 $G_{d\tau}^*$、$G_{f\tau}^*$ 和 $G_{d\tau}^0$ 中，通过 $G_{f\tau}^* \geq G_{f\tau}^0$ 和 $G_{d\tau}^* \geq G_{d\tau}^0$ 同样得到政治补偿的临界条件为：

$$S_{u\tau} = \frac{9}{64}(1+\tau)^2 n^2 - \frac{n}{a} - \frac{1}{4} \tag{5-24}$$

$$S_{l\tau} = \frac{1}{\beta}\left(\frac{7}{16}n^2 - \frac{1}{2a}n\right) \tag{5-25}$$

直观的，政治补偿的上限 $S_{u\tau}$ 是运输成本 τ 的增函数。τ 越大意味着运输损失越低，投资国获得更多的商品消费剩余，其政府也越愿意支付更高的政治补偿。对（5-24）式中参数 τ 设置 $\tau = 0.5$（对比图5-2中无运输成本的 $\tau = 1$ 的情况），得到图5-5。

图5-5中设定了存在较高贸易壁垒时，企业投资者面对不同的资源禀赋的东道国和不同行为偏好的政府的投资策略选择。当政府的保护程度较高时，外国投资者同样难于进入该国市场。此外，对比图5-5-D和图5-5-F发现，随着运输成本的上升，外国投资者的能够承担的最大政治补偿下降，即使是在较高权力倾向的国家，可能的寻租空间也存在被压缩的趋势。换个角度来看，当存在一定形式的贸易壁垒时，其他形式的贸易壁垒如对资源出口征收出口税等，对资源

进口国的投资者来说,由于投资国已经承担了较大的贸易成本,因此在一定的市场规模(即投资盈利能力)下进入东道国市场时能够支付的政治补偿水平将会降低。因此,上述分析可以总结为推论3:

推论3:同时作为自然资源进口国,投资国政府进入东道国市场所能够承担的政治补偿空间随着贸易壁垒的上升而下降。

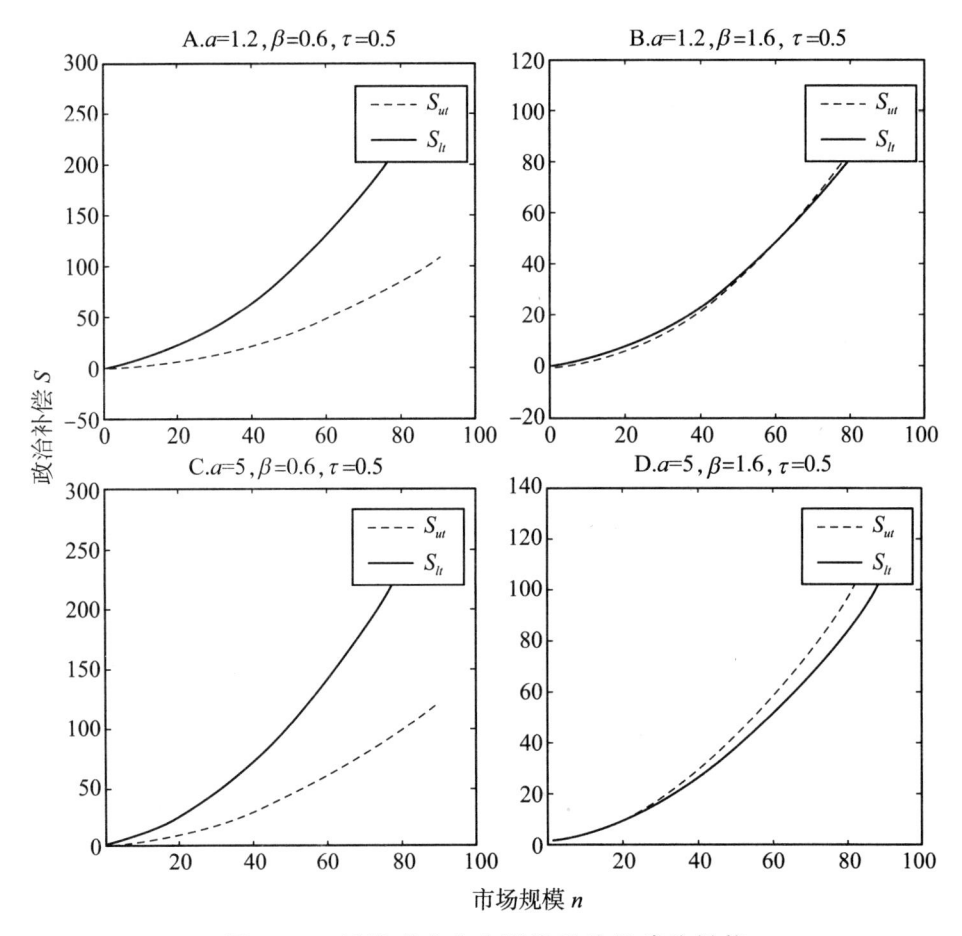

图5-5 运输成本存在时的政治补偿临界值

四、谈判政治风险研究小结

基于国家资源、交易成本和政治风险理论的文献研究,本研究通过在一个简单的两国经济中,沿用海外投资中的共同代理思想(Grossman & Helpman, 1994),构建了关于东道国—海外投资企业—母国之间的投资策略选择模型,并利用matlab数值模拟实验初步验证了研究中的两个命题,即(1)资源型海外投资随着东道国政治风险的上升而下降,同时东道国市场越大,东道国企业相对市场优势越大,和(2)外国投资者通过对东道国政府提供政治补偿的形式,影响东道国的市场准入政策。基于命题(2),得到如下推论来分析投资谈判过程中政治补偿的可能变化及影响因素:即东道国政府越偏好政治权力,资源型海外投资越容易通过给付政治补偿的形式进入东道国市场,而达成投资的政治补偿可取范围将随着东道国资源禀赋丰裕程度和市场规模的增加而增加。对基本模型生产和成本假设进行放松处理后,本研究进一步发现,存在投资壁垒时(较高的政治权力倾向和较低的资源禀赋),高能力资源型企业更能够克服投资壁垒获取外部资源;此外当存在贸易壁垒时,投资国政府进入东道国市场所能够承担的政治补偿空间随着贸易壁垒的上升而下降。

第二节 中国企业海外投资的主权政治风险研究

海外投资(OFDI)面临着各种风险的影响,其中最重要和最复杂的为政治风险。对于"政治风险"尚未有公认而统一的定义。现存的政治风险的定义集中于从两个不同方面的政治风险的概念(Kobrin, 1979)。一组根据政府的干预行动来观察政治风险,也称为狭义的政治风险(Minor J, 2003, Al Khattab, 2006, Goldberg & Veitch, 2010),表现为税收政策的变化,或者没收、征用等极端行为。第二组将政治风险等同于任何强加于企业的政治事件的发生。本节基于狭义的政治风险的概念,从税收和征收风险两个层面揭示东道国政府与海外投资者之间政治风险的动态演化,将其称为主权政治风险。

目前,关于海外投资对东道国的影响主要从税收收益和技术溢出、竞争效应三个方面来考虑。在麦克杜格尔(MacDougall, 1960)和肯普(Kemp, 1962)开创性的研究当中,将外商直接投资(FDI)为东道国带来的利益主要归结于其税收贡献。而越来越多的研究显示获得海外投资者先进技术的溢出是东道国吸引外商投资的主要目的,如巴罗尔和佩恩(Barrel & Pain, 1997)、博伦茨坦等(Borensztein et al., 1998)。马顿等(Mattooy et al., 2001)认为对技术转移的正效应和市场竞争的负效应的权衡是政府政策制定的关键所在。而上述博弈模型只是单一从政府角度分析海外投资的税收收益或者从产业发展角度考虑其溢出效应及竞争效应对东道国效用的影响,缺乏在动态视角下同时考虑三者的研究。因此本节希望能够弥补这一空白,在托马斯和沃勒尔(Thomas & Worrall, 1994)和马库斯(Marcus M. Opp, 2012)研究的基础上引入海外投资对东道国本地产业的外部效应，综合考虑了海外投资对东道国的税收、技术溢出及竞争效应，探讨了海外投资者对本地企业技术溢出效应的引入将如何影响政治风险条件下的投资的动态增长模型。

一、基本模型建立

（一）模型的设定

1. 博弈主体

本节将海外投资者与东道国政府二者的相互作用概括在一个两主体博弈模型中，在博弈论的框架内揭示有关各方，尤其是海外投资者在投资活动中所应采取的策略。博弈双方信息是完全的，均是风险中性的，满足理性人假设，且无限期存在。海外投资者追求投资收益现值最大化，而东道国政府追求海外投资和本地企业总税收收益净现值最大化。

2. 策略空间与时序

本节模型基于无限期动态博弈：海外投资者首先选择当期投资量 $I_{f,t}$，得到相应的投资存量 $K_{f,t}$，用 $1 \geq \delta > 0$ 表示资本的折旧率，那么资本存量在 t 时刻为：$K_{f,t} = (1-\delta)K_{f,t-1} + I_{f,t}$。在该期期末海外投资者获得投资收益 $R_{f,t}$，东道国政府能够洞察这一切，根据已实现的投资收益确定相应的税率 $\tau_{f,t}$，或者选择对海外投资进行征收。海外投资者根据东道国的行为进行决策，若东道国选择征收，则海外投资者在下阶段投资为零，反之则根据税率决定下期投资量 $I_{f,t+1}$，下期资本存量达到 $K_{f,t}$，如此循环反复。本节将东道国政府对海外投资者的规制简化为对投资利益分享的变化。税收风险低相对着海外投资者获得绝大部分收益，反之，税收风险高意味着东道国政府得到大部分的收益。对于东道国获得海外投资者所有的资本存量及收益的极端风险为征收风险。

3. 支付函数

海外投资者单期支付为投资收益减去当期投资支出和税收。即在时期 t，海外投资者当期支付函数如下：

$$\pi_{f,t} = R_f(K_{f,t}) - I_{f,t} - \tau_{f,t}R_f(K) = (1-\tau_{f,t})R_f(K_{f,t}) - [K_{f,t} - (1-\delta)K_{f,t-1}]$$

$$(5-26)$$

其中 $R_f(K_{f,t})$ 为海外投资者的经营收益；$K_{f,t}$ 为在时期 t 的跨国公司在东道国的资本存量；$\tau_{f,t}$ 表示东道国在时期 t 征收的税率。海外投资者的目标是在贴现因子 $\beta_F(\beta_F \leq 1)$ 下最大化其现金流的净现值，其总支付函数为

$$U_F = \sum_{t=0}^{\infty} \beta_F^t \pi_{f,t} \qquad (5-27)$$

东道国政府的单期收益由向海外投资者和本地企业征收的税收收入表示。即在时期 t，东道国当期支付为：$\pi_{HC,t} = T_{f,t} + T_{d,t} = \tau_{f,t} R_f(K_{f,t}) + \bar{\tau}_d R_d(K_{f,t})$，其中 $T_{f,t}$、$T_{d,t}$ 分别表示海外投资者和本地投资者的税收，且假设东道国对本地企业征收税率 $\bar{\tau}_d$ 保持不变。由于本地税收与本地企业收益正相关，而收益函数与 $K_{f,t}$ 有关，那么实际上本地企业的税收间接地刻画了海外投资对本地企业的外部影响。东道国政府在贴现因子 $\beta_G (\beta_G \leq 1)$ 下最大化其现金流的净现值，总支付函数为：

$$U_{HC} = \sum_{t=0}^{\infty} \beta_G^t (T_{f,t} + T_{d,t}) = \sum_{t=0}^{\infty} \beta_G^t [\tau_{f,t} R(K_{f,t}) + \bar{\tau}_d R(K_{f,t})] \qquad (5-28)$$

4. 海外投资者与本地企业收益函数

海外投资对东道国本地企业具有外部影响。一方面，通过参与本地市场竞争降低产品价格，另一方面，通过技术外溢，提高本地企业技术能力，降低成本提高产量。参考程培堽、周应恒、殷志扬（2009）对海外投资者对本地企业影响的分析，用数学语言进行表述如下：

令海外投资者对东道国一特定行业投资，为了简化分析，假设本地投资始终维持 $\bar{K}_d$（即每一时期本地投资存量为常数）。海外投资者生产函数 $Y_{f,t} = \bar{A}_f h(K_{f,t})$，其中 $\bar{A}_f$ 为海外投资者的技术水平，假定为大于零的常数，$h(K_{f,t})$ 是关于 $K_{f,t}$ 单调递增的凹函数。本地企业的生产函数为 $Y_{d,t} = A_{d,t} h(\bar{K}_d)$，其中 $A_{d,t}$ 为本地企业技术水平。由于存在海外投资者的技术外溢，令 $s(\theta, K_{f,t}) = \theta \cdot g(K^f)$ 表示技术溢出函数，值越大表明技术溢出效应越明显。海外投资对本地企业技术能力提升效果主要受到以下两种因素影响：一方面，对于不同的行业和东道国，企业获得技术溢出效应的难易程度有所不同，因此用 θ 表示技术溢出的难易程度；另一方面，海外投资者投资规模也会对溢出效果产生影响，一般来说，投资规模越大，本地企业接触海外投资者先进技术的机会越大，获得的技术溢出越明显，因此本节用 $g(K_{f,t})$ 表示海外投资者规模对技术溢出的影响。且技术溢出随着外国资本的增加而增加，但增速逐渐降低（即 $\partial g(K_{f,t})/\partial K_{f,t} > 0$，$\partial^2 g(K_{f,t})/\partial^2 K_{f,t} < 0$）。那么有 $A_{d,t} = \theta \cdot g(K_{f,t}) \cdot \bar{A}_{d,0}$，其中 $1 \leq \theta \cdot g(K_{f,t}) \leq \bar{A}_f/\bar{A}_{d,0}$，$\bar{A}_{d,0}$ 表示未引进海外投资的情况下本地企业原有的技术水平，而 $\theta \cdot g(K_{f,t}) \leq \bar{A}_f/\bar{A}_{d,0}$ 则表示由于技术外溢所引致的本地企业的技术进步不能使得本地企业技术超过外国子公司，且海外投资者初始技术水平足够高。

设产品市场反需求函数为：$p = a - b(Y_f + Y_d)$，则海外投资者和东道国政府的收益函数分别为：

$$R_{f,t} = pY_f = \{a - b[\bar{A}_f h(K_{f,t}) + \bar{A}_{d,0} \cdot \theta \cdot g(K_{f,t}) h(\bar{K}_d)]\} \cdot \bar{A}_f h(K_{f,t})$$

$$R_d = \{a - b[\bar{A}_f h(K_{f,t}) + \bar{A}_{d,0} \cdot \theta \cdot g(K_{f,t}) h(\bar{K}_d)]\} \cdot \bar{A}_{d,0} \cdot \theta \cdot g(K_{f,t}) h(\bar{K}_d)$$

因此在生产函数及东道国本地企业的技术溢出函数一定的情况下收益函数仅是变量 $K_{f,t}$ 的函数，即 $R_{f,t} = R_f(K_{f,t})$，$R_{d,t} = R_d(K_{f,t})$。

（二）基本分析

有限期动态博弈模型对研究政治风险并不适用，因为在最后一个时期时，东道国当然会选择征收，由于预期到这些，海外投资者并不会对东道国将进行投资。然而，若双方陷入无限次动态博弈，则可以通过隐含的制约机制，使得海外投资者和东道国都能获得持续正的利益分享。本部分运用动态最优化的方法，对无限次动态博弈的最优策略进行分析。

海外投资者会在每一阶段选择 $I_{f,t}$，政府会选择相应的 $\tau_{f,t}$。若记 $V_{HC,t}$ 为东道国在该动态博弈中每阶段都采用最佳选择的总支付现值，应当等于下一阶段动态博弈的总支付现值 $V_{HC,t+1}$ 折算成当前阶段，并加上当期税收 T_t 所得，即

$$V_{HC,t} = T_t + \beta_G V_{HC,t+1} = \tau_f R_f(K_{f,t}) + \bar{\tau}_d R_d(K_{f,t}) + \beta_G V_{HC,t+1} \quad (5-29)$$

注意到，$V_{HC,t}$ 和 $K_{f,t}$ 包含所有前期投资存量和税收 $\{(\tau_{f,s}, I_{f,s})\}_{s=1}^{t}$ 的信息，因此 $V_{HC,t}$ 和 $K_{f,t}$ 为状态变量。那么海外投资者的净现值可以用值函数 $V_{F,t} = V_F(V_{HC,t}, K_{f,t-1})$ 表示，即海外投资者在 t 期的总支付由累积资本 $K_{f,t-1}$ 和 t 期政府总支付所决定：

$$V_{F,t} = (1 - \tau_{f,t}) R_f(K_{f,t}) - [K_{f,t} - (1-\delta) K_{f,t-1}] + \beta_F V_{F,t+1}，即$$
$$V_F(V_{HC,t}, K_{f,t-1}) = (1 - \tau_{f,t}) R_f(K_{f,t}) - [K_{f,t} - (1-\delta) K_{f,t-1}]$$
$$+ \beta_F V_F(V_{HC,t+1}, K_{f,t}) \quad (5-30)$$

因此，对于初始资本存量为零的情况有：

$$V_F(V_{HC,t}, 0) = (1 - \tau_{f,t}) R_f(K_{f,t}) - K_{f,t} + \beta_F V_F(V_{HC,t+1}, K_{f,t})$$

令 $V_F(V_{HC,t}, 0) = V_F(V_{HC,t})$，

$$V_{F,t} = V_F(V_{HC,t}, K_{f,t-1}) = V_F(V_{HC,t}) + (1-\delta) K_{f,t-1} \quad (5-31)$$

下面讨论该动态博弈中对于达到均衡的内在机制必须满足哪些约束条件：

第一，对于东道国而言，在引进外资的过程中，必须获得至少大于零的总支付，因此其参与约束为：$U_{HC} \geq 0$，即：

$$V_{HC,t} \geq 0 \quad (5-32)$$

第二，类似地，海外投资者并不会在净现金流现值为负的国家进行投资，也即投资必须是有利可图的。本节将此条件简称为海外投资者参与约束，数学表达如下：$U_F \geq 0$，即：

$$V_{F,t} \geq 0 \quad (5-33)$$

第三，假设东道国最多会对海外投资者进行税收减免，并不会进行补贴，税

收约束：
$$\tau_{f,t} \geq 0 \quad (5-34)$$

第四，投资期末，东道国面临两种选择，征收外国资产，此后处于自给自足状态，或者不征收而获得未来海外投资的税收收益。政府根据最大化总支付函数做出是否对外国资产征收的决定，如果某一时期东道国对海外投资者进行征收所获得的收益现值 V_{aut} 大于其税收流的现值 $T_{f,t}+T_{d,t}+\beta_G V_{HC,t+1}$，那么东道国会选择对海外投资者进行征收。本节假设东道国将征收所得为 $D(K_{f,t})$，且 $D(K_{f,t})=(1-\delta)K_{f,t}+R_f(K_{f,t})$，征收发生后，作为对政府违约的惩罚，海外投资者将永远不会再对其进行后续投资，东道国进入自给自足状态，政府未来现金流现值为：

$$V_{aut} = \sum_{s=1}^{\infty}\left[(\beta_G)^s \bar{\tau}_d \tilde{R}_d(g(K_{f,t}))\right] + \bar{\tau}_d R_d(K_{f,t}) + (1-\delta)K_{f,t} + R_f(K_{f,t})$$

其中 $\tilde{R}_d(g(K_{f,t}))=[a-b\bar{A}_{d,0}\cdot\theta\cdot g(K_{f,t})h(\bar{K}_d)]A_{d,0}\theta\cdot g(K_{f,t})h(\bar{K}_d)$ 表示当海外投资被征收后，本地企业的技术维持在 $\bar{A}_d\cdot\theta\cdot g(K_{f,t})$，本地企业的税收与征收时刻技术水平相关。

由于在本节中假定本地投资存量为固定常量，因此征收发生后的任意时期本地税收维持不变，上式也可以转化为：

$$V_{aut} = \frac{\beta_G}{1-\beta_G}\bar{\tau}_d \tilde{R}_d(g(K_{f,t})) + \bar{\tau}_d R_d(K_{f,t}) + (1-\delta)K_{f,t} + R_f(K_{f,t})$$

因此，如果以下约束条件成立，东道国将不会对海外投资者进行征收：$V_{aut} \leq T_{f,t} + T_{d,t} + \beta_G V_{HC,t+1}$，即

$$\frac{\beta_G}{1-\beta_G}\bar{\tau}_d \tilde{R}_d(g(K_{f,t})) + (1-\delta)K_{f,t} + R_f(K_{f,t}) \leq \tau_{f,t}R_f(K_{f,t}) + \beta_G V_{HC,t+1}$$
$$(5-35)$$

由于信息是完全的，海外投资者会警惕征收风险的可能性，他们总是选择满足式（5-35）的 FDI 水平。

第五，由于预期未来的价值必须大于等于当期承诺价值，那么等式（5-29）实质上是一个不等式约束：

$$V_{HC,t} \leq \tau_{f,t}R_f(K_{f,t}) + \bar{\tau}_d R_d(K_{f,t}) + \beta_G V_{HC,t+1} \quad (5-36)$$

二、海外投资稳定状态分析

综上分析，海外投资者与东道国的无限期动态博弈问题转化为解如下最优化问题：

$$V_F(V_{HC,t}, K_{f,t-1}) = \max\{(1-\tau_{f,t})R_f(K_{f,t}) - [K_{f,t}-(1-\delta)K_{f,t-1}] + \beta_F V_F$$

($V_{HC,t+1}$, $K_{f,t}$)}由于条件式（5-34）和式（5-35）事实上包含了约束条件式（5-32）。因此约束条件式（5-33）、式（5-34）、式（5-35）以及式（5-36）组成了动态最优化问题的约束集。令 λ_1, λ_2, λ_3, λ_4 分别表示其乘子。拉格朗日方程如下：

$$L = (1 - \tau_{f,t})R_f(K_{f,t}) - [K_{f,t} - (1-\delta)K_{f,t-1}] + \beta_F V_F(V_{HC,t+1}, K_{f,t}) +$$
$$\lambda_1 V_F(V_{HC,t+1}, K_{f,t}) + \lambda_2 \tau_{f,t} + \lambda_3 [\tau_{f,t} R_f(K_{f,t}) + \beta_G V_{HC,t+1} - \frac{\beta_G}{1-\beta_G}$$
$$\bar{\tau}_d \tilde{R}_d(g(K_{f,t})) - (1-\delta)K_{f,t} - R_f(K_{f,t})] + \lambda_4 [\tau_{f,t} R_f(K_{f,t}) +$$
$$\bar{\tau}_d R_d(K_{f,t}) + \beta_G V_{HC,t+1} - V_{HC,t}] \tag{5-37}$$

以上是具有不等式约束的最优化问题，因此本节运用库恩—塔克条件（KT）分析，KT 条件必须满足三点：

第一，拉格朗日方程对变量 $K_{f,t}$, $\tau_{f,t}$ 和 $V_{HC,t+1}$ 的一阶偏导等于零：

$$\frac{\partial L}{\partial K_{f,t}} = (1 - \tau_{f,t})\frac{\partial R_f}{\partial K_{f,t}} - 1 + (\beta_F + \lambda_1)(1-\delta) + \lambda_3 [(\tau_{f,t} - 1)$$
$$\frac{\partial R_f}{\partial K_{f,t}} - \frac{\beta_G}{1-\beta_G}\bar{\tau}_d \frac{\partial \tilde{R}_d}{\partial g(K_{f,t})} \cdot \frac{\partial g(K_{f,t})}{\partial K_{f,t}} - (1-\delta)] = 0 \tag{5-38}$$

$$\frac{\partial L}{\partial \tau_{f,t}} = -1 + \lambda_2 + \lambda_3 + \lambda_4 = 0 \tag{5-39}$$

$$\frac{\partial L}{\partial V_{HC,t+1}} = (\beta_F + \lambda_1)\frac{\partial V_{F,t+1}}{\partial V_{HC,t+1}} + (\lambda_3 + \lambda_4)\beta_G = 0 \tag{5-40}$$

第二，拉格朗日乘子与约束条件均大于等于零：

$$\lambda_1 \geq 0, \lambda_2 \geq 0, \lambda_3 \geq 0, \lambda_4 \geq 0$$

第三，拉格朗日乘子与对应约束条件乘积等于零：

$$\lambda_1 V_F(V_{HC,t+1}, K_{f,t}) = 0 \tag{5-41}$$

$$\lambda_2 \tau_{f,t} = 0 \tag{5-42}$$

$$\lambda_3 [(\tau_{f,t} - 1)R_f(K_{f,t}) + \beta_G V_{HC,t+1} - \frac{\beta_G}{1-\beta_G}\bar{\tau}_d \tilde{R}_d(g(K_{f,t})) - (1-\delta)K_{f,t}] = 0 \tag{5-43}$$

$$\lambda_4 [\tau_{f,t} R_f(K_{f,t}) + \bar{\tau}_d R_d(K_{f,t}) + \beta_G V_{HC,t+1} - V_{HC,t}] = 0 \tag{5-44}$$

命题 1：在稳定状态时，东道国对海外投资实施的均衡税率为：

$$\hat{\tau}_{f,t} = \{(1-\beta_G)(1-\delta)\hat{K}_{f,t} + \beta_G \cdot \bar{\tau}_d [\tilde{R}_d(g(\hat{K}_{f,t})) - R_d(\hat{K}_{f,t})]\}/\hat{R}_f(\hat{K}_{f,t})$$，且技术溢出越大，其均衡税率越大。

证明：令 $\hat{V}_{HC}$ 表示稳定状态东道国的总支付，根据式（5-44）有：

$$\hat{\tau}_{f,t}\hat{R}_f(\hat{K}_{f,t}) + \bar{\tau}_d \hat{R}_d(\hat{K}_{f,t}) + \beta_G \hat{V}_{HC} - \hat{V}_{HC} = 0，即$$

$\hat{V}_{HC} = [\hat{\tau}_{f,t} \hat{R}_f(\hat{K}_{f,t}) + \bar{\tau}_d \hat{R}_d(\hat{K}_{f,t})]/(1-\beta_G)$ 将式（5-44）代入式（5-43）中可得：

$$(\hat{\tau}_{f,t} - 1)\hat{R}_f(\hat{K}_{f,t}) + \frac{\beta_G}{1-\beta_G}[\hat{\tau}_{f,t}\hat{R}_f(\hat{K}_{f,t}) + \bar{\tau}_d \hat{R}_d(\hat{K}_{f,t}) - \bar{\tau}_d \tilde{R}_d(g(\hat{K}_{f,t}))] - (1-\delta)\hat{K}_{f,t} = 0$$

求解得：$\hat{\tau}_{f,t} = \{(1-\beta_G)(1-\delta)\hat{K}_{f,t} + \beta_G \cdot \bar{\tau}_d [\tilde{R}_d(g(\hat{K}_{f,t})) - R_d(\hat{K}_{f,t})]\}/\hat{R}_f(\hat{K}_{f,t})$

相应的税收为：$\hat{T}_{f,t} = (1-\beta_G)(1-\delta)\hat{K}_{f,t} + \beta_G \cdot \bar{\tau}_d[\tilde{R}_d(g(\hat{K}_{f,t})) - R_d(\hat{K}_{f,t})]$

进一步，根据 $\tilde{R}_d(g(K_{f,t})) = [a - b\bar{A}_{d,0} \cdot \theta \cdot g(K_{f,t})h(\bar{K}_d)]\bar{A}_{d,0}\theta \cdot g(K_{f,t})h(\bar{K}_d)$ 和 $R_d = \{a - b[\bar{A}_f h(K_{f,t}) + \bar{A}_{d,0} \cdot \theta \cdot g(K_{f,t})h(\bar{K}_d)]\} \cdot \bar{A}_{d,0} \cdot \theta \cdot g(K_{f,t})h(\bar{K}_d)$

得：$\tilde{R}_d(g(\hat{K}_{f,t})) - \hat{R}_d(\hat{K}_{f,t}) = b\bar{A}_f h(\bar{K}_d) \cdot A_{d,0}\theta \cdot g(\hat{K}_{f,t})h(\bar{K}_d) \geq 0$，其差值随着 θ 的增加。

此外由于 $\hat{R}_{f,t} = \{a - b[\bar{A}_f h(K_{f,t}) + \bar{A}_{d,0} \cdot \theta \cdot g(K_{f,t})h(\bar{K}_d)]\} \cdot \bar{A}_f h(K_{f,t})$，$\hat{R}_f(\hat{K}_{f,t})$ 随着 θ 的增加而减小。因此溢出越容易（θ），均衡时的税率 $\hat{\tau}_{f,t}$ 越大。

从上述命题中可以看到，对于技术溢出较容易的行业或东道国，均衡税率较高，主权政治风险较大；反之，若技术溢出较难，由于东道国需要从海外投资者进一步得到高新技术的溢出，将面临较小的主权政治风险。

命题2：海外投资者对东道国的均衡投资低于有效投资水平，且技术溢出越快，稳定状态下的海外投资者的资本存量越低。

证明：定义海外投资的有效投资存量水平 K_f^*，$\partial R_f / \partial K_f^* = \delta$。由于 $\lambda_2 \tau_{f,t} = 0$，$\lambda_2 \geq 0$，由于在稳定状态时 $\hat{\tau}_f \neq 0$，故 $\lambda_2 = 0$，且 $\hat{V}_F \neq 0$，故 $\lambda_1 = 0$。因 $-1 + \lambda_2 + \lambda_3 + \lambda_4 = 0$，$\lambda_3 \geq 0$，$\lambda_4 \geq 0$，所以 $0 \leq \lambda_3$，$\lambda_4 \leq 1$，根据式（5-38）有：

$$(1-\hat{\tau}_f)\frac{\partial \hat{R}_f}{\partial \hat{K}_f} - 1 + \beta_F(1-\delta) = \lambda_3\left[(1-\hat{\tau}_f)\frac{\partial \hat{R}_f}{\partial \hat{K}_f} + \frac{\beta_G}{1-\beta_G}\bar{\tau}_d \frac{\partial \tilde{R}_d}{\partial g(\hat{K}_f)} \cdot \frac{\partial g(\hat{K}_f)}{\partial \hat{K}_f} + (1-\delta)\right] \geq 0$$

故 $\partial \hat{R}_f / \partial \hat{K}_f \geq 1 - \beta_F(1-\delta) \geq \delta$，即海外投资水平小于有效水平。

由式（5-40）得 $(\beta_F + \lambda_1)\frac{\partial V_{F,t+1}}{\partial V_{HC,t+1}} + (\lambda_3 + \lambda_4)\beta_G = 0$，稳定状态下，$\lambda_1 = 0$，故原式等于 $\beta_F \frac{\partial V_{F,t+1}}{\partial V_{HC,t+1}} + (\lambda_3 + \lambda_4)\beta_G = 0$。运用包络定理，对拉格朗日方程两边对 $V_{HC,t}$ 求导，得 $\frac{\partial V_{F,t}}{\partial V_{HC,t}} = -\lambda_4$，在稳定状态下有 $\frac{\partial V_{F,t+1}}{\partial V_{HC,t+1}} = \frac{\partial V_{F,t}}{\partial V_{HC,t}} = -\lambda_4$，将其代

入式（5-40），得到 $-\beta_F \lambda_4 + (\lambda_3 + \lambda_4)\beta_G = 0$，此外 $\lambda_3 + \lambda_4 = 1$。解上述两个方程，得 $\lambda_3 = 1 - \frac{\beta_G}{\beta_F}$，$\lambda_4 = \frac{\beta_G}{\beta_F}$。因此，稳定状态时海外投资资本存量为以下隐函数的解：

$$(1 - \hat{\tau}_f)\frac{\partial \hat{R}_f}{\partial \hat{K}_f} - 1 + \beta_F(1-\delta) = \left(1 - \frac{\beta_G}{\beta_F}\right)$$

$$\left[(1-\hat{\tau}_f)\frac{\partial \hat{R}_f}{\partial \hat{K}_f} + \frac{\beta_G}{1-\beta_G}\tau_d\theta\frac{\partial \tilde{R}_d}{\partial(\theta g(\hat{K}_f))} \cdot \frac{\partial g(\hat{K}_f)}{\partial \hat{K}_f} + (1-\delta)\right]$$

整理得：

$$(1-\hat{\tau}_f)\frac{\partial \hat{R}_f}{\partial \hat{K}_f} = \frac{\beta_F}{\beta_G}\left(1 + \left(1 - \frac{\beta_G}{\beta_F} - \beta_F\right)(1-\delta)\right) + \frac{\beta_F - \beta_G}{1-\beta_G}\tau_d\theta$$

$$\frac{\partial \tilde{R}_d}{\partial(\theta g(\hat{K}_f))} \cdot \frac{\partial g(\hat{K}_f)}{\partial \hat{K}_f} \tag{5-45}$$

由于 θ 越大均衡时的税率 $\hat{\tau}_{f,t}$ 越大，$(1 - \hat{\tau}_{f,t})$ 越小，而等式（5-45）右边显然为 θ 的递增函数，因此，θ 越大 $\partial \hat{R}_f / \partial \hat{K}_f$ 越大。即意味着技术溢出越快，稳定状态下的资本存量越低。

在考虑技术溢出因素下，海外投资者对东道国企业产生了两种不同的效应：一是竞争效应，海外投资者进入导致东道国市场竞争的加剧有降低东道国企业利润的趋势；二是技术扩散效应，技术扩散降低了国内企业的生产成本，从而有提高国内厂商利润的趋势，总体效果取决于利弊综合比较。因此，存在最优的投资规模，最大化东道国政府效用，由于存在征收风险，海外投资者并不会在此基础上增加投资，即达到这一规模后系统将维持稳定状态。均衡的投资规模受海外投资溢出效应的影响。

三、税收与投资的动态性分析

海外投资者在东道国的投资过程本身是动态的，表现为投资风险和不确定性随着投资阶段的变化而演变。本部分将解决两个问题：第一，海外投资者与东道国政府之间收益分配的均衡点将如何变化，即政府政策遵循怎么的变化路径；第二，海外投资者如何利用确定每一阶段的投资策略降低主权政治风险。为此我们关注在东道国与海外投资者的动态博弈过程中，海外投资、政府政策遵循怎样的动态规律、观察变量的时间路径，得到相关变量随时间的演进方程，以此确定海外投资者的最优资本存量序列 $\{K_{f,t}\}_{t=0}^{\infty}$。

已有一些研究[①]表明，东道国政府通常会给予海外投资者特定免税期（证明见附录 A.3）。宫际和大野由佳（Kaz Miyagiwa & Yuka Ohno，2009）的研究也显示，东道国政府经常会鼓励海外投资者对其进行投资，这些优惠措施可诱发海外投资者的技术转移，促进当地企业的技术进步，提高东道国的福利。然而，这种结果的前提是东道国只在有限时间内给予优惠待遇，永久性税收优惠将产生相反的效果。即东道国对海外投资者实施的税收优惠只存在于特定时间段，此后海外投资者面临征税。

命题 3：东道国政府通常会给予海外投资者特定免税期，达到稳定状态后东道国将向海外投资者征税。在免税期内，海外投资者下期的最优投资受技术溢出效应的影响，且技术溢出效应越大，海外投资存量增长越慢。

证明：下面将证明在免税期内海外投资存量的动态变化路径。注意到在达到稳定状态之前，东道国政府总支付 $V_{HC,t}$ 与征收所得 $D(K_{f,t}) = (1-\delta)K_{f,t} + R_f(K_{f,t})$ 是正相关的，而易知 $\frac{\partial D}{\partial K_{f,t}} \geq 0$，故 $\frac{\partial V_{HC,t}}{\partial K_{f,t}} \geq 0$，同理 $\frac{\partial K_{f,t}}{\partial V_{HC,t}} \geq 0$。即东道国的贴现效用与海外投资资本存量之间是正相关关系，显然，东道国的贴现效用必然是非递减的，因此海外投资资本存量同样是随时间非递减的，且在稳定状态达到最大值。假设系统并未达到稳定状态（此时 $V_{HC,t} < \hat{V}_{HC}$），根据对免税期的分析有 $\tau_{f,t} = 0$，且 $\lambda_1 = 0$。此外，由于约束式（5-35）满足，有 $\lambda_3 = 0$ 成立。因此，根据式（5-38）得到如下等式：$\frac{\partial R_f}{\partial K_{f,t}} - 1 + \beta_F(1-\delta) = 0$，将方程转化为离散时间条件下为 $\frac{\Delta R}{\Delta K} = 1 - \beta_F(1-\delta)$。其中 $\Delta R_f = R_f(K_{f,t+1}) - R_f(K_{f,t})$，$\Delta K = K_{f,t+1} - K_{f,t}$，将

$$R_{f,t} = \{a - b[\overline{A}_f h(K_{f,t}) + \overline{A}_{d,0} \cdot \theta \cdot g(K_{f,t})h(\overline{K}_d)]\} \cdot \overline{A}_f h(K_{f,t})$$

$$R_{f,t+1} = \{a - b[\overline{A}_f h(K_{f,t+1}) + \overline{A}_{d,0} \cdot \theta \cdot g(K_{f,t+1})h(\overline{K}_d)]\} \cdot \overline{A}_f h(K_{f,t+1})$$

代入可得 $K_{f,t+1}$ 的隐式方程 $K_{f,t+1} = K_{f,t+1}(K_{f,t})$。

在 $t+1$ 时刻，上期资本存量 $K_{f,t}$ 已知，现在我们讨论技术溢出难易程度 θ 对下期资本存量的影响。对等式 $R_f(K_{f,t+1}) - R_f(K_{f,t}) = [1 - \beta_F(1-\delta)](K_{f,t+1} - K_{f,t})$ 两边分别关于 θ 微分，有：

$$\frac{\partial R_f}{\partial \theta} + \frac{\partial R_f}{\partial K_{f,t+1}} \cdot \frac{\partial K_{f,t+1}}{\partial \theta} = [1 - \beta_F(1-\delta)]\frac{\partial K_{f,t+1}}{\partial \theta}$$

易知 $\frac{\partial R_f}{\partial \theta} \leq 0$，$\frac{\partial R_f}{\partial K_{f,t+1}} \geq 0$，$[1 - \beta_F(1-\delta)] \geq 0$，因此 $\frac{\partial K_{f,t+1}}{\partial \theta} \leq 0$

---

① 如 Thomas 和 Worrall（1994）与 Marcus M. Opp（2012）。

因此，我们的分析表明：技术溢出越大，其海外投资增长越缓慢。

四、主权政治风险研究小结

本节借鉴了托马斯和沃洛（Thomas & Worrall, 1994）与马库斯（Marcus M. Opp, 2012）关于建立海外投资者与东道国政府之间重复动态博弈模型的基本思想，即若海外投资者与东道国两者之间存在未来的双向利益，那么可能存在持续的海外投资。虽然东道国有短期内有进行征收的动机，但是从长期来看，获得未来更多长期利益的刺激促使其维持与海外投资者之间的合作关系。同时本节也对上述模型进行了一定扩展，考虑到当东道国对海外投资进行征收后不仅会损失将来潜在税收收入同时也会损失海外投资者对本地的技术溢出等外部效应，因此本节增加了海外投资对本地企业的技术溢出这一因素，对东道国支付函数进行改进。探讨了海外投资者外部效应的引入将如何影响主权政治风险条件下的投资的动态增长模型。

本节首先对博弈的稳定状态进行分析，得到如下结论：第一，稳定状态下东道国对海外投资实施的均衡税率取决于投资水平及对内资企业技术水平的影响，且技术溢出越容易，其均衡税率越大。第二，海外投资者对东道国的均衡投资低于有效投资水平，且技术溢出越快，稳定状态下的海外投资者的资本存量越低。文章同时研究了海外投资的动态特性，结果表明：东道国政府通常会给予海外投资者特定免税期，此后在稳定状态东道国将向海外投资者征税。在免税期内，海外投资者下期的最优投资受技术溢出效应的影响，且技术溢出效应越大，海外投资存量增长越慢。

此外，本节的研究也对"渐进的讨价还价"理论提供了支持，表明"渐进的讨价还价"模型对海外投资者与发展中东道国政府的关系具有解释力，有助于阐明海外投资者与东道国政府互动的潜在路径。从以上结论可以看到，在经济全球化视野下，东道国政府和海外投资者都有较强的动机进行合作，当这种合作持久进行时，他们的关系逐渐植根于并受制于互利的隐性机制。在这个隐性机制之下，东道国与海外投资者并不会主动背离。

本节的结果在理论上对已有的研究进行了一些补充和发展，在实践中也有助于海外投资者对主权政治风险的预测和规避。首先，税收政策的不确定性对海外投资具有重要影响，本节将东道国对海外投资者的主权政治风险内生到博弈模型中，得出了政府税收政策的变化路径，有助于指导海外投资者预测税收风险。其次，对于发展中东道国而言，征收风险关系着海外投资的成败，我们的研究能够指导海外投资者根据东道国税收政策制定相应后续投资计划，恰当地规避征收风险。最后，从本节的分析结果可知：对于技术难以被模仿和复制的行业，由于技术溢出效应小，其主权政治风险相对较小；类似地，东道国企业对外部技术的吸收和消化能力越低，海外投资的主权政治风险越小。因此，本节的研究也有利于指导企业海外投资对行业与东道国选择。

本节留有进一步的研究空间，首先，本节是基于海外投资者与东道国政府之间的双方博弈，而母国亦对海外投资活动具有重要影响，因此，后续研究可在本节框架内引入母国这一主体，扩展到三方动态博弈，使研究更具有对投资母国的实践指导性。其次，我们的模型是在一系列较严格的假设条件下进行推导的，如完全信息、东道国对本地企业征收的税率为常量等，未来的研究可以适当放松这些假设条件，对模型进行更一般的分析。

第三节 本章小结

本章关注了两类主要的政治风险的动态研究。第一节通过在制度化政治风险存在环境中引入通过政府偏好刻画的特殊行为来分析资源型海外投资三方主体的谈判博弈策略。本节提出了三个基本结论：一是资源型海外投资随东道国海外投资系统性政治风险上升而下降，同时更大的东道国市场具有更大的东道国企业势力，不利于海外投资者的进入；二是根据东道国政府的行为偏好，母国政府通过不同程度的政治补偿可以促进海外投资企业的准入；三是对东道国资源和市场信息的充分掌握会避免投资谈判风险。这三个结论从制度化政治风险、双边关系对政治风险的调整以及谈判中对资源信息把握的角度分别勾画了政治风险对资源型海外投资的影响，为后续章节的合理假设做了机理性铺垫。下文将利用一个典型的政治风险因子——东道国民主制度来验证政治风险对海外投资的具体影响。

第二节以动态的视角构建海外投资者与东道国策略互动的动态博弈框架，从税收及征收风险两个层面揭示海外投资主权政治风险的动态演化机制。在前人研究的基础上，通过综合考虑海外投资对东道国本地企业的技术溢出效应和竞争效应对原有博弈模型进行扩展。结果表明：征收风险的存在减少了海外投资者对东道国的有效投资，减缓了资本的集聚路径。东道国本地企业对海外投资者技术的学习速度越快，稳定状态下的资本存量越低。为了获得海外投资者的技术溢出，东道国政府通常会给予海外投资者特定免税期，在免税期内海外投资存量逐渐达到最优规模，此后东道国政府通过向海外投资者征税实现自身利益最大化，且均衡税率受技术溢出影响。

第六章

中国企业海外投资政治风险的实证研究

在第五章第一节的研究中利用一个资源分布不均衡的两国模型，在给定政治风险环境中引入了共同代理思想来刻画对与资源紧密联系的生产和消费等经济行为和政治行为，并指出两国政府和投资企业最终达成投资意愿的可行条件和影响该行为的因素。虽然在建模中将海外投资三方主体及政治风险环境和行为的互动影响及风险生成机制进行了整合及动态模拟，由于侧重动态风险的刻画，但它并没有对共性政治风险如何影响海外投资的区位选择和投资成败，以及该过程中双边关系（母国的投资补偿）发挥的作用进行分析和检验。因此，本研究将承接第五章研究的基本结论，对东道国共性政治风险、双边关系（母国投资政策）以及资源特征对海外投资的影响作进一步的假设阐述。本章试图回答两个问题：第一，共性政治风险是如何海外投资区位选择的以及对海外投资谈判成功是否存在影响？第二，影响双边关系的母国投资政策有什么作用？解决这两个问题需要关注如下三点：首先，通常来说，制度（institutions）特别是政治制度通常是复数出现，并不单纯指代一个单一维度的概念（North，1990；Scott，1995），多种政治制度规范从多个基础组建了上层的制度结构。因此，本章首先会关注政治制度中主要的制度风险因素，厘清风险因素之间的关系。其次，既然将政治制度、双边关系和资源属性三者整合到对海外投资影响的研究中，就需要独立的界定和预测这三者对海外投资的作用及其影响路径。最后，资源型海外投资是否相比较非资源型海外投资对政治风险更为敏感的问题一直备受学术界关注，因此在本章中将对样本数据进行分组检验，确定资源型海外投资对政治风险的敏感性。

第一节 海外投资政治风险的作用机理与研究假设

一、海外投资与东道国政府治理水平

大量的文献均指出东道国政治风险的发生和东道国政治制度密切相关，会直接或间接影响到企业海外经营绩效或投资进入策略（如 Christmann, Day & Yip, 1999; Makino, Isobe & Chan, 2004 等）。而近期，对于制度因素领域的一个新的观点是良好（公共）治理（good governance）的概念（Kaufmann et al., 2009; Ngobo & Fouda, 2011）。在 20 世纪 90 年代早期，当国际援助机构发现在很多发展中国家政府治理不善是阻碍其经济发展的主要障碍时，政府治理水平变得越发重要。由于良好治理的概念是指以政府为主体的国家管理水平，这就意味着该框架主要涉及公平的法律框架、透明度、问责制、男女共同参与等。相比其他关于政治制度的研究而言（如 CEPII 的 Institutional Profile Database、PRS 的 ICRG 报告等），以政府为执行主体的"政府治理"能够更确切地体现东道国政治环境及其对企业经营环境的影响，同时也能更确切把握企业海外投资时对东道国共性政治风险的反应。本研究保留了世界银行给出的政府治理的概念（参见 Kaufmann et al., 2009），作为政府当局在一个国家执政的传统和制度，包括：（1）政府被选举、监督和改选的过程（例如，民主），（2）政府有效制定和实施良好政策的能力，以及（3）尊重公民以及支配他们之间经济和社会互动的制度状态（例如，法律）。然而尽管政府治理概念在公共管理和国际法领域被广泛研究时，将政府治理和企业绩效联系起来的研究却不多（Ring et al., 2005; Uhlenbruck et al., 2006; Ngobo & Fouda, 2011）。政府治理会影响在不确定的和危险的环境中（如发展中国家和新兴经济）经营的企业绩效（Wan, 2005），但也有一些国家的实证（例如，中国、印度尼西亚）支持公共治理不善对经济影响较小，如博伊索特和蔡尔德（Boisot & Child, 1996）指出尽管发展中国家的政府治理水平不高，但这些国家依然获得高速经济增长。同样从战略管理视角来看，在公共治理方面的改善是否会影响企业的绩效是不确定的，因为一些有能力的企业可以在治理不善的国家利用制度缺失进行寻租以便获取垄断利润水平（Wu, 2006）。因此，本研究首先将对政治制度的因素和构成进行分析。

在东道国政府治理框架下的政治制度主要涵盖政府稳定性、政体质量以及社

会监督与互动三个层次。首先，诚如早期研究中所关注的，政府稳定性和政权的连续性是政治风险的最初来源和核心定义（如 Root，1968；Kobrin，1979 等）。国家缺乏民主和问责制将会使得政府对其国民无法履行应尽的义务，降低社会成员的政治参与和社会监督。在政治方面民主被认为能够保护财产和契约权利，降低国内社会冲突，以及刺激投资；在经济方面，民主会通过人力资源积累，收入分配和政治稳定来影响经济增长（例如 Baum & Lake，2003）。更高水平的政治问责制可以带来政治稳定性并有可能降低海外经营的不确定性。之前的研究明确地指出政治不稳定会使企业撤销或者减少其在东道国的投资水平（Delios & Henisz，2000，2003），同时提高企业的经营和投资失败率。因此，企业海外投资会更多流向政治稳定且问责制完善的国家，同时获得更高的投资成功率。

其次，政体质量主要包括政府政策及监管质量。政府质量低下，会引发官僚主义并产生企业可以加以利用的寻租空间。这样的官僚腐败是一种当前最普遍的政府效率低下和腐败的表现（Wei，2000；Wei & Wu，2001）。出于利益集团的干预或政党自身利益考虑，当政府出台不利于市场的政策——如市场指导价格或者对外贸易领域施加额外管制等相关政策时，该政策监管质量会直接影响到生产投入的成本（Delios & Henisz，2000）。相反一个强有力的多方制衡的监管政策，例如反托拉斯法规，能够通过增进开放且公平的竞争来提高企业绩效。正如波特（2002）指出，更加开放的竞争会挑战市场在位者迫使他们改进产品和提高创新能力以满足更高的消费者需求并提高企业绩效。实证研究中，如格洛伯曼和夏皮罗（Globerman & Shapiro，2002）发现更高的政府监管水平对内向和外向型海外投资都产生了积极影响。

最后，涉及社会监督与互动的政府治理包括不断完善的法律环境和对腐败的控制。腐败，或者说公共权力被私人谋利所滥用，是阻碍海外投资的关键因素之一。当政府治理能够鼓励法律制定且降低腐败水平时，它会提高国内经营绩效。研究指出腐败会阻碍内向和外向投资、降低经济增长、限制贸易发展、削弱金融系统能力并强化地下经济（Kaufmann & Wei，1999；Mauro，1995）。如在一些次发达的国家，为规避政府的投资限制或获取投资环境的改善，矿产企业为避免官僚作风而支付的贿赂是很常见的（Vovida，2011）。腐败对企业来说意味着额外开支，其后果是增加交易成本。它阻碍了市场促进公平交易的能力，因为企业发展并不基于竞争和卓越，而是基于政治策略和支付能力（Wan，2005）。通过控制腐败，政府能够为在该国经营的企业降低交易成本，特别是为外来投资者提供更安全的投资环境。因此，通过对政府稳定性、政体质量以及社会监督与互动三个层次涉及政府治理因素的分析，提出如下假设：

假设 1a：中国企业的海外投资更偏好流向东道国治理水平更高的国家。

假设1b：东道国政府治理水平越高，中国企业海外投资更容易进入东道国市场。

二、海外投资与母国政策

关于海外投资流量和企业海外投资决策驱动机制的研究有很多，目前有部分文献检验了企业间以及企业和海外投资者之间的促进新兴市场企业国际化联盟的作用，大多都是以亚洲跨国企业为研究背景（Zhan，1995；Bhaumik et al.，2010；Mathews，2006）。上述研究分析了企业间联盟在海外投资中的优势，但却忽略了企业也可以从自身与母国政府的联盟中产生的优势。有大量例子可以看出国家在促进本国企业的在海外投资中获取商业利益的作用：中国国有银行为大宗油气海外并购企业进行低息巨额融资，以及为投资非洲国家基础设施项目的企业提供经济配套政策，都是国家在企业国际化扩张过程中发挥的作用。尽管国家使用补贴和税收优势来促进国内企业国际化的能力在后WTO时代被削弱了，但一些政府仍留有柔性国力来影响惠及国内企业的决策。国家支持对任何行业的海外投资和经营都很重要，因此当这些企业寻求被其他国家认为有着国家战略意义（并因此通常由政府控制）的资源时，母国支持就显得格外关键。

一直以来中国海外投资由大型国有企业主导，并且关键的投资决策（如区位选择）受制于政治方面的考虑（Hong & Sun，2006）。到了1992年，中国政府鼓励中国企业海外投资成为国家长期战略的一部分。海外投资作为一种获取技术和自然资源的工具而突起，例如在印度尼西亚和阿尔及利亚油田、南非矿山、巴西钢铁行业和美国技术部门的投资正是这样的例子。1992~1998年间"走出去"战略稳健实施，到了1999年得到大力推进后，中国海外投资流量从2000年后迅速上升。中国企业海外投资有两个特征吸引了研究者的关注：第一，中国企业海外投资中的很大比重是投向资源丰富的发展中国家，而这些国家的资源在法律上或事实上是由政府控制的并不容易通过市场交易获得（Deng，2003；Buckley et al.，2007）。第二，有猜测认为中国政府通过为中国海外投资企业提供和东道国的关键联系来促进这类海外投资（Buckley et al.，2008）。一些来自非洲等不发达国家和地区的实证研究也发现中国海外投资与母国政策支持的密切关系。Kaplinsky & Morris（2009）发现中国在非洲的投资有两个主要类型：一是国有企业大量投资于自然资源部门和基础建设，这些投资基本上和中国政府提供的援助建设及优惠利率贷款相关；二是关注制造业、电信业和批发贸易业的中小企业投资。在部分东道国，中国在自然资源的投资数据经常不出现在商业数据统计中（Sanfilippo，2010）。除了统计方法的问题外，一个重要的原因是中国投资本身的特性：大量的中国自然资源投资是国有企业与当地企业合资新建的，这也就很难区分这样的投资是基于企业的自身考虑还是与两国政府间经济合作的产物。例如，OECD（2008）对中国政府"走出去"政策做了如下描述：由于中国企业"走出去"成为政府的官方目标，中国在非洲的海外投资得到中国政府援助项目的积极支持：例如，建设政治上具有重要意义的公共建筑和基础设施以期获得非洲政府对中国国有企业在大型资源相关海外投资项目上的政治支持，基础设施和自然资源海外投资项目通常包含了技术和资金援助条款，中国在基础设施方面的投资建设也主要服务于自然资源出口的运输路线（Kaplinsky & Morris, 2009）。在一些情况下，大量的基础设施建设是作为获取东道国自然资源的交换（Biggeri & Sanfilippo, 2009）。因此如果不考虑中中国政府合作策略与海外投资的协同性，那么将很难弄清楚中国企业的海外投资的真实动机。

本研究对中国政府海外投资促进政策的代理变量沿用中国对外经济合作投资（Sanfilippo, 2010；Bhaumik & Co, 2011）。因为这些投资项目大多是会为东道国带来长期利好的工程建设项目，可将其看做是中国对建立海外关系的投资。包米克（Bhaumik & Co, 2011）发现经济合作投资的数量和流向能够很好地被传统文献中用来解释企业海外投资流向模式的指标来解释，说明中国政府使用经济合作投资作为促进中国企业海外投资的工具是可行的。因此本研究尝试在包米克和可（Bhaumik & Co, 2011）关于经济合作投资对海外投资流量影响的研究基础上进一步完善以经济合作投资为变量的母国政策工具对海外投资成功率的研究。流量的研究从宏观上能够检验海外投资的整体特征，但却无法解释或用于预测母国政策对海外投资企业决策的影响作用。本研究将结合海外投资项目的区位选择以及投资成功率来分别检验母国政策对海外投资策略及绩效的影响作用。

假设2a：中国企业海外投资更偏好流向中国政府对外经济合作投资的国家。

假设2b：中国政府的对外经济合作能有效提高中国企业海外投资市场准入成功率。

三、海外投资与资源属性

有着丰富自然资源的国家比那些自然禀赋较差的国家吸引更多的海外投资，一个国家的资源潜力是唯一决定该国家对外国资源型投资的吸引力的重要因素（Johnson, 1990）。现实中资源丰富的国家确实比其他国家吸引到了更多的外国投资，例如，澳大利亚和加拿大比中国和俄罗斯吸引到更多的外国矿产投资。如上文所述，作为中国"走出去"战略的一部分，中国海外投资的重要动机之一是获取稀缺自然资源。研究指出中国企业海外投资的很大比重是由国企投资于自然资源（Zhan，1995；Morck et al.，2008）。同样也有证据指出这类活动是受到中国中央政府支持的（Jubany & Poon，2006）。但同时，投资于资源丰富的国家同样面临两个不同类型的政治风险。首先，投资于资源丰富的发展中国家，由于东道国政治制度环境较差，会增加企业的经营成本和征收风险（Delios & Henisz，2000），而且大量投向不发达国家的海外投资会关注未经开发的资源领域，经常会面临极高的政治风险（Sanfilippo，2010）。其次，在资源丰富的发达国家，国内企业不能够像发展中国家的企业那样充分利用多方制衡的制度来构建制度障碍以阻碍外部竞争者进入国内资源开发市场（Wan，2005），但正如第三章所述，发达国家的政府为获得竞选中的胜出，往往更加看重对本国资源和国民财富的保护，进而建立过高的准入壁垒、过严的监管方式或提高征收预期，进而限制海外投资者进入本国的自然资源领域。同时，在自然资源丰富国家的投资集中于自然资源的开发和战略储备，类似行业的海外投资（特别是并购）并不能够像其他类型的海外投资一样产生正的外溢（例如，技术转移，就业创造）（Asiedu，2004），因此对发达国家的政府来说这更成为做出不利干预的一个原因。

假设3a：相比于非资源型海外投资，资源型海外投资对东道国政府治理水平更为敏感。

假设3b：相比于非资源型海外投资，资源型海外投资的市场准入成功率更容易受到对外经济合作关系的影响。

综合上述三者对海外投资区位选择以及海外投资绩效的机理分析，整合的逻辑机理及假设请参见图6-1。

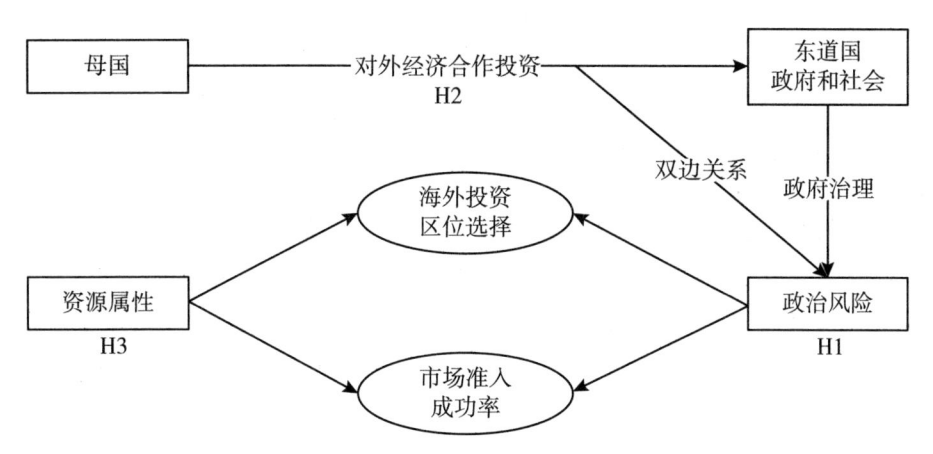

图6-1 海外投资区位选择与海外投资政治风险的机理

第二节 数据说明和模型设计

一、研究变量

(一) 被解释变量

国际投资折中理论等一系列经典理论均把海外投资的区位选择作为研究企业国际化战略的一个重点。本章旨在研究政治风险对海外投资企业海外投资的影响,该影响应当包括海外投资的区位选择。此外,企业的整体海外投资活动可分为投资和经营两个有着明显不同的阶段,前者更容易受到内生于东道国的制度障碍和政府的进入限制(Meyer et al., 2009)。因此政治风险还会影响到海外投资企业海外投资的成功率。现有大量的文献关注海外投资的两个变量——海外投资的流/存量以及海外企业在东道国的经营绩效,但这样的研究依然对如下两个问题缺乏解释力:首先,海外投资的流存量在宏观上解释了资金流动的趋势,但这并不能解释单个企业对海外投资区位的微观选择;其次,马修斯(Mathews, 2002)对企业在海外经营中提出了"联系、运用、学习"(linkage、leverage、learning, LLL)的研究框架来解释企业在拓展国际市场时的模式,指出企业在经营过程中通过 LLL 能够积累竞争优势并更快适应东道国环境。类似的,从制度角度出发的一个重要的议题即是来自发展中国家的投资者能够在经营中对来自东道国政府的政治风险进行有效管理,这包括微观政治风险管理(Alon & Herbert, 2009)和政府—企业关系投资(Jonsson & Lindbergh, 2010)。因此可以看出以企业绩效作为研究政治风险对海外投资的影响,除更关注投资成功后的经营过程外,还需考虑和企业资源观及动态能力相关的组织适应性问题,而这也超出了本书的研究范畴。因此,本章聚焦于企业海外投资谈判阶段的两个重要方面——区位选择和成功率。

(二) 解释变量

东道国治理水平:和文献研究一致(如 Ngobo & Fouda, 2011),使用世界银行给出的政府治理的概念(Kaufmann et al., 2009),将国家按照政府治理水平

(worldwide governance index) 进行排序,代表政府的执政水平和政治制度质量。它们包括政治制度的三个重要方面:(1) 政府被选举、监督和改选的过程(如 VA 和 PA);(2) 政府有效制定和实施良好政策的能力(如 GE 和 RQ);以及(3) 尊重社会关系以及规范社会互动的制度(如 RL 和 CC)。分值区间为 -2.5 ~ 2.5,分值越高代表东道国政府治理水平越高。

此外,为剔除解释变量选择偏差对结果造成的影响,本书进一步选择了 Economist Intellegence Unit (EIU) 的 Political Instablity Index (PII) 作为政治风险的代理指标。该指标主要关注会引起政治混乱和暴力的事件和潜在威胁。此外,这与 WGI 的政府治理水平所关注的风险侧重有所区别:WGI 更加突出系统化的制度层面风险,而 PII 则更关注会引起政治不稳定的事件和潜在威胁。PII 包括两个二级指标:政治和社会的脆弱性(Underlying vulnerability)和经济压力(Economic distress)。由于本书控制了相关经济变量,仅采用政治和社会的脆弱性作为政治风险的代理指标,进行解释变量的稳健性检验。该指标涵盖 12 个变量(经济压力包括 3 个变量),分值从 0~10,0 为无脆弱性而 10 为最高的脆弱性。为解释一致,使用 PR 等于 10 减去脆弱性得分来表示政治风险大小,PR 分值越大表示政治风险越低。

中国对外经济合作投资,作为中国政府海外投资促进政策的代理变量,有如下两个方面的原因:第一,作为中国政府促进海外投资的一项长期策略,它可以促进接受者利用该项目来吸引中国投资者;第二,有研究指出中国经济合作投资的能够促进后续海外投资的跟进(Bhaumik & Co, 2011),因此可将其分离出来作为验证海外投资成功率的一个解释变量。

(三) 控制变量

市场规模:在实证文献中,市场规模及其吸引力是通过东道国的整体收入水平来指代的,通常说来,这将会促进海外投资的流入(Buckley et al., 2007; Asiedu, 2006)。

自然资源:大量研究认为中国海外投资具有较强的自然资源寻求特征,那么东道国的自然资源禀赋就需要被纳入模型。一般的,利用燃料和矿石出口占总商品出口的比重来刻画东道国的自然资源禀赋。

通货膨胀:经济风险也代表着国家吸引海外投资的主要障碍(Asiedu, 2006),通货膨胀通常被用来指代宏观经济的不稳定性(Asiedu, 2002; Buckley et al., 2007)。

双边贸易量:考虑海外投资和贸易量之间的关系。Cheung & Qian (2008) 指出在中国实施"走出去"战略后,海外投资和出口的互补性增加了,而且投资于发展中国家互补性更强。因此，从贸易对海外投资的影响来看，可以假设出口一方面需要海外投资改善贸易支持服务，另一方面通过贸易获得外国市场的知识来降低交易成本，进而提高投资量和成功率。而进口作为转移商品（通常是自然资源）的重要性指标，会促进企业将外部资源内部化，从而鼓励海外投资的发生。

此外，本研究在研究区位选择时还将区域作为一个哑变量来控制海外投资的区域集聚特征；在研究企业海外并购成功率时，为控制企业的市场行为和表现，设立投资者是否为上市企业和在投资中是否雇用投资顾问两个哑变量。变量解释及来源请参见表6-1。

表6-1　　　　　　　　　　变量来源及描述

变量名称	变量描述	数据来源
VA	反映民主自由程度，得分越高表示民主自由程度越高	WGI
PA	反映宏观环境和政局稳定性，得分越高表示政治环境越稳定	WGI
GE	反映公共服务质量及政府效率，得分越高表示服务效率越高	WGI
RQ	反映对社会的监管和政策能力，得分越高表示监管质量越高	WGI
RL	反映社会法治及法律健全程度，得分越高表示法律环境越好	WGI
CC	反映对腐败的容忍和控制程度，得分越高表示腐败程度越低	WGI
PR	反映政治和社会的潜在脆弱性，得分越高表示政治风险越低	EIU
GPC	市场规模及居民消费能力，人均GDP（当期，万美元）	World Bank
INF	通货膨胀指数：GDP平减指数（%）	World Bank
NR	自然资源丰富程度：燃料和矿石出口占总商品出口的比重（%）	World Bank
lnECI	对外经济合作关系：中国对外经济合作投资完成额的对数形式	统计年鉴
lnTRA	双边贸易关系：中国和东道国双边贸易关系的对数形式	统计年鉴
Region	区域哑变量：对每个大洲按1~6赋值①	World Bank
LIST	海外投资企业是否为上市企业，1=是，0=其他	BvD_Zephyr
ADV	企业在海外投资中是否雇用投资咨询公司：1=是，0=否	BvD_Zephyr

二、研究样本

本书选取并购案例的数据进行海外投资整体的研究，主要基于两个方面的因

---

① 1=亚洲，2=非洲，3=欧洲，4=拉丁美洲，5=北美洲，6=大洋洲。

素。第一，中国企业海外并购逐渐在海外投资中占比逐渐上升的趋势（参见 2011 年世界投资报告中的论述），这是在金融危机之后表现出来的一个重要特征。事实上相比较并购而言，东道国更欢迎绿地投资，因为后者在提供外来资本、拉动就业等促进东道国经济发展活动中发挥的作用明显大于跨国并购，同时跨国并购会因为并购整合风险的存在而可能导致被并购方生产或研发的中断或下降，于是会招致东道国更严厉的限制措施，如延长审查期或反垄断调查等。而与之相对的是，海外投资者却倾向于并购方式进入，因为跨国并购可以在相对较短的时间内快速渗透东道国市场、嵌入东道国产业链并控制竞争者的活动。所以作为中国企业未来更为常用的、也是对政治风险更为敏感的一类投资方式，选用并购案例研究海外投资的政治风险具有更大的实践意义。第二，研究也考虑到数据可得性和统计的全面性。中国企业海外并购的项目来自 BvD 数据库的 Zephyr 全球并购交易库。并购项目的选择标准如下：第一，并购方为中国（或多个发起人中含中国）的企业，被并购方（或资产所有者）为非中国的企业，上述中国地区仅限大陆。第二，时间跨度为 2002 年 1 月 1 日至 2011 年 12 月 31 日内处于失败、完成或声明状态的并购交易。第三，被并购方所属国家的上述对外经济合作投资及政府治理水平数据需可得。经过数据筛选，获得涉及 69 个东道国（地区）的 419 件并购交易。该 69 个东道国（地区）作为 419 个企业并购案的区位选择样本，以每个国家（地区）获得的累计并购交易数作为海外投资区位选择的测度；同时，使用 2002～2011 年十年间各变量的均值进行估计。由于数据获取的限制，对于 PR 变量使用 2009 年数据作为区间均值。对于海外投资成功率，排除样本中传言项目，因此仅记完成的项目为成功，记为 1，其他交易状态均为 0。①由于大量交易在 1 年内均可完成，其中各交易对应的变量均使用对应年份的相关数据（其中个别 ECI 数据缺失，利用之前 3 年 ECI 数据平均值替代）。

三、研究方法

在大量二值分布样本中，Logit 模型的应用比较广泛。在所有的计量模型中，这个方法有着在实际工作评价成功率最需要的数据属性——二值的被解释变量（Nath，2008）。这个方法的基本假设是并购失败的可能性和一组解释变量的关系可以使用如下有着 Logistic 分布的方程形式描述：

---

① 几乎所有完成并购样本案例交易期限在 1 年内。由于绝大多数进行中并购案超 1 年，因此进行中交易状态也被记为 0。此外，2011 年发生且未完成或声明失败的案例占比极低，不会显著影响样本结果。

$$\Pr(Y_i = 1) = P_i = \frac{1}{1 + \exp[-(\beta_0 + \sum_{j=1}^{k} \beta_j X_{ij})]}, \quad i = 1, 2, 3, \cdots, n$$

其中 $\beta_0 + \sum_{j=1}^{k} \beta_j X_{ij}$ 代表 k 个解释变量的线性组合与一组待估计系数 $\beta = (\beta_0, \beta_1, \cdots)$。$Y_i = 1$ 表示交易成功而 $Y_i = 0$ 表示失败,i 表示国家 n 表示样本总数。假设与成功率正相关的解释变量中存在一定线性组合,相关系数向量 β 可以通过解释和被解释变量的已知值估计,$\beta_0 + \sum_{j=1}^{k} \beta_j X_{ij}$ 的值越大表示成功概率越大。

第三节 实证结果分析

鉴于两个被解释变量的数据属性差异,本研究首先利用一个简单的多元回归模型对东道国治理水平指代的政治风险和对外经济合作投资指代的母国政策对海外投资区位选择的影响进行验证。输入 SPSS16.0 中多元线性回归模型得到表 6-2 所示结果。东道国治理水平的六个变量间存在共线性,同时也为了能够更加清晰地观察每个变量对海外并购区位选择的影响,避免出现变量间干扰从而像其他研究一样得到不显著的实证结果,下文将六个指标独立作为六个模型来进行检验。统计结果显示,六个模型中各变量的方差膨胀因子 (VIF) 均小于 5,且 Dubin—Watson 检验值均处于 1.5~2 之间,因此可说明七个模型不存在严重的自相关和多重共线性问题。

表 6-2 中看到,政治风险在 VA、RL 和 CC 三个变量上显著,即中国企业海外并购更看重有着更加完善的社会的民主和问责制、完善的法律环境以及低腐败水平的东道国。这个结论不仅对于企业经营中交易成本的降低有着很重要作用(Delios & Henisz, 2000),它对海外并购的发生也有着积极的促进作用。此外,政治稳定性、政府效率和监管质量变量均不显著,一个可能的解释应当是归结到被解释变量的选取上。海外并购不仅包括对股权的经营性并购,还有对资本运作的营利性并购,样本中同样也有大量对资产的购买。明显的,政治稳定性、政府效率和监管质量更侧重于对企业的本地经营影响,而涉及谈判投票、法律规范和社会腐败等问题的社会治理水平则更多地同时影响到海外并购交易发生及经营阶段,在以并购数量加总的国家层面上可能会弱化前三者的解释力。利用 EIU 的政治和社会的脆弱性 (PR) 的稳健性检验在本实证中并不具有统计显著性,但 PR 和其他政治风险变量的系数符号一致为正,仍然不违背假设 1a。综上,结果支持

了本书的假设 1a,即中国企业海外投资会选择东道国治理水平越低更高的,也即是政治风险更低的国家。

表 6-2　　　　　　　　海外投资区位选择实证结果

被解释变量	并购项目数						
政治风险	VA	PS	GE	RQ	RL	CC	PR
模型	(1)	(2)	(3)	(4)	(5)	(6)	(7)
Political risk	0.203* (2.044)	0.096 (1.021)	0.188 (0.882)	0.180 (1.288)	0.263† (1.687)	0.252* (2.155)	0.140 (0.952)
lnECI	0.569** (3.187)	0.507** (3.353)	0.564** (3.648)	0.577** (3.588)	0.588*** (3.898)	0.562*** (3.823)	0.540** (3.675)
GPC	0.298* (2.235)	0.316* (2.107)	0.214 (1.256)	0.232 (1.466)	0.173 (1.076)	0.151 (0.833)	0.249 (1.635)
lnTRA	0.109 (0.991)	0.224 (1.572)	0.151 (0.945)	0.149 (0.923)	0.141 (0.953)	0.167 (1.157)	0.183 (1.283)
INF	-0.062 (-0.590)	-0.088 (-0.923)	-0.045 (-0.420)	-0.045 (-0.430)	-0.033 (-0.324)	-0.051 (-0.514)	-0.041 (-0.416)
Region	0.391** (3.542)	0.416*** (4.075)	0.411*** (4.083)	0.409*** (4.054)	0.407*** (4.083)	0.392*** (3.849)	0.379*** (3.745)
样本	69	69	69	69	69	69	66①
调整的 R^2	0.467	0.464	0.471	0.471	0.482	0.478	0.477

注:†$p<0.10$,*$p<0.05$,**$p<0.01$,***$p<0.001$,括号内为 t 值。

和预期一致,表 6-2 模型(1)至(7)中对外经济合作投资(lnECI)和海外并购项目的区位选择的系数显著为正,说明海外投资的区位选择与中国对外经济合作投资密切相关。诚如前文所述,一方面含有国家战略意义的母国政策对后续的海外投资有着积极的促进作用(Bhaumik & Co,2011),因为它提高了东道国政府和社会对投资企业的接纳度,也为企业获得先验的本地化经验;另一方面经济合作的前期大量投入会形成一定比例的沉没成本,这也会增加企业海外投资区位选择的路径依赖。因此假设 2a 即中国企业海外投资更偏好流向中国政府进行对外经济合作投资的国家也得到验证。

接下来本研究关注另一个被解释变量的实证结果,结果如表 6-3 所示。由

---

① 该组数据样本缺失牙买加、萨摩亚和沙特阿拉伯。

于 SPSS 的 Binary Logistic 不能直接提供 VIF 的检验值，因此通过用使用同样的变量指标设置的线性回归模型来获取 VIF。经过计算，表 6-3 中的 12 个模型的 VIF 值依然小于 5，因此认为不存在严重的多重共线性。

为控制企业层面的经营行为对海外投资成功率的影响，本研究首先给出只包括政治风险和经济合作投资两个解释变量的模型，在各组对比模型中发现，在引入控制变量并控制双边贸易量与海外投资的内生联系后，无论是在预测精度和变量解释力度上都有了一定的提高，因此认为加入控制变量对模型是一个优化。

在表 6-3 中首先关注政治风险变量——六个治理水平因素的系数均显著为正，意味着并购东道国的政府治理水平越高，海外并购成功率就越高。显然的这个结论支持了假设 1b。除了模型（6）和（10）外，海外投资的成功率随着母国对东道国经济合作投资的增加而提高。海外在加入控制变量后，对外经济合作的显著性得到了提升，一个可能的猜想是对外经济合作投资提升海外投资成功率是通过控制变量的中介效应来发挥作用的。对企业是否上市来说，一般认为企业上市是增加了信息公开和透明度，便于东道国政府对企业的监管和审查，预期的系数应当为正。但中国上市企业相较大多数非上市企业而言实力更为雄厚，大量的海外投资上市企业多为国有背景，容易招致海外投资东道国的准入限制和审查，而大量民营中小企业海外并购则不会面临这样的政治困境。此外，一个海外投资顾问会通过帮助投资者获得更准确的投资信息和市场经验而显著地提高海外投资的成功率。母国的对外经济合作投资以及双边的贸易往来同样也能通过增加投资者对东道国的环境认知而提高海外投资的成功率。因此，假设 2b 也得到支持。

表 6-3　　　　　　　　海外并购成功率的 Logistic 检验

被解释变量	并购成功率					
政治风险	VA		PS		GE	
模型	(1)	(2)	(3)	(4)	(5)	(6)
Political risk	0.498***	0.292**	0.356**	0.273**	0.589***	0.431**
	(0.111)	(0.120)	(0.121)	(0.130)	(0.110)	(0.132)
lnECI	0.122**	0.148**	0.086	0.132**	0.075	0.092
	(0.060)	(0.073)	(0.058)	(0.063)	(0.060)	(0.071)
LIST		-0.702**		-0.691**		-0.688**
		(0.227)		(0.226)		(0.228)
ADV		1.062***		1.140***		1.036***
		(0.291)		(0.288)		(0.292)

续表

被解释变量	并购成功率					
政治风险	VA		PS		GE	
模型	(1)	(2)	(3)	(4)	(5)	(6)
lnTRADE		0.165**		0.216**		0.119†
		(0.069)		(0.064)		(0.071)
C	-1.259†	-2.614***	-1.072	-2.754***	-1.056†	-2.128**
	(0.630)	(0.871)	(0.801)	(0.877)	(0.626)	(0.891)
样本数	419	419	419	419	419	419
类 R²	0.376	0.433	0.333	0.447	0.399	0.471
预测精度	62.8%	65.1%	60.4%	64.8%	64.7%	65.3%

被解释变量	并购成功率					
政治风险	RQ		RL		CC	
模型	(7)	(8)	(9)	(10)	(11)	(12)
Political risk	0.598***	0.447**	0.534***	0.387**	0.465***	0.326**
	(0.113)	(0.133)	(0.103)	(0.121)	(0.095)	(0.108)
lnECI	0.078	0.098†	0.078	0.080	0.080	0.120†
	(0.052)	(0.055)	(0.059)	(0.070)	(0.059)	(0.063)
LIST		-0.712**		-0.708**		-0.710**
		(0.229)		(0.228)		(0.228)
ADV		1.038***		1.045***		1.059***
		(0.293)		(0.292)		(0.291)
lnTRADE		0.123†		0.132†		0.154*
		(0.070)		(0.069)		(0.067)
C	-1.043†	-2.168**	-0.999	-2.220*	-0.920	-2.354**
	(0.620)	(0.883)	0.619	(0.887)	(0.617)	(0.887)
样本数	419	419	419	419	419	419
类 R²	0.397	0.473	0.392	0.470	0.382	0.466
预测精度	64.4%	66.5%	63.0%	64.5%	63.5%	64.2%

注：†$p<0.10$，*$p<0.05$，**$p<0.01$，***$p<0.001$，括号内为系数的标准差。

为进一步了解政治风险和母国政策对资源型海外投资和非资源型海外投资成功率的不同影响，将419个交易样本按照被并购方是否属于资源型行业（主要包括矿产和能源行业）将海外并购样本分成自然资源型（82 件）和非自然资源型（337 件）①，回归结果参见表 6-4。分组后的实证结果和表 6-2 及表 6-3 的整体研究出现了不一致。以东道国政府治理水平为代理变量的政治风险对资源型海外并购成功率的影响并不显著，但对非资源型海外并购成功率的作用却显著为正。这个结论证实了文献研究中的"制度接近论"，即中国以资源获取为目的的海外投资对东道国制度因素并不敏感，Sanfilippo（2010）指出中国在非洲的资源型和基础项目建设多由国有企业承担，这类企业对政治风险的敏感性比较低。因此，假设 3a 并没有得到支持。另外，相比较非资源型海外并购而言，资源型海外并购对母国政策工具的可决系数和显著性更高，这一方面证实了 Buckley et al.（2007）以及包米克和可（Bhaumik & Co，2011）关于中国政府利用"柔性国力"促进中国企业海外投资特备是加强战略资源储备的猜想；另一方面也支持了假设 3b 的结论，即中国资源型海外投资的成功率更容易受到母国投资促进政策的影响。

表 6-4　　　　　　　按资源型海外投资的分组检验结果

被解释变量	并购成功率					
政治风险	VA		PS		GE	
模型	资源型	非资源型	资源型	非资源型	资源型	非资源型
Political risk	0.112 (0.242)	0.410* (0.164)	0.108 (0.290)	0.282† (0.150)	0.069 (0.262)	0.603** (0.165)
lnECI	0.191** (0.060)	0.112* (0.056)	0.211** (0.058)	0.087† (0.044)	0.201** (0.066)	0.102* (0.050)
LIST	-0.051 (0.574)	-0.880*** (0.250)	-0.099 (0.567)	-0.884** (0.249)	-0.081 (0.568)	-0.851** (0.252)
ADV	1.563* (0.774)	1.915** (0.319)	1.771* (0.762)	0.983** (0.316)	1.640* (0.772)	0.893** (0.322)
lnTRADE	0.353* (0.172)	0.098 (0.076)	0.403* (0.170)	0.160* (0.069)	0.365* (0.182)	0.041 (0.078)
C	-3.133† (1.170)	-2.410* (0.967)	-3.604† (2.201)	-2.444* (0.976)	-3.207† (2.057)	-1.860† (0.985)

---

① 该分类按照美国标准行业分类码（SIC）中四位码从 1011 至 1400 项目记作资源型海外投资，涵盖农、林、牧、渔业和与初级产业紧密相关的农副业，以及油气、金属矿产和非金属矿产的采掘、勘探、开发及油田服务业。特别的，在资源型海外并购样本中，除一件并购标的为渔业，其他均属石油、金属矿产和非金属矿产的并购。

续表

被解释变量	并购成功率					
政治风险	VA		PS		GE	
模型	资源型	非资源型	资源型	非资源型	资源型	非资源型
样本数	82	337	82	337	82	337
类 R^2	0.434	0.350	0.436	0.340	0.435	0.377
预测精度	68.3%	66%	65.9%	66.6%	67.1%	65.1%

被解释变量	并购成功率					
政治风险	RQ		RL		CC	
模型	资源型	非资源型	资源型	非资源型	资源型	非资源型
Political risk	0.161 (0.249)	0.605*** (0.168)	0.121 (0.230)	0.526** (0.152)	0.129 (0.211)	0.418* (0.133)
lnECI	0.194** (0.058)	0.101 (0.065)	0.197** (0.060)	0.099 (0.080)	0.196** (0.059)	0.078 (0.079)
LIST	−0.082 (0.569)	−0.879*** (0.253)	−0.091 (0.568)	−0.864** (0.252)	−0.77 (0.570)	−0.877*** (0.252)
ADV	1.559* (0.767)	0.906** (0.323)	1.592* (0.765)	0.900** (0.322)	1.575* (0.764)	0.917** (0.320)
lnTRADE	0.341† (0.175)	0.050 (0.077)	0.353* (0.174)	0.059 (0.077)	0.351* (0.172)	0.091 (0.074)
C	−2.975† (1.818)	−1.906† (0.977)	−3.077 (2.009)	−1.946* (0.985)	−3.067† (1.891)	−2.073* (0.983)
样本数	82	337	82	337	82	337
类 R^2	0.440	0.375	0.438	0.371	0.439	0.363
预测精度	65.9%	66%	68.3%	64.2%	68.3%	66%

注：†$p<0.10$，*$p<0.05$，**$p<0.01$，***$p<0.001$，括号内为系数的标准差。

第四节 实证研究结论

本章以政府为行动主体的东道国政府治理水平作为政治风险的变量，来探讨政治风险和母国政策工具对企业海外投资区位选择和并购成功率的影响机制。从本章的研究中可以得到几个结论：

第一，基于整合东道国——海外投资企业——母国三方主体的风险研究框架，以往关注海外投资流量和企业绩效的研究不能够很好地针对海外投资谈判时期海外投资企业对投资风险把握，因此，本研究以并购交易为研究对象，将其积累案例数作为投资流向或区位选择，从企业策略上把握住政治风险；同时关注海外投资的成功率，在控制了海外投资中企业的市场行为的基础上，分析政治风险和母国政策工具对企业并购成功率的具体作用，尽管这是一个初步尝试，在证实或补充前人研究的基础上也得到了一些有意义的结论。

第二，东道国政治风险越低，特别是政府社会治理水平越高，就会有越多的海外投资进入该国；同时也会获得较高的投资成功率。但是研究也发现，不同的治理因素由于作用在海外投资的不同阶段，因此对于关注海外并购交易涉及的政治风险的投资者来说，应当重点关注民主与问责制、法律环境和政府对腐败的控制。

第三，和高水平的社会治理一样，母国的政策工具会显著地促进国内企业投向经济合作投资较多的东道国，而海外并购成功率也会得到提升。但是在分组检验中却发现，资源型海外并购的成功率似乎并不会受到东道国政治风险的显著影响，而非资源型海外并购却表现十分显著。这个结论与现有对中国资源型海外投资"制度"检验的研究主流论调相一致，然而也更进一步明确地证实了资源型海外投资对母国投资政策促进作用的依赖。

第五节　本章小结

本章利用中国企业海外并购的数据初步验证了中国企业海外投资的区位选择和成功率受东道国政治风险的负面影响，同时中国政府的对外经济合作投资能够有效引导海外投资的流向及提高并购成功率，东道国政治风险越低，特别是政府社会治理水平越高，就会有越多的海外投资进入该国；同时也会获得较高的投资成功率。和高水平的社会治理一样，母国的政策工具会显著地促进国内企业投向经济合作投资较多的东道国，而海外并购成功率也会得到提升。本章的研究同时也为中国企业海外投资区域风险防范与管控战略提供了研究指导。

第七章

中国海外投资区域风险预警体系构建

在之前的研究中我们发现,大量的实证研究试图揭示区域风险的发生背景,即哪些因素可能导致区域风险的发生,以及各风险因素对国家风险、行业经济以及企业绩效的影响。本章在该逻辑上进一步推进海外风险的预警研究,试图合理评估海外投资区域风险未来发生的可能,为海外投资区域风险防范和管控提供可靠的决策基础。

第一节 海外投资区域风险预警体系构建:明确警源

众所周知,区域风险性质的复杂性、诱发因素的多样性和易变性导致区域风险的预测有很大的难度。可以看到,虽然区域风险受突发因素的影响较大,突然爆发战争、灾害、内乱等会使一国的区域风险迅速升高,而突发因素往往是不可预测的。但是,突发因素毕竟是极少出现的,除去突发因素外,来自政治、经济和社会等多个领域的因素的差异和未来走向是可以根据现有的情况大致预知的。因为在一般情况下,这些领域所涉及的一国的政治、经济和社会制度在一定时期内是不会有极端的变化,相对稳定,因此,我们可以通过对一系列政治、经济和社会层面的指标来对一国的区域风险进行预警研究。

第一,政治稳定性;参照"政治的波动能够对商业环境产生重大影响"(Robock,1971)。将来政治系统的不稳定或者说不确定性能够导致政策的不稳定。由于政权的改变企业可能会面临不同的税收政策、进口限制甚至被征用,那么在一个政策可信度很低的国家人们对市场的信任也会最小化(Henisz & Delios, 2001)。然而并非所有的政权变更都会导致政府政策的改变。政治的稳定性本身是被其他的政治经济和社会因素所决定的(Balkan, 1992; Brewer, 1985)。最后,政策的改变并非都是突然的,政策改变不一定是突然发生的,它往往是渐变的过程,当然与突然地政策改变一样有着不好的影响(Minor, 2003)。

第二,民主水平;政府选举的行政和法律官员代表了最广大人们的意愿。(Aii & Isse, 2004)提出,民主政权比极权政权更具有经济的动态性,且能够更好地满足人们的渴望。满足的民众发动革命的可能性较小。他们发现民主政权的政策变更比极权政权不会那么彻底,也就是说它的变化是平稳的。巴尔坎(Balkan, 1992)发现了区域风险与民主水平之间有反向关系。豪厄尔和查多克(Howell & Chaddick, 1994)研究表明独权政府与区域风险损失之间成正向关系。

第三,透明度和腐败水平;这是一个企业评估是否要进入该国进行投资的一个特殊因素(Rodriguez, Uhlenbruck & Eden, 2005)。缺乏透明度或者说腐败是海外投资的一个重要障碍。在一些发展中国家或者某些具有创新技术的国家,由于法律法规不健全,或者可能出于私人利益要求缴纳一些费用、佣金,或贿赂。

第四,法制环境;国家法律制度是支撑国家体制稳定的框架。考察法律制度环境影响跨国公司的经营主要从以下几个方面:一是法律制度能否在实际中得到执行;二是法律是否提供了一个政府必须按此行事的框架即保护公民权利和规范自己行为的框架;三是法律制度修订程序的合法性。

第五,开放程度;一般来说,国与国之间经济上的紧密程度、依赖程度,以及政治上的开放程度能影响区域风险。如果企业投资于对母国经济依赖较大的地区,受到东道国对外资政策的打击概率较小。同时从投资阶段理论来看,企业的海外扩张往往从贸易关系开始,投资于已通过贸易建立信任的国家(地区),能控制投资风险。

第六,经济发展水平;经济因素包括对东道国经济和发展程度的评估。我们以综合来看东道国,并用经济发展水平来概括这个因素,它由以下因素度量:人均收入、物价指数和经济增长。人们对经济增长的渴望与现实经济的差距能相当程度上增加革命的可能性(Knudsen, 1974)。高的人均收入与经济增长率能够对国家风险产生积极的作用(Cosset & Roy, 1991)。

经济条件能影响区域风险,因为它们影响或者说往往是政府的政策目标;经济环境能加速政府的变迁;经济情形能够影响政治行为(Alon & Martin, 1998)。经济风险指东道国及国际宏观经济波动等引起的风险。从以上对影响东道国区域风险因素的识别中,我们提取了能刻画东道国政府、经济以及社会层面的因素,同时考虑数据的可得性，选取 8 个因素作为区域风险评价的指标体系，参见表 7-1。

第二节　海外投资区域风险预警体系构建：发现警兆

完成风险因素识别之后，用多元因子分析法构建海外投资区域风险预警指标提取。通过因子分析，能用较少数量的因子综合反映 8 个指标，一方面可从计量的角度对上述提出的指标分类进行确认和调整；另一方面因子分析得到的因子得分作为一级指标，使各风险因素得到量化

表 7-1　　　　　　海外投资区域风险各因素指标一览

指标代码	指标名称	数据说明
S1	政局稳定	来源于世界银行的"政府综合执政能力指标 WGI"；对一国政治稳定性进行评价，数值越大即表示政治越稳定，区域风险越小
S2	民主距离	来源于世界银行的"政府综合执政能力指标 WGI"；建立关于民主自由程度的距离变量，可以侧面反映中国与东道国的政治结构差异，假设民主自由程度差异越大，企业面临的区域风险越大
S3	腐败距离	来源于世界银行的"政府综合执政能力指标 WGI"；腐败程度越相近，投资企业越适应东道国的商业规则，面临的区域风险越小
S4	法制环境	来源于世界银行的"政府综合执政能力指标 WGI"；对一国法制环境进行评价，数值越大表示法律体系健全、完善，区域风险越小
S5	东道国对我国依赖程度	来源于世界银行 WDI 数据库；用中国对东道国的出口量占东道国总进口量的比重表示，以反映东道国对中国的依赖程度
S6	人均收入	来源于世界银行 WDI 数据库；人均收入越高，该国经济发展水平相对更高，那么区域风险较小
S7	GDP 增长率	来源于世界银行 WDI 数据库；GDP 增长率越高，该国处于经济快速发展期，那么区域风险越小
S8	通货膨胀	来源于世界银行 WDI 数据库；是以消费物价指数度量的通货膨胀，通货膨胀率越高则遭受区域风险的可能性越大

一、数据的归一化和同方向处理

本章采用上述 8 个指标,以日本、韩国、朝鲜、新加坡、蒙古国、越南、缅甸、柬埔寨、老挝、马来西亚、印度尼西亚、巴基斯坦、沙特阿拉伯、尼日利亚、南非、英国、俄罗斯、美国、加拿大、澳大利亚这 20 个主要投资流向国 2002~2009 年的数据为样本,对各个国家的区域风险进行了纵向评估。下面以美国为例对评估方法进行说明。由于各指标存在着数量级、方向不同的问题,为使指标具有可比性,在因子分析之前对数据进行了归一化操作,使之转化为闭区间 [0,1] 上的无量纲性指标值。其中,对数据方向的处理统一为越接近 1 表明风险越小。归一化的方法是极差标准化法。

$$Y_{ij} = \frac{X_{ij} - \min X_i}{\max X_i - \min X_i}$$

将 2002~2009 年的指标代入上述计算公式得到归一化后样本数据。

二、因子分析

使用 SPSS 软件中因子分析模块,以 2002~2009 年反映我国对外投资区域风险的 8 个指标归一化后数据为基础进行因子分析。主成分分析法提取因子,为使得提取得到的因子有实际意义,采用正交旋转法对初始因子结果进行旋转,根据主成分分析法原理,8 个指标分析得到 8 个经过旋转的主成分,本章采用实际中被使用最广泛的特征值准则确定因子个数。得到结果如表 7-2 所示。

表 7-2　　　　　　　　因子分析结果

国家	潜在因子	特征值	贡献率%	累积贡献率%	国家	潜在因子	特征值	贡献率%	累积贡献率%
日本	因子1	2.787	34.84	34.84	巴基斯坦	因子1	4.713	58.916	58.916
日本	因子2	2.555	31.932	66.773	巴基斯坦	因子2	2.06	25.748	84.663
日本	因子3	1.684	21.049	87.822	沙特阿拉伯	因子1	3.594	44.927	44.927
韩国	因子1	2.557	31.965	31.965	沙特阿拉伯	因子2	1.859	23.243	68.17
韩国	因子2	2.307	28.841	60.806	沙特阿拉伯	因子3	1.091	13.633	81.803
韩国	因子3	1.868	23.346	84.152	尼日利亚	因子1	4.461	55.763	55.763
新加坡	因子1	3.698	46.228	46.228	尼日利亚	因子2	1.704	21.298	77.062

续表

国家	潜在因子	特征值	贡献率%	累积贡献率%	国家	潜在因子	特征值	贡献率%	累积贡献率%
新加坡	因子2	2.07	25.869	72.097	南非	因子1	3.974	49.675	49.675
	因子3	1.441	18.008	90.105		因子2	1.906	23.824	73.499
蒙古国	因子1	3.936	49.199	49.199		因子3	1.613	20.168	93.667
	因子2	2.164	27.051	76.25	德国	因子1	4.137	51.712	51.712
	因子3	1.276	15.951	92.201		因子2	2.471	30.889	82.602
越南	因子1	3.823	47.785	47.785	英国	因子1	2.877	35.964	35.964
	因子2	1.697	21.206	68.991		因子2	2.544	31.794	67.758
	因子3	1.391	17.383	86.374		因子3	2	24.994	92.752
缅甸	因子1	2.947	36.834	36.834	俄罗斯	因子1	3.178	39.721	39.721
	因子2	2.586	32.323	69.157		因子2	2.22	27.75	67.471
	因子3	2.06	25.752	94.909		因子3	1.872	23.402	90.873
柬埔寨	因子1	3.539	44.237	44.237	美国	因子1	3.315	41.435	41.435
	因子2	2.808	35.094	79.332		因子2	2.083	26.038	67.473
老挝	因子1	3.621	45.268	45.268		因子3	1.853	23.162	90.634
	因子2	3.113	38.915	84.183	加拿大	因子1	3.381	42.261	42.261
马来西亚	因子1	3.911	48.884	48.884		因子2	2.403	30.032	72.293
	因子2	1.793	22.415	71.299	澳大利亚	因子1	3.535	44.193	44.193
	因子3	1.438	17.979	89.279		因子2	1.972	24.646	68.839
印度尼西亚	因子1	4.407	55.082	55.082		因子3	1.504	18.805	87.644
	因子2	1.885	23.564	78.646					

通过回归法计算得出上述因子的总因子得分,用因子得分来度量区域风险大小,从而使反映海外投资区域风险的各方面因素得到量化。各因子得分的含义与归一化标准一致,即数字越大风险越小,数字越小则相反。

本章将区域风险划分为四个等级:安全、基本安全、警戒和危险,采用极值——均值法,把代表各类风险大小的因子得分划分四个区间,每个区间对应上述四个等级,且规定数值越小风险越大。表7-3列出了各年各国区域风险的因子得分以及四个区间的临界值。用F表示第j年因子得分,F<危险值、危险值<F<警戒值、警戒值<F<基本安全值、F>基本安全值四个区间的因子得分分别对应输出层值为(1000)、(0100)、(0010)、(0001),分别代表F因子处于危险、警戒、基本安全与安全四个状态。转化得到的各年各风险等级划分。

表7-3 因子得分与各等级临界值

	日本	韩国	新加坡	蒙古国	越南	缅甸	柬埔寨	老挝
2002	0.890	-0.082	-1.221	0.490	0.374	-1.022	-1.051	0.131
2003	0.514	-0.833	-1.267	0.665	0.459	-0.544	-0.510	0.089
2004	0.346	-0.341	0.017	0.583	0.328	0.046	0.471	0.030
2005	0.242	0.435	-0.307	0.569	0.700	0.182	0.711	-0.011
2006	-0.234	0.630	0.262	-0.381	0.169	0.827	0.250	-0.157
2007	-0.508	0.846	0.523	-0.607	-0.114	0.512	0.127	0.048
2008	-0.849	-0.517	1.974	-0.464	-0.851	0.173	0.830	0.135
2009	-0.401	-0.138	0.018	-0.855	-1.065	-0.173	-0.828	-0.264
风险等级阈值								
危险	-0.414	-0.413	-0.457	-0.475	-0.624	-0.560	-0.581	-0.164
警戒	0.020	0.007	0.353	-0.095	-0.183	-0.097	-0.111	-0.064
基本安全	0.455	0.427	1.164	0.285	0.259	0.365	0.360	0.035
	马来西亚	印度尼西亚	巴基斯坦	沙特阿拉伯	尼日利亚	南非	德国	英国
2002	-0.296	-1.095	0.968	-1.076	0.496	-0.921	-0.623	1.016
2003	-0.182	-0.915	0.741	-0.050	0.966	-0.761	-1.044	0.500
2004	-0.434	-0.494	0.524	0.297	0.737	0.061	-0.574	-0.327
2005	-0.819	-0.315	0.375	-0.174	0.542	0.243	-0.145	-0.754
2006	-0.144	0.007	-0.100	-0.187	-0.786	0.892	0.728	0.397
2007	0.168	0.718	-0.708	0.362	-0.987	0.666	0.949	-0.131
2008	0.442	0.967	-0.922	1.150	-0.730	-0.078	0.679	-0.395
2009	1.265	1.127	-0.879	-0.322	-0.238	-0.101	0.031	-0.307
风险等级阈值								
危险	-0.298	-0.540	-0.450	-0.520	-0.499	-0.468	-0.546	-0.311
警戒	0.223	0.016	0.023	0.037	-0.011	-0.015	-0.048	0.131
基本安全	0.744	0.572	0.496	0.593	0.478	0.438	0.451	0.574
	俄罗斯	美国	加拿大	澳大利亚				
2002	-1.081	-0.508	-0.888	0.495				
2003	-0.043	-0.513	-0.809	0.955				

续表

	俄罗斯	美国	加拿大	澳大利亚
2004	0.448	-0.546	-0.279	0.562
2005	0.357	-0.528	-0.483	-0.514
2006	0.431	0.246	0.314	-0.406
2007	0.615	0.350	0.504	-0.448
2008	-0.109	0.531	0.551	-0.737
2009	-0.617	0.967	1.090	0.092
风险等级预警阈值				
危险	-0.657	-0.167	-0.394	-0.314
警戒	-0.233	0.211	0.101	0.109
基本安全	0.191	0.589	0.596	0.532

第三节 海外投资区域风险预警体系构建：预报警度

一、海外区域风险预警模型建模思路

本节采用 MATLAB 软件中的人工神经网络工具箱（nntool）建模。MATLAB 的人工神经网络工具箱中提供了丰富的网络学习和训练函数，其中包括了大多数的神经网络算法。这些函数为神经网络的仿真分析提供了极大的方便，用户不用编写复杂的算法程序，只要在 GUI 的提示下设置好相关函数和参数，就能完成神经网络的训练仿真。建模基本思路如下：

以前文中得到的海外投资宏观区域风险指标体系中的 8 个二级指标的时间序列数据作为输入值，以对应年份相应风险的等级作为目标输出值。模型训练目标是让模型实际输出值与目标输出值误差尽量小。其中作为目标输出值的各年风险等级是由该年份相关风险因子的因子得分即该风险的度量值转化而来，具体转化方式将在下文中详细说明。样本取 2002~2009 年的年数据，分为训练集、检验集和预测集三部分。由于区域风险一般有一年左右的潜伏期，因此，本章用第 $j+1$ 年的风险真实度量值是第 j 年对下一年风险预测的期望值。

二、模型的构建

根据上述建模思路构建基于 BP 神经网络的海外投资金融风险预警模型。模型结构如图 7-1 所示。本章采用的网络类型是 BP 神经网络，模型各项参数最终确定值是将神经网络原理与实际训练效果相结合经过多次调整得到的。

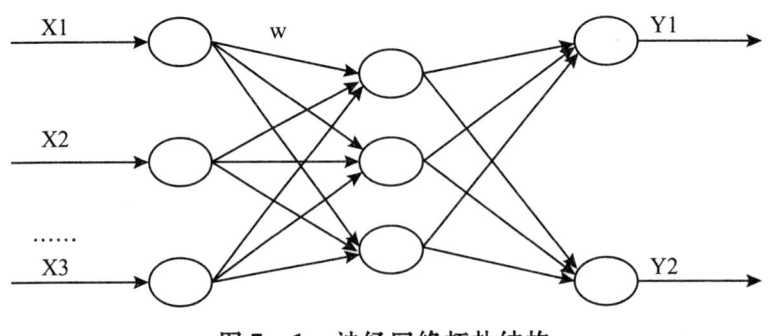

图 7-1 神经网络拓扑结构

（一）网络层数

罗伯特赫克特尼尔森（Robert Hecht - Nielson，1998）证明了对任何一个在闭区间的连续函数都可以用一个隐藏层的 BP 网络来逼近，故本章采用一个隐藏层、一个输出层的网络，网络层数为 2。

（二）输入层神经元数

输入层输入的是海外投资区域风险指标体系 2 级指标中的 10 个指标。实际输入数据是 8 个指标 2002～2009 年的归一化后的样本数据。神经网络默认输入层神经元数与输入指标数相对应，因此网络输入层神经元数目为 8。

（三）隐藏层神经元数

隐藏层神经元数目没有固定的计算方法。根据神经网络相关原理，隐藏层神经元数与输入层、输出层神经元数相关，可参考以下公式：$s = \frac{m+n}{2} + a$。其中 s，m，n 分别是隐藏层、输入层、输出层神经元数，a 是可随机选取的 1～10 的常数。实际的隐藏层神经元数按下述方法确定：在开始时放入比较少的神经元，学习到一定次数后，如果不成功再增加隐单元的数目，直到达到比较合理的隐单元数目为止。本网络最终确定的隐藏层神经元数为 8。

(四) 输出层数据与神经元数

模型的输出层对应于该模型分析的风险等级评价结果。而各年的风险评价结果是由该年份相关风险因子的因子得分即该风险的度量值转化而来，输出数据已经在因子分析阶段得到。

(五) 各函数、参数的确定

性能函数是用于衡量误差的，本章采用 BP 网络默认的 MSE，即输出值与目标值的方差均值。由于输入数据在 [0, 1] 之间，且期望输出也在 [0, 1] 之间，所以隐藏层转移函数采用 TANSIG，而输出层转移函数为 LOGSIG。训练函数采用 BP 网络默认的 LM 函数，以取得较快的收敛速度。上述函数的确定方式都是先选择默认选项，再根据训练结果调整。

三、模型的训练和检验

以 2002~2008 年的样本数据训练与检验模型。根据神经网络模型原理，样本随机地分为训练集、检验集，预测集为 2009 年度各因素的数据对 2010 年的风险等级状态进行预测。如前文所述，第 j 年的输入值对应的期望输出值为第 $j+1$ 年的风险等级状态，从而使得训练得到的模型具有预测下一年风险等级的作用。

建立好神经网络模型之后，我们首先对模型进行训练。训练过程中会对各模型进行参数设置，包括学习率、训练次数、精度。学习速率决定每一次循环中所产生的权值变化量。大的学习速率可能导致系统的不稳定，但小的学习速率会导致学习时间较长，可能收敛速度很慢，不过能保证网络的误差值不跳出误差表面的低谷而最终趋于最小误差值。所以在一般情况下，倾向于选取较小的学习速率以保证系统的稳定性。本章确定的学习率为 0.01。各模型不同的参数是最大训练次数 epochs 和目标精度 goal。训练过程中主要通过改变 epochs 和 goal 这两个参数来达到训练目标，即实际输出与期望输出值一致，误差达到要求小。两参数大致范围在 200 和 1E-10 左右的训练均可能成功达到目标。

模型经过训练后并不能直接用于预警，我们要用一组数据进行检验。例如，输入 2008 年归一化后的 8 个指标数据，将模型拟合得到的输出值与期望输出值，即 2009 年的风险等级进行对比，对模型进行检验，若二者一致，则表明模型通过检验。从表7-4看出，在20个国家实际检验输出与目标输出是基本一致的，误差比较小，那么说明神经网络模型通过检验，可以用于预警分析。

表7-4　　　　　检验样本的实际输出与目标输出对比

	检验年份	检验输出				目标输出			
日本	2009	0.004078	0.99999	0.004799	1.00917 - 08	0	1	0	0
韩国	2006	4.53E - 06	0.000229	0	1	0	0	0	1
新加坡	2006	0.000685	0.99635	0.004011	0.000505	0	1	0	0
蒙古国	2005	1.80E - 07	0.000102	0	0.99644	0	0	0	1
越南	2005	0.00049	0	3.4542 - 08	0.99999	0	0	0	1
缅甸	2006	0	2.74E - 10	0.99997	0.99615	0	0	0	1
柬埔寨	2006	9.18E - 06	0	1	1.42E - 06	0	0	1	0
老挝	2005	3.04E - 05	3.24E - 05	0.086277	0.58009	0	0	1	0
马来西亚	2005	3.16E - 11	1	2.56E - 05	0.000628	0	1	0	0
印度尼西亚	2006	0.21981	0.60562	0	0	0	1	0	0
巴基斯坦	2005	4.06E - 07	0	1	0	0	0	1	0
沙特阿拉伯	2005	0	1	0.95523	6.51E - 11	0	1	0	0
尼日利亚	2008	1	0	0	3.78E - 09	1	0	0	0
南非	2009	0.9928	0.9136	0.0072	0	0	1	0	0
德国	2008	0	0	0.97889	1	0	0	0	1
英国	2009	3.49E - 08	0.9528	0	0	0	1	0	0
俄罗斯	2006	0	0	3.03E - 07	1	0	0	0	1
美国	2009	6.79E - 11	0	0	1	0	0	0	1
加拿大	2007	1.23E - 06	2.23E - 12	1	5.69E - 08	0	0	1	0
澳大利亚	2006	0.99023	1.25E - 09	0	4.66E - 08	1	0	0	0

四、模型预警与结果分析

将各国2009年归一化的8个指标数据分别输入模型，得到神经网络模型的预测输出，从而对2010年区域风险进行预警。得到的预警结果如表7-5所示。根据预警输出值，结合前文模型对输出值的设定，可对2010年我国海外投资区域风险情况进行判断：

表 7-5　　　　　　　　　　区域风险预警结果

	预测输出				风险等级
日本	0.001424	0.99999	7.3103-06	0.001708	警戒
韩国	6.40E-05	1	0	1.55E-08	警戒
新加坡	0.001879	0.661	0.001906	1	安全
蒙古国	0.99999	1	0	8.85E-12	警戒
越南	1	0	0	0	危险
缅甸	0	1	5.67E-10	0.002144	警戒
柬埔寨	1	0	1.06E-05	7.51E-07	危险
老挝	0.99999	1.62E-08	1.20E-07	3.66E-06	危险
马来西亚	3.30E-06	0	1	2.14E-13	基本安全
印度尼西亚	2.16E-10	1.22E-06	0	1	安全
巴基斯坦	1	0	2.67E-06	0	危险
沙特阿拉伯	0	1	3.64E-05	5.84E-09	警戒
尼日利亚	0.001241	0.98328	0	0.005772	警戒
南非	1	0.00466	0.89355	0	基本安全
德国	0	4.26E-11	0.99982	1.37E-13	基本安全
英国	6.81E-14	1.91E-05	0.99999	0	基本安全
俄罗斯	0	0.99956	1.19E-08	0.000883	警戒
美国	0.013316	0	7.12E-07	0.99964	安全
加拿大	5.10E-08	1.77E-08	0.00023	1	安全
澳大利亚	3.15E-12	3.63E-13	7.94E-17	1	安全

　　本章是从纵向时间序列角度出发，将各国 2002~2009 年间区域风险进行对比，得到的预警结果说明 2010 年该国的区域风险与 2002~2009 年相比处于相对安全、基本安全、警戒还是危险状态。从预警结果输出可以看到，相对于以往，2010 年处于危险级别的有柬埔寨、老挝、巴基斯坦。处于警戒等级的有：日本、韩国、蒙古国、缅甸、沙特阿拉伯、尼日利亚以及俄罗斯。处于基本安全的有：马来西亚、南非、德国、英国。安全级别的有：新加坡、印度尼西亚、美国、加拿大、澳大利亚。

　　我国对外直接投资额有大幅度的上升，跨国公司海外投资的区域风险分析变得越发重要。即使有一些国家和地区稳步减少对外国直接投资的限制和障碍，但也有一些国家和地区越来越敌视外国直接投资。虽然目前国际上已有一些专门的机构进行国家风险和政治风险的度量，但这些评估仅仅对各个国家自身的政治、经济环境进行分析，并未具体到特定的母国与东道国之间海外投资区域风险，因此本章预警系统的建立具有较强的实践指导意义。

第四节 本章小结

本章在梳理区域风险相关研究成果基础上，首先提出一套具有强警戒功能的区域风险评价指标体系，包含了包括政治、经济、社会等代表宏观环境的共 8 个影响直接投资区域风险的因素；其次收集了 20 个我国主要投资流向国 2002~2009 年的数据，通过对各国家历年数据进行主成分分析，得出区域风险得分；并在各项指标预警界限基础上将区域风险预警分等定级，分别为 Ⅰ 级（安全）、Ⅱ 级（基本安全）、Ⅲ 级（警惕）、Ⅳ 级（危险）；然后建立基于 BP 人工神经网络模型的区域风险预警模型，并对 2002~2009 年我国对各国直接投资区域风险情况在 MATLAB 软件中进行模型的训练、检验和预测，得出我国 2010 年预警结果。本章为区域风险的防范与管理提供了切实可行的操作模型，对海外投资的企业和监测海外投资风险的政府部门来说具有实践意义。

第八章

中国海外投资的区域风险防范与管控战略的案例分析

在经济全球化不断加深的 21 世纪，投资风险表现出前所未有的多样性和复杂性，中国资源型海外投资更成为区域风险的高发区。因此，在海外投资中除了关注一般企业所面临的系统风险，更应当重视来自国家战略和宏观环境催生的经济和政治（社会），这样才能更好地发现在控制投资企业本身规范化经营和遵守国际准则的情况下，遭遇外部环境的不可抗力或不确定性时应采取的避险策略和风险补救措施。本章基于前文的研究铺垫，将中国海外投资区域风险的来源划分为三个涵盖从宏观到微观的层次：系统性风险、特殊风险以及投资双方间的谈判风险，并希望借此来进一步拓展现有的海外投资基于"国别"研究的区域风险框架，探讨当下适宜的风险防范和管控策略。

第一节 中国海外投资区域风险的基本结构

一、系统区域风险

系统性风险是存在于投资项目之外的一种外部性，它包括那些既有的、已经发生并在短期内不会显著改变的风险环境因素。系统性风险无法分散，虽然不同投资项目对系统性风险的敏感程度不一样,但系统性风险是投资者自身无法控制的。国家制度风险的内涵能够很确切地描述这一类风险构成和特征。诺思(North,1990)定义制度为"人为制定的用来规范人类互动的限制",且斯科特(Scott,1995)定义为"为社会行为提供稳定性和意义的认知、规范和调控结构及活动"。两个理论都指出制度组成了规则,在社会或者国家中构成了个体间或组织间的基本关系。因此,考虑到现有研究共识性地将区域风险归为政治、经济、金融、社会、文化等领域(如 Conklin,2002;Oetzel,Bettis & Zenner,2001;Mudambi & Navarra,2003;Click,2005),本节将进一步将其风险现象背后的制度因素剥离出来,重点分析制度环境对区域风险的系统性影响作用。

制度的基本功能主要包括：政治体制、国家安全、秩序和法律、社会公共管理、市场自由化和监管、制定国家发展战略和创造技术创新环境、保护交易和合同、对外开放以及提高社会凝聚力。而根据这些功能在公共机构和公民社会、商品服务和资本市场、劳动力和社会关系三个领域的不同作用方式和效果可将其划分为政治（社会）和经济因素两个方面。

因此,对于系统性区域风险的判断应当是：综合政治（社会）、经济因素两者为一体的系统性区域风险,在制度越完善的国家,海外投资的面临的风险越低。

二、双边特殊风险

特殊风险是由于投资特定东道国或东道国特定领域所引起的和项目本身有着关联的区域风险。它可以通过投资方自主调整投资目标来获得一定的风险规避。考虑到资源型海外投资面临更为严重的区域风险,投资目标的资源战略特性也应当被考虑到双边特殊风险中,例如在铁矿石和石油领域的国际争夺带来的投资风险。因此,双边特殊风险主要来源分为以下两个方面：双边政治敏感度和资源的战略特性。

（一）双边政治敏感度

"政治敏感度"是对由两国之间外贸、宗教文化、地理距离、政治体制等外部战略关系带来双边政治摩擦导致投资风险变化的总体概括。一国的政治敏感度不仅仅包括外部政治环境,还包括其世界经济地位和环境。外部政治环境通常与东道国与其他国家关系和交往活动相联系,需要考察的要素包括国际事务的位置、区域和国际政治冲突和合作,对外国企业的态度等。通常,政府对国际事务的态度可以影响政治冲突或同关键合作者的合作。区域和国际政治冲突和合作是指国际大事包括东道国和母国的关系例如外交联系的破裂，及东道国和第三方国家的如创造区域贸易集团（Nigh, 1985）。东道国对外国企业的态度指现行政治体制对外国投资和贸易的全球态度（de la Torre & Neckar, 1988）。这种态度是政治风险的信号并且是意识形态、民族主义和政府干预市场的倾向的综合结果。例如在全球地缘政治格局中，东道国在国际事务中的地位决定了其影响世界经济和政治走向的话语权和强制权；而国家之间的战略合作关系，如外交关系的亲近程度会影响政府间决策的偏向性，也决定企业进入该市场面临的贸易和投资保护。

（二）资源的战略特性

企业的海外投资往往是寻求某种本国并不具有战略优势的资源的。对于稀缺资源背后所蕴藏的经济租，每个东道国均会在国家资源安全和获取资源租之间做出权衡。海外投资项目的高成本、高风险性决定了其投资规模的大小和由此对东道国及母国造成的影响程度的大小。以具有战略意义的大型油气矿产项目为例，对东道国来说，海外资金投资于本地潜在自然资源的开发，可以解决本国建设资金不足的问题，实现资产的价值，创造就业，改善基础设施建设，带动相关产业的发展，因此希望通过海外投资来推进经济加快发展的国家来说，投资者将会获得政策利好；但同时，油气矿产资源是不可再生资源，特别是受中东主油产区原油供应不稳定的影响，国际油价一度走高，如资源产量预期发生波动引发资源安全担忧带来政治冲突时，东道国政府会拒绝外国投资者进入或将已出售资产收归国有，进而带来高投资风险。对自然资源的海外投资不仅是一种企业趋利的行为，更需要在投资中牢牢把握在经济利益之外的国家利益，才能更好地规避近年来由资源争夺引发的愈演愈烈的投资风险。

因此，对于双边特殊风险的判断应当是：双边政治敏感度越高，投资目标资源越具有战略重要性，海外投资者面临的区域风险就越高。

三、谈判风险

谈判风险指在投资者在确定投资目标后投资双方在投资项目接洽、确定投资关系直至项目投资完成并进入运营状态这一段时期内，投资者面临的来自被投资方企业、政府和竞争对手施压而造成投资预算超支或超过投资者承担能力的项目失败风险。谈判风险贯穿整个投资项目的前期阶段，是因项目而异的项目特定风险。尽管谈判风险会同时受到系统性区域风险和特殊风险对其谈判内容和方式的影响，但它突出投资双方在投资项目中的话语权和主导优势，更反映出以企业作为主体的动态风险应对和管控能力。

谈判风险的来源主要有两个方面：信息不对称和外部利益集团的干涉。信息不对称指投资者对目标资源估值、目标环境预期和目标风险评估等必需信息的实际获取与东道国信息持有者存在的不一致。信息不对称缺口越大，在谈判中就越容易处于被动地位，受东道国政府或企业的意愿所支配。例如，对于石油矿产项目投资而言，储量风险是该行业特有的、同时也是最核心的风险之一。对大型矿产的投资开发，一方面要对储量进行充分论证，确保投资的增长；另一方面还需谨慎关注世界资源产品价格的波动，排除因东道国产量变化而引起的潜在价格风险。而这些信息往往受控于东道国政府或企业，因此，大量的前期论证工作以及谈判中的冷静观察是必不可少的。外部利益集团的干涉主要表现在两个方面：一是东道国政府。在共同代理理论中，政府是国内多方利益集团对外交往的代理人，利益集团的意愿影响着其政治权利的延续。因此，如东道国民众对于外国油气矿产投资项目的反对以及本地企业不欢迎对外来同行的竞争都会直接影响到政府决策的非中立性。例如，为了获得2012年大选胜出，奥巴马誓言要将"工作岗位从中国人手中夺回来"以解决其国内高失业率和制造业的产业空心化问题。二是国际利益集团。在寡头垄断的油气矿产行业，国际利益集团的影响表现得尤为突出，如占全球油产量三分之一的欧佩克以及三大铁矿石企业巴西淡水河谷、必和必拓以及力拓。出于对资源战略地位和国家经济发展需要的考虑，这些国际利益集团会对试图进入垄断市场、打破现有利益分配格局的后入者采取一定的内部联合手段对其施压，迫使后入者放弃现有投资计划，维持现有格局并接受其资源的垄断定价，如力拓单方毁约中铝，转投必和必拓的合作。因此，谈判风险更需要投资者有着敏锐的判断力，在恰当时机及时调整投资计划，一举夺下投资项目或将投资失败的代价降到最低。基于上述机理，在投资谈判风险分析中主要考虑两个典型的博弈框架：投资者与东道国政府的合作/不合作博弈框架以及投资者与第三方投资者之间的投资竞争框架。这样两个框架能够在投资者现有信息的基础上，综合考虑外部利益集团对谈判风险的影响。

　　因此，对于谈判风险的判断应当是：对目标资源和环境信息掌握越充分，投资者在海外投资谈判中越占优；当面临东道国政府政策非中立和来自国际利益集团的竞争时，海外投资谈判越容易失败。

第二节　中海油北美油气投资项目：在探索中前进

　　在一国经济发展无法摆脱对资源依赖的今天，伴随着世界资源的日趋减少，自然资源的稀缺性和重要性日益凸显,这在石油天然气这种伴生资源上体现得淋漓尽致。世界经济的复苏与发展导致石油、天然气等优质资源的需求不断扩大,全球能源紧张局势进一步显现。美国作家丹尼尔·耶金(Daniel Yergin)在《石油·金钱·权力》一书中指出:现代战争史,在一定意义上就是石油资源的争夺史。石油作为一项资源,对一国未来具有高度的战略意义导致各国对保障本国石油供应的紧迫感越发强烈,由此引发的能源竞争以及能源战略博弈日趋白热化。

本节将通过分析中海油2005年收购美国优尼科石油公司项目和自那以后的北美油气收购项目,来发现当年最大笔海外投资——中海油"优尼科之伤"背后的风险结构和失败原因,以及中海油通过投资战略调整来重拾北美油气战略规划。当年收购优尼科失败对全球资源型海外投资具有重大借鉴意义,同样的目前在北美市场上开展的投资活动也为中国其他资源型海外投资提供了良好的范例。

一、中海油的"优尼科之伤"

(一)项目背景

1. 石油行业背景

石油是世界各国经济发展最重要的战略性资源之一。进入21世纪以来,世界经济加快增长,世界石油需求逐渐增加,2004年以来,世界石油消费量逐渐上升(参见表8-1)。尽管世界各国致力于非常规能源的开发,但短期内这一趋势并不会出现太大的改变。

表8-1　　2004~2010年世界石油消费量(单位:百万吨)

年份	2004	2005	2006	2007	2008	2009	2010 消费量	2010 占比
美国	936.5	939.8	930.7	928.8	875.8	833.2	850	21.1
欧盟	717.7	723.1	724.6	708.4	709	670.2	662.5	16.4
日本	241	244.8	238	229.7	222.1	198.7	201.6	5
OECD	2 287.2	2 303.6	2 289.7	2 276.3	2 210.5	2 094.8	2 113.8	52.5
苏联	186.6	185.4	193	194.3	200.8	192.7	201.5	5
巴西	91.3	94	95.1	100.6	107.1	107	116.9	2.9
中国	318.9	327.8	351.2	369.3	376	388.2	428.6	10.6
印度	120.2	119.6	120.4	133.4	144.1	151	155.5	3.9

续表

年份	2004	2005	2006	2007	2008	2009	2010 消费量	2010 占比
亚太地区	1 128.3	1 144.5	1 163.5	1 201.9	1 201.9	1 203.8	1 267.8	31.5
非 OECD	1 571.6	1 604.9	1 655.6	1 731	1 786	1 813.9	1 914.3	47.5
世界总计	3 858.7	3 908.5	3 945.3	4 007.3	3 996.5	3 908.7	4 028.1	100

资料来源：BP 公司《Statistical Review of World Energy 2011》数据汇总整理。

从我国国内情况看，石油消费持续上涨。据国际能源署统计，中国的石油消费量由 2007 年的 7.6 百万桶/日，上升至 2010 年的 9.1 百万桶/日。国际能源署声称中国已是全球最大的石油消费国，尽管这可能由于能源消费量统计有不同的折算标准，但过去三年中国能源（包括天然气和煤炭等能源在内）弹性系数大于1，这说明能源消费增速超过了 GDP 的增速。中国依然面临严峻的能源安全危机。

2. 东道国国别背景

美国是当今最发达的市场经济体，GDP 长居世界榜首。美国对外经济开放，是世界上最大的贸易国，虽然长期处于贸易逆差的状态，但资本账户的高额顺差使得其经济发展的资本要素始终充裕。美国的资本主义民主制度相当成熟和完善，三权分立，互相牵制。党派斗争和权力交替在制度保障下合法有序，即使是在内战或者外战中，美国的权力交替也始终通过选举方式和平进行。政治制衡、舆论监督、公民参与和法律保障，为美国上层建筑的稳定起到了重要支撑作用，也为海外投资者创造了良好的投资宏观环境。

（二）项目内容

1. 投资项目概述

美国优尼科公司（Unocal Corporation）成立于1890年，是一家百余年历史的老牌石油企业。其业务以上游原油和天然气勘探开发为主，总部设在美国加州。按储量计算，优尼科公司在美国石油天然气巨头中排名第九；按营业收入计算，优尼科是美国第七大石油公司。随着发展，优尼科逐渐专注于海外地区的石油勘探和生产，截至 2003 年年底，其石油天然气储量共计 17.6 亿桶油当量（石油占比 38% 左右），其中 50% 位于远东地区。按产量计算，远东占比 46%，海外其他地区 8%，而其对美国市场的油气供应不足全部供应量的 1%。优尼科公司 2004 年的报告显示该公司市值约为 110 亿美元，净负债 26.8 亿美元。由于在勘探方面的努力没有得到很好的回报，优尼科连年亏损，最终向美国政府申请破产，与

2005年1月挂牌出售。

2. 投资结构分析

（1）项目参与各方关系及项目收购日程表。

收购方——中海油：中海油是中国最大的国家石油公司之一，负责在中国海域对外合作开采海洋石油及天然气资源，是中国大陆第三大国有石油公司，也是中国最大的海上油气生产商。公司成立于1982年，注册资本949亿元人民币，总部位于北京。2007年，中海油全年销售收入1 620亿元，利润总额565亿元，较上年增长22.1%和15.2%，全年油气产量达4 047万吨油当量。同年，中海油入选《福布斯》全球2000大公司排行395位，亚洲神奇50强第13位。

竞价方——雪佛龙：雪佛龙公司成立于1897年，在多次整合后，2005年正式更名为雪佛龙石油公司，总部设在美国加州。作为一家世界级能源公司，2004年年底，雪佛龙公司共有探明储量的石油和天然气82亿桶油当量，在全世界范围内，共有21个全资或控股、参股的炼油子公司，并拥有大约25 700个成品油零售站。雪佛龙公司在2005年度《财富》500强中位于第11位。

如图8-1所示，图中阴影区域为政府活动。从中海油收购优尼科的日程安排来看，呈现两个特点：美方政府大量干预以及在关键点对中海油收购的适时打击。不难看出，在这一起商业活动背后，政治力量才是主导了收购结果的重要力量。

（2）收购资金结构。

中海油和雪佛龙竞价收购优尼科100%股权的大战令世人瞩目的一个重要原因就是竞价双方特别是中海油庞大的财务计划。竞价对手雪佛龙的第一次报价结构为：25%的现金加75%的股票方式进行收购，对优尼科的估价约合167亿美元。在其加价后的报价结构为：40%的现金加60%的股票形式，新的报价结构约合173亿美元。尽管中海油的加价提议没有被优尼科同意，但就原有的报价来看，每股67美元共计185亿美元全现金形式支付仍比雪佛龙的报价具有吸引力。为了筹措这笔巨额的收购资金，中海油拟定了一次最大的财务计划，参见图8-2。

3. 预期效益分析

从资料来看，有着115年历史的优尼科在全球石油市场版图上，规模并不算大，但其在东南亚、墨西哥湾、里海等地区拥有大量优质油气储备。然而对中海油来说，收购优尼科主要处于两个战略目的：一是获取优尼科所拥有的天然气资源。优尼科天然气储备占比超60%，中海油在LNG（液化天然气）项目方面享有得天独厚的优势，能够很好地消化优尼科的资源。二是优尼科位于亚洲的油气区块资源。优尼科有约一半的油气储备位于东南亚如泰国、印度尼西亚、孟加拉国的天然气田。在上市后的2002~2004年度，中海油进行了总计15.53亿美元的 6 次跨国收购。除在哈萨克斯坦北里海油田收购未成，其余 5 次成功的收购都在亚太地区的印度尼西亚和澳大利亚。中海油在以上 5 笔收购之后，再度重金收购优尼科在东南亚的这批油气储量资源，这种在空间上密集分布的交易，使中海油能够将其在亚洲的资源与原先在印度尼西亚和澳大利亚的油田进行产业结构整合，并由协同效应带来成本节约。

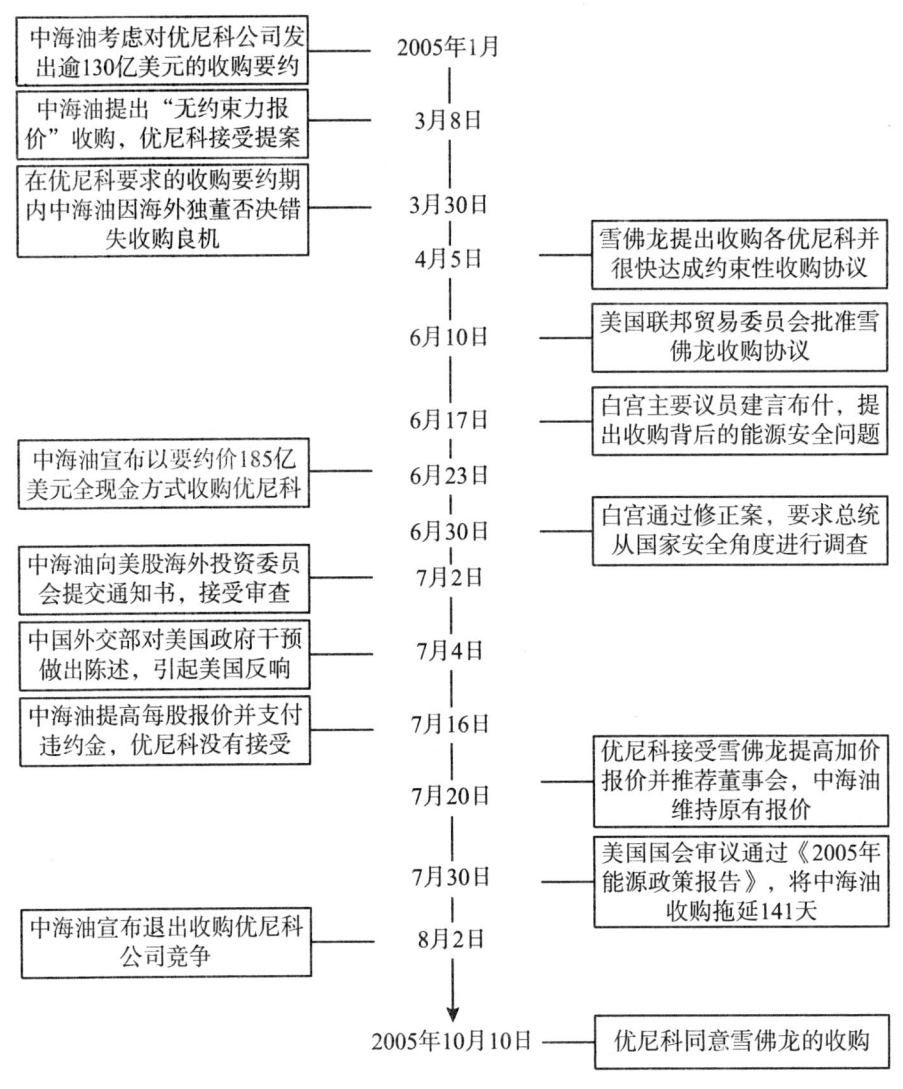

日期	中海油方面	竞争方/美方
2005年1月	中海油考虑对优尼科公司发出逾130亿美元的收购要约	
3月8日	中海油提出"无约束力报价"收购，优尼科接受提案	
3月30日	在优尼科要求的收购要约期内中海油因海外独董否决错失收购良机	
4月5日		雪佛龙提出收购各优尼科并很快达成约束性收购协议
6月10日		美国联邦贸易委员会批准雪佛龙收购协议
6月17日		白宫主要议员建言布什，提出收购背后的能源安全问题
6月23日	中海油宣布以要约价185亿美元全现金方式收购优尼科	
6月30日		白宫通过修正案，要求总统从国家安全角度进行调查
7月2日	中海油向美股海外投资委员会提交通知书，接受审查	
7月4日	中国外交部对美国政府干预做出陈述，引起美国反响	
7月16日	中海油提高每股报价并支付违约金，优尼科没有接受	
7月20日		优尼科接受雪佛龙提高加价报价并推荐董事会，中海油维持原有报价
7月30日		美国国会审议通过《2005年能源政策报告》，将中海油收购拖延141天
8月2日	中海油宣布退出收购优尼科公司竞争	
2005年10月10日		优尼科同意雪佛龙的收购

图 8-1 中海油收购优尼科日程

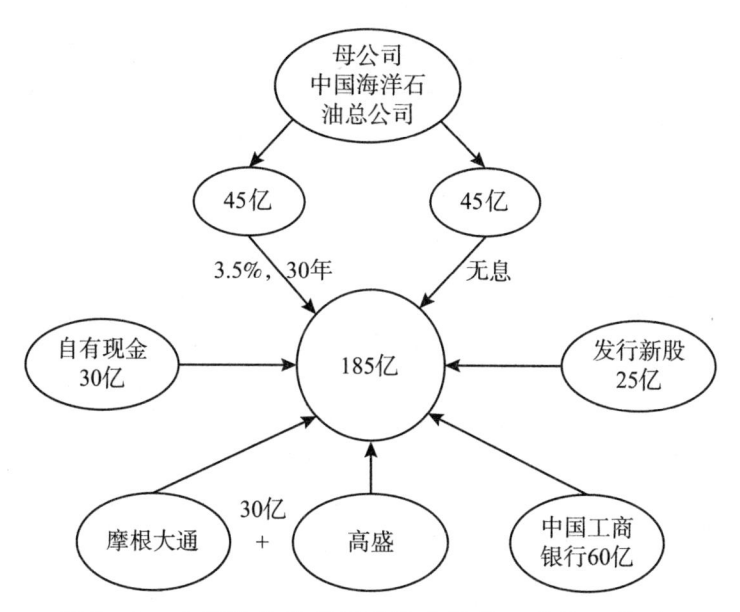

图 8-2　中海油收购优尼科资金结构（单位：美元）

（三）风险分析

总体上来看，中海油收购优尼科失败的背后，隐藏着如上一节所述的三类风险，但三类风险有着不同的表现方式及总体风险水平，于是这便带来不同的风险可控性。这三类风险及水平分别是：较低的系统性区域风险、极高的双边特殊风险以及中等谈判风险（如图 8-3 所示，阴影为主要风险因素）。下面将分析每一类风险中最为突出的风险来源和作用途径。

1. 风险成因一：资源风险

毋庸置疑，石油作为最高效的能源和产业关联系数最大的生产资源，一直是各国所争夺的具有"战略地位"的核心资源。美国为确保其世界的经济霸主地位和政治强权，在过去的二十年内频频参与与石油争夺有关的国际战争，并且利用美元与油价挂钩的经济政策来制衡其他石油大国/产油区。在 2005 年，中国经济从亚洲金融危机中率先复苏并引领者亚洲经济的起飞，快速的经济发展离不开工业资源的巨大消耗。因此，美国等西方国家对来自新兴经济石油需求量的激增感到恐惧，使得这一原本就被赋予"国家安全"色彩的资源成为各国重点管制的投资领域。而这一点，也直接促成了中海油最终面临不可抗风险的发生。

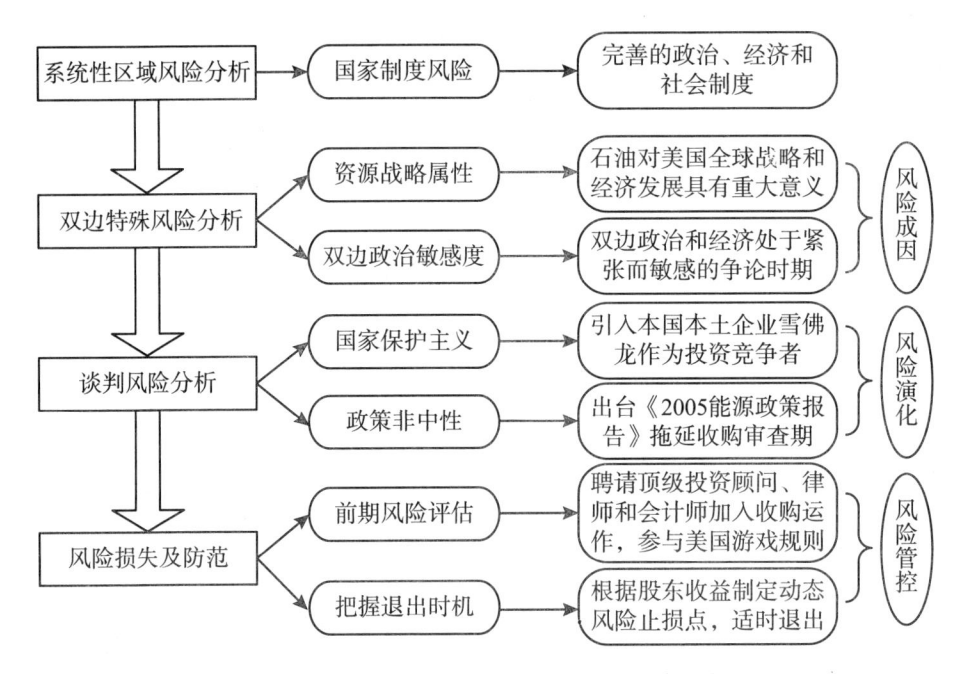

图 8-3 中海油收购优尼科区域风险分解

2. 风险成因二：双边政治敏感度

2005 年 6 月 17 日，即中海油第二次提出报价的前一周，两个白宫的主要议员，资源委员会主席 Richard W. Pombo 和军事服务委员会主席 Duncan Hunter 给布什写信称："这次收购引起很多对于美国工作、能源生产及能源安全的关注。"为何一桩普通的企业收购会引发如此严重的政治猜测？因为中海油收购优尼科正处于一个特殊的时期。当时美国正与中国就一些敏感事件进行争辩，如人民币汇率问题、与中国的贸易矛盾、人才保护、中国增长的军费开支、人权及宗教自由问题。而当时在能源方面，国际油价及美国本土油价飞涨，当时所有的猜测都聚焦于石油的地缘政治因素。此外，中国与美国处于"建设性战略合作伙伴"外交关系，在政见、政体和政治纲领各方面存在较大的分歧，同时在经济发展中存在极大的互补性，致使在全球经济中二者常处于相互制衡与互促发展的状态。这一切在这一时期表现得尤为突出。极高的政治敏感度，影响着美国政府在面对中海油这个有着中国政府背景的投资者最终采取的态度。

3. 风险演化一：国家保护主义

鉴于上述石油资源的战略意义和地缘政治因素，以及中美关系的敏感度，美国政府首先引入了有着良好管理和基础条件的本地投资者——雪佛龙作为这次收购的竞价者①，试图通过经济方式阻挠中海油收购优尼科。然而在雪佛龙提出最高 165 亿美元"现金加股票"的约束性收购协议后，中海油的第二次报价以全部 185 亿美元现金方式动摇了优尼科部分股东的决定。尽管雪佛龙随后调整了报价的现金和股票出资比例，使整体收购资金估值达 178 亿美元，但仍比中海油报价低了 7 亿美元。由于中海油加价方案不被接受，优尼科决定维持雪佛龙推荐。在第一轮政企博弈中，美国政府并未占优（参见图 8-4）。

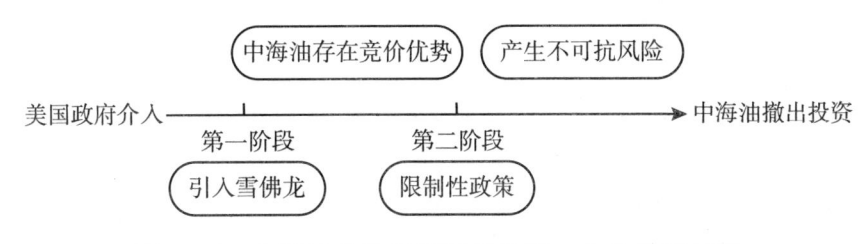

图 8-4 中海油收购优尼科的政府—企业博弈过程

4. 风险演化二：政策非中性

在引入雪佛龙这个强有力的本地竞争者后，面临着中海油依然具有吸引力的报价，美国政府开始了第二轮的政治博弈。2005 年 7 月 30 日，美国国会审议了《2005 能源政策报告》。在报告的第 18 标题下，如是提出"国际能源需求及国家安全问题，在国防部和国土安全部的顾问下，讨论了有关中华人民共和国的能源需求增长以及涉及美国利益的政策、战略、经济或国家安全……"。能源部长宣布了 120 天之内政府将禁止包含"国家安全问题"的中国政府控制的企业投资于美国的资源，从报告之日起的 21 天后执行。《报告》的相关内容，实际上将中海油的并购拖延了 141 天，大大增加了中海油报价的政策和管控风险。中海油董事长傅成玉表示，在《报告》审议之后，中海油便决定撤出优尼科收购。明显的，在第二轮博弈中，美国政府使出了具有不可抗性的"政策撒手锏"制约中海油的收购，从而达到了资源控制和保护的目的。

中海油虽然在优尼科收购项目中未能取得成功，也出现了一些失误，如海外独董沟通问题等，但值得庆幸的是，由于中海油在投资前期充分参与并严格遵守美国市场的规则运作，合理控制投资前期投入，根据项目合理设置投资盈亏点，从其投资期间的股价表现来看，中海油的投资为其股东带来了 30%~35% 的额外回报。

---

① Henisz（2000）指出这是政府通过政治手段影响海外投资者进入和盈利的一种手段。

二、中海油的非常规油气投资大捷

（一）项目概述

1. 美国页岩气项目

鹰滩项目——2010年11月16日，切萨皮克能源公司（Chesapeake）与中海油宣布，双方已完成鹰滩页岩油气项目合作交易。在该交易中，中海油的全资子公司——中国海洋石油国际有限公司购入切萨皮克公司鹰滩页岩油气项目（Eagle Ford Shale Project）共33.3%的权益，该项目区块位于德克萨斯南部，净面积达60万英亩。交易价格为现金10.8亿美元，以及4 000万美元的调整款项，并已于交易完成时支付。此外，中海油同意在未来替切萨皮克支付其所持有权益部分中75%的钻完井费用，总额10.8亿美元，切萨皮克于2012年年底前完成。

"DJ盆地"及粉河盆地项目——2011年2月17日，切萨皮克与中海油再次联合宣布，双方已完成新项目合作交易。在该交易中，中海油的全资子公司——中国海洋石油国际有限公司再次购入切萨皮克公司丹佛－朱尔斯堡盆地（"DJ盆地"）及粉河盆地油气项目共33.3%的权益，该项目区位于科罗拉多州东北部及怀俄明州东南部，净面积达80万英亩。该交易价格为现金5.7亿美元。此外，中海油同意在未来替切萨皮克支付其所持有权益部分中66.7%的钻完井费用，总额为6.97亿美元，切萨皮克预计将于2014年年底前完成。

2. 加拿大油砂项目

收购OPTI公司——2011年11月28日，中海油发布公告称，其通过全资下属子公司中海油卢森堡有限公司对加拿大OPTI Canada Inc.（下简称"OPTI"）全盘收购的交易于当日达成。该交易总对价约21亿美元。交易完成后，中海油将获得OPTI所持的所有权益，并在未来与加拿大能源公司Nexen Inc.（下简称尼克森，前述项目的作业者和余下65%权益的持有者）合作对前述资产进行开发和经营。遵照约定，OPTI已于交易达成的同时，向多伦多交易所提交退市申请。此外，对第一留置权票据的赎回事宜亦将由OPTI在2011年12月28日前完成，价格约为本金的102%，总涉资约8.25亿美元。OPTI为多伦多上市公司，主要资产为加拿大阿尔伯塔省东北部的Cottonwood、Leismer、Kinosis、Long Lake四个油砂项目。其中，Long Lake为在产项目。OPTI在前述项目中均持35%权益。该权益涉及的储量和资源量足够支持约43万桶/天（OPTI权益份额为15万桶/天）的沥青产量。

收购尼克森公司——2012年7月23日，中海油宣布将以每股27.50美元的价格现金收购加拿大尼克森（Nexen）所有流通中的普通股，该收购价比尼克森在纽约证券交易所交易的股票 7 月 20 日收盘价溢价 61%，比到 7 月 20 日止的 20 个交易日的成交加权平均价溢价 66%。尼克森于 9 月 20 日宣布，其股东在投票中以高比例通过了中海油总公司对其总值约 151 亿美元的收购协议。尼克森公司在一份声明中说，在当天举行的特别会议中，约 99% 的普通股股东和 87% 的优先股股东批准了此项交易。2013 年 1 月，该项交易通过加拿大联邦政府根据《加拿大投资法》进行的审批，成为中国目前最大金额的海外公司收购案。

3. 商业结构分析

不同于 2005 年收购优尼科的单刀直入，中海油在谨慎运营多年后，再度进入北美优势市场，针对不同项目和收购时机选择了全新的收购方式（参见图 8-5 和图 8-6）。

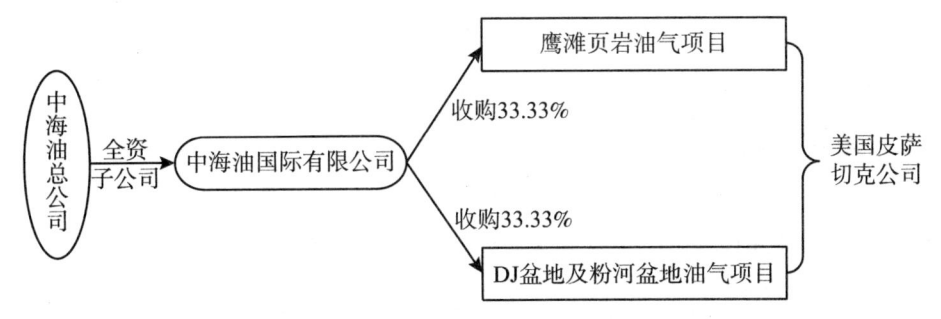

图 8-5　中海油的美国页岩气项目收购各方商业关系

如图 8-5 所示，和以往的投资方式不同，中海油此次进入美国市场是通过"参股合作"的方式与美国切萨皮克公司达成项目协议。同时，对目标公司也不再持整体收购的形式，而是具有针对性的，从对方旗下资产项目的少数权益入手，完成了一系列不具有"侵略性"的油气项目收购。在 2010~2011 年的项目收购过程中，中海油并未遭遇对方企业和政府的反对和干预。

如图 8-6 所示，虚线框表示该项目未完成最终交易。中海油在加拿大的收购首先通过中海油全资子公司 100% 收购控股 OPTI 公司后参与到与尼克森公司合作的开发项目中，与该项目的控股方和作业者尼克森公司形成合作关系，并在一年后对尼克森公司发起收购。这种"借道"的收购方式对于熟悉市场环境和获取目标方极有帮助。建立良好的前期合作关系，能够有力地规避来自目标方企业和政府的风险。

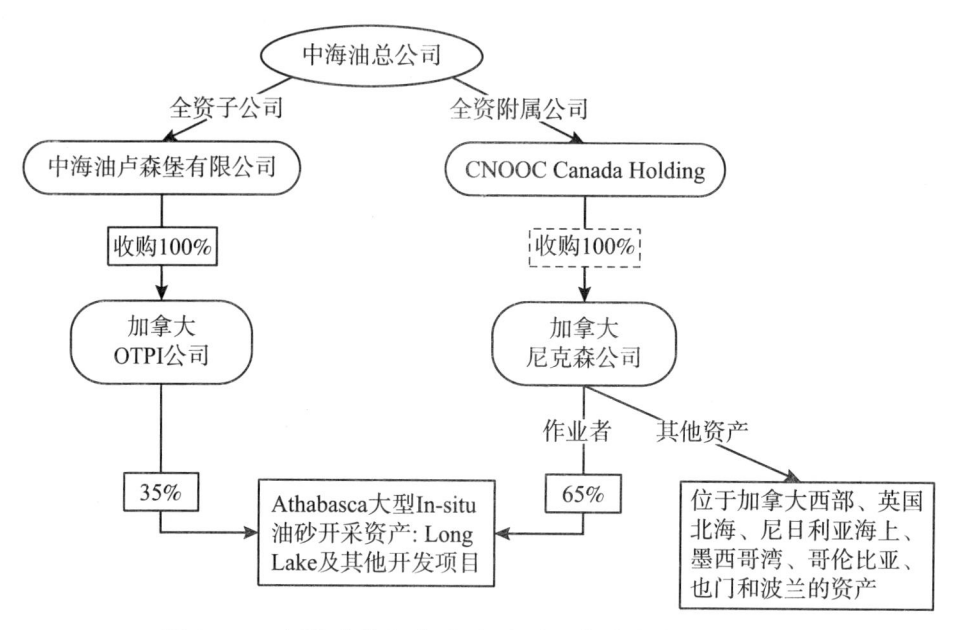

```
                        ┌─────────────┐
                        │  中海油总公司  │
                        └──────┬──────┘
                全资子公司  ┌────┴────┐ 全资附属公司
                          │         │
              ┌───────────▼─┐     ┌─▼──────────────────┐
              │中海油       │     │CNOOC Canada Holding │
              │卢森堡有限公司 │     │                    │
              └──────┬──────┘     └──────┬─────────────┘
                 收购100%              收购100%
                     │                   │
              ┌──────▼──────┐     ┌──────▼──────┐
              │  加拿大      │     │   加拿大     │
              │  OTPI公司   │     │   尼克森公司  │
              └──────┬──────┘     └──────┬──────┘
                                   作业者│  │其他资产
                                         │  │
                  35%                65% │  │
                     │                   │  │
                     ▼                   ▼  ▼
              ┌────────────────────────────┐  ┌──────────────┐
              │Athabasca大型In-situ         │  │位于加拿大西部、│
              │油砂开采资产: Long           │  │英国北海、    │
              │Lake及其他开发项目           │  │尼日利亚海上、 │
              └────────────────────────────┘  │墨西哥湾、    │
                                              │哥伦比亚、    │
                                              │也门和波兰的资产│
                                              └──────────────┘
```

图 8-6　中海油的加拿大油砂项目收购各方商业关系

4. 预期效益分析

投资北美的非常规油气项目，对中海油来说具有三层重要的意义：第一，解决了中海油目前的资源储备难题。以目前产量计，中海油的石油储量仅够开采 9 年，这一比例是世界主要石油企业中最低的之一。而通过收购 OPTI 和尼克森（特别是后者），将增加中海油超过 30% 的净探明储量和约 20% 的净产量。第二，加强中海油的海外产业布局。完成对美国页岩气项目和加拿大油砂企业的收购，中海油将加强在美国、加拿大、墨西哥湾和尼日利亚的业务，并进入资源丰富的英国北海地区，成为资源配置均衡、在世界主要油气产区均占据重要地位的全球性油气勘探和生产公司。第三，获取非常规油气的开发和生产技术。美国借助页岩气，已经引发了一场影响全球的天然气革命。1995～2005 年间，美国的天然气产量停滞了近 10 年。而自从其开始大幅开发以页岩气为代表的非常规天然气之后，局面迅速为之改变。2010 年，美国天然气年产量达到创纪录的 1 378 亿立方米，超过中国常规天然气产量。这不仅拉低了当地天然气的价格，甚至还拉低了电力价格，同时也减少了其对进口液化天然气甚至石油的依赖。对于地质结构同样蕴含丰富页岩气资源，且能源供给日益紧张的中国来说，效仿美国，大规模开发页岩气的需求尤其迫切。中海油进入北美非常规油气领域，有望掌握非常规天然气资源的开采技术，借此获得非常规天然气开发的先进经验，为开采国内资源做准备，促进国内的能源革命，这也符合中海油在液化天然气业务方面的资源储备需求。

(二) 风险管理——风险演化和动态管控的框架

中海油在优尼科公司收购失败后，多年在北美油气项目上鲜有斩获。经过对失败经验的认真分析和投资战略的谨慎帷幄，中海油于 2010 年开始在北美市场频频出手，迅速拿下多个非常规油气项目，并未再发生类似优尼科背后的政治干预事件。优尼科之伤给中国的海外投资者敲响了警钟，而收获最多的当然是有着丰富海外投资经验并且直接参与这起收购的中海油。类似地，通过对中海油投资北美非常规油气项目的国别风险、资源风险、政治风险和谈判风险的动态分析，可以发现中海油海外投资的目标调整和策略改进是促成了投资大捷的主要原因。

1. 维持策略：锁定低制度风险国家

美国和加拿大的国家制度较为完善，政权稳定，政策具有连续性，国内鲜有大规模内外部冲突带来的社会动乱。在发达国家中，美加具有低利率、低通胀、经济持续增长的特点，在金融危机之后仍保持较平稳的宏观经济指标。在外国直接投资领域，美加两国有着比较健全的外国投资管理制度，同时长期奉行自由政策，基本不设限制，仅在航空、通信、原子能、金融、海运等相对敏感行业中，存在一些具体的国民待遇和市场准入的限制性规定，而加拿大则对外国直接投资持更为宽松的审批政策和友好的态度。大体上看，加拿大对外资的政策是鼓励性的，使投资者避免了繁杂的审批手续，能够在第一时间获得投资收益，同时，放松矿业投资的股权限制，外国人接管既存采矿企业，不必再进行经济利益检测，这对中国国企的投资是极为有利的。中海油北美收购的超过 90% 的全球资产位于有着规章健全和良好财税制度的 OECD 国家，继续锁定低制度风险国家，这是中海油在优尼科失败后海外投资谨慎运作的第一步。

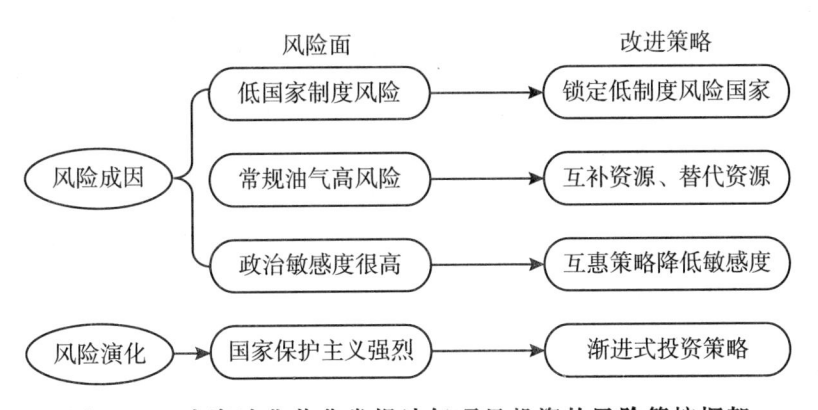

图 8-7 中海油北美非常规油气项目投资的风险管控框架

2. 改进策略一：选择互补性或替代性目标资源

在常规油气领域，世界版图基本圈划一空，而美国和加拿大凭借地缘和技术优势在非常规油气领域的成果，促进了国内能源的升级和替代，大幅度降低国内生产消费对常规能源的依赖。

选择一：互补性目标资源。中国与美国在页岩气开采上存在极大的资源互补性。一方面，由于页岩气产量暴增，美国在整个天然气产业中的话语权也在不断强化，作为中国最大的 LNG 企业，如果中海油能推动美国天然气出口，那么中国进口的天然气价格将拉低，同时这也将成为与俄罗斯谈判的有力砝码。此外，美国成熟的页岩气开采和收集技术也是中国在"十二五"页岩气发展时期所急需的。另一方面，页岩气产量过剩已大大拉低了美国的天然气价格，对于某些生产商而言，利润的下降将影响开采积极性。美国希望成为有力的天然气卖方，但是非常规产业目前对于美国经济并没有立竿见影的贡献作用。如果没有来自中国的战略投资来帮助美国页岩产业走向国际，美国要想进一步吸引国际投资者参与页岩气开发，还存在难度。因此基于页岩气项目和市场的互补性，中海油对切萨皮克公司的资产收购均顺利完成并投产。

选择二：替代性目标资源。作为常规油气的补充性资源，非常规油气的重要作用已逐渐显现。非常规油气开发存在几个特点：一是非常规能源资源的勘探程度较低，需要大量资源评价；二是非常规油气资源部分关键技术仍待开发；三是环境保护对非常规油气资源业务发展提出了更高的要求；四是非常规油气资源业务投入大、周期长，经济效益短期内难以体现。因此，尽管认识到非常规油气的重要意义，大量国家并没有立时采取措施。但中国作为石油消费大国，在海外传统油气收购受阻的情况下必须加快非常规油气作为替代资源的战略步伐。加拿大的 OPTI 和尼克森公司掌握了大量的非传统油气开采技术和资产，对中海油的油气产量和储量上都是绝佳的补充。基于非传统油气对传统油气储备的替代性以及加拿大油砂企业对外资的需求，中海油已顺利完成 OPTI 的收购，而尼克森项目也有了新进展。

3. 改进策略二：互惠的国家策略

在金融危机后，为了促进美国经济增长，创造新的就业岗位以及提升美国的竞争力，2011 年 6 月 15 日美国商务部宣布了"选择美国"的投资计划。"选择美国"将以州、地区以及地方经济发展组织作为合作伙伴，共同提升和促进全美国商业吸引、保留和重新支撑投资。"选择美国"将三种类型的公司作为目标包括：寻求扩大的外国和国内，以及希望重组或将经营业务转到美国的外国和国内公司。相比较 2005 年这有了很大的改善，但中美两国在能源矿产领域的敏感性依然存在。为了配合投资项目的顺利进行和争取到良好的投资环境，中海油在与切萨皮克的合作中注重当地环境的改善，如切萨皮克首席执行官表示，此举有望在未来降低美国对石油进口的依赖，创造出数以千计的高薪岗位，并给项目所在地、州以及联邦带来大量税金收入。而在加拿大收购石油油砂企业时，加拿大自然资源部长乔·奥利弗表示，由于缺乏足够的资金开发石油资源，加拿大欢迎国外资金加盟。他同时透露，该国政府在审查中海油以 151 亿美元收购尼克森公司一案时，"互惠"问题将被列入考虑。亚太地区的国家亟需能源、矿物、金属及森林产品，从而满足燃料增长需求，提高民众生活质量，而这些资源也可通过投资加拿大获得。在现阶段，中国企业投资北美地区，"互惠"原则是当地政府引进外资时重点考虑的问题之一。

4. 改进策略三：渐进式投资和"曲线投资"策略

除了在基本风险面上中海油牢牢把握住风险的发生点，在商业谈判策略中中海油也做出了新的尝试。第一，在美国采用"渐进式"投资方式。鉴于 100% 股权收购优尼科的失败，中海油此次对比了前后两次收购可能面临的风险压力，面对拥有美国 7% 天然气市场的切萨皮克公司和后危机的种种社会压力，中海油采取了"合作"的态度，要求投资少数股份（33.3%）参与切萨皮克旗下页岩气资产的开发。这种不具侵略性的渐进式投资方式赢得目标企业的合作，也不会引起当地政府和民众的忧虑和敌视，两次交易均顺利完成。第二，在加拿大采用"曲线"投资方式。旨在进一步巩固和整合北美和中美洲的市场，战略进入墨西哥湾直抵美国海上油气平台，中海油剑指加拿大最大的油砂企业尼克森的北美资产。为了熟悉市场并建立良好的收购关系，中海油首先通过收购与尼克森具有长期合作关系的 OPTI 公司，在经过一年的收购与经营后，再向合作方尼克森发起高达 151 亿美元的收购。这样的"曲线"投资方式，一者通过前期合作获得尼克森股东的信任及收购必需的信息；二者加拿大的投资监管和准入比美国要宽松，能够有力规避全盘收购引发的特殊风险；最后，通过尼克森进入墨西哥湾海上油气，绕开美国的海上油气开发管制，将北美和中美洲整合成一个完整的产业平台，有力拓展了中海油的全球布局。

三、中海油北美油气投资项目案例的启示

本节通过中海油的"优尼科之伤"和 2010～2012 年间北美非常规油气项目投资大捷重点突出了投资于发达国家时，中国企业对目标资源和收购时机的选择对投资成败的重要作用。在中海油前者失败的经验基础上，使用一个动态风险和策略改进的框架，对其后的投资成功经验总结如下：

第一，选择系统性风险较低的国家。选择系统性风险较低的国家，在中海油

的投资经验中十分明确，因为这能够很好地分析投资环境和预期东道国政府、企业和民众的反应，降低阻碍投资顺利进行的风险。

第二，选择互补性或替代性目标资源。在油气投资项目中，常规油气在技术相对成熟、开采成本较低的情况下预期收益要远高于非常规油气，但从长远来看，后者也有着利益空间和同样的战略重要性。在面对竞争激烈的目标资源时，作为市场后入者，中国企业特别是国企很容易会受到东道国的敌视。因此，在投资中可适当考虑能够与现有资源平台对接的其他类型资源，规避资深投资风险的同时，争取在海外新兴市场上做大做强。

第三，投资实际的把握尤为重要。中海油非常规油气的投资均发生在金融危机之后，在北美各国急需外部资金来协助开采国内资源的时期内。利用非常时期的东道国投资鼓励政策，以"互惠"的原则挑选项目进行投资，能够有效降低来自东道国特殊风险发生，在谈判中也能获得更多话语权。

第四，巧妙运用不具"侵略性"的投资策略。在资源投资项目上，大多数国家都对来自外国政府或国企的投资（控股）比例做出了审查或者禁止规定。中海油在非常规油气投资商采用了"温和"而"巧妙"的投资方式，并没有激起东道国的资源民族主义和国家保护主义，大大降低了政府干预和民众担忧的可能。因此，在未来更为激烈的资源竞争中，根据投资时机、标的和环境，运用有效的投资方式，才是中国石油企业海外生存之道。

第三节　中铝的海外投资之路：投资缘何舍近求远

如果说中国在油气项目的世界角逐中是后起之秀，那么相对而言，在另一类重要的生产资源——铁矿石的世界割据版图中，无论对世界铁矿石原料价格体系还是在钢产品的价格谈判中，中国企业似乎并没有什么话语权，频频陷入不对等的谈判困境。同时，中国是世界上仅存的铁矿石价格双轨制的国家，国内企业在长期协议价和现货价之间套利，也给中国参与世界铁矿石竞价带来消极影响。为了改变中国海外铁矿资源贫乏，受制于世界"铁三角"垄断的局面，中铝凭借自身多年的矿产开发、冶炼和加工经验，以及较强的盈利能力和较丰富的海外投资经验，积极开拓外部矿产资源市场，试图自外而内的改变这一产业现状。

本节将通过分析金融危机后中铝在 2008~2009 年注资力拓公司铁矿石项目和 2012 年收购蒙古国的南戈壁煤矿资产项目，试图解决如下两个问题：第一，国际利益集团是如何影响中国企业海外投资的成败的？第二，中国面对亚洲丰富的铁矿资源，为何舍近求远转投远在澳大利亚的力拓公司？在问题的讨论中，将重点分析中铝注资力拓失败和弃购南戈壁背后的风险结构和失败原因。中铝注资力拓，从商业收购战来看其幕后的"看不见的手"；中铝弃购南戈壁，从全面分析谨慎投资来看东道国的区域风险，对中国企业海外投资有着重要的借鉴意义。

一、中铝铩羽力拓：发达国家利益集团的联手扼杀

（一）项目背景

1. 铁矿行业背景

在过去的10年里，中国粗钢产能快速成长。截至2010年统计数据，国内粗钢产量已经接近全球产量的50%。几乎所有的新增产能均为高炉—转炉型生产装置。由于国内铁矿石等级较低，且大多位于内陆地区，而大约70%的中国钢厂位于沿海或长江沿线，可以更便捷地获取高等级的进口铁矿，因此进口矿是近年来国内企业的首选。2000年以来，中国对于铁矿石的需求大幅增加，国内产量无法满足需求，铁矿石进口量连年递增，进口了占需求量的比重亦逐步提高（参见表8-2）。

表8-2　　2000~2010年中国铁矿石产量来源构成（单位：亿吨）

年份	原矿产量（平均30%）	生铁产量	进口铁矿石量
2000	1.5	1.3	0.7
2001	1.6	1.6	0.9
2002	1.8	1.7	1.1
2003	2.5	2.1	1.4
2004	3.5	2.7	2.1
2005	4.4	3.3	2.8
2006	5.2	4	3.3
2007	5.3	4.7	3.9
2008	8.2	4.7	4.4
2009	8.8	5.4	6.3
2010	10.7	5.9	6.2

资料来源：国家统计局。

在金融危机之后，世界铁矿巨头发展策略发生了改变。一方面，面对下游需求锐减，铁矿石价格大幅下跌，铁矿巨头放弃对世界资源的整合；另一方面，三大矿石出口商相继出台减产措施，以应对不断下滑的市场价格。对钢铁行业来说钢材价格的大幅下跌使企业的盈利水平急剧倒退，钢铁生产增长也处于负增长态势。然而就钢铁行业来说可能带来的唯一的好处就是铁矿石价格终于迎来了对等谈判的机会，而中国在危机后的铁矿石价格谈判中也获得了一定的价格优势（参见表8-3）。

表8-3　　　　　　　2005~2009年铁矿石涨幅一览

年份	达成协议时间	谈判双方 购买方	谈判双方 供应方	铁矿石涨幅 粉矿	铁矿石涨幅 块矿
2009	2009年8月	中钢协	FMG	-35.02%	-50.42%
2009	2009年5月	日新铁	力拓	-33%	-44%
2008	2008年1月	宝钢	力拓	79.88%	96.50%
2007	2007年3月	日本日新铁 韩国浦项	巴西淡水河谷	65%	71%
2006	2006年12月	宝钢	淡水河谷	9.50%	9.50%
2006	2006年6月	宝钢	必和必拓	19%	19%
2005	2005年2月	日本日新铁	力拓	71.50%	71.50%

数据来源：新浪财经数据整理。

2. 国别背景

在2005~2007年间，澳大利亚经济呈现连续增长趋势。受到金融危机的影响，其经济开始出现收缩。2009年，澳大利亚实际GDP增长率为1.3%，远高于其他发达国家。这主要受益于政府及时采取的经济刺激方案，强劲的外部需求以及对外部风险的抵御能力。其中，来自中国等国的强劲需求使得净出口成为拉动经济增长的主要动力之一，为经济增长贡献了1.8个百分点。澳大利亚资源十分丰富，尽管其服务业占比近7成，但其农牧产品和油气矿产品的生产和出口在国民经济中占有重要地位。澳大利亚历来坚持巩固美澳同盟，与美国、新西兰结成同盟关系，并与日本、欧盟和东盟均保持了良好的经济合作关系。但不容忽视的是，澳大利亚的社会问题表现突出。澳大利亚在历史上曾长期奉行种族主义色彩浓重的"白澳"政策，其核心是保持百种澳大利亚人的"纯洁度"，而对亚洲移民采取种族歧视。第二次世界大战后，相关法律条文被废止。但近年来随着亚洲移民人口比例上升，部分民众对欧裔人口主体地位的担忧是种族主义再度抬头。印度裔、华裔移民由于其人口众多成为种族主义者攻击的主要对象。由此引发的种种社会问题蔓延至政治和经济各领域，成为影响中国海外投资的一个重要风险因素。

（二）项目内容

1. 投资项目概述

力拓是一件跨国性矿产及资源集团，成立于1873年。2006年，力拓税前盈利大约为102亿美元，交易额则达254亿美元。力拓在1962～2007年间，兼并了数家全球具有影响力的矿业公司，成为在勘探、开采和加工矿产资源方面的全球三大巨头之一。力拓的总部在英国，其澳大利亚区总部设于墨尔本。在力拓的业务中，澳大利亚业务占45%，北美业务占40%，南美业务占5%。中国占其销售收入来源的5%。力拓控股的哈莫斯利铁矿有限公司、旗下罗布河公司和加拿大IOC公司都是主要的铁矿生产商和供应商。此外，力拓还设计铜、铝、能源、钻石、黄金、工业矿物等业务。受金融危机的影响，力拓背负了387亿美元的债务重负，为摆脱负债，力拓主动向具有丰厚外汇储备母国背景的中铝示好，希望能够与正在考虑海外收购的中铝达成合作协议。

在中铝2008年2月携美国铝业共同参股力拓英国公司12%的股份后，如果中铝2009年注资力拓成功，那么中铝将持有其约18%的股份，而注资的目标是力拓旗下的铁矿石业务。

2. 投资结构分析

（1）项目参与各方关系及项目收购日程表。

收购方——中铝：中铝是中国最大的氧化铝生产商，同时也是中国规模最大的原铝生产商。中国则是世界上增长最快的大型铝市场。氧化铝和原铝是中铝的主要产品。2000年，中铝生产的氧化铝产品产量约为430万吨，约占当年中国氧化铝产品消耗总量的70%。这使中铝成为全球第三大氧化铝生产商。中铝的核心业务增长迅速，中铝计划不断的扩展继续把握中国市场的增长契机。尽管在铝业积累深厚，但面对铁矿石的泥沼，中铝还是迈出了坚定的一步。

竞价方——必和必拓：必和必拓（BHP Billiton）是一家以经营石油和矿产为主的著名跨国公司。BHP公司于1885年在墨尔本成立，Billiton于1860年成立。2001年6月，两家公司合并为必和必拓。2003～2004财年，必和必拓总收入340.87亿澳元，总市值1 363.5亿澳元，成为全球第二大矿业集团公司。目前必和必拓是全球第三大铁矿供应商。

如图8-8所示，图中阴影区域为政府活动，圆角表示政府的积极反馈，而虚线框则是国际利益集团的竞争。从中铝收购力拓的日程安排来看，呈现两个特点：一是澳大利亚政府和中铝的政治博弈并不明显，同时外国政府均反应积极；二是国际利益集团，"铁三角"成员的联盟关系使得这次收购暗流涌动。实质上，中铝这次的收购活动，是对控制全球超过70%铁矿石海运量的"铁三角"联盟的一次挑战。

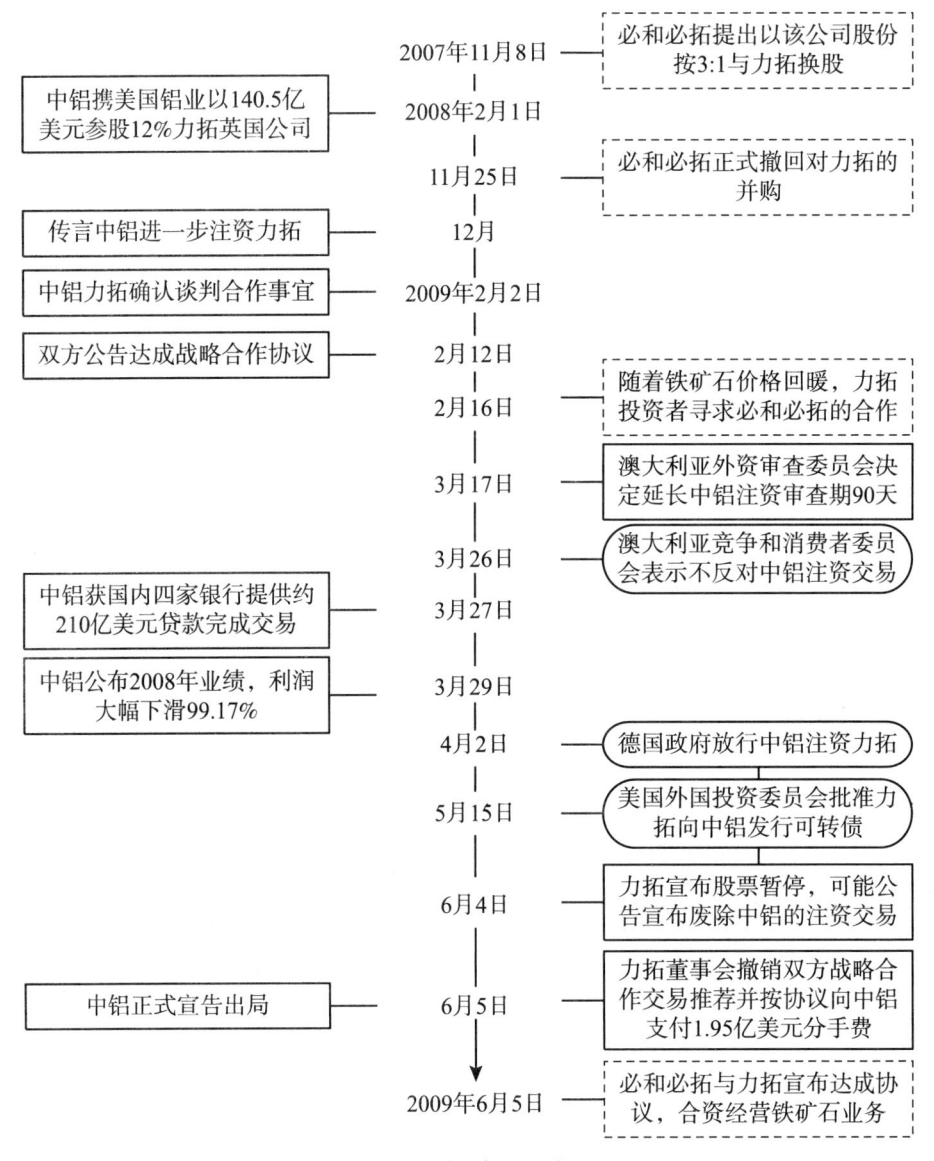

```
2007年11月8日 —— 必和必拓提出以该公司股份按3:1与力拓换股
中铝携美国铝业以140.5亿美元参股12%力拓英国公司 —— 2008年2月1日
                           11月25日 —— 必和必拓正式撤回对力拓的并购
传言中铝进一步注资力拓 —— 12月
中铝力拓确认谈判合作事宜 —— 2009年2月2日
双方公告达成战略合作协议 —— 2月12日
                           2月16日 —— 随着铁矿石价格回暖，力拓投资者寻求必和必拓的合作
                           3月17日 —— 澳大利亚外资审查委员会决定延长中铝注资审查期90天
                           3月26日 —— 澳大利亚竞争和消费者委员会表示不反对中铝注资交易
中铝获国内四家银行提供约210亿美元贷款完成交易 —— 3月27日
中铝公布2008年业绩，利润大幅下滑99.17% —— 3月29日
                           4月2日 —— 德国政府放行中铝注资力拓
                           5月15日 —— 美国外国投资委员会批准力拓向中铝发行可转债
                           6月4日 —— 力拓宣布股票暂停，可能公告宣布废除中铝的注资交易
中铝正式宣告出局 —— 6月5日 —— 力拓董事会撤销双方战略合作交易推荐并按协议向中铝支付1.95亿美元分手费
                           2009年6月5日 —— 必和必拓与力拓宣布达成协议，合资经营铁矿石业务
```

图 8-8 中铝注资力拓日程

（2）财务计划。

迫于 387 亿美元的债务重负，力拓于 2009 年 2 月寻求中铝帮助改善其资产负债表。中铝与力拓达成协议，向力拓支付 123 亿美元，收购过后这部分核心矿业资产的股权，另外出资 72 亿美元，收购力拓的可转换债务。该债券转股后，将使中铝公司持有力拓集团总股份比例由目前的 9.3% 上升至 18%。

在中铝宣布 195 亿美元注资力拓后,其融资方案一直是业界关注的焦点。按照协议要求,中铝需在 2009 年 3 月 31 日前完成融资方案。中铝与四家银行签署协议,中铝公司与国家开发银行股份有限公司牵头的,由国家开发银行股份有限公司、中国进出口银行、中国农业银行股份有限公司以及中国银行股份有限公司组成的银团成功签署贷款协议。依据市场操作的商业化贷款条件,中铝公司将获得约 210 亿美元的贷款额度,用以支付对力拓集团的投资对价和其他有关本次投资的资金需求。

3. 预期效益分析

从资料分析来看,中铝收购力拓进而注资力拓,其战略意义大于经济意义。在携美国铝业收购力拓英国 12% 的股份后,中铝实际上以 9.3% 的持股份额成为力拓单一最大股东。而在此之前不久,必和必拓曾计划以 3.36∶1 的比例以换股方式收购力拓;而按中铝的收购价,4 股中铝股票换 1 股力拓股票,间接对必和必拓收购力拓设立了门槛。而此次收购最直接的意义在于,中铝可以在必和必拓收购案上投出反对票,让并购充满不确定性。后来的事证明这种不确定性的确存在。中铝对力拓股权收购的最大意义在于提升了中国在国际上铁矿石谈判中的话语权。不过中铝这次与美铝合作只拿到力拓 9.3% 的股份,无法进入董事会,无法介入其经营。为了拿到铁矿石谈判的话语权,进一步增持是必然的,而这也成为中铝注资力拓可以获得的最大的战略收益。

(三) 风险分析

中铝注资力拓的失败被外界普遍总结为"死于政治敌视"。本研究认为,来源于民众和政府的政治敌视引起的社会风险和政治风险构成了这次失败的重要因素,但同时,另一股反对性竞争力量——铁矿石巨头结成的利益集团——由内而外地破坏了这次合规的商业活动,并主导了最后事件的走向。此外,经济风险也助推了这次注资的失败。中铝在这次投资中面临着中等系统性风险、较高的双边特殊风险和极高的谈判风险(参见图 8-9)。可以说,中铝注资力拓的失败,因其背后风险种类和风险来源的多样性,具有十分重要的借鉴意义。

1. 风险成因一:资源民族主义风险

资源民族主义(Resource Nationalism)没有统一定义,在世界经济一体化的大环境下常被赋予贬义,一般是指为了本国利益限制资源产品出口或从出口资源上谋取更多利益的政策和行为。在安永(Ernst & Young)发布的一项研究报告中,资源民族主义被列作"全球矿业和金属业主要战略性商业风险"中的首要风险。资源民族主义政策一般包括:提高或新开征与资源开采有关的税费,限制外资对本国矿产资源投资或将已投资项目本国化或国有化,以禁令或征收出口关税

```
系统性区域风险分析 → 国家制度风险 → 存在资源民族主义风险 ⎫
                                                          ⎬ 风险成因
双边特殊风险分析 → 资源战略属性 → 澳大利亚垄断铁矿石上游资源,有强势话语权 ⎪
              → 双边政治敏感度 → 澳大利亚奉行亲美政策,中国威胁论盛行 ⎭

谈判风险分析 → 国际利益集团联手 → 间谍事件后,力拓单方毁约联手必和必拓 ⎫ 风险演化
           → 政策非中性 → 政治助推商业阴谋,拖延中铝收购完成时间 ⎭

风险损失及防范 → 谈判风险管控 → 边投边谈,未能及时制止力拓的单方毁约行为 ⎫ 风险管控
             → 把握退出时机 → 业绩下滑、股价大跌,错失其他项目投资机会 ⎭
```

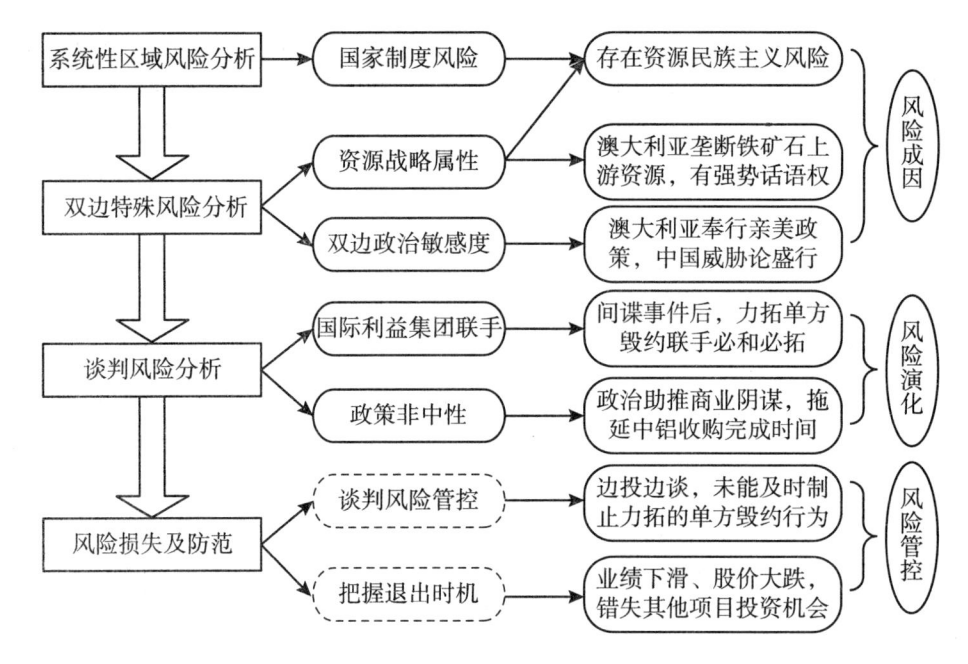

图 8-9 中铝注资力拓的区域风险分解

方式强制或促使矿产品在本国进行深加工,探矿、采矿权"限期不用就收回"等。一般来说,本国钢铁产业有发展要求的国家,例如东南亚和南亚一些国家,通常通过征收出口关税限制铁矿石等钢铁原料出口,以便使本国钢铁企业获得廉价钢铁原料,提高其国际竞争力;而本国钢铁产业发展要求不太迫切的国家,例如澳大利亚、非洲等,不仅不会限制反而鼓励铁矿石出口,但政府期望通过增税等方式从矿业分得更多利益。这些,都会增大中国企业在海外投资矿业的风险,有可能使本来经济合理的项目变得不合理,本应成功的项目最终归于失败。2009年,澳大利亚在面临全球铁矿石价格上涨预期时,为主导与中国的铁矿石谈判,选择拖延中铝注资的审批时间,以扶助力拓在注资案和谈判上获得更大的优势。但这无疑显著成为引发后续连锁风险的开端。

2. 风险成因二:双边政治敏感度和铁矿石市场变化

如前所述,澳大利亚拥有极为丰富的铁矿石资源,长期占据着铁矿石谈判的高位。在中铝注资的过程中,正好遭遇铁矿石价格低迷,大量猜测指出中铝注资力拓是为了帮助中国钢企在对澳铁矿石价格谈判中获得话语权。这样的考虑在舆论上对中铝的注资造成了极为负面的影响。路透社一项民意调查现实,超过半数的澳大利亚人认为,应该抵制中国收购澳大利亚的矿业资产。同时澳大利亚政客和媒体也纷纷以国家利益为由呼吁政府否决中铝对力拓的投资交易。此外,在交易宣布后的3个月内,国际主要金属产品的价格均有反弹,矿

业市场出现回暖，铁矿资源的价格逐渐上涨带动了力拓股价的上升。这一切对于力拓来说，当初的交易条款显得不太具有吸引力。因此作为一个具有垄断力量的、敌视的资源持有者，当中铝试图触碰其利益边缘时，将会遭受到极大的投资风险。

3. 风险演化一：国际利益集团的联手

必和必拓和力拓的联手存在极大的潜在利益。一方面，必和必拓和力拓同为铁矿石巨头，二者联合起来，其铁矿石世界份额将占到38%，超过巴西淡水河谷的33%，在市场上能够形成以巴西和澳大利亚国家为背景的双寡头垄断竞争模式，有力地维护既得利益。另一方面，两家矿产巨头的资源和业务的协同，能够为其在降低成本、拓展渠道、技术交换上带来潜在收益，这也是为何必和必拓对力拓公司频频出手的重要原因之一。但是，在第一阶段（见图8-10），力拓并没有选择必和必拓，因为在那时，只有中铝的充裕的现金流能够给力拓的流动性和高负债危机带来转还的余地。基于风险考虑，必和必拓退出投资；基于收益考虑，力拓和中铝很快达成战略投资合作协议。基于收益考虑的交易在收益出现波动时发生了内部变化。当面临矿产市场的回暖，力拓决定进行利益投机。一边拖延中铝的谈判，一边联络必和必拓，而当后者得到这一利好消息时选择再次加入投资竞争。后者更在此期间制造"间谍事件"来获取中铝投资底牌，最终使得试图迫使中铝加价的力拓放弃谈判，单方毁约。此外，在与必和必拓达成交易后推行新融资方案，使中铝为保股权不被稀释而被迫接受其总额高达152亿美元的配股方案。

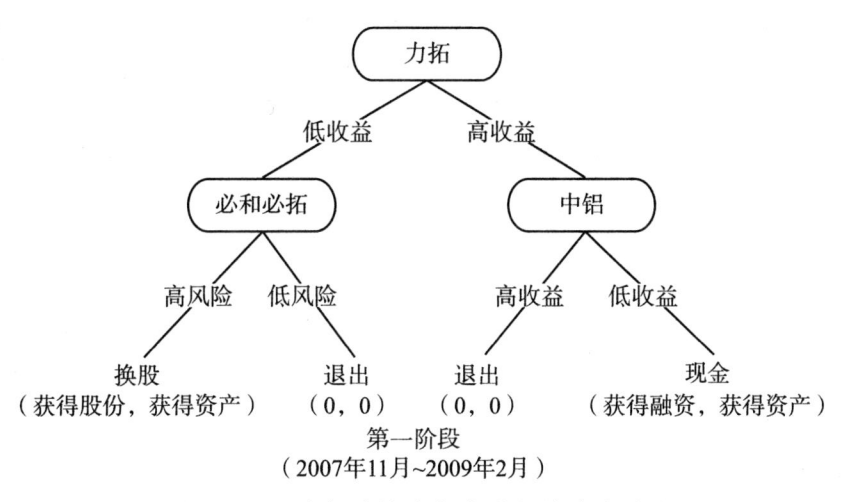

图8-10 中铝注资力拓企业投资竞争阶段

4. 风险演化二：政策非中性

促使力拓决策者放弃中铝联系必和必拓，并且坚定推行配股融资方案的一个关键因素是澳大利亚外国投资审查委员会对中铝注资力拓方案审查时间的决定（见图8-11）。这个公告的作用有两方面：一方面，传达了澳洲政府对中铝注资力拓案的态度，这也是唯一干涉或阻挠此方案的政府意见。另一方面，审查期增加90天，为力拓观察市场行情，充分联系澳大利亚矿企——必和必拓提供了保障，也增加了中铝的资金占用成本。充分利用这个对中铝的打压性政策，力拓一边向中国铁矿石谈判施压，一边利用中铝的资金解决其金融危机所带来的债务危机。最终力拓在铁矿石价格上升预期明朗时，以仅1.95亿美元的违约金单方解除与中铝的投资协议。随后，利用配股所获的超过150亿美元与必和必拓成立合资公司，来解决目前的财务困境。

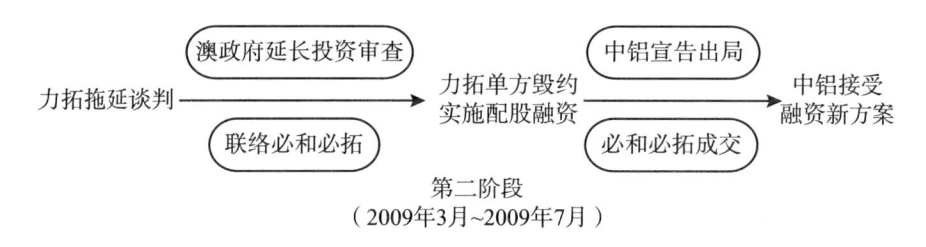

图8-11 中铝和力拓谈判阶段

5. 风险管理的疏漏

至此，中铝注资失败已成定局，而这次失败给中铝带来的损失远超过中海油收购优尼科的损失。一方面，"边投边谈"到最后得到1%的违约金，中铝在这其中的损失不言而喻。2007年，中国铝业通过新加坡全资子公司，联合美国铝业公司，获得了力拓英国上市公司12%的现有股份，相当于力拓集团股份的9%，交易总对价约140.5亿美元。而中铝2007年的利润为200亿元人民币，交易对价远高于年利润。到2008年年底，力拓的股价跌去74%，中铝的亏损额达到80亿美元。到2009年年底，中铝两年亏损累计达120亿元，排名冶金行业央企利润榜的最末位，创造了跌幅"神话"。仔细分析，会发现这项交易无论从财务、价格、控制力还是并购后效果的角度进行评价，都背离了收购的目标。此后，在中铝注资方案被否后，中铝公司选择了参与力拓的152亿美元配股融资，尽管最终保证了持股比例不被稀释，而投资成本也被平抑至每股44英镑左右，但中铝将为此多支付超过14亿美元。另一方面，谈判从2009年2月至5月结束，这个时间正是金融危机下众多矿产企业寻求外部合作解决资金紧缺的关键时期，中铝在扩张中错失的机会将不可弥补。

二、中铝弃购南戈壁：欠发达东道国的投资困境

（一）项目概述

1. 国别背景

蒙古国拥有辽阔的草原，矿产资源十分丰富，位列世界前二十。自20世纪90年代初经济转轨以来，蒙古国的经济经历了衰退、复苏、发展等几个阶段，步入发展阶段后也有波动起伏。蒙古国曾长期实行计划经济体制，于1991年开始随着政治和社会的转型，经济体制由计划经济向自由市场经济过渡。由于苏联和东欧剧变，经济互助委员会解散，商品供应链中断，给蒙古国造成了短缺型经济危机，经济衰退严重。从1994年开始，蒙古国经济有所恢复，但增长速度较为缓慢。2002年以来，由于国际市场资源类产品价格大幅度上涨，使得以矿产资源开发为主要支柱的蒙古国经济增长速度加快，呈现出良好的发展态势。自金融危机以来经济增速略有放缓，但随着矿产经济的有力拉动，2011年经济增长率达到17.3%，创20世纪90年代以来最高增长率。2012年，蒙古国新修订的一系列加强监管和股权控制的外国投资法，对即将进入蒙古国"采矿"的投资者来说，这将增大投资面临的来自法律监管和政治干预的风险。同时，尽管蒙古国利用矿产投资盈利进行全民"分红"，但蒙古国国民仍对外国矿产投资者持抵制态度。

2. 投资项目概述

南戈壁资源公司（SouthGobi Resource）：南戈壁是港交所上市的大型煤炭生产和开发企业，在蒙古国境内最接近中国边境的位置拥有战略性煤炭资源，其中包括蒙古国南戈壁区的焦煤煤田和热能煤煤田。该公司的主要控股股东是艾芬豪矿业有限公司，占有股权58%。股份分别在加拿大创业板和香港交易所上市。2009年，中国投资有限责任公司购入南戈壁能源发行的5亿美元可换股债券。2010年1月29日，南戈壁能源在香港交易所第二上市，成功集资41.45亿港元，并引入中国投资有限责任公司及淡马锡控股为基础投资者。

2012年4月2日，中铝以9.253亿加元（约71.987亿港元）收购南戈壁资源最多60%权益；每股作价约65.97港元。大股东艾芬豪已与其签署锁定协定，同意交付其持南戈壁全部股份。通过此项收购，中铝将实现对南戈壁的控股，并进而获得南戈壁在蒙古国境内四个煤炭项目的权益。

3. 投资结构分析

如图8-12所示，中铝收购南戈壁的过程和注资力拓相比显得单调了很多，政企交锋中，政府出于压倒性优势，采取多种政治手段，最终迫使中铝在政治风

险和经济风险双双上扬的环境下,对采取积极合作态度的南戈壁公司选择了放弃。这次收购的撤出,能够很好地回答之前提出的问题:面对有着如此优越资源环境条件和地缘政治关系的蒙古国,中国企业仍然出海寻矿?

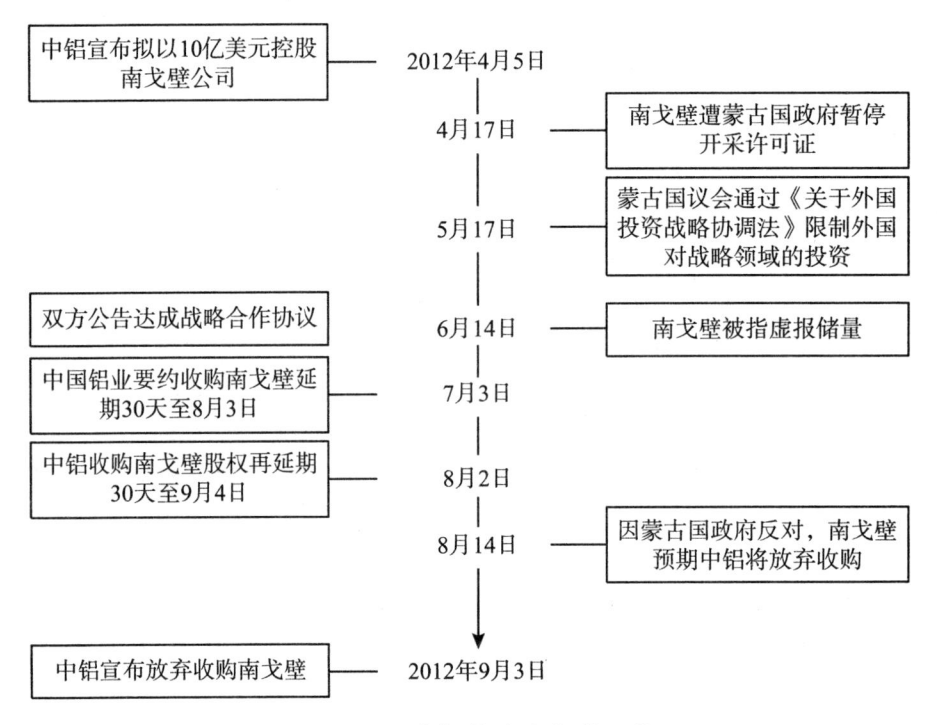

```
中铝宣布拟以10亿美元控股     ——  2012年4月5日
南戈壁公司                      │
                               │         ┌──────────────────┐
                            4月17日 ——→  │南戈壁遭蒙古国政府暂停│
                               │         │开采许可证          │
                               │         └──────────────────┘
                               │         ┌──────────────────┐
                               │         │蒙古国议会通过《关于外国│
                            5月17日 ——→  │投资战略协调法》限制外国│
                               │         │对战略领域的投资     │
                               │         └──────────────────┘
┌──────────────────┐           │         ┌──────────────────┐
│双方公告达成战略合作协议│ ——    6月14日 ——→  │南戈壁被指虚报储量    │
└──────────────────┘           │         └──────────────────┘
┌──────────────────┐           │
│中国铝业要约收购南戈壁延│ ——    7月3日
│期30天至8月3日      │           │
└──────────────────┘           │
┌──────────────────┐           │
│中铝收购南戈壁股权再延期│ ——    8月2日
│30天至9月4日       │           │         ┌──────────────────┐
└──────────────────┘        8月14日 ——→  │因蒙古国政府反对,南戈壁│
                               │         │预期中铝将放弃收购    │
                               │         └──────────────────┘
                               ↓
┌──────────────────┐
│中铝宣布放弃收购南戈壁│ ——    2012年9月3日
└──────────────────┘
```

图 8 – 12　中铝收购南戈壁日程

4. 预期效益分析

2010 年以来,全球经济市场疲软以及铝价的持续下挫,迫使中铝将其发展中心向其他商品转移,希望借此挽回铝价下跌带来的损失,收购南戈壁的计划就此应运而生。中国铝业公告称,收购南戈壁的控股股权符合公司将业务范围向包括煤炭在内的其他资源扩展以实现煤铝业务全面整合的战略思想。此外,中国煤炭需求日益扩大,加之国内煤炭产地成本持续上升,进口量连年攀升(参见表 8 – 4)。蒙古国作为中国比邻的储量最大的煤炭资源国,和中国长期保持着煤炭交易上的良好关系。蒙古国远离海洋,倘若不借道中国,昂贵的运输成本将令其大多数矿产品在国际出口市场上失去竞争力。南戈壁的煤矿和铜矿距俄太平洋港口 4 000 多公里,距中国边境不到 300 公里。另外,由于蒙古国采矿成本较低且无须长途运输便可抵达中国,其矿产品在中国市场具有价格优势。而澳大利亚煤炭和智利铜要辗转数千公里才能运抵中国。因此,中铝收购南戈壁,对双方来说是一个双赢的投资机会。

表8-4　　　　　中国历年煤炭供求平衡表（单位：万吨）

年份 项目	1990	1995	2000	2005	2009
可供量	102 221.1	133 461.7	136 794.5	226 941.0	301 283.8
生产量	107 988.3	136 073.1	138 418.5	234 951.8	297 300.0
进口量	200.3	163.5	217.9	2 617.1	12 584.0
出口量（-）	1 729.0	2 861.7	5 506.5	7 172.4	2 239.6
库存差额	-4 238.5	86.8	3 664.7	-3 455.4	-6 360.6
消费量	105 523.0	137 676.5	141 091.7	231 851.1	295 833.1

（二）舍近求远的原因——动态风险对比的框架

像中铝一样海外寻矿的企业不在少数，面对中国境内日益上涨的铁矿石成本和降低的质量，中国的矿产海外依存度长期将保持一个较高的水平。面对离中国最近的蒙古国铁矿，为什么中国在矿产投资中往往会舍近求远，甘冒社会文化差异和西方国家敌视的风险也要出海寻矿呢？对比中铝最近在蒙古国煤矿投资中的失败后发现，正是由于蒙古国和朝鲜等邻国在国家制度的不完善和政府干涉的强预期下，中国企业在这些国家鲜有斩获，因此纷纷将目标转向基础制度较完善的国家规避风险。下面将以中铝弃购南戈壁项目一案对发展中国家和发达国家区域风险采用一个对比框架分析中国矿产企业在东道国选择中的主要风险差异（参见表8-5），其中"—"越多，表示相对风险水平越高。

表8-5　　　　发达国家和发展中国家矿产企业投资风险对比

	发达国家	风险水平	发展中国家	风险水平
主导风险	特殊风险	（—）	系统风险	（—）
谈判对象	目标企业	（—）	企业/东道国政府	（—）
风险走势	可预期	（—）	不可预期	（—）
投资附加	就业和税收	（—）	基础建设	（—）
总体风险预判	偏高		很高	

1. 主导风险——系统风险 vs 特殊风险

投资于发展中国家，投资者往往最关注的是其投资环境。拥有稳定的政治环境、健全的法律体系、自由的要素流动、较低的社会腐败等是保证一项外国投资成功的重要东道国环境因素。而尽管蒙古国在矿产资源上拥有很大优势，但因其存在两个重要的风险陷阱，使得众多投资者望而却步。

风险陷阱一：资产的征收风险。据蒙古国方面的统计，截至 2011 年，在蒙古国投资的中国企业达 5 639 家，占全部在蒙投资企业数的 49.4%；中国对蒙古国投资存量达到 28.5 亿美元，占蒙古国外资总额的 48.8%，居首位。中国企业大约从 2005 年开始投资蒙古国矿业，但并未在大型项目上获得突破。到目前为止，中国两个在蒙矿产投资项目均遭遇了资产的征收风险。神华集团已对同在南戈壁省的塔本陶勒盖（Tavan Tolgoi）煤矿西区（下称 TT 项目）谋求数年，尽管在去年曾经传出过神华中标的消息，但目前这一资产的归属仍不明朗。一位神华集团高层曾无奈表示，蒙古国政府总在变。有蒙古国政客称将争取 2011 年内确定 TT 项目的外国投资者名单，但前述熟悉蒙古国矿业投资的人士认为"这没有可能性，蒙古国政客把说谎发挥到了极致"。而数年前，首钢等中国企业在蒙古国开发的图木尔泰铁矿项目曾遭遇因执政党更迭项目被收归国有，且至今仍未得到解决。而这一次中铝拟收购超过半数的南戈壁股权消息刚一出，蒙政府立即暂停南戈壁的开采许可证，强势政府所特有的资源民族主义带来了资产征收的高预期。

风险陷阱二：不透明的政策风险。从 TT 矿一度因控股权问题中断谈判重启招标和南戈壁被威胁吊销采矿许可证的两个典型事件看，政策风险是影响中方对蒙矿业投资安全的因素之一，因为资源民族主义会致使项目延期投产。如果政策不透明、不稳定、不可预测，也即是最为影响矿业发展的因素，那采矿活动就很容易被政治化，而这也将使新项目的资金筹措难上加难。另外，蒙古国虽于 2011 年停征了铜矿和金矿 68% 的高额暴利税，政府对矿产开采的投资力度和政府收益比例却在不断提高要求。彼时，该法的通过仅用 6 天时间，并且未与各方利益主体进行任何磋商，引起了投资者对蒙古国政府的稳定性和透明度以及法规环境的关注。

相比较系统性风险的避无可避而言，特殊风险可以选择性应对，通过制定恰当的投资策略来回避风险成因，如中海油对美国资源风险和双边敏感度的回避。因此在制度发展较不完善的国家，系统性风险无法关口，投资者面临的失败风险更大。

2. 谈判对象——东道国政府 vs 目标企业

不难发现，当面临对手实质上是东道国政府的谈判时，谈判往往会变成游说，而一项商业活动就会被政治化。与企业的博弈往往存在一定的商业规则，而投资失利也基本可以预期最大的风险损失，但是当谈判遭遇具有资源民族主义倾向的东道国时，投资者会遭遇很尴尬的境地。像蒙古国、朝鲜这些发展中国家，自身拥有一定量的资源，但由于一些客观因素影响，无力依靠自身发展来开拓其资源，需要通过引进外资共同开发来实现开拓发展这一目标。但当地政府既希望获得国外技术上、资金上的支持，又希望保有矿产资源的控制权，通常在应对来自中国等国家的投资方时，带有强烈地方保护主义色彩的政策就会陆续出台，投资方失败风险急速攀升，并且能够全身而退的只占极少数。因此在与东道国进行谈判时，其强有力的政策工具使得当地政府能够主导谈判的走势，同时也给投资者带来远大于企业谈判失败所带来的风险。

3. 风险走势——不可预期 vs 可预期

从风险成因和演化上看，蒙古国的政治环境和监管制度上的缺陷，是中国投资者最大的投资风险。一国政权的稳定性是由国内外各种因素决定的。东道国的政权不稳定，必然引起其投资环境中其他构成要素的变化，进而对投资结果产生影响。政策的连续性取决于政权的稳定性，它指一国政权发生更迭时，该国政府的政策不会发生太大变化的情形。当东道国政策的不连续性出现时，会造成社会的动荡不安，其投资环境也会发生变化，这也将直接影响海外投资者的利益。目前中国在海外投资煤炭产业的国家主要有澳大利亚、加拿大、蒙古国、印度尼西亚等。相比较而言，中国在蒙古国投资矿业具有地理位置上的优势，但蒙古国的投资环境并不理想，特别是在相关法律法规上还很不健全，政策多变，随意性较大。蒙古国党派很多，历任总统的政治和外交主张也不尽相同，因此能源领域的发展战略没有连续性，在执政党换届中，大型资源重组和收购进程也会受到巨大影响。除了政治和政策不连续带来的不可预期风险，东道国及目标信息对并购而言同样是极为重要的，如中铝收购期间，南戈壁被指虚报储量，尽管这一消息无法核实，但这为中铝的收购增加了很大的不确定性。

4. 投资附加——基础建设 vs 就业和税收

在大量的海外投资项目中，东道国对投资者在投资项目之外均会存在一定的投资附加要求。这些要求可能是成文的，东道国政府以投资协议的形式规定在项目建立过程中；也可能是不成文的，东道国政府挑选符合其投资附加预期的投资者进入市场。这在石油矿产项目中尤为常见。中国企业投资附加往往分为两个部分：其一是双边政府的经济合作建设。包米克和可（2011）研究指出中国的对外经济合作投资具有三个特点：一是该投资和发展中国家显著正相关；二是该投资和非能源矿产资源正相关[①]；三是该投资偏好制度更完善的国家。其二是来自中国企业在项目中所特定的投资附加。在非洲国家如尼日利亚、安哥拉等国，中国企业的投资均会被要求参与当地交通、通信和水利设施的建设；在蒙古国和朝鲜等内陆国家，中国政府和企业均为其提供铁路建设的资金、技术和人力。由于这样的投资附加通常不是企业常规商业经营活动范围之内所涉及的业务，对企业来

---

① 和能源矿产的关系在 2003 年以前显著。

说负担较重，也增加了项目建设风险。而在例如中海油投资北美的案例中，美国等发达国家政府看中的则是其对解决金融危机后高失业率和地方财政亏空所做出的努力。这样的投资附加做出两个软性约束，一者是就业创造和本地雇用劳动，这会增加投资者的劳动成本；二者是政府对投资者盈利能力的要求，这体现在政府对投资者在合理的范围内征税。这两个约束存在与投资者正常的经营活动中，可以通过投资计划和经营管理来安排生产，同时也可营造一个较好的社会环境。因此相比较基础建设的投资附加，就业和税收相关的投资附加作为一种投资补偿来说，投资者面临的风险水平更低。

三、中铝海外矿产并购项目案例的启示

本节通过中铝注资力拓的失败重点突出分析外部利益集团对中国企业海外投资成败的关键作用，以及利用力拓弃购南戈壁的煤矿项目分析为什么在坐拥资源富裕、文化共融的邻国，中国企业依然远赴海外进行资源收购的原因。在一个动态风险对比分析的框架下，从上述分析中可以得到如下几点启示：

第一，从风险成因来看，系统性区域风险依然是阻碍中国企业海外寻矿的最大障碍。在蒙古国投资失败案中，最大的系统性风险因素来自政权或政策的不连续及不透明。这样的制度环境会造成投资项目的产权归属和政策监管中出现不确定风险预期，影响项目的正常进行。

第二，从风险的演化来看，谈判中如果东道国政府横加干涉，中国企业海外投资就会出现不可抗风险。因此，在投资之前，合理预判投资的利益关系，对存在资源民族主义的政府进行重点游说，获得当地政府支持是十分关键的。如南戈壁的收购绕开蒙古国政府直接通过与其股东的股权对价交易进行，直接引致蒙古国政府对南戈壁采取暂停开采许可证的反对性态度，恶化投资环境。

第三，从风险走势来看，对影响风险变化的信息获取是对风险合理预判与投资策略调整的关键。如在中铝在与力拓谈判时未能及时把握力拓的谈判意图和动态，甚至必和必拓通过"间谍事件"获取中铝竞价底牌，也都是关键信息缺失和管理不当的表现。而在南戈壁项目中，储量风险和东道国政府态度也是其未能把握的关键信息。这些重要信息的缺失，直接影响到投资项目的盈利能力甚至成败。

第四，从投资策略来看，为了进入资源市场，给予东道国相应的经济补偿已经成为当今矿产海外投资的一个惯例。对不同类型的国家，要清楚把握其引资诉求，利用中国矿产企业与中国政府战略上的联盟，合理运用"走出去"政策，解决企业在商业范围内不能顺利完成的投资附加条件，为投资项目顺利实施获得

"国力"上的推动。

第四节　中国石油企业经营阶段重大区域风险事件

如上文所述，中国资源型海外投资在谈判阶段面临重重风险。尽管中国资源巨头利用资金优势、母国政策和投资策略取得了多个投资项目的顺利落地，但在投资后的经营阶段仍面临巨大的区域风险。金融危机之后，由全球经济增长放缓和多国经济低迷所带来的连锁政治事件，已经逐步在危害中国企业海外资产的安全，特别是涉及东道国经济发展基础的重大资源投资项目。关注投资后经营阶段的主要区域风险，也应成为中国企业"走出去"面临的重要议题。本章结合中国石油企业的实际案例，就三类近期对中国资源型海外投资影响巨大的政治风险及其表现进行梳理，并试图发现其与前两节关注的投资谈判阶段的区域风险之间的关系。

一、国有化/征收风险

国有化风险曾作为最重要的一种政治风险被研究者们热议。在金融危机之后，各国政府为刺激经济复苏并调整经济发展方式，更多地采取了强制手段对经济运行的主要方面进行干涉。带着投资和贸易保护主义的倾向，相比较税收收入，东道国政府更关注外国资产的直接收益。因此，大量的发展中国家纷纷出台直接或变相的国有化/征收政策，对外国资产或股份进行低价甚至无偿购买。在这一过程中，外国投资者毫无话语权。尽管通过外交途径或国际机构进行申诉或仲裁，但牵涉其中的外国投资者仍往往得不到预期的资产保护。

案例：近期最大的一桩资源型企业国有化的案例来自2012年5月阿根廷政府对YPF公司的国有化。5月初，阿根廷总统克里斯蒂娜正式签署了将YPF公司国有化的法令，开始加强对油气产业的控制，作为阿政府经济政策调整中的一环。在阿根廷政府强行收购西班牙雷普索尔公司拥有的YPF公司51%的股份之前，中石化曾于2009年和2012年两次竞购雷普索尔公司持有的YPF公司股份，最后的报价超过100亿美元。由于阿根廷政府国有化的提前执行，使得中石化幸免于投资损失。在一方面，雷普索尔要求阿根廷政府为收购YPF公司股份支付100亿美元的资金未获结果。阿根廷政府收购YPF公司的价格最终由阿根廷的估价法庭来决定，目前阿政府已经在和雷普索尔公司算历史旧账，计算该公司在阿根廷的经营活动对该国生态环境造成的严重破坏等。阿政府官员向当地媒体透露，估价法庭最后可能将收购价归零，就是说阿政府不用支付任何费用就可以获得 YPF 公司 51% 的股份。

追溯阿根廷石油国有化的背景和动机，与其地缘政治、国家经济发展瓶颈密不可分。阿根廷、委内瑞拉等国家作为拉美国家的代表，从地缘政治来看，拉美地区在"自由主义"和"国家干预"之间做出的政策摇摆，使其社会经济呈现出断裂式发展。拉美左派崛起后，开始对新自由主义政策进行反思，并寻求新的发展替代道路，强调向国有化回归。

在金融危机和国际油价高企的压力下，大量发展中资源国家加紧对石油等战略性资源的控制，收回本国"石油主权"的说法或能让政府得到更多民众支持，但对外国投资者带来很大的影响。对于中国企业而言，随着"走出去"步伐的加快，资源的并购成为投资热点，在发展中国家投资更应关注东道国共性政治风险的存在，把握区域和国家的政治环境、文化传统和法律制度等因素降低海外投资的无形成本增加，才能维持长期安全经营。

二、政府政策风险

如前文所述，发展中国家存在政治环境和监管制度上的风险，在其政权更迭时过于关注政治利益的重新分配，往往不能够保证其现有制度的稳定性和政策的连续性。资源型海外投资具有长期性和不可撤回性，十分依赖政策连续性，因此政府政策风险对资源型海外投资的影响是显著的。

案例一：在 2007 年，厄瓜多尔政府新任总统 10 月 12 日以总统令形式宣布，征收非常重的特别收益金（当石油价格达到某个水平时，政府收取石油公司的一定比例的收入），外国石油公司额外收入中的 99% 收归国家所有，而此前按厄瓜多尔政府在 2006 年 4 月颁布的《石油修改法案》，这一比例为 50%。这项法令意味着外国石油公司几乎所有高于约定价格的额外收入都将流入厄瓜多尔政府的口袋。中石油和中石化因这项法令损失严重。2005 年，中石油和中石化共同出资 14.2 亿美元，收购了加拿大恩卡纳（EnCana）集团的安第斯石油公司（&es Petroleum），该公司在厄瓜多尔有 5 个石油区块的资产和开发权，日产石油 8 万桶，产量居南美第 5 位，是厄瓜多尔最大的外资企业。目前，中石油、中石化正准备联合向国际仲裁机构申述，希望降低这一税额。但时至今日申述未果。

案例二：中石化集团在 2010 年年底斥资 24.5 亿美元收购西方石油公司（Occidental Petroleum Co.，OXY）阿根廷子公司，目前是阿根廷的第四大油气生产商。中石化集团当时曾表示，该交易将让公司原油日产量增加超过 5.1 万桶油当量，而相关阿根廷资产的总的探明和可能储量为 3.93 亿桶油当量。但在那以后，阿根廷政府调整了针对油气公司的产业政策。2012 年 2 月，阿根廷取消了旨在鼓励碳氢化合物勘探、生产和提炼新投资的财政优惠政策。阿根廷政府由此每年可节省大约 20 亿阿根廷比索（合 433 万美元），但石油公司则需多支出相同的数目，中海油入股的泛美能源公司和中石化在阿根廷的 OXY 子公司都遭到波及并蒙受损失。中石化集团已经要求阿根廷政府兑现逾期未付的 1.84 亿美元补偿金，但至今未果。由于未能得到阿根廷政府的合理补偿，中石化集团当地业务已经面临财务问题，如果问题不能得到纠正，中石化集团可能难以向当地的服务提供商支付费用，也难以支付雇员的薪酬，目前中石化的 OXY 公司经营面临停产的境遇。

在全球经济持续低迷时期，不排除更多的国家会采取与阿根廷政府类似的政策措施来减少财政支出以刺激国内经济复苏，这可被看做是一种更加"温和"的制度化征收手段。而中石化遭遇的政治风险也表明中国企业在海外市场中应对突发问题尤其是政策性问题的能力不足的尖锐问题。

三、政局不稳定和社会动乱风险

政局不稳定和社会动乱风险主要指因为党派争夺、宗教冲突、战争和政府频繁更迭以及社会犯罪等因素造成对投资者海外资产的安全和投资回报的影响。中国资源型海外投资大量分布在资源丰富的非洲和拉美地区，这些地区频发的内外冲突和居高不下的社会犯罪严重威胁着中国企业的海外资产。中国石油企业的海外投资近年受到越来越多该类政治风险的严重影响，甚至引起多地区项目中止。

例如，中石油在苏丹和尼日利亚都投入巨资，但这两个地区由于内战不断和恐怖主义频发导致中石油在其资产面临严重的政治风险问题：2007 年连续发生三起中国工人在尼日利亚被绑架事件；2008 年中石油 9 名员工在苏丹被绑架。而且这一地区的石油运输回国还要遭受索马里海盗的袭扰。此外，2011 年受当地政局动荡的影响，中石油在中东和非洲的 6 个海外项目合同中止。中止的合同项目位于利比亚、尼日尔、叙利亚、阿尔及利亚等地。这 6 个项目预计将影响长城钻探的全年营业收入 12 亿元。这对于海外业务占比达 45% 的下属公司长城钻探来说，受到的影响已超过 2009 年国际金融危机。与此同时，在利比亚的内战中，中石油潜在亏损 12 亿美元。

上述列举中石油面临的政局不稳定和社会动乱风险意在指出，中国企业的海外投资项目多集中在政治动荡、自然条件恶劣的地区，风险较大。相比而言，通过多地投资分散风险的方法，值得中国资源型海外投资企业尝试。

第五节 案例分析总结

大量的实证研究、评估分析和本章中案例分析显示,发展中国家因缺乏制度的稳定性保障,其政治和社会的脆弱性和经济压力(如 EIU 的政治不稳定指数和世界银行的政府治理指数)明显高于发达国家,直接威胁到一国国内的外国资产安全性。从投资避险的角度来看,中国投资者应当倾向投资于区域风险更小的国家。然而,由于中国的现代化建设起步较晚,从而"走出去"战略规划滞后于发达国家。在世界的对外投资格局中,发达国家基本已经取得了主导地位和稳定的市场份额,也占据了优质的资源。加上中国对外投资企业的一些资金、渠道和技术上的劣势,导致中国对外投资企业,尤其是资源类企业,只能寻找一些劣势资源,有些甚至是发达国家不愿意进去的地区,特别是存在动乱的地区。纵观中国石油公司涉足的油气区块,大部分都属于政局动荡,或基础设施欠发达的国家和地区,以利比亚战乱为例,中国企业在利比亚的投资金额总计 188 亿元人民币,因为动乱导致近 80% 的投资也付诸东流[1]。而对于像加拿大、欧洲等石油资源富集区,中国石油公司很难立足,在试图介入这些地区的时候会遭到国际能源巨头以及东道国政府的层层阻挠。

因此,结合资源约束和投资对象国的中国企业海外投资区域风险案例分析,进一步验证了本章强调的系统性区域风险和特殊风险的共同影响,一个抽象的风险交互机制参见图 8-13。本章认为,系统性区域风险和特殊风险在发展中国家和发达国家存在一定的主导性和替代性。在资源型海外投资的政治风险案例分析框架中,发展中国家由于其有着较低的社会经济发展水平,因此决定了其上层建筑——制度——存在较大缺陷。因此投资于发展中国家,投资者需要重点应对经营阶段的区域风险;而市场准入和谈判阶段的区域风险则可以通过改善双边政治关系,或提供投资附加条件甚至补偿来更为容易地规避。相反的,投向发达国家的资源型海外投资往往在准入阶段的谈判是风险最大的,也是最易受东道国政府和第三方利益集团所干涉的,如上文案例中的投资失败;但由于发达国家具有较高的制度约束和社会环境,在经营阶段的资产安全水平更高。因此,本章的案例分析也进一步解释了前文政治制度水平和双边政治敏感度之间的交互关系。

---

[1] 尹一杰. 石油三巨头海外投资超 4 000 亿三分之二项目亏损[N]. 21 世纪经济报道,2011-7-19.

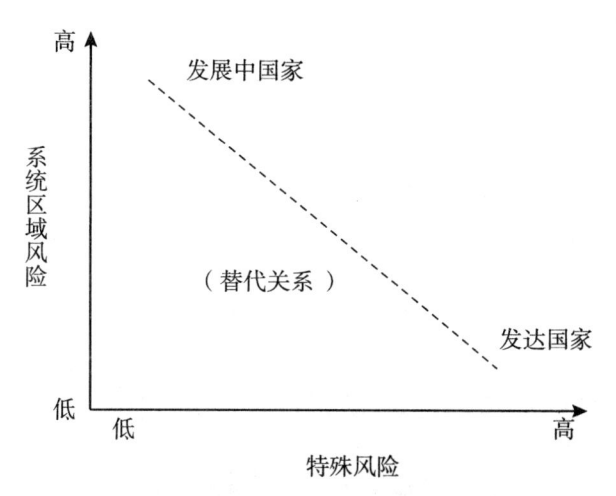

图 8-13　资源型海外投资的区域风险交互机制

第六节　本章小结

在对国内外环境及资源型海外投资为重点的理论机理分析后，本章总结了中国企业海外投资的典型案例和投资经验。首先利用中海油和中铝集团的两组海外投资案例对中国企业海外投资谈判阶段的区域风险成因和风险演化进行对比分析，其次就中国石油企业海外经营阶段的重大风险事件进行梳理，从案例中总结海外投资经营阶段风险的影响作用。研究建议指出，海外投资需从系统性区域风险、双边特殊风险和谈判风险三个方面进行风险评估和管控。结论突出了目标资源、东道国政府、外部利益集团和谈判策略对海外投资成败的关键作用，同时也进一步强调构建中国企业海外投资区域风险防范与管控体系的必要性。

第九章

中国海外投资区域风险防范与管控战略的支撑体系

第一节 中国企业海外投资区域风险研究总论

区域风险是海外投资项目评估的起点,对海外投资的成功与否起着决定性的作用。本篇在理论逻辑上以区域风险为研究对象,将海外投资区域风险与三方主体——东道国、跨国企业和投资国联系起来,分析海外投资的网络系统的区域构成要素以及要素结构关系的特征,研究海外投资的区域风险的生成与演化机制。进一步就中国企业海外投资最重要的一类风险——政治风险的动态演化进行建模分析,并通过实证分析加以论证。本篇研究内容、研究方法及对应的风险判断参见图9-1的中国企业海外投资的区域风险解析和管控框架。本研究采用了系统的渐进式研究思路,依据风险管理实践的主要流程深入挖掘风险管控要点,为各投资主体海外投资风险反应机制的形成做了铺垫。

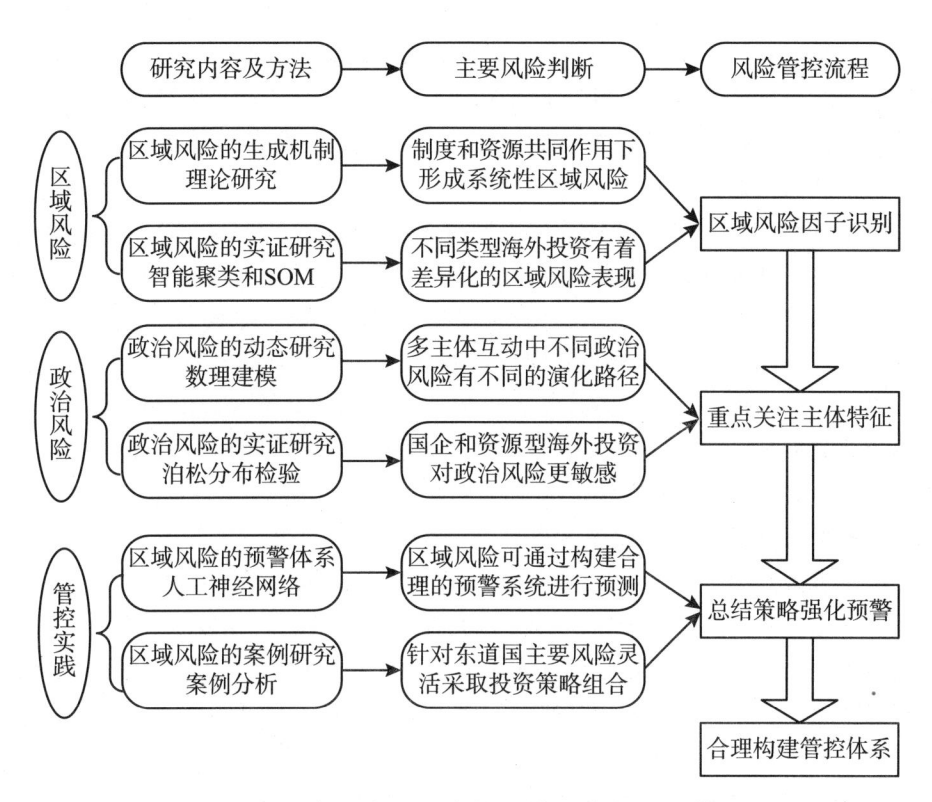

图 9-1　中国企业海外投资的区域风险解析和管控框架

第二节　海外投资区域风险防范与管控的国际经验比较

一、发达国家海外投资区域风险防范经验——以美国、日本为例

（一）美国海外投资区域风险防范经验

美国作为自然资源丰富、幅员辽阔的经济发达国家，跨国经营的历史相对较长，其跨国并购风险管理的经验丰富，战略取向的水准也较高。20 世纪 80 年代，美国海外投资相对比较萎缩，90 年代后，美国的跨国并购有了迅猛的发展。目

前,美国是世界经济的中心,也是当今世界最大的对外直接投资国,在世界经济的运行中起着举足轻重的作用。美国在对外直接投资投资过程中能取得如此大的成就,与美国政府的鼓励与支持政策是分不开的,在防范海外投资区域风险方面,其具体做法如下:

1. 投资保险制度。海外投资保险制度是美国政府支持企业对外直接投资的制度设计中最具特色的。所谓海外投资保险制度,是对企业在海外投资中可能遇到的政治风险提供保险。美国海外投资保险制度创立于"马歇尔计划"开始实施的1948年。目前美国的海外投资保险业务主要由直属于美国国务院的美国海外私人投资公司承担。目前,海外私人投资公司承保的政治风险险种主要是三个:一是货币兑换风险,即东道国限制或禁止投保人将在保险期内的各种收益、资本、本金、利息以及其他合法收入兑换为美元或汇出的风险。一旦发生货币兑换风险,投保人有权要求海外私人投资公司将当地货币兑换为美元;二是征用风险,即东道国政府采取征用、国有化或没收措施而使美国公司海外投资遭受损失的风险;三是暴力风险,即东道国国内的种种暴力活动,如战争、革命、暴动、骚乱、恐怖主义行为等,使投保人在东道国的资产和收入蒙受损失的风险。海外投资保证制度仍在发展过程中,奖励、促进和保护私人海外投资的安全与利益是美国政府始终如一的基本政策。

2. 政府外交支持。通过与其他国家签订双边或多边条约以及利用国际经济组织,美国政府对本国私人海外直接投资进行外交方面的支持与保护。第二次世界大战后,美国制定了许多旨在保护美国私人对外直接投资利益的法律,其中重要的有《美英贸易和金融协定》、《经济合作法》、《对外援助法》、《肯希卢伯修正案》及1974年贸易法中的限制条款。此外,美国还广泛利用它所发起和参与的国际组织为本国海外私人投资服务。通过向别的国家提供援助,以换取这些国家对美国企业在当地投资的支持,是美国政府一贯采取的促进本国对外投资的手段。很多时候,美国政府会将提供援助与要求受援国对美国企业提供资本准入和保护直接联系起来。

(二) 日本海外投资区域风险防范经验

第二次世界大战之后,日本作为战败国,在经济上蒙受了巨大的损失,但从20世纪50年代开始,日本的经济进入了长期的高速增长时期,如今,作为当代最发达、经济实力雄厚的资本主义国家的日本,也是当今世界最大的对外直接投资国。为了促进本国对外直接投资的发展,日本政府制定了健全的法律体系和税收保护政策,另外,在保险制度支持、资金支持、政府外交支持方面也都给予了大力的支持,主要表现如下:

1. 投资保险制度。1956 年，日本继美国之后在世界上第二个创设了海外投资保险制度，并于 1957 年追加了海外投资利润保险，1972 年 1 月，创设了旨在开发进口海外矿物资源投资保险制度。从 1964 年起，日本还设立了海外投资亏损准备金制度，对海外投资采取了种种优惠、资助措施，其中包括税制优惠。对于向政治、经济方面不稳定的发展中国家或地区投资的企业，首先考虑在税制方面弥补投资风险，促进海外投资。1970 年新设了石油开发投资亏损准备金；1971 年，将资源对象扩大到石油以外，设立了资源开发投资亏损准备金制度。该制度旨在给予为谋求稳定地获取海外基础资源而进行投资的支持。1973 年统一合并海外投资亏损准备金制度和资源投资亏损准备金制度，设立了海外投资等亏损准备金制度。

2. 政府外交支持。与美国一样，日本政府还积极开展"资源外交"，改善和加强与资源国和国际大型资源企业的关系；为保证海外企业的权益，确保最惠国待遇以及促进与缔约国的资金、技术交流，日本与一些国家和地区签订了双边投资保护协定。截至 2000 年，日本已与埃及、斯里兰卡、中国、土耳其、中国香港、孟加拉国、巴基斯坦、俄罗斯等 8 个国家和地区签订了双边投资保护协定。充分显示出政府在获取海外战略性资源中的积极主动性与对各种政策手段的综合运用能力。

二、新兴工业国家海外投资区域风险防范经验——以韩国、新加坡为例

（一）韩国的海外投资区域风险防范经验

作为"亚洲四小龙"之一的韩国，是新兴工业化国家的代表，国内经济以外向型为主导，在对外直接投资过程中取得的良好的绩效，并借助对外直接投资的发展更进一步地促进了本国经济的发展。韩国有着全球较为著名的跨国公司，如：三星、LG 等。韩国在对外直接投资过程中能取得如此大的成就，与本国在风险防范方面采取的有效措施是分不开的。

1. 海外投资管理体制。韩国政府对境外投资采取逐步放宽的政策，详细规定了鼓励以及限制的投资项目。政府为了加强对海外投资的管理，形成了较为完善的审批制度。首先，从审批的范围看，既有产业方面的要求，又有对投资者资格的认定，这样既能保证投资企业具备一定的竞争力，又使得企业投资符合国家的产业政策。其次，针对拟投资项目的行业、规模等划分不同的类型，不同类型项目在审批中要求提供的材料、经由程序也有不同，既达到了审批监管的目的，

又在一定程度上减轻了审批的工作量，缩短了审批时间。

2. 海外投资保险制度。韩国是建立海外投资保险制度的少数几个发展中国家之一，主要有经济、政治两方面的措施：经济方面，通过韩国出口保险公司的保险手段为对外投资者承保；政治方面，韩国政府通过建立国际间双边、多边投资保护协议来保证对外投资的安全。可以获得海外投资保险的投资项目不仅包括股权性投资，还包括为购买股票、债券而提供的长期贷款。海外投资保险由韩国进出口银行专门经营，涉及战争险、没收和国有化险以及禁止汇兑险，最高承保额达投资总额的95%，保险期限可达15年。

（二）新加坡的海外投资区域风险防范经验

新加坡的经济以外向型经济为主导，对外直接投资初期，由于种种条件的限制，对外直接投资的规模及发展速度比较缓慢，随着新加坡国内经济结构的调整和改革，其对外直接投资开始快速地发展起来。新加坡不管在土地规模、劳动力资源还是自然资源方面，与我国相比都显得短缺与匮乏，但近年来，新加坡在对外直接投资方面取得了很大的成就，这与本国政府的大力支持是分不开的，有许多经验和教训值得我国政府大力的学习和借鉴，主要表现如下：

1. 搭建海外投资保障平台。新加坡自从1993年与东盟国家签署第一个自由贸易区以来，至2011年已经同26个贸易伙伴签订了建立在多边层面和双边层面上的20个自由贸易协定，积极搭建海外投资保障平台，有效利用多双边合作机制获得了贸易、投资的便利与利益。与有关国家签订自由贸易协定成为新加坡政府推动企业走向海外的一项重要举措。新加坡政府和企业界充分认识到，在经济全球化的大环境下，像新加坡这样的岛国，在缺乏自然资源、自身市场有限的情况下，将自身融入世界经济，通过自由贸易协定扩大腹地、保障企业海外发展，壮大第二翅膀，是新加坡经济发展的必由之路。实际上，这些贸易协定通过消除贸易伙伴的进口关税、开放服务业、促进投资、保护知识产权、开放政府采购市场等措施，为新加坡企业海外拓展和投资提供了一个良好的商业平台。这是新加坡政府的初衷和目的。

2. 制定区域化发展战略。亚洲金融危机后，尤其是进入21世纪初，全球多边贸易和投资自由化政策进展缓慢，新加坡"立足周边、扩大腹地"的区域化战略更加明确。所谓立足周边，是指新加坡视自己为两大洋（印度洋、太平洋）、三大洲（亚洲、美洲、大洋洲）和世界主要经济体之间的重要连接点，坚持以东盟为依托，以中国、印度为"两翼"。扩大腹地战略是指将7小时飞行圈内的国家和地区作为新加坡通商和经济发展的"腹地"，借此融入世界经济。新加坡的立足周边战略是新加坡领导人在分析新加坡国情和判断企业实力后提出的，新加坡作为新兴的发展中国家,到遥远而发达的西欧投资会困难重重,邻近的周边国家文化相近,思维模式与新加坡大同小异,面临的政治冲击也较小,比较适合新加坡企业。这种比较务实的做法为新加坡企业降低海外投资区域风险提供了很好的指导。

3. 培训及信息服务。企业海外投资要取得成功需要投资目的国经济、税收、投资法律法规等方面的咨询,也需要自身有较高的国际化能力知识。新加坡国际企业发展局设立了企业能力发展部为企业提供品牌、设计、经销、国际人力发展及知识产权等方面的专业培训,以帮助新加坡企业做好迎接国际挑战、走向全球的准备。新加坡国际企业发展局还设有专门的资讯中心,提供包括市场及行业信息、贸易数据、商业联系、出口条例和关税等方面的资讯。另外,新加坡国际企业发展局还设有新加坡国际贸易学院和新加坡资讯服务私人有限公司,专门满足企业对信息的需要。

第三节 中国企业海外投资区域风险防范与管控体系

尽管海外投资是具体的企业行为,但政府在这一过程中所应起的作用也是不可或缺的。因此就风险防范主体而言,本节从政府和企业的两个角度来研究,为跨国经营的中国企业防范区域风险提供有效的措施。

一、建立以政府为主体的海外投资区域风险防范与管控体系

(一)构建海外投资区域风险管理组织机制

在构建海外投资区域风险防范与管控体系中,建立以政府为主体,以风险管理委员会为核心的风险防范与管控组织机制势在必行。

组织形式:该机制应由国务院下设的海外投资风险管理委员会、中央政府各有关机构和部门、省(自治区、直辖市)的各相应机构和部门以及有关行业协会共同组成,以海外投资风险管理委员会为决策核心,通过政府部门内部的横向与纵向分权以及对行业协会等多元主体的权力授予,并分别使之承担相应的责任,形成我国海外投资区域风险防范与管控网络结构。

为促进上述机制的顺利实现,需要做到以下两方面:

一是理顺关系、明确职责。要发挥海外投资区域风险防范与管控网络结构中

各个成员组织的积极性，首先需要理顺条块关系，明晰各组织单位的职责，依据风险因素的关键性根源确定主要负责部门与支持部门，明确分工，并加以制度化。

海外投资风险管理委员会职责包括：（1）科学制定风险防范与管控的总体目标、风险偏好以及风险预算；（2）组织拟订风险防范与管控组织机构设置及其职责方案；（3）负责政策、制度和跨部门的重大风险管控决策方案的订立与执行；（4）对风险及管理状况和风险管控能力及水平进行评价，提出完善风险管控和内部控制的建议；（5）负责组织建立全国海外投资风险监控信息系统和反应体系；（6）负责组织协调风险管控日常工作。

政府有关部门在风险管控中的职责包括：（1）安排本部门有关风险管控的职责分工；（2）落实风险管控委员会制定的有关风险决策和方案；（3）研究提出本部门的风险管控策略，并负责有关方案的组织实施和对风险的日常监控；组织日常风险监控和管理；（4）负责指导、监督有关下属职能部门，各行业协会以及国家大型全资、控股企业开展风险管控工作；（5）就风险管理目标执行结果进行上报，并对其有效性进行评估及改进意见。

行业协会组织在风险管控中的职责主要是为风险预警提供信息，协助政府相关部门的决策和落实风险指导意见（或建议）。同时可借鉴美国经验，由行业协会向企业传递政府风险指导、组织海外投资经验交流及进行投资风险管理培训。

二是分工协作、提高效率。为有效利用资源，提高海外投资风险管控水平和效率，应对海外投资系统性和特殊性区域风险，除明确各方职责外，还应建立各主体间风险管控的协调机制，最大限度地发挥各主体核心优势，及时决策以应对投资风险，又能符合科学统一的决断原则。

（二）完善海外投资区域风险评估与预警机制

对我国海外投资企业所在国家或地区的潜在投资风险进行及时准确的评估与预警，是防范跨国投资风险的基础工作之一。目前仅有中国出口信用保险公司发布的年度《国家风险分析报告》和商务部发布的年度《国别投资环境报告》为企业的海外投资区域风险提供参考，且在覆盖面和风险点的把握上尚有不全，而国外风险分析报告在对中国企业海外投资的适用性上存在缺陷，因此我国政府应密切关注世界经济形势和国际投资市场变化，建立健全海外投资区域风险评估与预警体系，提高国家抵御海外投资区域风险的能力。

海外投资区域风险的预警机制建设是一项复杂的系统工程，在前文中我们尝试了海外投资区域风险预警系统基本模型的建立与有效性验证。基于上述雏形，我们将其拓展为三个核心程序——预警指标体系、预警分析模型和专家评估系统是其中的三个主要部分,以满足基本的投资风险预警要求。

第一,建立海外投资区域风险预警指标体系。准确监测海外投资区域风险,掌握海外投资区域风险的程度,是整个风险预警机制建立的起点和前提,为此,需要建立一套海外投资区域风险预警指标体系。海外投资区域风险预警指标体系是依据一系列科学方法,经过企业实践和专家严密论证总结出来的反映海外投资区域风险现状及其运行过程的指标系统,可行的基础风险预警体系可参见第八章的研究成果。风险预警体系的建立具有较强的正外部性,属于公共服务范畴,因此应由政府为主导开展。一方面,政府可通过企业调查、走访,利用问卷调查、座谈会或海外投资峰会等形式,了解在实际过程中企业面临的区域风险及变化状况,系统性归纳整理"已发生"的风险;另一方面,政府在研究机构中开展海外投资风险的专项研究,持续深入挖掘具有国际化、前瞻性的风险研究理论,提炼"预警"指标,完善预警体系。

第二,建立海外投资区域风险预警模型。政府应根据行业特性,依靠在数据收集、整理和分析、信息发布等方面的计算机辅助管理系统,建立和不断完善分行业海外投资区域风险预警指标体系有关的分阶段风险预警模型,并通过公共平台提供给处在不同投资阶段的企业,使海外投资企业能及时获得完整、可靠的风险信息,调整风险应对策略。

第三,建立海外投资区域风险预警的专家评估数据库。在充分掌握信息的基础上,需要专家对海外投资区域风险进行评估。结合海外投资区域风险信息管理系统,定期邀请国内外学者、中国出口信用保险公司《国家风险分析》组成员等研究专家以及跨国企业家、海外投资公司等业界人士参与预警指标及风险基本面的判断和趋势修正,形成动态的、公开的专家评估数据库,补充我国现有海外投资区域风险评估和预警体系的空缺。

(三) 完善海外投资区域风险保障与保险机制

第一,积极参与国际投资合作。我国单方面采取的对海外投资鼓励优惠措施和投资风险防范对策,只具有相对效力,而改善投资环境、防范区域风险则靠资本输入国。因此,要重视开展在国际直接投资领域的政府间合作。政府应充分利用双边、多边贸易保护协定,发挥其外交作用,为企业海外投资提供有效保护。推动尚未与我国签订双边投资保护协定的国家尽快签订协议,通过参加国际多边投资协调机构和条约,为我国对外直接投资的风险防范提供更多保障。在涉及国际直接投资方面的双边、多边合作领域,合作伙伴间共享物质资源、信息资源和技术资源的机制建立制度化的保障,有利于降低全球投资竞争中的系统风险,还可以利用风险共担机制向合作伙伴国转移投资风险。

第二，引导开展海外投资风险保险业务。要逐步建立起适合我国国情的海外投资保险制度，积极发展海外投资保险业务，化解潜在的金融风险和政治风险，有效保护企业海外投资的利益，减少企业海外经营的风险顾虑：一是不断优化和发展中国出口信用保险公司的相关业务，通过有效的宏观调控，支持其扩大对海外投资承保的规模和力度；二是完善制度保障，提高商业保险公司的承保能力，引导和鼓励商业性保险公司开展相应的海外投资保险业务。此外，设立海外投资风险基金。虽然我国已成立出口信用保险公司，开始了对海外投资风险的承保业务，但由于没有专项资金的支持，该业务覆盖的范围和起到的促进左右十分有限。我国有必要建立一定数额的海外投资风险基金，对符合国家经济发展战略但风险较高的海外投资给予适当扶持，降低企业风险。通过建立海外投资风险基金，实行保险与担保制度，分散企业对外投资的风险。

（四）完善海外投资区域风险的服务配套机制

第一，构建信息咨询服务平台提供信息支持。鉴于目前投资主体自身对海外投资风险的防范能力有限，政府急需拓展为投资者提供信息咨询服务的渠道。首先，可参照发达国家做法成立海外投资促进机构，如日本的贸易振兴机构。利用政府自身优势和外交渠道，完善对外经济合作信息系统，建立国内外企业信息交换平台，促进投资双方资源共享。其次，组织专业、有实际经验的企业家和专家学者组成海外投资咨询委员会，为中国企业海外投资提供科学合理的投资建议；此外，建立跨国经营案例资料库，总结其经验教训，为我国企业海外投资提供具体的经验指导。

第二，构建海外投资技术和人才的支持体系。企业海外投资要取得成功需要投资目的国经济、税收、投资法律法规等方面的咨询，也需要自身有较高的国际化能力知识。因此，政府可以通过设立相关机构，对进行海外投资的企业提供经营、技术、法律等方面的培训和指导。同时，根据我国企业国际化经营的需要，建立人才国际化交流的平台，吸引海外人才加入国内企业国际化行列。

（五）构建处理海外投资区域风险的应急措施

第一，构建处理海外投资区域风险的协调机制。①通过政府互访、磋商进行协调。我国政府与东道国政府可以通过互访、磋商的方式加强合作，协调立场，化解矛盾。我国应推动建立和保持同各投资东道国各个层面的对话、交流和互访机制，排除投资领域的矛盾隐患，化解海外投资中的区域风险。②利用海外商会、协会进行协调。外商与东道国政府和国民之间的摩擦往往源于缺乏相互了解，我国企业在积极开拓海外市场的同时，还应该利用海外商会与国外相关机构通过谈判、交流，及时排解风险隐患，防止矛盾积累，爆发摩擦事件。③利用国际组织并发起多边援助。充分利用国际合作组织，例如世界银行的多边投资担保机构（MIGA），其主要功能就是通过减缓投资者风险来促进 FDI 流向贫困国家。MIGA 将为征收、合约违反、外汇流动限制以及政治风险提供保障，也为成员国和投资者之间提供调解纠纷服务。

第二，构建处理海外投资区域风险的后续补偿。首先是要建立海外投资区域风险补偿准备金。如国家在每年度初期，可预提一定数额的风险准备金，用以适当补充因海外投资损失给企业带来的流动性。其次是设立海外投资风险基金。目前我国的出口信用保险公司已经开始对境外投资进行风险承保业务，但由于没有专项资金的支持，该项业务所起到的作用仍十分有限。因此，参照发达国家的经验，建议设立"海外投资风险基金"，对符合国家经济发展战略但风险高的海外投资项目给予适当的资助或保险支持。

二、建立以企业为主体的海外投资区域风险防范与管控体系

海外投资区域风险管理策略是针对国家面临的主要海外投资区域风险设计的一整套风险处理方案。企业作为海外投资活动的主体，在应对潜在或正在发生的海外投资区域风险时，应积极主动采取风险规避、风险转移和风险分散措施，最大限度地降低投资损失。

（一）通过科学决策规避海外投资区域风险

第一，海外投资区位选择策略。在海外投资决策阶段，我国企业必须对东道国投资环境进行充分调查和分析。东道国的环境直接影响跨国公司投资后的经营状况及其今后的发展，它包括东道国的自然环境、社会文化环境、政治法律环境、经济市场环境等。应重点考虑以下因素：首先，尽可能选择与中国政府签有双边、多边投资保护协定的国家开办企业；其次，尽可能选择当地政治形势比较稳定的国家，以减少和避免因政局不稳或政权更迭而造成对我国企业财产和人身安全的威胁；再次，尽可能选择法律法规较为健全的国家，确保投资具有法律保障；此外，尽可能选择经济发展较为稳定的国家；最后，根据投资目的合理选择投资区域，比如：亚太地区国家与中国的政治距离、社会文化距离最接近，这些国家的市场规则完善，人均消费水平较高，适合以寻求市场为目的的海外投资。而欧美国家与中国的社会文化距离较远，缺乏相似的政治认同感，但由于欧美发达国家技术先进，适合以寻求市场为目的的投资。

第二，海外投资方式选择策略。正确地选择投资方式是跨国企业规避区域风

险的重要措施。跨国公司可根据不同区域国家和地区的区域风险特点，采取积极灵活的投资方式规避风险。一般来说，相对于"独资"方式，"合资"有利于降低东道国的区域风险。尤其是对区域风险较高的资源开发等敏感领域的投资，尽可能选择与东道国企业、全球跨国企业合资或合作。合资对象可以选择东道国企业，有助于缓解民族主义对外国企业的敌视，将海外并购风险转移给东道国政府或企业，使东道国政府不会轻易采取不利于外企的措施；也可选择选择经济发达、政治力量强大的第三国的企业进行合资，将有助于增加企业在发生政治风险后，与东道国的谈判的筹码。

第三，海外投资行业选择策略。一方面，中国海外投资企业应根据政府出台的海外投资相关指导意见，在预估企业自身风险预算和容忍度的前提下，积极参与鼓励类行业和项目的投资。另一方面，自然资源行业相较于非自然资源行业，其面临的区域风险更大，因为对于自然资源行业，民主制度国家一般对本国的自然资源具有极强的保护意识，受到限制政策更多。

（二）通过签订协议防范海外投资区域风险

企业在海外投资前，和东道国政府签订投资谈判协议是防范区域风险的一个有效手段。投资协议应尽可能明确规定海外投资企业与东道国政府之间的权利和义务，我国企业在东道国当地投资经营时将享受的各种当地政策和需要遵守的法律法规。具体应该包括有可能发生冲突的一些领域，如转移价格的制定依据、向第三国出口产品的权利、建立社会公共项目的义务、原材料及零部件的当地来源与进口比例的规定、职员雇用制度的制定、劳动纠纷仲裁条款以及有计划放弃投资条款等。海外投资企业应事先就上述条款与东道国政府尽可能地达成协议，以做到防患于未然，从而降低区域风险。

（三）通过内控机制管理海外投资区域风险

第一，确定跨国公司的风险管理组织结构。跨国公司对风险进行管理，首先要根据公司的经济实力、管理经验、海外子公司的国别分布等情况，建立不同的机制，这种机制大致包括：总公司层面需建立专门的海外投资风险管理控制部门，对所有国外子公司进行全局的风险管控；海外子公司层面，分别设立风险管理控制机构，对子公司自身的海外投资风险进行防范和处理。总部与子公司间的风险管理部分应相互配合，分享信息，及时地防范和化解海外投资风险，从企业内部健全跨国投资风险的自我防范机制。

第二，构建跨国公司的风险评估与预警体系。在国家层面对海外投资区域风险的评估和预警体系的基础上，跨国公司内部也应构建企业层面的风险评估与预警体系。在海外投资过程中,企业应对东道国的政治、经济和社会环境进行动态和系统的评估,通过对投资期间内可能面临的区域风险进行预判,做好相应的思想准备和制定应对预案,从而最大限度地避免区域风险所造成的损失。海外投资企业可以根据海外投资经营活动的特点,充分收集相关的资料信息,密切监控风险因素的变动趋势。相关资料信息可以通过以下两种途径获得:一是企业自身可以通过对投资目标区域进行实地考察,获取第一手的资料。二是企业可以充分利用政府部门、学术机构和专业的区域风险评估和预测公司发布的区域风险评估报告和相关分析资料。

(四) 通过购买保险转移海外投资区域风险

第一,向保险公司投保。购买区域风险保险是一种积极的预防性对策,也是跨国公司常用的应对方法。海外投资企业通过投保可以将区域风险转嫁给保险机构,从而减少区域风险带来的经济损失。当前,提供此类风险业务的机构既有政府主办的投资保险机构,也有商业保险公司。我国负责企业海外投资保险的机构是中国出口信用保险公司,企业在进行海外投资保险时,可以向该公司投保,也可以向国外的商业性保险公司投保。国际上通行的海外投资保险的范围一般限于禁止汇兑险、国有化或征用险、战乱险、营业中断险等四种基本类型。

第二,向多边投资担保机构投保。我国于1988年加入了多边投资担保机构(MIGA),MIGA为成员国企业的跨国投资提供担保。MIGA致力于推动外国直接投资进入市场,为投资者和贷款者提供政治保险(担保),保险范围覆盖征收、违约、货币转移限制以及战争和内乱。多边投资保险已被跨国投资者广泛采用。作为发展中国家的企业,中国企业应该利用多边投资担保机构,通过积极承保转移区域风险。

(五) 通过"本地化"降低海外投资区域风险

实施"本地化"策略,是海外投资企业防范区域风险的一种有效方式。所谓"本土化"经营是指在海外从事生产经营活动,应尽可能使用当地的原材料、劳动力和零部件等资源,以促进当地的经济发展,解决其劳动力的就业问题。同时,跨国企业可以选择向当地的金融机构筹集资金,不仅可以降低资金融通成本,提高筹资效率,更可以通过与当地金融机构形成战略联盟或者交叉持股,融入东道国的经济环境之中。这样一方面有利于增加当地政府对我国企业的经济依赖度,有利于提高中国企业的风险抵抗能力。另一方面将东道国企业和金融机构的经济利益与其紧密联系在一起,增强区域风险的抵抗能力。

（六）通过应急措施处理海外投资区域风险

第一，跨国公司实施谈判策略。在区域风险发生后，企业应积极向东道国政府阐明区域风险发生的利弊，必要时还可提出一些让步条件，说服东道国放弃不利外资的决定。近年来，以征收和国有化形式发生的区域风险越来越少，而往往表现为较为缓和的形式，如进口限制、外汇管制、税收政策等，因而跨国公司不应放弃通过理性的谈判来化解区域风险。

第二，跨国公司实施法律补救。当谈判补救无效的时候，跨国企业就应该寻求法律补救措施。一方面，应尽可能利用当地的法律和国际法来进行补救，然后在母国的法律系统中寻找法律补偿。另一方面，应借助一些国际投资管理机构进行裁决。

第三，跨国公司实施撤资策略。当区域风险难以采取有效的缓和措施时，从东道国全面撤退是明智的选择。在采取撤退措施中，关键在于处理好资金的转移问题，通过停止母公司的贷款支持、转移价格、利润汇回等方式，尽快将资金转移到较为安全的地方，减少经济损失。

第四节 本章小结

第一章至第八章的理论分析和实证研究支持，本章首先引入海外投资风险管理的国际经验比较，对我国海外投资风险防范与管控战略提出经验性铺垫；随后我们按照分别从政府和企业视角构建了我国企业海外投资风险防范与管控的支撑体系。

第二篇

中国海外投资金融风险防范与管控战略

第十章

海外投资金融风险的国内外研究现状述评

企业在进行海外投资及经营的全过程中贯穿着国际资本的流动，企业将不可避免地参与到国际金融市场的运行中。因此金融风险管理不只是企业海外投资财务管理的一方面，更是影响企业海外投资战略的重要因素。在本研究中，金融风险的定义如下："海外投资的金融风险是指在海外投资中，由于各种不确定因素的变化，导致国际金融市场上各国汇率、利率的变动，或国际信用的变动而引起海外投资者资产价值变化的可能性"。海外投资金融风险主要包括信用风险、市场风险（利率风险和汇率风险）、流动性风险等，此外，由于宏观经济波动对海外投资收益造成的波动也在本研究讨论范围内。本章将分别对主权财富投资风险、企业直接投资汇率风险、跨国并购绩效以及海外投资金融风险预警四个方面进行相关研究的梳理。

第一节 主权财富基金风险研究述评

一、中国主权财富基金的定义

尽管主权财富基金（Sovereign Wealth Funds）的历史可以追溯到20世纪50年代科威特投资委员会的设立，长期以来，学术界对主权财富基金并没有统一的概念界定。最早提出"主权财富基金"这一概念的是美国道富银行经济学家安德鲁（Andrew Rozanov，2005），他指出，随着一国宏观经济、贸易条件和财政收支状况的改善，以及政府长期预算与财政支出限制政策的实施，国家财政盈余与外汇储备盈余不断积累。针对过多的财政盈余与外汇储备盈余，一些国家成立了专门的投资机构来进行管理运作，这类机构可称为"主权财富基金"。

摩根·斯坦利（Morgan Stanley，2007）认为，主权财富基金至少要满足以下五个条件：一是主权性，即该基金完全由一国政府拥有；二是高度的外币敞口，即资金来源主要是外国货币；三是该基金没有显性负债，与有明确负债的养老基金不同；四是具有较高的风险容忍度，能够承受短期较大的投资波动；五是具有长期的投资视角，一般都在五年以上的投资时限。美国财政部（U. S. Treasury Department，2007）指出，主权财富基金是政府的投资工具，主要是由外汇储备资产组成，由一国政府成立专门机构对外汇储备进行管理运作的投资基金，应当和货币管理当局控制的外汇储备分开独立管理。德意志银行（Deutsche Bank，2007）认为，主权财富基金也称国家投资基金，是由政府拥有、管理、运作的金融工具，其来源主要是过剩的流动性，包括政府的财政盈余以及央行的外汇储备。IMF（2008）认为，主权财富基金是一般政府所有的、具有特殊目的的投资基金或机构。它一般由政府建立，用来持有或管理资产以达成金融上的目标并采取一系列投资策略，包括投资外国金融资产。主权财富基金具有多样化的法律、组织和管理的结构。它们形式各有不同，包括财政稳定基金、储蓄基金、储备投资公司、发展基金和没有具体养老保险债务的养老保险储备基金。OECD（2008）指出，主权财富基金是政府拥有的投资媒介，其主要资金来源是外汇储备。中国人民银行（2007）认为，主权财富与私人财富相对应，通常指一国政府通过特定税收与预算分配、可再生自然资源收入和国际收支盈余等方式积累形成的，由政府控制与支配的，一般以外币形式持有的公共财富。主权财富基金是为管理主权财富而由政府设立的专业资产管理机构。

根据上述不同的定义，可以看出界定主权财富基金的关键要素为：第一，所有权。主权财富基金必须由中央政府进行完全的掌控，中央政府是唯一的股东。第二，资金来源。主权财富基金的资金主要来源于外汇储备或者商品出口所获得的收益。第三，投资目的和方式。各国设立主权财富基金的主要目的是为了获得投资收益。因此，在本研究中，主权财富基金被定义为由一国政府拥有和管理的以外汇储备和商品出口收入作为主要资金来源，主要面向海外投资，并以收益最大化为主要目的的市场化、专门化的长期投资机构，该机构的管理应当独立于货币管理当局为稳定币值所进行的被动型外汇储备管理。

二、中国主权财富基金的海外投资风险研究

符瑞武、卢米、颜蕾（2009）认为，主权财富基金在全球投资的过程中，面临着政治风险、市场波动风险、法律保障风险、公司治理风险和监管缺位风险等。因此应该坚持科学投资的原则，实行商业化、专业化和市场化的运作方式，不断完善公司治理结构与风险控制体系，并通过成立外部监管机构，加强监督和引导。何小锋、毕成、窦尔翔（2009）将主权财富基金面临的风险分为市场风险、法律风险、操作风险、政策风险和国家风险。魏昀璐（2009）认为，主权财富基金在投资过程中面临的风险来自外部环境和市场，以及机构内部两个方面，具体可分为政治风险、市场风险、交易对手风险和内部风险。并采用层次分析法、模糊数学理论建立了主权财富基金投资风险的综合评估模型，并以中投公司入股黑石为案例对该模型的使用进行了实证研究。袁雄、余罡、吴璐（2009）认为，中投公司在风险控制方面主要存在以下问题：重大投资过于集中于美国；投资过于集中于金融机构。在此基础上提出解决办法，即完善公司内部的治理结构，建立科学的投资决策机制以及风险控制机制；投资一些稳定且有不俗利息的项目；进取投资而博取较大回报。苏小勇（2010）将主权财富基金投资风险分为政治风险、法律不完备风险、投资风险，并从建立完善的风险控制制度和机制、建立完善的风险识别机制和预警系统、建立有效的风险控制程序等方面提出了风险管理措施。谭洁（2010）利用模糊层次分析法建立风险评估模型，对影响投资决策的各类风险因素进行了系统的评判衡量。把网络层次分析法（ANP）运用到中国主权财富基金的风险评估中，对 ANP 法确定的权重进行敏感性分析。最后提出了神经网络模型，将其与模糊综合风险评估结合，用具体实例说明了该方法的可行价值。

可以看出，除了魏昀璐（2009）和谭洁（2010）使用"风险多层次模糊综合评价模型"、网络层次分析法和神经网络模型对中国主权财富基金海外投资风险进行定量分析，其余的大部分文献均仅限于定性描述。而"风险多层次模糊综合评价模型"在搜集大量资料和咨询专家的基础上确定各个指标的权重，难以解决数据较为主观的问题；模糊层次分析法、网络层次分析法和神经网络模型则相对复杂，对现实的指导意义有待探讨。

第二节 海外投资汇率风险研究

对于对外投资企业和跨国企业的汇率风险的识别和测量的定性研究开始于

20世纪70年代,而实证研究则于80年代开始,比较有代表性的两种方法是J. P. 摩根(J. P. Morgan,1994)提出的VaR及相关的衍生方法和乔瑞(Jorion,1990)使用的两因子和多因子套利定价模型的回归方法及改进方法,也对如何测量汇率风险得出了一些研究成果,但不同学者对于不同时期的企业和汇率数据进行实证研究时,得出的结果和结论是不一致的。

一、汇率风险的定义

罗德里格斯(Rodriguez,1974)将汇率风险定义为"外币价值改变带来的收益或损失",并将汇率风险暴露分为四种:以不同货币运营的海外分支机构的风险暴露;海外业务的利润的风险暴露;海外分支机构的资产负债平衡表的风险暴露;以及尚未影响报表的未来交易的风险暴露,并将它们总结为交易风险和折算风险两种。夏皮罗(Shapiro,1998)在罗德里格斯(Rodriguez,1974)的基础上将汇率风险分为折算风险、交易风险和经济风险三部分。其中折算风险是指母公司编制国外子公司的合并财务报表时将外汇折算成本币时受汇率波动影响的风险;交易风险来源于具体的、合同规定的将来特定时刻以外币表示现金流入和现金流出的汇兑成本币时的不确定性;而经济风险是基于公司价值的层面,以未来现金流的现值来衡量的公司价值当汇率改变时亦会改变。

二、基于VaR方法的汇率风险研究

VaR方法由J. P. 摩根于1994年提出,该方法改变了传统的风险管理主要从灵敏性分析和波动性分析两个方面着手导致精确性和全面性等方面存在的缺陷,VaR使用规范的统计技术,弥补了灵敏性分析和波动性分析的缺陷,以其简单明了、说明能力强、可比性好的特点(Stambaugh,1996),一经提出便在汇率风险度量方面得到广泛应用。

国外利用VaR研究汇率风险已经较为成熟,并验证了其测量风险的有效性,随着GARCH等模型的引入,VaR方法越来越成为衡量汇率风险的重要方法。唐布雷丁(Don Bredin,2002)通过运用多种参数和非参数的VaR方法来测度爱尔兰加入欧盟后投资企业的汇率风险,通过比较发现虽然EWMA方法更为规范但正交GARCH模型可以更准确的计量对外投资企业的汇率风险。Mike K. P. So (2006)综合运用基于VaR方法的包括两个长记忆GARCH模型在内的共七种GARCH模型来对国际外汇市场进行实证研究,结果显示在1%置信区间内基于 t 分布的 GARCH 模型能够在长期风险度量中取得更好的估计效果，但对于短期汇率风险的估计无显著差异；在 2.5% 的置信水平下 IGARCH 模型汇率风险度量表现良好；研究还发现汇率波动越小，对于 VaR 的度量各模型就更为接近，测量结果更为合理，同时认为长记忆波动性并不是正确衡量 VaR 的关键和拟合最好的 GARCH 模型不一定就能带来最好的风险价值估计。迈克尔·帕帕约安努（Michael Papaioannou，2006）在检验了不同汇率风险测量方法的优劣的基础上提出 VaR 方法更适合对美国非金融类跨国公司的汇率风险进行了测量。施密特、克里斯蒂安和布罗尔（Schmidt, Christian W. & Broll, 2008）利用 VaR 方法将美元汇率的标准差作为衡量美元实际汇率风险的指标，研究发现实际汇率汇率风险会对各个行业的 FDI 产生影响，对制造业而言实际汇率风险的增加与外国直接投资流出呈负相关，而对于非制造业企业则于美国 FDI 的流出呈正相关。

国内方面，目前对汇率风险的度量问题关注较少，其主要方法是利用 VaR 及各种衍生方法度量汇率风险，尤其是利用 GARCH 模型来计算 VaR 值的方法在研究汇率风险过程中得到广泛应用，并在实践中证明了其实证结果的可靠性。龚妮（2006）利用 GARCH 模型对我国汇率市场存在的风险进行定量分析，然后再利用 GARCH 模型计算的方差为基础，运用 VaR 法来进一步计算我国汇率市场风险。姜昱、邢曙光（2009）通过建立 DCC—GARCH 模型并结合条件风险价值 CVaR 方法来动态地描述了我国外汇储备的汇率风险状况。为了降低汇率风险，作者还通过建立 Mean—CVaR 模型来计算得出最优的币种结构，并对储备币种调整前后的 CVaR 值进行对比分析，结果显示通过币种调整后的汇率风险明显降低。魏金明、陈敏（2009）从 VaR 模型的假设前提入手，通过对人民币汇率对数收益率序列的随机性、正态性、异方差性的综合检验，验证了 VaR 模型在人民币汇率风险度量中的适用性。李妍（2009）通过检验 2005~2009 年人民币对美元汇率的波动发现，人民币对数收益率并不符合正态分布，不能使用方差—协方差的 VaR 模型进行风险测量，但可以考虑使用历史模拟法和蒙特卡洛模拟法等 VaR 模型来进行风险测量，并分别用这两种方法对人民汇率汇率风险水平进行了测算。研究还指出，随着人民币汇率波动的逐步扩大，应考虑使用目前在 VaR 基础上发展而来的极值理论和压力测试等重点研究资产损益分布的极端尾部事件的方法来加以测量。刘用明、贺薇（2011）利用面板 GARCH 模型计算了美元、日元、欧元和港元对人民币汇率波动的 VaR 值，并通过与一元和多元 GARCH 模型、DCC 模型等进行比较，实证结果发现面板 GARCH 模型的 VaR 测算结果优于其他模型，该模型能较为准确反映汇率波动的相关性，使用该方法将有利于提高对外投资企业的风险管理水平。

三、基于乔瑞（Jorion）模型的汇率风险研究

乔瑞（Jorion，1990）在研究了美国跨国企业的具体情况后，用两因子和多因子套利定价模型的回归方法研究个股的报酬率是否受汇率波动率的影响，并将汇率波动率的回归系数作为汇率风险的衡量指标。结果显示在部分企业中影响是显著的，而且在汇率波动的不同时期和不同企业的影响程度差异显著，乔瑞（1990）对跨国企业汇率风险的测量方法也成为经典方法被一直沿用至今。利用乔瑞（1990）模型对于跨国企业对外投资的汇率风险的研究主要分两个阶段，很多早期的研究极大的依赖标准二乘估计方法，强调股票收益对汇率变动的敏感性，这样的研究分别有乔瑞（Jorio，1990），博德纳尔和简德利（Bodnar & Gentry，1993），张伯伦等（Chamberlain et al.，1997），周和陈（Chow & Chen，1998），多明格斯（Dominguez，1998），何和吴（He & Ng，1998），多明格斯和特萨（Dominguez & Tesar，2001）等。这一时期的大多数研究表明利用乔瑞（1990）模型可以建立起汇率波动与跨国公司市场绩效之间的相关性，但相关性普遍较弱。近年来在汇率变动的实证研究中，使用广义自回归条件异方差 GARCH 型模型来适应序列相关的波动性开始出现，主要是使用 GARCH 型模型使用序列相关结构来扩充均值方程，以提高参数的精度，这一阶段的研究主要有如喀纳斯（Kanas，2000），艾波吉斯和瑞提斯（Apergis & Rezitis，2001），杨和董（Yang & Doong，2004）使用不对称二元 GARCH 模型来分析股权和汇率市场的波动性之间的相互关系。利用 GARCH 型模型来适应乔瑞（1990）模型大大改进了其统计效果，汇率风险显著的企业比例和分布也更加显著并被广泛认可。

国外方面，亚伯安、杰罗恩和维克多（Abe de Jong, Jeroen Ligterink & Victor Macrae，2002）利用乔瑞双因素模型对荷兰的跨国企业股票价格与汇率风险的相关性进行了研究，结果发现超过 50% 的样本企业的股票价格受到汇率波动的显著影响。凯瑟琳（Kathryn M. E.）、多明格斯和特萨（Dominguez & Linda L. Tesar，2006）利用双因素模型和两阶段回归的方法计量了日本、智利等八个国家企业和产业层面的股票收益率数据和汇率风险敞口的关系。研究发现在不同的汇率风险度量区间内都存在显著的汇率风险。乌东可德蒙空、莫里西和戈尔格（Manop Udomkerdmongkol, Oliver Morrissey & Holger Görg，2009）利用多因素模型处理美国对外直接投资最多的 16 个新兴市场国家 1990~2002 年间每年的面板数据来研究美元汇率的变化对投资的影响。结果表明稳定的汇率管理是重要的吸引外国直接投资。艾琳娜·穆勒、威兼·沃里琪乌尔（Aline Muller, Willem F. C. Verschoor，2007）以 3 634 家亚洲在国际上活跃的企业为样本，利用 GARCH

模型来检验超额收益率和汇率变动的相关性，探讨了亚洲企业的股票收益和外汇汇率波动之间是否存在关系、所探讨的外汇风险的模式是否具有行业特殊性以及企业的外汇风险是否会随时间跨度的变大而更明显。普拉哈·贾亚辛格和阿伯特·崔（Prabhath Jayasinghe & Albert K. Tsui，2008）采用双变量 GJR – GARCH 模型来分析日本 14 个工业部门的汇率风险，分别研究了各部门回报率对日元汇率变动的敏感性、各部门收益的条件性波动对日元的汇率变动以及可能的不对称影响的敏感性、部门收益和汇率变动的相关性。研究发现这三个因素都对汇率风险有显著影响。

国内方面，由于受我国企业层面对外投资数据欠缺的影响，目前利用乔瑞（1990）模型对我国对外投资企业汇率风险进行测度的实证研究较为缺乏。仅有的研究主要集中在研究美元汇率波动与上证指数的关系，各项研究基本证实了协整关系的存在，但各项研究未能就汇率与股票指数关系得到一致性结论，对于是否存在格兰杰关系仍存在争议。而利用该模型对公司市场收益率与汇率波动之间影响的研究仍然欠缺。陈伟、王伟（2006）选取我国具有代表性的 45 个跨国企业作为样本，利用乔瑞（1990）模型，对样本企业的汇率风险进行计量和实证分析，研究结果表明：我国相当一部分跨国企业的公司价值受到汇率波动的显著影响，样本企业的公司价值对汇率波动的弹性都较大。刘维奇等（2008）利用我国 2005 年 7 月 21 日至 2007 年 12 月 28 日人民币对美元中间价来验证与上证综指之间的相关性，实证结果表明人民币汇率形成机制改革以来，人民币对美元汇率的汇率波动对上证综指有着显著的短期动态影响，存在明显的协整关系。张家平、张丽璇（2009）通过构建 GARCH 模型来检验人民币的汇率波动造成的汇率风险是否已经通过上市企业的股票收益得到反映，实证结果显示汇率波动并不显著影响股市上各行业收益率。张颖（2010）将我国汇率形成机制改革以来的数据划分为三个时间段并分别检验美元汇率和股票价格之间的关系，发现美元对人民币汇率与股价之间没有长期稳定的均衡关系，只是在部分时间段内二者存在一定的格兰杰因果关系。

四、基于其他方法的汇率风险研究

对于汇率风险的研究国内学者除了以上方法还主要利用误差修正模型（ECM）、模糊综合评价方法和财务方法等研究汇率风险，但相关研究仍尚不完善，实证效果普遍并不显著。

黄志勇（2005）利用协整分析方法和误差修正模型（ECM）从短期和长期分析了自改革开放以来人民币汇率变化与外商直接投资之间的相关性关系。研究发现，从长期看人民币汇率的贬值对 FDI 有一定的促进作用，而从短期来看其作用并不明显。邱云来（2009）运用 GARCH 模型也得到了长期看人民币汇率的贬值对 FDI 有一定的促进作用，而从短期来看其作用并不明显的结论，并认为现行人民币汇率是有效的，此外还对人民币汇率波动对外商 FDI 影响的长短期效应给予了理论解释。李文军、张巍巍（2009）通过 ECM 模型估计并得到实际有效汇率与国外收入对 FDI 的影响系数很小且统计不显著的结论，并认为人民币需要进一步推行形成机制改革。张正平（2009）利用人民币汇率形成机制改革以来我国上市商业银行的数据，从银行股价和财务数据的角度实证分析了汇率波动对银行业的影响，研究发现人民币汇率变动对国有商业银行绩效产生了严重的负面影响，但对股份制银行的影响相对较小，实证还表明人民币汇率波动与股份制银行股价之间并不存在明确的协整关系和格兰杰因果关系，实证检验表明在短期内只有招商银行和华夏银行的股价受到汇率波动的显著影响，而其他银行的股价并没有发现汇率波动的显著影响。庞韬（2009）在对我国资源型对外投资项目的风险管理内涵进行界定并对风险管理的基本程序进行梳理的基础上，着重分析了我国资源型对外投资项目不同阶段所面临的风险因素，运用模糊综合评价方法建立了资源型对外投资项目的汇率风险及其他风险的评价模型框架，并给出了评判测度依据。

第三节 海外并购绩效研究

一、政治关联与海外并购绩效研究述评

（一）政治关联与企业并购

施莱弗和维什尼（Shleifer & Vishny，1994）用博弈论构建了理论模型，解释了政治家与企业家之间如何产生联系。一方面，企业由于被政治家寻租而降低效率，但同时又从政治家那里获得补贴。均衡时，收益和成本抵销，政治对企业没有影响。大量实证研究从该理论的两方面对应提出了两类观点。一类观点认为，政治关联使企业享受更多融资便利（Khwajia & Mian，2005，Sapienza，2004）、税收减免（Claessens et al.，2008）、直接补贴等优惠政策，对企业有利。另一类观点认为，政治关联高的企业在决策时往往更多受到政治目的的左右，不

利于股东财富的增加（Fan et al.，2007），布尔巴基等（Boubakri et al.，2007）的研究证明了具有政治关联私营企业表现比非政治关联的私营企业差。

政治关联对企业并购影响的研究也观点不一。李善民、朱涛（2006）研究了1998～2002年发生的我国证券市场的251起多元化并购事件的长期绩效影响因素，结果发现政治关联对并购绩效有显著正影响。潘红波等（2008）的研究认为政治关联有助于提高盈利企业的并购绩效。但陈（Chen，2010）指出中国企业的跨国并购决策存在所有权冲突，大股东的海外并购决策与小股东的利益有矛盾，证明了海外并购事件并购方的政府所有权占比越高，投资者对并购越不看好。顾露露（2011）研究了影响中国企业跨国并购绩效的因素，发现国有企业的并购绩效差于私营企业。

我们认为，造成上述研究观点矛盾的原因是没有将企业所处的外部政策环境纳入考虑。法西奥（Faccio，2006，2009）研究了47个国家共16 191个企业的政治关联与企业价值的关系，发现在越是腐败的国家，政治关联度对企业价值的影响越明显。萨皮恩扎（Sapienza，2004）证明了在政治特权影响更大的意大利南部的企业比北部的企业更容易获得国有银行的优惠贷款。因此，不同的外部环境下，政治关联对企业的影响不同。

（二）中国企业海外并购中的政治关联因素

分析影响中国企业海外并购的政治因素，要从中国企业海外并购的动机开始。库马尔（Kumar，2009）在研究发展中国家跨国并购不同于传统发达国家跨国并购的特色时指出，包括中国在内的发展中国家实施跨国并购的主要动机并非追求传统的协同效应或者降低成本，而是为了获取资源、技术、品牌以及提高管理水平、研发能力等长期战略性目的。吴（2007）也认为，中国企业海外并购的动机是获取战略性资产而非追求短期效益。通过跨国并购的方式储备资源、获取国外先进技术、管理水平，有助于促进当前中国的经济转型升级，更多的是出于国家长期发展的战略需要，而非短期的经济目的，因此受到政治因素的影响更大。

此外，发展中国家的大型企业一般持有高额现金也是促进其海外并购的动力之一（Kumar，2009），而自由现金流理论认为高额现金持有可能会导致企业的过度和盲目投资。Khwajia and Mian（2005）的研究证明了政治关联企业更容易获得贷款，而此类企业使用贷款的效率一般更低。政治关联因素使得企业更容易获得贷款，也可能因此提高企业投资的盲目性，降低投资效率。因此，我们通过实证研究，分析了政治关联通过贷款优惠的途径对并购绩效产生影响的情况，验证了政治关联对海外并购影响的具体途径。

最后，政治关联度与海外并购的关系受到外部环境的影响。我国各省经济发展水平不同、市场化进程差距较大，造成企业所在的外部市场条件和受到政府干预程度的差别很大（樊纲，2010），因此所在地不同的企业，政治关联度与并购绩效的关系也不同。我们将这一被现有研究忽略的因素纳入了考虑，一定程度上解释了已有研究结论的矛盾。同时，企业所处的政策环境随时间而不断变化，也会影响政治关联与企业并购的关系。2008年后，全球金融危机和国内金融政策环境的变化也对这对关系产生了影响。我们从动态角度，分析了不同时间的不同政策环境下，企业跨国并购绩效的变化以及企业政治关联因素对这一变化的贡献。

二、银行业海外并购绩效研究评述

早期对银行业并购绩效的研究大多集中在发达国家，而对新兴市场国家的研究较少，对中国的研究更少。对银行业并购绩效的研究方法主要有两种：事件研究（event study）和经营绩效（operating performance）（Rhoades，1994）。

基于市场理性的假设，事件研究通过专注于股票市场价格对并购事件宣布的反应，分析并购对并购方或目标公司股东财富的影响。在事件研究法中，用累积"异常"或"额外"收益（CAR）来估计并购事件的宣布导致的并购公司或目标公司股票收益相对于整个市场股票收益的差异，以此来衡量并购的市场绩效。使用事件研究方法对银行业并购绩效进行研究的早期文献主要集中于对美国银行业的分析。研究结果大多发现并购后能给目标公司股东带来净收益，而没有明显证据表明并购会给并购方带来绩效的提高（Rhoades，1994；Pilloff & Santomero，1998）。对欧洲银行业并购的分析中，也得到了类似的结论（Asimakopoulos & Athanasoglou，2009）。

另一类对并购绩效的研究方法是经营绩效。这一类研究方法得到的结论跟事件研究方法得到的结论基本一致，即并购并没有给银行带来盈利能力或效率的提高（Linder & Crane，1992；Rhoades，1994；Chamberlain，1998）。在经营绩效方法中，研究者利用从资产负债表数据中获取的盈利能力指标或效率指标，分析并购前后指标的变化，以此估计并购给银行带来的绩效效应。常用的指标有资产收益率（ROA）、资本收益率（ROE）、非利息收入占比（Non_II/I）等。

以上两种方法都是建立在对样本进行统计检验的基础之上。这类方法的一个优点是能够做出令人信服的统计有效的概括，但是却不能充分捕捉企业特定因素对并购行为的影响。因此，部分学者尝试通过案例研究方法来分析统计检验研究所不能获取的企业并购行为背后的动机。对案例方法的综述见 Rhoades（1998）。

案例研究的最终目标是分析是否并购的动机已经得到了满足。

此外，还有一类方法从效率边界（efficient frontier）的角度研究并购对银行效率的影响。其中使用最广泛的是参数的随机边界方法（Stochastic Frontier Approach）和非参数的数据包络分析（Data Envelopment Analysis）。SFA 最早分别由艾格纳、洛弗尔和施密特（Aigner, Lovell & Schmidt, 1977）与梅森和范登布鲁克（Meeusen & van den Broeck, 1977）独立提出。SFA 假设一特定的成本或生产函数形式，并且设定一个包括 X 无效率和随机误差的误差项。跟 DEA 相比，SFA 的一个优势是考虑到了随机误差对效率的影响。DEA 是用来估计一组决策单位（Decision Making Units）的相对效率的线性规划方法。DEA 最初由查恩斯、库珀和罗得斯（Charnes, Cooper & Rhodes, 1978）提出，他们分析了在规模报酬不变（CRS）的假设条件下的技术效率得分。但是 CRS 假设只有当公司在最佳规模上经营时才是恰当的。大多数情况下这一假设并不成立，因此，班克、查恩斯和库珀（Banker, Charnes & Cooper, 1984）提出了可变规模报酬（VRS）条件下的模型，可以进一步将技术效率分为纯技术效率（pure technical efficiency）和规模效率。相对于 SFA，DEA 的优势是不要求确定的函数形式假设，且适应于样本较小的情况。采用这一类方法对银行业并购效率进行研究的文献较少，参见佩里斯蒂阿妮（Peristiani, 1996）、法地兰（Fadzlan, 2004）以及阿亚迪和普贾尔斯（Ayadi & Pujals, 2005）分别对美国、马来西亚和欧洲银行业并购的效率效应的分析。

第四节 中国海外投资金融风险预警研究

宏观层面的金融风险预警研究最早可以追溯到 19 世纪末期法国经济学家以颜色表示法国的经济波动，之后的近一百年中欧洲各国和日本纷纷效仿建立自己的经济景气预警系统和指标。20 世纪 70 年代以来，随着资本流动速度的加快，金融危机频繁爆发，与各类危机预警模型相关的研究应运而生。一直以来，宏观层面的金融风险预警体系研究主要集中于对货币危机、债务危机的预警，这方面的预警模型研究经历了十几年的发展，已有不少较为成熟的成果，目前针对海外投资中金融风险预警体系的研究较少。而本课题的主要研究方法，是以已有的货币危机预警模型为基础的。

宏观层面的金融风险预警研究主要集中于货币危机、债务危机的预警研究。张伟（2006）根据研究方法不同，将国外的货币危机预警研究分为三个阶段：

(1) 第一阶段（1979~1995年）：非系统性方法阶段；(2) 第二阶段（1996~1999年）：系统性方法阶段；(3) 第三阶段（2000年至今）：新系统性方法阶段。本研究沿用此分类方法，分别对三个阶段的研究进行综述。

一、非系统性方法阶段（1979~1995年）

宏观层面的金融风险预警研究，最早可以追溯到1979年Bilson在《哥伦比亚世界商业杂志》上发表了题为《货币贬值的先行指标（Leading Indicators of Currency Devaluation）》文章。该文开创了货币危机预警研究的先河。这个阶段主要采用定性研究的方法预测危机是否爆发，所用的定量方法都较为简单。定性分析主要讨论危机爆发的原因和发展过程，只对少数几个指标进行观察和判断，并没有对这些指标的适用性进行检验。而定量研究方法对后面的研究影响较大的是横截面回归模型。萨克斯、托内尔和贝拉斯科（Sachs, Tornell & Velasco, 1994）选择了20个新兴市场国家的截面数据，分析了1994年年末的墨西哥货币危机在1995年对其他新兴市场国家的影响，考察了货币危机发生的决定因素。这个阶段的研究虽然较为初步，但是为后续研究打下了一定的基础。

二、系统性方法阶段（1996~1999年）

20世纪90年代以来相继爆发的几次金融危机促使了货币危机预警研究得到了实践意义上的发展。许多国际金融机构（如IMF，BIS）和中央银行（如美联储）开始致力于设计货币危机预警系统，从而使货币危机预警从非系统方法阶段向系统方法阶段发展。这个阶段首次提出了货币危机预警系统（Early Warning Systems for Currency Crises）概念。

这个阶段的主要研究成果按研究方法可以分为线性方法与非线性方法两类。分别是弗兰克尔和罗斯（Frankel & Rose, 1996）提出的概率模型（Probit/Logit Model）和卡明斯基、利桑多、莱因哈特（Kaminsky, Lizondo, Reinhart, 1998）提出的KLR信号法。后来的研究几乎都以上述这两种方法为参照基础，而IMF在监测其成员国时使用的是将KLR信号分析法和Probit模型结合的方法，因此，这两种方法是货币危机预警系统性研究的核心方法。

（一）概率模型法

概率模型法是一种线性方法，其基本思想是用Y表示货币危机这一离散变量，用 X 表示货币危机的各种引发因素，利用概率模型 Probit/Logit Model[①] 建立预警模型。弗兰克尔和罗斯（1996）最早提出这种方法，他们利用 Probit 二元选择模型估计了 100 多个发展中国家在 1971～1992 年期间发生货币危机的概率。该研究发现，危机在 GDP 增长率较低、FDI/外债比较低而国内信贷增长较快，外国利率较高时更容易发生。

（二）KLR 信号法

KLR 信号分析法是 Kaminsky、Lizondo 和 Reinhart 于 1998 年创立并经过卡明斯基（Kaminsky，1999）完善提出的一种非线性预警模型。该方法的核心思想是根据历史数据，为每个预测危机的指标确定一个安全阈值。在预测时，如果该指标的当前值超过安全阈值，则表示发出危机信号，发出信号越多，危机发生的可能性越大。这种预警方法选择先行经济变量为指标，阈值是在发生危机前 12 个月该指标的值，因此理论上具有提前 12 个月预测危机的作用。

三、新系统方法阶段（2000 年至今）

21 世纪后，预警体系的研究更加多样化。除了改进之前学者提出的两类系统性方法外，还有一些学者提出了很多新的预警方法，主要包括人工神经网络法、体制转换模型、风险价值法等。其中，人工神经网络法对本研究要探讨的海外投资中的金融风险预警有较大的参考价值，下文对使用此方法的相关研究进行梳理。

人工神经网络（Artificial Neural Network，ANN）在经济学研究中的作用一般有两方面：预测和分类。预警模型就是发挥了其分类的作用，其核心思想是通过人工神经网络，对相应年份的风险预警等级进行分类。即在预先确定预警指标和样本所选年份的风险等级后，建立模型，通过多次对模型的调试，使得输入样本内预警指标数据，经过人工神经网络模型处理后，输出对应年份的风险等级与预先设定的风险等级最为接近。

纳吉和密特拉（Nag & Mitra，1999）使用人工神经网络建立货币危机预警系统，并使用印度尼西亚、马来西亚、泰国 1980～1998 年的月度数据进行实证分析，比较了这种方法与 KLR 信号分析之间的预测效果。人工神经网络方法的主要优势在于，各个指标的设定更具有弹性，能够将各个指标之间的复杂相关关系

---

① Probit 模型和 Logit 模型都是离散因变量模型，其基本原理一致，主要区别在于 Logit 模型假设因变量 Y 服从 Logistic 分布，而 Probit 模型假设因变量 Y 服从正态分布。

考虑在内。帕特里克·布罗克特等（Patrick Brockett et al., 2006）使用了两种人工神经网络——BP网络与LVQ网络对人寿保险公司的风险进行了预警模型研究，并与用Logit模型法进行了对比，结果表明，两种人工神经网络的预测能力都优于Logit模型。朱莉安娜严和希瑟米切尔（Juliana Yim & Heather Mitchell, 2007）则用人工神经网络研究公司财务危机。马尔科（Marco Fioramanti, 2008）用人工神经网络预测发展中国家主权债务危机，并比较了这种方法与Probit模型法之间的预测效果，认为由于存在万能逼近法则，人工神经网络模型的预测效果总能好于Probit模型。

尽管人工神经网络在预警的准确性方面好于其他方法，但（Marco Fioramanti, 2008）的研究也指出了人工神经网络的缺点，即该方法无法提供直接的政策建议。由于输入变量与输出量之间高度的非线性，人工神经网络模型无法像边际效用那样，指出增加某个解释变量会增加或减少危机发生的可能性。

一般认为，概率模型法较适用于多个国家共同的风险预警系统设计，但预测准确率较低，KLR信号法能突出不同国家各自的风险特征，适用于单个国家风险预警系统设计，并且有较高的预测准确率。而作为新方法的代表，人工神经网络法则在预警准确度上有明显的优势，但该方法无法提供直接的政策建议。不管是何种预警系统实证研究，研究者在最后总是不忘提醒，任何一种研究方法都有其不完善的地方，在实际运用中，应综合使用各种方法。

第十一章

中国主权财富基金海外投资风险研究

2007年9月，中国政府通过发行特别国债募集1.55万亿元人民币，并以此向中国人民银行购买等值外汇储备，成立了注册资本金为2 000亿美元的国有独资公司——中国投资有限责任公司（以下简称"中投公司"）。中国政府希望通过建立中国的主权财富基金，在可接受的风险范围内，积极探索和拓展外汇储备的使用渠道和方式，提高外汇储备的专业化管理效率，提高盈利能力。本章希望通过对中投公司海外投资风险的研究，达到如下目的和效果：第一，目前国内外关于主权财富基金对外投资风险的研究以定性描述为主。本章将借鉴麦高恩和默乐（McGowan & Moeller, 2009）使用的对外投资风险矩阵（Foreign Investment Risk Matrix, FIRM），对我国主权财富基金海外投资目的国的政治风险和经济风险进行定量分析，为此类研究提供一个新的思路。第二，本章将采用东道国政府对FDI的态度、该国国内的冲突程度、该国国内已知的腐败程度、人均国民总收入、外来FDI的潜力和通货膨胀率等指标构建对外投资风险矩阵，并利用美国、加拿大、英国和中国香港这四个国家和地区的真实数据进行实证分析，对这些国家和地区的风险可接受程度作出判断。在此基础上，增加汇率变动指标构建改进的对外投资风险矩阵，对中投公司近年来主要投向的国家和地区进行评分，并对这些国家和地区的风险可接受程度作出判断。最后运用对外投资风险矩阵进行具体分析，为我国主权财富基金海外投资的风险管理及投资决策的制定提供理论支持和实证依据。

第一节 中国主权财富基金的发展现状

中国投资有限责任公司（以下简称"中投公司"）成立于2007年9月29日，

是依照《中华人民共和国公司法》设立的国有独资公司，总部设在北京。其组建宗旨是实现国家外汇资金多元化投资，获取风险调整后较高的长期投资回报，以服务于国家宏观经济发展和深化金融体制改革的需要。

一、中国主权财富基金的概况

中投公司的注册资本金为 2 000 亿美元，其资金来源是中国财政部通过发行特别国债募集 1.55 万亿元人民币，并以此向中国人民银行购买等值外汇储备进行的注资。中投公司向股东支付红利收入以覆盖特别国债的利息需求。以下为中投公司的子公司或代表处：

（一）中央汇金公司。中央汇金公司是中投公司的全资子公司，主要业务是根据国家金融体制改革的需要，对国有重点金融机构进行股权投资。中央汇金公司不开展其他任何商业活动，不干预其控股、参股企业的日常经营，通过行使出资人权利和履行出资人义务，改善这些企业的公司治理，实现国有金融资产的保值、增值。

在中投公司 2 000 亿美元的注册资本金中，用于境外投资的部分略高于50%，其余部分通过中央汇金公司投资境内金融机构。这两类投资业务彼此完全独立。

（二）中投国际（香港）有限公司。2010 年 11 月，中投公司成立了中国大陆以外的首家全资子公司——中投国际（香港）有限公司。中投国际（香港）有限公司是独立的法人实体，设立的目的是充分利用香港作为国际金融中心的优势及其长期以来在跨境投资、贸易和金融服务方面所建立的良好声誉，进一步拓展和提升中投公司的跨境投资业务。

（三）加拿大多伦多代表处。2011 年 1 月，中投公司在加拿大多伦多设立了亚洲以外的首个代表处，以扩大和加强与该地区利益相关方的沟通与交流，探寻新的投资机会。

二、中国主权财富基金的海外投资现状

（一）中国主权财富基金的投资规模和业绩

中投公司成立至今，投资规模逐步扩大，投资收益稳步提升。截至 2010 年年底，中投公司的全球投资组合资产规模达 1 351 亿美元，全球投资组合自成立

以来的累计年化收益率达 6.4%①（参见表 11-1）。

表 11-1　中投公司的投资规模和业绩（2007~2010 年）

年份	2007	2008	2009	2010	合计
投资规模（单位：亿美元）	87.2	210	580	357	1 351
全球投资组合收益率（%）	0.2	-2.1	11.7	11.7	6.4

注：2007 年的投资规模及收益率从公司成立日 2007 年 9 月 29 日起计算。
资料来源：中投公司 2008~2010 年年度报告。

根据 SWF Institute 于 2012 年 2 月公布的主权财富基金排名情况（参见表 11-2），中投公司管理的资产规模已达 4 096 亿美元，位居全球第 5。与资产规模更大的阿布扎比投资局、挪威全球政府养老基金和沙特阿拉伯国际控股的明显不同在于，中投公司的资金来源为国家外汇储备，而非石油。

表 11-2　全球主要的主权财富基金（截至 2012 年 2 月）

国家（地区）	主权财富基金	资产规模（亿美元）	设立时间	资金来源
阿联酋－阿布扎比	阿布扎比投资局	6 270	1976	石油
中国	华安投资有限公司	5 679	1997	非商品
挪威	全球政府养老基金	5 600	1990	石油
沙特阿拉伯	沙特阿拉伯国际控股	4 725	n/a	石油
中国	中国投资有限责任公司	4 096	2007	非商品
科威特	科威特投资局	2 960	1953	石油
中国（香港）	香港金融管理局投资组合	2 933	1993	非商品
新加坡	新加坡政府投资公司	2 475	1981	非商品
新加坡	淡马锡控股	1 572	1974	非商品
俄罗斯	国家福利基金	1 497*	2008	石油
中国	国家社会保障基金	1 345	2000	非商品
卡塔尔	卡塔尔投资局	850	2005	石油

---

①　资料来源：中投公司 2010 年年度报告。

续表

国家（地区）	主权财富基金	资产规模（亿美元）	设立时间	资金来源
澳大利亚	澳大利亚未来基金	730	2004	非商品
阿联酋-迪拜	国际石油投资公司	700	2006	石油
利比亚	利比亚投资局	650	2006	石油

注：＊包括俄罗斯石油稳定基金。

资料来源：SWF Institute，http://www.swfinstitute.org/fund-rankings/，2012年2月。

（二）中国主权财富基金的投资战略和管理

截至2010年年底，中投公司的战略资产配置基准投资组合结构包括现金、股权、固定收益和另类投资（参见表11-3）。

表11-3　　中投公司的全球投资组合分布（2008~2010年，截至每年12月31日）

单位：%

年份	2008	2009	2010
现金、现金产品和其他	87.4	32	4
股权	3.2	36	48
固定收益	9	26	27
另类投资	0.4	6	21

注：1. 现金、现金产品包括现金与银行存款、货币市场基金和短期票据；2. 另类投资包括私募股权基金和对冲基金等。

资料来源：中投公司2008~2010年年度报告。

可以看到，在成立之初，中投公司主要投资于现金产品和债券等传统类别的资产。随着投资管理能力的提升和投资渠道的拓展，中投公司逐步加大了在对冲基金、直接投资以及大宗商品、私募、房地产等领域的投资。

自2011年起，中投公司新的资产战略配置结构调整为五个类别：现金、公开市场分散化股权、固定收益、绝对收益和长期投资。其中，绝对收益投资包括对冲基金等。长期投资包括直接集中持有资产、私募基金、大宗商品、房地产和基础设施投资等（参见表11-4）。

由图11-1可知，2010年，中投公司增加了在亚太、欧洲和非洲等地区的投资，分别占全球组合分散投资中股权部分的29.8%、21.7%和1.2%。在北美地区的投资，仍然是中投公司全球组合分散投资的最主要部分。

表 11-4　　　　中投公司主要投资项目 (2007~2012 年)

公司（国家或地区）	行业或部门	初始投资日期	投资类型	投资规模（亿美元）	所有权比例
黑石集团（美国）	金融服务	2007.5	股权	30	9.4%
摩根士丹利（美国）	金融服务	2007.12	股权	56	9.9%
威士（美国）	金融服务	2008.3	股权	1	0.5%
货币市场基金（美国）	投资基金	2008.9	基金	54	不适用
摩根士丹利（美国）	金融服务	2009.6	股权	22	9.9%
中信资本（中国）	金融服务	2009.7	股权	2.5	40.0%
泰克资源（加拿大）	能源	2009.7	股权	15	17.5%
石油天然气勘探开发股份有限公司（哈萨克斯坦）	能源	2009.7	全球存托凭证	9.4	10.6%
嘉民集团（澳大利亚）	房地产发展	2009.8	贷款	1.59	不适用
桑伯德置业有限公司（英国）	房地产发展	2009.9	股权	1.58	14.7%
诺贝鲁石油集团（俄罗斯）	能源	2009.9	股权	2.7	45.0%
PT布米资源公司（印度尼西亚）	能源/自然资源	2009.9	贷款	19	不适用
来宝集团（新加坡）	自然资源	2009.9	股权	8.58	14.9%
铁矿国际（中国香港）	自然资源	2009.10	贷款	5	不适用
爱依斯电力公司（美国）	能源	2009.11	股权	16	15.0%
南戈壁能源有限公司（加拿大）	能源	2009.11	可转换债券	5	不适用
保利协鑫能源控股有限公司（中国香港）	能源	2009.11	股权	7.17	20.1%
黑石集团（美国）	投资基金	未知	股权	7.14	未知
安佰深公司（英国）	投资基金	2010.2	股权	9.56	2.3%
长沙中联重工科技发展股份有限公司（中国）	制造业	2010.3	股权	8.16	15.8%
畔西能源信托公司（加拿大）	能源	2010.3	股权	8.01	45.0%

续表

公司（国家或地区）	行业或部门	初始投资日期	投资类型	投资规模（亿美元）	所有权比例
切萨皮克能源公司（美国）	能源	2010.6	可转优先股	2	未知
巴西百达（巴西）	金融服务	2010.12	财团联合交易	3	3%
布玛（印度尼西亚）	自然资源	2010.12	股权	0.73	8%
法国燃气苏伊士集团旗下某子公司（法国）	能源	2011.8	股权	31.5	30%
中国建设银行（中国）	金融服务	2011.11	股权	17.5	57.1%
泰晤士水务公司（英国）	自然资源	2012.1	股权	未知	8.68%

注：由于中投公司不愿透露其投资的具体细节，某些交易的确切日期并不可得。

资料来源：Michael F. Martin，中国的主权财富基金：发展及政策启示，September 23 2010；中投公司 2008～2010 年年度报告；美国证券交易委员会文件。

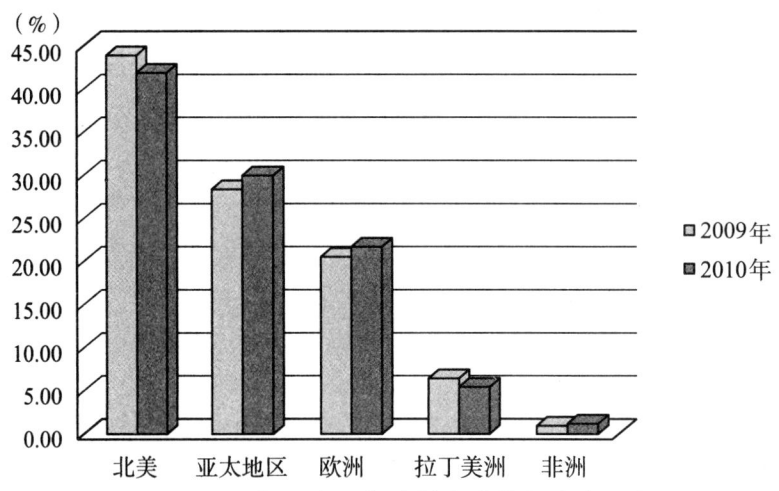

图 11 - 1　中投公司全球组合分散投资中股权部分的地域分布（2009～2010 年）

资料来源：中投公司 2009～2010 年年度报告。

从图 11 - 2 中可以看到，金融、能源、材料、资讯科技、工业和非必需消费品行业分别占到了中投公司分散股权投资组合的 10%（或以上）。

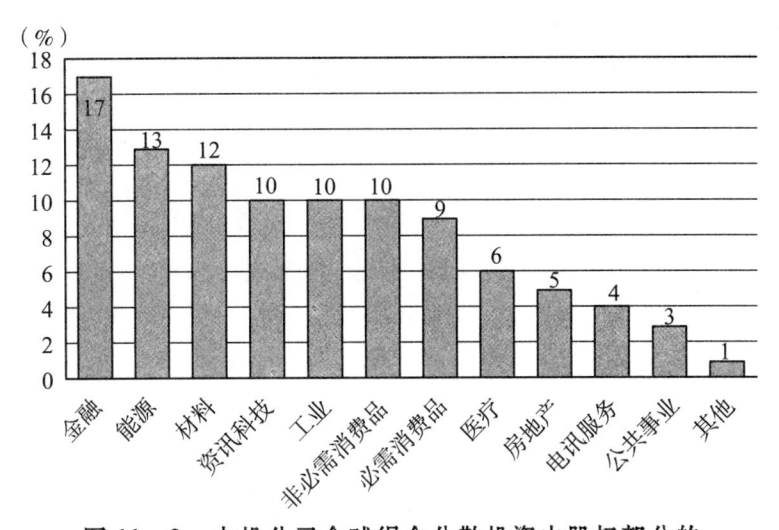

图 11-2　中投公司全球组合分散投资中股权部分的
行业分布 (2010 年 12 月 31 日)

资料来源:中投公司 2010 年年度报告。

三、中国主权财富基金的风险管理

据中投公司 2008~2010 年年度报告中对公司风险管理相关内容的披露,中投公司成立风险管理委员会来管理投资过程中的风险。风险管理委员会由董事长兼首席执行官、两名副总经理,以及风险管理部、法律合规部、公关外事部、资产配置与战略研究部、财务部、内审部和办公室总监组成,对公司投资和运营中面临的市场、信用、操作、流动性、国家、法律和声誉等风险进行集中决策。

风险管理部负责管理公司投资和运营中潜在的市场风险、信用风险、操作风险和流动性风险。法律合规部负责管理法律风险以及审查并确保公司的投资行为符合投资接受国或地区的相关法律、法规要求。公关外事部负责管理国家风险和声誉风险。

中投公司建有自己的风险管理体系,确定了各类风险指标。风险管理部根据公司资产配置方案所确定的风险预算,对不同的资产类别设定风险限额。中投公司使用国际通行的风险管理系统进行风险分析和报告,监控公司持有的各项头寸(包括外部投资管理人管理的头寸)的风险状况,向公司管理层和相关部门提供全面的风险管理周报、月报和季报。中投公司还建立了新的风险预警机制,对突发事件和预警指标进行监测,根据对潜在损失的分析与评估,对潜在风险进行管理。

中投公司在风险管理委员会下成立了估值委员会,负责审核批准估值模型和用于估值的市场价格和参数来源,审核公司金融资产的估值报告等。在估值委员会的领导下,中投公司对二、三层级金融资产新建立了估值系统。

第二节 主权财富基金海外投资的国际经验及对中国的启示

一、挪威全球政府养老基金

挪威政府全球养老基金(Government Pension Fund – Global,GPFG)成立于2006年,是由挪威央行旗下的投资管理公司(Norges Bank Investment Management,NBIM)负责投资管理,高达3 700亿美元资产的挪威主权财富基金。挪威政府全球养老基金是全球第二大主权财富基金,其投资标的覆盖了42个发达国家和新兴市场国家,约7 000个股权投资品种和1 500个固定收益投资品种。挪威政府全球养老基金前身是挪威石油基金(Norway Petroleum Fund)。1990年,为了缓冲油价不稳定对经济造成的影响,保障子孙后代能够平等享有石油资源获得的国民收入,挪威政府决定成立石油基金,并展开对海外市场的投资。GPFG的资金主要来源于石油和天然气领域产生的外汇盈余,包括公司税收和勘探牌照的收费等。[①]

根据《2010政府养老基金管理报告》(The Management of the Government Pension Fund in 2010),挪威主权财富基金投资战略可以概括为:通过时间获得风险溢价;分散投资降低风险;长期投资视角;社会责任者;注重成本效率;主动型管理;清晰的内部管理结构。

(一)股权工具投资风险

挪威政府全球养老基金投资的最大风险因素是股权工具投资所占比例。学术界对这一风险指标并无明确结论,它取决于基金所有者即政治权威的风险承受能力。挪威财政部在2005年年底公布了《政府全球养老基金管理规则》,对政府全球养老基金规定了全球投资领域,确定了固定收益工具和股权工具上的投资比例分别为50%～70%和30%～50%。2006年9月,挪威银行在致财政部的建议中指出,按模型估算,高比例股权投资将会使15年期累计回报增加的概率达到

[①] 巴曙松. 挪威:全球配置组合管理模式[J]. 中国外汇, 2007.

75%。当股票投资比例从40%提高到60%时,基金期望的回报每年至少增加0.4个百分点。2007年,挪威议会批准该主权财富基金的股权投资比例上限增加至60%。股权投资比例的增加虽然使挪威主权财富基金在2008年全球股市大跌中损失较重,但在2009年股市升势中收复失地,获得较高回报。2010年,经历了全球金融危机后,基金投资委员会提出应该容忍短期账面亏损以获得更高的预期收益率。投资委员会在2010年的投资报告中指出,根据2000~2002年和2008~2009年两个大幅亏损的时期经验表明,得益于长期投资策略,主权财富基金的风险承受能力或许比预想的要好很多,可以在短期内容忍较大幅度的亏损。报告同时指出,由于挪威银行采用积极的主动型投资策略,这可能使管理者不愿意承受更多的风险,从而降低了该基金的收益率。投资委员会的建议表明,被动型投资或许可以为主权财富基金带来更高的收益率;而现实恰好与其相反,经历过金融危机后,基金管理者更倾向于少承担风险,甚至不惜降低投资的预期收益率。此外,即使在同样的投资战略下,在不同的历史时期,投资组合的风险程度也是不同的。历史数据显示,2000~2010年间,全球股权市场收益率波动率只有1960~1970年间的1/2。

基金的投资标的包括了约7 000个股权投资品种和1 500个固定收益投资品种。多元化的投资组合大大降低了非系统风险,基金管理者也更多地倾向于考虑系统风险。报告虽然提到了股权类投资、固定收益投资和私人房地产投资存在的价格波动风险,但并未指出具体衡量指标和降低方法,却用较多篇幅论述了气候变化、人口变化、经济全球化等带来的系统性风险。这再次表明,挪威政府全球养老基金对非系统风险承受能力很强。[①]

(二) 私人投资工具风险

私人投资的投资标的主要是不能在普通市场自由交易的资产,包括不动产、私募股权和基础设施等,主要特点为交易成本高、流动性低。截至2009年年底,私人投资标的净值约占基金总值的16%,其中不动产、私募股权、基础设施三者的比例分别为6%、5%、2%。由于法律制度和税收政策的不确定风险,该基金的私人投资范围目前还局限于欧洲。

2007年挪威财政部接受了挪威银行的建议,扩大了政府养老基金多样化投资组合的领域,允许股票投资比例从现有的40%上升为60%。同时调低对固定收益产品投资比例,由60%降至25%。为提高回报,还计划将10%的资产投资于房地产及基础设施行业,5%投资于杠杆收购基金以及风险投资基金。2010年

---

① 资料来源:Norwegian Ministry of Finance, The Management of the Government Pension Fund in 2010, Report No. 15 (2010-2011) to the Storting, 2011.

3月，挪威财政部授权挪威银行，允许挪威政府全球养老基金投资于房地产。2010年年底，挪威政府全球养老基金以4.52亿英镑（约合7.02亿美元）的价格从英国皇家地产局购得伦敦摄政街25%的资产。预计新的房地产投资策略的实施，将会在未来对挪威政府全球养老基金总回报的提高有所贡献。私人投资相对于上市公司股权投资要承担更高的风险，理应获得较高的预期收益率，然而历史数据表明，高额的外部管理成本使得私人投资的收益率并不尽如人意，挪威财政部表示将暂缓对私募股权和基础设施领域的投资计划，专注于房地产投资。①

（三）投资区域分布和汇率风险

挪威位于北欧，是现代化工业高度发达的福利型国家，拥有丰富的原油、天然气和矿产资源。近海石油工业是挪威国民经济的重要支柱，约占国家收入的1/3。挪威是西欧最大的产油国、世界第三大石油出口国。由政府石油基金演变而来的政府养老基金肩负着"外汇购买力保值增值，确保国民后代充分享有石油收益"的使命。基金的投资配置与资本金来源——挪威油气出口盈余协调一致，从国民福利的角度，基金是未来购买国际商品和服务的养老金。相应地，基金的投资战略在于在一定的风险范围内，最大化未来国际商品和服务的购买力。由于挪威进口商品和服务35%来自于欧洲大陆，其主权财富基金超过50%投向于欧洲股权和固定收益产品，也就不足为奇了。

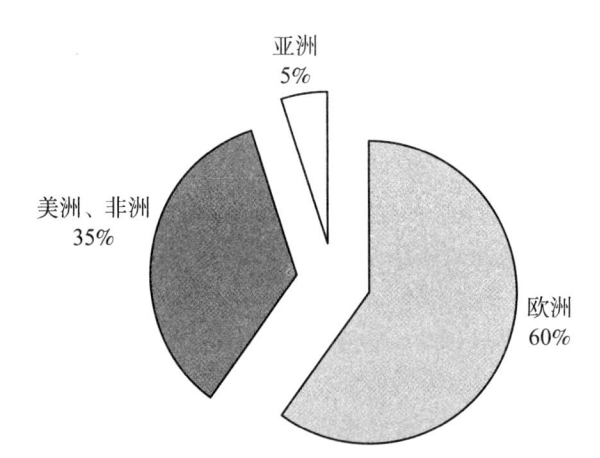

图 11-3 挪威政府全球养老基金股权投资区域分布（2010年）

资料来源：Norwegian Ministry of Finance, The Management of the Government Pension Fund in 2010, Report No. 15 (2010-2011) to the Storting, 2011, P. 36.

---

① 资料来源：Norwegian Ministry of Finance, The Management of the Government Pension Fund in 2010, Report No. 15 (2010-2011) to the Storting, 2011.

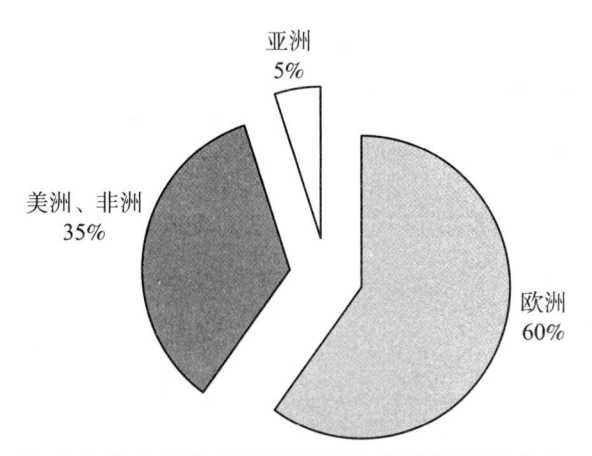

图 11 - 4　挪威政府全球养老基金固定收益投资区域分布（2010 年）

资料来源：Norwegian Ministry of Finance, The Management of the Government Pension Fund in 2010, Report No. 15（2010 - 2011）to the Storting, 2011, P. 36.

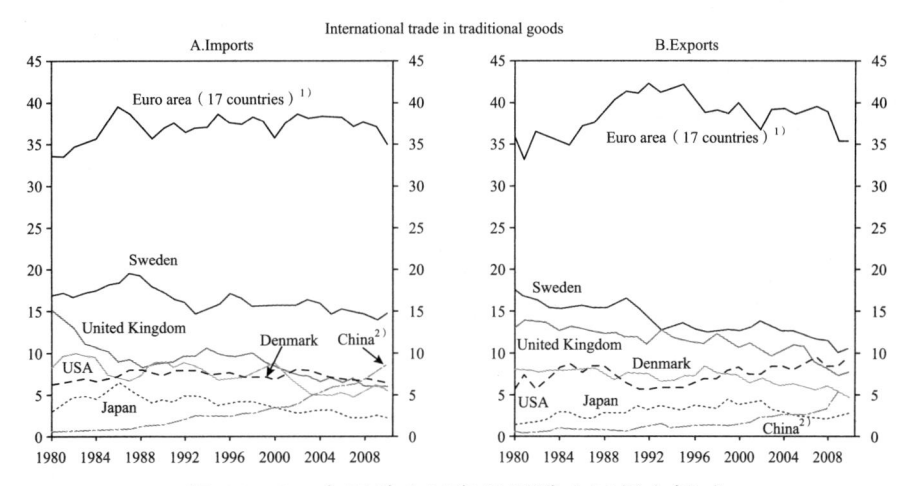

图 11 - 5　主要进出口贸易国进出口额占挪威
进出口总额比例（1980 ~ 2008 年）

资料来源：Norwegian Ministry of Finance, The Management of the Government Pension Fund in 2010, Report No. 15（2010 - 2011）to the Storting, 2011, P. 37.

报告认为，欧洲与北美贸易自由流通促进了其货币汇率的稳定，从长期的角度看，美元兑英镑实际汇率趋向于均衡，即维持在 1∶1 的汇率水平。实际汇率值与这个均衡值相差越大，前者向后者回归的倾向越明显，回归的速度越快。汇率波动确实会在短期内给基金投资带来风险，但基于养老金的长期性投资特点看，管理者认为汇率风险对其影响有限。此外，基金章程中关于挪威政府可以每年从基金中支取现金的规定也大大降低了其对短期汇率波动的敏感性。基于对汇率风险的不敏感性，报告认为未来应该降低欧洲区域的投资比例，增加新兴市场国家的投资比例，但投资新兴市场往往面临着政治风险和金融管制。

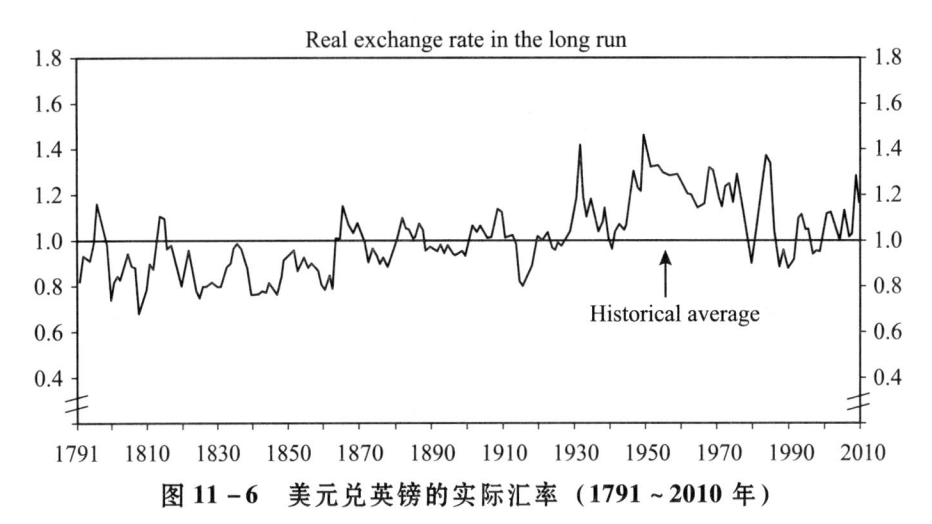

图 11-6 美元兑英镑的实际汇率（1791~2010 年）

资料来源：Norwegian Ministry of Finance, The Management of the Government Pension Fund in 2010, Report No. 15（2010-2011）to the Storting, 2011, P. 39.

对中投公司的启示：

挪威全球政府养老基金的投资标的包括约 7 000 个股权投资品种和 1 500 个固定收益投资品种，使得挪威政府全球养老基金对非系统风险承受能力很强。中投公司在股权投资和固定收益投资过程中，也可以更加注重投资组合的多元化，以降低非系统风险。

二、新加坡淡马锡控股

淡马锡控股成立于 1974 年，是一家总部设在新加坡的亚洲投资公司，由 12 个在亚洲和拉丁美洲的子公司和办事处组成。截至 2011 年 3 月 31 日，淡马锡控股的多样化投资组合市值达 1 930 亿新元（2012 年 2 月，1 572 亿美元），投资主要集中在新加坡、亚洲地区和新兴市场。

（一）淡马锡控股的投资战略及与中投公司的对比

淡马锡控股在截至 2011 年 3 月 31 日的一个财政年度中总共做出了 130 亿新元的新投资，并脱售了 90 亿新元的资产。新增净投资 40 亿新元（约合 32 亿美元），低于中投公司最近一个财政年度的 357 亿美元新增投资规模。在最近的一个财政年度中，淡马锡控股的全球投资组合年化收益率为 4.6%，低于中投公司的 11.7%。从自成立以来的总回报率而言，淡马锡控股（17%）要远高于成立仅四年多的中投公司（6.4%）。

表 11-5　　　淡马锡控股与中投公司的投资规模和业绩比较

公司	淡马锡控股		中投公司	
截至时间	2011-011-31	合计	2010-12-31	合计
一个财政年度投资规模（单位：亿美元）	约 32	1 572	357	1 351
投资组合年化收益率（%）	4.6	17	11.7	6.4

资料来源：淡马锡控股年度报告 2011，中投公司 2010 年年度报告。

图 11-7 显示，淡马锡控股的投资主要集中在亚太地区（89%），而中投公司的投资主要集中在北美洲及欧洲（63.6%）。淡马锡控股一直很重视在新兴市场的投资，它认为，到了 2025 年，在增长中市场的中型城市将为全球经济贡献将近 40% 的增长率。中收入群的继续增长，推动快速城市化和对住房的需求，科技创新将刺激新行业应运而生（Temasek，2011）。"转型中的经济体"、"增长中的中收入群"、"强化的比较优势"、"新兴的企业"是淡马锡控股的四大投资主题。中投公司的直接投资是研究驱动，并根据对投资行业和公司情况的深入了解，从商业考虑出发，寻求长期收益，要求被投资公司拥有优质资产，丰富的管理经验和实现可持续增长的能力（CIC，2011）。不难发现，淡马锡控股更看重被投资企业的成长性，而中投公司更看重被投资企业已具备的各方面条件。相较而言，北美及欧洲地区企业的资产质量还和管理经验比亚太地区的企业更具竞争力，使得中投公司更注重北美及欧洲地区。更看重企业成长性的淡马锡控股则选择了亚太地区作为其最主要的投资目的地。

从行业分布上看（见图 11-8），淡马锡控股最主要的投资领域为金融服务业，而中投公司则将大部分投资置于生命科学、消费与房地产领域。值得一提的是，在能源与资源行业，中投公司比淡马锡控股有更大的投资比重。

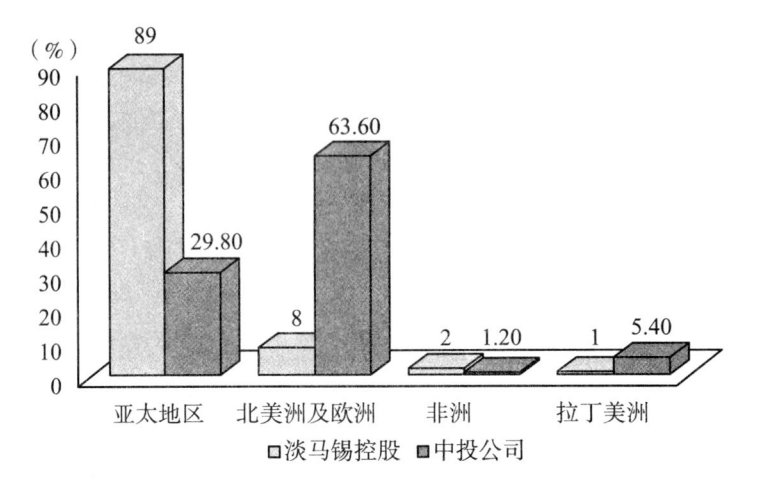

图 11-7 淡马锡控股与中投公司全球投资组合的地域分布比较

资料来源：淡马锡控股年度报告 2011，中投公司 2010 年年度报告。分别截至 2011 年 3 月 31 日和 2010 年 12 月 31 日；亚太地区包括亚洲、澳大利亚及新西兰。

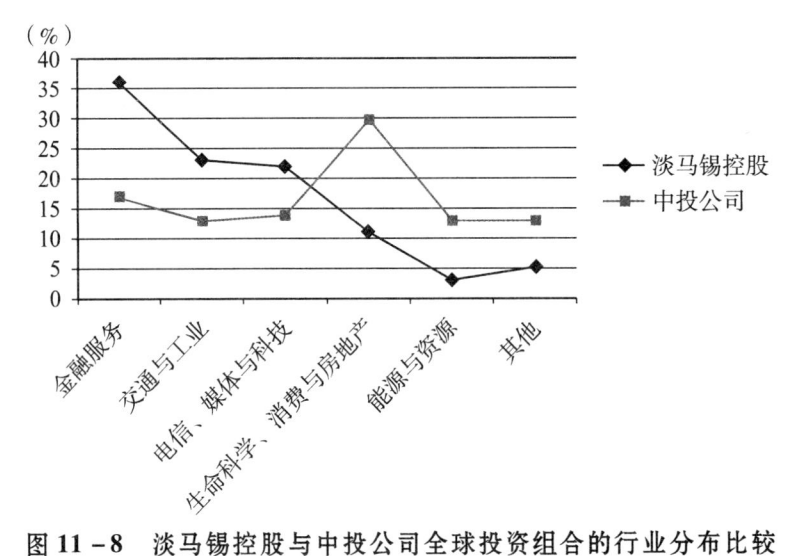

图 11-8 淡马锡控股与中投公司全球投资组合的行业分布比较

资料来源：淡马锡控股年度报告 2011，中投公司 2010 年年度报告。分别截至 2011 年 3 月 31 日和 2010 年 12 月 31 日。

（二）淡马锡控股的风险管理及对中投公司的启示

风险类别：淡马锡控股将风险分为战略风险、金融风险、营运风险三个类别。每个风险类别各有一个指定的管理部门，负责管理特定交易的风险或企业风险。

表 11-6　　　　　　　　　淡马锡控股的风险控制情况

风险类别	涉及范围	应对措施
战略风险 (Strategic risks)	综合风险概况、融资及流动性风险、政治风险、结构性外汇风险、行业风险	采取多地区、多行业进行组合投资
金融风险 (Financial risks)	投资风险、市场风险及信用风险	采取风险值（VaR）统计模型来预测资产组合的潜在损失，并将这种风险损失与资产在地区与行业的比例进行合理的匹配
营运风险 (Operational risks)	员工风险、流程风险、系统风险、法律及监管风险、声誉风险及业务中断风险	主要通过作业程序标准化、员工培训等来应对

资料来源：淡马锡控股年度报告 2011；董裕平，何不借鉴新韩模式，经济，2007。

风险值：淡马锡控股定期公布年度风险值（Value-at-Risk，VaR），便于淡马锡的利益相关群体预测淡马锡的投资组合价值在未来 12 个月期间可能出现的转变。这项估值根据三年来的每周价格变动计算，同时假设最近三年的历史数据较能反映出接下来 12 个月的市场行为，且在现行同样市场条件下，其投资组合构成没有变动。举例而言，截至 2011 年 3 月 31 日，淡马锡控股的年度风险值是 220 亿新元，这显示其投资组合价值在截至 2012 年 3 月 31 日的未来 12 个月内减值 220 亿新元的概率为 1/6。相反地，这个估计值也意味着投资组合价值有 5/6 的机会可能取得增值，或出现比减值 220 亿新元更为理想的结果。

蒙特卡罗模拟法：淡马锡控股定期发布根据蒙特卡罗法模拟的 12 个月期远期投资组合回报分布曲线。蒙特卡罗模拟法在某些时候是用来求取未来不同投资回报的概率分布曲线，并假设市场状况和投资组合构成在特定时限内维持不变。图 11-9 呈现的是从 2007 年 3 月 31 日至 2011 年 3 月 31 日的 12 个月期远期回报的概率分布曲线，这些曲线是根据各个财政年度结束时投资组合成分构成的。各个曲线的高点代表在下一个财政年底最有可能取得的投资组合回报。2009 年 3 月市场极度不明朗时的回报率分布曲线较为平坦，显示市场较多波动。相对于下一年度回报率有 5/6 的机会可能减少介于 -30% 至 +76% 的模拟结果，2010 年 3 月 31 日的实质投资组合回报超过 +42%。截至 2011 年 3 月 31 日的投资组合，回报概率分布曲线显示我们的投资组合在 2012 年 3 月 31 日的投资回报有 5/6 的机会将介于 -17% 至 +26% 之间。

淡马锡控股还使用蒙特卡罗模拟法来求取长期回报的概率分布曲线，例如 20 年期的回报。假设市场状况和投资组合构成在特定时限内维持不变，图 11-

10 比较全球股票指数组合与主题投资组合之间常年 20 年期最有可能取得的回报，其中后者模拟了淡马锡股票投资组合的构成。全球股票投资组合模拟是根据全球股市长期展望，并考虑了近期市场普遍波动状况来制定全球股票指数组合的可能回报。常年可能回报概率预测会在如图所示的概率分布曲线范围之内。

模拟12个月远期投资组合回报分布　　　　　　　　　　　　（截至3月31日）

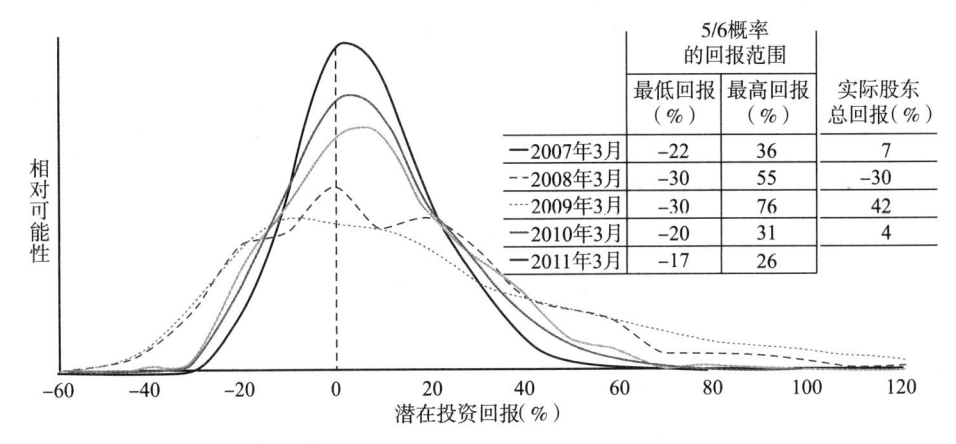

	5/6概率的回报范围		实际股东总回报(%)
	最低回报（%）	最高回报（%）	
——2007年3月	-22	36	7
---- 2008年3月	-30	55	-30
······ 2009年3月	-30	76	42
——2010年3月	-20	31	4
——2011年3月	-17	26	

图 11-9　淡马锡控股模拟 12 个月远期投资组合回报分布（2007~2011 年）

资料来源：淡马锡控股年度报告 2011。

20年期年度回报可能概率的演示

—— 全球股票投资组合
—— 主题投资组合

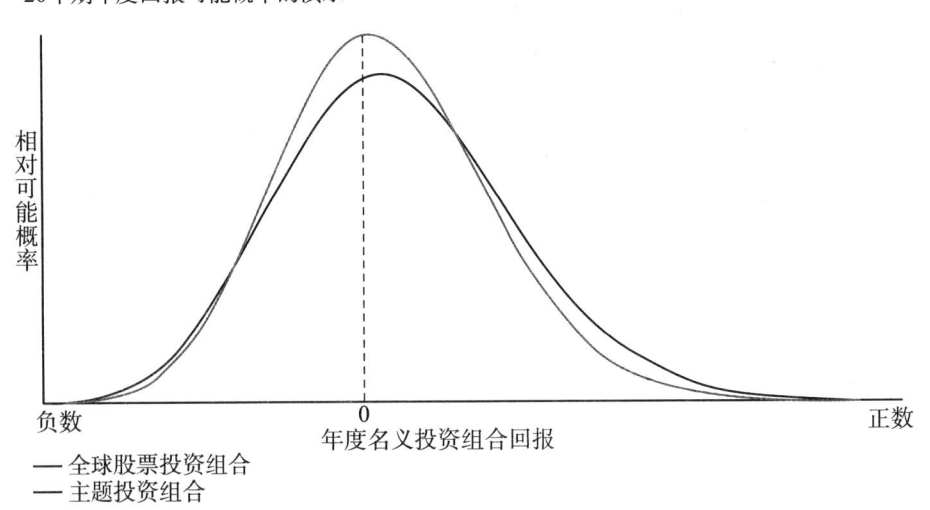

图 11-10　淡马锡控股 20 年期年度回报可能概率的演示

资料来源：淡马锡控股年度报告 2011。

相比之下，主题投资组合转移至亚洲和增长市场，在组合曝险重新加权模拟淡马锡投资组合下，投射出的可能性曲线是平坦的。这意味着主题投资组合是一个具稍微波动的组合，但可能取得较高的回报概率也跟着增加。

对中投公司的启示：

在已有风险管理体系和各项风险指标的基础上，采用风险值（VaR）和蒙特卡罗模拟法等数理方法进行定量分析，对未来投资组合的价值变化和不同投资回报的概率分布作出预测，以更好地进行风险管控和投资决策。

三、澳大利亚未来基金

澳大利亚未来基金根据2006年颁布的《未来基金法案》成立，通过基金投资获取长期收益，协助澳大利亚政府解决公共部门未来养老金的支出（到2020年为止）。未来基金管理委员会（Board of Guardians）负责未来基金的资产投资，资金来源于澳大利亚政府的预算盈余。

（一）澳大利亚未来基金的投资战略及与中投公司的对比

表11-7显示，澳大利亚未来基金在截至2011年6月30日的一个财政年度中资产规模增加了113.8亿澳元（约合122亿美元），低于中投公司最近一个财政年度的357亿美元新增投资规模。在最近的一个财政年度中，澳大利亚未来基金的全球投资组合年化收益率为12.8%，是其自2006年成立以来取得的最高年化收益率，也高于中投公司的11.7%。从自成立以来的总回报率而言，澳大利亚未来基金（5.2%）略低于中投公司（6.4%）。

图11-11显示，澳大利亚未来基金与中投公司全球投资组合的地域分布大体相同，都以北美为最主要的投资目的地。

表11-7 澳大利亚未来基金与中投公司的投资规模和业绩比较

公司	澳大利亚未来基金		中投公司	
截至时间	2011-06-30	合计	2010-12-31	合计
一个财政年度投资规模（单位：亿美元）	约122	730	357	1 351
投资组合年化收益率（%）	12.8	5.2	11.7	6.4

资料来源：澳大利亚未来基金年度报告2010~2011，中投公司2010年年度报告。

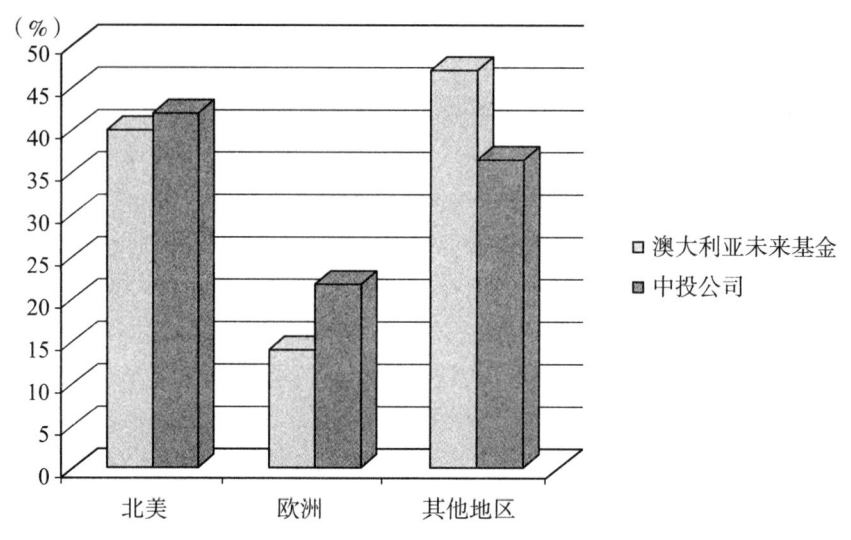

图 11-11　澳大利亚未来基金与中投公司全球投资
组合的地域分布比较

资料来源：澳大利亚未来基金年度报告 2010~2011，中投公司 2010 年年度报告。

（二）澳大利亚未来基金的风险管理及对中投公司的启示[①]

未来基金管理委员会共同负责基金的投资决策，并就基金的表现对政府负责。管理委员会的主要任务是为未来基金设定与其投资命令一致的战略方向。这是通过设定回报目标、风险偏好和风险容忍度以管理投资风险来实现的。该机构有向委员会提供经过深思熟虑的研究和准确信息的任务和责任，以帮助委员会很好地扮演自己的角色。根据委员会批准的投资指南和战略资产配置，该机构进行每日监视和每月汇报。

政府为管理委员会设定的投资命令为在基准利率基础上最大化其回报，同时承担可接受的但不要过度的风险。为了达到这样的结果，委员会设定了一个资产配置设计。其将蕴含主要回报目标的一定程度的风险控制在一定范围内，同时限制了下跌的风险。在三年期组合下，最差的 5% 可能结果（未来基金的"有条件的风险值"或 CVaR）被特别关注，以确保在追求长期回报时，组合中的中期风险是可接受的。

投资组合的构建包括考虑一系列因素并确保有足够的多样性，这样一个地区的消极结果不会过度影响基金的整体回报。考虑的因素包括：全球经济增长；通货膨胀率；全球实际利率；在不同资产类别中的风险溢价变化；所持货币价值变

[①] 资料来源：澳大利亚未来基金年度报告 2010~2011。

化以及流动性和信用情况的变化。

1. 投资风险

在寻求最大收益时，管理委员会充分考虑了固有风险。考虑这些风险，是因为在基金的时间期限内，风险需要得到合理的补偿，即高于无风险收益率的回报率（超额回报）。实现投资目标所承受的风险，包括以下四类：

（1）市场风险。

基金面临的风险，来自管理委员会预计能产生高于长期无风险回报率的超额回报率的资产组合。主要的风险包括：

①广泛的股权资本市场风险，全球范围以及澳大利亚国内的；

②广泛的债权资本市场，包括利率久期、信贷价差久期、信用质量转移和违约风险；

③货币市场风险，包括持有的澳大利亚元和外汇的价值波动风险；

④广泛资产市场中由于如部门、地理区域、增长率、价值类型以及大盘股小盘股等因素引起的不均匀的表现；

⑤在产权和私有市场上的风险不确定性。

管理市场风险的方法通常有：

①采用与回报率目标和基金期间相称的合理的风险目标。风险程度是通过基金投资的每一项资产的回报率特征和风险因素计算出来的；

②避免风险集中，确保投资多种的资产类型；

③经常全面地对基金的风险暴露进行评估，在当日市场环境下评估。

（2）管理风险。

对基金经理的要求是达到超额回报，同时承担一定程度的风险。特别地，任命的基金经理可能超额完成或达不到管理委员会所设的目标。市场回报率（beta）和管理者业绩表现（alpha）应该是相互独立的（如一个基金经理相对于市场表现的业绩，应该不受市场表现的影响）。

管理风险可以通过以下方法来避免：

①对基金经理仔细挑选和管理，有足够的信心确保每个基金经理采用积极风险组合策略；

②管理基金经理的积极投资组合的成分，确保没有偏离预定的投资策略。

（3）信用风险。

信用风险（又称"交易对手风险"），是由合同关系的交易对手违约产生的风险。在基金层面，确保这类风险暴露在批准的暴露范围内，其框架是基于金融工具和交易对手的信用评级。被雇用的基金经理要求确保：

①基金经理的组合内的平均信用质量是在商定的准则内；

②不同层级的信用风险暴露（包括未评级的债券）在商定的准则内；

③对任何一个发行人的最大风险容忍程度是在商定的准则内；

④基金经理投资的所有实体的长期债券，要么是经过公认的评级机构评级的，要么如果没有经过评级，该债券的风险不能超过最大程度允许的风险。

（4）流动性风险。

流动性风险是指证券不能在要求的情况下或是达到不同于报价的价格情况下出售的风险。因为基金的长期性，它可以容忍整个投资组合相对较高的流动性。

管理流动性风险的方法通常是：

①管理基金所有资产类型的流动性情况，包括在正常环境下或是有压力的环境下；

②对组合内的预期现金流建模，在要求的流动性条件下建立稳健的规划；

③将合理的安全保证金考虑到流动性规划中，确保流动性总是能够在需要的时候得到保证（例如，满足货币对冲合约中的保证金支付）。

2. 经营风险

当管理委员会的主要目标是资产类型的最有效组合来最优化市场风险的回报时，经营风险就需要被很好地管理。经营风险是指不准确的、错误的内部程序、人员、系统或是外部事件引起损失的风险。

管理委员会认为经营风险管理过程的质量必须有最佳实践标准。他们要求基金达到这个标准，并且持续地发展和加强管理措施。

管理经营风险的方法通常有：

①分离投资部门（由基金经理们负责）和交易结算，投资活动的记录和报告（由独立的全球托管人负责），从而实现职责的分离；

②要求基金经理和托管人：

向管理委员会提供关于这些事件的第三方公约或保证；

拥有在位保险安排来确保这些事件的赔偿金；

拥有在位的、定期确认的用于解决经营风险的内部控制的存在性和有效性；

③建立合理的经营性的、法律的和税收尽职调查的流程；

④建立基金经理和托管人对管理委员会的合规报告的体系；

⑤建立管理委员会的审计委员会，负责认定和控制经营风险；

⑥建立有效的经营持续性计划。

3. 构建投资组合

在实施投资策略时，管理委员会出于一系列商业的、法律的和税收的原因投资了不同的区域和不同的投资工具。合理构建投资组合有利于维持管理委员会权利和实体，包括出于税务目的在某些地区投资得到主权豁免的利益等。

对这些事项的失败管理，会对基金业绩造成实质性的影响，同时也不利于实现最大化收益的目标，在不损害澳大利亚政府在金融市场上地位的情况下。

管理委员会进行投资，只考虑常见的、经其他公开投资机构和基金验证过的安排和结构，并且遵守适用法律和法规。

管理委员会不会投资与经合组织（OECD）的主要原则相抵触的计划，即用透明度和信息来达到税收目的。它只投资被经合组织承认的主权豁免，即已经持续实施的国际商定的税收透明度标准。这个目标的重点就是，在投资决策过程中和管理目标完成和投资业绩的过程中开展的经营性的、法律的、财务的和税务的尽职调查。

对中投公司的启示：

澳大利亚未来基金管理委员会将未来基金面临的主要风险分为投资风险和经营风险两大类，又将投资风险分为市场风险、管理风险、信用风险和流动性风险。这在风险分类方面为中投公司提供了参考和借鉴。

第三节 基于 VaR 模型的中国主权财富基金海外投资风险分析

在使用对外投资风险矩阵对一国经济风险进行度量时，并未将汇率风险纳入其中。而对于投资规模已达 1 351 亿美元的中国主权财富基金——中投公司而言，汇率风险是其在对外投资过程中不得不考虑的重要因素。有鉴于此，本节将运用较为通用的 VaR 模型，对中国主权财富基金主要投向国家（地区）的汇率风险进行度量。

一、样本和数据选取

根据表 11-4 列明的中投公司主要投资项目（2007～2012 年），可以发现中投公司自成立以来的主要投资国家（地区）为美国、加拿大、英国和中国香港。故本章选取 2007 年 9 月 29 日至 2012 年 3 月 9 日这一时间段内美元、加元、英镑、港元这四种货币分别对人民币的日中间汇率来衡量这四个国家（地区）的汇率风险。每种货币有 1 079 个交易日的样本观测值（资料来源：Wind 资讯）。本章的计算均基于 EViews 6.0 软件。

由于金融研究关注更多的是价格变动和收益率而非价格本身，因此需要把生成的四种货币的价格序列转化为几何收益率序列,对原始数据取自然对数有助于使汇率序列趋势线性化,由此得到的几何收益率序列也具有良好的统计特征,而且在汇率波动较小时,R 近似等于汇率的日变化率。即:$R_t = p_t - p_{t-1}$,其中 $p_t = \ln p_t$,P 为四种货币的日中间汇率。表 11-8 为对样本数据的描述性统计。

表 11-8　美元、加元、英镑、港元汇率观测值描述性统计

统计量	美元	加元	英镑	港元
均值	6.771428	6.480304	11.28608	0.871183
中位数	6.827100	6.525000	10.60610	0.879200
最大值	7.523200	8.174000	15.63890	0.969500
最小值	6.291900	5.276000	9.422700	0.810700
标准差	0.264802	0.505016	1.583880	0.034082
偏度	0.406808	-0.074040	1.292214	0.348316
峰度	3.612432	3.624610	3.363441	3.589915
Jarque - Bera 检验值	46.62383	18.52576	306.2273	37.46359
J - B 检验 P 值	0.000000	0.000095	0.000000	0.000000

二、VaR 方法适用性检验

VaR 方法具有自己的适用条件,在利用其计算被投资国家(地区)的汇率风险之前首先要对模型的适用性进行检验,以达到最好的计算效果。

(一)随机性检验

VaR 方法作为一种统计思想,使用的最根本前提是金融资产价格的变化是一个随机变量,所以应首先检验四种货币汇率的波动是否服从随机游走,本章采用的是单位根检验的方法。首先,对四种货币的汇率对数序列进行单位根检验(见表 11-9),发现四者的 ADF 检验值均大于 1% 检验水平的临界值(其中加元和英镑的 ADF 检验值大于三个不同检验水平的临界值),说明四种货币的汇率对数序列在一定程度上是非平稳性时间序列。在此基础上,对四种货币汇率对数序列的一阶差分(即四种货币对数收益率序列 R)继续进行单位根检验(见表 11-10),发现 ADF 检验值均小于三个不同检验水平的临界值,由此可以确定 R 序列是一阶单整序列,符合随机游走条件,具备了使用 VaR 模型的前提。

表 11-9　美元、加元、英镑、港元汇率对数序列 ADF 检验值

币种	ADF 检验值	P 值*
美元	-3.030902	0.0324
加元	-2.414498	0.1379
英镑	-2.297062	0.1731
港元	-3.312104	0.0146
临界值	1%	-3.436199
	5%	-2.864011
	10%	-2.568137

注：* MacKinnon (1996) one-sided p-values。

表 11-10　美元、加元、英镑、港元对数收益率序列 ADF 检验值

币种	ADF 检验值	P 值*
美元	-30.70202	0.0000
加元	-33.96098	0.0000
英镑	-30.84530	0.0000
港元	-16.51515	0.0000
临界值	1%	-3.436205
	5%	-2.864013
	10%	-2.568138

注：* MacKinnon (1996) one-sided p-values。

（二）正态性检验

已有的实证研究表明，实际金融资产收益率分布具有尖峰厚尾特征（R. T. Rockafeller, 2000），不满足正态假设，于是出现了基于 t 分布等其他分布形式代替正态分布的 VaR 方法，以提高对尾部拟合的效果和度量的精度。本章将对对数收益率序列的正态性进行检验以寻找合适的计算 VaR 值的方法。

目前对对数收益率进行正态性检验的方法主要有两种：正态 Q-Q 图（Quantile-Quantile 图）和 J-B 检验（Jarque-Bera 检验）。正态 Q-Q 图是把正态分布的分位数标在纵轴上，样本分位数标在横轴上所得到的图形。正态 Q-Q 图应是一条直线。通过正态 Q-Q 图可以直观地观察到实际分布是否具有正态性。J-B 检验是哈尔克和贝拉（Jarque & Bera, 1957）提出的正态性检验统计

量，J-B 统计量服从自由度为 2 的分布。若 J-B 统计量大于该分布的临界值，将拒绝服从正态分布的原假设。

观察图 11-12 至图 11-15 可以看到，四种货币对数收益率序列的 Q-Q 图中部接近直线，而两端有大量的点散布在正态直线之外，上端向右偏离该直线，下端向左偏离该直线，呈现明显的厚尾分布的特征。因此，可初步拒绝四种货币对数收益率序列服从正态分布的原假设。

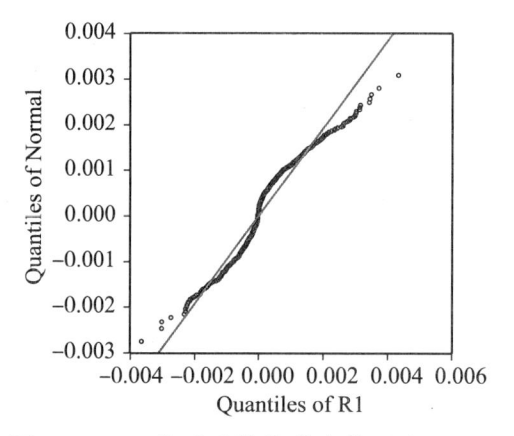

图 11-12　美元对数收益率的正态 Q-Q

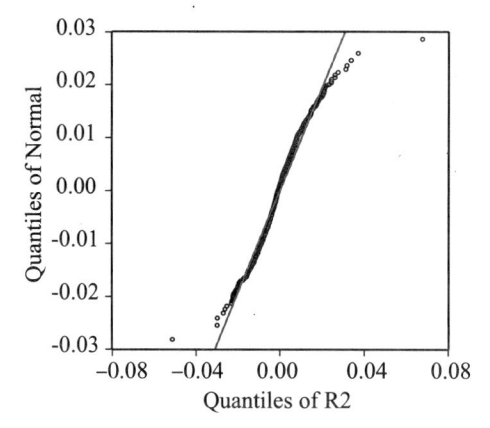

图 11-13　加元对数收益率的正态 Q-Q 图

进一步观察四种货币对数收益率序列的统计量描述，可以发现，在样本区间内，四种货币汇率收益率的偏度分别为 0.602426、0.500148、0.353046、0.584990，说明四种货币均具有正偏离；四种货币的峰度分别为 5.759847、8.649127、6.907143、5.817819，均大于 3，说明呈现尖峰的特点。同时，从 J-B 检验值看，其相伴概率远小于显著性水平 1%，可以拒绝原假设，表明四种

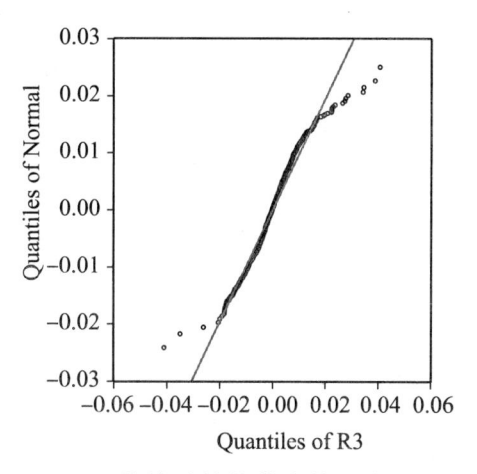

图 11 – 14　英镑对数收益率的正态 Q – Q 图

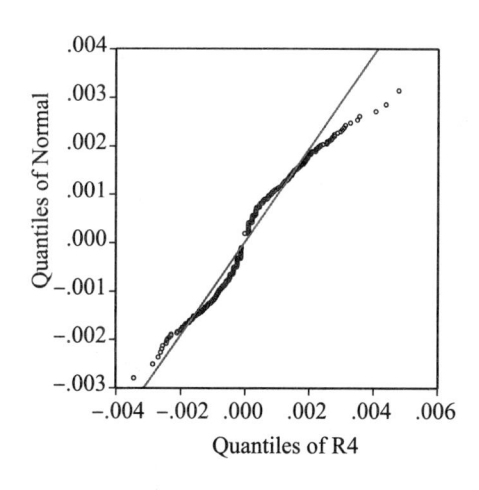

图 11 – 15　港元对数收益率的正态 Q – Q 图

货币汇率收益率序列均不服从正态分布。

通过正态 Q – Q 图和 J – B 检验的综合分析，可以判断样本期内四种货币汇率收益率序列不服从正态分布，因而不能使用"方差—协方差"的 VaR 模型，可以考虑选择使用较为复杂的 t 分布等分布形式的 VaR 方法来度量对外投资中的汇率风险。

（三）异方差检验

方差是估算 VaR 值的最重要参数，检验收益率分布是否具有以及具有何种条件异方差性，便于确定最优的 VaR 方法度量对外投资的汇率风险。

残差平方自相关检验。如果残差中不存在 ARCH，则各阶滞后自相关和偏自相关系数应为 0，且 Q 统计量应不显著，并有很大的 P 值。从四种货币对数收益率序列滞后 36 期的残差平方相关图中我们发现，AC 和 PAC 显著不等于 0，而 Q 值非常显著，说明残差中存在明显的 ARCH。

表 11-11　美元对数收益率序列残差平方 AC、PAC 值

阶数	AC	PAC	Q 统计量	P 值
1	0.135	0.135	19.252	0.000
2	0.152	0.136	43.468	0.000
3	0.244	0.216	106.220	0.000
4	0.158	0.098	132.380	0.000
5	0.181	0.112	167.000	0.000
6	0.145	0.052	189.350	0.000

表 11-12　加元对数收益率序列残差平方 AC、PAC 值

阶数	AC	PAC	Q 统计量	P 值
1	0.122	0.122	15.745	0.000
2	0.086	0.072	23.443	0.000
3	0.118	0.101	38.052	0.000
4	0.074	0.045	43.756	0.000
5	0.192	0.169	82.462	0.000
6	0.142	0.094	103.850	0.000

表 11-13　英镑对数收益率序列残差平方 AC、PAC 值

阶数	AC	PAC	Q 统计量	P 值
1	0.187	0.187	36.743	0.000
2	0.081	0.048	43.719	0.000
3	0.191	0.174	82.258	0.000
4	0.303	0.254	179.220	0.000
5	0.224	0.143	231.970	0.000
6	0.167	0.092	261.510	0.000

表 11-14　港元对数收益率序列残差平方 AC、PAC 值

阶数	AC	PAC	Q 统计量	P 值
1	0.194	0.194	39.694	0.000
2	0.118	0.083	54.232	0.000
3	0.252	0.225	121.210	0.000
4	0.164	0.083	149.620	0.000
5	0.154	0.088	174.530	0.000
6	0.157	0.062	200.720	0.000

ARCH-LM 效应检验。ARCH-LM 检验统计量由一个辅助检验回归计算，为检验原假设：残差中直到 q 阶都没有 ARCH。通过进行残差的一阶和三阶 ARCH-LM 检验，可以发现四种货币对数收益率序列的 Q 相伴概率 p 值都明显小于 1% 的显著水平，因此不能接受原假设，可以认为四种货币对数收益率序列存在 ARCH 效应，而且存在高阶的 ARCH 效应。

表 11-15　美元、加元、英镑、港元对数收益率序列一阶
ARCH-LM 检验结果

货币	统计量	数值	统计量	数值
美元	F-statistic	19.66265	Prob. F (1, 1 045)	0.0000
	Obs*R-squared	19.33645	Prob. Chi-Square (1)	0.0000
加元	F-statistic	15.89674	Prob. F (1, 1 045)	0.0001
	Obs*R-squared	15.68850	Prob. Chi-Square (1)	0.0001
英镑	F-statistic	37.86468	Prob. F (1, 1 045)	0.0000
	Obs*R-squared	36.61060	Prob. Chi-Square (1)	0.0000
港元	F-statistic	41.07622	Prob. F (1, 1 045)	0.0000
	Obs*R-squared	39.59832	Prob. Chi-Square (1)	0.0000

表 11-16　美元、加元、英镑、港元对数收益率序列三阶
ARCH-LM 检验结果

货币	统计量	数值	统计量	数值
美元	F-statistic	30.98116	Prob. F (3, 1 045)	0.0000
	Obs*R-squared	85.65325	Prob. Chi-Square (3)	0.0000

续表

货币	统计量	数值	统计量	数值
加元	F-statistic	10.77140	Prob. F (3, 1 045)	0.0000
	Obs * R-squared	31.46176	Prob. Chi – Square (3)	0.0000
英镑	F-statistic	24.70864	Prob. F (3, 1 045)	0.0000
	Obs * R-squared	69.46444	Prob. Chi – Square (3)	0.0000
港元	F-statistic	35.81628	Prob. F (3, 1 045)	0.0000
	Obs * R-squared	97.77017	Prob. Chi – Square (3)	0.0000

通过以上检验分析，可以判断样本期内四种货币汇率对数收益率序列存在高阶条件异方差，根据龚妮（2006）、李妍（2009）和魏金明、陈敏（2009）等人利用各种模型对汇率风险的比较研究，可以考虑使用 GARCH (1, 1) 模型的 VaR 方法来度量对外投资中的汇率风险。

三、VaR 值的计算

根据 GARCH (1, 1) 模型可生成四种货元对数收益率的条件方差以及条件标准差序列（见表 11 - 17）。对估计的 GARCH (1, 1) 模型进行检验评价。对残差序列做 Q 检验，发现在 5% 的显著性水平下，前 36 阶残差项序列的自相关系数和偏自相关系数均不显著；然后对残差再做异方差效应的 LM 检验，发现残差序列已显著不存在 ARCH 效应。综合上述表现，可认为 GARCH (1, 1) 模型能较好地刻画四种货币汇率对数收益率的异方差现象。

表 11 - 17　　美元、加元、英镑、港元对数收益率条件标准差的统计性描述

货币	σ 最大值	σ 最小值	σ 均值
美元	0.0017578	0.000291033	0.000795337
加元	0.022605	0.005029911	0.008232332
英镑	0.016971	0.002742262	0.006935204
港元	0.002435	5.90762E – 05	0.000851427

将四种货币对数收益率的条件标准差序列分别代入公式 $VaR = Z_{1-\alpha} \sigma_R \sqrt{\Delta t}$，可以得到动态日 VaR 值（见表 11 - 18）。

表 11-18　　美元、加元、英镑、港元的动态日 VaR 值

货币	显著性水平	VaR 最大值	VaR 最小值	VaR 均值	VaR 标准差
美元	1%	0.004095766	0.000678106	0.001853135	0.000978726
美元	5%	0.002900435	0.000480204	0.001312306	0.000693089
美元	10%	0.002250035	0.000372522	0.001018031	0.000537669
加元	1%	0.05267037	0.011719692	0.019181333	0.0064326
加元	5%	0.03729876	0.008299352	0.013583347	0.004555275
加元	10%	0.028934796	0.006438285	0.010537384	0.003533789
英镑	1%	0.039541511	0.00638947	0.016159026	0.005860964
英镑	5%	0.028001429	0.004524732	0.011443087	0.004150468
英镑	10%	0.02172232	0.003510095	0.008877062	0.003219757
港元	1%	0.005673921	0.000137648	0.001983826	0.001265346
港元	5%	0.004018013	9.74758E-05	0.001404855	0.000896061
港元	10%	0.003117004	7.56176E-05	0.001089827	0.000695126

由表 11-18 可知，在 95% 的置信度下，美元、加元、英镑、港元的汇率对数收益率的风险价值均值分别为 0.001312306、0.013583347、0.011443087 和 0.001404855。

第四节　基于对外投资风险矩阵的中国主权财富基金海外投资风险分析

本节将借鉴麦高恩和默乐（McGowan & Moeller，2009）使用的对外投资风险矩阵（Foreign Investment Risk Matrix，FIRM），从政治和经济两个维度对中国主权财富基金海外投资风险进行识别和度量。具体采用东道国（地区）政府对 FDI 的态度、该国（地区）内的冲突程度、该国（地区）内已知的腐败程度、人均国民总收入、外来 FDI 的潜力、通货膨胀率和汇率波动等指标，对中投公司近年来主要投向的国家（地区）进行评分，并对这些国家（地区）的风险可接受程度作出判断。

一、中国主权财富基金海外投资风险识别

本章在已有文献的基础上,结合中国主权财富基金海外投资的实际情况,将中国主权财富基金海外投资面临的主要风险分为政治风险和经济风险两大类[①]。

(一)政治风险

政治风险是指由东道国(地区)政治局势不稳定、投资国与东道国(地区)政府间的关系等因素所引起的风险。中国主权财富基金海外投资过程中面临的政治风险主要来源于以下一些因素。

1. 东道国(地区)政局的稳定性

东道国(地区)政局越稳定,说明不同党派间的冲突较小,执政党没有频繁更迭,国家(地区)的政策也会相对稳定和连续。主权财富基金在投资过程中可以依据现有的情况作出合理的判断和预期,面临的风险就越小。反之,如果东道国(地区)政局动荡,国家(地区)政策缺乏连续性,主权财富基金在投资过程中面临的不确定性较大,承受的风险也就越大。

2. 东道国(地区)政府对 FDI 的态度

东道国(地区)政府对外来 FDI 的态度可以体现在该国(地区)FDI 相关法律法规及相关政策的制定上。如果东道国(地区)政府对外来 FDI 支持,那么该国(地区)会给予海外投资企业国民待遇或是超国民待遇,以吸引更多的投资。在较好的政策环境中,主权财富基金面临的风险也就相应越小。反之,如果由于地方保护主义等原因,东道国(地区)政府并不支持外来 FDI,那么主权财富基金的投资过程就会面临比较多的阻力,即承受更大的政策风险。

3. 东道国(地区)政府的腐败程度

一般而言,如果东道国(地区)政府运行机制透明,没有严重的腐败现象,那么商业规则就相对公平,企业面临的风险也就较小。中国主权财富基金海外投资规模大,且近年来大部分投资都置于东道国政府亦十分关注的自然资源类、金融类企业,如果东道国(地区)政府的腐败程度严重,在企业运行过程中不透明,势必会对中国主权财富基金的投资收益产生影响,使中国主权财富基金承受巨大的政治风险。

[①] Carl B. McGowan & Susan E. Moeller, A Model for Making Foreign Direct Investment Decisions Using Real Variables for Political and Economic Risk Analysis, Managing Global Transitions, 2009, Vol. 7: pp. 27 – 44.

（二）经济风险

经济风险是指东道国（地区）的经济环境变化对海外投资造成的影响，主要包括市场风险、商业周期波动风险、汇率风险、利率风险、国际油价波动风险、通货膨胀等。中国主权财富基金海外投资过程中面临的经济风险主要来源于以下一些因素。

1. 宏观经济状况

东道国（地区）的宏观经济因素可以反映一国的市场大小，市场越大，企业面临的市场风险就越小。同时，宏观经济运行越稳定，企业的投资就越有持续性和保障。衡量宏观经济风险的变量主要有：GDP 总量、GDP 增长率、人均 GDP 等变量。其中 GDP 总量及人均 GDP 反映市场大小，GDP 增长率反映经济运行的稳定程度。

2. 汇率波动

如果东道国（地区）的汇率波动幅度大，说明在该国（地区）投资的主权财富基金获得收益的不确定性增加，使主权财富基金承受较大的风险。反之，如果东道国（地区）的汇率稳定，主权财富基金在投资过程中可以依据现有的汇率水平对投资收益作出合理的判断和预期，降低了所要承受的风险。

3. FDI 潜力

东道国（地区）的资本、劳动力、技术以及在世界市场中所占的份额情况反映出一国（地区）吸收外来 FDI 的潜力。东道国（地区）的资本越雄厚、劳动力成本越低、劳动力质量越高、技术优势越明显，主权财富基金面临的经济风险就越小。反之，在一个资本匮乏，人才技术落后的国家（地区）投资，必将承受巨大的经济风险。

4. 通货膨胀率

通货膨胀是指在一段时间内物价水平持续上升。一般认为，轻微通货膨胀会刺激投资需求的增长，带动经济的增长。所以在一定范围内，一定的通货膨胀率是宏观经济运行良好的体现。宏观经济增长使主权财富基金面临较小的经济风险。

此外，主权财富基金在海外投资过程中还面临着经营风险，即被投资企业在生产、销售、技术、财务管理、人力资源、文化等方面由于不可抗力的影响或由于企业决策上的失误而使投资者不能从企业获得正常收益的可能性。与政治风险与经济风险相比，经营风险受企业个性影响较大。鉴于本章将使用的对外投资风险矩阵以国家（地区）为研究对象，故仅对政治风险和经济风险进行考量。

二、对外投资风险矩阵

巴拉（Bhalla, 1983）将对外投资风险管理定义为跨国公司评估一国政治稳定和市场潜力的过程。巴拉创建了一个二维矩阵，政治风险和经济风险的每一维度有四个类别变量，叫做对外投资风险矩阵（FIRM）。政治风险被分为从 A 到 D 的四类，其中 A 为稳定，B 为适度不稳定，C 为波动不稳定，D 为大幅度不稳定。经济风险被分为 1~4 的四类。类 1 意味着可接受的风险，类 2 意味着中度风险，类 3 意味着重大风险，类 4 意味着不可接受的风险。巴拉具体使用的政治风险衡量指标为政府稳定性，即政府变化的方式和频率以及公众对于政府领导人和机构的态度。巴拉具体使用的经济风险衡量指标被定义为对公司生产而言的潜力。使用的经济风险衡量指标为一国的人口特点、基础设施、经济收入的广度、人均 GNP 以及经济增加潜力。

马都拉（Madura，2000）将 FIRM 表示为一个连续的变量框架来代替离散分类的使用。马都拉模型使用了连续的变量框架来代替只提供 16 种分类的四—四分类矩阵。经济变量的评级和政治风险的评级均是连续的，并且从低风险到高风险来描述，使跨国公司的决策者可以在连续的框架中区分不同国家。Madura 模型提供了以下三种分类：拥有可接受风险水平的国家，拥有不可接受风险水平的国家和拥有不确定风险水平的国家。对于在不确定区域内的国家，决定是否接受需要更进一步的分析。麦高恩和默乐（2003）说明了如何使用多元判定分析来确定政治风险和经济风险空间的经验边界。他们使用人均国民总收入和经济自由度指数将 128 个国家（地区）分为 FDI 可接受国家（地区）、不可接受国家（地区）和不确定国家（地区）。麦高恩和默乐（2005）运用多项式回归创建了一个使用相同变量的类型模型。

本章将说明如何使用互联网上容易找到的并且可以直接使用的衡量指标来进行主权财富基金投资目的地的国家（地区）风险分析。本章使用三个变量来衡量政治风险维度，三个变量来衡量经济风险维度，将 Bhalla 的模型从分类模型扩展为连续的形式。之所以选择这一组输入变量是因为这些变量在互联网上容易得到并且可以简单使用和免费。本章使用政治风险的三个衡量指标（东道国政府对 FDI 的态度、冲突和腐败），经济风险的四个衡量指标（人均国民总收入、汇率波动、FDI 潜力和通货膨胀率）来构建模型。这些变量和权重都是被选择用来说明如何使用该模型，以及做 FDI 决策的主权财富基金如何根据特定的项目、国家（地区）和公司来调整该模型。这些衡量指标被用来将可被 FDI 接受的国家从 FDI 无法确定或不可接受的国家（地区）中区别出来。

三、指标选取和数据来源

本章选择三个变量来衡量政治风险的组成：东道国（地区）政府对 FDI 的态度、

该国（地区）的冲突程度、该国（地区）内已知的腐败程度，选择四个变量来衡量经济风险的组成：人均国民总收入、汇率波动、外来 FDI 的潜力和通货膨胀率。

东道国（地区）政府对 FDI 的态度使用 Heritage Foundation 发布的资本流动和对外直接投资的经济自由度分类指数来衡量①。比奇和德里斯科尔（Beach & Driscoll，2002）就经济自由度指标是如何构成的这一问题进行了深入的探讨。他们认为，经济自由度指标由资本流动和 FDI 的限制、商业的外国所有权限制、对于外国公司的限制和表现要求、外国的土地所有权、对于外国和本地公司的平等对待的法律、遣返收益的限制以及外国公司对当地金融的可用性等因素构成。东道国政府的态度通过将 Investment Freedom Index 除以 10，再除以 2 转化得到。因为 Conflict Barometer 的值介于 0 与 5 之间，数值越大表明冲突程度越大，故将冲突程度用 Conflict Barometer 的值来表示。CPI 为将发布值除以 2。人均 GNI 变量的值在高收入经济情况下为 5，低收入经济情况下为 0，中高收入国家为 4，中低收入国家为 2，低收入国家为 1。FDI 潜力指数从 0 到 1，通过将发布值乘以 10，再除以 2 来进行转化得到。通货膨胀率为 Trading Economics 发布的 Inflation Rates 指标除以 2 来转化得到。

冲突的程度用由海德堡国际冲突研究所发布的 Conflict Barometer 来衡量②。冲突被定义为"至少两个决心追求他们的利益并且赢得他们事件的当事人之间在持续时间和大小等一些国家价值观上的利益冲撞。"Conflict Barometer 根据价值大小分为 1~5 五个水平。1 级是非暴力并且低强度的潜在冲突，"一个国家意义上定义的价值定位的差异被认为是一个潜在的冲突，如果各自的要求由一方说出而由另一方认知"。2 级是非暴力并且低强度的明显冲突。"明显的冲突包括定位于暴力的最近部分的衡量指标的使用。这涉及比如口头压力、公开的暴力威胁或实行经济制裁。" 3 级被定义为危机，为暴力和中等强度。"危机是一个紧张局势，至少一方在单一事件中使用了武力。" 4 级被定义为严重的危机，为高强度。"冲突被认为是严重的危机如果武力以有组织的方式被反复使用。" 5 级被定义为战争，为暴力并且高强度。"战争是暴力冲突的一种类型，暴力被有组织、有系统地具有一定连贯性地使用。冲突双方依据局势采用广泛的措施。破坏的数量巨大并且持续时间长。"

已知的腐败程度使用腐败感知指数来衡量。腐败感知指数（CPI，Corruption Perceptions Index）由透明国际（Transparency International）以年为单位进行发布③。该指数为许多指数和已知腐败程度的调查结果的加权平均值。政治腐败被

---

① http：//www.heritage.org/.
② http：//hiik.de/.
③ Transparency International，Corruption Perception Index 2011，2011.

定义为"政治领导人为谋取私利滥用权力,以期增加权力或财富"。

人均国民总收入数据来自世界银行出版的《2012年世界发展指标》[①]。世界银行发布的具有国际可比性的以经营为目的的人均收入数估值[②]表明人均国民总收入并不是经济增长和发展的完全衡量指标,但是大部分其他经济增长和发展的衡量指标都与该数值高度相关。

经济风险中的汇率变动变量采用上一节计算风险价值VaR过程中四种货币的条件标准差的均值来衡量。在具体操作中,将条件标准差均值进行以下转化后使用:5 - 条件标准差×500。

FDI潜力使用UNCTAD(United Nations Conference on Trade and Development)发布的向内的对外直接投资潜力指数来衡量,该指数为以下12个变量的加权平均(名义上产生一个得分在最低分国家的0分和最高分国家的1分之间):人均GDP(国内生产总值)、10年的GDP增长率、GDP中的出口、每1 000名居民拥有的平均电话线数量、人均商业能源使用量、GDP中的研发支出、大专学历的学生在人口中的比例、国家风险、自然资源出口在世界市场中的份额、汽车和电子产品的零部件进口在世界市场中的份额、服务出口在世界市场的份额、FDI存量的世界份额。

通货膨胀率使用Trading Economics发布的Inflation Rates,List by Country来衡量[③]。

四、实证及结果分析

根据表11-4列明的中投公司主要投资项目(2007~2012),可以发现中投公司自成立以来的主要投资国家(地区)为美国、加拿大、英国和中国香港。将对外投资风险矩阵应用到以上四个国家和地区,得到:

表11-19　　　　　　　　对外投资风险矩阵(美国)

政治风险因素	评分	权重	评分×权重
东道国(地区)政府态度	3.815	35%	1.33525
冲突	3	35%	1.05
腐败	3.55	30%	1.065

---

① http://www.worldbank.org/.
② http://go.worldbank.org/v4hs8zbud0/.
③ http://www.tradingeconomics.com/inflation-rates-list-by-country.

续表

政治风险因素	评分	权重	评分×权重
总计		100%	3.45025
经济风险因素	评分	权重	评分×权重
人均国民总收入	5	25%	1.25
FDI潜力	3.09	25%	0.7725
通货膨胀率	1.45	25%	0.3625
汇率变动	4.6023315	25%	1.150583
总计		100%	3.535583
风险因素总和	权重	值	权重×值
政治风险	60%	3.45025	2.07015
经济风险	40%	3.535583	1.414233
总计			3.484383

表11-20　　　　　对外投资风险矩阵（加拿大）

政治风险因素	评分	权重	评分×权重
东道国（地区）政府态度	3.995	35%	1.39825
冲突	4	35%	1.4
腐败	4.35	30%	1.305
总计		100%	4.10325
经济风险因素	评分	权重	评分×权重
人均国民总收入	5	25%	1.25
FDI潜力	2.17	25%	0.5425
通货膨胀率	1.25	25%	0.3125
汇率变动	0.883834	25%	0.220959
总计		100%	2.325959
风险因素总和	权重	值	权重×值
政治风险	60%	4.10325	2.46195
经济风险	40%	2.325959	0.930383
总计			3.392333

表 11-21　　　　　　　　对外投资风险矩阵（英国）

政治风险因素	评分	权重	评分×权重
东道国（地区）政府态度	3.705	35%	1.29675
冲突	2	35%	0.7
腐败	3.9	30%	1.17
总计		100%	3.16675
人均国民总收入	5	25%	1.25
FDI潜力	2.235	25%	0.55875
通货膨胀率	1.7	25%	0.425
汇率变动	1.532398	25%	0.3831
总计		100%	2.61685
风险因素总和	权重	值	权重×值
政治风险	60%	3.16675	1.90005
经济风险	40%	2.61685	1.04674
总计			2.94679

表 11-22　　　　　　　对外投资风险矩阵（中国香港）

政治风险因素	评分	权重	评分×权重
东道国（地区）政府态度	4.495	35%	1.57325
冲突	4	35%	1.4
腐败	4.2	30%	1.26
总计		100%	4.23325
经济风险因素	评分	权重	评分×权重
人均国民总收入	4	25%	1
FDI潜力	2.06	25%	0.515
通货膨胀率	3.05	25%	0.7625
汇率变动	4.5742865	25%	1.143572
总计		100%	3.421072
风险因素总和	权重	值	权重×值
政治风险	60%	4.23325	2.53995
经济风险	40%	3.421072	1.368429
总计			3.908379

表 11-19、表 11-20、表 11-21 和表 11-22 分别显示了美国、加拿大、英国和中国香港的六个输入变量的计算值。以美国为例，东道国（地区）政府态度、冲突、腐败的评分分别为 3.815、3.00 和 3.55。人均国民总收入、FDI 潜力、通货膨胀率和汇率变动的评分分别为 5.00、3.09、1.45 和 4.6023315。美国的政治风险因素为 3.45025，经济风险因素为 3.535582875。在这种情况下，美国落入被定义为 FDI 可接受的区域。

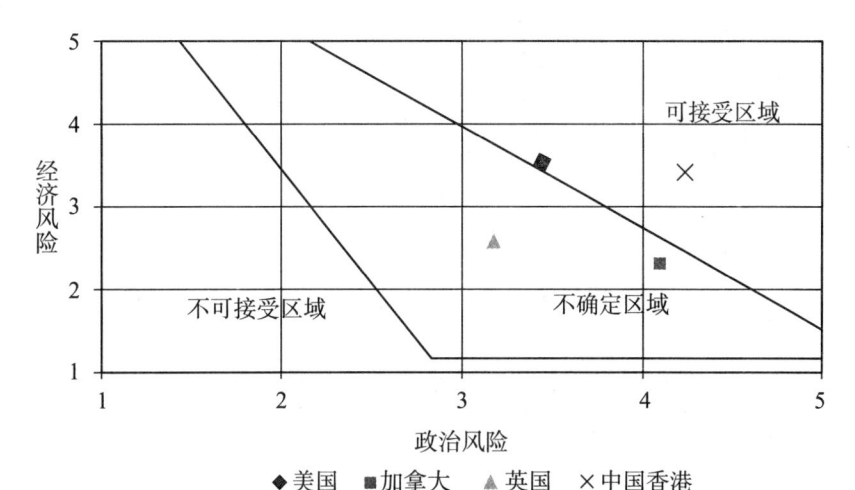

图 11-16 对外投资风险矩阵
（表 11-23～表 11-26 中计算值的图形表示）

从图 11-16 可以看出，美国和中国香港落入右上角区域，说明 FDI 可接受。加拿大和英国在中间的不确定区域，投资是否进行需要进一步的分析判断。没有国家和地区落入左下角的不可接受区域。

对外投资风险矩阵让主权财富基金可以将注意力聚焦于投资环境，从而得到更高的成功可能性。也就是说，主权财富基金的投资决策者可以消除进一步的分析中得到的那些不满足政治和经济风险的规定的最低水平的国家。本章中的模型在评估特定国家的某一特定项目时可以进行调整，来满足主权财富基金投资决策的具体需求。

五、对外投资风险矩阵的运用

本节运用对外投资风险矩阵对英国的风险进行分析，以判断英国的投资可接受程度。

(一) 政治风险

1. 东道国（地区）政府态度

英国的东道国（地区）政府态度指标评分为 3.705，低于美国的 3.815、加拿大的 3.995 和中国香港的 4.495。可以看出，与其他国家和地区相比，英国的资本流动和对外直接投资经济自由度最低，对于外来 FDI 的态度最不积极，来源于东道国政府态度的政治风险较大。

2. 东道国（地区）的冲突程度

英国的冲突程度指标评分为 2，低于美国的 3 以及加拿大和中国香港的 4，说明与其他国家和地区相比，英国的冲突程度较高，政策相对缺乏持续性，来源于东道国（地区）冲突程度的政治风险较大。

3. 东道国（地区）政府的腐败程度

英国的腐败程度指标评分为 3.9，高于美国的 3.55，低于加拿大的 4.35 和中国香港的 4.2。可以看出，与其他国家和地区相比，英国在政府腐败程度方面的表现相对较差，使得外来的主权财富基金在进行投资时对商业规则的公平性存在疑虑，来源于东道国（地区）政府腐败程度的政治风险较大。

(二) 经济风险

1. 宏观经济状况

英国的人均国民总收入指标评分为 5，与美国、加拿大均为最高分，高于中国香港的 4。从一定程度上说明，英国的宏观经济状况较好，来源于宏观经济状况的经济风险较小。

2. FDI 潜力

英国的 FDI 潜力指标评分为 2.235，低于美国的 3.09，高于加拿大的 2.17 和中国香港的 2.06。可以看出，在四个国家和地区中，英国的资本、劳动力、技术水平较为领先，来源于 FDI 潜力的经济风险较小。

3. 通货膨胀率

英国的通货膨胀率指标评分为 1.7，高于美国的 1.45 和加拿大的 1.25，低于中国香港的 3.05，说明英国在一定范围内的通货膨胀率体现了其良好的经济运作情况，来源于通货膨胀率的经济风险较小。

4. 汇率变动

英国的汇率变动指标评分为 1.532398，低于美国的 4.6023315 和中国香港的 4.5742865，高于加拿大的 0.883834，说明英国的汇率波动较大，不利于主权财富基金依据现有的汇率水平对投资收益作出合理的判断和预期，来源于汇率变动的经济风险较大。

综上所述，由于引起政治风险的三个因素表现均较差，英国政治风险的总体评分较低；同时由于汇率变动指标评分远低于美国和中国香港，尽管其他三项指标均高于平均水平，依然使英国经济风险的总体评分稍差。在对外投资风险矩阵中，英国落入 FDI 不确定区域，需要对于投资具体情况的进一步考量来判断是否进行投资。

第五节 本章小结

随着外汇储备规模的不断扩大，中国政府于 2007 年 9 月成立了中国的主权财富基金——中投公司，积极探索和拓展外汇储备的使用渠道和方式，提高外汇储备的专业化管理效率，提高盈利能力。然而，由于成立时间不长，中投公司在风险管理方面还存在着许多问题。本章正是基于这样的背景展开研究。

首先，分析了中国主权财富基金海外投资的现状。可以看出，自成立以来，中投公司投资规模逐步扩大，投资收益稳步提升。全球投资组合分布逐步从现金和现金产品转向股权、固定收益及另类投资。中投公司逐步增加在亚太、欧洲和非洲等地区的投资，在北美地区的投资仍然是中投公司全球组合分散投资的最主要部分。从行业分布上看，金融、能源、材料、资讯科技、工业和非必需消费品行业所占比重较大。中投公司设立风险管理委员会来管理投资过程中的风险，并建有自己的风险管理体系和各类风险指标，但与发达国家相比，中投公司的风险管控体系和过程还相对薄弱。

其次，通过对挪威全球政府养老基金、新加坡淡马锡控股、澳大利亚未来基金海外投资战略分析以及与中投公司的对比，提出中国主权财富基金在海外投资过程中可以参考借鉴的经验，即在股权投资和固定收益投资过程中，更加注重投资组合的多元化，以降低非系统风险；在已有风险管理体系和各项风险指标的基础上，采用风险值（VaR）和蒙特卡罗模拟法等数理方法进行定量分析，对未来投资组合的价值变化和不同投资回报的概率分布作出预测，以更好地进行风险管控和投资决策；在对外投资风险识别过程中将主要风险分为投资风险和经营风险两大类，再将投资风险分为市场风险、管理风险、信用风险和流动性风险。

再次，本章运用较为通用的 VaR 模型，对中国主权财富基金主要投向国家（地区）的汇率风险进行度量。选取 2007 年 9 月 29 日至 2012 年 3 月 9 日这一时间段内美元、加元、英镑、港元这四种货币分别对人民币的日中间汇率共 4 316

个数据，通过对四种货币汇率对数收益率序列进行随机性检验、正态性检验和异方差检验，确定使用 GARCH（1，1）模型的 VaR 方法来进行汇率风险的度量。结果显示，美元、港元的汇率对数收益率的风险价值远小于加元、英镑。

最后，本章根据风险因素的来源，认为中国主权财富基金海外投资面临的主要风险为政治风险和经济风险两大类。又将政治风险细化为东道国政局的稳定性、东道国（地区）政府对 FDI 的态度、东道国（地区）政府的腐败程度三个因素，将经济风险细化为宏观经济状况、汇率波动、FDI 潜力、通货膨胀率四个因素，构建对外投资风险矩阵。运用对外投资风险矩阵，可以看出，美国和中国香港落入 FDI 可接受区域，加拿大和英国落入位于中间的不确定区域，并对英国的投资风险进行了分析，解释了其为何落入 FDI 不确定区域，进行了理论与现实的验证。

第十二章

中国企业对外直接投资汇率风险实证研究

随着中国对外投资企业数量的迅速增加和投资规模的扩大,越来越多的对外投资企业和投资项目涉及对外投资资金的募集、转移、投放和回收工作,这样一来更多的国内企业将直接面临人民币与其他货币的兑换等带来的汇率风险。人民币汇率的波动使我国对外投资企业需要面临更多的不确定的因素,这也将对企业对外投资甚至国内的生产经营的收益和长远战略产生重要影响,尤其是2005年7月21日我国开始实施以市场供求为基础、参考一篮子货币进行调节、有管理的浮动汇率制度,这标志着人民币汇率将受到国际货币市场的更大影响,人民币汇率的波动也将更加剧烈,而作为对外投资主体的我国企业也将必然面临着更大的汇率波动和汇兑所带来的账面和实际损失,因此通过不同方法研究我国对外投资企业和行业所面临的汇率风险程度和对企业价值的影响程度,并进一步选取更加有效的汇率风险识别和测量方法具有重要意义,这将为我国对外投资企业是否需要以及多大程度上防范汇率风险,并更好地化解汇率风险提供有价值的参考。

第一节 理论机理和实证研究方法

本章节主要介绍了汇率波动与企业价值相关性研究的理论机理,这是本选题进行实证研究和实证结果解释的理论基础和研究起点。此外本节还着重介绍了

VaR 方法、乔瑞（1990）、财务绩效方法和面板数据方法的理论框架，这为实证研究的开展提供了方法论的指导。

一、汇率波动与企业价值相关性研究的理论机理

我国企业对外直接投资的汇率风险是指在人民币与其他不同币别货币的相互兑换或折算中，因汇率在一定时间内发生未预料到的变动，致使我国的有关投资主体的实际收益与预期收益或实际成本与预期成本发生背离，从而蒙受经济损失的可能性。根据我国企业所面临汇率风险产生的原因及表现形式，我国对外直接投资企业所面临的汇率风险一般可以划分为交易风险、折算风险和经济风险三种基本类型，以下是对对外投资企业的汇率风险类型进行的识别（李力，2010）。

（一）交易风险

汇率波动造成的交易风险是指在运用外币进行记价收付的交易中，从合同签订日到债权债务清偿日内，经济主体由于汇率变动而蒙受损失的可能性。汇率波动对对外投资企业的现金流价值造成不确定，这就会产生损失及丧失所期待利益的可能性，汇率波动幅度越大，交易风险就随之增大。

（二）经济风险

对外投资企业的经济风险又称经营风险，是指汇率波动通过影响对外投资企业的投入和产出而使对外投资企业在未来一定时期内的收益和现金流减少的可能性。经济风险是一种潜在的汇率风险，对经济风险的分析需要关注对外投资企业海外投资项目的销售价格、生产成本、生产费用等变量随着汇率波动而产生的过程，汇率的变动导致投资企业各个实体经济因素的波动将产生经济风险。

（三）换算风险

对外投资企业的换算风险又称为会计风险，是指对外投资企业对资产负债表进行会计处理的过程中，在将投资性功能货币转换成记账货币时，因汇率变动而呈现账面损失的可能，其中投资性功能货币是指对外投资企业在投资过程和日常经营活动中使用的货币，记账货币是指对外投资企业在编制财务报表时所采用的报告货币。当功能货币与记账货币不一致时，编制财务报表就需要进行一定的换

算。由于投资性功能货币与记账货币之间汇率的变动，财务报表中某些项目的价值也会发生相应的变动，从而对企业绩效和股指产生影响。

各种汇率风险对对外投资企业股价的影响的理论主要有：流量导向模型（Dombusch & Fisher, 1980）和有价证券余额理论（Branson & Hender-son, 1985）。流量导向模型认为汇率变化将影响对外投资企业国际竞争力和贸易均衡，进而影响股价变化。有价证券余额理论假设投资者在选择金融资产组合时关注诸如股票、外汇、国内货币、存款公债等一系列金融资产的需求，认为在其他条件不变的情形下，有价证券持有者将比较不同证券投资报酬的高低，并将选择持有较高比例的高报酬资产，减少持有较低报酬的资产。该理论认为本币升值将导致投资者减持报酬率低的外汇，增持本国的股票，进而导致本国股价上涨，即汇率与股价之间是反向的关系。其对对外投资企业的股票市场绩效的传导机制主要是通过对外投资资金的运用而产生的企业价值与汇率的联动性来完成的，即通过与对外投资项目密切相关的关联货币对本币的汇率变化带来的交易风险、经济风险和换算风险来影响企业的实体经营、账面收益、财务绩效和市场对企业未来的价值预期。

而汇率变动对对外投资企业的财务绩效影响主要是经济性分析，是通过分析汇率变动与对外投资企业各项财务指标的联动性来确定汇率变动是否对跨国经营企业的财务绩效产生实质性影响。对外投资企业定期公布的财务指标是企业在对外投资过程中真实收益和流动性的反应，汇率波动带来的各项风险终究要在财务指标中得以反映，因此利用财务指标来衡量汇率风险具有较强的可行性。

汇率风险对于对外投资企业的市场收益（股价）和财务收益（利润和现金流）的影响并不是割裂的，二者具有很强的统一性。对于投资企业有利或有弊的汇率波动会带来股票收益率的变化，代表了投资者对公司价值的客观评价，因此也就代表了企业的运营绩效与财务价值。股票收益率实质反映的是资本和获利之间的关系，它受预期每股盈余的影响，反映了每股盈余的大小和取得的时间；同时受企业风险大小的影响，还可以反映每股盈余的风险。

二、VaR 方法的研究机理

J. P. Morgan（1994）提出的 VaR（Value at Risk）是指在市场正常波动的情况下，在给定的置信水平下，某资产或资产组合在未来某一特定时间内可能发生的最大损失。假设给定的置信水平为 $1-\alpha$，资产或资产组合在持有期内的损失为 Δp，则 VaR 的定义可以表示为：

$$prob(\Delta p > VaR) = \alpha$$

VaR 方法是对资产或资产组合可能损失的统计测量，是基于尾部测量的一种手段，较以前的基于波动性或者灵敏度的分析有很大改进，VaR 值一般定义为在一定持有期和给定置信水平下，风险因素发生变化时可能对资金头寸或资产组合造成的潜在最大损失。模型为：

$$VaR = E(W) - W^* = E[W_0(1+r)] - W_0(1+r^*) = W_0(u - r^*)$$

其中 W_0 为某一资产或资产组合的初始价值，r 为该项资产或资产组合在一定持有期内的投资收益率，r^* 为 r 在一定置信水平 $1-\alpha$ 下的最低收益率。

根据是否对收益率的分布作出假设，VaR 的计算方法可以分为三种：参数方法（方差—协方差方法）、非参数方法（历史模拟法和蒙特卡罗模拟法）、半参数方法（极值理论等）。本研究拟采用参数方法计算 VaR，参数方法是指假设收益率服从某一分布，然后根据这一分布的统计特征来计算 VaR。在正态分布中，VaR 的计算可以大大简化，正态分布下 VaR 的计算公式可以表达为：

$$VaR_t = Z_{1-\alpha} h_t^{1/2} \sqrt{\Delta t}$$

其中 $Z_{1-\alpha}$ 为标准正态分布下置信水平为 $1-\alpha$ 的分位数，h_t 为收益率序列的方差，Δt 为资产的持有期。

从上式中可以看出，VaR 的计算取决于四个参数：（1）时间间隔；（2）置信水度；（3）收益分布的设定；（4）收益的方差。其中收益率的方差在不符合正态分布的假定下需要做出调整，目前主要的研究方法是用 GARCH 族模型来调整收益的方差项，公式如下：

在标准化的 GARCH (1, 1) 模型中：

$$y_t = x_t \gamma + \mu_t$$
$$\sigma_t^2 = \omega + \alpha \mu_{t-1}^2 + \beta \sigma_{t-1}^2$$

其中：x_t 是 $1 \times (k+1)$ 维外生变量向量，γ 是 $(k+1) \times 1$ 维系数向量。

高阶 GARCH (p, q) 模型即通过大于 1 的 p 或 q 得到估计，其方差表示为：

$$\sigma_t^2 = \omega + \sum_{i=1}^{q} \alpha_i \mu_{t-1}^2 + \sum_{j=1}^{q} \beta_j \sigma_{t-1}^2$$

其中，p 是项的阶数，q 是项的阶数。

GARCH 模型考虑了方差本身的自回归，u_i 的变化影响了 σ_i 的大小，u_i 越大，产生序列波动程度就越大，产生波动的"丛集性"，一般用 α_i 均大于 0 来判断"丛集性"，用 $\sum_{i=1}^{q} \alpha_i + \sum_{j=1}^{q} \beta_j$ 的大小反映波动的持续性，其值越接近 1 说明波动持续时间越长，表明误差项服从尖峰厚尾的无条件分布。

VaR 方法是目前测量各类风险的最常用到的方法，同时也是测量汇率风险的主要方法，它可以采用量化的方式将对外投资企业面临的汇率风险进行识别和度量，可以较为清晰地展现出企业汇率风险的大小，而且国内学者也在此方面做了较多相关研究，证明了 VaR 方法的适用性，本章将首先对采用 VaR 方法的条件和模型进行检验，找到适合的模型后来利用美元、港元、欧元和澳元对人民币汇率的收益率来计算对外投资企业持有外币投资的宏观汇率风险。

三、乔瑞（Jorion, 1990）方法的研究机理

乔瑞利用两因子和多因子套利定价模型的回归方法研究个股的报酬率是否受汇率波动率的影响，并将汇率波动率的回归系数作为汇率风险的衡量指标。因此我们定义企业层面的汇率风险为股票市场超额收益率和汇率变动的相关性，这样汇率风险可以用以下公式进行测量：

$$R_{i,t} = \beta_{1,i} + \beta_{2,i} R_{s,t} + \beta_{3,i} R_{m,t} + \eta_{i,t}, \quad t=1, \cdots, T$$

其中 $R_{i,t}$ 是第 i 个企业在 t 期的普通股回报率，$R_{s,t}$ 是两种货币在 t 期的汇率变化率，$R_{m,t}$ 是 t 期的市场的回报率。在这一定义下，系数 $\beta_{3,i}$ 反映了给定市场收益率条件下由汇率的波动所解释的收益率变动，$\eta_{i,t}$ 定义为一个白噪声序列。这样，$\beta_{3,i}$ 就代表了汇率风险的一个测量指标，因为它描述了股票价格对于非系统性汇率风险的敏感度。

汇率的变化改变了国外收益转换成本币资产的价值，企业将从本币贬值中获得收益，此外汇率变化还改变了外币计价的固定资产和负债的本地货币的价值：在国外具有净负债的企业将从本币的贬值中获得汇率波动收益，而具有净资产的企业将在本币贬值中蒙受损失。

考虑到每日、每周和每月的时间序列数据的最重要特点之一是 ARCH 效应，为了对 ARCH 效应做出描述，我们使用的是 Q 检验和 ARCH – LM 检验去检验异方差。如果存在异方差，那我们将加入一个 GARCH（1, 1）因子到原来的方程，重新进行回归。之所以选择 GARCH（1, 1）是由于大量实证检验结果认为该模型适用于金融时间序列分析，这样方程变成了：

$$R_{i,t} = \beta_{1,i} + \beta_{2,i} R_{s,t} + \beta_{3,i} R_{m,t} + \eta_{i,t}, \quad t=1, \cdots, T$$
$$\text{with}, \quad \eta_{i,t} = \mu_{i,t}^{*} (h_{i,t})^{1/2} \text{ and } h_{i,t} = \delta_i + \tau_i \eta_{i,t-1}^2 + v_i h_{i,t-1}$$

其中 $h_{i,t}$ 表示条件方差的残差，$\eta_{i,t}$ 是一个白噪声误差项。为了探讨区间增长后的汇率风险程度，我们对方程进一步修正，分别将时间区间拓展为一天、一周和一个月：

$$R_{i,t+T} = \beta_{1,i} + \beta_{2,i} R_{s,t+T} + \beta_{3,i} R_{m,t+T} + \eta_{i,t+T}, \quad t=1, \cdots, T$$

乔瑞（Jorion, 1990）模型及其各种扩展模型自提出以来在研究跨国企业的

汇率风险中得到广泛应用，该模型可以较为清楚地刻画出跨国企业（也包括对外投资企业）的汇率风险与企业市场价值之间的关系，这有助于我们了解我国对外投资企业股票收益率对汇率风险的敏感程度，并通过对外投资企业股票收益率的波动来识别和判断企业的汇率风险。而且由于该模型添加了 GARCH（1，1）因子的拓展模型，使用的是上市企业的公开数据，而且在国内也有一些早期的相关研究发现汇率波动与企业股票收益率之间存在一定的相关性，这为该模型的使用提供了便利。因此本章将选取公开信息较为完备并且也是我国对外直接投资主力的部分上市企业的数据，采用添加了 GARCH（1，1）因子的乔瑞双因子模型来识别企业的汇率风险。

另外由于目前大部分研究是将国家作为一个分析单位，这样做的缺陷是在使用高度综合的股票指数时，行业汇率风险会相互抵销，其原因是各个行业特点不同，各行业部门受汇率变动的影响程度和方向都不同。同样，在研究各个企业的汇率风险时，由于各个企业受股票市场和自身业务分散性的影响，股票收益的汇率风险的不对称性也会相互抵销。某些情况下，每个企业的汇率风险的估计值可能对整个行业的套期保值和投资决策并没有很大的帮助，因此有必要将对汇率风险的研究从重点企业的研究拓展到对外投资的行业水平上。

四、财务绩效方法和面板数据方法的研究机理

直接对汇率波动与公司财务绩效关系的实证研究较少，且常采用横截面数据。但墨菲（Murphy，1984）指出，使用横截面数据的实证分析普遍存在变量遗漏，从而影响了回归结果。我们借鉴一般的对公司财务绩效的研究方法，在研究中引入墨菲多元线性回归模型。

$$Y_i = \beta_0 + \sum_{j=1}^{J} \beta_j X_{j,i} + \varepsilon_i$$

在本项研究中为了更好地了解汇率波动对公司财务绩效的影响，我们采用了净资产收益率（ROE）和每股经营现金流量（CFPS）两个独立的因变量来衡量三种汇率的波动对企业资产的盈利能力和资产流动性的影响，为了减少变量遗漏带来的影响，我们还增加了总资产的自然对数（ln（ASSET））、资产负债率（DAR）和营业收入增长率（IRMBR）作为控制变量，建立以下方程：

$$ROE = \beta_0 + \beta_1 * \ln(ASSET) + \beta_2 * DAR + \beta_3 * IRMBR + \beta_4 * MONEY + \varepsilon$$

$$CFPS = \beta_0 + \beta_1 * \ln(ASSET) + \beta_2 * DAR + \beta_3 * IRMBR + \beta_4 * MONEY + \varepsilon$$

其中 MONEY 代表不同的币种，即分别将四种货币分别代入方程来计算汇率风险系数。我们仍然利用美元、港元、欧元和澳元来计算汇率波动率。通过

分析四种货币前的系数和 T 值，可以了解各种货币中长期的波动对企业绩效的影响。

第二节 实证研究数据来源与说明

一、实证研究数据来源与变量描述

根据《2010 年中国对外直接投资统计公报》中公布的截至 2010 年年末中国对外直接投资在各个国家和地区的存量数据选取对外投资最主要的四种货币——港元、美元、欧元和澳元，并由此合并计算得到港元、美元、欧元和澳元分别占投资总额的 62.8%、14.2%、3.9% 和 2.5%，共占对外投资存量总额的 83.4%，具有较强代表性。本研究选取了自 2005 年 7 月 21 日人民币汇率形成机制改革后至 2011 年 12 月 31 日的直接标价法下人民币对港元、美元和欧元的日、周、月、季度和年度中间汇率，由于澳元对人民币中间汇率于 2011 年 11 月 28 日才予以挂牌，所以本研究采用的是中国银行当日的汇买价。在对人民币汇率风险进行实证度量时，本研究并不考虑样本数据与日历顺序相关的日历效应，这样在处理数据时可简单地将时间后移把数据排成连续时间序列。汇率数据均来源于国泰安数据库。

根据 2007~2010 年《中国对外直接投资统计公报》中公布的历年"年末中国非金融类境外企业资产总额前五十家企业"和历年"年末中国非金融类对外直接投资存量前五十家企业"，本研究筛选出其中在中国大陆和香港地区上市的 40 家目前我国对外投资存量和境外资产总额最大的非金融类企业作为研究的样本，这些样本企业是目前我国对外直接投资的主体，也面临着相对较高的汇率风险，因此通过研究这 40 家典型企业的情况可以对我国从事对外直接投资企业的市场价值受汇率风险的影响程度有一个较为全面的认识。另外，为了研究我国不同类别的对外直接投资的行业差异，本研究还选取了证监会发布的 13 个标准行业分类（与《中国对外直接投资统计公报》中的行业分类基本一致）来研究行业层面的汇率风险。以上企业和行业数据均来自锐思数据库。

在利用公司财务数据衡量汇率风险的中长期影响时，我们在上述 40 家上市公司的基础上筛选出 33 家数据完备的境内上市企业用于计算季度和年度的汇率风险，以上财务数据均来自国泰安数据库。

考虑到金融研究关注的更多是价格变动和收益率而非价格本身，因此在利用VaR方法时需要把生成的人民币有效汇率的价格序列转化为几何收益率序列，对原始数据取自然对数有助于使人民币汇率序列趋势线性化，由此得到的几何收益率也具有良好的统计特征，而且在汇率波动较小时，R 近似等于汇率的日、周、月、季和年变化率。即：$R_t = p_t - p_{t-1}$，其中 $p_t = lnP_t$，P_t 为我国外汇市场人民币的日加权中间汇率和周、月、季、年的周期末数据。

在利用 Jorion 多因子模型对我国对外投资企业的短期汇率风险进行识别的实证分析中所涉及的变量主要有三个，分别为企业的股票收益率、行业的总市值加权平均收益率和所在市场的总市值加权平均收益率，本章选择上述企业在 2005 年 7 月 21 日到 2011 年 12 月 31 日间的日、周和月度数据来进行实证分析，由于部分企业上市较晚，这些企业采用自上市次日、次周和次月到 2011 年 12 月的月度数据进行研究。

在利用 Murphy（1984）多元线性模型对我国对外投资企业的中长期汇率风险进行识别的过程中主要涉及净资产收益率、每股经营现金流量、总资产规模、资产负债率和营业收入增长率等指标，其中前两个为被解释变量，净资产收益率代表企业的盈利能力，而后三个为控制变量。考虑到数据库数据的完整性，本章选择上述企业在 2005 年 7 月 21 日到 2011 年 6 月 30 日间的季度和年度数据来进行实证分析。表 12-1 是对实证研究中主要变量的描述：

表 12-1　　　　　　　　　实证研究变量描述

变量名称	衡量指标	度量方法
汇率波动率	汇率波动率	两期汇率中间价之比减 1
企业股票收益率	个股波动率	股票持有期收益率减 1
行业股票收益率	各个行业波动率	行业总市值加权股票持有其收益率减 1
市场收益率	股票市场波动率	两期期末市场指数之比减 1
净资产收益率	盈利能力	净利润与股东权益之比
每股经营现金流	流动性	经营活动产生现金流量净额与年度末普通股总股本之比
总资产	规模变量	期末总资产的自然对数
资产负债率	资产结构	期末总负债与期末总资产之比
营业收入增长率	成长力	两期主营业务收入之差与上期主营业务收入之比

注：持有期收益率指投资者持有股票期间的股息收入与买卖价差占股票买入价格的比率。

二、实证研究数据统计描述

文中数据均采用 SAS9.2 软件进行统计和分析处理，以下是各个变量的统计性描述结果。

表 12-2　　　　　　　　汇率样本数据的统计描述

数据周期	变量	观测数	均值	最大值	最小值	标准差	偏度	峰度
日数据	美元	1 571	-0.0002	0.0036	-0.0043	0.0008	-0.5732	3.1394
	港元	1 571	-0.0002	0.0037	-0.0051	0.0009	-0.6101	3.546
	欧元	1 571	-0.0001	0.0339	-0.0669	0.0069	-0.3692	7.1871
	澳元	1 571	0.0001	0.0607	-0.0979	0.0103	-0.8147	11.7645
周数据	美元	313	-0.0008	0.0045	-0.0074	0.0019	-1.0676	2.0137
	港元	313	-0.0008	0.0054	-0.0077	0.002	-0.8247	2.0982
	欧元	313	-0.0005	0.0701	-0.0736	0.0154	0.1288	3.7177
	澳元	313	0.0004	0.0704	-0.201	0.0233	-2.2732	18.4071
月数据	美元	77	-0.0033	0.0052	-0.0163	0.0042	-1.168	1.5566
	港元	77	-0.0032	0.0047	-0.0164	0.0043	-1.1392	1.0522
	欧元	77	-0.0018	0.0961	-0.1274	0.034	-0.5597	2.3564
	澳元	77	0.0015	0.0808	-0.1995	0.0445	-1.2614	4.5185
季数据	美元	25	-0.0047	0.0001	-0.0161	0.0046	-1.0343	0.2456
	港元	25	-0.0044	0.0014	-0.0144	0.0048	-0.9299	-0.3306
	欧元	25	0.0049	0.0961	-0.0629	0.033	0.6116	1.6573
	澳元	25	0.0067	0.0763	-0.09	0.0415	-0.195	-0.2828
年数据	美元	6	-0.0402	-0.0009	-0.0646	0.0243	0.6804	-0.0579
	港元	6	-0.0405	-0.0016	-0.068	0.0233	0.775	0.7866
	欧元	6	-0.024	0.0717	-0.1011	0.0747	0.1808	-2.4882
	澳元	6	0.0271	0.2988	-0.2594	0.1824	-0.1798	1.4905

表 12-2 中的汇率数据分别包含欧元、港元和美元的 1 571 个日数据，313 个周数据和 77 个月数据，从中我们可以发现其峰度除美元与港元月数据外均大于 2，显著拒绝正态性分布，因此初步判断不能使用 OLS 估计，考虑使用 GARCH(1,1) 模型来修正肥尾现象。另外汇率数据中还包含 25 个季度数据和

6个年度数据,其峰度数据除欧元年度数据外均小于2,不存在肥尾现象,初步判断可以使用OLS估计。

从上表中我们还可以发现美元和港元各个周期的均值数据均小于零,说明人民币在长、中、短期均对美元和港元均呈升值趋势。而澳元各个周期的数据均值均大于零,说明人民币各个周期对澳元均呈贬值趋势。

由于大陆市场和香港市场交易时间存在差异,本研究中使用的大陆市场的日数据、周数据和月数据分别为1 571、327和78个,香港市场数据分别为1 592、337和78个。其中香港市场的数据用于香港上市公司的对外投资企业的市场收益率指标,而大陆市场数据是沪深加权指数,用于大陆上市公司和13个标准行业的市场收益率指标。市场数据的均值都大于零,说明市场收益率呈现上升趋势(见表12-3)。

表12-3　　　　大陆和香港市场样本数据的统计描述

数据周期	市场	观测数	均值	最大值	最小值	标准差	偏度	峰度
日数据	大陆	1 571	0.0009	0.0993	-0.0895	0.0198	-0.3511	2.5861
	香港	1 592	0.0006	0.1246	-0.1148	0.0182	0.0863	6.2819
周数据	大陆	327	0.0041	0.1504	-0.1433	0.0423	-0.008	1.1921
	香港	337	0.0027	0.1472	-0.1747	0.037	-0.1584	2.6887
月数据	大陆	78	0.0176	0.2381	-0.2509	0.0994	-0.4348	0.3419
	香港	78	0.0118	0.1901	-0.2262	0.0766	-0.6214	1.0535

表12-4　　　　企业样本季度数据的统计描述

变量	变量数	均值	最大值	最小值	标准差	偏度	峰度
净资产收益率	656	0.0744	0.622	-0.782	0.0943	-1.61	18.8
每股经营现金流	656	0.221	5.51	-4.17	0.872	1.43	8.15
总资产	656	6.13	9.78	2.84	1.43	0.147	-0.377
资产负债率	656	0.571	0.966	0.0832	0.167	-0.407	-0.251
营业收入增长率	656	0.113	9.74	-2.71	0.641	7.56	93.2

表12-5　　　　企业样本年度数据的统计描述

变量	变量数	均值	最大值	最小值	标准差	偏度	峰度
净资产收益率	175	0.067	0.34	-0.463	0.0843	-1.28	10.3
每股经营现金流	175	0.169	5.51	-2.61	0.821	1.83	12.6

续表

变量	变量数	均值	最大值	最小值	标准差	偏度	峰度
总资产	175	6.09	9.72	2.89	1.49	0.111	-0.495
资产负债率	175	0.565	0.894	0.0832	0.174	-0.42	-0.295
营业收入增长率	175	0.14	9.74	-0.806	0.849	8.99	96.7

企业季度和年度样本分别有 656 个和 175 个，这些样本均来自国内的上市公司，其各项财务指标根据国泰安数据库整理而来。其中季度数据将分公司进行 OLS 估计，并利用面板数据的处理方式来进行整体估计，由于年度数据数量较少难以分别进行 OLS 估计，所以我们将仅对其采用面板数据的估计方法（见表 12-4、表 12-5）。

对行业和企业样本的市场观测数据详细的统计量描述参见附录 B.1 中附表 1.1~附表 1.6。其中各个行业的日数据、周数据和月数据分别有 1 568、314 和 78 个。企业数据根据企业上市时间差异略有不同。表 12-6 为行业和企业变量数据统计汇总：

表 12-6　　　　　　所有数据总量的统计描述

变量	样本点总数
行业日样本	20 384
行业周样本	4 082
行业月样本	1 014
企业日样本	56 260
企业周样本	11 915
企业月样本	2 827

第三节　基于 VaR 方法的汇率风险实证研究

一、VaR 方法适用性检验——PP 单位根检验

VaR 方法具有自己的适用条件，在利用其计算对外投资企业所面对的汇率风

险之前首先要对模型的适用性进行检验，以求达到最好的统计效果。

VaR 方法作为一种统计思想，其存在的最根本前提是金融资产价格的变化是一个随机变量，所以应首先检验人民币汇率的波动是否服从随机游走，本章采用的是 Phillips – Perron 单位根检验的方法。表 12 – 7 是美元、港元、欧元和澳元对人民币对数收益率在无常数项、有常数项和有趋势项三种情形下的各个观测周期 PP 检验值。

表 12 – 7　　汇率数据 Phillips – Perron 单位根检验检验描述

数据周期	检验类型	美元 T 值	美元 P 值	港元 T 值	港元 P 值	欧元 T 值	欧元 P 值	澳元 T 值	澳元 P 值
日数据	无常数项	－37.1	0.001	－39.6	0.001	－39.2	0.001	－40.1	0.001
	有常数项	－38	0.001	－40.6	0.001	－39.2	0.001	－40.1	0.001
	有趋势项	－38	0.001	－40.6	0.001	－39.2	0.001	－40.1	0.001
周数据	无常数项	－14.1	0.001	－14.2	0.001	－40.5	0.001	－40.2	0.001
	有常数项	－16.1	0.001	－16.1	0.001	－40.4	0.001	－40.1	0.001
	有趋势项	－16.1	0.001	－16.1	0.001	－40.3	0.001	－40	0.001
月数据	无常数项	－9.6	0.001	－8.4	0.001	－9.8	0.001	－0.6	0.444
	有常数项	－9.6	0.001	－8.3	0.001	－9.8	0.001	－14.3	0.001
	有趋势项	－9.6	0.001	－8.3	0.001	－9.7	0.001	－16.8	0.001
季数据	无常数项	－1.4	0.14	－1.7	0.087	－4.7	0.001	－3.9	0.001
	有常数项	－2.2	0.2	－2.5	0.121	－4.7	0.002	－3.9	0.008
	有趋势项	－2.2	0.456	－2.5	0.318	－4.9	0.004	－3.8	0.036
年数据	无常数项	－0.6	0.417	－0.6	0.424	－1.7	0.083	－3.2	0.007
	有常数项	－1.9	0.325	－1.8	0.338	－2.3	0.203	－2.8	0.122
	有趋势项	－1.9	0.551	－1.8	0.56	－4	0.091	－2.5	0.312

通过观察表 12 – 7 发现，除澳元的月度数据以外，其余币种的所有日、周和月数据均在 1% 的显著性下通过 PP 单位根检验，说明该周期的各个币种对人民币汇率的对数序列是一个非平稳性时间序列，具备了使用 VaR 方法度量人民币汇率风险的适用性前提。而季度和年度数据由于数据量较小，大多无法通过 PP 单位根检验，随机性不强，因此不予以采用 VaR 方法。

二、基于 GARCH 模型的 VaR 方法适用性检验——J-B 检验与 ARCH 效应检验

已有的实证研究表明，实际金融资产收益率分布具有尖峰厚尾特征[①]，不满足正态假设，于是出现了基于 t 分布等其他分布形式代替正态分布的 VaR 方法，以提高对尾部拟合的效果和度量的精度。因此我们首先需要检验各种货币对人民币的对数收益率是否拒绝正态假设，只有拒绝正态分布才具备使用 GARCH 模型的前提条件。表 12-8 是利用 J-B 统计量来检验四种货币对人民币对数收益率数据正态性的统计描述。

表 12-8　　　　汇率数据 Jarque-Bera 正态性检验描述

数据周期	美元 J-B 值	P 值	港元 J-B 值	P 值	欧元 J-B 值	P 值	澳元 J-B 值	P 值
日数据	137	0.000	227	0.000	208	0.000	479	0.000
周数据	119	0.000	91	0.000	172	0.000	8 143	0.000
月数据	30	0.03	149	0.000	39	0.000	6.9	0.03

通过汇率对数收益的 J-B 检验可以发现，在 5% 的置信度下美元、港元、欧元和澳元的日数据、周数据和月数据的 P 值均小于 5%，显著拒绝"序列符合正态分布"的原假设。

基于 J-B 检验证实汇率数据拒绝正态分布的假设，这就具备使用 GARCH 模型等来调整 VaR 的必要性，下面本章将通过 ARCH 效应的检验来寻找合适的计算 VaR 值的方法。

SAS 系统内提供了两种 ARCH 效应的检验指标：一是基于残差平方的 Portmanteau 的 Q 检验量，主要用于检验序列的独立性；二是 ARCH-LM 检验统计量，该统计量是由一个辅助检验回归计算，为检验原假设残差中直到 q 阶都没有 ARCH。表 12-9 描述了美元、港元、欧元和澳元四种货币日、周和月度数据滞后一期的 ARCH 效应检验简表，四种货币滞后 12 期的数据详表参见附录 B.1 中附表 1.7~附表 1.8。

[①] R. T. Rockafeller, S. Uryasev, Optimization of Conditional Value at Risk. The Journal of Risk, Vol. 2, 2000.

表 12-9　　汇率数据 ARCH 效应 Q 检验和 LM 检验滞后一期统计描述

数据周期	检验类型	美元 统计值	美元 P值	港元 统计值	港元 P值	欧元 统计值	欧元 P值	澳元 统计值	澳元 P值
日数据	Q 检验	50.1	<0.0001	67.1	<0.0001	11.4	0.0007	127.6	<0.0001
日数据	LM 检验	50.3	<0.0001	64.7	<0.0001	11.3	0.0008	127.4	<0.0001
周数据	Q 检验	50.1	<0.0001	67.1	<0.0001	11.4	0.0007	127.6	<0.0001
周数据	LM 检验	50.3	<0.0001	64.7	<0.0001	11.3	0.0008	127.4	<0.0001
月数据	Q 检验	10.6	0.0011	12	0.0024	78	<0.0001	77.9	<0.0001
月数据	LM 检验	10.6	0.0012	10.9	0.0043	77.2	<0.0001	77.1	<0.0001

通过观察表 12-9，我们可以发现 Q 检验统计值和 ARCH 扰动的 LM 检验的概率在滞后一期以后均通过 1% 的置信检验，显著小于 0.01，具备显著的 ARCH 效应。通过以上两种方法的检验分析，可以判断样本期内四种货币对人民币汇率收益率序列存在高阶条件异方差，根据龚妮（2006）、李妍（2009）和魏金明，陈敏（2009）等人利用各种模型对我国汇率风险的比较研究，可以考虑使用 GARCH（1，1）模型的 VaR 方法去度量对外投资过程中的汇率风险。

三、各外币对人民币对数收益率 VaR 值的计量与分析

在标准化的 GARCH（1，1）模型中：

$$y_t = x_t \gamma + \mu_t \quad (均值方程)$$

$$\sigma_t^2 = \omega + \alpha \mu_{t-1}^2 + \beta \sigma_{t-1}^2 \quad (条件方差方程)$$

其中：x_t 是 $1 \times (k+1)$ 维外生变量向量，γ 是 $(k+1) \times 1$ 维系数向量。均值方程是一个带有扰动项的外生变量函数。由于 σ_t^2 是以前面信息为基础的一期向前预测方差，所以也称作条件方差。条件方差方程中给出的条件方差方程是下面三项的函数：常数项（均值）；用均值方程的扰动项平方的滞后来度量从前期得到的波动性的信息：μ_{t-1}^2（ARCH 项）；上一期的预测方差：σ_{t-1}^2（GARCH 项）。GARCH（1，1）模型中的（1，1）是指阶数为 1 的 GARCH 项（括号中的第一项）和阶数为 1 的 ARCH 项（括号中的第二项）。一个普通的 ARCH 模型是 GARCH 模型的一个特例，即在条件方差方程中不存在滞后预测方差 σ_{t-1}^2 的说明。表 12-10 描述了汇率收益率的 GARCH（1，1）模型估计值：

表 12-10　　　　　汇率数据 GARCH (1, 1) 模型估计描述

数据周期	币种	常数项 系数	常数项 Z 值	ARCH 项 系数	ARCH 项 Z 值	GARCH 项 系数	GARCH 项 Z 值
日数据	美元	6.20E-09	11.34	0.08	9.08	0.91	121.93
	港元	3.40E-10	2.15	0.11	12.82	0.91	168.96
	欧元	1.60E-07	1.94	0.05	14.56	0.95	207.41
	澳元	6.40E-07	3.89	0.08	10.26	0.92	105.89
周数据	美元	9.20E-08	4.55	0.15	3.65	0.84	24.87
	港元	1.40E-08	2.24	0.26	4.83	0.79	23.45
	欧元	6.50E-06	1.41	0.18	4.45	0.8	15.68
	澳元	1.80E-05	2.58	0.27	4.13	0.77	14.9
月数据	美元	2.00E-04	0.93	0.23	1.7	0.63	2.51
	港元	5.30E-04	1.5	0.46	1.85	0.39	1.17
	欧元	8.60E-05	0.76	0.17	0.71	0.6	1.23
	澳元	3.40E-09	1.69	0.65	1.76	-0.08	-0.25

从表 12-10 中我们可以发现，ARCH 项除了欧元的月数据，GARCH 项除了港元、欧元和澳元的月数据都非常显著，综合上述表现，可认为 GARCH (1, 1) 模型能较好地刻画美元、港元、欧元和澳元对人民币对数收益率变化的异方差现象。

再根据上述建立的 GARCH 模型生成人民币汇率对数收益率的条件方差序列 $\{h_t\}$。并将 $\{h_t\}$ 代入公式 $VaR_t = Z_{1-\alpha} h_t^{1/2}$ 中，得到动态日、周和月 VaR 值。表 12-11、表 12-12、表 12-13 对日、周和月动态 VaR 的最大值、最小值、均值和标准差等进行了统计描述：

表 12-11　　　　　日动态 VaR 的统计描述

置信度	币种	VaR 最大值	VaR 最小值	VaR 均值	VaR 标准差
1%	美元	0.003956	0.000631	0.001752	0.000885
	港元	0.00538	0.000186	0.001995	0.001142
	欧元	0.041837	0.007192	0.015332	0.005975
	澳元	0.098095	0.008914	0.02123	0.012146
5%	美元	0.002801	0.000447	0.001241	0.000627
	港元	0.00381	0.000132	0.001413	0.000808
	欧元	0.029627	0.005093	0.010857	0.004231
	澳元	0.069467	0.006313	0.015034	0.008601

续表

置信度	币种	VaR 最大值	VaR 最小值	VaR 均值	VaR 标准差
10%	美元	0.002173	0.000347	0.000962	0.000486
	港元	0.002955	0.000102	0.001096	0.000627
	欧元	0.022983	0.003951	0.008423	0.003282
	澳元	0.053889	0.004897	0.011663	0.006673

表 12-12　　周动态 VaR 的统计描述

置信度	币种	VaR 最大值	VaR 最小值	VaR 均值	VaR 标准差
1%	美元	0.0101654	0.0010342	0.0043397	0.0022838
	港元	0.0121749	0.0006863	0.0046133	0.0028932
	欧元	0.0908256	0.0173246	0.0342745	0.0137745
	澳元	0.2744069	0.0271238	0.0547813	0.0326793
5%	美元	0.0071987	0.0007323	0.0030732	0.0016173
	港元	0.0086217	0.000486	0.0032669	0.0020488
	欧元	0.0643185	0.0122685	0.0242717	0.0097545
	澳元	0.1943225	0.0192079	0.0387936	0.023142
10%	美元	0.0055844	0.0005681	0.002384	0.0012546
	港元	0.0066883	0.000377	0.0025343	0.0015894
	欧元	0.0498956	0.0095174	0.0188289	0.0075671
	澳元	0.1507471	0.0149006	0.0300945	0.0179526

表 12-13　　月动态 VaR 的统计描述

置信度	币种	VaR 最大值	VaR 最小值	VaR 均值	VaR 标准差
1%	美元	0.169218	0.050684	0.078464	0.024013
	港元	0.376617	0.06803	0.106655	0.045185
	欧元	0.083105	0.028525	0.042684	0.010535
	澳元	0.000561	0.000119	0.000186	0.000079
5%	美元	0.119833	0.035892	0.055565	0.017005
	港元	0.266703	0.048176	0.075528	0.031998
	欧元	0.058851	0.0202	0.030227	0.007461
	澳元	0.000397	0.000084	0.000132	0.000056

续表

置信度	币种	VaR 最大值	VaR 最小值	VaR 均值	VaR 标准差
10%	美元	0.092961	0.027844	0.043105	0.013191
	港元	0.206897	0.037373	0.058592	0.024823
	欧元	0.045654	0.01567	0.023449	0.005788
	澳元	0.000308	0.000065	0.000102	0.000044

通过对表 12-11、表 12-12 和表 12-13 的观察，我们发现 VaR 值非常显著，而且随着观测周期的增长，美元、港元和欧元对人民币的对数收益率的 VaR 均值均有显著提升，即在宏观视角下随着观测周期的增长美元、港元和欧元的汇率波动和汇率风险水平显著提升，这样企业层面和行业层面所面临的外汇汇率环境随着观测周期的增长而存在更大的波动和风险。以周为观察周期的澳元对人民币对数收益率的 VaR 均值相比于以日为周期的观察值显著提升，这与我们之前的发现相一致。而其以月为观察周期的对数收益率的 VaR 值出现异常的原因可能在于，月度澳元对人民币对数收益率数据的 GARCH（1，1）拟合性较差（T 值仅为 -0.25，参见表 12-9），月度澳元收益率并不适用于基于 GARCH（1，1）模型的 VaR 方法。

就四种货币而言，在日和周周期下，美元的 VaR 值均为最小，港元其次，而作为风险货币的澳元对人民币对数收益率的 VaR 值均远大于其他货币，欧元 VaR 值的均值虽小于澳元，但明显大于美元和港元，也显示出较强的汇率波动和风险性。这种情况出现的可能原因是，澳元作为一种资源型风险货币，其汇率波动要远大于其他币种；欧元近年来随着其实体经济的剧烈波动也出现较为显著的波动，从而产生较为显著的汇率风险；美元作为全球最主要的避险货币，其走势相对平稳，尤其是人民币对美元的汇率并不是完全市场化，受政府稳定汇率的政策意图影响较大，其波动较小，所以 VaR 值也较小；港元实行与美元挂钩的汇率政策所以 VaR 值也较小，但考虑到汇率跟随政策有滞后性，所以波动浮动略大于美元。

本章通过对 VaR 值的计算可以发现，在各个置信水平下，对外直接投资企业所面临的币种对人民币的汇率风险非常显著且呈现一定的趋势，这将为企业根据自身实际决定采用何种货币对外投资以及是否采用汇率避险措施和采取何种措施提供重要的衡量指标。同时在实证中我们可以看到通过对四种货币对人民币的对数收益率的平稳性和 ARCH 效应检验，证明了我国具备使用 VaR 模型度量人民币汇率风险的前提条件。其中，PP 单位根检验表明四种货币对人民币汇率的日、周和月对数收益率服从随机游走过程，这在一定程度上也表明，自 2005 年 7

月 21 日人民币汇率形成机制改革以来，人民币汇率的波动在更大程度上反映了外汇市场的供求变化，对外投资企业所面临的汇率风险将更加市场化，波动也会更加剧烈。而基于 t 分布的 GARCH（1，1）模型得到的良好统计性状也为我国对外投资企业计算自身汇率风险的大小提供了良好的工具，可以采用 GARCH（1，1）模型来修正现有的 VaR 方法，以使企业在风险抵御能力和盈利能力之间做权衡取舍。

第四节 基于乔瑞模型的汇率风险实证研究

一、基于企业数据的乔瑞（Jorion，1990）模型的实证结果和分析

（一）汇率数据与企业股票市场收益率的协整检验

非平稳序列很可能出现伪回归，协整的意义就是检验它们的回归方程所描述的因果关系是否是伪回归，即检验变量之间是否存在稳定的关系。在前一部分我们已经验证了汇率数据的非平稳性，在此我们将验证汇率数据的非平稳序列与市场指标的因果关系，即协整检验。表 12 - 14 为汇率数据与企业股票市场收益率的协整检验描述简表，全部企业日数据、周数据、月数据与对应周期的汇率波动率的协整检验参见附录 B.1 中的附表 1.19。

表 12 - 14　　汇率数据与企业股票市场收益率的协整检验描述简表

企业名称	币种	日数据 T 值	周数据 T 值	月数据 T 值
中兴通讯	美元	-35.774	-8.3169	-8.3169
	港元	-35.754	-8.3545	-8.3545
	欧元	-35.693	-8.2845	-8.2845
	澳元	-35.832	-8.4302	-8.4302
TCL 集团	美元	-39.878	-8.9363	-8.9363
	港元	-39.88	-9.1026	-9.1026
	欧元	-39.874	-9.2043	-9.2043
	澳元	-39.916	-9.1851	-9.1851

续表

企业名称	币种	日数据 T 值	周数据 T 值	月数据 T 值
中联重科	美元	-34.335	-10.423	-10.423
	港元	-34.326	-10.328	-10.328
	欧元	-34.316	-10.385	-10.385
	澳元	-34.324	-10.493	-10.493
招商轮船	美元	-34.359	-13.666	-13.666
	港元	-34.388	-13.785	-13.785
	欧元	-34.352	-13.88	-13.88
	澳元	-34.361	-13.779	-13.779
中国远洋	美元	-29.149	-7.9448	-7.9448
	港元	-29.128	-7.7898	-7.7898
	欧元	-29.168	-7.7447	-7.7447
	澳元	-29.204	-7.4905	-7.4905

通过观察表 12-14 和附录 B.1 中的附表 1.19，可以发现日、周和月三个周期的所有公司市场指标均与四种货币的显著性 T 值在 1% 置信度下拒绝原假设，即所选取的时间序列变量是平稳的，不存在伪回归问题。

（二）基于企业数据的乔瑞模型实证与分析

之前的 Q 检验和 ARCH-LM 检验已经证明日、周和月数据存在显著的 ARCH 效应，为了解决这一问题我们将加入一个 GARCH（1，1）因子来修正异方差，重新进行回归。另外之前的 PP 单位根检验已经证实汇率数据的随机性，而协整检验也证实不存在伪回归问题，所以可以利用修正的乔瑞双因子模型来计算相关性。

之所以选择 GARCH（1，1）是由于大量实证检验结果认为该模型适用于金融时间序列分析，这样乔瑞双因子模型变成了：

$$R_{i,t} = \beta_{1,i} + \beta_{2,i} R_{s,t} + \beta_{3,i} R_{m,t} + \eta_{i,t}, \quad t = 1, \cdots, T$$

$$\text{with } \eta_{i,t} = \mu_{i,t} * (h_{i,t})^{1/2} \text{ and } h_{i,t} = \delta_i + \tau_i \eta_{i,t-1}^2 + v_i h_{i,t-1}$$

其中 $h_{i,t}$ 表示条件方差的残差，$\eta_{i,t}$ 是一个白噪声误差项。为了探讨区间增长后的汇率风险程度，我们对方程进一步修正，分别将时间区间拓展为一天、一周和一个月：

$$R_{i,t+T} = \beta_{1,i} + \beta_{2,i} R_{s,t+T} + \beta_{3,i} R_{m,t+T} + \eta_{i,t+T}, \quad t = 1, \cdots, T$$

利用上述添加了 GARCH（1，1）因子的乔瑞双因子模型对数据进行实证分析，下面就企业层面的数据结果进行分析。

根据回归结果，表 12-15 对企业股票市场收益率的回归系数及显著性 T 值进行了描述，企业日数据、周数据和月数据的详细数据分别参见本篇附录 B.1 中附表 1.20、附表 1.21 和附表 1.22：

表 12-15　　　　　　　　汇率风险显著公司的分布描述

企业数目	数据周期	美元	港元	欧元	澳元	合计
5% 显著性	日数据	8 家（20%）	7 家（17.5%）	14 家（35%）	15 家（37.5%）	19 家（47.5%）
	周数据	6 家（15%）	7 家（17.5%）	6 家（10%）	11 家（27.5%）	17 家（42.5%）
	月数据	5 家（12.5%）	4 家（10%）	1 家（2.5%）	4 家（2.5%）	9 家（22.5%）
10% 显著性	日数据	13 家（32.5%）	10 家（25%）	17 家（42.5%）	16 家（40%）	26 家（65%）
	周数据	9 家（22.5%）	9 家（22.5%）	9 家（22.5%）	12 家（30%）	20 家（50%）
	月数据	5 家（12.5%）	6 家（15%）	6 家（15%）	7 家（17.5%）	21 家（52.5%）

注：企业对多种汇率显著在合计数据中仅计入一次。

从表 12-15 中我们可以发现在 5% 和 10% 的双侧置信区间下，我国最大的对外投资企业存在着显著的汇率风险。在 5% 和 10% 置信度下，利用周期为一天的日数据回归的结果显示，分别有 47.5% 和 65% 的企业存在显著的汇率风险；利用周数据进行的回归显示，分别有 42.5% 和 50% 的企业存在显著的汇率风险；利用月数据进行的回归显示，分别有 22.5% 和 52.5% 的企业存在显著的汇率风险。总体来说，我国对外投资企业面临的汇率风险程度非常高，这不同于我国以往的研究和美国的经验，要大幅高于我们的研究预期，说明随着我国近年来对外投资的快速发展，对外投资企业的汇率风险出现快速累积。

通过观察表 12-15 中美元、港元、欧元和澳元四种货币汇率风险显著企业数目的变化趋势，我们发现，随着观测周期的增长，汇率风险显著的企业比例呈现明显的逐步减少的趋势，这也与我们的预期以及艾琳·穆勒（Aline Muller，2007）对于其他亚洲国家的研究不同。

我们认为这种现象的发生可能有以下原因：第一，可能与我国对外投资企业不能对短期汇率波动进行有效预测，同时短期汇率的快速波动导致无法及时地进行风险防范和对冲导致短期汇率风险快速暴露有关；第二，由于我国对外投资的长期性而忽略对短期汇率风险的防范，短期汇率风险的对冲措施不足，而中长期汇率风险显著的企业数量明显下降可能与我国对外投资企业进行的中长期汇率套期保值和货币对冲等汇率风险防范措施有关。但是即使比例有所下降,但在10%置信度下仍然有超过50%的企业面临显著的汇率风险,这说明我国对外投资企业的风险防范措施效果并不能有效地防范汇率风险。

从上述实证结果中我们还发现港元虽然是我国对外投资中占比最多的币种但是其汇率风险显著性要低于欧元和澳元,我们认为这一方面是因为中国香港在我国对外投资中很多时候扮演的是资金中转站的角色,投资流向中国香港之后会再汇兑成美元、欧元或者澳元等到第三国投资,这使得企业面临的港元风险并不十分显著;另一方面是因为大陆对香港的直接投资很多是子公司和母公司之间的投资活动,汇兑损益对企业绩效影响并不显著,这种对外直接投资的汇率风险往往被企业内部对冲和消化。

澳元作为一种资源类风险货币决定了其波动幅度要显著大于其他货币,而我国在利用澳元进行的对外投资过程中主要是长期矿业投资,这导致我国对外投资企业在面对波动更为剧烈的长期澳元汇率风险时进行套期保值尤其是短期套保的难度更大,汇率风险也明显大于其他币种。

在对汇率风险显著的公司分布进行描述之后,我们将进一步研究全部样本企业和汇率风险显著的企业受各种货币的影响情况,表 12 – 16 是对企业层面汇率风险系数和显著性 T 值的统计描述,企业日数据、周数据和月数据的详细数据分别参见附录 B.1 中附表 1.23、附表 1.24 和附表 1.25:

表 12 – 16　　企业层面汇率风险系数和显著性 T 值描述

	数据周期	美元 系数均值	美元 T 绝对值均值	港元 系数均值	港元 T 绝对值均值	欧元 系数均值	欧元 T 绝对值均值	澳元 系数均值	澳元 T 绝对值均值
全部样本企业	日回报	-0.3	1.38	-0.22	1.22	0.06	2.05	0.03	2
	周回报	-0.61	1.01	-0.6	1.03	0.11	1.14	0.05	1.32
	月回报	-1.38	0.82	-0.95	0.77	0.13	0.91	0.03	0.91
5%显著性企业	日回报	-1.15	3.26	-0.83	3.16	0.17	4.23	0.11	4.03
	周回报	-1.14	2.48	-0.78	2.58	0.42	3.44	0.26	2.98
	月回报	-2.73	2.24	-2.24	2.23	0.73	2.04	-0.48	2.4
10%显著性企业	日回报	-0.72	2.7	-0.51	2.77	0.14	3.69	0.1	3.89
	周回报	-1.43	2.28	-0.9	2.41	0.31	2.9	0.22	2.88
	月回报	-2.73	2.24	-2.59	2.05	0.54	1.89	0.07	2.14

汇率风险系数小于 0 意味着外币对人民币贬值将会对我国对外投资企业的股

票价格产生正的效应；如果风险系数大于 0 则表明我国企业从外币的升值中获益。从各种货币风险系数的均值和显著性 T 值统计表中，我们发现欧元在日、周和月三个周期的风险系数都是正值，港元和美元的风险系数在日、周和月三个周期的统计中均为负值，而澳元除了 5% 置信度下的月回报数据为负值以外其余所有周期的统计值均为正值，我们认为四种货币风险系数均值的不同主要是由于在各个投资地区投资策略的不同导致的。

美元和港元的汇率风险对企业市场价值层面的影响程度保持着较高的一致性且均为负值，这意味着美元与港元对人民币贬值后我国对外投资企业的市场估值产生了积极影响，我们认为这一方面与港元与美元走势的高度相关性有关，另一方面可能是由于人民币升值后在短期内有助于降低我国投资者利用美元和港元在海外兼并与建厂的成本，这在海外投资的并购过程中尤为显著。此外，我国在利用美元和港元进行对外投资的过程中会从美国、中国香港等国际金融市场融入资金形成海外净负债，这在人民币升值的情形下有利于减少偿债支出，提升企业市场和财务价值。

而欧元和澳元风险系数基本均为正值，说明我国企业会从欧元和澳元的升值中获益，这可能主要是由于人民币贬值后可以将境外的投资收益汇兑成本币，增加海外投资收益。尤其典型的是我国利用澳元投资时资金融出时间较短但投资回收期较长，这种实体经济的投资形成了海外净资产，而且从长期来看当收益要汇回国内时，企业价值都将会受益于外币的升值；而当外币贬值时我国对澳大利亚投资企业的资产折算成人民币就会出现缩水，这会导致企业价值的减少，即从外币的贬值中受损失。

二、基于行业数据的乔瑞模型的实证结果和分析

（一）汇率数据与行业股票市场收益率的协整检验

按照对于公司数据的研究思路，为了防止伪回归问题的出现需要对汇率数据与各个行业的市场数据进行协整检验，表 12-17 是对汇率数据与行业股票市场收益率的协整检验描述：

通过观察表 12-17，发现日、周和月三个周期的所有行业市场指标均与四种货币的显著性 T 值在 1% 置信度下拒绝原假设，即所选取的时间序列变量是平稳的，不存在伪回归问题。

表 12-17　　汇率数据与行业股票市场收益率的协整检验描述

行业名称	币种	日数据 T 值	周数据 T 值	月数据 T 值
农、林、牧、渔业	美元	-36.785	-19.026	-8.0402
	港元	-36.786	-19.172	-8.1735
	欧元	-36.871	-18.939	-7.8027
	澳元	-37	-18.383	-7.861
采掘业	美元	-35.521	-18.637	-8.3023
	港元	-35.444	-18.675	-8.2251
	欧元	-35.653	-18.731	-8.2131
	澳元	-35.738	-18.61	-8.2472
制造业	美元	-31.342	-17.628	-7.9742
	港元	-31.3	-17.632	-8.0079
	欧元	-31.391	-17.647	-7.9561
	澳元	-31.485	-17.146	-7.9533
电力、煤气及水的生产和供应业	美元	-34.324	-18.369	-8.2402
	港元	-34.325	-18.4	-8.1075
	欧元	-34.48	-18.357	-8.454
	澳元	-34.529	-18.372	-8.5594
建筑业	美元	-36.197	-17.39	-7.6384
	港元	-36.202	-17.404	-7.6019
	欧元	-36.292	-17.52	-7.6911
	澳元	-36.567	-17.902	-8.2499
交通运输、仓储业	美元	-33.898	-16.579	-9.5371
	港元	-33.942	-16.56	-9.4903
	欧元	-33.894	-16.376	-9.2442
	澳元	-33.963	-16.273	-9.3522
信息技术业	美元	-33.94	-18.484	-8.1854
	港元	-33.934	-18.468	-8.2448
	欧元	-34.014	-18.519	-8.1678
	澳元	-34.086	-18.215	-8.1378
批发和零售贸易	美元	-30.34	-17.214	-8.359
	港元	-30.344	-17.295	-8.3372
	欧元	-30.348	-17.224	-8.3338
	澳元	-30.531	-17.011	-8.3269

续表

行业名称	币种	日数据 T 值	周数据 T 值	月数据 T 值
金融、保险业	美元	-35.697	-18.748	-10.294
	港元	-35.699	-18.785	-10.202
	欧元	-35.713	-18.797	-10.249
	澳元	-35.775	-18.525	-10.298
房地产业	美元	-36.408	-16.711	-9.0588
	港元	-36.422	-16.705	-9.1224
	欧元	-36.409	-16.565	-9.076
	澳元	-36.561	-16.61	-9.2116
社会服务业	美元	-33.507	-20.081	-8.2255
	港元	-33.518	-20.155	-8.0971
	欧元	-33.453	-20.059	-8.0096
	澳元	-33.799	-19.917	-8.2217
传播与文化产业	美元	-37.336	-18.904	-9.6286
	港元	-37.338	-18.943	-9.594
	欧元	-37.402	-18.949	-9.3294
	澳元	-37.466	-18.893	-9.6063
综合类	美元	-31.733	-18.769	-7.2031
	港元	-31.683	-18.803	-7.1403
	欧元	-31.751	-18.8	-7.1454
	澳元	-32.079	-18.387	-7.1896

（二）基于行业数据的乔瑞模型实证与分析

之前的 Q 检验和 ARCH - LM 检验已经证明日、周和月数据存在显著的 ARCH 效应，为了解决这一问题我们将加入一个 GARCH（1，1）因子来修正异方差，重新进行回归。另外之前的 PP 单位根检验已经证实汇率数据的随机性，而协整检验也证实行业数据与汇率数据不存在伪回归问题，所以可以利用修正的乔瑞双因子模型来计算相关性。

我们使用与企业汇率风险研究相同的方法利用 GARCH（1，1）因子的乔瑞双因子模型对行业数据进行实证分析，表 12-18 是对行业层面的数据结果进行统计描述，详细数据参见附录 B.1 中附表 1.26、附表 1.27 和附表 1.28：

表 12-18　　　　　　　汇率风险显著行业的分布描述

企业数目	数据周期	美元	港元	欧元	澳元	合计
5% 显著性	日数据	4 个 (30.8%)	2 个 (15.4%)	9 个 (69.2%)	12 个 (92.3%)	12 个 (92.3%)
	周数据	4 个 (30.8%)	4 个 (30.8%)	2 个 (15.4%)	4 个 (30.8%)	6 个 (46.2%)
	月数据	1 个 (7.7%)	0 个 (0%)	2 个 (15.4%)	0 个 (0%)	3 个 (23.1%)
10% 显著性	日数据	5 个 (38.5%)	5 个 (38.5%)	9 个 (69.2%)	12 个 (92.3%)	12 个 (92.3%)
	周数据	5 个 (38.5%)	4 个 (30.8%)	2 个 (15.4%)	7 个 (53.8%)	7 个 (53.8%)
	月数据	3 个 (23.1%)	1 个 (7.7%)	2 个 (15.4%)	0 个 (0%)	5 个 (38.5%)

注：行业对多种汇率显著在合计数据中仅计入一次。

我们的研究数据不仅可以统计每个企业的汇率风险程度还可以进行行业研究，并以此计算各个子行业的汇率风险程度，来发现哪些行业更容易受汇率风险的影响。

通过对我国对外投资的 13 个主要子行业的实证分析，我们发现，在 5% 和 10% 的置信度下，行业层面的汇率风险也非常显著，其中日数据揭示的汇率风险最为显著，高达 92.3% 的行业存在显著的汇率风险，而周数据和月数据的汇率风险显著行业比例也非常高，同时我们也可以发现无论是 5% 还是 10% 的置信度下，随着观测周期的增长汇率风险显著的行业数呈现递减的趋势。这与我们之前对于企业层面的分析结果高度一致，说明我国对外投资主体的汇率风险已经非常显著且随观测周期增长而逐步递减。

从表 12-18 中我们还可以发现，美元、港元和欧元的月周期汇率风险显著的行业数目与日周期、周周期数据相比出现了大幅减少的主要原因可能是套保周期的影响，作为对外投资型企业很少会对日和周汇率波动采取有效的风险对冲措施导致短期汇率风险暴露。澳元的情况尤其显著，其汇率风险显著的行业比例从日度数据来看非常高，而月度数据则完全不显著，这体现了澳元作为高风险货币的波动性更强，企业短期汇率风险难以控制，而中长期汇率风险可以通过套保手段等予以对冲，这也与我们企业层面的研究数据相一致。

为了对哪些行业更容易受到汇率风险的影响有更清楚的认识，表 12-19 就各个行业的汇率风险状况进行统计描述，详细数据参见附录 B.1 中附表 1.29、附表 1.30 和附表 1.31：

表 12-19　　各子行业汇率风险显著性次数统计

行业名称	5%置信度显著性行业统计				10%置信度显著性行业统计			
	日数据	周数据	月数据	合计	日数据	周数据	月数据	合计
农、林、牧、渔业	2	2	0	4	2	3	0	5
采掘业	4	0	0	4	4	1	1	6
制造业	2	3	1	6	3	3	1	7
电力、煤气及水的生产和供应业	2	0	0	2	2	0	0	2
建筑业	1	0	0	1	1	1	0	2
交通运输、仓储业	0	0	0	0	0	0	0	0
信息技术业	4	4	0	8	4	4	0	8
批发和零售贸易	2	0	1	3	3	0	1	4
金融、保险业	1	2	0	3	1	3	0	4
房地产业	1	0	0	1	1	0	0	1
社会服务业	3	0	1	4	4	0	2	6
传播与文化产业	2	0	0	2	2	0	0	2
综合类	3	3	0	6	4	3	1	8

就各个行业而言，我们发现在5%的置信度下，信息技术业、制造业、综合类、采掘业和社会服务业在分别利用日数据、周数据和月数据对三种主要对外投资货币的回归分析中各有8次、6次、6次、4次和4次统计显著，显示出较为强烈的汇率相关性。而交通运输、仓储业，建筑业，房地产业和传播文化产业四个产业各有0次、1次、1次和2次统计相关，显示这些行业的汇率相关性较弱。在10%置信度下，我们发现信息技术业、综合类、制造业、采掘业和社会服务业分别有8次、8次、7次、6次和6次统计显著，而交通运输、仓储业，房地产业，建筑业，电力、煤气及水的生产和供应业与传播与文化产业分别有0次、1次、2次、2次和2次统计相关。

我们可以从表12-19中发现较为清晰的行业分布特征，这表明我国对外投资企业的汇率风险具有较为明显的行业集聚性。信息技术业、制造业、综合类、采掘业和社会服务业的对外投资企业更容易受到利率风险的影响。另外根据《2010年中国对外直接投资统计公报》，这五个行业分别占我国2010年年末对外直接投资存量的2.7%、5.6%、0.6%、14.1%和1%，合计约占我国对外投资的比重的24%，而汇率风险显著的企业比例分别占到汇率风险显著企业数的

64%，汇率风险在这些行业中显著集中。可能的解释是，采掘业属于大型建设类项目，投资目的地单一，投资期限长，资金占用量大，这就造成了套期保值和对冲等汇率风险防范措施难度的加大，从而使其更容易受到汇率波动的影响。而批发零售业、信息技术业、制造业和综合类企业投资规模相对较小，汇兑交易频繁、资金往来密集且难以有效进行预测和控制，这导致采取有效的套期保值措施难度较大，短期汇率风险暴露十分显著。

房地产业、建筑业和传播与文化产业的汇率风险显著性较低的原因：一方面是其在我国对外投资中的比重不大且对外投资金额占上市公司产值比重较小，从而使得该行业收益水平受汇率风险影响较小；另一方面与这些行业套期保值等衍生工具的使用降低了汇率风险有关。而交通运输、仓储业和电力、煤气及水的生产和供应业虽然在我国对外投资存量中占比较大，但其汇率风险显著性较差的原因在于：一是由于其投资地域分布较为分散化，各种汇率的对冲效应显著；二是其投资项目一般规模较大所以各项风险对冲措施更为完备；三是电力、煤气及水的生产和供应业和交通运输、仓储业回报较为稳定且收益多用于投资地再投资，这可以很大程度规避汇率风险并且可以较好地发挥汇率风险对冲措施的效用。

第五节 基于财务绩效模型的汇率风险实证研究

一、企业季度财务数据统计结果和分析

在本项研究中为了更好地了解汇率波动对公司财务绩效的影响，我们采用了净资产收益率（ROE）和每股经营现金流量（CFPS）两个独立的因变量来衡量三种汇率的波动对企业资产的盈利能力和资产流动性的影响，为了减少变量遗漏带来的影响，我们还增加了总资产的自然对数（ln（ASSET））、资产负债率（DAR）和营业收入增长率（IRMBR）作为控制变量，利用改进的墨菲（Murphy，1984）多元线性回归财务模型，建立以下方程：

$$ROE = \beta_0 + \beta_1 * \ln(ASSET) + \beta_2 * DAR + \beta_3 * IRMBR + \beta_4 * MONEY + \varepsilon$$

$$CFPS = \beta_0 + \beta_1 * \ln(ASSET) + \beta_2 * DAR + \beta_3 * IRMBR + \beta_4 * MONEY + \varepsilon$$

其中 MONEY 代表不同的币种，即分别将四种货币分别代入方程来计算汇率风险系数。我们仍然利用美元、港元、欧元和澳元来计算汇率波动率。通过分析四种货币前的系数和 T 值，可以了解各种货币中长期的波动对企业绩效的影响。

下面就企业层面的季度数据结果进行分析，根据回归结果，表12-20、表12-21分别对汇率风险显著的企业数据进行了描述，表12-22描述了在5%的置信度下分别利用净资产收益率和每股经营现金流方法测量的汇率风险显著企业对四种货币的显著次数，详细数据参见附录B.1中附表1.32和附表1.33：

表12-20　利用净资产收益率衡量的汇率风险显著企业描述

	美元	港元	欧元	澳元	合计
季度数据5%显著性企业数目	19个(57.6%)	18个(54.5%)	4个(12.1%)	10个(30.3%)	22个(66.7%)
季度数据10%显著性企业数目	19个(57.6%)	19个(57.6%)	5个(15.2%)	11个(33.3%)	22个(66.7%)

注：企业对多种汇率显著在合计数据中仅计入一次。

表12-21　利用每股经营现金流衡量的汇率风险显著企业描述

	美元	港元	欧元	澳元	合计
季度数据5%显著性企业数目	8个(24.2%)	7个(21.2%)	7个(21.2%)	5个(15.2%)	17个(51.5%)
季度数据10%显著性企业数目	12个(36.4%)	11个(33.3%)	8个(24.2%)	7个(21.2%)	20个(60.6%)

注：企业对多种汇率显著在合计数据中仅计入一次。

表12-22　5%的置信度下汇率风险显著企业对四种货币的显著次数

净资产收益率衡量的汇率风险		每股经营现金流衡量的汇率风险	
公司名称	对各币种显著次数	公司名称	对各币种显著次数
中联重科	2	中兴通讯	2
中色股份	2	首钢股份	3
鞍钢股份	2	中国联通	2
首钢股份	2	兖州煤业	2
武钢股份	3	青岛海尔	3
华能国际	3	中国神华	2
宝钢股份	2	中国铁建	2
中国石化	2	中国石油	2
五矿发展	3	中联重科	1

续表

净资产收益率衡量的汇率风险		每股经营现金流衡量的汇率风险	
公司名称	对各币种显著次数	公司名称	对各币种显著次数
长航油运	3	中金黄金	1
兖州煤业	3	中化国际	1
中金黄金	2	国投电力	1
中化国际	2	中国铝业	1
张江高科	2	中国中冶	1
中国国航	3	中国建筑	1
中国建筑	3	中色股份	1
中国石油	2	华菱钢铁	1
招商轮船	4		
中国远洋	3		
中国中冶	1		
TCL 集团	1		
华菱钢铁	1		

从表 12-20 和表 12-21 中我们可以发现在 5% 和 10% 的双侧置信区间下，我国最大的对外投资企业存在非常显著的中长期汇率风险。在 5% 和 10% 置信度下，利用 ROE 衡量的周期为季度的数据回归结果显示，均有高达 66.7% 的企业存在显著的汇率风险；利用 CFPS 进行的回归显示，分别有 51.5% 和 60.6% 的企业存在显著的汇率风险。这与我们利用股票市场数据得到的我国企业具备显著的汇率风险的结论相一致。通过比较表 12-20 和表 12-21 中的数据并与之前的日、周和月度数据相比较我们还发现以下结论：

首先，我们发现利用 ROE 和 CFPS 衡量的三种汇率风险显著的企业合计数（企业对多种汇率显著仅计入一次）基本接近但如果仅简单相加的话以 ROE 衡量的汇率风险显著性企业数目要远多于 CFPS 衡量的企业数，尤其是在 5% 的置信度下明显超过 CFPS 衡量的企业数目。如果分币种来分析 ROE 和 CFPS 衡量的汇率风险显著性企业，我们还可以发现 ROE 衡量的港元、美元和澳元汇率风险显著的企业数目要远多于以 CFPS 衡量的企业数，而以 CFPS 衡量的欧元汇率风险显著的企业要多于 ROE 衡量的。总体来讲，ROE 对汇率波动的敏感性要略高于用 CFPS 衡量的汇率敏感性，我们认为可能的解释是 ROE 所反映的是企业中长期的盈利能力，调整余地相对较小，对中长期的汇率波动反应持续期间较长；而 CFPS 衡量的是企业资产的流动性，企业现金流可以通过投资、融资和经营活动加以调节，在对外投资的过程中也可以通过调节融资币种和融资来源、收入的掉期保值和增补现金流等手段来加以调节，这可以相对减少汇率波动带来的风险。

其次，我们利用公司季度财务数据的实证结果与之前利用短期市场数据的结论并不完全吻合，即利用季度财务数据测算的汇率风险显著的企业比例并没有继续减少，反而大幅上升。之所以出现这种状况，我们认为这是由于财务绩效和股票市场绩效的特点和反应速度有关。财务绩效的统计区间对汇率风险的反应时间较长，汇率风险存在累积效应，如果企业的中长期汇率波动对企业产生实质性影响，那么会在财务指标中更加显著地加以反应。而且，季末是汇兑损益和套期保值措施主要结算日和报表日，折算风险和交易风险尤为显著，这也推高了企业面临的汇率风险水平。

再次，通过分析季度汇率风险显著企业的币种分布，我们发现在 5% 的置信度下利用 ROE 和 CFPS 衡量的企业汇率风险显著的企业中分别有 18 家和 7 家同时对港元和美元的汇率波动显著相关，而对欧元和澳元汇率风险显著的企业与对美元和港元显著的企业存在很大差别，只有少数企业重合。在 10% 置信度下我们也可以观察到类似现象，美元和港元的汇率风险显著企业高度一致，而欧元和澳元汇率风险显著企业则与其他货币有较大区别，保持了较高的独立性。

我们认为出现这种状况的主要原因是各家公司投资比重和目的地的选择不同造成的，企业很可能集中于美元区、欧元区或者澳元区投资，因此各家企业受到不同汇率波动的程度存在显著差异。而中国远洋、招商轮船、中国国航、长航油运、华能国际、青岛海尔、武钢股份、首钢股份等多种货币汇率风险显著的企业具有明显的全球投资和全球经营特点，其业绩同时也多种货币密切相关。另外人民币对美元和港元走势的一致性较强以及较多企业同时利用港元和美元融资或对外投资，而欧元、澳元走势与美元关联性相对较弱而且对欧洲和澳洲的投资具有一定的独立性也是重要原因。

最后，通过比较利用 ROE 和 CFPS 衡量的同企业同币种的汇率风险的重合度，我们发现在 5% 的置信度下仅分别有 3 家、3 家、0 家和 2 家的 ROE 和 CFPS 分别各自同时对美元、港元、欧元和澳元显著。这种利用 ROE 和 CFPS 衡量的企业层面财务指标对币种汇率风险的较低重合度，我们认为主要是由于对外投资企业对某项财务指标的关注程度存在较大区别以及企业对外投资的融资币种和投资币种选择投资时机的选择等导致企业的现金流和盈利能力的不匹配。

表 12 – 23 和表 12 – 24 对汇率风险显著企业的系数均值和 T 值绝对值均值数据进行了描述，详细数据参见附录 B.1 中附表 1.34 和附表 1.35。

表 12 – 23　利用净资产收益率衡量的汇率风险系数和显著性 T 值描述

	美元		港元		欧元		澳元	
	系数均值	T绝对值均值	系数均值	T绝对值均值	系数均值	T绝对值均值	系数均值	T绝对值均值
全部样本企业	-1.21	2.97	-1.33	2.94	-0.08	1.02	-0.07	1.43
5% 显著性企业	-1.66	4.43	-1.81	4.51	-0.28	2.37	-0.16	2.82
10% 显著性企业	-1.66	4.43	-1.76	4.37	-0.30	2.26	-0.16	2.73

表 12 – 24　利用每股经营现金流衡量的汇率风险系数和显著性 T 值描述

	美元		港元		欧元		澳元	
	系数均值	T绝对值均值	系数均值	T绝对值均值	系数均值	T绝对值均值	系数均值	T绝对值均值
全部样本企业	-0.84	1.31	-1.47	1.29	0.62	1.34	0.94	1.17
5% 显著性企业	-6.89	2.85	-7.82	3.02	2.27	3.15	2.85	2.86
10% 显著性企业	-0.99	2.51	-6.70	2.55	2.23	2.99	1.25	2.57

通过观察表 12 – 24，我们可以发现，利用 CFPS 衡量的汇率风险系数均值符号与我们利用企业数据得到的结论——美元和港元系数均值为负数而欧元和澳元均值系数为正数，完全相符，这表明利用 CFPS 衡量的美元与港元对人民币贬值后我国对外投资企业的市场估值产生了积极影响；而欧元和澳元风险系数均为正值，说明我国企业会从欧元和澳元的升值中获益。

综合观察表 12 – 23 和表 12 – 24，我们还可以发现利用 ROE 和 CFPS 衡量的欧元和澳元风险系数方向相反，其中以 ROE 衡量的风险系数为微弱的负数，而以 CFPS 衡量的欧元和澳元汇率风险显著为正值。ROE 衡量的两种货币的汇率风险系数虽然为负值，但系数较小，同时分析其中的各家公司的显著性系数发现负值系数公司数目仅略多于风险系数为正的公司数。而 CFPS 项下，各公司系数大部分均显著为正，表明各家企业较为强烈的对欧元和澳元的同趋势变动。出现这种情况的可能原因除了现金流和盈利的不匹配外，也可能与样本企业较少造成的扰动有关。

另外，我们还发现港元和美元的汇率风险系数保持了较高的一致性，这印证了港元和美元的汇率风险的高度相关性,系数均为负数表明中国对外投资企业的盈利能力和资产的流动性在中长期内随着人民币对港元和美元的升值而减弱。

二、企业季度和年度面板数据统计结果分析

(一) 面板数据固定效应和随机效应检验

面板数据通过对不同横截面单元不同时间观察值的结合,增加了自由度,减少了解释变量之间的共线性,从而改进了估计结果的有效性。考虑到横截面数据存在的局限和年度数据数量的限制,我们将采用面板数据(panel data)对公司的季度和年度数据进行统计分析。

面板数据模型存在固定效应和随机效应,固定效应模型中的个体差异反映在每个个体都有一个特定的截距项上,随机效应模型则假设所有的个体具有相同的截距项,个体的差异主要反映在随机干扰项的设定上,因此首先对该模型进行随机效应和固定效应的检验。表12-25是利用净资产收益率和每股经营净流量与对应汇率周期的随机和固定效应检验结果:

表 12-25　　季度 ROE/CFPS 数据随机效应 Hausman 检验和固定效应的 F 检验表

	货币	M 值	自由度	P>M 概率
ROE 面板数据随机效应	美元	4.75	4	0.314
	港元	4.7	4	0.32
	欧元	4.88	4	0.3
	澳元	4.63	4	0.3277
CFPS 面板数据随机效应	美元	9.17	4	0.06
	港元	9.09	4	0.06
	欧元	8.34	4	0.08
	澳元	9.22	4	0.05
	货币	DEN DF	F 值	P>F 概率
ROE 面板数据固定效应	美元	620	4.32	<0.0001
	港元	620	4.35	<0.0001
	欧元	620	3.89	<0.0001
	澳元	620	3.8	<0.0001

续表

	货币	DEN DF	F 值	P > F 概率
CFPS 面板数据 固定效应	美元	620	2.29	0.0001
	港元	620	2.29	0.0001
	欧元	620	2.31	<0.0001
	澳元	620	2.22	0.0002

表 12 – 25 中，以 ROE 衡量的各币种面板数据的随机效应 P 值均显著大于 0.05，不拒绝"不存在随机效应"的原假设，即随机影响模型中个体影响与解释变量不相关；而固定效用 P 值在 1% 置信区间内显著，也显著接受"不存在固定效应"的原假设，即不存在固定效应。考虑到固定效应模型的 P 值更加显著，所以对 ROE 季度数据采用固定效应的估计方法。而 CFPS 横截面各币种的随机效应 P 值仅略大于 0.05，随机效应在 10% 置信度内显著，而考虑到固定效应的 P 值均在 1% 置信度内显著，所有优先选取固定效应模型进行估计。

表 12 – 26　年度 ROE/CFPS 数据随机效应 Hausman 检验和固定效应的 F 检验表

	货币	M 值	自由度	P > M 概率
ROE 面板数据 随机效应	美元	3.31	4	0.509
	港元	3.46	4	0.484
	欧元	2.16	4	0.707
	澳元	2.97	4	0.564
CFPS 面板数据 随机效应	美元	9.67	3	0.022
	港元	8.87	4	0.065
	欧元	10.65	3	0.014
	澳元	8.85	4	0.065
ROE 面板数据 固定效应	美元	136	1.44	0.083
	港元	136	1.44	0.082
	欧元	136	1.32	0.143
	澳元	136	1.92	0.007
CFPS 面板数据 固定效应	美元	136	2.13	0.002
	港元	136	2.13	0.002
	欧元	136	2.12	0.002
	澳元	136	1.23	0.214

表 12-26 中，以 ROE 衡量的各币种面板数据的随机效应 P 值均显著大于 0.05，不拒绝"不存在随机效应"的原假设，即随机影响模型中个体影响与解释变量不相关；而固定效用 P 值在 10% 置信区间内并不显著，拒绝"不存在固定效应"的原假设，即存在固定效应。所以对 ROE 年度数据采用随机效应的估计方法。而 CFPS 横截面数据美元、港元和欧元的随机效应 P 值较小，存在随机效应，而除澳元以外的三种货币的固定效应的 P 值均在 1% 置信度内显著，表明不存在固定效应，虽然澳元固定效应显著，但考虑到其他三种货币的固定效应均完全不显著，仍对其采用固定效应模型对 CFPS 进行估计。

（二）基于财务绩效模型的季度和年度实证结果与分析

分别利用固定效应模型和随机效应模型对以 ROE 和 CFPS 测量的季度和年度汇率风险进行测量，表 12-27 描述了不同币种的汇率风险系数和显著性 T 值水平：

表 12-27　　季度、年度 ROE/CFPS 衡量的汇率风险系数和显著性 T 值描述

变量	观测数	美元 系数	美元 T 值	港元 系数	港元 T 值	欧元 系数	欧元 显著性 T 值	澳元 系数	澳元 T 值
季度 ROE 数据	656	-1.131	-7.69	-1.239	-8.03	-0.05	-1.01	-1.13	-7.70
季度 CFPS 数据	656	-0.895	-0.61	-1.318	-0.85	0.78	1.56	-0.78	0.59
年度 ROE 数据	171	-0.538	-2.01	-0.521	-1.85	-0.02	-0.19	0.15	0.39
年度 CFPS 数据	171	-2.369	0.36	-2.83	-1.04	0.43	0.56	0.34	0.93

通过观察表 12-27，我们发现，整体而言利用面板数据对企业季度和年度数据进行回归效果并不理想，这主要是由于公司样本点的季度和年度数据量较少，尤其是年度数据缺失导致回归结果并不理想，但我们仍然可以通过实证结果来对各种货币的长期汇率风险做出一定的判断。

通过分析季度和年度以 ROE 和 CFPS 衡量的汇率风险系数的显著性 T 值的描述，我们发现季度 ROE 衡量的港元、美元和澳元汇率风险在 1% 的置信度下显著，以年度衡量的美元和港元汇率风险在 5% 置信度下显著。港元、美元和澳元汇率风险的显著性也进一步印证了汇率的波动不仅会对股票市场产生影响，同时也会对公司的盈利能力产生实质影响。

我们还发现以 CFPS 衡量的汇率风险系数均不显著，我们认为可能的解释是汇率波动会对企业的短期现金流产生影响，但随着观测周期的增长，公司可以通过投融资币种的选择、货币的掉期保值、补充流动资金和投资现金流的管理来防范对现金流的长期冲击。

第六节　本章小结

本章通过计算选取的港元、美元、欧元和澳元等四种我国企业对外投资过程中最主要的外币币种来计算人民币汇率形成机制改革至今四种货币对人民币的汇率波动情况及对我国大型对外投资企业的市场绩效和财务绩效的影响，并根据不同汇率风险的特性分别对宏观波动、短期波动和中长期波动利用不同的模型进行测量。通过一系列的实证分析，本研究得到了一些区别于国外研究和国内理论研究的实证研究成果，对我国对外投资企业的汇率风险现状和趋势有了新的认识，并对如何计量对外投资企业的汇率风险提供了较有意义的参考。以下是本研究的主要结论：

第一，研究发现，我国对外投资企业的汇率风险非常显著，对企业的市场绩效和财务绩效都有非常显著的影响。无论是基于 VaR 方法的宏观汇率风险测算还是基于乔瑞模型对于企业和行业中短期汇率波动对市场指标的测算，抑或是利用财务绩效模型对企业面临的长期汇率波动对其财务指标的影响都显示出我国无论是对外投资的企业层面还是行业层面都受到汇率风险的显著影响。这不同于我国以往的研究和美国的经验，也要大幅高于我们的研究预期，说明随着我国近年来对外投资的快速发展，对外投资企业的汇率风险出现快速累积。

第二，通过计算美元、港元、欧元和澳元对人民币对数收益率的基于 GARCH(1，1) 模型的日、周和月周期的 VaR 值我们发现，随着观测周期的增长，VaR 均值有显著提升，即在宏观视角下随着观测周期的增长各币种的汇率波动更加显著，我国对外投资企业所面临的宏观外汇汇率将显著提升。

第三，利用乔瑞模型对企业和行业的研究发现，随着观测周期的增长，美元、港元、欧元和澳元汇率风险显著的企业和行业比例呈现逐步减少的趋势，这也与我们的预期以及艾琳·穆勒对于其他亚洲国家的研究不同。我们推测这与股票市场对短期波动的较高敏感度和企业对短期汇率风险的态度及避险能力以及企业对中期汇率风险的避险措施有关。

第四，分币种来看，利用乔瑞模型对企业的研究发现，美元和港元的汇率风险对企业市场价值层面的影响程度保持着较高的一致性且均为负值，这意味着美元与港元对人民币贬值会对我国对外投资企业的市场估值产生积极影响。而欧元和澳元风险系数基本均为正值，说明总体而言我国对外投资企业会从欧元和澳元的升值中获益。这可能主要与货币的风险属性和我国对外投资企业利用不同货币进行的投资类型和范围具有显著差别有关。研究还发现港元与美元的汇率风险具有高度相关性，这与港元与美元挂钩的汇率政策有关，而澳元作为一种资源类风险货币决定了其汇率风险要显著大于其他货币。

第五，利用乔瑞模型对行业的研究发现我国对外投资企业的汇率风险具有较为明显的行业集聚性。其中信息技术业、制造业、综合类、采掘业和社会服务业等行业汇率风险显著。而房地产业、建筑业、传播与文化产业、交通运输、仓储业和电力、煤气及水的生产和供应业受汇率波动影响较小，这可能与各个行业的投资地和投资特点以及对外投资在该行业上市公司中所占比重有关。

第六，利用财务绩效模型计算的以净资产收益率衡量的季度汇率风险显著企业要多于以每股经营现金流衡量的企业数，总体来讲，净资产收益率对汇率波动的敏感性要略高于用每股净现金流衡量的汇率敏感性，我们认为可能的解释是净资产收益率所反映的是企业中长期的盈利能力，调整余地相对较小，而每股经营现金流衡量的是企业资产的流动性，企业现金流可以通过投资、融资和经营活动加以调节来相对减少汇率波动带来的风险。

第七，通过面板数据回归和分析，我们发现，整体而言利用面板数据对企业季度和年度数据进行回归效果并不理想，但通过分析我们仍发现以季度净资产收益率衡量的港元、美元和澳元汇率风险非常显著，以年度净资产收益率衡量的美元和港元汇率风险也非常显著。这也进一步印证了汇率的波动不仅会对股票市场产生影响，同时也会对公司的盈利能力产生实质影响。

第十三章

企业政治关联与跨国并购绩效：
基于中国并购方数据

第一节 研究背景与意义

近年来，中国企业并购国外企业的重大案例层出不穷，从 2004 年的联想收购 IBM 到 2010 年吉利收购沃尔沃，再到最近的中海油收购加拿大尼克森，无一不引起世界的关注。传统的对外直接投资理论，如海默（Hymer）的比较优势理论、弗农（Vernon）的产品生命周期理论、邓宁（Dunning）的国际生产折中理论，都解释了发达国家具备技术优势的企业收购发展中国家的企业的现象。而处于发展中国家的中国企业跨国并购并不适用上述理论。相较于其他国家，中国企业跨国并购最大的特征在于受到政治因素的重要影响。2000 年，"走出去"战略被提升到了国家战略层面后，政府通过多种手段鼓励企业从事海外投资。在这样的政策背景下，中国企业跨国并购的数量迅速上升。图 13-1 为 2009 年到 2011 年中国企业海外并购趋势，从图中可见，海外并购案例数不断上升，并购金额维持在较高水平。统计显示，中国超过 2/3 的跨国并购由国有企业完成（BvD 全球并购交易数据库），这部分可以被认为是直接由政府主导完成的，而民企的海外并购背后也有政府的隐性支持。例如，在吉利收购沃尔沃案例中，成都市政府直接要求成都银行和国家开发银行成都分行为吉利提供了 30 亿元的低息贷款，而北京市政府则为吉利提供了 50 亿元的融资。可见，政治关联因素是中国海外并购中不可忽略的内容。

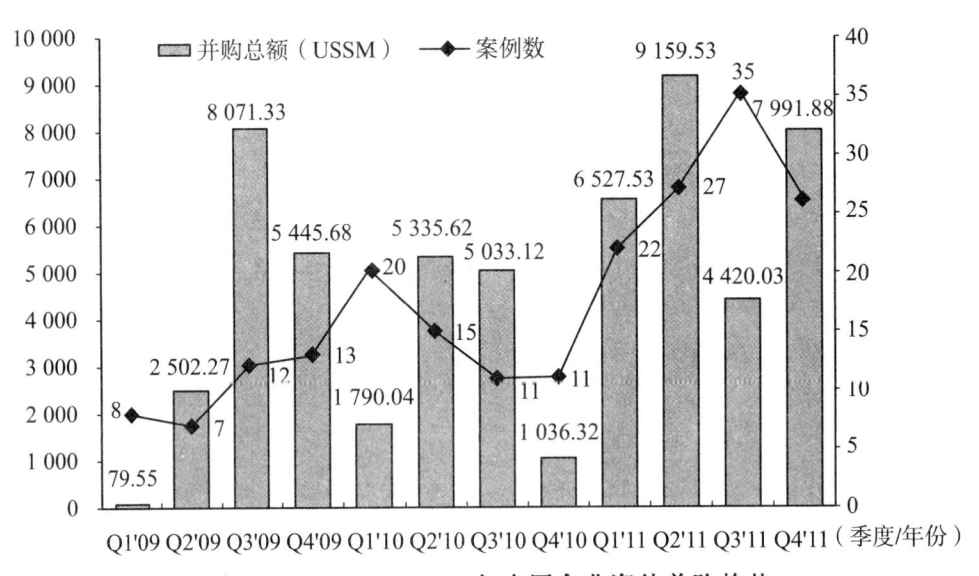

图 13-1　2009~2011 年中国企业海外并购趋势

资料来源：清科研究中心 2012.01。

然而，已有关于中国企业跨国并购的研究没有把"政治关联"作为一个直接变量纳入考虑。因此，本章主要研究了中国企业政治关联因素对其跨国并购绩效的影响。现有文献中对企业的"政治关联"的定义一般用第三方研究机构给出的企业政治关联度指标（Fisman，2001）或者以企业高层管理人员是否担任过相关的职务来判断（Faccio，2006；Fan et al.，2007；Khwajia & Mian，2005；潘红波等，2008）。由于没有找到合适的指标，本章使用后一种方法。

政治关联对海外并购绩效的影响是一个复杂的问题，一方面，政治关联越强的企业可获得更多的优惠政策，有助于海外并购的成功（Faccio，2006；Fisman，2001）；而另一方面，政治关联度强的企业在并购时更容易面临目标企业所在国政府的歧视，并购政治风险加大，且企业在获取更多优惠政策的同时可能需要付出更高的政府寻租成本（Fan et al.，2007）。此外，企业所在地的政治环境不同，即使相同程度的政治关联，对企业并购绩效的影响也会不同。同时，外部政策环境的变化也将对二者的关系产生影响。然而，已有研究大多用二元虚拟变量来简单判断企业是否具有政治关联，没有考虑现实中复杂多样的政治关联方式以及非国有企业也有政治关联的情况，没有分析政治因素对并购绩效的具体影响途径，并且没有考虑不同政策环境下的不同影响情况。

有鉴于此，本章利用 2001~2012 年中国海外并购相对完整的数据，主要完成了以下工作：第一，构建细化的企业政治关联度指数，用更细化的测量方法代替二元虚拟变量，研究政治关联度对并购绩效的影响；第二，将外部政治环境条件的影响纳入考虑范围，分析企业所在地的市场化程度、政府干预度对政治关联与海外并购绩效之间关系的影响；第三，验证了企业的政治关联性通过优惠贷款的途径对海外并购产生实际影响；第四，将外部政策变化的影响纳入考虑范围，分析了 2008 年"走出去"战略实施加快前后，企业海外并购绩效的变化以及企业政治关联因素对这一变化的贡献。

第二节 样本数据与研究方法

一、样本选择

本章以 2001 年 1 月至 2012 年 3 月期间的中国企业海外并购事件为样本，样本时间范围由数据可得性确定。样本数据来自由 Zephus 公司提供的 ZEPHYR 数据库，该数据库是全球报道当前并购交易最快、覆盖率最高的权威并购分析库，可确保在样本时间范围内尽可能获得齐全的中国海外并购数据。样本按以下标准进行筛选：（1）中国并购方与非中国的目标企业[①]；（2）只包含已宣告的并购事件；（3）只包含并购方为中国大陆或香港上市公司的事件；（4）剔除目标企业为中国企业设在海外的子公司的事件；（5）剔除并购日在上市日期后三个月以内导致分析数据不足的事件。经过筛选得到的样本包括 87 家企业的 108 个中国海外并购事件，其中 97 个事件并购方为中国大陆上市公司，11 个事件并购方为香港上市公司。

二、变量设计

（一）被解释变量：跨国并购绩效（CAR）

测量并购绩效一般有会计指标数据和股票市场数据两类方法。而会计指标

[①] 并购方包括中国大陆上市公司与在香港上市且主要业务在中国大陆的公司，目标企业包括香港本土企业。

法的弊端在于难以将企业跨国并购的效应与其他影响企业价值事件的效应区别开来。相比较而言，在弱势市场有效的条件假设下，股票市场绩效更能体现投资者对于中国海外并购的客观判断和预期（顾露露，2011）。因此，本章用并购宣告前后若干个交易日并购方公司的累计超额收益率来测量中国企业跨国并购绩效。以布朗和沃纳（Brown & Warner, 1985）的市场模型法来计算样本公司的累计超额收益率，以并购公告日为第 0 日，估计期为并购公告日前 200 日至公告日前 30 日[①]。采用股票日回报数据，股票价格和股指数据来自 Wind 数据库。

表 13-1 报告了不同事件窗口的超额收益率情况。本章发现并购公告日前一天至后一天的平均累计超额收益率约为 1.06%，且在 5% 水平上显著。结果显示：市场对中国企业海外并购事件在公告日前后的短期内有正的平均回报，且有明显的信息提前泄露情况。基于以上分析，本章以 (-1, 1) 事件窗口的超额累计收益率来测量中国企业跨国并购绩效。

表 13-1　　　　　并购公告日市场累计超额收益率

事件窗口	平均值	p 值
(-10, -5)	-0.0049	0.44
(-10, -1)	-0.0048	0.634
(-5, -1)	0.0022	0.717
-1	-0.00014	0.935
0	0.0049	0.134
(-1, 1)	0.0106	0.034**
(1, 5)	-0.0059	0.311
(5, 10)	0.00023	0.971
(1, 10)	-0.0051	0.588
(-5, 5)	0.00022	0.984
(-10, 10)	-0.00584	0.735
(-2, 2)	0.0072	0.267
(-3, 3)	0.00336	0.696

注：** 表示 t 检验的显著性水平在 5%。

---

① 全部指交易日。

（二）解释变量

1. 政治关联程度（PC）

参考已有研究的做法，本章以并购方高层管理人员的政治背景作为衡量其政治关联度的标准。中国企业的政治关联比较复杂，从类型来看，企业管理人员的政治身份可分为人大、政协代表和政府官员两类；从层级来看，又可分为中央、省级、市级和区级。此外，在各类民间协会、高校等单位曾任或兼任重要职务也可看做一种政治关联。已有研究在刻画企业政治关联度时大多使用简单二分法，无法将不同程度的政治关联区别开来。本章将上述情况都纳入了考虑，对企业的政治关联度进行了赋值。具体赋值方式及对应的企业数如表13-2所示：

表 13-2 企业政治关联度赋值表

企业政治关联度赋值	赋值条件	企业数
3	董事长或CEO曾任或现任省部级及以上官员、现任全国人大代表、现任全国政协代表①	49家
2	董事长或CEO曾任或现任省级部以下官员、省级人大代表、省级政协代表	10家
1	董事长或CEO曾任或现任省级以下人大或政协代表、其他有影响力的民间协会主要负责人②	23家
0	除以上情况以外的公司	26家

注：企业高管政治关系信息根据国泰安CSMAR数据库提供的上市公司高管简历人工整理获得。

2. 政府对企业的干预度（GOV）

前文已经指出，政治关联对企业的影响主要通过政治家对企业的寻租以及企业通过政治关系获得税收、贷款等方面的优惠来体现，而这一影响根据外部的政治环境、市场条件的不同而不同（Faccio，2006）。而我国不同省份经济发展程度、市场化程度差别很大，政府对企业的干预程度不同，拥有相似政治关联程度的企业在政治干预度不同的地区，政治关联度对企业并购的绩效的影响显然也不

---

① 考虑到直接担任官员的影响力大于人大、政协代表，故将担任官员与高其一等级的人大、政协代表列为一个层次，下同。

② 主要包括工商联、青联的主要负责人以及曾任或兼任高校的院级（含）以上领导。

同。因此，本章将并购方企业所在省份的政府干预度引入模型①。本章采用樊纲等（2010）编制的《中国市场化指数——各地区市场化相对进程2009年报告》中的"政府与市场关系"指标作为政府对企业干预度的替代变量。该指标为年度数据，主要由市场分配经济资源的比重、减少政府对企业的干预、减轻企业税外负担、缩小政府规模等二级指标构成，衡量了全国各省级单位的政府对市场的干预情况，指标得分越高表明政府对市场的干预程度越小。为方便实证结果的表述，本章使用的政府干预度变量（GOV）为对该指标取倒数。因此，GOV越大，表示当地政府对企业的干预程度越大。由于该报告未披露2008年以后的数据，因此，以2007年数据为基础并按前5年的变化趋势调整获得2008年以后的数据。

3. 控制变量

其他可能影响并购绩效的因素作为控制变量引入模型。表13-3给出了控制变量的简单定义，引入以上控制变量的理由如下：

首先，本章控制了并购事件本身相关的因素，包括汇率和目标企业所在区域。德温特（Dewenter，1995）和瑟本延等（Cebenoyan et al.，1992）的研究结果都显示，本币相对于投资目的地货币升值有利于并购企业以更低的价格购买海外目标企业，而如果高估本币升值作用，则可能对目标企业股价过高，结果也可能造成负的绩效影响（顾露露，2011）。海外投资的目的地区位选择将对并购绩效产生重要影响，目标企业所在国的经济、法律环境会影响并购绩效。

其次，除了上文提到的并购方的政治关联度以外，本章考虑了其他可能影响并购绩效的并购方特征因素。首先考虑企业所有权性质，将控股股东是否为国有的虚拟变量引入模型。考虑到由国企改制而来的企业一般保留了国有企业的经营管理特征，因此本章将曾经是国有企业的"全流通"企业也归入国有企业一类（Hsin-Yi，2010）。企业规模是反映其特征最基本的变量（顾露露，2011；Chen，2010；张功富，2011；Fan，2007；Hsin-Yi，2008），本章用并购方的对数总资产代表企业规模。已有研究指出，我国从事海外投资的企业一般都有融资便利、资金充足的特点（Kumar，2009），据彭博资讯2011年统计，近八成（79.4%）的中企海外资产收购选择现金收购模式也可以证明这一点②。根据杰森（Jensen，1986）的自由现金流假说，过度充足的资金可能导致企业投资效率降低。考虑到拥有较高银行贷款比率的企业一般可以有更充足的资金从事各项投资，因此本章用银行贷款占总资产的比率来代表企业的融资能力。此外，政治关联度高的企业往往具有融资便利的特点，在实证研究中，我们用这一变量验证了融资便利是政治关联影响并

---

① 央企的政府干预度用北京市的指标代替。
② 这也是本章没有将交易支付方式作为控制变量的原因。

购绩效的重要途径①。罗尔（Roll，1986）提出的"狂妄假说"认为并购企业高层管理人员的自以为是、过度乐观的投资态度会影响并购绩效。在我国，"狂妄假说"可以体现在盲目跟风式的海外并购。董事会中独立外部人员比例的提高有助于提高企业决策的理性度（Hsin-Yi，2008），因此本章用董事会中独立董事的比例来反映企业高层做出投资决策的理性程度。陈等（Chan et al.，1991）与法玛和佛兰奇（Fama & French，1992，1993）都验证了账面价值与市场价值的比率将影响投资期望收益，因此本章引入市净率和市盈率两个来指标反映市场对企业的估值水平。

最后，并购涉及的行业也将影响投资者对并购效果的预期，&rade 等（2001）和米切尔和马尔赫林（Mitchell & Mulherin，1996）都发现不同行业间的并购绩效差异很大。资源类和高科技类并购是我国最主要的两类海外并购，反映了我国海外投资的战略性动机，因此本章控制了相关的行业变量。将并购方为国家级高新技术企业的并购视作高科技类并购，将目标企业从事石油、天然气开采、石油冶炼、采矿金属和金属产品行业的并购视作资源类并购。

表 13-3　　　　　　　　　　控制变量定义

	代码	变量定义
并购交易相关	DEV	目标企业所在国是发达国家或地区取 1，否则取 0
	EX_RATE	交易进行当月人民币对美元月平均基准汇率，1 美元对应人民币
并购方自身特征相关	STATE_OW	并购方控股股东性质为国有股或由国有企业改制的取 1，否则取 0
	LNASSET	并购方资产总值对数
	LOAN	并购方银行贷款占期初资产比例
	OUTSIDE	董事会中外部人员比例，独立董事人数/董事会总人数
	PB	市净率，每股市价/每股账面价值
	PE	市盈率/100，（每股市价/每股盈利）/100
行业差异相关	IN_TECH	并购方为国家级高新技术企业取 1，否则取 0
	IN_RE	目标企业为石油和天然气开采、石油冶炼、采矿金属和金属产品等行业

注：其中汇率、并购方自身特征相关变量数据来自国泰安 CSMAR 数据库，目标企业所在国（地区）及行业数据来自 ZEPHYR 数据库，国家级高新技术企业信息根据上市公司公告整理。

---

① 考虑到能够从事海外并购的企业都通过了商务部的审批，经营状况良好，因此不考虑由于经营不良导致的银行贷款比率过高的情况。

三、模型构建

（一）政治关联度对跨国并购绩效的影响研究

研究政治关联度对跨国并购绩效的影响，首先构建基本模型如下：

$$CAR = \beta_0 + \beta_1 PC + \sum_{i=2}^{n} \beta_i Control + \varepsilon$$

其中，β_0 为截距项，β_1 为政治关联度的回归系数，代表政治关联度对并购绩效的影响程度；$Control$ 为方程的控制变量，分别对应并购事件本身因素、并购方特征因素和行业因素；$\beta_i(i=2,\cdots,N)$ 为控制变量的回归系数，代表控制变量对并购绩效的影响程度；ε 为随机扰动项，代表其他未包含在模型内的影响并购绩效的因素。

如前文分析，企业政治关联度对并购绩效的影响受企业所在地区的政府对企业的干预度影响。具有相同政治关联度的企业在不同的政府干预度下，对并购绩效的影响不同。因此，本章将政府对企业的干预度（GOV）与企业政治关联度组成交叉变量引入模型：

$$CAR = \beta_0 + \beta_1 PC + \beta_2 PC \cdot GOV + \sum_{i=3}^{n} \beta_i Control + \varepsilon$$

其中，交叉变量的回归系数 β_2 代表在政治关联度不变的情况下，政府对企业的干预度对并购绩效的影响。即政治关联度对并购绩效的影响取决于政府对企业干预度的大小。

（二）政策环境变化的影响研究

随着时间变动，企业所处的外部政策环境和市场条件会发生改变，因而海外并购绩效会发生改变，同时政治关联度以及其他变量对并购绩效的影响也将随之变动。尤其是2008年全球金融危机的爆发，为我国企业海外投资提供了机遇。在2008年之后，我国的"走出去"战略实施明显加快，优秀企业实施海外并购受到鼓励并获得了更多优惠政策。本章把政策变化的因素纳入考虑，用动态发展的眼光来看待政治关联度对并购绩效的影响，研究了2008年前后，在"走出去"战略加快的影响下并购绩效发生的变化，以及政治关联度和其他控制变量对这一变化的贡献程度。

Blinder - Oaxaca 分解法常用于劳动经济学中研究性别因素对工资差异的影响（Oaxaca, 1973；Blinder, 1973），本章借鉴其思想，对由于政策变化造成的2008

年前后海外并购绩效差异的影响因素进行了分解：

(1) $\overline{CAR^A} - \overline{CAR^B} = (\beta_0^A - \beta_0^B) + \sum_{i=1}^{N}(\overline{X_t^A} - \overline{X_t^B}) \times \beta_i^A + \sum_{i=1}^{N}\overline{X_t^B}(\beta_i^A - \beta_i^B)$；

(2) $\overline{CAR^A} - \overline{CAR^B} = (\beta_0^A - \beta_0^B) + \sum_{i=1}^{N}(\overline{X_t^A} - \overline{X_t^B}) \times \beta_i^B + \sum_{i=1}^{N}\overline{X_t^A}(\beta_i^A - \beta_i^B)$。

其中，A 和 B 分别代表 2008 年后（含 2008 年）和 2008 年前的两组样本，$\overline{CAR}$ 和 $\overline{X_t}$ 分别代表相应变量的观察值均值。$\overline{CAR^A} - \overline{CAR^B}$ 代表 2008 年后与 2008 年前的并购绩效的差异；$\sum_{i=1}^{N}(\overline{X_t^A} - \overline{X_t^B}) \times \beta_i^A$ 代表解释变量均值的差异对并购差异的贡献，$\sum_{i=1}^{N}\overline{X_t^B} \times (\beta_i^A - \beta_i^B)$ 代表解释变量的回归系数的差异对并购差异的贡献。式（1）和式（2）分别代表以不同组为权数时的两种分解方法。在结果分析中，将分别报告两种分解的结果。

第三节 实证结果与分析

一、描述性统计分析

表 13-4 报告了所有变量的描述性统计分析。其中，并购公告（-1, 1）事件窗口的累计超额收益率最小值为 -0.12，最大值为 0.18，均值为 0.01。约 67% 的并购方曾经或现在为国有控股企业，约 63% 的海外并购目标公司位于发达国家或地区。并购方特征方面，资产对数、银行贷款比率、PB 和 PE 的均值分别为 23.17、22%、2.73 和 58.31。并购方公司治理方面，董事会中外部人员占比从 9% 到 50% 不等。行业特征方面，高科技类并购占约 21%、资源类并购占约 20%，显示了这两类并购在中国海外并购中占据重要地位。汇率方面，在样本范围期间 100 美元对应的人民币数额从最高的 827.71 元下降到 659.29 元，人民币经历了明显的升值过程，对海外并购绩效也会产生影响。

表 13-5 按并购方控股股权性质分为国有（STATE_OW = 1）和非国有（STATE_OW = 0）两组①，对相关变量进行了对比分析。其中，T 检验适合正态分布的样本分析，秩和检验适用于非正态分布的样本。结果显示，国有控股的并购方平均并购累计超额收益率（0.02）高于非国有并购方（0.00），并且在 5%

---

① 以下"国有"和"非国有"都指曾经或现在为国有控股。

水平上通过 T 检验和秩和检验。表明从整体上看，国有控股企业的海外并购的前景更被投资者看好。政治关联度方面，国有和非国有并购方分别平均为 2.11 和 1.06，国有并购方显著高于非国有并购方，且在 1% 水平上通过 T 检验和秩和检验。表明尽管非国有企业的高层管理人员也有部分政治关联，但总体上不如曾经或现在为国有企业的高层管理人员。

表 13-4　　　　　　　　　　　　描述性统计分析

	均值	标准差	最小值	25%	50%	75%	最大值	样本数
CAR	0.01	0.05	-0.12	-0.02	0.00	0.03	0.18	108.00
PC	1.76	1.26	0.00	1.00	2.00	3.00	3.00	108.00
STATE_OW	0.67	0.47	0.00	0.00	1.00	1.00	1.00	108.00
GOV	0.12	0.08	0.09	0.10	0.11	0.12	0.88	108.00
DEV	0.63	0.49	0.00	0.00	1.00	1.00	1.00	108.00
LNASSET	23.17	2.55	20.04	21.42	22.35	23.80	30.23	108.00
LOAN	0.22	0.25	0.00	0.03	0.18	0.29	0.69	108.00
OUTSIDE	0.34	0.07	0.09	0.33	0.33	0.36	0.50	108.00
PB	2.73	9.32	-87.88	1.75	2.75	4.94	24.11	107.00
PE	0.58	1.045	0.03	0.15	0.28	0.54	8.20	104.00
EX_RATE	7.12	0.69	6.29	6.59	6.83	7.78	8.27	108.00
IN_TECH	0.21	0.41	0.00	0.00	0.00	0.00	1.00	108.00
IN_RE	0.20	0.40	0.00	0.00	0.00	0.00	1.00	108.00

表 13-5　　　　　　　　　　　　按控股性质分组比较

	Total (N=108)		(1) STATE_OW=0 (N=36)		(2) STATE_OW=1 (N=72)		差异分析		
	均值	中位数	均值	中位数	均值	中位数	(2)-(1)	T 检验	秩和检验
CAR	0.01	0.00	0.00	-0.01	0.02	0.01	0.02	0.04**	0.02**
PC	1.76	2.00	1.06	1.00	2.11	3.00	1.06	0.00***	0.00***
GOV	0.12	0.11	0.13	0.10	0.11	0.11	-0.02	0.32	0.01**

注：T 检验和秩和检验所标注的为 p 值；* 代表在 10% 水平上显著，** 代表在 5% 水平上显著，*** 代表在 1% 水平上显著。

二、回归结果与分析

表 13-6 报告了政治关联对并购绩效影响的稳健回归结果。与传统最小二乘法相比，稳健回归分析采用了 Huber/White/Sandwich 的方法对模型的异方差问题进行了调整，并排除了一些特异质的干扰。除交叉项外的其他变量方差膨胀因子（VIF）都小于2，排除了多重共线性，White 检验接受原假设，表明没有异方差问题。回归结果分析如下：

方程（1）~（5）中，首先 STATE_OW 可看做用简单二元变量来区分政治关联度的虚拟变量，其系数均为正，且在 1% 水平上显著，表明国有企业跨国并购绩效高于非国有企业。然而，细分的企业政治关联度 PC 对并购绩效的影响却没有得到一致的结果。方程（1）中政治关联度（PC）对跨国并购绩效的影响为负，而方程（2）~（5）中政治关联度（PC）对跨国并购绩效的影响为正，且均不显著。Shleifer 和 Vishny（1994）认为政治因素对企业的影响有正负两个方面。不少实证研究也证明，政治关联情况与企业价值的关系受到企业所在国家或地区的腐败程度、司法环境等外部环境的影响（Boubakri et al., 2008；Faccio, 2006；Faccio, 2009；Sapienza, 2004），而潘红波等（2008）对中国企业的研究也支持上述观点。因此，我们认为造成本章政治关联度系数不显著的原因，并非是政治关联度对并购绩效没有影响，而是因为政治关联度对并购绩效的影响有正有负，且由外部环境因素决定。

表 13-6 政治关联对跨国并购绩效的影响回归结果与稳健性检验

	（1）	（2）	（3）	（4）	（5）	（6）
PC	-0.00444	0.0215	0.0246	0.0215	0.0224	
	(-0.93)	(1.27)	(1.44)	(1.27)	(1.31)	
PC * GOV		-0.228*	-0.254*	-0.229*	-0.240*	
		(-1.81)	(-1.97)	(-1.81)	(-1.87)	
STATE_OW	0.0491***	0.0507***	0.0469***	0.0507***	0.0501***	0.136***
	(3.73)	(3.77)	(3.34)	(3.78)	(3.66)	(3.59)
STATE_OW * GOV						-0.761***
						(-2.63)
DEV	0.0106	0.0126	-0.0146*	0.0125	0.0122	0.0157
	(0.91)	(1.10)	(-1.97)	(1.06)	(1.07)	(1.42)

续表

	(1)	(2)	(3)	(4)	(5)	(6)
EX_RATE	-0.0148**	-0.0132*	0.0105	-0.0132*	-0.0135*	-0.000116*
	(-2.16)	(-1.92)	(0.93)	(-1.96)	(-1.95)	(-1.66)
LNASSET	-0.00464*	-0.00506*	-0.00441*	-0.00507*	-0.00533*	-0.00639***
	(-1.84)	(-1.94)	(-1.75)	(-1.88)	(-1.97)	(-2.67)
LOAN	-0.0507***	-0.0493***		-0.0494***	-0.0533***	-0.0485***
	(-2.86)	(-2.97)		(-2.92)	(-2.98)	(-3.16)
OUTSIDE	-0.0245	-0.0295	-0.0145	-0.0291	-0.0197	-0.0134
	(-0.37)	(-0.44)	(-0.23)	(-0.45)	(-0.29)	(-0.21)
PB	0.00186*	0.00175	0.00121	0.00175	0.00165	0.00126
	(1.68)	(1.55)	(1.04)	(1.54)	(1.40)	(1.11)
PE	0.00234	0.00268	0.00268	0.00269	0.00272	0.0000291
	(0.52)	(0.59)	(0.55)	(0.56)	(0.60)	(0.65)
IN_TECH				-0.000368		
				(-0.02)		
IN_RE					0.00872	
					(0.74)	
常数项	0.202**	0.199**	0.183*	0.199**	0.204**	0.207**
	(2.09)	(2.03)	(1.88)	(1.99)	(2.07)	(2.07)
观测值	104	104	104	104	104	104
R-sq	0.1918	0.2063	0.153	0.206	0.210	0.220
F	2.54	2.62	2.00	2.36	2.65	3.10
Prob > F	0.0118	0.0074	0.048	0.0128	0.0054	0.0026

注：括号内为T检验值。*代表在10%水平上显著，**代表在5%水平上显著，***代表在1%水平上显著。

为验证这一假设，在方程（2）中引入了政治关联度与政府干预度的交叉变量。交叉变量回归系数显著为负，表明政治关联度对并购绩效的影响由企业所在地区的政治干预度决定，政治关联度一定的情况下，政府干预度越大，企业并购绩效越低。而在引入交叉变量后政治关联度的系数为正，表明方程（1）中政治关联的负系数是由于忽略了政府干预变量的影响。这一结果证明了上述假设，即政府干预度越大，政府官员向企业寻租越严重，企业为维持政治关联、获得海外并购的审批以及享受相应优惠政策需付出的成本越高，从而使得企业海外并购绩效越低。

银行贷款比率（Loan）对并购绩效的影响为负，且在1%水平上显著。表明高银行贷款率的企业现金持有量较高，投资效率降低，海外并购投资的绩效也相应降低。这一结论与杰森（Jensen，1986）的自由现金流假说认为过多的现金会导致企业过度投资、降低投资效率的观点一致。通过对比方程（2）和（3）发现，在引入银行贷款比率后，模型的拟合优度显著上升，提高了模型的解释度，而交叉变量系数的绝对值有所下降。这一结果证明政治关联度对并购绩效的影响有一定程度来自于银行贷款比率，即融资便利是政治关联度影响海外并购绩效的一个重要途径，且融资便利导致的大量现金持有对中国企业海外并购具有负面影响。

其他控制变量回归结果分析如下：

并购本身因素方面，汇率的回归系数显著为负，这一结果与顾露露（2011）的研究结果一致。表明人民币升值有助于提高海外并购绩效。由于大部分海外并购以美元结算，人民币升值有助于企业降低并购所需的融资成本，从而提高并购绩效。并购方特征因素方面，企业规模与并购绩效呈负相关，且在10%水平上显著。这一结果与Chen（2010）、潘红波（2008）的结果一致，可能是由于规模较小的企业通过海外并购在市场上获得的关注度提升更高，尤其是技术获取型的并购对小企业的协同效应更为明显。方程（4）和（5）分别引入了代表行业因素的虚拟变量，结果显示回归系数不显著，且其他解释变量的回归系数基本不变，表明技术类和资源类并购对并购绩效没有显著影响。

为检验结论的可靠性，我们进行了稳健性检验。方程（6）用更为客观的国有控股虚拟变量代替政治关联变量组成交叉变量，引入模型。结果显示，交叉变量的系数仍然为负，其他解释变量的回归系数没有明显变化，以上结论保持不变。

此外，为排除由于市场不同而可能存在的差异性，剔除了样本中并购方在香港上市的样本，结论不变。此外，金融类并购与非金融类并购差异较大，很多已有研究将金融类并购单独处理，因此，我们剔除了样本中的8个金融类并购后进行同样的回归分析，结论不变[①]。

三、Blinder-Oaxaca分解结果与分析

2008年全球金融危机爆发以后，我国"走出去"战略的脚步明显加快，海

---

① 具体结果可向作者索取。

外并购事件大量增加。在样本中，2001~2007年的并购事件为44起，2008年及以后的并购事件64起。通过Blinder-Oaxaca分解，分析了2008年前后，中国海外并购绩效的变化情况，以及相关解释变量的变化对绩效变化的贡献情况，同时引入了在上文中显示对并购绩效有显著影响的解释变量进入分解模型。表13-7报告了具体分解结果，其中均值变动部分的百分比代表相应解释变量变动（$\overline{X_t^A} - \overline{X_t^B}$）对绩效变动的贡献比例，系数变动部分指相应解释变量系数变动部分（$\beta_t^A - \beta_t^B$）对绩效变动的贡献比例。由于Blinder-Oaxaca分解有两种分解方式，权数选择不同分解结果将不同，因此本章报告了分别以两组为权数的分解结果。根据表13-7的结果分析如下：

从总体来看，2008年后并购绩效均值（$\overline{CAR^A}$）比2008年前并购绩效均值（$\overline{CAR^B}$）下降约0.0053。其中，对并购绩效下降起到主要贡献的包括政治干预度与政治关联度交叉变量、并购方资产规模、并购方银行贷款比率以及常数项；而企业政治关联度、国有控股情况以及汇率则阻止了绩效下降。

由前文可知，在企业政治关联度一定时，政治干预度对并购绩效的影响为负。交叉变量均值对并购绩效变动的贡献为正，表明2008年后企业政治干预度均值上升，导致并购绩效下降；系数变动部分贡献为正，表明政府干预度对并购绩效的负影响程度增大。我们考虑这是由于2008年后更多鼓励海外投资的优惠政策的提出，使得政府部门向企业寻租的程度增加，企业向政治家获取优惠政策的成本上升。

资产规模和银行贷款比率与并购绩效均呈反向关系。资产规模和银行贷款比率的均值变动部分对并购绩效变动的贡献均为正，表明2008年后，由于政策鼓励导致更多大规模以及持有大量现金的企业参与海外并购，导致并购绩效下降。上述两变量的系数部分的影响同样为正，规模和现金持有量因素对并购绩效的负面影响程度进一步加大。表明"走出去"战略的加快实施促进了企业参与海外并购的积极性，但相应的优惠政策也同时增加了部分资产规模大、现金持有多的企业参与海外并购的盲目性，会因为管理者的自大或非经济性的目的而投资于一些风险较大或者预期利润较低的项目，导致市场对并购绩效的预期下降。

常数项变动对并购绩效变动的贡献同样可以用政策环境变动解释。2008年后海外并购事件数量显著上升，而增加部分的并购项目预期收益率低于2008年以前的项目，非经济性目的的海外并购增加，从而使得并购绩效下降。

企业政治关联度和汇率的均值及系数变动均对并购绩效下降起了阻碍作用。2008年以后，高政治关联度的企业参与海外并购数量增加，而政治关联度高的企业更易获得如贷款便利、减免税费等鼓励海外投资的优惠政策，使政治关联度对并购绩效的正面影响程度上升。此外，2008年后人民币兑美元汇率显著上升，也对并购绩效有正向作用。

表 13-7　　　　　　　Blinder - Oaxaca 分解结果

总差异： -0.0053	2008 年后组为权数		2008 年前组为权数	
	均值变动部分	系数变动部分	均值变动部分	系数变动部分
PC	-388.68%	-1 885.28%	-6.35%	-2 267.61%
GOV * PC	480.76%	1 481.67%	85.50%	1 876.94%
STATE_OW	-15.02%	662.12%	-315.99%	963.09%
LNASSET	52.01%	2 170.88%	25.00%	2 197.88%
LOAN	62.89%	141.86%	34.41%	170.33%
EX_RATE	428.30%	-4 679.71%	1 270.96%	-5 522.37%
常数项		1 588.20%		1 588.20%
Total	620.25%	-520.25%	1 093.53%	-993.53%

第四节　本章小结

本章采集了 2001 年至 2012 年中国企业海外并购相对完整的样本数据，测量了中国企业海外并购的公告日短期绩效，并构建了细化的企业政治关联度变量，从企业层面研究了政治关联对企业海外并购绩效的影响以及具体影响路径。通过 Blinder - Oaxaca 分解法，考虑了在外部环境变动的情况下，政治关联及其他相关因素对并购绩效变动的贡献情况。本章的主要发现有：第一，并购方政治关联度对其并购绩效的影响并非单一方向，且由外部政府干预度决定。在政治关联度一定的条件下，政府干预度越高，并购绩效越低。第二，融资便利性是政治关联度对并购绩效产生影响的重要途径之一，且具有融资便利的持有大量现金的企业在海外投资中存在盲目性，对并购绩效有负面影响。第三，2008 年"走出去"战略加快实施，中国海外并购数量迅速上升后，并购绩效有所下降。而政治干预度、并购方资产规模、贷款比率的变动均导致了并购绩效的下降，其主要原因是由于政府寻租的增加以及大企业的非经济目的投资行为增加。第四，2008 年后人民币稳步升值对海外并购绩效具有正效应。

第十四章

中国银行业跨境并购绩效研究

在过去的20年,跨境资本流动几乎提高了10倍①,金融机构在全球化过程中的作用越来越重要,银行业的国际并购活动也经历着稳定增长。截至2006年,跨境银行兼并在全部兼并中的占比超过了35%(Buch and DeLong, 2008)。2001年年底,中国正式加入WTO,按照承诺银行业于2006年年底完全取消外资银行经营人民币业务的限制,银行业的竞争已经日趋激烈。为了应对激烈竞争,2003年年底,中国正式开始对国有商业银行进行股份制改革。伴随着改革进程,中国银行业并购活动不断增多,并有加速发展的趋势。中国银行业在引进境外投资者的同时,也开始积极走出去,开拓国际市场。1984年,中国银行收购澳门大丰银行50%的股权,迈出了中国银行业跨境并购的第一步。但在之后20年的时间里,不论是并购的次数还是金额都较少。2006年,中国银行业开始了新一轮跨境并购活动。截至2010年,5年的时间共完成了9次跨境交易,交易总额超过150亿美元。本轮跨境并购有以下几个特征:(1)主要面向港澳地区,然后是周边国家和地区,仍然没有进入发达国家市场。(2)有两次进入发达国家市场的尝试都以失败告终②。(3)并购方都是国内规模较大的商业银行,且每次并购至少都获取了目标公司的控股权。(4)并购涉及金额较大,9次交易中有5次涉及金额超过10亿美元,其中有两次交易的金额超过40亿美元。(5)中国工商银行一枝独秀,在完成的9次交易中工商银行一家就涉及了5次。

然而中国银行业的发展远不如发达国家成熟,加上国际金融环境复杂多变,

---

① 时间范围是从1980~1984年到2000~2004年,数据来源于高丝等(Kose et al., 2006)。
② 这两次交易分别是中国民生银行收购美国联合银行、中国银行收购法国洛希尔银行。

"走出去"是否能给中国银行业带来盈利能力和效率的提高？是否有利于中国银行业的发展成熟？不同的并购战略是否会带来不同的影响？中国银行业跨境并购尚属于新生事物，国内的相关研究文献很少。考虑到目前大多数文献是基于欧美等发达国家市场的研究，而且由于市场的本质不同，从发达国家银行业并购中得到的结论不一定适合中国这样的新兴市场国家。因此，本章的研究具有一定的实践意义。

第一节 实证研究的数据与方法

一、数据

本章选取发生于 2006~2010 年，且交易金额在 10 亿美元及以上的跨境并购案例（见表 14-1）。以 2006 年作为起始年份，是因为 2006 年财政部颁布了新企业会计准则，并于 2007 年开始执行，使得 2006 年之后和之前的会计数据不具可比性。而且作为本章主要研究对象的国有商业银行的体制改革在 2006 年已取得重要进展，建立了完整的财务会计制度和信息披露制度，使得各种财务指标有了较好的可比性。本章的数据来源主要是各银行历年的年报数据。2006 年数据以追溯调整后为准。对并购案例的描述主要参考交易公告等公开资料。

案例 A：2008 年，工商银行完成对南非标准银行 20% 股权的收购，交易金额约为 55 亿美元。标准银行是非洲最大的商业银行，具有广泛的全球机构网络。此外，工行 5 年间还完成了对印度尼西亚哈里姆银行、澳门诚兴银行、加拿大东亚银行及泰国 ACL 银行 4 次跨境并购，但交易金额都较小。工行并购的目的主要是完善海外分支机构网络，提升国际化经营水平。

案例 B：中国银行是中国国际化和多元化程度最高的银行。2006 年年底，中国银行完成了对新加坡飞机租赁公司 100% 股权的收购。本次并购的主要目的是扩大中国银行的多元化金融服务范围，进一步提高非利息收入。

案例 C：2006 年年底，中国建设银行完成对美国银行（亚洲）公司 100% 股权的收购。美银亚洲主要专注于零售银行业务，而建行香港专注于批发银行业务。本次并购的主要目的是拓展建行在香港的零售业务网络，扩大零售客户及中小企业客户服务渠道，加强服务实力。

案例 D：2009 年年初，招商银行完成了对香港永隆银行 100% 股权的收购。

永隆银行为一家在香港注册成立的香港本地银行。本次收购的主要目的是扩大招商银行在香港的客户群和分销网络。同时，将招商银行在零售和中小企业银行、网上银行和信用卡的优势与永隆银行复合产品结构和专长相结合，提升招商银行为中国内地客户提供金融产品及服务的能力。

案例 E：2009 年，中信银行完成了对同属于中信集团的中信国金的收购。本次并购的目的主要是扩展中信银行的国际业务，发挥中信银行和中信国金的业务协同作用，提高中信银行的整体竞争力，提升股东价值。

表 14-1　　　　　　　中国银行业跨境并购交易案例

交易完成日期	并购公司	目标公司	持股比例（%）	交易金额（亿美元）
2008 年 3 月	中国工商银行	南非标准银行	20	55
2006 年 12 月	中国银行	新加坡飞机租赁公司	100	10
2006 年 12 月	中国建设银行	美国银行（亚洲）公司	100	12
2009 年 1 月	招商银行	香港永隆银行	100	47
2009 年 10 月	中信银行	中信国金	70.32	19

资料来源：根据交易公告整理。

关于对照组，我们选择引进过境外战略投资者的商业银行，包括股份制商业银行和城市商业银行。具体包括：浦发银行、交通银行、民生银行、深发展银行、北京银行、华夏银行、兴业银行、宁波银行、广发银行、光大银行、南京银行、上海银行 12 家银行[①]。

在银行业并购的战略和动机方面，可从业务和市场两个维度进行分析（见表 14-2）。根据上文对中国银行业跨境并购情况的描述，工行的跨境并购战略主要是市场扩张战略。中国银行和建设银行的跨境并购战略主要是业务扩张战略。招商银行和中信银行的跨境并购战略则是互补性战略，即同时包括了市场扩张和业务扩张。

表 14-2　　　　　　　银行业并购的战略和动机

		相同市场	不同市场
相同业务	战略	重叠并购	市场扩张
	动机	扩大市场势力	扩大市场规模
	效应	成本节约（基于协同效应等）	提高收入（基于更多的客户）

---

① 由于广发银行 2008 年开始执行新会计准则，因此广发银行的数据范围是 2007~2010 年。

续表

		相同市场	不同市场
不同业务	战略	业务扩张	互补性并购
	动机	业务多元化、扩大收入来源	市场扩张、业务多元化
	效应	提高收入（基于多元化的服务）	提高收入水平（基于更多的客户及多元化的服务）

资料来源：作者整理。

二、方法

（一）资产负债表数据指标

1. 成本指标

成本指标主要包括业务及管理费占总资产比率（C/TA），利息支出占总资产比率（IE/TA），营业支出占总资产比率（OE/TA）。这些指标能够反映银行水平兼并导致的成本节约。在成本比率中使用资产而不是收入作为分母的优势是资产反映了银行的收益基础，并且它们具有较高的稳定性，而收入通常是更加易变的。

2. 盈利能力指标

平均总资产回报率（ROA）等于净利润除以期初和期末总资产余额的平均数。ROA是最常用到的衡量银行盈利能力的指标之一，是衡量银行绩效的较好的总体指标。这一比率表明一家公司从受其处置的资产中获取利润的能力。非利息收入占总资产的比率（Non_II/TA），是银行收入多元化指标。总收入占总资产比率（I/TA），表明一家公司从受其处置的资产中获取收入的能力。

3. 风险指标

我们选取的风险指标主要有股本占总资产比率（E/TA），反映银行的资本实力以及应对贷款或其他损失的能力。不良贷款余额占客户贷款及垫款总额的比率（NPL/TL），反映了贷款组合的风险状况。

4. 市场规模的度量

贷款是银行经营活动的核心和主要收入来源。贷款的地区分布能够反映银行的市场专注程度。因此，本章用贷款的地区分布来衡量银行的市场规模（MS）。公式如下：

$$MS = \left[\sum_i (L_{ij}/TL_j)^2 \right]^{-1}$$

其中，i 为贷款的地区分布，分别是北部地区、东南地区、西部地区及境外[①]；j 为参与跨境并购的银行，分别是中国工商银行、中国银行、中国建设银行、招商银行和中信银行；L_{ij} 为 j 银行贷款 i 的金额；TL_j 为 j 银行年末贷款余额。MS 值越大，表明银行的市场规模越大。

（二）DEA 方法

每家银行 j 的成本效率可通过解决如下的线性规划问题获得：

$$\text{Min} \sum_{p=1}^{m} w_{pj} x_{pj}$$

$$\text{s.t.} \quad x_{pj} \geq \sum_{i=1}^{n} x_{pi} \lambda_i, \ (p = 1, \cdots, m)$$

$$y_{qj} \leq \sum_{i=1}^{n} y_{qi} \lambda_i, \ (q = 1, \cdots, s)$$

$$\sum_{i=1}^{n} \lambda_i = 1, \ \lambda_i \geq 0, \ i = 1, \cdots, n$$

其中，$i = 1, \cdots, n$ 是指银行的数量；$p = 1, \cdots, m$ 是指银行 i 投入的种类；$q = 1, \cdots, s$ 是指银行 i 产出的种类；w_{pj} 是指每家银行 j 的投入 p 的单位成本。基于解决如上问题的最优投入向量（$x_j^* = x_{1j}^*, \cdots, x_{pj}^*$），银行 j 的成本效率：

$$CE_j = \frac{C_j^*}{C_j} = \frac{\sum_p w_{pj} x_{pj}^*}{\sum_p w_{pj} x_{pj}}$$

其中，$CE_j \leq 1$ 是指银行 j 的最低成本与观察到的成本之比。

表 14-3　　　　　　　　变量的描述统计

年份			2006	2007	2008	2009	2010
产出	贷款净额	均值	7 695.13	8 934.45	10 443.49	14 107.84	16 739.97
		标准差	10 558.29	11 955.71	13 555.36	17 872.91	20 949.04
		最小值	248.3	298.24	390.57	656.08	819.89
		最大值	35 339.78	39 575.42	44 360.11	55 831.74	66 233.72
	其他生息资产	均值	7 068.53	8 889.55	10 413.14	12 344.72	14 628.17
		标准差	11 256.22	13 173.12	14 870.24	17 437.72	19 117.27
		最小值	258.17	359.71	467.41	780.36	1 346.66
		最大值	37 788	44 862.75	50 331.85	58 975.06	64 774.3

[①] 由于不同银行年报中对贷款的地区分布的统计口径不一致，本章依据其年报数据进行了重新分类。

续表

年份			2006	2007	2008	2009	2010
投入	存款总额	均值	12 606.32	14 212.03	16 987.96	21 468.88	25 129.22
		标准差	18 765.83	20 582.87	24 379.48	29 732.56	33 524.3
		最小值	438.58	509.32	627.31	1 021.27	1 397.24
		最大值	63 263.9	68 984.13	82 234.46	97 712.77	111 455.6
	固定资产	均值	166.09	171.64	194.5512	223.4465	248.95
		标准差	273.86	273.08	296.56	348.02	385.34
		最小值	4.32	4.95	8.36	9.27	12.81
		最大值	818.23	811.08	888.98	1 099.54	1 235.68
	劳动力	均值	62 784	66 649	70 384	73 161	78 078
		标准差	113 044	118 011	118 725	120 394	123 715
		最小值	1 393	1 629	2 100	2 521	2 926
		最大值	351 448	381 713	385 609	389 827	397 339
投入品价格	单位存款利息支出	均值	0.0153	0.0164	0.0199	0.0138	0.0126
		标准差	0.0017	0.0018	0.0022	0.0013	0.0008
		最小值	0.0128	0.0140	0.0159	0.0110	0.0109
		最大值	0.0195	0.0203	0.0237	0.0164	0.0139
	单位固定资产折旧	均值	0.1018	0.0981	0.0979	0.1057	0.1073
		标准差	0.0269	0.0267	0.0368	0.0394	0.0372
		最小值	0.0547	0.0528	0.0480	0.0529	0.0435
		最大值	0.1403	0.1526	0.1793	0.1952	0.1902
	单位员工支出	均值	0.0019	0.0024	0.0026	0.0026	0.0029
		标准差	0.0006	0.0008	0.0009	0.0007	0.0007
		最小值	0.0010	0.0014	0.0014	0.0016	0.0018
		最大值	0.0035	0.0041	0.0046	0.0037	0.0037

注：劳动力单位（个），其他变量单位（亿元）。

本章使用西利和林黎（Sealey and Lindley，1977）提出的中介方法（intermediation approach）来定义银行的投入与产出。因为中介方法可能更适合估计整个金融机构的效率（Berger and Humphrey，1997）。两种产出分别为：贷款净额（Y1）、其他生息资产（Y2）；三种投入分别为：存款总额（X1）、固定资产（X2）和劳动力（X3）；三种投入品的价格分别为：单位存款利息支出（W1）、单位固定资产折旧（W2）和单位员工支出（W3）。

（三）事件研究方法

大多数事件研究使用市场模型作为计算异常收益的基础。其模型如下：

$$R_{it} = a_i + b_i R_{mt} + \varepsilon_{it} \qquad (14-1)$$

方程（14-1）通过 OLS 进行估计。估计窗口为并购宣布前 15 个交易日到宣布前 16 个交易日。其中，R_{it} 是指股票 i 在 t 时刻的实际收益，本章中样本点的实际收益采用国泰安 CSMar 数据库统计的不考虑现金红利的日个股收益率；R_{mt} 是指在 t 时刻股票的市场证券组合的实际收益，本章采用国泰安 CSMar 数据库统计的流通市值加权平均的不考虑现金红利的综合日市场收益数据；a_i 指截距，b_i 指市场收益相对于银行 i 的收益的变化的斜率系数；误差项 ε_{it} 满足如下条件：$E(\varepsilon_{it}) = 0$，$\mathrm{Var}(\varepsilon_{it}) = \sigma_i^2$，$\mathrm{Cov}(\varepsilon_{i,t}, \varepsilon_{i,t-j}) = 0$，$\forall j \neq 0$。

因此，股票 i 在 t 时刻的异常收益为：

$$AR_{it} = R_{it} - (\hat{a}_i + \hat{b}_i R_{mt}) \qquad (14-2)$$

其中，AR_{it} 是指股票 i 在 t 时刻的异常收益；$\hat{a}_i$ 和 $\hat{b}_i$ 分别为 a_i 和 b_i 的估计值。

最后，累积异常收益的计算如方程（14-3）所示。计算区间为所估计的事件窗口。[①]

$$CAR_i(t_1, t_2) = \sum_{t_1}^{t_2} AR_{it} \qquad (14-3)$$

第二节　实证结果分析

一、资产负债表指标分析

多数学者认为，大约有一半的效率收益应该会在并购一年后实现，并且所有的收益应该会在三年内实现（Rhoades，1998）。由于本章样本的特殊性，我们无法完整获取并购前三年以及并购后三年的数据，但是这一比较仍然能够一定程度上反映并购的绩效效应（表 14-4）。

成本方面，与对照组相比，案例 A 和案例 E 不管是在利息支出还是非利息支

[①] 本章计算了大多数研究文献中常用的事件窗口，具体见表 14-5。

出方面都表现出了显著的成本节约。由前文可知，中国银行的并购战略主要是扩大多元化金融服务范围，增加非利息收入。反映在成本比率上，案例 B 在利息支出方面表现出了显著的成本节约。并购后案例 C 的成本比率各指标都有所上升，但只有营业支出占总资产的比重的上升是显著的。这可以解释为建行在本次并购中专注于业务上的互补性，而且建行在香港尚处于业务扩张阶段，成本节约并非其首要目标。案例 D 中，利息支出与营业支出占总资产比重虽然都有所下降，但是这一降低并不显著。

在盈利能力方面，案例 A、案例 C、案例 E 的 ROA 有显著提高。而在所有案例中，非利息收入占总资产的比重都有了显著提高。表明跨境并购会在一定程度上提高并购公司的收入多样化水平。案例 B 的 ROA 虽然有所提高，但是这一提高并不显著。然而其收入多样化水平却是所有案例中最高的。案例 D 的 ROA 显著下降，表明本次并购并没有带来盈利能力的提高。

风险方面，所有案例的不良资产比率的绝对值较并购前都有所下降。但是，除案例 C 以外，其他案例的股本占总资产比重较并购前都显著降低。这表明整体上并购并没有显著降低银行的风险水平。

表 14-4 资产负债表指标分析（%）

		成本比率			盈利能力比率			风险比率	
		C/TA	IE/TA	OE/TA	ROA	Non_II/TA	I/TA	E/TA	NPL/TL
工商银行（A）市场扩张	均值（06+07）	0.94	1.48	1.55	0.86	0.29	2.67	6.27	3.27
	均值（08+09+10）	0.89	1.45	1.39	1.24	0.53	2.88	6.03	1.64
	差异	-0.05	-0.03	-0.16	0.38	0.24	0.20	-0.25	-1.63
	对照组差异	-0.02	0.02	0.00	0.18	0.10	0.00	0.84	-1.59
中国银行（B）业务扩张	2006	1.01	1.76	1.50	0.95	0.48	2.75	7.83	4.04
	均值（07+08+09）	1.02	1.59	1.73	1.06	0.82	3.06	6.97	2.43
	差异	0.01	-0.17	0.22	0.11	0.35	0.31	-0.85	-1.61
	对照组差异	0.02	0.28	0.04	0.25	0.09	0.18	2.01	-1.46
建设银行（C）业务扩张	2006	1.05	1.37	1.57	0.92	0.18	2.76	6.06	3.29
	均值（07+08+09）	1.07	1.49	1.71	1.23	0.51	3.21	6.13	2.10
	差异	0.02	0.12	0.14	0.31	0.33	0.45	0.07	-1.19
	对照组差异	0.02	0.28	0.04	0.25	0.09	0.18	2.01	-1.46
招商银行（D）互补性	均值（06+07+08）	1.14	1.44	1.65	1.21	0.47	3.10	5.39	1.59
	均值（09+10）	1.15	1.19	1.51	1.08	0.57	2.73	5.03	0.75
	差异	0.01	-0.25	-0.14	-0.14	0.10	-0.37	-0.36	-0.84
	对照组差异	-0.09	-0.46	-0.32	0.10	0.04	-0.33	0.37	-1.37

续表

		成本比率			盈利能力比率			风险比率	
		C/TA	IE/TA	OE/TA	ROA	Non_II/TA	I/TA	E/TA	NPL/TL
中信银行（E）互补性	均值（06+07+08）	1.06	1.71	1.64	0.87	0.24	2.93	6.95	1.80
	均值（09+10）	0.91	1.15	1.28	1.04	0.32	2.49	6.01	0.81
	差异	-0.15	-0.56	-0.36	0.16	0.08	-0.44	-0.94	-0.99
	对照组差异	-0.09	-0.46	-0.32	0.10	0.04	-0.33	0.37	-1.37

在市场规模方面，与2006年相比，工行2010年市场规模指数为2.73，已经超过长期以来国际化程度最高的中国银行（见图14-1）。这表明工行的市场扩张战略取得了显著成效。除中国银行的市场规模指数较2006年有所下降外，其他银行的规模指数都有不同程度的提高。表明跨境并购总体上促进了并购公司市场规模的扩大。

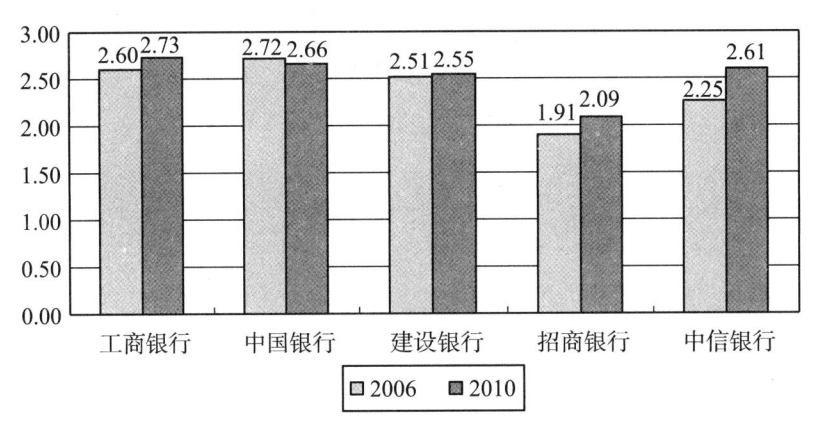

图 14-1　并购公司的市场规模指数

二、成本效率分析

成本效率的实证分析采用可变规模报酬（VRS）模型，实证结果的实现通过DEAP 2.1（Coelli，1996）。从效率得分情况来看，并购后工行、中行、建行的技术效率和成本效率并没有显著变化。相对于对照组，招行的技术效率和成本效率较并购前有所下降。而中信银行的技术效率和成本效率较并购前都有显著上升。这似乎表明并购后中信银行和中信国金产生了良好的协同效应。

表 14-5　　　　　　　　　并购公司的成本效率得分

		技术效率	成本效率
工商银行	均值（06+07）	1	1
	均值（08+09+10）	1	1
	差异	0	0
	对照组差异	0.006833	0.027597
中国银行	2006	1	1
	均值（07+08+09）	1	1
	差异	0	0
	对照组差异	0.001389	0.011861
建设银行	2006	1	1
	均值（07+08+09）	1	1
	差异	0	0
	对照组差异	0.001389	0.011861
招商银行	均值（06+07+08）	0.983	0.982
	均值（09+10）	0.971	0.959
	差异	-0.012	-0.023
	对照组差异	0.010806	0.024139
中信银行	均值（06+07+08）	0.948	0.926
	均值（09+10）	1	1
	差异	0.052	0.074
	对照组差异	0.010806	0.024139

三、事件研究

事件研究基于股票市场数据。由于中行和建行分别于2006年7月5日和2007年9月25日在上交所上市，无法完整获取案例B和案例C的股票市场数据。因此，表14-6仅列出了数据可得的3次并购的事件研究结果。事件窗口的选择包括了事件研究文献中常用到的大部分窗口。由表14-6可知，在所有窗口下，案例A和案例E的CAR都为正，而大部分窗口下案例D的CAR均为负值。这一结果跟前文的分析基本一致①。

---

① 由于样本数的限制，无法对CAR的稳健性进行有效的统计检验。

表 14-6　　并购的宣布导致的累积异常收益（CAR）

事件窗口＼并购事件	案例 A	案例 D	案例 E	CAR 均值
[-15, +15]	0.351	-0.041	0.052	0.121
[-10, +10]	0.206	0.006	0.035	0.082
[-5, +15]	0.151	0.021	0.038	0.070
[-5, +5]	0.148	-0.052	0.019	0.038
[-2, +2]	0.172	-0.016	0.024	0.060
[0, +5]	0.114	-0.076	0.000	0.013
[0, +15]	0.117	-0.004	0.020	0.044

四、实证研究结论

就本章所考察的案例而言，工商银行和中信银行通过跨境并购实现了成本节约和盈利能力的提高。工商银行的市场扩张战略也取得了显著成效。基于业务扩张的多元化战略，中国银行进一步提高了收入多样化水平。并购虽然没有给建行带来成本节约，但是仍然实现了营业收入的显著提高。效率得分方面，工行、中行和建行并购前后的技术效率和成本效率没有显著变化。中信银行的技术效率和成本效率则有了显著提高。相反，招行的并购既没有带来显著的成本节约，也没有带来盈利能力的显著提高，且并购后的技术效率和成本效率都有所下降。一个可能的解释是招行是本章所考察的银行中唯一没有引入过境外战略投资者的银行，其国际化经营能力存在不足。

总之，基于我们所考察的指标，存在跨境并购的银行表现出了显著的收入多元化趋势，而在成本节约方面的表现是混合的。但是跨境并购并没有带来风险水平的显著降低。此外，不同的并购战略会对并购绩效产生一定的影响。由于银行业跨境并购对中国而言是一个新兴现象，对并购带来的绩效效应尚无法得出一般性结论。中国银行业在积极"走出去"的同时，应该从自身情况出发，制定合适发展战略，从而在激烈的国际竞争中立于不败之地。

第三节　本章小结

本章考察了 2006~2010 年发生并完成的且交易金额在 10 亿美元以上的中国

银行业跨境并购。通过案例和数据包络分析方法相结合的方式，分析了跨境并购带来的并购公司成本比率、盈利能力比率、风险比率以及技术效率和成本效率角度的变化。研究发现，整体上并购公司在并购后表现出了显著的收入多元化趋势，而在成本节约方面的表现是混合的，而且跨境并购并没有带来风险水平的显著降低。此外，不同的并购战略会对并购绩效产生不同的影响。因此，中国银行业在积极"走出去"的同时，应该从自身情况出发，制定合适发展战略，从而在激烈的国际竞争中立于不败之地。

第十五章

海外投资系统性与非系统性风险分解：以中国主要海外投资目的地为样本

随着全球、区域经济一体化的加深，对一国的海外投资往往受到周边地区乃至全球经济波动的系统性风险影响。传统的对海外投资东道国风险的研究，着重于对该国的个体风险的研究，往往容易忽略该国投资风险中受全球、区域共同影响的系统性因素。因此，本研究的研究目的是，提供一种对一国的海外投资风险分解为全球系统性因素、区域系统性因素和非系统性因素的分析框架，通过实证研究，对2003年以来中国的主要海外投资国家和区域的系统性风险进行分析，并与中国在对应国家的投资额相结合进行分析。从系统性风险的角度，为中国未来的海外投资在目的地选择提供一定的参考。具体的研究思路如下：

本研究以传统的增长率波动的风险衡量方式为基础，将一国的投资回报分解为预期部分与非预期部分，认为风险主要通过收入的非预期部分体现。进一步将非预期部分的收入分解为全球系统性因素与区域系统性因素，从而提炼出了一国的收入波动中的全球系统性风险与区域系统性风险。通过实证研究，测量出中国海外投资目的地受全球、区域系统性风险影响的情况，并将中国对各国的海外投资平均数额与目的地所受的全球、区域系统性风险放在二维散点图中进行分析，从而对中国海外投资的地点选择进行评价、给出建议。

第一节 理论模型推导

一、综述

本研究的理论模型参考了苏内森（Sunesen，2006）提出的方法，用一国的 GDP 增长率来衡量在该国投资的回报。用东道国 GDP 增长率来衡量该国海外投资回报的合理性在上文的文献综述中已进行了说明。本研究利用新古典与内生增长理论，建立面板数据模型，将投资回报分解为预期部分与非预期部分，其中预期部分为面板回归模型中的解释变量部分，非预期部分有时也被称作意外冲击，为回归模型的残差项。根据经典投资理论对风险的定义，投资风险为投资回报的非预期部分的波动，因此可以用残差项的方差来衡量对一国投资的总体投资风险。

根据研究背景的介绍，本研究认为组成各国非预期回报的各种意外冲击中，包含了一个各国共有的全球系统性因素，并且地理位置或经济联系紧密的国家，还共同受同一个区域系统性因素，非预期回报在剔除全球、区域系统性因素后，剩下的部分则为该国特有的非系统性因素，其方差可以衡量该国的非系统性风险。假设收入不可预期部分与全球、区域系统性因素呈线性关系，建立线性模型，从 GDP 增长率残差中提取出全球共同回报因子与区域共同回报因子，并进一步假设全球系统性因素、区域系统性因素与非系统性因素互相独立，因此可以把用 GDP 增长率的残差项方差测量的一国总体投资风险分解为全球系统性风险、区域系统性风险与非系统性风险相加之和。

本研究与苏内森（Sunesen，2006）所用的方法的不同处主要体现在：第一，本研究修改了分解预期和非预期回报时所用的面板增长模型，加入了更多滞后项，使模型拟合效果更好；第二，本研究以 2003 年以来中国海外投资目的地国的 119 个国家为研究对象。将研究范围从全球缩小为中国的海外投资目的地主要是考虑到其他非中国海外投资的目的地国被排除在投资对象外的原因可能是较高的政治风险等因素，这不在本研究的研究范围内，限定研究对象的范围可相对减少由其他风险对本研究关于中国未来海外投资目的地选择的建议的合理性造成的影响。

二、总投资风险的提取

本研究以一国 GDP 增长率代表对该国的投资回报,基于新古典与内生增长理论,参考 Islam(1995),建立如下面板增长模型:

$$\Delta \ln Y_{i,t} = \sum_{i=1}^{k} \beta_i X_{i,t} + \varepsilon_{i,t} \qquad (15-1)$$

式(15-1)中,$Y_{i,t}$ 代表 i 国 t 期 GDP,$X_{i,t}$ 代表基于增长理论识别的 i 国 t 期影响 GDP 的因素,主要包括总投资、人口增长率、技术增长、折旧以及贸易等本国因素,$\varepsilon_{i,t}$ 代表残差项,描述了 i 国在 t 期未包含在增长模型中的其他不确定的影响 GDP 的因素,即投资理论中的意外冲击。可将 $\sum_{i=1}^{k} \beta_i X_{i,t}$ 视作在 i 国投资的预期回报,$\varepsilon_{i,t}$ 为非预期回报,根据经典投资理论,可将非预期回报的方差 $\sigma^2_{\varepsilon_i}$ 视作在 i 国投资的总风险。

三、全球、区域系统性因子的提取

由于全球一体化的深入,国家间紧密的贸易、投资关系增强了全球商业循环,全球投资环境将会影响对各个国家和地区的投资回报。因此,各国的非预期回报 $\varepsilon_{i,t}$ 受一个共有的全球系统性因子 w_t 影响。本研究假设全球系统性因素与各国非预期回报呈线性关系,定义一个单因素模型:

$$\hat{\varepsilon}_{i,t} = \lambda_{i,w} w_t + e_{i,t} \qquad (15-2)$$

式(15-2)中,$\hat{\varepsilon}_{i,t}$ 代表 i 国 t 期的非预期回报,为式(15-1)残差项的估计值,w_t 为全球系统性因子,代表了全球经济一体化导致的 t 时期各国受到的全球经济的系统性影响。$\lambda_{i,w}$ 为全球系统性因子对非预期回报的溢出,$\lambda_{i,w} w_t$ 代表非预期回报 $\hat{\varepsilon}_{i,t}$ 中受全球系统性影响的部分,$e_{i,t}$ 代表 i 国 t 期非预期回报中剔除了全球系统性因子后剩下的部分。

类似地,地理位置或经济上联系紧密的国家,其非预期回报还共同受区域系统性因子的影响。同样假设区域系统性因子与剔除了全球系统性因子后的非预期回报呈线性关系,建立模型:

$$\hat{e}_{i,t} = \sum_{j=1}^{k} Z_{i,j} \lambda_{i\varphi_j} \varphi_{t,j} + \mu_{i,t} \qquad (15-3)$$

式(15-3)中,$\hat{e}_{i,t}$ 代表 i 国 t 期剔除了全球系统性因子后剩下的非预期回报,共有 k 个区域,j 代表区域编号,$Z_{i,j}$ 为虚拟变量,若 i 国属于 j 区域,则 $Z_{i,j}$ 取 1,否则为 0,$\varphi_{t,j}$ 为 j 区域的系统性因子,代表了区域经济一体化导致的 t 时期同一区域内各国受到的区域经济系统性影响。$\lambda_{i\varphi_j}$ 为区域系统性因子对非预期回报的溢出，$\lambda_{i\varphi_j}\varphi_{t,j}$ 代表非预期回报中的区域系统性因素部分，μ_i 为 i 国非预期回报中剔除了全球、区域系统性因素后剩下非系统性因素的部分，代表了该国受到的来自国内的意外冲击。

根据上述分析，一国的非预期回报 $\varepsilon_{i,t}$ 可以分解为：

$$\varepsilon_{i,t} = \lambda_{i,w} w_t + \sum_{j=1}^{k} Z_{i,j} \lambda_{i\varphi_j} \varphi_{t,j} + \mu_{i,t} \qquad (15-4)$$

假设全球系统性因素、各区域系统性因素与非系统性因素之间互相独立，则 $\varepsilon_{i,t}$ 的方差 $\sigma_{\varepsilon_i}^2$ 可以表达为：

$$\sigma_{\varepsilon_i}^2 = \lambda_{iw}^2 \sigma_w^2 + \lambda_{i,\varphi_j}^2 \sigma_{\varphi_j}^2 + \sigma_{\mu_i}^2 \qquad (15-5)$$

其中，$\sigma_{\varepsilon_i}^2$ 为非预期回报的方差，代表 i 国的总体投资风险，σ_w^2 为全球系统性因子 w_t 的方差，$\sigma_{\varphi_j}^2$ 为区域系统性因子 $\varphi_{t,j}$ 的方差，$\sigma_{\mu_i}^2$ 为非系统因素的方差。通过式（15-5），将非预期回报的方差 $\sigma_{\varepsilon_i}^2$ 分解为 $\lambda_{iw}^2 \sigma_w^2$、$\lambda_{i,\varphi_j}^2 \sigma_{\varphi_j}^2$ 和 $\sigma_{\mu_i}^2$ 三部分之和，分别代表全球系统性风险、区域系统性风险与非系统性风险。

第二节 实 证 分 析

一、方法与样本

实证分析将以第二部分的理论模型为基础，构建计量经济学模型，运用广义矩估计（GMM）和主成分分析法（PCA）对样本数据进行估计，测量样本国的总风险，并将总风险分解为全球系统性风险、区域系统性风险与非系统性风险。

本研究确定样本国家或地区的依据为《2009 年中国对外直接投资统计公报》中公布的中国海外投资目的国，剔除了其中数据不全或不可得的以及避税天堂的国家或地区，总计 119 个国家或地区，样本数据的时间跨度为 1980~2009 年。

二、总风险测量

（一）模型描述

根据前述中的增长模型，参考 Islam（1995）的研究，构建如下具体的面板数据模型：

$$\ln Y_{i,t} = a_i + \sum_{k=1}^{m_1} b_k \ln Y_{i,t-k} + \sum_{k=0}^{m_2} c_k \ln inv_{i,t-k} + \sum_{k=0}^{m_3} d_k \ln(n_{i,t-k} + g + \delta) + \sum_{k=0}^{m_4} e_k \ln open_{i,t-k} + \varepsilon_{i,t}$$

其中，$Y_{i,t}$ 为 i 国 t 期的人均 GDP，a_i 为无法观测的个体固定效应，反映了不随时间变化的各国家个体特征，如地理环境、文化背景、政治体制等，索罗模型中资本积累是经济增长的主要动力，故模型引入投资 inv 作为解释变量，$inv_{i,t-k}$ 为 i 国 $t-k$ 期总投资，$n_{i,t-k}$ 为 i 国 $t-k$ 期人口增长率，g 为技术增长率，δ 为折旧率，此外，在开放经济下，经济增长受到贸易量的影响，故引入净出口额变量 open，$open_{i,t-k}$ 为 i 国 $t-k$ 期净出口总额，$\varepsilon_{i,t}$ 为随机扰动项，反映了未包含在模型中的其他影响被解释变量的因素，如各种国内外意外冲击。由于经济变量之间的影响在时间上存在滞后性，因此本模型引入了各个解释变量的滞后项，m 为滞后阶数，m 的具体数值在模型估计中根据模型的估计效果确定。原模型还包含时间趋势变量，但由于回归结果中时间趋势变量影响并不显著，模型估计效果不如没有时间趋势变量的模型，故省略时间趋势变量。所有变量取对数形式是为了消除数据的规模影响。

以中国海外投资目的地的 119 个国家 1980～2009 年的数据为面板数据模型样本。其中人均 GDP、总投资额数据来自联合国 National Accounts Statistics database，人口增长率数据来自 WDI，净出口总额数据来自 UNCTAD，参考伊斯兰（Islam，1995）的做法，把 $g+\delta$ 固定取为 0.05。其中净出口数据个别国家的个别年份有数据缺失情况，用线性内插法补足缺失数据。样本描述性统计如下：

表 15-1　　　　　　　　样本描述性统计

变量	均值	标准差	最小值	最大值
Y	6 946.611	11 322.37	34.5566	120 818
inv	4.85E+10	1.82E+11	6 000 000	2.68E+12
n	1.738877	1.227933	-3.99925	11.18066
$open$	102 449.8	290 520.4	15.82919	4 389 023
$\ln(Y)$	7.692086	1.60359	3.542598	11.70204
$\ln(inv)$	22.08734	2.377635	15.60727	28.61684
$\ln(n+g+\delta)$	-2.71432	0.187969	-4.60442	-1.82135
$\ln(open)$	9.404826	2.219041	2.761856	15.29462

注：数据来源文章中已说明，Y、inv、$open$ 的单位为美元，n 单位为%。

（二）模型估计

在进行模型参数估计之前，首先对变量的平稳性进行检验，以排除伪回归的可能。相同根单位根检验 LLC（Levin – Lin – Chu）表明，$\ln(Y)$、$\ln(inv)$、$\ln(n+g+\delta)$、$\ln(open)$ 四个序列中，$\ln(n+g+\delta)$ 为平稳序列，其余三个序列均为一阶单整，对各序列做一阶差分后所有序列均为平稳序列。ADF – Fisher 检验拒绝了所有面板都含有单位根的零假设。

考虑到模型中含有被解释变量的滞后项，滞后被解释变量 $Y_{i,t-k}$ 与个体固定效应 a_i 存在相关性，会产生内生性问题，尚（Hsiao，1986）和尼克尔（Nickell，1981）分别证明了 Pooled OLS（POLS）估计法和 Fixed Effects（FE）估计法在估计动态面板模型时得到的均为有偏估计，本研究采用广义矩估计（GMM）对模型进行估计。最早由阿雷拉诺和邦德（Arellano & Bond，1991）提出一阶差分广义矩估计法（Difference GMM）来估计动态面板模型，其基本思想是通过对模型作一阶差分，去掉固定效应 a_i，并用二阶以及更多阶的滞后水平项作为差分变量的工具变量，从而解决内生性问题，得到一致估计。在引入工具变量时，对内生变量采用 GMM – STYLE 的方法，保证引入二阶以及更多阶的滞后变量作为工具变量同时又不损失样本的规模大小[①]，从而提高估计的有效性。但是布伦德尔和邦德（Blundell & Bond，1998）提出，当被解释变量序列相关度不高时，滞后项与当前差分项的相关性很小，即滞后水平项不是差分项的适合的工具变量，在此情况下 GMM – DIF 估计会出现偏差。布伦德尔和邦德（Blundell & Bond）提出了系统广义矩估计（System GMM），在假设解释变量的差分与固定效应不相关的前提下[②]，差分项作为滞后水平项的工具变量，比差分 GMM 中的工具变量更有效，因此估计效果也更好。本研究采用了 System GMM 法对模型进行估计，由于 GMM 是大样本条件下的估计，故本研究采用了有限样本修正。此外，根据 WIndmeijer（2005）提出的，$\ln(inv)$、$\ln(n+g+\delta)$、$\ln(open)$ 均作为内生变量，引入工具变量时采用 GMM – STYLE 法。本研究采用逐步引入法，确定滞后解释变量的阶数 m 的取值。全部估计在 Stata 中用 Xtabond2 命令完成。

（三）结果分析

逐步引入滞后项进行回归的结果表明，各解释变量滞后一阶的模型拟合情况

[①] 详细引入方法参考 David Roodman, How to Do xtabond2: An introduction to "Difference" and "System" GMM in Stata。

[②] 本研究中固定效应为国内外影响增长的意外冲击，与各解释变量不相关的这一假设可以成立。

表 15-2　　　　　　　　动态面板模型估计结果对比汇总

	(1) GMM-SYS	(2) GMM-DIF	(3) FE	(4) POLS
$\ln Y_{t-1}$	1.018 *** (104.83)	0.824 *** (79.76)	0.872 *** (58.55)	1.017 *** (79.28)
$\ln Y_{t-2}$	-0.0162 ** (-2.80)	-0.0000862 (-0.02)	-0.00692 (-0.52)	-0.0156 (-1.21)
$\ln(inv_t)$	0.331 *** (45.80)	0.326 *** (48.12)	0.343 *** (38.40)	0.352 *** (40.71)
$\ln(inv_{t-1})$	-0.330 *** (-46.30)	-0.252 *** (-50.47)	-0.289 *** (-30.58)	-0.351 *** (-40.64)
$\ln(n_t+g+\delta)$	0.0538 (1.74)	0.0501 * (2.28)	0.0264 (0.79)	-0.00107 (-0.03)
$\ln(n_{t-1}+g+\delta)$	-0.0737 * (-2.36)	0.00169 (0.07)	-0.00577 (-0.17)	-0.0371 (-1.12)
$\ln(open_t)$	0.249 *** (34.21)	0.228 *** (38.85)	0.179 *** (13.31)	0.194 *** (14.38)
$\ln(open_{t-1})$	-0.246 *** (-34.40)	-0.173 *** (-29.70)	-0.131 *** (-9.41)	-0.192 *** (-14.16)
_cons	-0.120 (-1.51)		-0.531 *** (-5.08)	-0.140 *** (-3.94)
AR (1) p 值	0.000	0.001		
AR (2) p 值	0.831	0.994		
Sargan test p 值	0.527	0.004		
Hansen test p 值	1.000	1.000		
R^2			0.9834	0.9956
F 检验 p 值			0.000	0.000

注 1：模型样本为 119 个国家 1980~2009 年的面板数据，被解释变量为人均 GDP 增长率。
2：括号内为 t 值，*** 代表 $p<0.001$，** 代表 $p<0.01$，* 代表 $p<0.05$。

最好。从表 15-2 中可见，System GMM 估计结果中，除了 $\ln(n_t+g+\delta)$ 这一项外，其余解释变量均与被解释变量显著相关，其中 $\ln Y_{t-1}$、$\ln(inv_t)$、$\ln(open_t)$ 系数为正，这一结果与其他已有实证研究结果一致。这三个变量相应的滞后项系数为负，考虑可能是经济周期的影响。此外 $\ln(n_t+g+\delta)$ 这项的滞后项显著，表明人口、技术的增长对经济增长的影响有较为明显的滞后性。

此外，本研究还将 System GMM 估计结果与 POLS、FE、Difference GMM 估计的结果进行了对比。前文已经说明，在动态面板模型中，由于存在滞后解释变量，POLS 与 FE 估计都无法解决内生性问题，估计存在偏差。Windmeijer（2005）研究表明，System GMM 估计在小样本下能明显降低估计偏差，而该方法的一个关键假设是，模型的干扰项不存在序列相关。如果差分后的干扰项只存在一阶自相关而不存在二阶自相关，则表明这一假设是合理的。通过 Arellano - Bond Test 分别对 System GMM 的估计结果进行检验，检验结果中 AR（1）拒绝原假设，AR（2）接受原假设，表明差分干扰项一阶序列相关，二阶序列不相关，符合模型假设。此外，用 Sargan 统计量和 Hansen 统计量检验模型所用的工具变量的合理性，即是否存在过度约束的问题。对 System GMM 的检验结果中 Sargan 统计量接受原假设，即模型的过度约束没有影响估计的结果，工具变量的使用是合理的，Hansen 统计量给出了相同的结论。而对 Difference GMM 的检验结果中，Sargan 统计量拒绝了原假设，表明工具变量的使用存在问题。综上所述，本研究将选择使用 System GMM 的估计结果。

根据第二部分的理论推导，提取面板增长模型的残差项估计值 $\hat{\varepsilon}_{i,t}$，该项即为 i 国的非预期回报。而 i 国的总风险则通过非预期回报的方差 $\sigma^2_{\varepsilon_i}$ 来得到测量。

三、全球、区域系统性风险测量

本部分将根据第二节的理论模型，把一国的非预期回报 $\hat{\varepsilon}_{i,t}$ 分解为全球系统性因素、区域系统性因素和非系统性因素，从而测量全球、区域系统性风险和非系统性风险。

（一）模型描述与估计

根据式（15 - 2）提出的模型提取全球系统性因子。

$$\hat{\varepsilon}_{i,t} = \lambda_{i,w} w_t + e_{i,t} \quad e_{it} \cap \prod D(0, \sigma^2_{st}) \qquad (15-6)$$

其中 $\hat{\varepsilon}_{i,t}$ 已由上文的面板增长模型推导求得，本研究采用主成分分析法（PCA）提取全球系统性因子 w_t。将每个国家 i 的非预期回报的时间序列看做一个变量，对总计 119 个变量做主成分回归，按照方差解释能力的顺序提取主成分，提取得到的第一主成分因子能最多地解释各个国家非预期回报中的共同点，因此可将该因子看做影响全球各国经济波动的全球系统性因子 w_t，该主成分的因子负载即为 $\lambda_{i,w}$，解释为全球系统性因子对 i 国非预期回报的溢出。

同理，对式（15 - 3）的模型用主成分回归法提取区域系统性因子。

$$\hat{e}_{i,t} = \sum_{j=1}^{k} Z_{i,j}\lambda_{i\varphi_j}\varphi_{t,j} + \mu_{i,t} \qquad (15-7)$$

本研究将 119 个国家按照地理或者经济上联系的紧密程度分为 4 个区域：亚洲（Asia）、非洲（Africa）、欧洲与北美发达国家（Dev）以及南美洲（SA）。对各国提取全球系统性因子后剩下非预期回报 $\hat{e}_{i,t}$，按照地区，分别进行主成分回归。按照方差解释能力的顺序提取主成分，提取得到的第一主成分因子能够最多地解释该地区的各个国家非预期回报在剔除了全球共同因子后的共同点，因此可将该因子看做影响该地区各国经济波动的区域系统性因子 $\varphi_{i,j}$，该主成分的因子负载即为 $\lambda_{i\varphi}$，代表区域系统性因子对 i 国的非预期回报的溢出。

非预期回报在提取了全球、区域系统性因子后剩下的部分 $\mu_{i,t}$ 即为非系统性因素，计算 i 国的 $\mu_{i,t}$ 的方差 $\sigma_{\mu_i}^2$，即为该国的非系统性风险。用主成分回归法提取因子的好处在于，可以保证全球系统性因子 w_t、区域系统性因子 $\varphi_{i,j}$ 与非系统性因子 $\mu_{i,t}$ 之间互相独立，满足理论模型的假设。由 $\varepsilon_{i,t} = \lambda_{i,w}w_t + \sum_{j=1}^{k} Z_{i,j}\lambda_{i,\varphi}\varphi_{i,j} + \mu_{i,t}$ 两边求方差，得，$\sigma_\tau^2 = \lambda_{iw}^2\sigma_w^2 + \lambda_{i,\varphi}^2\sigma_\varphi^2 + \sigma_\mu^2$，从而分别求得全球系统性风险 $\lambda_{iw}^2\sigma_w^2$、区域系统性风险 $\lambda_{i,\varphi}^2\sigma_\varphi^2$ 和非系统性风险 $\sigma_{\mu_i}^2$。

综上所述，通过主成分分析法，本研究对系统性风险进行了测量，将一国总风险中的全球系统性风险、区域系统性风险和非系统性风险分别量化。

（二）结果分析

用主成分分析法将一国的非预期回报 $\hat{\varepsilon}_{i,t}$ 分解为全球系统性因素、区域系统性因素和非系统性因素，从而分别测量了 119 个国家（地区）的全球、区域系统性风险和非系统性风险。

用 119 个国家的非预期回报进行主成分分析，得到的第一主成分因子最多地解释了各国回报中的共同部分，可视为全球系统性因子。再分区域对剔除了全球系统性因素后的各国回报进行主成分分析，得到的第一主成分因子最多地解释了该区域各国回报中的共同部分，即区域系统性因子。表 15-3 报告了各次主成分分析的第一主成分的方差贡献率。

表 15-3　　　　　　　　第一主成分方差贡献率

	全球系统性风险因子	亚洲区域系统性风险因子	非洲区域系统性风险因子	发达国家区域系统性风险因子	南美洲区域系统性风险因子
第一主成分方差贡献率	0.187	0.146	0.177	0.184	0.1724

表15-4给出了分地区平均风险分解结果。第一，在总体风险方面，欧洲、北美以及大洋洲地区的发达国家平均总风险分别为0.011、0.0044和0.0089，显著低于其他地区。欧美及大洋洲的发达国家经济发展较为成熟，相对来说经济波动较小，总体风险较小。而亚洲和南美洲国家（地区）的平均总风险分别为0.02和0.0187，高于其他地区。该两个地区集中了大量新兴经济体，经济波动幅度较大。第二，全球系统性风险占比方面，欧洲国家显著高于其他地区，平均为14.28%，此外大洋洲和北美洲的分别排名第二、第三。体现了欧美发达国家与全球经济波动联系最为紧密，而相比较而言，经济体较小的欧洲国家受全球系统性风险影响比北美国家更大。第三，区域系统性风险方面，亚洲、欧洲、北美、大洋洲、非洲和南美地区分别为50.83%、57.25%、57.31%、38.44%、26.82%和44.26%。其中，欧洲和北美洲各国经济联系紧密，受区域系统性风险影响较大，非洲地区国家之间区域经济联系不大，区域系统性风险对其影响较小。此外，亚洲国家（地区）平均区域风险占比也较高。第四，非系统性风险方面，非洲国家的占比最高，达到69.13%，表明非洲国家的国家特异性风险较大，欧洲国家最低，占总风险的28.47%，表明欧洲国家的风险更多的来自周边其他国家的系统性影响，北美为38.13%，也相对较低。亚洲、大洋洲和南美洲国家分别为47.43%、54.89%和54.57%，处于中等地位。

表15-4　　　　　　　分地区平均风险分解结果一览

地区	平均总风险	平均全球系统性风险占比	平均区域系统性风险占比	平均非系统性风险占比
亚洲	0.02	1.74%	50.83%	47.83%
欧洲	0.011	14.28%	57.25%	28.47%
北美洲	0.0044	4.54%	57.31%	38.13%
大洋洲	0.0089	6.65%	38.44%	54.89%
非洲	0.017	4.06%	26.82%	69.13%
南美洲	0.0187	1.18%	44.26%	54.57%

由以上结果可知，欧美发达国家的风险中系统性风险占比较高，非系统性风险占比较低，与之相反的非洲欠发达地区，非系统性风险占比更高。这一结果可以解释非洲国家普遍海外投资流入量低的原因，除了简单的回报率低以外，还有可能是因为非洲国家的国家特异性风险较高。欧美国家不仅总体风险较低，且非

系统风险占比也很低，在全球经济景气海外投资活动活跃时，成为主要投资目标。亚洲与南美洲国家经济发展水平较为接近，系统性风险和非系统性风险占比均处于前两个地区之间。附录 B.2 详细列出了 119 个样本国家各自的风险分解情况，可以为计划去特定国家投资的投资者提供参考。

第三节 中国海外投资系统性风险与非系统性分析

一、全球系统性风险分析

图 15-1 中每个点代表一个样本国家或地区，用编号代表国家，编号与附录 B.2 中的国家 code 一致。纵坐标 worldrate 为全球系统性风险占一国总风险的比例，横坐标 invest 为中国 2003~2009 年在该国的年平均投资量。图中包含了除中国香港外的 118 个样本，中国香港的投资量特别大，且考虑其与中国特殊的关系，不纳入分析范围。根据样本点的分布，以 worldrate = 0.1，invest = 100 处为临界点，对中国海外投资国家的全球系统性风险进行简单分析如下：

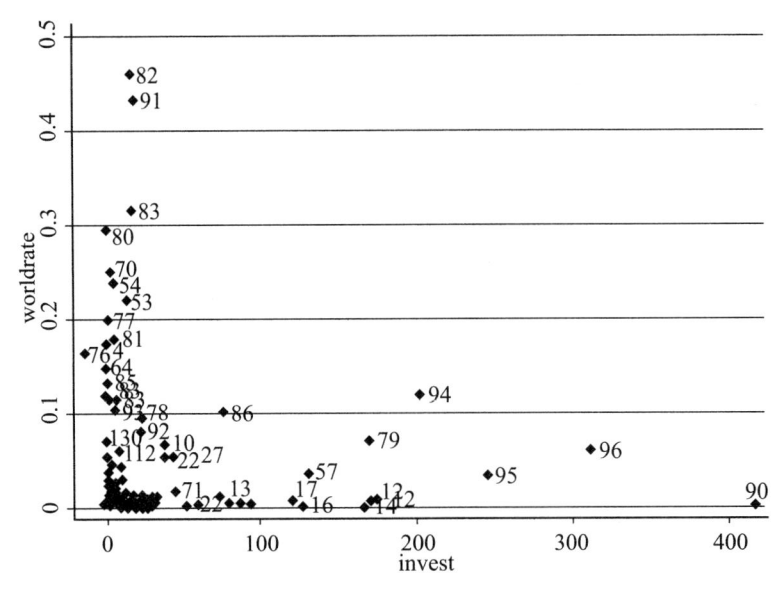

图 15-1 中国海外投资全球系统性风险分布情况
单位：100%，万美元

第一，全球系统性风险较小，而投资量较大（worldrate＜0.1 且 invest＞100）的国家或地区有：韩国、中国澳门、缅甸、巴基斯坦、新加坡、尼日利亚、澳大利亚、德国、俄罗斯、加拿大、美国，这些国家或地区可认为是全球系统性风险较小且中国过去投资量较大的。继续保持在上述国家或地区投资，受到的全球系统性风险影响将较小。

第二，全球系统性风险较大，而投资量较小（worldrate＞0.1 且 invest＜100）的国家或地区有：丹麦、芬兰、希腊、匈牙利、爱尔兰、意大利、马耳他、挪威、西班牙、塞浦路斯、博茨瓦那、佛得角、毛里求斯、摩洛哥、突尼斯、新西兰、阿尔巴尼亚。这些国家可认为是受全球系统性风险影响较大，若想新增在上述国家的投资，必须严格考虑全球系统性风险的影响。

第三，全球系统性风险较大，投资量也较大（worldrate＞0.1 且 invest＞100）的国家或地区有：南非、卢森堡、英国。已经在这三个国家投资的中国企业需要重点防范全球系统性风险。

不在以上三类内的国家或地区就是投资量和全球系统性风险均较小的国家。由以上分析可见，受全球系统性风险较小的国家或地区大多数是较大的经济体，这些国家或地区经济受全球系统性冲击的影响相对较小，即使一些经济发达度相对较高的欧洲国家，也有可能受全球系统性风险影响较大，如本次金融危机爆发以来，相继发生经济危机的冰岛、希腊、迪拜，均属于此类国家或地区。

二、区域系统性风险分析

图 15－2 至图 15－5 分别表示了亚洲、非洲、欧美以及南美洲地区的区域风险与中国海外投资情况。纵坐标为区域系统性风险占比，横坐标为中国海外投资量。以下按地区分别分析。

（一）亚洲

图 15－2 表示的亚洲区域系统性风险情况，同样去除中国香港。亚洲各国或地区普遍区域风险占比较高，大多数国家或地区占比高于 40%。其中区域系统性风险占比高于 40% 而投资量大于或接近 100 万美元的国家有：印度尼西亚、韩国、蒙古国、巴基斯坦，已经在这些国家投资的中国企业须特别重视区域系统性风险对这些国家或地区的影响。投资额较高而区域风险较低的地区是中国澳门。而区域系统性风险占比低于或接近 20% 而投资量低于 100 万美元的国家有伊朗、老

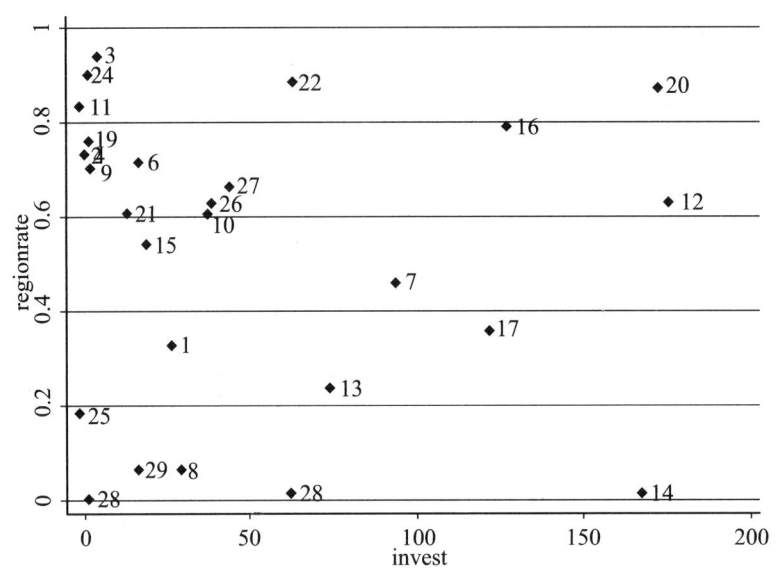

图 15-2　亚洲区域系统性风险分布情况　单位：100%，万美元

窝、尼泊尔、叙利亚、越南。余下的国家或地区为区域系统性风险较高而投资量也较少的。

(二) 非洲

由图 15-3 可见，我国在非洲投资的国家数量较多，但投资量普遍较低。在投资量高于 50 万美元的国家中，尼日利亚、苏丹、赞比亚的区域系统性风险较低，而阿尔及利亚区域系统性风险较高。

(三) 欧美及大洋洲

由图 15-4 可见，我国在欧美发达国家的大额投资较多，与前文分析中得到的欧美发达国家总体经济风险较小有关。在该地区，投资量大于或接近 100 万美元而区域风险占比高于 40% 的国家有：澳大利亚、德国、卢森堡、英国、加拿大。这些国家大多数都是相应大洲中最主要的经济体，其经济风险与区域系统性风险向关性较大，在这些国家已有投资的企业应加强对区域风险的防范。另外，投资量大于 100 万美元而区域系统性风险较小的国家有美国和俄罗斯。美国更多的是由其经济波动从而影响周边国家地区甚至对整个地区或全球产生系统性影响，故其本身受系统性风险影响的比率反而不高。

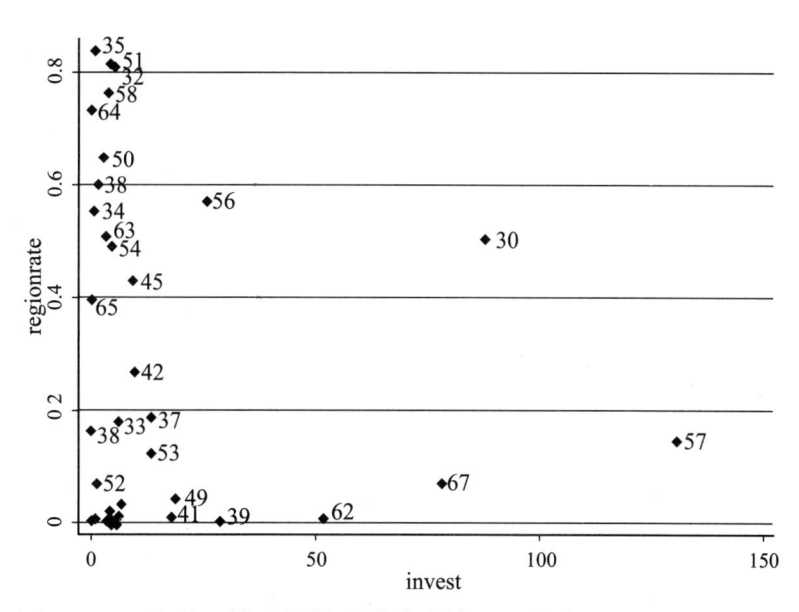

图 15-3　非洲区域系统性风险分布情况　单位：100%，万美元

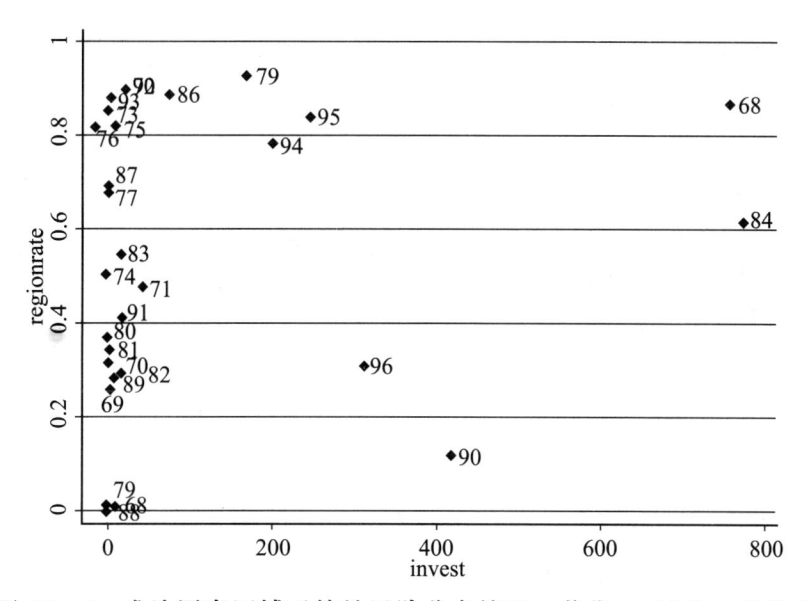

图 15-4　发达国家区域系统性风险分布情况　单位：100%，万美元

（四）南美洲

由图 15-5 可见，南美洲国家的区域系统性风险分布情况与亚洲较为相似，但由于地理位置的原因，中国在南美洲国家的投资额低于亚洲国家。其中投相对资额较高而区域风险占比较高的国家有：阿根廷、委内瑞拉、圭纳亚，而投资额较高区

域风险占比较低的国家为巴西，巴西在南美洲的影响类似美国，风险更多地来自国内，且由其经济的波动对周边地区产生系统性影响。此外，区域风险占比高于40%而投资额较低的国家有：巴哈马、哥伦比亚、厄瓜多尔、洪都拉斯、秘鲁等。

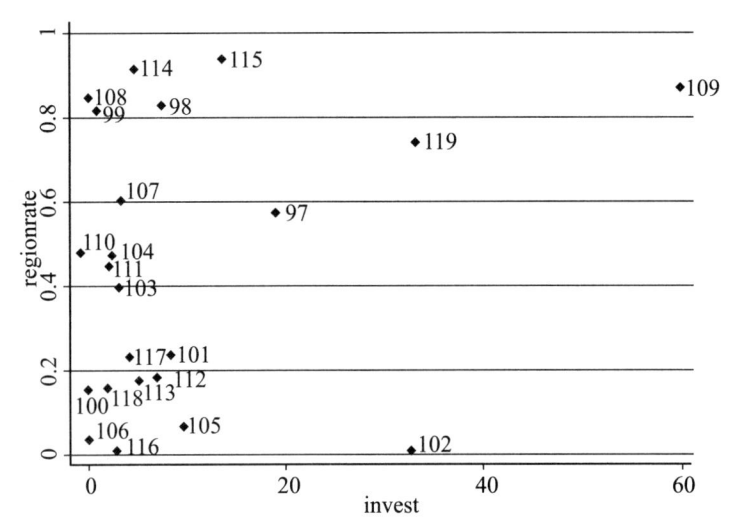

图15-5　南美洲区域系统性风险分布情况　单位：100%，万美元

三、非系统性风险分析

图15-6表示了我国主要海外投资目的地国的非系统性风险分布情况。在投

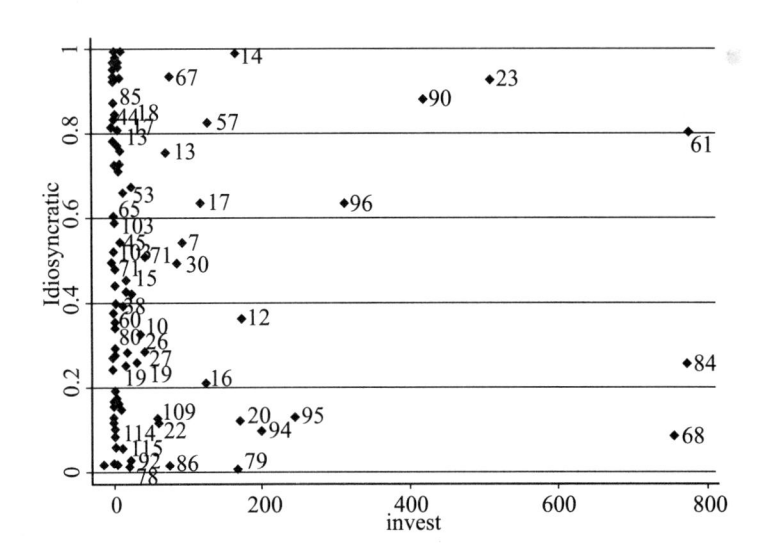

图15-6　非系统性风险分布情况　单位：100%，万美元

资额高于100万美元的国家或地区中，非系统性风险占比高于40%的有：中国香港、中国澳门、缅甸、新加坡、尼日利亚、南非、俄罗斯、美国，而非系统性风险占比低于40%的国家有：韩国、蒙古国、巴基斯坦、澳大利亚、德国、卢森堡、英国、加拿大。

此外，图15-7是将图15-6的左下角放大后的情况，表示了投资额低于50万美元而非系统性风险占比低于40%的国家。这些国家的非系统性风险占比较低。

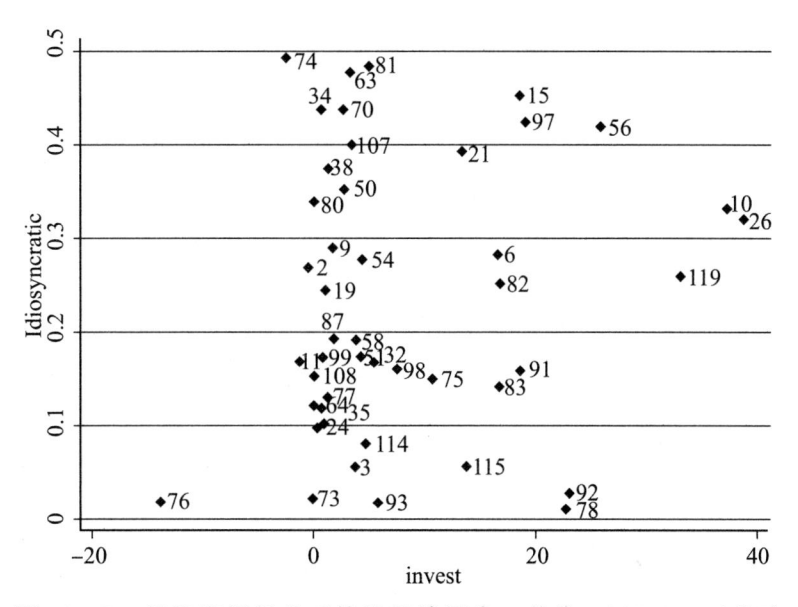

图15-7　低投资额低非系统性风险国家　单位：100%，万美元

四、实证研究结论

综上分析，在目前中国已有投资量较高的国家当中，系统性风险占比较高的主要有：南非、英国、卢森堡、印度尼西亚、韩国、蒙古国、巴基斯坦、澳大利亚、德国、加拿大，而非系统性风险占比较高的国家或地区为中国香港、中国澳门、缅甸、新加坡、尼日利亚、南非、俄罗斯、美国。此外，在已有投资较少的国家中，可根据需要分别关注系统性风险与非系统性风险占比较低的国家或地区。

第四节 本章小结

本章根据传统的投资理论对风险的定义，即非预期回报的方差，提出了一个将一国海外投资风险分解为全球系统性风险、区域系统性风险以及非系统性风险的理论模型。通过实证分析，运用动态面板增长模型 GMM 估计、主成分回归法等方法，对 2003 年以来中国的主要海外投资国家和区域的总风险进行了分解，对各国全球、区域系统性与非系统性风险进行了测量。此外，本研究将各部分风险测量的结果分别与中国在对应国家的投资额相结合进行分析，从系统性与非系统的角度，为中国海外投资风险防范与管控提供一定的参考。

第十六章

海外投资金融风险预警系统研究

第一节 海外投资金融风险因素识别与指标提取

一、海外投资金融风险因素识别依据

从风险本身性质来看，金融风险一般可细分为信用风险、流动性风险、市场风险等。本研究从风险性质的角度对海外投资中的金融风险进行了细分，分析框架基于 IMF2009 年 10 月发布的《2009 年全球金融稳定报告》(*Global Financial Stability Report* 2009)。该报告中提出的"全球金融稳定地图"(Global Financial Stability Map，以下简称 GFSM) 是对全球金融稳定情况进行系统分析的一套完整的体系。它将全球金融风险分成了 6 方面，包括货币与金融市场情况 (Monetary and Financial Conditions)、风险偏好度 (Risk Appetite)、宏观经济风险 (Macroeconomic Risks)、新兴市场风险 (Emerging Market Risks)、信用风险 (Credit Risks) 与市场和流动性风险 (Market and Liquidity Risks)，并给每个方面风险提出了 3~5 个衡量指标，综合分析了全球金融市场在一段时间内的风险情况。

另外，由于中国海外投资同时受国内的投资主体和国外的投资对象两方面因

素影响，因此应从国际和国内两方面分析识别海外投资中的金融风险影响因素。

综合上述考虑，本研究依据 IMF 的分析框架细分海外投资金融风险时加入了国内相关的影响因素，剔除了该分析框架中与中国海外投资相关性不大的因素，对 IMF 的分析框架进行了改进，使本研究的分析框架能综合反映中国海外投资来自国内和国际两方面的风险。国内方面，主要考虑与海外投资直接相关的因素。包括我国海外投资收益、投资规模的变动情况，人民币利率、汇率变动情况等。而国际方面，则从全球金融、经济市场整体风险情况的角度进行分析。从全球视角分析国际部分的风险，可在保证分析的全面性的同时简化分析框架。

二、海外投资金融风险因素识别与指标提取

根据上述依据，本研究结合 GSFM 分析框架和中国本身因素，将中国海外投资的金融风险分为流动性风险、宏观经济风险、信用风险、市场风险和中国直接相关因素 5 方面并为每个方面选择了 2~3 个指标共 12 个指标对相关风险进行度量（见表 16-1）。其中，前 3 个风险主要反映了作为投资对象的国际市场的风险因素，市场风险结合了国内因素和国际因素，中国直接相关因素则反映了我国自身的因素。下面对这 5 方面因素和对应选择指标的依据分别加以分析。需要说明的是，所有的指标数据全部是同比变化率。

（一）流动性风险

这里主要指国际成熟市场的流动性情况。流动性是反映货币金融市场状况的主要因素之一，2008 年以来的金融危机主要表现就是市场流动性不足，而成熟市场的流动性对全球流动性有重要影响。国际市场的流动性情况对中国海外投资产生重要影响。本研究选择了短期和长期两方面的指标衡量成熟市场流动性情况。其中 G-3 国家流动性指标衡量了成熟市场广义货币实际供给与预期需求量之差，该指标是 1 年内的短期指标，而 G-3 国家商业银行信贷则统计了成熟市场中长期信贷量，反映了较长期限内的货币供给情况。

（二）宏观经济风险

从范围上看，海外投资主要受国际宏观经济的影响。国际整体宏观经济景气程度对非金融类投资的收益有直接影响，对金融类投资也有间接影响。本研究选择了全球 GDP 增长率和 OECD 领先指标两个指标衡量国际宏观经济情况。其中

GDP 增长率是衡量宏观经济情况的传统指标，反映常规的宏观经济运行情况，而 OECD 领先指标则综合了一系列相关的宏观经济指标，着重反映转折时期的宏观经济情况，前瞻性反映经济上行或下行的趋势。

表 16－1　　　　　　　海外投资金融风险各因素指标一览

风险因素	指标代码	指标名称	指标解释	数据来源	范围
流动性风险	S1	G－3[①] 国家流动性（G－3 excess liquidity）	G－3 国家货币实际供给与预计需求之差的 GDP 加权平均值	相关国家和地区央行及 IMF 工作人员计算	国际
	S2	G－3 国家商业银行信贷（G－3 Bank Lending Conditions）	G－3 国家商业银行中长期信贷投放量加权平均值	相关国家和地区央行	
宏观经济风险	S3	全球平均 GDP	全球实际 GDP 年增长率	WEO 数据库	
	S4	OECD 领先指标（OECD Leading Indicator）	OECD 公布的全球宏观经济情况的指标，前瞻性反映经济周期波动	OECD 数据库	
信用风险	S5	贷款违约率（Delinquency Rate on Consumer and Mortgage Loans）	美国 30 天、60 天、90 天居民消费、信用卡抵押贷款违约率	Mortgage Bankers Association	
	S6	家庭金融义务（Households Financial Obligation Ratio）	家庭金融义务包括每年偿还各类贷款、汽车房屋租赁、保险等财富性支出之和	IMF 报告	
	S7	全球隐含股权风险溢价（World Implied Equity Premia）	用三步差分方程计算得到，综合考虑主要成熟股票市场	IMF 报告	

---

① G－3 国家指美国、欧盟和日本。

续表

风险因素	指标代码	指标名称	指标解释	数据来源	范围
市场风险	S8	中美短期利差	中国三个月央行基准贷款利率减美国三个月短期利率之差	OECD 数据库，数据库自动筛选出两国可比性较高的短期利率	国内和国际
	S9	人民币实际有效汇率		BIS 数据库	
	S10	全球通货膨胀率	包括资源类产品价格在内的全球 CPI 指数	WEO 数据库	国际
中国直接相关因素	S11	中国对外投资收益	包括直接投资的利润利息收益、再投资收益、证券投资收益和其他投资收益	中国国际收支平衡表	国内
	S12	中国对外直接投资规模	我国在外直接投资汇出的资金	中国国际收支平衡表	

（三）信用风险

信用风险又称违约风险，是指交易对手未能履行约定契约中的义务而造成经济损失的风险。从定义可知，信用风险主要来自交易对手，因此海外投资中的信用风险主要来自国际市场。本研究用3个指标衡量国际市场信用风险。第一个指标贷款违约率以美国为对象，主要出于数据的可得性考虑，该指标反映的对象范围较大，包括了住房、汽车、消费、信用卡等各类借款的违约情况。第二个指标则从家庭金融性支出的角度反映信用风险压力，当家庭普遍具有较高的支出压力时，信用风险加大。第三个指标是股权资产的风险溢价，反映了资本市场的风险。三个指标分别从不同侧面反映国际市场信用风险，综合起来使风险衡量更准确全面。

（四）市场风险

海外投资中的市场风险主要指汇率、利率、通货膨胀率等商品、货币价格相关因素的波动造成的收益的不确定性。其中，汇率和利率同时与国内和国际相关联，而通货膨胀率则主要指国际范围内的。利率方面，将本国利率与主要国家的利率相减是研究国际投资时考虑利率因素的主流方法。反映利率的指标较多，本研究所用的中美短期利率差来自 OECD 数据库中自动筛选出的两个可比性较强两国短期利率数据。汇率方面，采用国际清算银行（BIS）公布的人民币有效汇率。通货膨胀率方面，WEO 数据库关于通货膨胀率的统计数据包括了含与不含燃料类商品的两个指标，本研究选择包括燃料类商品价格在内的全球平均通货膨胀率，因为燃料类投资包括在我国海外投资范围之内，必须加以考虑。

（五）中国直接相关因素

这部分反映中国国内因素中与海外投资直接相关的经济指标的变动情况。由于国内关于海外投资的统计《中国对外投资统计公报》是从 2003 年才开始公布，可用数据较少，考虑到本研究主要研究目的是定量分析建立预警模型，需要较长时间的样本，因此本研究选择了从 20 世纪 80 年代开始公布的《中国国际收支平衡表》中反映对外投资的两个指标——投资收益和我国对外直接投资。其中投资收益采用国际收支平衡表中贷方的数据，反映资金的流入，我国对外直接投资则采用借方数据，反映资金的流出。这两个指标分别反映了我国海外投资的收益情况和投资规模情况，是我国海外投资最基本的两方面。

第二节　海外投资金融风险预警指标体系构建

完成风险因素识别与指标提取后，用多元因子分析法构建海外投资金融风险预警指标体系。通过因子分析，能用较少数量的因子综合反映 12 个指标，一方面可从计量的角度对上述提出的指标分类进行确认和调整；另一方面因子分析得到的因子得分可作为一级指标，使各风险因素得到量化。

一、描述性统计

本研究采用上述 12 个指标 1994～2008 年的数据为样本。下面首先对样本数据进行描述性统计分析。样本数据描述性统计结果如表 16-2 所示。

表 16-2　　　　　　　　样本数据描述性统计

指标	样本数	最小值	最大值	均值	标准差
S1	15	-2.1122	3.1501	1.1309112	1.52
S2	15	95.202	99.627	96.5894	1.38
S3	15	2.21	5.09	3.816	0.90
S4	15	97.33	102.84	100.23947	1.56
S5	15	-41.438	50.521	18.387553	25.34
S6	15	3.8358	6.3325	4.28762	0.62
S7	15	16.543	19.248	18.178333	0.81
S8	15	2.4973	8.3154	4.3789	1.65
S9	15	-2.4430172	-0.0400321	-0.9456738	0.86
S10	15	-0.0988375	-0.0020004	-0.0413189	0.03
S11	15	-0.2637378	0.931043	0.271806	0.39
S12	15	-0.5982658	4.7047141	0.5460519	1.40

二、数据归一化处理

通过描述性统计分析可知，各指标数据存在着数量级、方向不同的问题。为使指标具有可比性，在因子分析之前对数据进行了归一化操作，使之转化为闭区间 [0，1] 上的无量纲性指标值。其中，对数据方向的处理统一为越接近 1 表明流动性越充足、投资规模和收益越大、风险越小，越接近 0 则反之。归一化的方法是极差标准化法。即：

$$Y_{ij} = \frac{X_{ij} - \min X_i}{\max X_i - \min X_i}$$

其中 i 为第 i 项指标，j 为第 j 年度，X_{ij} 是 i 指标第 j 年的原始数据，Y_{ij} 是 i 指标第 j 年的归一化数据。将 1994~2008 年的 12 个指标代入上述计算公式，可得到归一化后的样本数据。

三、因子分析

使用 SPSS17.0 软件中因子分析模块，以 1994~2008 年反映海外投资金融风险的 12 个指标归一化后数据为基础进行因子分析。主成分分析法提取因子，为使得提取得到的因子有实际意义，采用正交旋转法对初始因子结果进行旋转，得到的结果如表 16-3 所示。

表 16-3　　　　　　　　　　因子分析结果

Component	Initial Eigenvalues			Extraction Sums of Squared Loadings			Rotation Sums of Squared Loadings	
	Total	% of Variance	Cumulative %	Total	% of Variance	Cumulative %	Total	% of Variance
1	4.015	33.455	33.455	4.015	33.455	33.455	3.498	29.148
2	2.543	21.19	54.645	2.543	21.19	54.645	2.332	19.431
3	1.551	12.922	67.567	1.551	12.922	67.567	1.952	16.265
4	1.124	9.3667	76.933	1.124	9.3667	76.933	1.451	12.089
5	0.974	8.1142	85.047					
6	0.641	5.3402	90.388					
7	0.597	4.9718	95.36					
8	0.298	2.4854	97.845					
9	0.173	1.4431	99.288					
10	0.065	0.5395	99.827					
11	0.019	0.162	99.989					
12	0.001	0.0106	100					

Extraction Method: Principal Component Analysis.

资料来源：根据已有数据经软件分析得到。

根据主成分分析法原理，12 个指标分析得到 12 个经过旋转的主成分，本研究采用实际中被使用最广泛的特征值准则确定因子个数。即提取特征值大于等于 1 的主成分作为因子，而放弃特征值小于 1 的主成分。该准则认为每个保留下来的因子至少应该能解释一个变量的方差，否则达不到精简的目的。根据这一原理本研究因子分析提出 4 个因子，分别记为 F1、F2、F3、F4，该 4 个因子累计方差贡献率为 76.9%。

通过因子负载表（见表 16-4）来发现个因子的含义，并与前文中各指标的归类进行对比。由于本研究的样本规模不大，因此认为需要因子负载绝对值大于 0.5 的变量对该因子有显著贡献。依据这一标准，F1 主要受反映流动性风险的 G-3 国家流动性 S1、G-3 国家信贷 S2 以及反映信用风险的贷款违约率 S5、家庭金融义务 S6、资本风险溢价 S7 影响；F2 主要受反映宏观经济风险的全球

GDPS3、OECD 领先指数 S4 影响，而全球通货膨胀率 S10 也对 F2 有较高负载；F3 主要受反映我国内相关的因素，海外投资收益 S11、海外投资规模 S12 影响；而 F4 则主要受反映市场风险的人民币有效汇率 S9 的影响。

表 16-4　　　　　　　　　　　因子负载

	主成分因子			
	F1	F2	F3	F4
S7	**0.8682**	0.0234	0.122	-0.081
S2	**-0.834**	-0.335	-0.015	-0.379
S5	**0.7827**	0.2043	-0.039	0.459
S1	**-0.764**	-0.051	-0.193	0.15
S6	**0.7358**	-0.405	0.253	-0.161
S3	-0.031	**0.9629**	-0.015	-0.09
S4	0.3395	**0.8162**	0.154	-0.154
S11	0.0199	**0.6368**	-0.524	0.234
S9	0.1131	-0.006	**0.724**	0.55
S12	-0.206	-0.02	**-0.716**	0.071
S10	0.373	**0.691**	-0.023	-0.276
S8	-0.003	-0.104	-0.144	0.755

因子提取方法：主成分分析
旋转方法：正交旋转法

资料来源：根据已有数据经软件分析得到。

表 16-5　　　　　　　海外投资金融风险指标体系

一级指标代码	一级指标	二级指标代码	二级指标名称
F1	国际金融市场条件风险	S1	G-3 国家流动性
		S2	G-3 国家商业银行信贷
		S5	贷款违约率
		S6	家庭金融义务
		S7	全球隐含股权风险溢价
F2	国际宏观经济风险	S3	全球 GDP 增长率
		S4	OECD 领先指标
		S10	全球通货膨胀率

续表

一级指标代码	一级指标	二级指标代码	二级指标名称
F3	中国自身因素风险	S11	我国海外投资收益
		S12	我国海外投资规模
F4	市场风险	S8	中美短期利率差
		S9	人民币有效汇率

将因子分析结果与提出各指标的归类进行对比，发现计量分析结果与实际意义基本一致。其中，F1 反映了流动性风险和信用风险，该两类风险因素相关性较高，可合并为国际金融条件风险，F2 为国际宏观经济风险，F3 为中国自身因素风险，F4 为市场风险。

通过回归法计算得出上述 4 个因子的因子得分（见附录 B.2），用因子得分来度量上述 4 个因子所代表的风险大小，从而使反映海外投资金融风险的各方面因素得到量化。各因子得分的含义与归一化标准一致，即数字越大流动性情况越好、风险越小，数字越小则相反。根据因子分析结果，把该 4 个因子作为一级指标，上文提出的 12 个指标作为二级指标，得到一级、二级指标都完全可度量的海外投资金融风险指标体系（见表 16-5）。该体系将被用于后文中海外投资金融风险预警模型研究。

为将体系进一步综合完善，以各因子的方差贡献率占 4 个因子总方差贡献率的比重作为权重进行加权求和计算得到总的因子 F_t 的得分。F_t 计算公式如下：

$$F_t = \lambda_1 / \sum \lambda_i \times F1 + \lambda_2 / \sum \lambda_i \times F2 + \lambda_3 / \sum \lambda_i \times F3 + \lambda_4 / \sum \lambda_i \times F4$$

把各因子方差贡献率代入上述公式计算得到各因子权重如表 16-6 所示。

F_t 因子是反映海外投资中的金融风险整体情况的指标，其得分可用于衡量海外投资的总体金融风险大小，大小含义与前文中的因子一致。

表 16-6 　　　　　　　　因子权重

主成分	F1	F2	F3	F4	合计
方差贡献率	33.45	21.19	12.92	9.37	76.93
权重	0.435	0.275	0.168	0.122	1

资料来源：根据已有数据经计算得到。

第三节　海外投资金融风险预警模型建立

神经网络是单个并行处理元素的集合，该方法是从生物学神经系统得到启发。在自然界，网络功能主要由神经节决定，人工神经网络则通过改变连接点的权重来训练神经网络完成特定的功能。其基本原理如图 16-1 所示，神经网络由输入层、隐藏层和输出层组成。事先确定输入层和目标输出，隐藏层的神经网络类似一个黑箱，网络的训练过程即根据输出和目标的比较而调整权重和阈值，直到网络输出和目标匹配[1]。这样，经过训练并通过检验的网络可由特定的输入得到要求的输出。

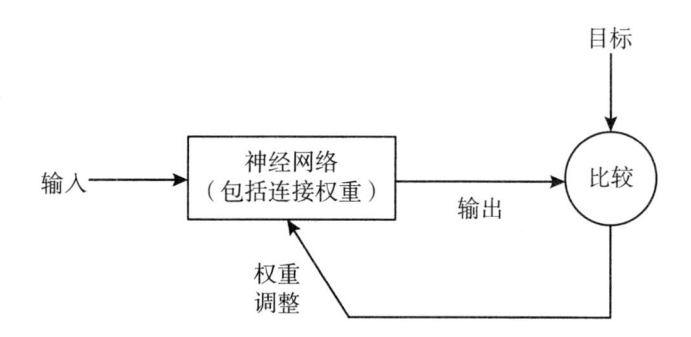

图 16-1　神经网络原理示意图

本研究采用 BP 神经网络建立海外投资金融风险预警模型。BP（Back-Propagation，反向传播）人工神经网络是人工神经网络中的一种，由鲁梅尔哈特、辛顿和威廉（Rumelhart, Hinton & William, 1986）提出。该模型的基本思想是：训练学习过程由信号的正向传播和误差的反向传播两个过程组成。正向传播时，输入样本从输入层输入，经隐藏层处理后传向输出层。若输出层的实际输出与期望输出不符，则转入误差的反向传播阶段。误差的反传将输出误差以某种形式通过隐藏层向输入层反传，提供修改各层权值和阈值的依据。这种信号正向传播和误差反向传播循环进行，权值和阈值不断修正，直到输出误差达到要求的标准[2]。BP 神经网络是近年来被应用最为广泛的神经网络之一，已有数学理论证明，BP 网络具有实现任何复杂非线性映射的功能，且网络能通过学习带正确答案的实例

---

[1] 《MATLAB 神经网络工具箱实用指南》。
[2] 陈秋玲：《金融风险预警、评价指标、预警机制与实证研究》，2009 年。

集自动提取"合理的"求解规则,即可以根据输入和目标进行训练,自动得出联系二者的模型。在经济学研究方面,BP 网络常被应用于预测和归类两个方面。本研究即应用其归类的功能,经过训练的模型,可以根据输入的数据将对应年份相关风险的等级进行归类。

本研究用 MATLAB 软件中的人工神经网络工具箱(nntool)建模。MATLAB 的人工神经网络工具箱中提供了丰富的网络学习和训练函数,其中包括了大多数的神经网络算法。这些函数为神经网络的仿真分析提供了极大的方便,用户不用编写复杂的算法程序,只要在 GUI 的提示下设置好相关函数和参数,就能完成神经网络的训练仿真。建模基本思路如下:

以前文中得到的海外投资金融风险指标体系中的 12 个二级指标的时间序列数据作为输入值,以对应的后一年的相应风险的等级作为目标输出值。模型训练目标是让模型实际输出值与目标输出值误差尽量小。其中作为目标输出值的各年风险等级是由该年份相关风险因子的因子得分即该风险的度量值转化而来,具体转化方式将在下文中详细说明。样本取 1994 ~ 2008 年的年数据,分为训练集、检验集和预测集 3 部分。由于样本数量较少,因此只随机抽取 1995 年的数据为检验集,2008 年的数据为预测集,其余年份为训练集。由于金融风险一般有一年左右的潜伏期,因此,本研究用 1995 ~ 2008 年的风险等级分别对应 1994 ~ 2007 年的输入数据,进行训练和检验,并最终用 2008 年的输入数据预测 2009 年的风险等级。即:第 $j+1$ 年的风险真实度量值是第 j 年对下一年风险预测的期望值。本研究将分别对海外投资中金融风险的各个方面:国际金融条件风险、国际宏观经济风险、中国自身因素风险、市场风险以及总体金融风险建立 5 个神经网络模型,下文依次用 M1、M2、M3、M4、Mt 表示上述 5 个模型。

根据上述建模思路构建基于 BP 神经网络的海外投资金融风险预警模型。模型结构如图 16 - 2 所示,模型参数如表 16 - 7 所示。本研究采用的网络类型是 BP 神经网络,模型各项参数最终确定值是将神经网络原理与实际训练效果相结合经过多次调整得到的。

表 16 - 7   BP 神经网络模型各项参数

网络类型	BP 神经网络(Back-propagation network)
层数	2
隐藏层神经元数	8
输出层神经元数	4
性能函数	MSE(Mean Squared Error)
训练算法	LM(Levemberg - Marquardt)

续表

网络类型	BP 神经网络（Back-propagation network）
输出层转移函数	LOGSIG
隐藏层转移函数	TANSIG
初始权值和阈值	随机

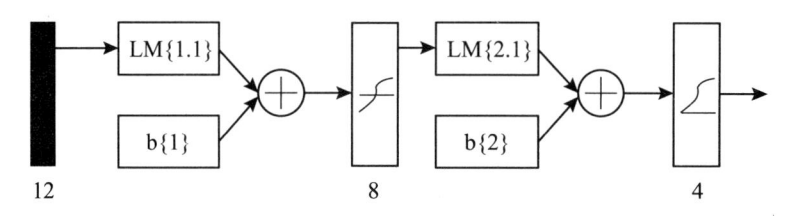

图 16-2　神经网络结构

（一）网络层数

1989 年罗伯特·赫克特-尼尔森（Robert Hecht-Nielson）证明了对任何一个再闭区间的连续函数都可以用一个隐藏层的 BP 网络来逼近，因此本研究采用一个隐藏层、一个输出层的网络，网络层数为 2[①]。

（二）输入层神经元数

输入层输入的是第五部分中得到的海外投资金融风险指标体系二级指标中的 12 个指标。实际输入数据是 12 个指标 1994~2008 年的归一化后的样本数据。神经网络默认输入层神经元数与输入指标数相对应，因此网络输入层神经元数目为 12。

（三）隐藏层神经元数

隐藏层神经元数目没有固定的计算方法。根据神经网络相关原理，隐藏层神经元数与输入层、输出层神经元数相关，可参考以下公式：

$$s = \frac{m+n}{2} + a$$

其中 s，m，n 分别是隐藏层、输入层、输出层神经元数，a 是可随机选取的 1~10 的常数。实际的隐藏层神经元数按下述方法确定：在开始时放入比较少的

[①] 根据神经网络的惯例，输入层不算在层数内。

神经元,学习到一定次数后,如果不成功再增加隐单元的数目,直到达到比较合理的隐单元数目为止。本网络最终确定的隐藏层神经元数为 8。

表 16 – 8　　　　　　　　因子得分与各等级临界值

	F1	F2	F3	F4	Ft
1994	1.2658	-0.227	0.5288	0.172	0.5972
1995	1.1166	-0.825	0.4559	-0.809	0.236
1996	0.7396	-0.081	0.372	-0.854	0.2576
1997	0.8233	0.0255	0.7275	-1.306	0.328
1998	0.5891	-1.323	-0.266	0.081	-0.143
1999	0.2078	0.0622	-0.055	1.26	0.2515
2000	0.778	0.7701	-0.75	-0.968	0.3063
2001	-0.58	-1.908	-0.22	0.8644	-0.709
2002	-1.003	-0.904	0.8004	0.2653	-0.518
2003	-0.688	0.0552	-0.763	0.7591	-0.319
2004	-0.313	1.0042	1.743	1.865	0.6597
2005	0.3775	0.6489	-2.716	0.6904	-0.029
2006	-0.021	1.2966	-0.111	0.2562	0.3603
2007	-0.794	1.788	0.6159	-0.722	0.1627
2008	-2.499	-0.383	-0.363	-1.553	-1.441
危险	-1.56	-0.978	-1.6	-0.698	-0.915
警戒	-0.62	-0.055	-0.49	0.155	-0.39
基本安全	0.32	0.8675	0.62	1	0.135

资料来源:根据已有数据软件分析与计算得到。

(四) 输出层数据与神经元数

本研究对 F1 – F4 四个因子刻画的金融风险的 4 个方面以及 Ft 刻画的总体金融风险情况分别建立预警模型,一共 5 个模型。每个模型对应一种风险,而模型的输出层对应于该模型分析的风险等级评价结果。而各年的风险评价结果是由该年份相关风险因子的因子得分即该风险的度量值转化而来。具体转化方法如下所述。本研究将金融风险划分为 4 个等级:安全、基本安全、警戒和危险,采用极值——均值法,把代表各类风险大小的因子得分划分为 4 个区间,每个区间对应上述 4 个等级,且规定数值越小风险越大。表 16 – 8 列出了各年各类风险的因子得分以及4个区间的临界值。用 F 表示第 j 年因子得分，F<危险值、危险值<F<警戒值、警戒值<F<基本安全值、F>基本安全值4个区间的因子得分分别对应输出层值为（1000）、（0100）、（0010）、（0001），分别代表 F 因子处于危险、警戒、基本安全与安全4个状态。

（五）其他参数与函数确定

性能函数是用于衡量误差的，本研究采用 BP 网络默认的 MSE，即输出值与目标值的方差均值。训练函数采用 BP 网络默认的 LM 函数。隐藏层转移函数默认的为 TANSIG，而输出层转移函数为 LOGSIG。上述函数的确定方式都是先选择默认选项，再根据训练结果调整。

第四节　模型训练与检验

一、样本描述

以 1994~2008 年的样本数据训练与检验模型。根据神经网络模型原理，样本随机地分为训练集、检验集和预测集。本研究中，以 1994 年与 1996~2007 年的输入值以及 1995 年与 1997~2008 年对应的风险等级对应的输出值作为训练集，以 1995 年输入值与 1996 年的风险等级状态对应的输出值为检验集，以 2008 年的输入值为预测集，对 2009 年的风险等级状态进行预测。如前文所述，第 j 年的输入值对应的期望输出值为第 $j+1$ 年的风险等级状态，从而使得训练得到的模型具有预测下一年风险等级的作用。

二、模型训练

分别对5个模型进行训练。模型训练的过程是不断调整模型本身和训练的各项参数，直到输出值和目标值的误差达到要求。由于每个模型对应的风险类型各不相同，训练过程中所用的参数也不完全相同。

其中，各模型相同的参数除了上文中已经描述的外，还有学习率。学习速率决定每一次循环中所产生的权值变化量。大的学习速率可能导致系统的不稳定，但小的学习速率会导致学习时间较长，可能收敛速度很慢，不过能保证网络的误差值不跳出误差表明的低谷而最终趋于最小误差值。所以在一般情况下，倾向于选取较小的学习速率以保证系统的稳定性[①]。本研究确定的学习率为 0.01。

各模型不同的参数是最大训练次数 epochs 和目标精度 goal。训练过程中主要通过改变 epochs 和 goal 这两个参数来达到训练目标，即实际输出与期望输出值一致，误差达到要求小。表 16-9 列出了 5 个模型训练并通过检验的最终确定的最大训练次数与目标精度值。要指出的是，下面所列的只是本研究训练得到的模型所用的最佳参数，但是神经网络本身算法的性质使其不太稳定，表 16-9 所列的参数并非一定是最优的，两参数大致范围在 150 和 1E-10 的训练均可能成功达到目标。

表 16-9 模型训练参数

模型	epochs	goal
M1	200	1.00E-12
M2	110	1.00E-10
M3	190	1.00E-10
M4	200	1.00E-10
Mt	150	1.00E-09

经过训练，得到 5 个模型的输出值，与其期望输出值进行对比，5 个模型的实际输出值与期望输出值均完全一致且误差均达到要求，表明模型完成训练。

三、模型检验

根据神经网络模型原理，需从样本中随机选择数据对模型进行检疫。本研究随机选择了 1995~1996 年数据对模型进行检验。输入 1995 年归一化后的 12 个指标数据，将模型拟合得到的输出值与期望输出值，即 1996 年的风险等级进行对比，对模型进行检验。若二者一致，则表明模型通过检验。从表 16-11 可以看出，各模型实际输出与期望输出十分对应，且误差满足要求，表明模型通过检验，可以用于对相应风险进行预警。

---

① 《神经网络入门教程》智能中国网 http://www.5iai.com/bbs/

表 16-10　　　　　　　　　模型检验输入

指标	S1	S2	S3	S4	S5	S6	S7
输入值	0.457	0.189	0.531	0.458	0.879	0.644	0.942
指标	S8	S9	S10	S11	S12		
输入值	0.156	0.438	1	0.564	0.124		

表 16-11　　　　　　　　　模型检验结果

模型	实际输出值				期望输出值
M1	0.0000	0.5131	0.0000	1.0000	0001
M2	0.0000	0.9999	0.0000	0.0000	0100
M3	0.0000	0.0000	0.9747	0.0134	0010
M4	0.9989	0.0000	0.0000	0.0005	1000
Mt	0.0000	0.0000	0.0061	0.9995	0001

第五节　模型预警与结果分析

一、模型预警

将2008年归一化的12个指标数据分别输入5个模型，得到神经网络模型的预测输出，从而对2009年各类金融风险进行预警。得到的预警结果如表16-12所示。根据5个模型预警输出值，结合前文模型对输出值的设定，可对2009年海外投资各方面金融风险以及整体金融风险情况进行判断，结果如下：M1模型预测输出值为（1000），表示2009年海外投资国际金融条件风险预警等级为危险级；M2模型预测输出值为（1000），表示2009年海外投资国际宏观经济风险预警等级为危险级；M3模型预测输出值为（0100），表示2009年海外投资中国自身因素风险预警等级为基本安全级；M4模型预测输出值为（0100），表示2009年海外投资市场风险预警等级为警戒级；Mt模型预测输出值为（1000），表明2009年海外投资金融整体风险为危险级。

表 16-12　　　　　2009 年海外投资金融风险预警结果

模型	预测输出值				风险等级判断
M1	0.9995	0.0390	0.0000	0.0000	危险
M2	0.9999	0.0000	0.0000	0.0000	危险
M3	0.0000	0.0013	1.0000	0.0008	基本安全
M4	0.0000	1.0000	0.0000	0.0000	警戒
Mt	0.9999	0.0000	0.1820	0.0008	危险

二、预警结果分析

表 16-13 列出了近年海外投资金融风险情况，包括 2007 年、2008 年各类风险等级与 2009 年的预测风险等级。下面对 2009 年各风险预警结果分别进行分析。

表 16-13　　　　2007~2009 年海外投资金融风险等级判断

年份	国际金融条件风险	国际宏观经济风险	中国自身因素风险	市场风险	总体金融风险
2007	警戒	安全	基本安全	危险	安全
2008	危险	警戒	基本安全	危险	危险
2009（预）	危险	危险	基本安全	警戒	危险

（一）国际金融条件风险

2009 年国际金融条件风险预警等级为危险级，与 2008 年持平。从表 16-13 可看出，从 2007 年次贷危机爆发到 2008 年金融危机在全球范围内蔓延，国际金融条件风险从 2007 年的警戒上升为 2008 年的危险，并且在 2009 年继续。2009 年是金融危机影响继续蔓延的一年，因此本预警结果与实际情况基本符合。

（二）国际宏观经济风险

2009 年国际宏观经济风险从 2008 年的警戒上升为危险。金融危机爆发以来，宏观经济风险滞后于金融市场，2009 年全球主要经济体宏观经济均出现了不同程度的下降。因此本预警结果也与实际情况基本符合。

(三) 中国自身因素风险

2009 年中国自身因素风险继续保持前两年的基本安全水平。中国自身因素主要包含我国海外投资规模、收益的变动情况。2005 年以来，我国海外投资规模增长规模显著加快，投资收益也相应增加，加上政府的鼓励，目前大量企业正在"走出去"，从国内自身因素来看，目前具备海外投资的良好条件，风险较小。

(四) 市场风险

2009 年的市场风险继续维持 2008 年的危险等级。2008 年受人民币对美元汇率波动较大的影响，市场风险较高。2009 年预计风险继续存在，而实际中 2009 年，国际主要货币美元、欧元、日元汇率波动均较大，使得人民币实际有效汇率波动较大，美元贬值使得人民币兑美元实际汇率上升。因此，本预测与实际情况基本符合。

(五) 海外投资总体金融风险

2009 年海外投资整体金融风险继续维持 2008 年的危险级。根据上文因子分析结果，各因子 F1～F4 对总体金融风险因子 F_t 的贡献比率不同，从大到小依次是：国际金融条件风险，占 33.4%，国际宏观经济风险，占 22%，中国自身因素风险，占 12.9%，市场风险，占 9.37%。这表明，海外投资金融风险 F_t 因子主要受国际金融、宏观条件的影响。2009 年国际金融条件与宏观经济风险均为危险级，所以尽管国内自身风险处于基本安全级，海外投资的整体金融风险仍为危险级。

本研究通过建立 5 个模型，对海外投资的金融风险进行了全面的分析和预警。预警结果对投资者可有以下建议。

首先，从预警结果来看，尽管国内因素风险处于基本安全等级，但是由于国际市场风险较大，因此海外投资的整体金融仍较大。从这里可以解释为何我国海外投资规模不断增大，但是成功率却不高。这可能与我国的投资者更多地看到国内因素，只看到了国内大量企业从事对外投资，产生了跟风心理，而对国际市场的风险没有明确的认识、把握有关。从因子分析结果可以看出，海外投资金融风险主要来自国际市场。由于投资对象和环境均在国外，因此，投资者在从事海外投资时应更多地关注国际金融市场条件。

其次，本研究将海外投资金融风险分为国内和国际两方面，为投资者提供了更多信息资源，投资者也可根据预警结果对风险较大的方面进行有侧重的规避。

2009 年，尽管国际市场风险较大，但对我国投资者来说国内因素表明 2009 年是海外投资较好时机。因此，如果能对国际市场的风险有明确的认识，并采取有效的避险措施仍能取得海外投资的成功。

第六节 本章小结

本章从宏观整体角度出发，首先研究了中国海外投资金融风险的影响因素，将其细分为信用风险、流动性风险、市场风险、宏观经济风险以及与中国直接相关因素五方面，针对每个方面选择 2~3 个共 12 个指标对海外投资金融风险进行描述。然后通过因子分析法构建海外投资金融风险指标体系。其次以此为基础，研究了中国海外投资金融风险预警模型。采用 BP 人工神经网络建模，在 MAT-LAB 软件中对神经网络模型进行训练、检验，并利用该模型进行风险等级预测。采用 1994~2008 年的样本数据，样本数据分为训练集、检验集和预测集。训练并通过检验的模型将使得作为输入值的各年的经济、金融指标与作为目标输出值的对应滞后一年的风险等级建立联系，并可以实现风险的预测。由于经济指标与风险之间的实际关系非常复杂，人工神经网络建立的复杂非线性模型将比一般的线性模型更好地刻画指标体系与风险等级之间的关系，在假设历史会重演的条件下，用历史数据建立的人工神经网络模型将更准确地预测未来的风险。

第十七章

中国海外投资金融风险防范与管控的支撑体系

第一节 中国企业海外投资金融风险研究总论

本篇以中国企业海外投资的金融风险及其防范与管控为研究内容。首先，分别分析了以中国主权财富基金海外投资风险和企业直接投资汇率风险为代表的不同类型主体海外投资金融风险的生成机制和影响因素。其次，针对海外投资最主要的形式，跨国并购，进行了针对性的研究。一方面，根据中国特有情况，分析了中国企业跨国并购绩效与其政治关联度的关系；另一方面，着重研究了我国银行跨国并购的绩效。再次，从宏观整体的视角对中国海外投资中的金融风险进行研究。一方面，本研究从系统性风险的角度出发，分析了中国海外投资的全球、区域系统性风险；另一方面，选取与海外投资金融风险相关的宏观金融、经济指标，建立一个与海外投资中的金融风险直接相关的指标体系，通过人工神经网络对各指标进行预测的方法，从宏观角度，建立海外投资金融风险预警体系。为中国企业海外投资金融风险的防范与管控提供了理论和实践基础。

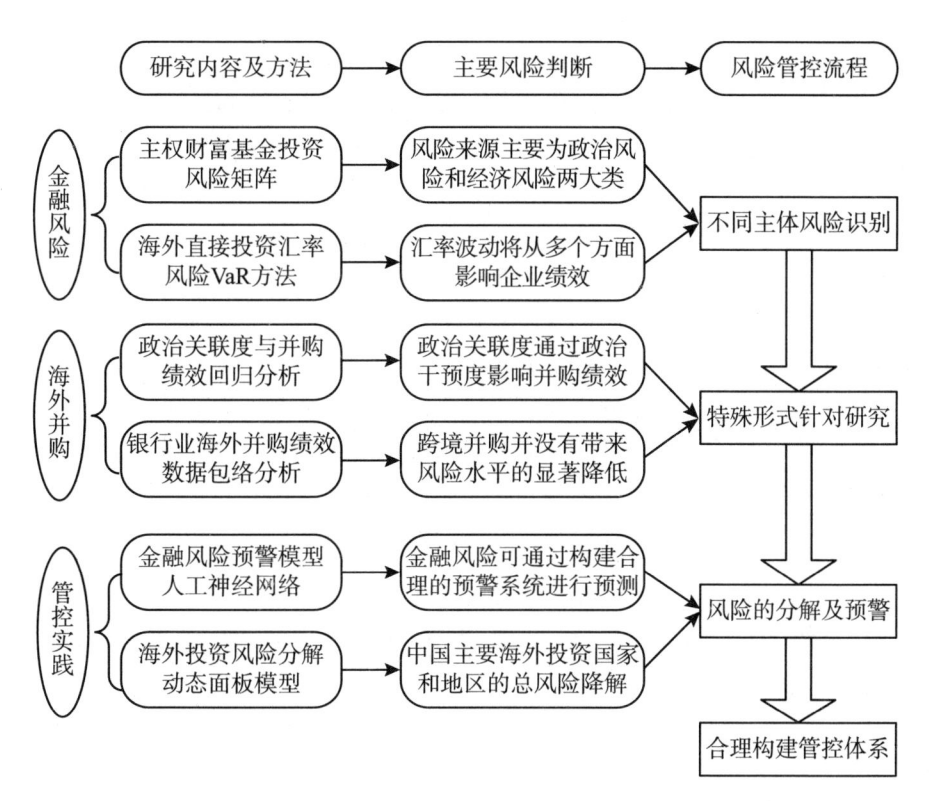

图 17-1 中国企业海外投资的金融风险解析和管控框架

第二节 海外投资金融风险防范与管控的国际经验比较

一、发达国家海外投资金融风险防范经验——以日本为例

(一) 日本海外投资金融风险防范经验

日本经济发展过程中，经历过三次较大的本币升值。在海外贸易及投资活动中，如何规避金融风险，尤其是汇率风险是日本企业一度面临的重要课题。通常日本企业采取以下措施：

第一，加快海外转移，强化海外生产体制，扩大多边贸易。日本企业充分利用日元升值带来的优势，建立全球化生产体制，同时，提高当地零部件采购比例，培育当地合作企业，扩大多边贸易。这样既可以提高对汇率变动的抵抗能力，又能够建立全球化的内部分工体系，还可以带动原材料和零部件的出口。

第二，扩大日元结算。外汇风险主要存在于对外交易使用外币时，如果使用本国货币来结算，则可以避免外汇风险。因此，从20世纪80年代中期开始，日本企业采用日元结算的交易不断增加，特别是在进口方面，日元结算率已由1986年的10%上升至2004年的25%。

第三，外汇资产平衡。20世纪80年代中期，日本许多跨国公司开始在欧洲等地设立金融运营公司，从企业全局考虑通过对冲和债权、债务调整等，对外汇资产进行管理和平衡。但这种措施仅限于跨国企业，对中小企业则难以适用。

第四，反向交易平衡。日元升值有利于进口而不利于出口。因此，日本既有进口又有出口业务的大企业，主要是综合商社，采取了减少出口，扩大进口的措施来规避日元升值带来的风险，维持公司的盈利。

二、新兴工业国家海外投资金融风险防范经验——以印度、巴西为例

（一）印度海外投资金融风险防范经验

国际金融危机爆发以来，美元持续贬值，虽然使各国偿还到期美元债务的支出减少，但同时给世界各国储备资产管理带来很大挑战。在这种情况下，各国面临的汇率风险主要是储备资产因汇率波动而遭受损失的风险。印度的汇率风险主要表现为以下三方面：一是国内融资成本过高给印度卢比带来升值压力，加剧印度国内通货膨胀预期。二是印度外汇储备中的美元比重太大，超过90%，美元汇率的变化增加了外汇储备保值增值的压力。三是国际游资的潜在冲击。印度汇率风险管理的主要措施有：

第一，建立完善的外债管理体制。印度是发展中国家中利用外债较多，同时对外债管理比较好的国家。印度在20世纪60年代就成立了"国家外债管理委员会"，该委员会主要负责外债的审批、管理和监控。印度也建立了完善的外债管理法律法规体系，使外债管理法制化、规范化。印度外债管理的核心是债务结构管理，通过对不同债务的利率、偿还期和风险状况进行分析，严控资金流向，不但为真正需要资金的行业提供帮助，而且提高了还债能力。到20世纪80年代末，印度已成为世界公认的使用外债有效的国家。

第二，建立外国机构投资者制度，开放证券市场。外国机构投资者是印度境外设立组织的、拟投资于印度国内证券市场的机构。包括各种基金和信托机构，

如退休基金、共同基金、投资信托、捐助基金、大学基金与基金会、慈善信托或组织等。印度以信息公开制取代审查制，证券市场交易更为公平，提升了外国机构投资者在二级市场投资的意愿。目前，外国机构投资者已能投资几乎所有的证券品种，包括股票、债券、各种基金和权证等衍生品。

（二）巴西海外投资金融风险防范经验

巴西的汇率风险主要表现为以下两方面：一是外汇储备中美元比重过大。巴西外汇储备中美元所占比重接近90%，美元贬值必然使其储备资产大幅缩水。二是巴西对国际游资引发汇率风险的监管能力亟待加强。巴西汇率风险管理的主要措施有：

第一，采取控制资本流入与放松资本流出并重的管理措施。在控制资本流入方面，巴西主要采取税收政策与贷款期限延长政策。在放松资本流出方面，巴西允许投资者在境外建立投资基金，允许法人在境外进行房地产投资。此外，取消进口融资的首付款限制，私人非金融机构无须巴西央行批准的投资限额也提高至500万美元。

第二，央行不直接参与外汇市场交易，让外汇持有者分担汇率风险。巴西中央银行调控外汇储备总量的方式是发行海外债券，巴西央行与其直接指导经营的国营巴西商业银行不参与外汇市场交易。因此，巴西的国家汇率风险由外汇持有者分摊，主要包括经营外汇业务的指定银行和一些非银行金融机构。巴西央行通过交易总量分析对货币投放、外债增减和资本跨境流动等情况进行监管。

第三节　中国企业海外投资金融风险防范与管控体系

一、以政府为主体的海外投资金融风险防范与管控体系

（一）建设成熟的外汇市场

成熟的汇率形成机制和外汇市场有助于企业在投资中规避汇率风险。1994年人民币汇率双轨制合并以来，人民币汇率形成机制经历了1994年、2005年和2010年的三次改革，市场决定汇率形成的技术平台目前已基本形成，人民币汇

率弹性不断增强。在风险可控的前提下,要继续积极稳妥推进人民币资本项目可兑换进程,有序拓宽资本流出渠道,为汇率形成机制日趋完善和外汇市场走向成熟打下必要的体制性基础。大力发展外汇市场,当前尤其是应进一步完善银行间外汇市场做市商制度,不断完善价格发现机制,努力创造条件推出更多人民币外汇衍生品市场交易品种,为从事海外投资的为企业提供新的外汇对冲和避险工具,从而有助于对外投资企业规避汇率风险。

(二) 优化外汇储备币种结构

官方层面的海外投资以外汇储备的保值增值为主要目标。目前,我国外汇储备资产的币种结构主要存在以下两个方面的问题:第一,以美元形式存在的外汇储备资产比重较高。美元对人民币近几年一直处于跌势,使我国外汇储备资产承受巨大的美元汇率损失。第二,我国的外汇储备资产投资收益率较低。2007年下半年以来,美国次贷危机引起美元持续贬值,美联储多次下调利率,使得我国大量以美元债券存在的外汇储备收益下降。美元对人民币近几年一直处于跌势,使我国外汇储备资产承受巨大的美元汇率损失。通过建立中国的主权财富基金,在可接受的风险范围内,积极探索和拓展外汇储备的使用渠道和方式,提高外汇储备的专业化管理效率,提高盈利能力是一种行之有效的方法。

(三) 加强政策扶持和保障

我国政府的扶持和保障。我国政府部门可以实行优惠的金融政策。在跨国企业对外投资的初期,暂无利润可供再投资时,这时需要适当放松外汇管制,允许企业的外汇资金在内部调整,并在追加投资方面有较大的自主权。中国政府还可以赋予条件适合的对外投资企业必要的海内外融资权和担保,鼓励其在国际金融市场上筹资,还应鼓励对外投资企业在境外成立财务公司等金融机构,逐步强化其金融自我扶持功能,这都有利于控制对外投资企业的汇率风险。

(四) 提供必要的金融支持

我国政府应拓宽海外投资融资渠道:第一,逐步调整政府有关金融部门对境外投资的管理模式,简化境外投资外汇管理手续。第二,鼓励银行与跨国企业合作,支持金融机构在海外建立分支机构;鼓励进出口银行和其他商业银行加强对海外经营企业提高信贷支持;在授信额度范围内,为境外项目提供融资支持;推动开办离岸业务的银行扩展业务范围,为境外企业提供直接服务。为企业提供多种融资渠道，提供资金支持。第三，尽快发展和完善我国资本市场与投资银行，大力发展和培育股票、票据、债券和设备融资租赁市场。第四，积极提供出口信用保险支持。

（五）加强海外市场研究

不同国家的证券市场有不同的估值方法、不同的政策引导、不同的法律制约、不同的运作机制、不同的上市公司，因此，在本身考虑到研究证券品质的基础上分析这些庞杂的信息需要成立专门的部门，扩大相应的人员编制，抓紧对海外证券市场的分析。我国机构投资者投资海外遭受损失的重要原因之一就是缺乏对海外市场的了解，预期过于乐观，忽略了各种潜在的风险。综上所述，发展机构投资海外市场研究部，加强对海外市场的研究分析，可以在一定程度上重视各种潜在的风险，加强盈利，保证收益质量。

二、以企业为主体的海外投资金融风险防范与管控体系

（一）通过投资分散化降低海外投资金融风险

企业应该根据自身投资领域的特点在不同国家和不同行业进行适度的分散投资，企业可以通过这种分散化经营降低汇率变动所带来的经济损失，使整个公司业务现金流的波动减小。因为汇率变动会使母公司投资的部分子公司在生产和销售上的不利影响部分地抵消其他子公司在生产和销售上的有利影响，从而降低对整个公司经营活动的影响。对外投资企业分散投资的好处还体现在可以选择从价格较低的国家采购生产要素，以增强企业产品的市场竞争力，从而增加企业抵制外汇风险的能力。当东道国货币贬值时，对外投资企业应该用东道国国内投入品替代成本上涨的进口投入品，从而维持其生产成本的原有水平。

（二）通过谈判与投保转移海外投资金融风险

第一，签订调价条款。跨国公司在国际贸易、借贷交易中，可以与对方签订外汇风险分担协议，即在交易中双方达成价格调整条款，当汇率波动超过一定幅度时对商品的价格进行调整。

第二，货币保险策略。货币保险主要是指通过投保货币保险而避免外汇风险。投保前对外直接投资企业应对各种汇率进行分析，一般选择外汇风险大、难

以有效控制的货币进行投保。具体投保时还必须比较投保的成本与收益。

（三）通过风险监控预测海外投资金融风险

第一，建立集团外汇信息平台。跨国公司总部应整合集团内部外汇资源，建立信息平台，使集团内各境外企业暂时闲置的外汇资金可以互相调剂，互通有无，实现企业间的风险对冲。要搜集与对外投资相关的国家税收、外汇管制、外汇市场等情况，建立好外汇市场行情情报系统。同时加强集团层面的政策性研究，加强对金融工具的研究，定期对国际货币及现有海外项目涉及的当地币进行分析。

第二，加强汇率风险报告和监控。通过实证研究我们发现汇率波动对我国对外投资企业的影响整体比较明显，其中相当一部分对外直接投资的大型公司的汇率风险系数都很大，而对于那些在投资币种组合和使用方面远远不如大公司的中小型对外投资企业而言，汇率风险暴露更加显著。随着我国人民币汇率形成机制改革的不断推进，及早在识别和衡量对外投资所面临的汇率风险的基础上，采取有效的汇率风险防范措施就显得迫在眉睫。要对外投资企业应加强汇率风险报告和监控，并采取相应措施，从源头上尽可能覆盖汇率风险敞口。对外投资企业要经常搜集外汇风险信息，利用外汇资金流动报表和外汇风险头寸表反映不同货币即期和远期外汇风险，并评价出各类风险对对外投资的影响程度。

（四）通过内部资金管理规避海外投资金融风险

第一，交叉配对策略。交叉配对策略是指跨国公司有着分布在不同的国家或地区的子公司，这些子公司也都承担着外汇风险，不过跨国公司可以通过世界范围配置生产链，能将一定幅度内的汇率波动进行内部化处理，在跨国公司内部有针对性地创造相同金额、相同期限而方向相反的同种货币资金流量，以避免或减轻外汇风险的影响。

第二，提前、延迟结汇。对于进行海外投资的跨国公司的内部各个境外子公司之间以及境外子公司与母公司之间的债权债务的清算时，就可以根据对计价货币汇率变动情况的预测，通过提前或延迟结汇，更改外汇资金的收付日期来抵补外汇风险。

第三，净额结算策略。净额结算法是对外投资企业在结清内部交易所产生的债权债务关系时，对各子公司的应收款项和应付款项进行划转或冲销，仅有净额部分进行支付，从而减少汇率变动带来的风险。

（五）通过合理选择货币防范海外投资金融风险

第一，合理选择计价货币。海外投资企业可以在收汇时争取使用硬货币，而在付汇时争取以软货币计价。跨国公司公司还应对各境外子公司的各种货币收付、债权债务关系进行合理安排，统一控制各种计价货币。

第二，支付货币分散化。对于经常涉及多种外币业务的企业，可用多种货币进行不同的支付，以减少某种货币汇率变化产生的外汇风险。

（六）通过融资多元化降低海外投资金融风险

海外投资企业要灵活运用各种融资渠道，降低融资风险。我国海外投资企业可以根据自身需要和国际利率汇率的变化来决定从本国或者投资国或者其他国家来获取融资，融资期限也可以实现多元化来最大限度降低融资成本和融资的汇率风险。尽量在东道国融资，尤其是境外企业所需短期流动资金，应尽可能争取在东道国当地解决。当地融资，当地使用，当地偿付本息，使用同一币种，可以规避汇率变动的影响。还运用国际项目融资和国际租赁融资来降低融资风险。

（七）通过金融衍生产品锁定海外投资金融风险

面对宏观汇率波动带来的风险，海外投资企业还必须要利用合适的金融衍生工具来对冲和规避短、中、长期汇率风险。目前国际金融市场常用外汇远期交易来固定外汇成本来避免汇率的交易风险，利用外汇期权交易和外汇期货交易进行套期保值。我国对外投资企业在选择规避汇率风险工具时，可根据自身情况及汇率风险属性，结合外汇远期交易、外汇期货交易、外汇期权交易的特点进行合理选择，但同时也应当尽量避免选用较为复杂的汇率衍生产品，以免造成不必要的损失。要灵活运用货币互换工具。我国对外投资企业可以与国际金融机构或者境外企业达成现金流交换的协议。互换对企业的信誉以及资信要求较高，目前我国对外直接投资企业还较少应用这种方法进行外汇风险防范，但在西方货币市场及资本市场高度发达的国家，互换已发展为目前外汇市场中发展最快的一种衍生金融工具。在互换协议中，对外投资企业可以承诺在互换合同到期以前，在规定的期间内相互交换按照自身投资金额和投资回报计算出来的资金数量。货币互换是一项常用的债务保值工具，主要用来控制我国对外投资的中长期汇率风险，把以一种外汇计价的债务或资产转换为以另一种外汇计价的债务或资产，达到规避中长期投资汇率风险、降低成本的目的。

第四节 本章小结

综合理论探讨、实证检验的成果，本章针对课题的讨论，分别从政府层面和跨国公司层面提出海外投资金融风险防范和管控对策建议。其中政府层面，主要提出了加快人民币汇率形成机制改革、加强政策扶持以及进行金融支持的建议。跨国公司层面，分别从跨国公司海外投资前、投资中、投资后的不同投资生命周期，针对性提出各阶段防范和管控金融风险的对策建议。

第三篇

中国海外投资经营与管理风险防范与管控战略

第十八章

海外投资经营与管理风险的国内外研究现状述评

第一节 企业海外投资整合的相关研究

一、企业海外投资整合收益机制研究

第一条主线围绕着逆向技术溢出展开。早期研究多集中于逆向技术外溢效应,是指通过海外投资,投资方企业可以接近东道国的 R&D 资源,进而获得积极的由东道国向母国的技术外溢(Van Pottelsberghe de la & Potterie et al., 2001)。科格特(Kogut & Chang, 1991)指出对美国的对外直接投资行为是日本企业获取技术的重要方式。杰夫等(Jaffe et al., 1993)的研究进一步揭示,那些没有特定竞争优势的跨国公司可以通过在技术丰裕国家或地区投资,直接获取技术或间接吸纳技术溢出。第二条主线围绕着企业知识转移。研究认为企业掌握的知识决定了企业配置、开发与保护资源的能力,是企业竞争优势的根源。海外投资方从目标公司学习的过程提供了持续的知识吸收能力,同样创造了典型的路径依赖(Marianna, Michael & Peter, 2010)。高科技产业中对创新的需要经常激励公司通过的海外直接投资来扩展其资源和能力(King, Slotegraaf & Kesner,

2008)。现有的理论强调了海外投资中技术获取的动机和成果，但较缺乏对海外投资的途径机制和成功条件的研究。

二、企业海外投资整合实施的研究

第一条主线，围绕海外投资整合程度。要想从海外投资中获得规模经济和协同收益，必须考虑投资后双方资源更深程度的整合才能保证系统的协调性和资源的流动性，即通过结构性的整合来实现价值创造（Capron，1999；Datta，1991；Puranam et al.，2009）。第二条主线，围绕着海外投资整合速度。海外投资中，雇员会更倾向于保持原有的社会认同，因此资源不容易整合（van Knippenberg & van Leeuwen，2003），这需要长时间的投资双方互相协调、理解以及信任建立（Ranft & Lord，2002）。在这种情况下整合的速度过快很可能造成内部的冲突和不安定。奥利（Olie，1994）在案例研究中提出缓慢的整合恰当地将投资双方的冲突最小化。现有理论缺少对投资方行为系统性、科学性的考量，普适性还有待提高。因此，亟待进行理论框架梳理，完善归纳出具有可操作性的维度指标。

三、基于资源相似性与互补性的企业海外投资整合研究

第一条主线围绕相似性与互补性的理论研究。最初理论界认为海外投资双方的资源相似性是协同效应的基本来源，能够促进投资后的业绩发展（Robins & Wiersema，1995），可以保证投资双方分享组织形式、文化以及管理方式，会更有效率地将原有资源整合到投资后的新业务中（Palich et al.，2000）。而哈里森等（Harrison et al.，1991，2001）发现了互补性资源在海外投资中的重要作用。当增加一种资产的数量会带来另外一种资产的超额回报时，两种资产被视为互补的（Milgrom & Roberts，1995）。投资双方的资源互补性能为资源重新配置实现协同效应创造机会（Capron et al.，1998；Wang & Zajac，2007）。第二条主线是围绕相似性与互补性的投资数理模型研究。桑德（Sand，2009）研究了投入产出效率问题，揭示在投入严格互补或相似、生产者的努力程度是隐性的前提下如何实现技术效率最大化；Choi（2008）也在全新的博弈论框架下研究互补性市场中的投资决策问题；史密斯（Smith，2005）给出了互补性投资的动态模型。现有研究单一考虑相似性或互补性实现技术获取的途径机制，而对于相似性与互补性的交互作用关注较少，相应的数理模型也有待补充。

第二节 企业海外投资技术整合风险的相关研究

一、技术整合的概念

美国学者（Maero Iansiti, 1993）首次提出"技术整合"（technology integration）的概念，他认为技术整合是企业在新产品研发、制造工艺或服务的流程中，选择和提炼的技术方法，以及甄别是否选择、执行此策略效果的一种方法。Iansiti 特别强调，技术整合是公司内部的研发一体化过程，而非不同产品技术的简单融合；其目的是让技术方案与企业的实际情况相匹配。

其他学者也从不同角度对技术整合的内涵做出了界定。富莱克（Fleck, 1994）认为，技术整合是企业将各种技术结合起来，产生新的产品工艺和制造流程的过程。格雷·皮萨诺（Gary Pisano, 1994）认为，不同来源的技术整合会对产品创新绩效有不同的影响；罗杰斯（Rogers, 1996）则提出技术选择战略化和企业技术平台整合为特征的新一代研发理论模型；（Hardark, 1998）等学者研究了欧洲国家制造企业的 R&D 管理系统的并购整合，认为技术整合过程包含了技术、管理和文化三个层面。

近年来，国内也开始关注技术整合问题。魏江（2001）指出，企业并购后技术整合过程，应当以发展核心技术能力为导向，在战略上保证企业并购的成功；阎玖石教授（2003）提出了"面向批量生产的技术整合理论"，其将诸多门类知识（技术、管理等知识）和多门技术（产品设计、设备系统、材料技术、标准化技术、管理控制技术）等相关商业知识和技术能力有效地整合，从而形成有效的"产品制造方案、制造流程、管理方案和商业模式"，最终可以进行批量化产销的系统过程。傅家骥教授（2004）则认为，"技术整合"是综合运用相关知识，通过选择、提炼产品的设计和制造技术，将这些技术整合成为有效的制造流程、方法的系统化过程。张平（2004）指出，技术整合是企业在新产品和技术的研发过程中，根据项目要求和自身技术基础等资源条件，通过"系统集成"等方法选择适宜的新技术，并将新技术与企业现有技术有机融合在一起，从而推出新产品、新工艺的过程。

二、技术整合的过程研究

已有大量的学者研究了企业技术整合的过程。内斯里汉和耶尔德雷姆（Neslihan & Yildirim，1997）建立了识别、选择、获取与应用技术的流程模型。Hung 和 Tang（2003）指出，企业的技术能力（包括技术水平、创新能力和研发能力）是影响技术并购决策的最重要因素。同时，公司规模、先前经验和技术关联度也都在技术投资决策中起了一定的作用。克里斯特曼和布尔热瓦（Christman & Bourgeois，2002）利用基于资源的公司战略来解释被投资企业的估值和投资后整合的困难，他们认为投资在理论上是可行的，但实际中面临极大的整合困难。公司的资源包括技术能力、企业文化、公司组织、信息知识等，正是这些资源使得公司的管理层难以衡量目标公司的价值，同时也让整合变得困难。Cho & Yu （2004）则通过分析内部研发、研发联盟以及外部并购三种形式的技术获取路径，表明了技术并购选择的不同影响因素。

国内学者也有不少关注技术整合的研究。刘开勇（2004）提出"并购结对"概念，提出了技术并购成功性的评价准则，建立了"技术成熟度能级测度模型"和"成长力模糊综合评价模型"。江小明、冯艳飞（2005）提出，技术整合是新技术与现有技术的融合过程，可以划分为新技术的评估、选择、与现有技术融合、整合绩效评价四个阶段。他们认为其中的难点是对新技术的评估和选择，此项工作稍有不慎就"必然导致整合工作的失败"。于培友、奚俊芳（2007）认为，并购后技术整合的本质就是"技术知识"的转移，而该转移过程的关键是建立"知识转移的情境"，他们又从战略、组织、文化三个维度分析了如何建立知识转移情境。侯汉坡、刘峰（2007）提出，并购后技术能力整合工作的三个重点是：整合策略、整合步骤以及整合管理。

三、技术整合的作用机制研究

许多学者认为，海外并购若要达到"1 + 1 > 2"的效果就必须进行并购后的整合。哈斯佩拉和杰米森（Haspeslagh & Jemison，1997）认为，在公司战略、企业文化、人力资源、技术流程等方面的整合过程中，都必须关注"能力识别"、"能力保护"、"转移扩散"和"能力发展"这四项具有共性的根本性任务。并购后的整合过程是并购方获得收益的关键决定性因素，这一过程使得并购双方的战略资源和能力得以转移与利用。

格兰斯特兰德和博林（Granstrand & Bohlin，2004）指出，技术能力是与企业一起进化的，通过并购获取的外部技术是提高企业技术能力的重要手段，而并购后的技术整合相当重要。根据对日本、瑞典、美国三国89家企业的调研，他们认为技术并购的重要性在美国是公认的，在北欧国家和日本，正在逐渐上升。

斯韦尔德鲁普等（Suverkrup et al.，1994）认为，跨国公司对并购子公司的技术整合程度，应当随着子公司规模的扩大而加深。洛克巴赫等（Locke Bach et al.，2004）总结了前人研究成果，然后分别对大型企业和小型企业的并购案例进行了分析。他们认为，技术并购是高科技企业实现创新发展的重要途径，甚至创新并购比 IPO 更加有效。

并购企业通过技术整合，有效地获得目标企业的先进技术、产生技术协同效应，快速提高企业的研发能力和产品制造能力。成功的技术整合将直接导致企业技术能力的提高，从而提高企业的产品创新能力，推进实施大规模定制，以达到提高企业的市场竞争能力，最终提高企业效益的目的（江小明，2005）。

陈等（Chen C. H. et al.，2010）研究了投资后的部门间整合是如何影响新公司研发效率的。数据来自对中国及港台地区企业的调查问卷，采用了"验证性"因素分析和结构方程方法。结果表明，部门协同整合有助于提高产品研发效率，而部门间相互整合则效果并不显著；新公司的竞争优势与研发效率正相关。最后，提出了管理投资后整合的理论框架。

第三节　企业海外投资文化整合风险的相关研究

本研究中提出的海外投资文化整合模型，主要涉及三个核心要素：投资双方文化匹配、投资方对目标企业的文化整合及目标企业对投资方的文化认同，所以文献综述主要围绕以上三个方面展开。从现有研究看，学者们基本是用文化差异来代替文化匹配，所以本书在对投资双方的文化匹配进行文献综述时，主要从文化差异视角展开，在此基础上对海外投资文化整合风险评价的相关文献进行了综述。

一、文化差异与海外投资文化整合风险

战略、成本、收益以及相关的法律事务在很大程度上决定了投资活动的成败。但如果说投资企业间的文化差异问题是它们当中决定成败最为重要的单个因素绝不夸张。虽然文化整合具有十分重要的意义，却很难被预期、研究和量化。因此，帕帕扎基斯（Papadakis，2007）指出，最为常用的解释投资活动失败的理由是文化差异。

（一）国家文化差异与海外投资文化整合风险

国家文化可以被定义为一个国家的公民被灌输的他们应秉持的理念、应尽的

义务和应承担的责任，是他们的"一种集体意志"（Hofstede, 1980）。与组织文化乃至其他类型的文化相比，国家文化能在更深层面上被操控（Hofstede, 1980）。一般而言，在不少文献中，国境是用来对国家文化进行划分的简便工具（Bhagat & McQuaid, 1982）。这一框架在某种程度上较为理论化，不够严谨，因为在国境范围内还存在着少数民族文化和地区性文化等（Teerikangas & Very, 2006），将在后文中进行阐述。对于国家/民族文化的考量维度进行划分的最具代表性的模型之一来自于霍夫斯泰德（Geert Hofstede, 1983）从以下四个维度对文化进行了定义与衡量：权力差距、不确定性的规避、男性化/女性化取向以及个人主义/集体主义取向。霍夫斯泰德的结论具有大量实验性证据的支撑，是进行跨文化比较的具有典型性代表意义的分类。这一模型中的每一个维度都对变更中的企业的管理具有显著的意义。

霍夫斯泰德（1991）认为，不同文化因素在不同程度上，在投资活动中都具有各自的竞争优势，如表18-1所示。

表 18-1　　　　　　　　　　不同文化维度的竞争优势

程度 维度	小/弱	大/强
权利差距	个体责任感	纪律严明
个人主义	雇员之间的交流	管理的机动性
男性主义	个人服务、定制产品、农业、生物化学	大规模生产、效率、重工业、散装化学
不确定性的规避	基础性创新	严谨、细致

基于前文提到的权利差距、不确定性的规避等因素进行分析。国家文化差异会影响到投资整合中参与者的沟通程度。一些研究显示，国家文化对人们相互之间的交往起到了十分重要的影响。例如，霍夫斯泰德（2001）在以权利差距大为特征的文化中，对于沟通的中央集权管理是十分常见的，而权利差距小的文化往往是非集权化的。这些不同之处都可能导致显著的沟通风格上的不同，以及沟通效果的差异。因此，国家文化差异使得劳动力难以团结，互动，分享不同的观点，最终导致沟通不畅。即使不存在，或通过培训克服了语言不通的障碍，企业员工往往也更乐于和拥有相似文化背景的其他员工进行沟通，而不是那些与之文化差异较大的员工（Lane, Greenberg & Berdrow, 2004）。因此，国家文化差异通过对沟通的负面影响，消极作用于海外投资的绩效。

奥利（Olie, 1990）是早期就国家文化对投资活动的影响这一问题进行研究的学者之一，他在海外投资的角度对文化与整合问题进行了研究。他认为，国家间差异文化的影响将导致组织成员的民族主义偏见。民族主义可能由于历史仇恨、偏见、纯粹主义以及宗教原因造成（Mazzolini，1974）。在对于企业海外投资的研究中，可以基于其民族背景，了解投资企业运行状况（Angwin 2001，Calori et al.，1994；Lubatkin et al.，1998）。同时，国家文化差异与国内投资及其整合阶段表现的差强人意息息相关。国家文化差异与投资整合绩效关系比一般所认为的要更加微妙和复杂（Teerikangas & Very，2006）。

（二）组织文化差异与海外投资文化整合风险

迈尔斯和马丁（Meyerso & Martin，1987）在他们的整合模型中提到了组织文化这一概念。他们认为文化受到了企业组织的控制，并因此在整合过程中具有广泛性和相容性的特征。基于这一观点，文化能够在企业组织内推进整合（因此在若干个组织合作时，对于相异的文化需要进行调解），并且或许能够通过可预期的操控来增益整合。Meyerson & Martin（1987）对组织文化进行定义的第二种方法更加复杂，包括了同一个企业组织下不同利益集团的相异文化。在这一视角上，文化有可能阻碍整合的进程（同时也会阻碍合作的发展）。

基于上述基础性前提，这一思想派别有了进一步的发展。其中被应用最频繁的概念来自于沙因（Schein，e.g. 1985），他指出组织文化可以被看做是某种共享的基本性假设，是企业组织在进行适应性调整和整合时从解决问题的过程中不断积累和学习到的（或者如 Ouchi & Johnson（1978）所说："我们在应付这些问题时所用的方法"）。这些基本假设是有效的，并且能够教会组织中的新成员如何去正确的理解、思考、探索和行动。这一思想得到了广泛的赞同，即组织文化是多层次的，有核心元素以及环绕在核心元素外层的、较易受到影响的其他元素（Schein，1985；Hofstede，1991）。

组织文化整合所包含的部分要素通常包括如表 18-2 所示的几点：

表 18-2　　　　　　　　　组织文化整合相关要素

组织要素	具体内容	相关学者
行政管理支持	企业资料库的建立、专家系统的应用、系统开发项目、企业资源计划的系统性整合、撤离计划、组织整合的领导、组织整合中创新的应用	Jarvenpaa & Ives，1991；Wixon & Watson，2001；Yoon et al.，1995；Leitheiser & Wetherbe，1986；Soliman et al.，2001；Mahaney & Lederer，1999；Brown, et al.，2003；Datta，1991；Robbins & Stylianou，1999；Stylianou, et al.，1996

续表

组织要素	具体内容	相关学者
投资计划本身的质量	投资项目风险管理	Haspeslagh & Jeminson, 1991; Wallace & Keil, 2004; Massimilian, 2001; Robbins & Tylianou, 1999; Larsson et al., 2001
投资活动中企业文化的沟通和相互影响程度	增进企业间了解、商业结盟、协作开发	Mohtashami et al., 2006; Reich & Benbasat, 2000; Lind & Zmud, 1991; Stylianou et al., 1996
组织文化整合在投资整合过程中发挥的效用	商业结盟、企业信息的整合、企业信息在组织整合中使用程度	Reich & Benbasat, 2000; Lederer & Burky, 1988; Grover et al., 1993; Stylianou et al., 1996

二、文化认同与海外投资文化整合风险

组织认同被定义为"从属于一个组织或者和组织是一个完整体的一种感知"（Mael & Ashforth, 1992）。社会归类和自我强化是理解组织认同的核心。社会归类指的是人们如何明确他们是属于不同的群体，而自我强化指出个体需要对源自于自己所属的群体的自我维持一种积极的感觉（Terry, 2003）。海外投资文化整合代表着两个群体的一种对抗，这种直接的对抗可能对目标企业和投资企业的认同提出挑战，质疑投资之前两个企业的价值认同的属性。这种遭遇战可能会导致派别的偏差、偏见和墨守成规（Tajfel & Turner, 1985）。

海外投资拓宽和转变了组织的边界，对目标企业被投资之前的文化认同经常代表的是一种威胁。认同威胁和价值创造之间存在负相关关系（Brown & Starkey, 2000; Nag, Corley & Gioia, 2007）。员工通过他们现存的组织认同的持续性来保持自尊，因此他们不愿意为新组织贡献力量。有关认同和海外投资结果之间关系的研究指出：对新的整合之后的组织产生认同将带来高的员工满意度和业绩（Terry, 2003; Ullrich, Wieseke & Van Dick, 2005）。

研究者已经研究了认同如何形成海外投资时的反应（Hogg & Terry, 2000）、海外投资发生之后认同持续性感知的影响（Ullrich et al., 2005），以及海外投资后整合持续任务活动的角色（Van Dick et al., 2004）。从社会认同视角来说，对投资企业的认同减少了单元之间的竞争性，增加了忠诚度，从而和海外投资后的结果呈现积极的关系。但是，如果目标企业的员工维持他们在投资之前的一种认同，派系间的偏见、敌意和抵制将会降低海外投资后的结果（Graves, 1981）。

当投资企业被看成是正统的、有吸引力的,并且有更高的地位,代表着一种继续正在进行的任务的一种机会,员工将会更愿意对投资企业产生认同,改变将会比较大,整合的过程将会比较成功(Hogg & Terry, 2000; Van Dick et al., 2004)。因此,现有的文献都非常赞同对投资企业的认同将会积极影响并购的绩效,主要原因是这种认同减少了冲突和对海外投资企业的敌意。

阿什福思和梅尔(Ashforth & Mael, 1989)认为,"组织认同感是个体对于集体的归属感,这一认同感在于他或她是否认为自己属于组织中的一份子。"由于以下几个原因,组织认同感是十分重要的:首先,它能够激励雇员更努力地为企业目标而奋斗(Bartels et al., 2006);其次,雇员更愿意留在企业中(Scott et al., 1996)。也就是说,如果投资后雇员愿意成为新企业中的一员,就说明他们对新企业也有组织认同感(Van Dick et al., 2004)。

而根据柏格和卢克曼(Berger & Luckmann, 1967)的理论,可以将组织认同定义为存在于集体利益和理解之中的、相对主流的组织特征。某些主流的、有特色的一致性确实客观存在于企业组织当中。

在投资后的整合过程中,每个雇员都需要经历新的规范准则制定并遵循的过程,这一过程将雇员和企业组织紧密相连,并影响雇员的组织文化认同。在新规范准则制定并遵循的过程中,通常面临雇员"我们在组织中处于何种位置"一类问题。这就要求企业管理者建立企业的组织认同感。而当组织认同度不足时,投资后文化整合则面临风险。

三、文化整合与海外投资文化整合风险

对海外投资差异文化进行整合的研究在美国发展于20世纪70年代末期,其基石是国际管理和比较管理理论(Harris & Moran, 1993)。霍夫斯泰德对国家和组织文化所进行的实证研究促进了管理科学在差异文化管理领域的发展(Hofstede, 1980; Hofstede & Hofstede, 2005)。差异文化管理研究的焦点集中在组织行为和人力资源方面(Adler, 2002; Usunier, 1998)。差异文化管理试图评估文化(企业文化和国家文化)对管理者的认知、解释和行为的影响。文化可以被定义为和一个有着特殊价值观的群体相关的一套系统的价值(Geertz, 1973)和定位,它们将通过不同的行为表现出来,这个系统将通过社会化的过程进行学习。

罗伊斯和拉莫特(Reus & Lamont, 2009)指出,削减应急开支的一个有效手段就是更为看重整合能力的作用。基钦(Kitching, 1967)也把重点放在了投资整合过程上,认为"变动中的管理者"是投资活动成功的关键。投资活动被认为主要是组织的转变,这需要进行精心有效的管控。从更一般的意义上说,这一

研究认为整合能力需要在投资过程中适当的发挥，以确保潜在的协同效用发挥作用。这一投资过程的研究聚焦在若干种整合能力上，其中效用最为显著的一点为企业的跨文化学习。(e. g., Haspeslagh & Jemison, 1991; Jemison & Sitkin, 1986)。

正如社会化存在于特定的背景，国家文化反映了一个社会的价值观、思想和行为，即使在全球化的进程中，依然将起着根本性的作用。在管理领域，文化系统赋予个人认知能力和特殊的方法，以帮助这些成员解决问题（Barmeyer, 2004）。因此，来自不同国家的合作者，当它们面临相同的问题时，也许将采取不同的解决方法（Fenwick, Edwards & Buckley, 2003）。差异文化管理领域所进行的研究，倾向于将研究的重点放在来自于不同文化系统下的管理者之间的相互作用。这些研究所关注的核心问题是文化差异所带来的"危机事故"（Barmeyer, 2000）。这些危机事件通常产生于交流和合作的情况之下，此时，管理者的行为和预期发生分歧，于是就带来了文化冲突（Batchelder, 1993）。

文化差异管理与整合在海外投资中起着重要的作用，因为在海外投资中，来自不同国家的合作者必须处于同一个环境之下一起工作。尽管不同文化体系之间的差异会导致冲突和误解，但这种差异往往被低估。海外投资总的来说其实是有着不同文化类型的人之间的整合，是人创造、遵循和改变了企业的规则和结构，以保证企业生存、运行和获利。是他们的观点、战略、思想和决定转变成行为（Chanlat, 1990），从而决定了企业成功或失败。

在长达数十年的时间，与海外投资文化整合相关的学术研究将研究的重点放在企业趋同和分歧的问题上，因为这个问题在很大程度上决定着企业之间如何联系的战略（Adler, 2002）。基于趋同假说的战略主张不同文化体系之间的和谐相处。组织和管理者之间的差异并不重要，他们将通过一种"共同文化"来接近彼此，从而发现一种"折中方式"，使得新成立的企业能够正确的运行。相反，基于分歧框架之上的战略考虑特有文化的多元性和稳定性。基于这一观点，即使我们正在经历越来越深入的国际化，文化的多元性依然会存在下去。从而，对不同文化进行管理是必需的。

企业管理人员认为管理与整合文化的能力相对于管理财务或者战略要素来说，对于海外投资的成功有着更加重要的作用，但是他们也承认他们经常在文化管理中，忽视了其重要性（Cartwright & Cooper, 1996）。马克斯和瓦斯特恩基斯特（Marks & Vansteenkiste, 2008）给人力资源专家的建议就是他们需要积极主动地将文化提上日程。处理这方面事情的能力实质上取决于在一起海外投资中，居于主导地位的组织或者一起兼并中双方企业看待人力资源运行功能的方式（Marks & Vansteenkiste, 2008）。一些组织，特别是对于那些有着过去的兼并经验的组织来说，他们在企业合并计划开始的最早时期，就会给人力资源进行好职责定位。其他的一些组织则让人力资源辅助企业合并计划的实施。同时也有一些组织会限制人力资源的参与，只会让他们执行两个人力资源的功能，处理员工的任命和解雇。

实际上，海外投资中的文化管理与整合是一个迭代的过程。合并中途进行修正在海外投资中是很正常的事情，其目的就是为了达到财务和战略目的（Marks & Mirvis，2010）。随着整合计划的向前推进，有可能的情况是市场、竞争力、规则和（或）技术条件将会发生改变。还有可能存在的情况是尽职调查并不是那么的尽心尽责。因此海外投资文化整合更像是一个行程，而不是一个终点——可能存在合理的原因改变设计好的终点，或者是因为战略原因，或者是因为文化的原因，通过调整以适应变化的商务环境。但无论如何，投资企业对目标企业文化进行管理与整合，会直接影响海外投资的成败。

四、海外投资文化整合风险评价综述

（一）协同效应

在进行有关文化要素的整合之后，文化协同效应的表达也开始展现某些相似之处。整合的系统性评估（Grote et al.，2006；Heyse，Erpenbeck，2004）意味着对整合效果的计算，其中文化的协同效应表达是重要的评估计算因素之一。

文化协同效应是多样性管理战略的一种（Adler，2002）。另外的两种战略——隔离和民族优越感都忽略或者弱化了文化的多样性，而文化的协同效应则将文化多样性视作一种企业竞争要素，在协同效应中，知识、价值和经验等都得到了共享（Soderberg，Holden，2002）。

文化协同效应是应对投资后整合中文化多样性影响的途径之一，在协同性过程中，企业经理人立足于但不限于单一企业的文化模式，对企业的政策、战略、组织结构、行为实践等各个方面进行管控（Adler，2002）。从文化的视角看，组织协同性能够创造出管理的新模式以及优化企业组织结构，从而跨越不同企业间的文化沟壑，并消除雇员的疏离。这一方式能够识别海外投资组织中的差异性和相似性，而并不是忽视文化多样性。它将文化多样性视为影响企业的重要因素之一。从协同性角度上来说，文化差异有的时候反而更能成为促进学习型企业组织投资的动因（Kristina Kersiene，2009）。

协同性组织中的管理者有时会用文化多样性来应对相关问题（Harris，2004）。文化协同作用的增强能够消除文化差异带给组织的不良影响，并尊重合作企业的文化特质。这一通过协同效应解决问题的过程是一个系统性的过程，它使得在全球企业环境中的企业高管、经理人和企业雇员就好像在一个具有多元文化性的国内环境中一样。企业谋求国际竞争力、积极进行文化学习并提升企业组织的跨文化适应性等都能够加强企业组织的协同效应——这也是全球市场经济的需求（Asta Savanevicien，2009）。

（二）知识共享与知识转移

知识共享是在企业内部或企业之间创造共有知识资源的过程，将组织中有人已经掌握的知识通过直接或者间接的途径进行共享。已有很多研究和文献中提到知识共享面临的困难（von Hippel，1994；Szulanski，1996），其中较为典型的有两类：

其一是个体知识的隐性性质（Kogut & Zander，1992；Nonaka & Takeuchi，1995；Teece，1998），有学者就如何将隐性的知识有效转化为显性知识进行了研究（Szulanski，1996；Zack，1999）。有关这方面的研究强调知识本身是一直存在的，只是等待像其他实物资源一样被发掘、收集、整理、利用。这方面的研究推动了显性知识的共享以及知识储备。汉森等（Hansen et al.，1999）将这一方法称为知识编码。

知识共享面临的第二大困难在于知识环境。知识难以被共享往往是由于它们已渗透在企业运作的各个部门和层面（Orr，1990；Brown & Duguid，1991；Bol& & Tenkasi，1995；Wenger，1998）。可以通过建立鼓励搜集知识的"实践小组"来促进知识的共享。这里，个体对于企业组织的认同感成为知识共享的重要条件。汉森等（Hansen et al.，1999）将这一方法称为个性化方法。

早期的研究认为在应对知识共享所面临的困难上，知识编码和个性化方法只能二中取一（Hansen et al.，1999）。事实上，两种方式的并存是可能的。例如，伯金肖和希恩（Birkinshaw & Sheehan，2002）就认为在知识成熟的情况下，企业应同时采取上述两种方式开展知识共享。研究知识的动态性的尼森（Nissen，2006）也提出了相类似的观点。大部分早期研究往往将知识共享置于普通的企业运行环境中。然而，企业环境的大幅度变化——如开展投资活动——则很有可能造成知识共享的中断。即使是成熟的知识，在投资后新的企业环境中也难以被共享（Birkinshaw et al.，2000）。此外，知识共享还发生在不同的系统、企业组织、人员安排和整合进程中（Garud & Kumaraswamy，2005；Nissen，2006）。

知识转移仅仅发生在做好了共享和交流知识的企业之间（Gupta & Govindarajan，2000；Szulanski，1996）。有研究表明，社会文化因素是跨国企业之间资源的共享和转移的重要指示器（Schulz，2003；Szulanski，1996；Tsai & Ghoshal，

1998)。在投资活动中，整合对于知识转移的作用是十分显著的。一方面，知识转移需要由整合所带来的企业内部的凝聚力和信任感（Bresman et al., 1999; Haspeslagh & Jemison, 1991）。就如布雷森等（Bresman et al., 1999）在其有关国际投资过程中知识转移的研究里指出，"只有当企业觉得他们与合作企业之间存在认同感或是相互隶属的时候，它们才会愿意进行知识的共享与互换"。另一方面，误解、矛盾冲突，以及组织策略等因素也可能对知识转移造成负面影响（Empson, 2001; Vaara, 2003）。

第四节 企业海外投资财务风险的相关研究

一、海外投资财务风险测度研究

在投资财务风险的表现方面，主要有资本结构的偏离、业绩水平的波动、流动性风险和丧失投资机会，而在具体衡量方面，则依赖于各项会计指标。换言之，企业财务风险，其实就是财务成果的风险和财务状况的风险。即通过判断企业财务绩效的变化，判断企业的财务风险水平。这里引出会计指标法。会计指标法是通过研究特殊事件（如海外并购）发生前后有关会计指标的变化，来判定该事件对企业财务水平的影响情况。这一方法又被称作财务指标法、会计研究法。

学术界对会计指标法存在两类争论，第一类争论是关于用或不用，第二类争论是关于如何更好地用。

（一）会计指标法的用与不用

一批学者认为会计指标法并非一种严谨的统计技术，方法本身也存在缺陷。第一，会计指标作为一种历史信息，反映的是企业的过往水平，无法反映出对企业未来发展的预期；第二，很难设定对照组；第三，多数公开的会计指标都相当综合，这意味着很难分辨单个较小规模事件的影响（Montgomery C. A. & V. A. Wilson, 1986）。而提倡使用会计指标法的学者则认为，作为一种长期研究方法，会计指标法承认投资对企业财务水平的影响需要若干年体现。在数据搜集上，财务数据易取得；在资料理解上，财务数据更直观（张金鑫、张秋生等，2007）。并且，一批学者通过在会计指标法中引入新方法，如奥尔特曼（Altman E. I., 1968, 2000）多元判别分析（Multiple discriminant analysis, MDA）；平奇斯、明戈和卡罗瑟斯（Pinches G. E., K. A. Mingo & J. K. Caruthers, 1973）因子分析（Factor Analysis, FA）的引入，有效改良了指标体系，拓宽了会计指标法的运用领域。

（二）会计指标法的用法改良

在运用会计指标法进行企业财务风险研究的学者中，存在使用单一指标还是多元指标的争论，其中单一指标法多出现在早期研究中。

在认为运用单一指标法足以的学者中，以比弗（Beaver W. H., 1967）为代表。比弗选择了在过往文献中出现最为频繁的30个会计指标，并逐一检验这些指标对于企业财务风险的预测效果，最后认为现金流量指标，尤其是现金负债比率具有最佳检验效果。

但以比弗为代表的学者的研究存在两个问题。首先，最佳指标的得出是依赖于企业样本的选取；其次，一项指标的变差不足以成为企业整体财务风险升高的凭据。

针对这一问题，奥尔特曼（1968）在制造业上市企业财务风险研究中引入多元判别分析，通过将多项会计指标作为自变量整合进一个多元判别函数（见式18-1），进而得出总判别分（Z值）。通过将总判别分划分进破产区间、灰色区间和非破产区间，达到判别企业财务风险水平的目的。

$$Z = 1.2X_1 + 1.4X_2 + 3.3X_3 + 0.6X_4 + 1.0X_5 \qquad (18-1)$$

X_1、X_2、X_3和X_5分别为营运资本、留存盈余、息税前利润和销售收入除以总资产，X_4为股价市值除以总负债。这五项会计指标涵盖了企业的短期和长期偿债能力、盈利能力和营运能力。奥尔特曼（2000）将该方法延伸至非上市及非制造型企业。

奥尔特曼的研究有效解决了单一指标研究不够全面的缺陷。但这一方法本身在会计指标的选取上存在主观性。由于在同一模型同时涵盖多项会计指标时，变量之间的相关性会造成多重共线性等问题，因而运用这一方法需在传递大量信息的前提下，审慎选择较少的变量。而若简单因为存在多重共线性则将变量舍去，又会导致半独立比率信息遗漏。

平奇斯、明戈和卡罗瑟斯（1973）引入了因子分析法，对会计指标体系进行进一步改良。因子分析法体现的是一种"降维"的思想，即通过将相关性高的变量聚在一起，通过分析公共因子，减少变量数目及降低分析问题的复杂性。通过研究221家企业的48项会计指标，平奇斯等人通过观察因子载荷将48项单一指标归于投资回报率、资本密集度、存货密集度、财务杠杆、应收款密集度、短期流动性和现金水平7项公共因子。此后，有学者通过推导综合得分函数得到综合得分,因子分析法得到了更为广泛的运用。

因子分析法对指标体系的改良体现在:企业会计指标(原有变量)众多且彼此间存在相关性,但众多的会计指标体现出企业的几个方面,诸如企业盈利能力、偿债能力、营运能力、现金流量能力等。这些"能力"作为不可观测的潜在变量(公共因子)被众多可以量化的具体会计指标所描述,而因子分析法的贡献在于提取出少数的公共因子,在保证各公共因子彼此间不相关的前提下,包含原有变量提供的大部分信息。

近年来,中国学者(冯根福、吴林江,2001;李梅,2010)分别将因子分析运用于国内投资与海外投资的企业财务风险评估。

冯根福、吴林江(2001)针对我国上市企业的国内投资,运用因子分析法对 4 个原有指标:总资产周转率、总资产净利润率、每股收益、净资产收益率提取公因子,构建综合得分函数(见式 18-2)。其中 F_i 是第 i 家企业财务水平的综合得分,A_{ij} 是第 i 家企业第 j 个因子的方差贡献率,Y_{ij} 是第 i 家企业第 j 个因子的得分。

$$F_i = A_{i1}Y_{i1} + A_{i2}Y_{i2} + A_{i3}Y_{i3} + A_{i4}Y_{i4} \qquad (18-2)$$

这是国内学者间较早使用因子分析法的代表。但这里的因子分析法并未体现其"降维"的效果,且再次提取的公共因子也没有进行命名解释。

李梅(2010)针对我国上市企业 2000~2007 年的海外并购投资,对 14 项会计指标运用因子分析法提取 5 项公共因子进行分析。研究表明,并购企业的盈利能力有所下降,短期综合财务水平未能得到改善,投资后 2~3 年的水平有所提升但不明显。但这篇研究在会计指标的选取上不够严谨,例如,衡量企业偿债能力的指标中包含了资产负债率、流动比率和速动比率。然而提取公共因子构建综合得分函数需要指标间具有一致性,而企业资产负债率的降低是其长期偿债能力提升的表现,流动比率和速动比率增加是短期偿债能力提升的表现。故存在同一类型指标同向变动但含义不同的问题。

二、海外投资财务风险影响因素和风险管理研究

国内外学者普遍从海外投资进展阶段出发展开分析,其中包括事前尽职调查(Due diligence)、交易(Negotiation)和整合(Integration),探讨其中可能诱发财务风险的因素。也有学者认为这一视角是出于将海外投资视作一种动态学习过程(Dynamin learining process)(Shimizu et al.,2004)。国内学者的阶段划分与之类似。

尽职调查阶段旨在为母国投资方获取与东道国目标方价值与风险有关的充分信息。安格温(Angwin,2001)指出这一阶段的调查重点落在目标方财务状况、

资产估值和东道国征税情况,并可为母国投资方提供借款担保、交易顾问和管理团队。就成效而言,阿哈迈德和格莱斯特(Ahammad & Glaister, 2013)使用英国企业的跨国并购案例研究指出,母国投资方对东道国目标方所掌握的信息越多,并购后财务绩效越佳;对目标方雇员和营运能力的尽职调查越详尽,并购方财务绩效越佳。这类的实证结果与组织学习理论相呼应,即表明海外投资中尽职调查的详尽程度有助于降低母国投资方的估值风险,从而有助于降低投资方的财务风险。轻视这一环节,将产生的财务风险诱因包括低估并购成本(温巧夫、李敏强,2006)、评估风险(赵保国、李卫卫,2008),而这将为投资方日后的融资安排和支付方式埋下隐患。

交易阶段旨在推进海外投资的顺利进展。这一阶段事项繁杂,金等(King et al., 2004)研究指出这一阶段的许多细节可以在很大程度上解释并购方并购后的财务绩效,支付方式为其中之一。支付方式主要包括现金和股权。其原理在于理性投资方经理人总会选择会给投资方带来收益最大化的支付方式(Travlos, 1987)。通常来说,股价高估时投资方会采用股权支付,目标方股价低估时投资方会采用现金支付,且现金支付通常是一种投资方管理层认为投资后绩效卓越的信号(King et al., 2004)。同时,支付方式的不同将带来并购后会计方法适用性的差异。权益集合法常用于股权支付,购买法常用于现金支付。当下我国企业海外投资惯于使用的全现金支付方式,将并购融资限制到获现能力较高的银行贷款和自有资金上,为企业带来流动性风险(赵保国、李卫卫,2008)。

整合阶段对并购尤其是跨国并购的成功通常是至关重要的。并购整合阶段资金链断裂是中国企业海外并购的主要财务风险因素之一(温巧夫、李敏强,2006)。由于整合风险是投资方所有整合结果的集中体现,考虑本课题在其他章节将详细探讨整合对企业绩效的影响,本章不再赘述。在海外投资财务风险影响因素方面,温巧夫、李敏强(2006)对中国企业2000~2005年的海外并购投资研究后指出,低估并购成本、融资失利、汇率与利率波动,以及并购整合阶段资金链断裂是中国企业海外并购的主要财务风险因素。赵保国、李卫卫(2008)通过大样本海外并购案例分析,指出评估风险、支付风险是中国企业海外并购最主要的财务风险,其中评估风险为日后的融资安排和支付方式埋下隐患,而全现金的支付方式将并购融资限制到获现能力较高的银行贷款和自有资金上,为企业带来流动性风险。李梅(2009)将海外并购投资财务风险影响因素分为并购的特点、宏观经济环境、收购企业行业性质、收购企业特点和目标国特点5大类。其中并购的特点包含并购的相关程度、目标企业的相对规模、支付方式、竞购企业数量四方面;宏观经济环境包括税率因素、汇率因素两方面;收购企业的特点包括并购动机、管理者绩效、公司治理结构、先前的国际化经历和并购经历四方面；东道国的特点则包含东道国公司控制权市场的竞争性、东道国资本市场的融合程度、东道国与并购方所在国之间的民族文化差异三方面。但这些影响因素受到样本限制，并未进行实证检验。

在具体的实证研究上，阳华（2011）通过将并购企业第二年总资产报酬率作为解释变量，通过多元线性回归分析，认为并购方国际经验、并购规模与被解释变量显著相关。顾露露、里德（R. Reed，2011）运用 Fix-to-fix 控制组的方法对并购中长期绩效的决定性因素进行多元回归分析认为国有企业的并购绩效差于民营企业，中国企业海外上市企业的绩效优于内地上市企业。

在企业海外并购财务风险管理的研究上，现有的文献多集中于评估阶段和交易阶段的财务风险管理。评估阶段，并购企业要多维度深入评估海外并购目标的真实价值（温巧夫、李敏强，2006）；避免海外并购中的激进情绪，建立长期的目标企业价值评估体系（赵保国、李卫卫，2008）；做好尽职调查，以实现对目标企业和资源的真实掌握（Peng W. M.，2006；王会恒、高伟，2007）。交易阶段，支付方式应符合国际惯例，如股票、资产、现金和品牌相结合的方式，也需要考虑到企业自身情况，如自有资金水平、未来现金流量等；融资结构则应将自有资金和借入资金保持适当比例，将短期资金和长期资金合理搭配，并充分考虑融资成本与可行性。

第五节 动态演化仿真的相关研究

仿真（Simulation），即使用项目模型将特定于某一具体层次的不确定性转化为它们对目标的影响，该影响是在项目仿真项目整体的层次上表示的。项目仿真利用计算机模型和某一具体层次的风险估计。仿真模拟以系统理论、随机过程与统计学理论等理论为基础，借助计算机软件平台，对研究对象进行动态试验来研究其变化规律等特征。

系统仿真的主要过程是，对所研究系统的主要因素进行抽象、模拟，建立仿真模型。仿真与传统方法的区别是：仿真能够对研究对象设置偏好、主动性行为，模拟不同情况下主体的不同选择并得到最终的演化结果。

20世纪90年代，美国圣塔菲研究所（Santafe Institute）为复杂系统的建模专门设计出了软件平台 Swarm。此后，很多大学和研究机构纷纷开发这类系统平台，编写了很多系统仿真软件，目前比较活跃的有 Swarm、Netlogo、Starlogo 等。现在的仿真平台实现了面向用户、面向对象程序代码的结合，并且融合了仿真数据收集、导出等功能，编程难度也在逐渐下降，使得仿真软件的应用越来越广泛。

国内外已经有一些借助仿真试验探讨经济学现象的研究。周庆等（2004）采用系统演化仿真的思想，建立主体的动态竞争模型，模拟零售商之间的竞争与演化过程。应尚军、魏一鸣等（2006）借助元胞自动机，对股票市场投资者和股票价格波动建立动力学模型。陈彦坤（2009）也是基于元胞自动机系统，对个体违约影响整个市场的演化过程进行了仿真。

Li 等（2010）首先基于复杂适应性系统和适合度景观理论，利用系统仿真模拟了 CASN 的演化机制。仿真展示了演化结果的复杂性，包括突现、准平衡、紊乱和锁定；其次对 ZT 公司开展了供应网络的演化案例研究，以验证仿真的有效性，并更好地理解现实世界中 CASN；最后，文章提出了 CASN 演化的影响因素和理论机理。

永安等（Z. Yongan，2010）依据复杂适应系统理论，建立了"环境—行为"模型，并运用仿真和实证相结合的方法对集群创新网络的演化过程进行了模拟研究。结果表明创新主体为了适应环境变化不断调整自身行为规则从而导致了集群创新网络的涌现，同时，集群创新网络的演化过程具有小世界、集聚等复杂性特征。中关村海淀园创新网络的案例研究，表明仿真结果与实际网络基本吻合，验证了该模型和仿真结果的有效性。

第十九章

基于资源相似性与互补性的企业海外投资总体整合风险的理论研究与演化仿真

第一节 海外投资总体整合风险的数理模型

一、模型基本框架

我们基于克鲁格曼（Krugman，1991）提出的分析框架，首先构建一个垄断竞争的两国模型，海外投资整合总体风险的刻画提供基础。假设存在 H、F 两个国家，国家的资源要素包括人口与资本。其中假设本国 H 和外国 F 的人口数依次为 $L_H = L_F = L$。本国 H 的资本禀赋 K_H 为占两国家全部资本总量 K 的份额为 θ；外国 F 的资本禀赋 K_F 占资本总量 K 的份额为 $1-\theta$。无论在本国还是外国，城市居民拥有一单位的劳动力和一单位资本，每个农村居民拥有 1 单位劳动力但不拥有资本。两国之间的贸易成本采用冰山成本（Iceberg cost）形式，即 1 单位的物品从本国 H 运输到外国 F，剩下 τ 单位物品，其中 $0<\tau<1$，代表着两国间的贸易成本。

（一）消费者行为

假设本国和外国所有消费者（城市居民和农村居民）拥有相同的偏好，消费者的效用函数的具体形式如下：

$$U_\xi = C_{M,\xi}^\mu C_{A,\xi}^{1-\mu}, \ 0 < \mu < 1, \ \xi \in \{H, F\} \quad (19-1)$$

其中，ξ 用以区别本国和外国的这一国家类别，H 代表本国，F 代表外国。$C_{A,\xi}$ 代表国家 ξ 的消费者对农产品的全部消费量，$C_{M,\xi}$ 代表国家 ξ 的消费者对复合工业品的消费量，μ 代表消费者的工业品支出份额。其中复合工业品的消费包含着差异化的多种工业品，采用 CES（常替代弹性）函数形式定义，即：

$$C_{M,\xi} = \left\{ \int_0^N [c_\xi(i)]^{\frac{\sigma-1}{\sigma}} di \right\}^{\frac{\sigma}{\sigma-1}}, \ \sigma > 1 \quad (19-2)$$

其中，$c_\xi(i)$ 代表国家 ξ 的消费者对差异化工业品 i 的消费量，N 为差异化工业品的种类数，$\sigma > 1$ 为任意两种差异化工业品之间的替代弹性。

（二）生产技术刻画

本国 H 和外国 F 的工业品和农产品生产技术假设完全相同。工业生产使用规模报酬递增（IRS）的生产技术，其中需要一部分资本作为固定成本投入，一部分劳动力作为变动成本投入来开展生产。假设不同种类的工业品生产企业具有相同的规模报酬递增的生产技术，工业品市场是垄断竞争的。代表性工业品 i 的生产技术可以刻画为：

$$TC(i) = fr + \beta W x(i) \quad (19-3)$$

即对工业生产来说，生产差异化工业品 i 的总成本包括固定成本 f（机器设备、厂房资本投入），r 为资本的利率；以及与生产量 $x(i)$ 相关的变动成本，其中 β 为生产一个工业品 i 的所需要的劳动力数量，代表了技术效率即生产者资源的先进程度，生产一单位工业品所需边际劳动力数量越少，则代表生产技术越先进，而 W 代表劳动力的名义工资率。

农业生产则依靠规模报酬不变（CRS）的生产技术，只需要劳动力的投入。由于农业生产使用规模报酬不变的生产技术，不妨设 1 单位劳动力投入可以生产 1 单位农产品；规模报酬不变的生产技术使农产品无差异化，其市场是完全竞争的，从而将均衡的农产品价格 P_A^* 和名义工资率 W^* 都标准化为 1。

$$TR = TC \Rightarrow P_A^* = W^* = 1 \quad (19-4)$$

（三）均衡解

考虑作为本国 H 的代表性工业品生产企业 i 的利润 π_H 为：

$$\pi_H(i) = [p_H(i) - \beta W] x_H(i) - fr_H \quad (19-5)$$

其中 $p_H(i)$ 为本国 H 差异化工业品 i 的价格水平。根据 CES 效用函数的性质,需求 $x_H(i)$ 是 $p_H(i)^{-\sigma}$ 的正比例函数,根据式(19-5)的一阶条件,为了简化同时适当取 $\beta=(\sigma-1)/\sigma$,由企业利润最大化条件可知均衡价格 $p^*(i)$:

$$p_H^*(i) = \frac{\sigma}{\sigma-1}\beta W^* = 1 \qquad (19-6)$$

由于工业品市场属于垄断竞争市场,所以是服从自由进出假设的,故代表性工业品 i 的利润为零,结合式(19-5)即

$$fr_H = [p_H(i) - \beta W]x_H(i) \qquad (19-7)$$

又根据式(19-6) $p_H(i)=1$,$\beta=(\sigma-1)/\sigma$,代入式(19-7):

$$x_H(i) = \frac{fr_H}{[p_H(i)-\beta W]} = \frac{fr_H}{(1-\beta)} = \sigma fr_H \qquad (19-8)$$

对于本国 H 的厂商来说,

$$r_H = \frac{1}{\sigma f}x_H(i) = \frac{1}{\sigma f}\left(\frac{\mu Y_H}{P_H}\frac{p_H(i)^{-\sigma}}{P_H^{-\sigma}} + \frac{\mu Y_F}{P_F}\frac{p_F(i)^{-\sigma}}{P_F^{-\sigma}}\right) \qquad (19-9)$$

其中 Y_H 和 Y_F 分别代表本国和外国的总收入(即国内生产总值);P_H 为本国 H 的工业品商品的复合价格指数,由下式决定:

$$P_H = \left\{\int_0^{n_H}[p_H(i)]^{1-\sigma}di + \int_0^{n_F}[p_F(i)]^{1-\sigma}di\right\}^{\frac{1}{1-\sigma}} \qquad (19-10)$$

由于存在贸易成本,$p_F(i)=\tau p_H(i)$。将式(19-6)、式(19-10)代入式(19-9)得:

$$r_H = \frac{\mu}{\sigma f}\left(\frac{Y_H}{n_H + \Phi n_F} + \frac{\Phi Y_F}{n_H + \Phi n_F}\right), \quad \Phi = \tau^{1-\sigma} \qquad (19-11)$$

其中 n_H 和 n_F 分别为本国 H 和外国 F 生产的工业品数量。同理可得:

$$r_F = \frac{\mu}{\sigma f}\left(\frac{\Phi Y_H}{n_H + \Phi n_F} + \frac{Y_F}{n_H + \Phi n_F}\right), \quad \Phi = \tau^{1-\sigma} \qquad (19-12)$$

根据假设,两国之间人口是不流动的,而资本是可以流动的。因此,达到均衡的时候,本国 H 和外国 F 之间的均衡利率应该满足:

$$r_H^* = r_F^* = r^* \qquad (19-13)$$

结合式(19-11)、式(19-12)和式(19-13)可解均衡时两国间的资本比例:

$$\theta^* = \frac{n_H}{n_H + n_F} = \frac{1}{1-\Phi}\frac{Y_H - \Phi Y_F}{Y_H + Y_F} \qquad (19-14)$$

二、海外投资总体整合风险的生成

纵观现有研究成果,学者多是将联系性单独理解为资源相似性或者互补性,考察其与海外投资整合风险的关系,或者将非相似性混淆为互补性(Kim &

Finkelstein，2009）。模型理论观点建立的基础在于：海外投资整合风险中的协同收益和摩擦成本是内生于投资双方的资源相似性和资源互补性的。而现有研究在资源相似性与互补性视角下考察海外投资的整合程度时，要么以相似性为主考虑，要么以互补性为主考虑。因此，针对发展中国家开展的海外投资，考察不同资源相似性与互补性组合情况下的整合程度，并由此推导出相应的总体整合风险研究框架，是对现有理论的重大补充。

（一）资源相似性与互补性的刻画

海外投资的过程中，投资方获得目标公司有价值的资源，这些相似性或者互补性的资源能够改进投资方公司的技术效率，降低投资方公司的边际成本，从而对投资方来说获得了异质性，从而相比其他工业品生产厂商，能够有机会取得一定的超额利润。下面，我们通过模型来刻画这一过程。假设其中第 i 个厂商进行了海外投资，该海外投资中目标公司资源的相似性与互补性特征用 S 和 C 表示，其中目标公司相似性资源总量为 S（大于 1 的常数），互补性资源总量为 C（大于 1 的常数）。

1. 资源互补性

根据经济学上的定义，当增加一种资产的数量会带来另外一种资产的超额回报时，两种资产被视为互补的（Milgrom & Roberts，1995）。在这些文献基础上，我们将海外投资双方的资源互补性定义为当投资双方公司拥有不同的资源（能力以及战略），这些资源会潜在地组合或者重新配置来创造投资前单个公司所不能获得的价值。这个定义强调了资源组合带来的潜在价值创造过程，清楚地解释了只有高效率地抓住互补性带来潜在的协同效应，公司才能获得额外的投资收益（Tanriverdi & Venkatraman，2005）。总的来说，资源互补性是海外投资中潜在协同效应的重要来源，能够改善提升投资方企业的生产函数，从而促进技术效率提升：

$$TC(i) = fr + \frac{\varphi \beta}{c} Wx(i), \quad 1 < c \leq C \qquad (19-15)$$

其中 c 为经过整合可以实际利用的互补性资源，刻画了互补性资源对技术的潜在改进。而外生给定参数 φ 为企业的整合吸收成本，该参数刻画了企业海外投资后整合吸收能力。φ 越小，企业海外投资后整合吸收能力越强。

根据垄断竞争市场的特征，单一厂商的技术水平的异质性不会影响市场的价格指数，因此投资方利用互补性资源带来的技术效率提升从而节约了成本，可以享受一定的超额利润。

因此，对于海外投资的企业来说，超额利润为：

$$\pi_a(i) = \left[\beta W - \frac{\varphi}{c}\beta W\right]x(i) \quad (19-16)$$

结合式（19-4）、式（19-8）和式（19-16）可得：

$$\pi_a(i) = \frac{c-\varphi}{c}\sigma fr \cdot \beta W = \frac{c-\varphi}{c}(\sigma-1)fr \quad (19-17)$$

2. 资源相似性

资源相似性的定义是：类似的组织形式、文化、知识和产品等资源。投资公司之间资源的相似性是战略匹配的基本来源，能够促进投资的业绩发展（Robins & Wiersema, 1995）。资源相似性可以降低整合摩擦成本，为海外投资中协同效应的产生提供了可能性。这些思想流派的主要观点是：在资源相似程度高的公司分享类似的组织形式、文化以及管理方式，这会使得投资的双方更有效率地将原有资源整合到投资后的新业务中，从而减小整合中的摩擦，提高整合成功率。由于海外投资中的互补性资源，我们在模型中对工业品厂商引入了异质性。根据梅利茨（Melitz, 2003）对异质性企业的讨论思路，假设的海外投资面临一定的风险，其整合失败率为 F。根据前文的理论分析，资源相似性能够最大程度减小海外投资的摩擦成本，提高海外投资的成功率，而互补性资源的整合除了带来技术的效率改进，还会带来较高的整合摩擦成本，从而提高整合的失败率。

$$F = \frac{cr}{s}A, \quad 1 < s \leq S \quad (19-18)$$

其中，$A > 0$ 为常数，保证 F 小于 1。s 为经过整合可以实际利用的相似性资源，r 为资本的利率。r 为资本的利率，反映了海外投资方的资金成本，r 越大，整合失败率也就越高。

（二）单一企业海外投资的最优整合程度

企业在海外投资初始阶段（$T=0$ 时）整合成功后，会考虑将整合无限拓展到未来的每一期生产，保证每期生产都享受整合带来的超额利润，直至出现整合失败。因此，海外投资的期望收益为：

$$\pi(i) = \sum_{T=0}^{\infty}\frac{c-\varphi}{c}(\sigma-1)fr(1-F)^T = \frac{(c-\varphi)s(\sigma-1)f}{c^2 A} \quad (19-19)$$

对 c 求导：

$$\frac{\partial \pi(i)}{\partial c} = \frac{fs}{A}(\sigma-1)\left[\frac{c^2-2c(c-\varphi)}{c^4}\right] = (\sigma-1)\left(\underbrace{\frac{2\varphi}{c^3}\frac{fs}{A}}_{\text{协同效应}} - \underbrace{\frac{1}{c^2}\frac{fs}{A}}_{\text{摩擦效应}}\right) \quad (19-20)$$

由式（19-20）可知，当整合的资源互补性较低时，即 $c < 2\varphi$ 时，互补性资源带来的协同效应占主导，要大于其带来的摩擦效应，此时随着整合的资源互补

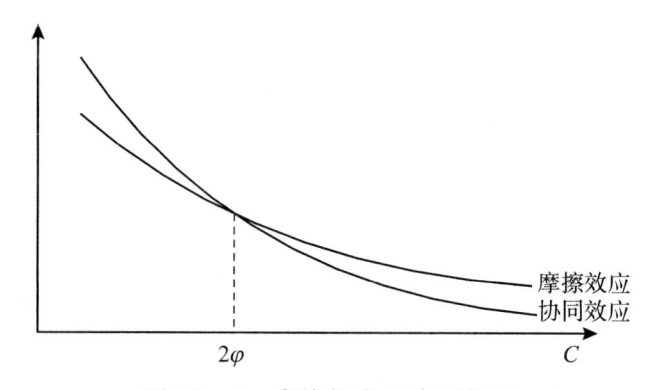

图 19 - 1　摩擦效应与协同效应

性增加，企业可以获得更多的期望收益。但当整合的资源互补性提高到一定程度后，即 $c > 2\varphi$ 时，互补性资源带来的摩擦效应占主导，要大于其带来的协同效应，此时随着整合的资源互补性增加，企业获得的期望收益将减少。

当 $c = 2\varphi$ 时，二阶导数为：

$$\frac{\partial \pi(i)}{\partial^2 c}\bigg|_{c=2\varphi} = (\sigma-1)\left[-\frac{6\varphi}{c^4} + \frac{2(2\varphi)}{c^4}\right] = -(\sigma-1)\frac{2\varphi}{c^4} < 0 \quad (19-21)$$

因此判断企业选择 $c = 2\varphi$ 时，获得最大的期望收益，c 的取值变化与海外投资的期望收益 π 之间的关系如图 19 - 2 所示：

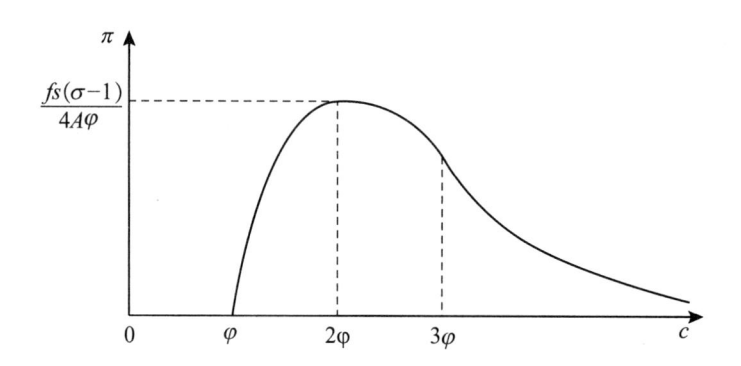

图 19 - 2　互补性资源整合程度与整合收益关系

在海外投资不同互补性初始状态下，考虑投资方企业对互补性资源的最优整合 c^*：

$$\begin{cases} c^* = C, & \varphi < C \leqslant 2\varphi \text{ 时} \\ c^* = 2\varphi, & C > 2\varphi \text{ 时} \end{cases} \quad (19-22)$$

由此，不考虑资源相似性情况下，海外投资中投资方的整合程度随资源互补性的上升而下降。

而对 s 求偏导，得：

$$\frac{\partial \pi(i)}{\partial s} = (\sigma - 1)\frac{f}{A}\frac{c-\varphi}{c^2} > 0 \qquad (19-23)$$

因此，对于相似性资源总是选择完全整合，即 $s^* = S$。

由此，不考虑资源互补性情况下，海外投资中，投资方的整合程度随资源相似性的上升而上升。

综合相似性资源与互补性资源的最优整合策略，可以计算出企业的最优整合程度 I^*：

$$I^* = \frac{c^* + s^*}{C + S} = \begin{cases} 1, & \varphi < C \leq 2\varphi \text{ 时} \\ \dfrac{2\varphi + S}{C + S}, & C > 2\varphi \text{ 时} \end{cases} \qquad (19-24)$$

根据式（19-24），我们可得，当企业吸收能力较差时（$\varphi > C/2$），企业通过吸收很难提高自身技术水平，从而选择完全整合；当企业吸收能力较强时（$\varphi < C/2$），资源相似性越强，企业选择的整合程度会越高；资源互补性越强，企业选择的整合程度会越低。

（三）资源相似性与互补性不同组合下的投资整合程度

如果在海外投资中，投资双方资源的相似性与互补性同时存在，则企业最优的整合程度会如何变化？这需要分（1）相似性强/互补性弱；（2）相似性弱/互补性强；（3）相似性强/互补性强三种情况对相似性与互补性资源的交互作用进行讨论。根据式（19-17），绘制下图，其中图 19-3 显示了不同资源相似性（$S_1 < S_2 < S_3$）对资源互补性与整合程度关系的调节作用，图 19-4 显示了不同资源互补性（$\varphi < C_1 < 2\varphi < C_2 < C_3$）对资源相似性与整合程度关系的调节作用。

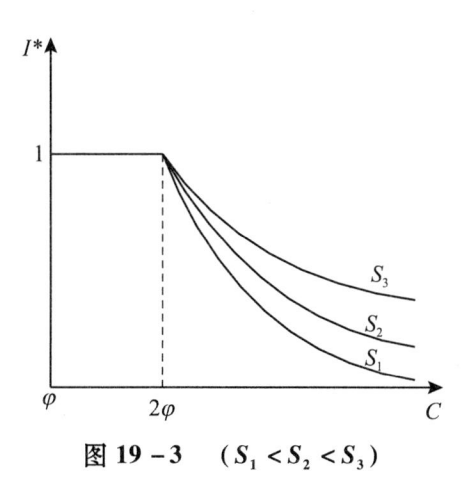

图 19-3　（$S_1 < S_2 < S_3$）

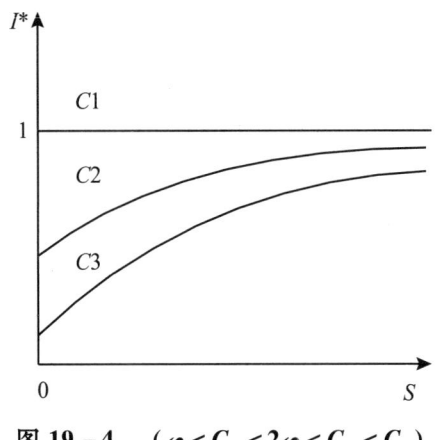

图 19 - 4 　($\varphi < C_1 < 2\varphi < C_2 < C_3$)

1. 相似性强/互补性弱

从图 19 - 3 中看出，在海外投资双方资源互补性较弱时（$\varphi < C < 2\varphi$），互补性对海外投资最终收益的协同效应要大于摩擦效应，此时整合程度较高。相似性对互补性与整合程度的上述关系有正向的促进作用。从图 19 - 4 中可以看出在相似性较强的情况下，投资方的最优整合程度较高，此时互补性越弱（$C_2 \to C_1$），越能提高整合程度，反之互补性越强（$C_2 \to C_3$），会让投资方考虑适当降低整合程度。

结论 1：资源相似性强/互补性弱的情况下，投资方的最优整合程度较高。

2. 相似性弱/互补性强

从图 19 - 3 中看出，在海外投资双方资源互补性较强时（$C > 2\varphi$），互补性对海外投资最终收益的摩擦效应要大于协同效应，因此整合程度随互补性的不断提高而降低。相似性对互补性与整合程度的上述关系有负向调节作用，在互补性程度保持较强水平不变的情况下，相似性越弱（$S_2 \to S_1$），对海外投资方公司面临投资整合摩擦效应的抑制作用就越弱，整合程度就会越低；反之，相似性越强（$S_2 \to S_3$），则对投资整合的摩擦效应的抑制作用也就越强，整合程度会相应提高。从图 19 - 4 中也可以看出，在相似性较弱的情况下，互补性的强弱对整合程度的影响作用较大。

结论 2：资源相似性弱/互补性强的情况下，投资方的最优整合程度较低。

3. 相似性强/互补性强

这种情况下企业最终选择的整合程度很难通过资源相似性和资源互补性的单一变化观察出与其他两种情况的整合程度横向比较情况。因此，根据公式（19 - 24），我们绘制了考虑资源相似性和资源互补性同时变化下整合程度的三维图。从图 19 - 5 中看出，在海外投资双方资源相似性强的情况下，最优整合程度会较高，而考虑到双方资源互补性也较强，为避免过强互补性配合过高的整合程度加大摩擦效应从而损害投资整合收益，投资方会适当减少投资后的整合程度。

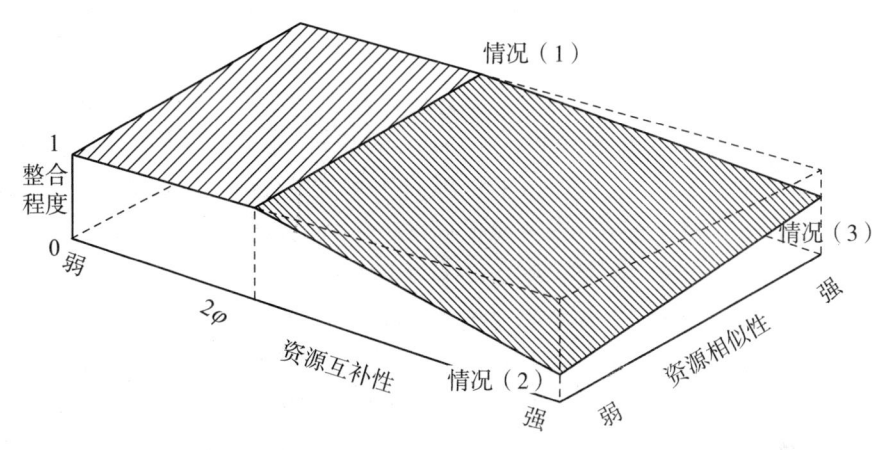

图 19-5　资源相似性与互补性对投资整合程度的交互作用

结论 3：资源相似性强/互补强的情况下，投资方会选择适度的整合程度，介于情况（1）与情况（2）之间。

三、模型结论

通过文献回顾，总结出学者对海外投资中整合的理论分歧包括：一方面研究关注海外投资中整合所带来的协同效应，从而肯定发展中国家通过海外投资方式获取国外先进技术的理论途径；另一方面研究关注技术获取性海外投资中整合所带来的摩擦效应，更多强调发展中国家参与海外投资中整合失败可能导致的投资失败。本模型以资源相似性与互补性的研究视角进行切入，提出海外投资中整合的协同效应和摩擦效应是内生于投资双方资源相似性与互补性的。

基于克鲁格曼（1991）提出的分析框架，我们构建了一个垄断竞争的两国模型。在标准模型的基础上，刻画了发展中国家的代表性企业海外投资中资源相似性与资源互补性的作用机制。通过企业选择最优整合程度对利润最大化的求解，我们推导出了由资源相似性和资源互补性内生出的海外投资整合的协同效应和摩擦效应，进而得出了不同资源相似性和互补性组合下的最优整合程度。研究结果的突出贡献在于：

首先，前人的研究多集中于针对资源相似性和互补性对海外投资整合程度影响的理论分析，本章开创性地选用垄断竞争框架下的两国模型，验证了前人研究的理论机理。一方面,资源相似性为主的海外投资中,需要高程度整合。大量的研究表明海外投资双方的相似性为投资方通过高程度整合带来收益提供了可能性(Puranam et al.,2006;Zollo & Singh,2004)。整合相似资源带来的特殊收益,也就是规模经济或者范围经济,是通过消除冗余的活动或者在投资后企业间分享和传递相似资源所获得的(Ansoff,1965,Capron,1999)。当投资双方行业相似性为主时,高程度的整合是可行的,因为投资方管理层对被投资方的运营管理是熟悉的(Cohen & Levinthal,1990;Penrose,1959),并且投资方管理层拥有足够的知识来完成投资并运营。另一方面,(Zaheer et al.,2011)提出,由于整合成本的较高,资源互补性为主的海外投资整合程度应适当低于资源相似性为主的情况。资源互补性是一种差异性,是可以被利用产生相互促进的差异。巨大的差异性会影响经营管理的对接,而且企业无法通过资源替代来削减重复资源,会大大提高投资过程中的成本。通过垄断竞争框架下的两国模型,我们对上述理论探讨中的资源相似性与互补性进行了刻画,得出的结论与理论分析一致。海外投资双方资源相似性越强,企业最优的整合程度会越高;资源互补性越强,企业最优的整合程度会越低。

其次,模型研究了不同的资源相似性与资源互补性的强弱组合情况的交互作用。这方面的研究很少,金和芬克尔斯坦(Kim & Finkelstein,2009)提出过,投资整合的业绩应该是资源相似性与资源互补性共同的函数。查希尔(Zaheer et al.,2011)也强调了在海外投资整合中同时考虑资源相似性和互补性的重要性。我们建立的模型考虑了资源相似性与互补性的交互作用。其中,在资源相似性强/互补性弱的情况下,投资方的最优整合程度较高;资源相似性弱/互补性强的情况下,投资方的最优整合程度较低;资源相似性强/互补性强的情况下,投资方应选择适度的整合程度。

模型的不足和未来研究方向包括:首先,模型的刻画还有进一步提高的空间,动态分析在今后的研究中应该引入,同时企业吸收能力应该假设服从某个随机分布,从而区分企业的异质性,这些在模型中缺少刻画。其次,除了理论模型的推导,需要寻找代表性的发展中国家的相应数据开展实证研究,从而对理论模型加以验证和完善。

第二节 海外投资总体整合风险的演化仿真

对中国企业海外投资整合的动态研究,也应该从资源相似、互补性的角度入手,考虑多个企业同时开展并购整合活动的整体动态行为,其中应特别强调关于中国企业海外投资最优整合程度的动态研究。本节在第一节已有数理模型的思路之上,将海外并购按照资源联系性的类型划分为三类:相似性强、互补性弱;相似性弱、互补性强;相似性强、互补性强这三类,同时将整合程度与上述类型的匹配纳入研究框架。为了更好地掌握中国企业海外并购整合收益随整合程度变化的动态演化规律,本节采用多主体仿真的方法来验证理论部分提出的命题,对理论假设进行了仿真实验层面的支持和动态层面的拓展。

一、仿真模型构建

仿真模型的特殊之处在于,通过设定每个仿真主体代表的是单一企业的并购整合行为,将微观层面的主体定义为企业,一方面可以补充理论机理中对单一企业行为的分析,另一方面可以通过企业微观层面的整合程度变化观察海外并购的总体收益。在本仿真实验中,选择一个由 33×33 网格组成的球面世界来模拟某海外并购的整合网络,将共计 1 089 个网格主体,设定其中 n(n<1 089)个主体为目标方公司(以下简称目标方主体)随机分布在网格上,并随机产生 m(m<1 089)个活动主体代表并购方公司(以下简称并购方主体)。考虑到在海外并购中,并购方都会寻找技术水平高于自身的目标公司作为并购对象,为研究不同相似性和互补性组合下,并购方对目标方公司的整合程度与最终海外并购收益的关系,将网络中并购方的初始收益设定为 0,以便比较和参照。

为了刻画单一公司整合微观情况,将 1 089 个并购方主体划分为两种颜色,其中 n 个绿色网格主体代表目标方公司,黑色网格主体代表网格中的空间。在此基础上,规定并购方主体和目标方主体相遇后,会根据一定的整合规则,在一定的成功率下产生技术进步,从而提升海外并购后的整合总体收益。

公式中 S 为相似性资源的相互作用,C 为互补性资源的相互作用。在我们研究中,套用其在互补的情况下 $F_c(a, b) = a + b$,并将其改编为成本缩减的表达方式,即 $VC(a, b) = a/(a + b)$。总的来说,资源互补性是海外并购中潜在协同效应的重要来源,能够改善提升并购方企业的生产函数,从而促进技术效率提升:

$$TC(i) = fr + \frac{\varphi\beta}{c}Wx(i), \quad 1 < c \leq C \qquad (19-25)$$

其中 c 为经过整合可以实际利用的互补性资源,刻画了互补性资源对技术的潜在改进。而外生给定参数 φ 为企业的整合吸收成本,该参数刻画了企业海外并购后整合吸收能力。φ 越小,企业海外并购后整合吸收能力越强。

根据垄断竞争市场的特征,单一厂商的技术水平的异质性不会影响市场的价格指数,因此并购方利用互补性资源带来的技术效率提升从而节约了成本,可以享受一定的超额利润。

因此,对于海外并购的企业来说,超额利润为:

$$\pi_a(i) = \left[\beta W - \frac{\varphi}{c}\beta W\right]x(i) \tag{19-26}$$

结合理论机理部分推导可得:

$$\pi_a(i) = \frac{c-\varphi}{c}\sigma fr \cdot \beta W = \frac{c-\varphi}{c}(\sigma-1)fr \tag{19-27}$$

综上,仿真实验将主要分析海外并购不同相似性和互补性的组合下,整合程度对海外并购整合总体收益的动态影响过程。本章为模拟海外并购资源整合阶段的动态过程,设定每一个时序内,目标方主体保持静止不动,初始生成的 m 个并购方主体会随机旋转 0 到 360 度之间的某个角度,然后前进一个步长(这里一个步长即一个正方形网格的边长),并购方主体每个时序内都会与其所在的网格(即目标方主体)以一定的概率发生成功的整合。根据经典的企业异质性刻画思路(Melitz,2003),假设海外并购面临一定的风险,其整合失败率为 F。根据前文的理论分析,资源相似性能够最大程度减小海外并购的摩擦成本,提高海外并购的成功率,而互补性资源的整合除了带来技术的效率改进,还会带来较高的整合摩擦成本,从而提高整合的失败率。

$$F = \frac{cr}{s}A, \quad 1 < s \leq S \tag{19-28}$$

其中,$A > 0$ 为常数,保证 F 小于 1。s 为经过整合可以实际利用的相似性资源,r 为资本的利率。r 为资本的利率,反映了海外并购方的资金成本,r 越大,整合失败率也就越高。

由于主体行为规则和模型初始参数设置等原因,仿真研究要做到只进行一次实验就达到合理预期是非常困难,需要在原始仿真模型的基础上不断修正主体行为规则和初始参数值,直至模型建立成功。本书呈现的相关参数设定,是在经过多次试错以后,最终选取的较能体现总体实验结果的其中一种。

表 19-1　　　　　　　　仿真实验参数设置

检验目标	相似性与互补性	整合程度	仿真编号	待观察变量
结论 1	相似性强:S = 7 互补性弱:C = 3	低度整合:s = 3	仿真 1	整合总体收益:E_G 整合边际收益:ME_G
		中度整合:s = 5	仿真 2	
		高度整合:s = 7	仿真 3	

续表

检验目标	相似性与互补性	整合程度	仿真编号	待观察变量
结论 2	相似性弱：S = 3 互补性强：C = 7	低度整合：c = 3	仿真 4	整合总体收益：E_G 整合边际收益：ME_G
		中度整合：c = 5	仿真 5	
		高度整合：c = 7	仿真 6	
结论 3	相似性强：S = 7 互补性强：C = 7	低度整合：c = 3	仿真 7	
		中度整合：c = 5	仿真 8	
		高度整合：c = 7	仿真 9	

本书采用整合后并购方资源总效率值 E_G、边际效率增加值 ME_G 来反映互补性并购的整合风险。通过相关参数、图表分析，可获知海外并购整合动态过程中的重要信息，其中：

$$E_G^t = \sum_1^m E_l^t; \qquad (19-29)$$

$$ME_G^t = \sum_1^m (E_l^t - E_l^{t-1})/m \qquad (19-30)$$

二、不同相似性、互补性组合下整合收益随整合程度变化的仿真

（一）相似性强、互补性弱的海外并购整合收益

为了验证结论 1 是否成立，即验证在相似性强、互补性弱的情况下，海外并购的协同收益是否随整合程度同向变化，我们分别取了低度整合（s = 3），中度整合（s = 5）和高度整合（s = 7）三种情况，其他参数无变化，取步长为 50，对应为仿真 1、仿真 2 和仿真 3。在经过观察并购后整合带来技术提升的整合总体收益 E_G 如图 19 - 6 所示。

图 19 - 6 中可以看出，在相似性强、互补性弱的情况下，并购方选择不同的整合程度对海外后整合的协同收益的影响很大。根据模型设置，经过步长为 50 的并购整合仿真后，低度整合的协同收益大约稳定保持于 130 左右，中度整合的协同收益大约稳定保持于 160 左右，而高度整合的协同收益大约稳定保持于 170 左右。且由图中可以看出，高程度的整合在并购整合初期带来的技术提升的协同收益也更高。因此，可以判断，在相似性强、互补性弱的海外并购中，并购方选

取的整合程度越高，并购后技术提升带来的协同收益就越大。

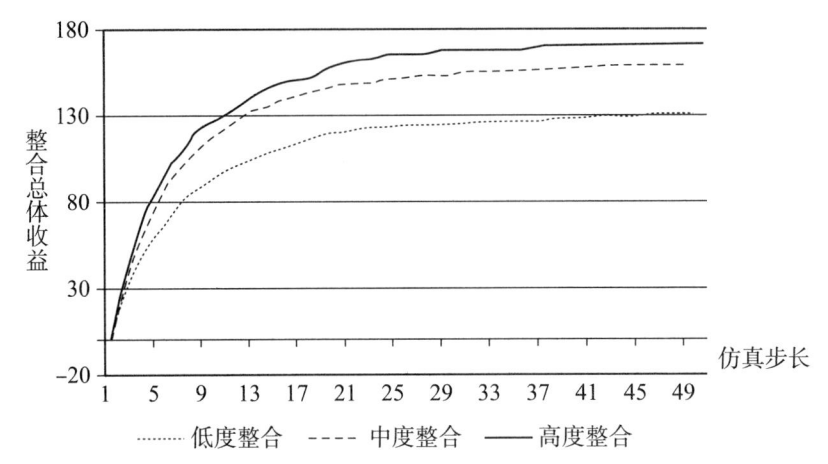

图 19 - 6　相似性强、互补性弱情况下整合总体收益仿真结果

为更好地观察不同整合程度的情况下，相似性强、互补性弱的海外并购方资源整合过程中的协同收益变化趋势，取各协同收益在步长为 50 的最大值，统计出每次并购整合后的技术提升带来的协同收益的增加值，即并购方整合边际收益 ME_G，如图 19 - 7 所示：

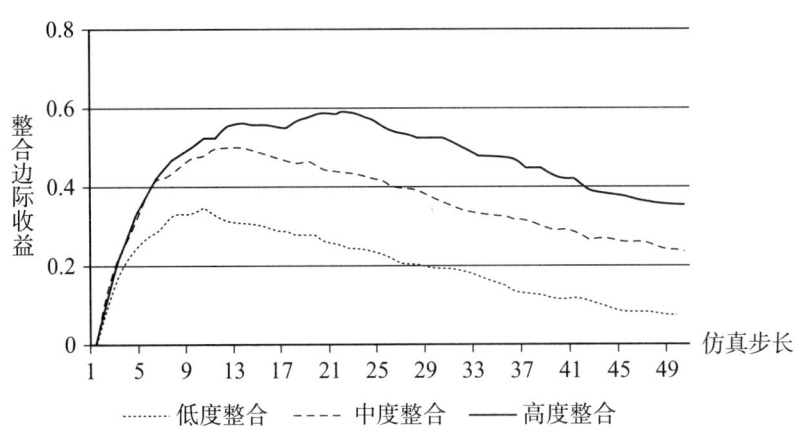

图 19 - 7　相似性强、互补性弱情况下整合边际收益仿真结果

除此之外，我们从图 19 - 7 中发现，整合的边际收益随仿真步长的增加呈现出先增大后减小的倒 "U" 形趋势。从动态的视角出发，对这种趋势的合理解释在于，整合初期，并购双方之间存在着一定磨合和适应，必然出现边际收益由小增大的一个过程，即可以理解为并购后的整合过程中，并购双方首先经历了一个慢热的磨合期。而随着整合的不断深入，并购方对目标方整合和资源挖掘的不断深入，边际收益达到一定峰值，在此之后，又呈现出边际收益随仿真补偿下降的趋势。我们发现，整合程度越深，其边际收益的最大值出现得越晚。在高度整合的情况下，边际收益的峰值接近 0.6，出现在仿真步长为 23 的时候；在中度整合的情况下，边际收益的峰值接近 0.5，出现在仿真步长为 15 的时候；在低度整合的情况下，边际收益的峰值接近 0.35，出现在仿真步长为 10 的时候。这也进一步说明，整合程度越高，海外并购的边际整合收益的峰值越高，且持续上升势头的过程越久，因此，获得的总体收益也越高。同时，也能说明深度整合的协同收益需要相对长的时间才能充分发挥其能效。

综上，仿真实验表明，在相似性强、互补性弱的海外并购中，并购的协同收益随着整合程度的提高而增加，从而验证了结论1。

（二）相似性弱、互补性强的海外并购整合收益

为了验证结论2是否成立，即验证在相似性弱、互补性强的情况下，海外并购的协同收益是否随整合程度反向变化，我们分别取了低度整合（c=3），中度整合（c=5）和高度整合（c=7）三种情况，其他参数无变化，同样取步长为50，对应为仿真4、仿真5和仿真6。在经过观察并购后并购方总体收益 E_G 如图19-8所示：

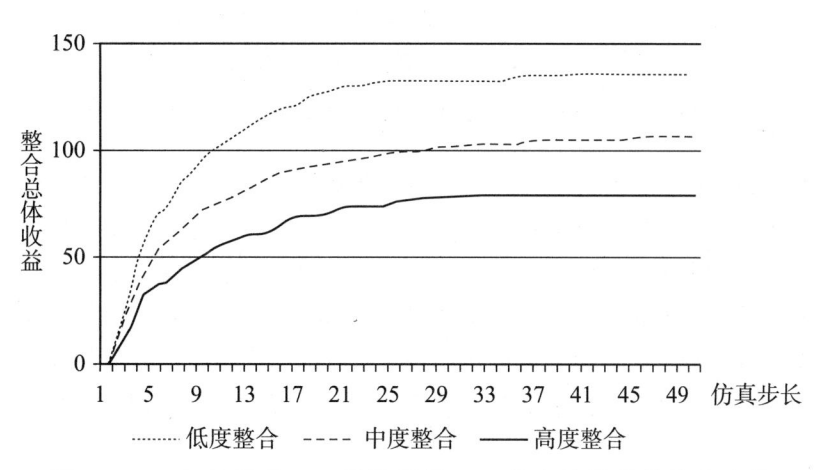

图19-8 相似性弱、互补性强情况下整合总体收益仿真变化

图19-8中可以看出，在相似性弱、互补性强的情况下，并购方选择不同的整合程度对海外并购后整合的协同收益的影响很大，这种影响程度甚至超过了相似性强、互补性弱的情况，即在该情况下，整合程度的选取对于并购后的协同收益更为重要。根据模型设置，经过步长为50的并购整合仿真后，低度整合的协同收益大约稳定保持于135左右，中度整合的协同收益大约稳定保持在108左

右，而高度整合的协同收益大约稳定保持于80左右。且由图中可以看出，高程度的整合在并购整合初期带来的技术提升的协同收益反而最低；低度整合获得的协同收益最高。因此，可以初步判断，在相似性弱、互补性强的海外并购中，并购方选取的整合程度越低，并购后技术提升带来的协同收益就越大。

为更好地观察不同整合程度的情况下，相似性弱、互补性强的海外并购方资源整合过程中的协同收益变化趋势，取各协同收益在步长为50的最大值，统计出每次并购整合后的技术提升带来的协同收益的增加值，即并购方整合边际收益ME_G，如图19-9所示：

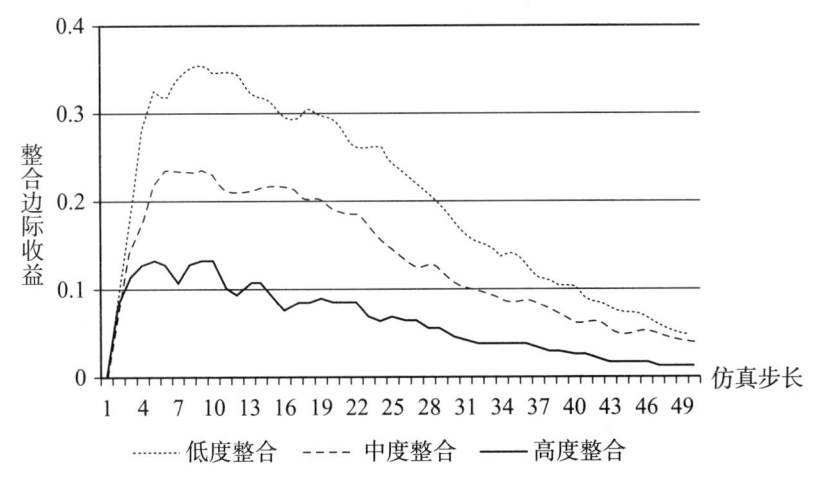

图19-9 相似性弱、互补性强情况下边际收益仿真变化

我们从图19-9中发现，整合的边际收益随仿真步长的增加同样呈现出先增大后减小的倒"U"形趋势。我们发现，在高度整合的情况下，边际收益的峰值接近0.13；在中度整合的情况下，边际收益的峰值接近0.24；在低度整合的情况下，边际收益的峰值接近0.36，均出现在仿真步长为10的时候。这也进一步说明，整合程度越低，海外并购的边际整合收益的峰值越高，因此，获得的总体收益也越高。在相似性弱、互补性强的海外并购中，边际收益的峰值均出现较早。

综上，仿真实验表明，在相似弱、互补性强的海外并购中，并购的协同收益随着整合程度的提高而减少，从而验证了结论2。

（三）相似性强、互补性强的海外并购整合收益

在相似性强、互补性弱或者相似性弱、互补性强的情况，我们发现整合程度对海外并购整合后技术提升带来的协同收益的作用截然相反。在这种情况下，深

入研究相似性强、互补性也强的海外并购中，整合程度对最终协同收益的影响就显得尤为关键，这同样也是对现有理论结论的一个重要完善。多主体仿真方法可以对此给出直观的仿真实验结果，对理论给出支持。

为了验证结论 3 是否成立，即验证在相似性强、互补性强的情况下，海外并购的协同收益是如何随整合程度变化而变化的，我们分别取了低度整合（c=3）、中度整合（c=5）和高度整合（c=7）三种情况，其他参数无变化，同样取步长为 50，对应为仿真 7、仿真 8 和仿真 9。在经过观察并购后并购方总体收益 E_G 如下图 19-10。

图 19-10 中可以看出，在相似性强、互补性也强的情况下，并购方选择不同的整合程度对海外并购后整合的协同收益的影响呈现出与前两种情况不同的趋势，即在该情况下，整合程度的选取对于并购后的协同收益的影响为非线性变化的。根据模型设置，经过步长为 50 的并购整合仿真后，低度整合的协同收益大约稳定保持于 170 左右，中度整合的协同收益大约稳定保持在 195 左右，而高度整合的协同收益大约稳定保持于 180 左右。且由图中可以看出，低程度的整合在并购整合初期带来的技术提升的协同收益最低；而高度整合获得的协同收益并非最高，反而中度整合带来的总体收益最高。因此，可以初步判断，在相似性弱、互补性强的海外并购中，并购后技术提升带来的协同收益随着整合程度的上升，先增加后减少。

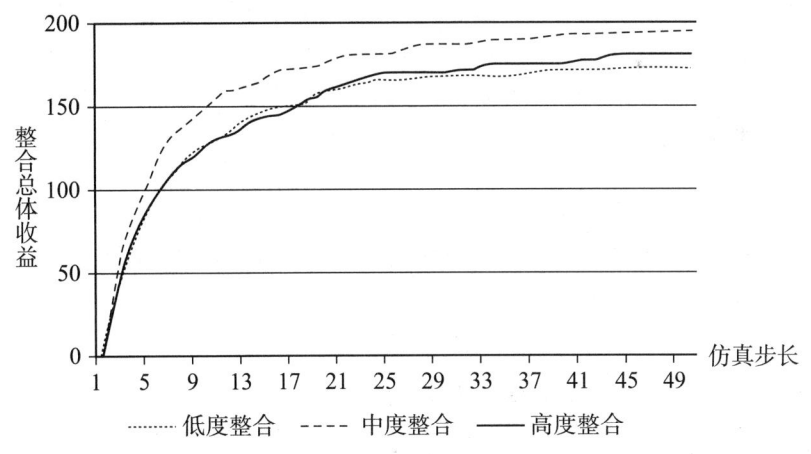

图 19-10 相似性强、互补性强情况下整合总体收益仿真变化

为更好地观察不同整合程度的情况下，相似性强、互补性强的海外并购方资源整合过程中的协同收益变化趋势，取各协同收益在步长为 50 的最大值，统计出每次并购整合后的技术提升带来的协同收益的增加值，即并购方整合边际收益 ME_G，如图 19-11 所示：

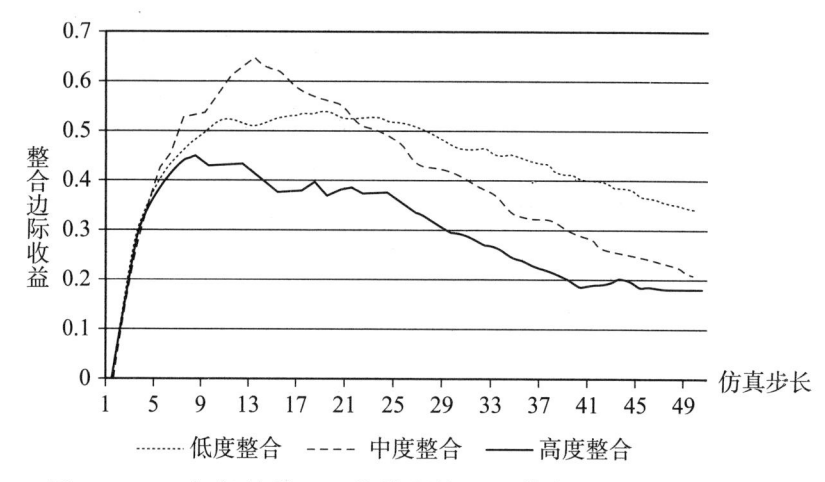

图 19-11　相似性强、互补性强情况下整合边际收益仿真变化

除此之外，我们从图 19-11 中发现，整合的边际收益随仿真步长的增加同样呈现出先增大后减小的倒"U"形趋势。我们发现，在高度整合的情况下，边际收益的峰值接近 0.45，；在中度整合的情况下，边际收益的峰值接近 0.65；在低度整合的情况下，边际收益的峰值接近 0.55。

从图 19-10 和图 19-11 中，可以初步判定结论 3 的成立。但与结论 1 和结论 2 的线性规律不同，不能仅凭三个数据点界定的低度、中度和高度整合就给出相似性强和互补性强的海外并购中整合程度影响最终协同收益的变化规律。为进一步深入探析，考虑可以利用仿真实验数据的参数可调整性和数据的客观性和数据量大的特征，提供更多组不同参数的仿真结果于下文章节中，从而对已有理论给予更深刻的佐证。

三、不同相似性、互补性组合下的最优整合程度仿真结果

（一）相似性强、互补性弱的海外并购最优整合程度

为了深入验证结论 1 是否成立，即验证在相似性强、互补性弱的情况下，海外并购的协同收益是否随整合程度同向变化，我们依次从低到高选取了不同的整合程度（从 $s=3$ 到 $s=7$，不同整合程度的数据间隔为 0.5）共 9 组数据开展仿真实验，其他参数无变化，同样取步长为 50。观察不同整合程度下，并购后整合带来技术提升的总体收益 EG 如图 19-12 所示：

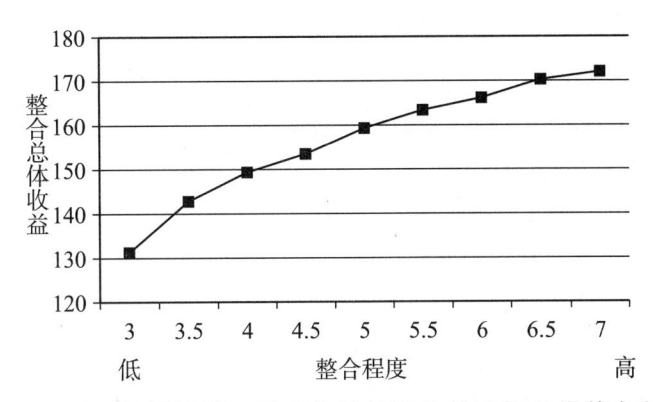

图 19-12 相似性强、互补性弱的海外并购的最优整合程度

从图 19-12 中我们不难发现，随着相似性强、互补性弱的海外并购中，并购方的整合程度由低向高程度变化，在其他变量保持不变的情况下，最终并购方获得的整合总体收益从最低整合程度对应的 130 上升到 175 左右。该种变化基本稳定，呈现出一种单调递减函数的规律，且趋近于线性变化。综上，可以得出结论，相似性强、互补性弱的海外并购中，并购的整合总体收益随着并购整合程度的提高而增加。该情况下对应的最优整合程度趋向于高程度整合，这与理论机理部分的结论 1 吻合。

（二）相似性弱、互补性强的海外并购最优整合程度

为了深入验证结论 2 是否成立，即验证在相似性弱、互补性强的情况下，海外并购的协同收益是否随整合程度反向变化，我们依次从低到高选取了不同的整合程度（从 $c=3$ 到 $c=7$，不同整合程度的数据间隔为 0.5）共 9 组数据开展仿真实验，其他参数无变化，同样取步长为 50。观察不同整合程度下，并购后整合带来技术提升的总体收益 EG 如图 19-13 所示：

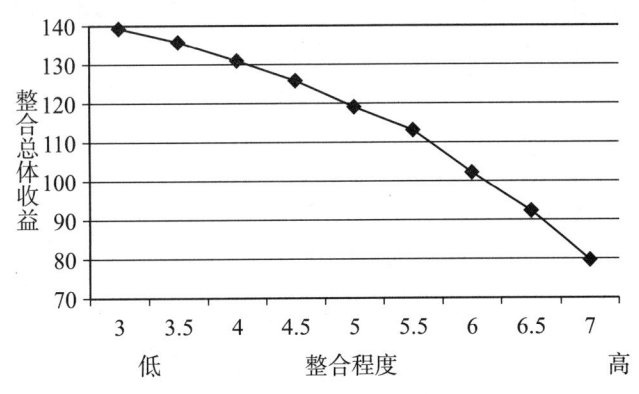

图 19-13 相似性弱、互补性强的海外并购的最优整合程度

从图 19-13 中我们不难发现，随着相似性弱、互补性强的海外并购中，并购方的整合程度由低向高程度变化，在其他变量保持不变的情况下，最终并购方获得的整合总体收益从最低整合程度对应的 140 下降到 80 左右。该种变化呈现出一种单调线性变化。综上，可以得出结论，相似性弱、互补性强的海外并购中，并购的整合总体收益随着并购整合程度的提高而降低。该情况下对应的最优整合程度趋向于低程度整合，理论机理部分的结论 2 得到了支持。

（三）相似性强、互补性强的海外并购最优整合程度

为了深入验证结论 3 是否成立，即验证在相似性强、互补性强的情况下，海外并购的协同收益是如何受整合程度影响的，我们依次从低到高选取了不同的整合程度（从 $c=3$ 到 $c=7$，不同整合程度的数据间隔为 0.5；$s=0.7$）共 9 组数据开展仿真实验，其他参数无变化，同样设取步长为 50。观察不同整合程度下，并购后整合带来技术提升的总体收益 EG 如图 19-14 所示：

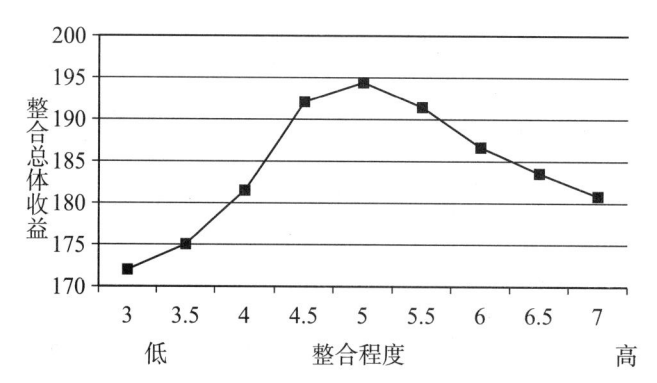

图 19-14 相似性强、互补性强的海外并购的最优整合程度

该图与研究中的理论机理分析部分中的图十分类似，即理论分析中相似性强、互补性强的海外并购的整合程度 c 的取值变化与海外并购的期望收益 π 之间的关系如图 19-15 所示：

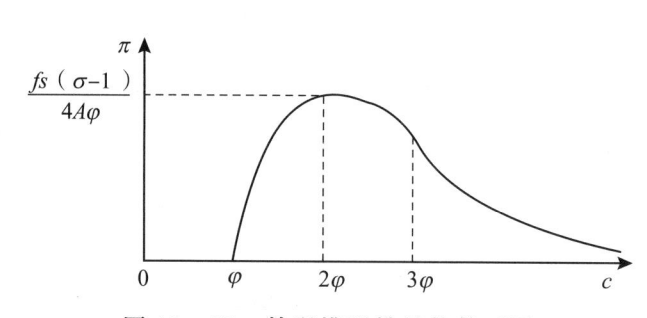

图 19-15 数理模型推导的关系图

对立针对理论机理进行的数理模型中,相似性强、互补性强的海外并购中,整合程度 c 与收益 π 之间同样存在着非线性的关系。具体来说,随着整合程度的不断增加,海外并购整合收益呈现先增大后减小的变化趋势。并且增加较快,减少的过程较为缓慢。这与图 19-14 中呈现出的两者仿真关系基本一致。当然,仿真结果由不同离散的点勾勒而成,虽然经过平滑处理仍然略显粗糙,但能够反映出海外并购整合收益随整合程度进行的动态演化。

当然,两张图之间也存在着一定的差别。比如,纵坐标虽然都代表整合收益,但是图 19-15 的数理模型推导出的关系图收益是从 0 开始的,而图 19-14 中的仿真结果收益是从正数开始的。两者的这一区别也并无矛盾。因为,数理模型的推导结果是针对单一企业开展的静态分析,对于单一企业而言,一旦整合不成功,整合收益为 0 的情况是客观存在的。而通过多主体仿真部分开展的动态研究,是针对某个国家或地区多个企业的仿真结果,反映多个企业的整合收益总和。故两图所反映的规律、内涵一致,但由于研究对象分别是单一企业和多个企业研究角度分别是静态研究与动态研究,故适用范围不同。可以说,图 19-14 的多主体仿真结果是对图 19-15 的数理模型推导的一个深化。这也是我们在本章开展多主体仿真研究的意义所在。

第三节 本章小结

本章以海外投资总体整合风险为研究对象,分别基于资源相似性与资源互补性的视角,进一步通过两者的交互作用,研究其对企业海外投资的总体整合风险的作用机制。在理论机理的梳理基础上,构建一个垄断竞争框架下的两国模型,我们对上述理论探讨中的资源相似性与互补性进行了刻画,得出的结论与理论分析一致。海外投资双方资源相似性越强,整合的潜在成本就越低,投资整合风险越小。海外投资双方资源互补性越强,整合的潜在收益就越高,投资整合风险越小。海外投资双方资源相似性与资源互补性降低整合风险的作用会相互加强,即两者有正向的交互作用。考虑投资方的整合行为,则海外投资双方资源相似性越强,企业最优的整合程度会越高;资源互补性越强,企业最优的整合程度会越低。此外,本章在数理模型基础上运用多主体仿真研究整合风险的动态演化规律,印证了数理模型中的结论。本章的理论分析为后文海外投资总体整合风险的实证研究提供了坚实的理论基础和分析依据。

第二十章

基于资源相似性与互补性的企业海外投资总体整合风险的实证研究

第一节 基于资源相似性与互补性的海外投资总体整合风险

一、资源相似性与海外投资总体整合风险

首先,海外投资双方的资源相似性可以减少整合中的组织文化冲突。绝大多数文化层面的研究表明相似性能够带来组织之间的相互理解和文化的融合,为组织的有序发展带来积极影响。反之,不相似就会增大投资后的总体整合风险。目前已有的经典理论可以支持上述观点。比如,社会吸引定理表明,组织间会对其认为有差异的组织产生消极态度和不合作。并且两个组织间的成员如果拥有迥异的组织文化,在相互理解方面会有难题(Olie,1994)。投资双方之间的沟通理解不完全会带来不确定性,可能导致投资后整合的冲突。假定投资双方公司各代表一个包含很多个体的社会组织,每个组织都在寻求社会认同。投资活动实际上通过将新成员作为投资方公司的成员来改变原有组织的社会类型。雇员会将新建立的组织和投资前所在的组织进行比较。如果两者足够相似的话,那么这些雇员

极有可能放弃原有的社会认同并且很容易接受新的社会认同。否则雇员会更倾向于保持原有的社会认同，以至于新的组织不是那么容易整合（Elsass & Veiga, 1994；Shanley & Correa, 1992）。总之，资源相似性较弱会带来文化的不确定——不确定哪种文化占据了主导——这会带来投资后的冲突（Datta, 1991）。即使主导文化是明确的，许多组织成员还会觉得他们不适合新的组织，这极有可能增加投资总体整合风险。

其次，海外投资双方的资源相似性可减少整合中的技术对接成本。当两个在科学技术领域相似公司发生投资，并且将基础知识合并后，通常双方步调一致。因为他们熟悉可能要面对的技术难题的类型并且依赖相似的科学定理来理解和解决这些难题。他们拥有相似的"了解是什么"（特定信息领域的语意）和相似的"了解应该怎样"（理解这些语意如何联系起来的）（Lubatkin et al., 2001）。更进一步，投资后获得的新资源和公司现有资源越相似，新的知识就越容易被理解，被同化以及顺畅的应用，这是因为相似性增强了投资方的吸收能力（Lane & Lubatkin, 1998）。同样，在相同知识领域的经验会让研究过程更确定，更有效率。这些观点表明知识相似性促进现有知识和正在探索知识的交换和组合（Nonaka et al., 1996）。因此，投资具有相似性知识领域的公司并进行整合，很可能降低投资后的总体整合风险。

最后，海外投资双方的资源相似性可以降低整合中的消极市场反应。在理论界和商业界都有充分的证据表明投资后市场资源整合会受到消费者消极反应的显著影响（Urban & Pratt, 2000）。考虑较为典型的声誉类资源，例如，一个专注低端市场的公司收购了一个定位高端市场的品牌产品。很明显，在资源相似性较弱的情况下，海外投资给消费者带来的消极影响的范围要大于相似性较强的情况。投资整合过程中高端品牌原有消费者的消极反应会产生相当多的不确定性，例如，海外投资的整合过程中，消费者将无法及时了解投资后低端品牌公司产品供应、定价策略、销售策略、联系人等，担心与心理预期有所差距；另外，商业实践中有充分证据显示投资后消费者的不确定性甚至会因为投资后公司市场变动计划的谣言而增加；最后，在商业实践中通常投资方公司的竞争者会尝试增加投资方公司消费者的不确定性来左右消费者的选择。其中较为典型的案例是，联想公司在并购了IBM的全球PC业务后，由于自身品牌在国际市场上毫无知名度，不可避免地面临着大量原有Thinkpad高端用户的流失，造成了较大的并购总体整合风险。总的来说，消费者对并购方资源整合所产生的消极影响对海外并购业绩带来损害，这都会增加整合的潜在成本。在这种情况下资源相似性对减少资源总体整合风险极为重要。

根据上述分析，关于海外投资整合中的资源相似性，我们得到如下假设1：

假设1：海外投资双方资源相似性越强，整合的潜在成本就越低，投资总体整合风险越小。

二、资源互补性与海外投资总体整合风险

首先，投资双方的资源互补性可以实现更多的战略协同。互补性区别于相似性的特征在于，投资双方的资源互补性给整合带来可融合的资源和战略，可能带来更显著的潜在协同收益。海外投资整合阶段中，资源互补性对投资方战略整合是有好处的，尤其是考虑到战略整合阶段知识在投资双方公司的传递，考虑到雇员如何感知投资的发生对其自身的影响。资源互补性的一个重要收益来源就是组织间的战略知识共享（Zollo & Singh, 2004）。关于组织间学习的研究表明，企业通过异种信息来源获得的战略知识要多于从同种信息获得的。拥有互补性战略的投资目标会通过引入不同类别相关知识信息到投资公司来提升组织的学习能力，特别是收购双方公司分享相同环境时。因此，目标公司会带来与发展战略相关的但收购公司还未曾拥有的战略知识。

其次，海外投资双方的资源互补性提供更多的整合收益。通常在投资后的人力资本整合过程中面临着成本消减和规模缩减（Harrison et al., 1991），人力资源整合工作是一项复杂的、充满变化的系统工程。投资将给企业的管理层和员工带来焦虑和不安，影响投资后企业生产效率和业绩表现，尤其是心理上的压力以及投资后的权力与利益的重新分配，会导致大量核心员工的主动离职，给企业在人力资本和企业经营业绩上造成双重损失，上述情况在人力资源互补性明显的投资中不太可能出现。减员强调通过减少冗余人员和重叠岗位来实现效率提升，而资源互补性对投资双方公司的雇员和管理人员产生的离职威胁要小很多。在这种条件下，雇员和管理人员会更支持整合，从而促进实现投资前预期的协同效应。因此，投资双方的人力资源互补性，不仅通过缓解投资后人员整合难题来降低投资总体整合风险，还会为公司创造潜在的收益来源。

最后，海外投资双方的资源互补性提供更多的拓展机会。互补性的市场地理位置可以利用投资双方非重叠的地理范围，扩展投资后公司的"足迹"，这样可以为投资后的公司创造新的机遇。市场资源的互补性收益来自目标方公司占有的某个市场，因此投资双方市场区域的互补性匹配才能实现投资后价值。市场的地理互补性价值在于为投资方提供了获得网络效应的机会。根据利博维茨和马格利斯（Liebowitz & Margolis, 1994）的思路，当网络中参与者数量增加带来了进入收益，此时网络效应是有价值的。通过投资的网络效应带来的公司收益不仅仅局限于扩展经营领域，同样也增加了现有公司的价值。当公司拥

有某种资源没有充分利用,供给层面的网络效应会带来规模经济。公司通过海外投资的手段来寻找到扩展市场资源中的产品领域,同样也体现了资源互补性带来的拓展机会。这样的扩展让公司完善产品供应实现范围经济来获得潜在价值(Teece,1980)。市场的产品互补性可以让投资后的公司既能够为现有顾客提供更好的服务,又能通过整合完善的产品来吸引新的顾客,因为消费者认为一个全线产品供应商能够提供更值得信赖的系统整合。更进一步,产品互补性通过对每个公司营销资源和分销系统的更好利用,从而降低海外投资的总体整合风险。

根据上述分析,关于海外投资整合中的资源互补性,我们得到如下假设2:

假设2:海外投资双方资源互补性越强,整合的潜在收益就越高,总体整合风险越小。

第二节 基于资源相似性与互补性交互作用的海外投资总体整合风险

一、资源相似性的促进机制

海外投资双方资源相似性对资源互补性抑制总体整合风险的促进机制有:(1)带来规模经济。投资中资源相似性带来的价值创造是通过规模经济的扩张及市场力量的不断加强而实现的(Capron,1999)。资源相似性可以用相对较小的成本将投资双方的资源融合到统一的任务目标下,对于原来的每一方的资源来说,这样的统一都是对自身资源规模加强的过程。在一定范围内,资源相似性带来的规模经济让资源自身价值增加,提高资源互补性的初始资源配置效率,从而促进资源互补性对总体整合风险的抑制作用。(2)减小整合摩擦成本。海外投资双方资源的差异一定存在,这就必然会导致在试图融合资源的过程中带来摩擦成本,给投资后整合的顺利进行带来各种阻力。而海外投资双方资源相似性可以减小资源互补性带来协同效应的阻力,使投资双方的沟通和资源的重新配置更加顺畅,从而促进资源互补性对总体整合风险的抑制作用。(3)路径依赖提高吸收能力。知识领域的相似性为收购方从目标公司学习的过程提供了持续的知识吸收能力,同样创造了典型的路径依赖(Makri et al.,2010)。拥有相似知识领域的公司需要更少的时间和精力去整合他们的研究活动,为抓住更多资源互补性提供的学习机会创造了可能，从而促进资源互补性对总体整合风险的抑制作用。

二、资源互补性的促进机制

海外投资双方资源互补性对资源相似性抑制总体整合风险的促进机制有：（1）提高资源配置效率。互补性能够控制风险一个重要路径是其通过有效率的资源配置，实现协同效应。比如在金融行业，投资双方的互补性让经营者高效率地将资金从一个市场调往另一个市场（Shiers，2002）。因此互补性可以通过资源的转移再配置来提供更多的机会，使资源相似性的规模经济得扩散和加强，从而促进资源相似性对总体整合风险的抑制作用。（2）协同效应缓解摩擦。上述通过资源相似性的风险控制都没有考虑到规模缩减——与其面临巨大的摩擦成本，不如恰当降低整合程度。比如，裁员压力为代表的摩擦冲突在人力资源互补性较强的情况下就会有所缓和。实现资源互补性的协同效应更多是通过雇员的技能升级而不是通过规模缩减来放弃这些技能——这是一种倾向最大化保留程度的行为（Walsh，1989），这可以帮助资源相似性降低整合成本，从而促进资源相似性对总体整合风险的抑制作用。（3）增加潜在学习机会。公司的行为和战略对不同的资源也应做出不同的反应。通过影响和观察目标方，投资方公司管理层会受到特定资源的影响来改变行为和战略（Romanelli & Khessina，2005）。因此，拥有互补性资源的两家公司具有不同的资源和能力，为双方提供了更好的学习机会。学习的机会让投资后公司扩展其自身的竞争力，有利于加强资源相似性对吸收能力的提高作用，从而促进资源相似性对总体整合风险的抑制作用。

三、资源相似性与互补性的交互作用

图 20-1 中，我们发现资源相似性与资源互补性的促进机制存在着交互作用关系：资源相似性的规模经济能够促进资源互补性提高资源配置效率，而资源互补性带来更高的资源配置效率可以促进资源相似性的规模效应的巩固和扩散；资源相似性减小整合摩擦能够为资源互补性带来的协同效应减小阻力，而资源互补性的协同效应可以为资源相似性降低摩擦成本做补充；资源相似性提高吸收能力从而为资源互补性创造更多学习机会提供了可能，而资源互补性带来的学习机会同时有利于资源相似性加强吸收能力。

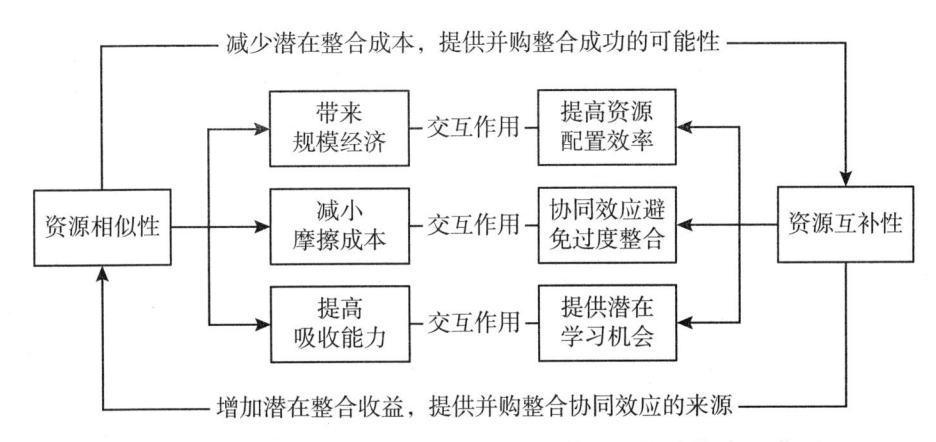

图 20-1　海外投资整合中资源相似性与互补性的交互作用

海外投资是一个资源整合的过程。为了更好地控制总体整合风险,投资双方管理层必须理解资源相似性与资源互补性之间的交互作用。更进一步,即搞清资源相似性与互补性之间的相互作用是如何影响投资总体整合风险的。总结前文所述,我们认为海外投资双方的资源相似性与资源互补性不仅能够在整合中并存,而且投资方还可以利用两者的交互作用,优化海外投资整合过程中的协同效用函数,最终降低海外投资的总体整合风险。因此,我们给出本章的假设3:

假设3:海外投资双方资源相似性与资源互补性降低总体整合风险的作用会相互加强,即两者有正向的交互作用。

第三节　中国企业海外投资总体整合风险的实证研究

一、数据、变量及方法

(一) 问卷调研过程

本章进行的是验证性实证研究,采取问卷调查的形式获取数据。在设计问卷的时候,先确定调研的主要内容,再依据前人已有的研究成果选定指标,接着通过小范围的样本测试来修订问卷与指标。实际调查的样本选取考虑到与研究内容的关联性,通过数据库(Wind 数据库、国泰安数据库)收集到近 5 年拥有海外投资经历的企业。在此基础上，问卷的派发结合了电子邮件、当面访谈并派发问卷等形式进行。特别强调的是，问卷对象经过特别筛选，答卷人所属企业均拥有一次及以上作为投资方的海外投资经验，因此样本对象完全符合我们的实证要求。答卷人一般为企业副总以上级别，或者至少位于核心管理层中，年龄在 30~50 岁，本人主持或作为主要负责人参与过海外投资项目。答卷人要求根据其主持或主要负责的一起海外投资项目进行作答，要求项目已完成投资 1 年以上。我们共发放问卷 500 份，其中有效问卷 105 份。

（二）问卷的非反应误差估计

有效问卷中 35 份来自电子邮件调查，70 份来自当面访谈。我们首先比较了通过面访收集的数据与电子邮件收集的数据。方差分析的结果显示，两套数据在所有变量上的均值都没有显著性差异，因此可合并使用。问卷的总体回复率为 21.0%（样本总体的 500 家企业有 105 家企业有回复）。与随机选取的 105 家没有回复的公司相比，我们在两者销售量和员工数量上都没有发现统计上的显著差异。然后我们采用了阿姆斯壮和欧弗顿（Armstrong & Overton, 1977）讨论的技术来检验答卷人不同特性对结果是否有波动。我们检验了不同销售量、不同员工数量、不同投资规模、不同投资经验。根据完整问卷调查之前设定了多组答卷者，我们发现了一处统计上显著的不同，组 1 和组 2 之间在投资经验方面有差异。因为组 2 的投资都是小规模的，所以我们推测确实相比其他组显著缺乏经验。我们的模型将投资规模和投资经验作为控制变量，以减轻组间差异可能带来的偏差。

（三）问卷量表设计

解释变量。研究的解释变量锁定为海外投资双方的资源相似性（S）、资源互补性（C）。为了保证量表的有效性，我们对于资源相似性与资源互补性相关的文献进行了广泛的回顾，旨在为各变量寻找合适的测量指标。由于现有的研究很少在实证分析中同时区别海外投资双方企业资源相似性与资源互补性这两个维度，因此，本研究综合了多个学者的观点来测量这 2 个主要解释变量。其中，资源相似性的量表根据卢巴金等（Lubatkin et al., 2001）及达塔（Datta, 1991）的研究改编；资源互补性的量表主要根据哈里森等（Harrison et al., 1991）、蒂斯（Teece, 1980）及金姆和芬克尔斯坦（Kim and Finkelstein, 2009）的研究改编而来。初步总结上述研究中的指标初始总数超过 30 个，考虑到研究的有效样本数量有限，容易出现过度估计的问题。为此在全面展开问卷调查之前，我们从当面访谈的问卷对象中挑选投资规模和投资经验最为丰富的 20 位跨国公司总裁级答卷人，要求其结合自身海外投资经历对我们所列出的初始指标的重要性进行评判，从中筛选中最重要的 12 个指标作为资源相似性与资源互补性的量表，如表 20-1 所示。其中挑选了 $X_1 \sim X_6$ 这 6 个资源指标作为评价问卷中投资双方资源相似性的量表；相应地，将 $X_7 \sim X_{12}$ 这 6 个资源指标作为投资双方资源互补性的量表。

表 20-1　　　　　　　投资双方资源相似性与互补性量表

解释变量	衡量指标
资源相似性	公司文化（X_1）、公司制度（X_2）、知识领域方向（X_3）、技术发展目标（X_4）、品牌知名度（X_5）、产品定位（X_6）
资源互补性	战略知识（X_7）、战略能力（X_8）、员工技能（X_9）、管理层能力（X_{10}）、分销网络（X_{11}）、市场区域（X_{12}）

由于指标个数较多，为了避免指标之间的多重共线性对模型的影响及自由度的损失，在本研究中我们分别对资源相似性评价体系和互补性评价体系的指标进行因子分析，根据获得的因子权重将相似性和互补性简化为单一的指标，计算得出资源相似性记为 S，资源互补性记为 C。理论假设 3 检验要求资源相似性和资源互补性之间相乘的交互项，这会产生多重共线性导致回归结果扭曲。为了减少多重共线性问题和得到无偏的参数估计，各模型中涉及交互项的解释变量取值全部进行均值中心化（mean-centered）处理，即将各变量在每个样本上的原始观察值都减去该变量的均值。

被解释变量。我们将海外投资总体整合风险作为唯一的被解释变量，用问卷答卷人对海外投资整合成功情况（P）进行刻画。需要说明的是，对应理论部分，问卷中答卷人对成功与否的判别并不是指投资整合是否进行完毕，或者投资最终盈亏状况，而是要求答卷的高管人员确认已经进行的海外投资整合顺利进行至完成，并且达到预期盈利水平才认为是投资整合成功。以问卷中得到的对于投资双方整合成功与否的评价值记为 P（我们把成功记为 P=1，投资失败记为 P=0），作为被解释变量做实证分析，验证假设前提的正确性。

控制变量。在模型中我们设置了 3 个控制变量，分别是海外投资中投资方的相对规模（RS）、投资方的海外投资经验（CME）及投资方在海外投资中使用的财务杠杆（FL）。

投资方的相对规模对海外投资的总体整合风险有着重要的影响，如果投资方的相对规模较小，则会丧失部分整合决策权，同时面临财务状况上的困境，导致整合阶段潜在的更多冲突，增加总体整合风险。该数据（1, 3, 5, 7, 9）来源于调查问卷,其中1代表目标方公司规模(销售额)远大于投资方公司,9代表投资方公司规模(销售额)远大于目标方公司。

投资方过往的海外投资经验可以被视作投资方针对目标方展开整合过程中积累的一系列成熟的既定程序和规则。拥有足够的海外投资经验可以帮助投资方更熟练地处理整合中的很多管理工作。同时大量的实证研究也支持海外投资经验与海外投资整合后的公司业绩正相关。该数据(1,3,5,7,9)来源于调查问卷,其中1代表投资方海外投资经验极度缺乏,9代表海外投资经验极其丰富。

海外投资中使用的财务杠杆,同样会对海外投资的总体整合风险产生一定影响。与上述两个控制变量不同的是,财务杠杆对海外投资后整合业绩的影响具有一定不确定性。根据传统的公司金融理论,适度的财务杠杆可以提高公司的资本效率,减小总体整合风险;但是财务杠杆过高,可能会带来潜在的破产成本,使公司陷入财务困境,增加总体整合风险。该数据(1,3,5,7,9)同样来自调查问卷,其中1代表投资方在海外投资中财务杠杆极低,9代表财务杠杆极高。

二、计量结果分析

表20-2和表20-3给出了对资源相似性和资源互补性指标的因子分析结果。KMO和Bartlett检验结果表明,资源相似性的因子分析中,Bartlett值为281.644,$P<0.001$;在资源互补性的因子分析中,Bartlett值为130.450,$P<0.001$。即两个指标体系中,相关矩阵都不是一个单位矩阵,变量间并不是彼此独立,有必要进行因子分析;KMO检验是用于比较观测相关系数值与偏相关系数值的一个指标,其值越接近于1,表明对这些变量进行因子分析的效果越好。本章中资源相似性的因子分析中KMO值为0.645;资源互补性的因子分析中KMO值为0.560,考虑到问卷数据的局限,判断其可以使用因子分析法且预期可取得较好效果。

采用因子分析方法,提取特征值大于1的因子,得到表20-2和表20-3的因子分析结果。根据软件运行结果,对相似性和互补性指标分别进行因子分析后,都有三个因子的对应特征值大于1。我们可以看出资源相似性指标和资源互补性指标的因子分析中提取的三个因子方差贡献率之和分别达到了87.163%和76.850%,证明原有指标的大多数信息都得到了保留。为方便计算,将资源相似性指标因子分析中提取出的因子记为F_{S1}、F_{S2}和F_{S3};将资源互补性指标因子分析中提取出的因子记为F_{C1}、F_{C2}和F_{C3}。

表 20-2　　　　　资源相似性指标因子分析总方差解释结果

因子	提取后的因子载荷平方和			旋转后的因子载荷平方和		
	特征值	贡献率	累积	特征值	贡献率	累积
F_{S1}	2.961	49.342	49.342	1.811	30.187	30.187
F_{S2}	1.191	19.844	69.186	1.749	29.143	59.331
F_{S3}	1.079	17.977	87.163	1.670	27.832	87.163

表 20-3　　　　　资源互补性指标因子分析总方差解释结果

因子	提取后的因子载荷平方和			旋转后的因子载荷平方和		
	特征值	贡献率	累积	特征值	贡献率	累积
F_{C1}	2.150	35.835	35.835	1.754	29.236	29.236
F_{C2}	1.452	24.196	60.031	1.485	24.746	53.982
F_{C3}	1.009	16.818	76.850	1.372	22.868	76.850

提取方法：因子分析法，采用方差最大法旋转。

为了获得抽取出因子的指标构成，以便更好地定义和解释因子的实际含义，我们采用 SPSS 软件输出方差最大化旋转后的因子载荷矩阵，结果如表 20-4 所示：

表 20-4　　　　　　　　　因子载荷矩阵

相似性指标	F_{S1}	F_{S2}	F_{S3}	互补性指标	F_{C1}	F_{C2}	F_{C3}
公司文化	0.045	0.188	**0.910**	战略知识	-0.100	-0.123	**0.814**
公司制度	0.292	0.122	**0.861**	战略能力	0.190	0.053	**0.821**
知识领域	0.263	**0.880**	0.185	员工技能	**0.849**	0.125	0.154
技术发展目标	0.056	**0.939**	0.135	管理层能力	**0.875**	0.075	-0.045
品牌知名度	**0.907**	0.164	0.137	分销网络	0.470	**0.747**	-0.095
产品定位	**0.911**	0.124	0.167	市场区域	-0.034	**0.942**	-0.010

深入分析相似性与互补性指向的资源类型，我们的实证结果与前人的理论思路吻合的。从表 20-3 可以看出，在相似性指标中，F_{S1} 主要包含了品牌知名度、产品定位这两个指标，可以概括命名为声誉资源因子；F_{S2} 主要包含了知识领域方向、技术发展目标这两个指标，可以概括命名为知识资源因子（Lubatkin et al. , 2001）；F_{S3} 主要包含了公司文化和公司制度安排这两个指标，可概括命名为文化资源因子（Datta, 1991）。在互补性指标中，F_{C1} 主要包含了员工技能和管理

层能力这两个指标，可概括命名为人力资源因子（Harrison et al.，1991）；F_{C2} 主要包含了分销网络和市场区域这两个指标，可以概括命名为市场资源因子（Teece，1980）；F_{C3} 主要包含了战略知识和战略能力这两个指标，可概括命名为战略资源因子（Kim & Finkelstein，2009）。综上，投资双方资源的相似性主要指向文化资源、知识资源和声誉资源；而互补性主要指向人力资源、战略资源和市场资源，这与前文的理论分析相吻合。

依据问卷调查的结果，根据上述因子在因子分析中的方差权重，可以计算出最终的 C_i 和 S_i，其中 i = 1，2，…，105 为样本个数。

$$S_i = (30.187 \times F_{S1,i} + 29.143 \times F_{S2,i} + 27.832 \times F_{S3,i})/87.163 \quad (20-1)$$

$$C_i = (29.236 \times F_{C1,i} + 24.746 \times F_{C2,i} + 22.868 \times F_{C3,i})/76.850 \quad (20-2)$$

根据相关性检验，解释变量 S 与 C 之间相关系数不显著，故解释变量间不存在相关关系。我们设置了四个模型。模型 1 只包含主要的两个解释变量，海外投资双方的资源相似性（S）与资源互补性（C）；模型 2 在模型 1 的基础上加入了海外投资方相对规模（RS）、海外投资方经验（CME）和海外投资使用的财务杠杆（FL）这三个控制变量；模型 3 在模型 2 的基础上加入了资源相似性与资源互补性的交互作用（SC）；最后模型 4 中同时加入了交互作用项和三个控制变量。

表 20-5 给出了利用 SPSS 软件获得的 Logistic 回归结果。我们用类似逐步回归方式将交互作用变量和控制变量放入模型中，发现最终的模型 4 在模型的总解释力 R^2 上，以及 Logistic 回归模型的预测准确率都有提高，因此，模型 4 是本研究中得到的用来验证理论假设的最优模型。

表 20-5　　　　　　　　　　Logistic 回归结果

	模型 1	模型 2	模型 3	模型 4
常数	-0.690** (0.240)	-3.467* (1.423)	-0.447 (0.278)	-2.451 (1.838)
解释变量				
S	0.649*** (0.175)	0.690*** (0.200)	0.825*** (0.234)	0.914*** (0.281)
C	0.586*** (0.166)	0.552** (0.191)	1.082*** (0.308)	1.122** (0.692)
交互效应				
SC			1.171*** (0.302)	1.302*** (0.346)

续表

	模型 1	模型 2	模型 3	模型 4
控制变量				
RS		0.480** (0.171)		0.458* (0.219)
CME		0.326* (0.135)		0.410* (0.171)
FL		−0.221 (0.136)		−0.431* (0.190)
模型摘要				
总体解释度 R^2	0.313	0.499	0.568	0.705
预测精度	81.0%	83.8%	81.0%	90.5%

注：其中 †$p<0.10$，*$p<0.05$，**$p<0.01$，***$p<0.001$。括号内为标准差。

观察上述模型 4 的方程，注意到被解释变量 P 是 S、C 和 SC 的单调递增函数。在 Logistic 回归中解释变量 S 的回归系数为正（0.914，$p<0.001$），说明随着投资双方资源相似性（文化资源、知识资源和声誉资源的相似性）不断增大，海外投资的总体整合风险不断减小；相反，会增大海外投资的总体整合风险。解释变量 C 的系数为正（1.122，$p<0.01$），说明随着投资双方资源互补性（战略资源、人力资源和市场资源的互补性）不断增大，海外投资的总体整合风险不断减小；相反，会增大海外投资的总体整合风险。由此验证了理论部分的假设 1 和假设 2。

再来观察刻画资源相似性与资源互补性交互作用的虚拟变量 SC 的回归系数，在显著性水平 0.001 下显著，且系数为正（1.302）。结合 Logistic 回归方程的相关特性，指标 SC 是资源相似性和互补性的交互作用项，其与投资成功率 P 是正向的关系。因此，此实证结果表明，对于同一个海外投资案例来说，投资双方资源相似性和互补性存在正向交互作用，即资源相似性与资源互补性对海外投资总体整合风险的作用会相互促进加强。由此验证了假设 3。

控制变量的回归结果也值得关注。在模型中，海外投资方相对规模（0.458，$p<0.05$）和海外投资方经验（0.410，$p<0.05$）这两个控制变量的回归系数显著，且均为正数。即海外投资方相对规模较大且具备较丰富的海外投资经验，则海外投资的总体整合风险会减小。海外投资使用的财务杠杆这个控制变量的回归系数（−0.431，$p<0.05$）为负，即投资中选择过高的财务杠杆可能会降低海外投资整合的成功率，提高海外投资的总体整合风险。上述控制变量的回归结果与

前人的研究吻合。

最后,我们关注模型的稳健性测试。我们创建的模型包含大量从理论分析中推导出的解释变量及控制变量。我们加入较多控制变量的原因是避免变量缺失带来的估计偏差,以及避免对观察结果的错误解释。然而,这样的做法会由于过度拟合可能产生伪回归。需要关注于此的原因就是本研究的样本量相对偏小,并且包括虚拟变量模型需要估计 6 个参数。我们通过检验精简后的只包含解释变量的模型 1 和模型 3,排除了过度估计的可能。同时,在模型 1 和模型 3 中,需要考虑变量缺失可能带来的估计偏差。最终结果表明,精简的模型得出的结论和包含全部变量的模型保持一致,证明了精简的模型和全部变量版本的模型没有区别,因此模型稳健性良好。

三、结论与启示

在海外投资研究领域,最基本、最重要的问题就是搞清楚什么类型资源的投资会为投资方公司创造价值(Hitt et al. , 2001)。许多年来,对这个问题最普遍的回答就是相似性的资源。因此关于海外投资总体整合风险的研究,主要是围绕资源相似性展开的。公司战略和财务方面的学者已经进行了很多实证来证实资源相似性对投资后业绩的正效应(Kaplan & Weisbach, 1992; Lubatkin, 1987)。尽管任何两个企业都不可能拥有完全相同的资源,但众多的资源或资源组合在满足企业效用上仍然具有某些类似之处。如果投资双方的某类资源相似性越强,那么这两种资源在投资后融合的可能性就越大,即两种资源可以合并为同质的资源来完成原有的共同目标。尽管如此,资源相似性并不是唯一能够创造投资价值的因素,投资双方的资源互补性也能为资源重新配置实现协同效应创造机会。这个定义强调了资源组合带来的潜在价值创造过程,清楚地解释了只有高效率地抓住互补性带来潜在的协同效应,公司才能获得额外的投资收益,从而降低总体整合风险(Brandenburger & Stuart, 1996; Tanriverdi & Venkatraman, 2005)。

基于资源基础观的理论背景,本章将企业海外投资的风险聚焦于投资后期的总体整合风险,对总体整合风险进行了深入剖析,并从中撷取了资源相似性与互补性这对力量,分析其与海外投资总体整合风险之间的关系。从资源类型和相似性与互补性的角度分析,我们的实证结果与前人的研究结果互相印证(Kim & Finkelstein, 2009; Lubatkin et al., 2001)。海外投资双方文化、知识领域和声誉资源相似性越强,战略、人力和市场资源互补性越强,投资的总体整合风险越低。根据本章的理论分析和实证研究结果,我们利用图形给出资源相似性与互补性在降低海外投资总体整合风险方面存在着的交互作用,如图 20 - 2 所示。我们在上文中的理论分析表明，在相似性力量较强的情况下，海外投资整合的潜在成本较低；在互补性力量较强的情况下，海外投资整合的潜在收益较大，在这种组合情况下资源相似性与资源互补性相互促进增强的交互作用使得海外投资的总体整合风险最小。

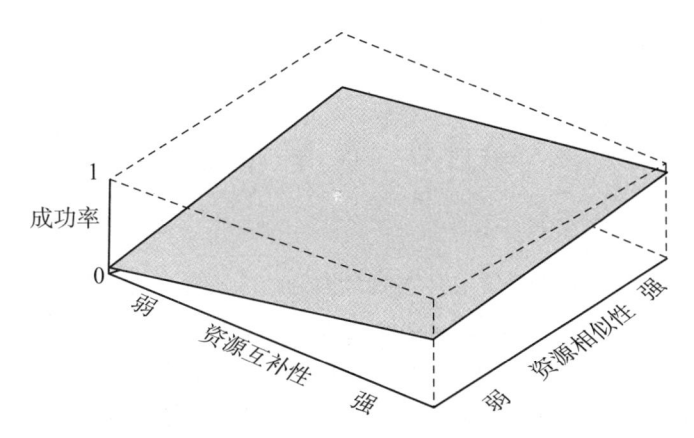

图 20-2　海外投资资源整合风险与资源相似性与资源互补性的交互作用

综观前人对投资资源整合风险的研究，往往偏重于相似性或者互补性的一个方面，进而在商业实践中，海外投资双方内生的资源禀赋就注定让投资后整合风险大大提升。而用统一的观点来看，无论是相似性还是互补性，只不过是投资后待整合资源禀赋的不同表现形式。资源相似性的存在，保证了投资双方资源平稳、顺利融合的可能性，才能让互补性资源最大限度地发挥出潜在的协同效应；而资源互补性的存在，提供了更大程度上创造出资源协同效用的潜力，能够弥补相似性的缺陷。正如金姆和芬克尔斯坦（Kim & Finkelstein，2009）所提出的设想，投资业绩是相似性与互补性共同创造的协同效应函数。应该同时关注两者，来加深对海外投资整合风险决定因素的理解。在某种程度上，海外投资整合成功的关键就是发挥相似性与互补性的交互作用，较强资源相似性可以加强资源互补性对海外投资整合风险的抑制作用；反之较强的资源互补性可以加强资源相似性对海外投资整合风险的抑制作用。

科里斯（Collis，1995）、迪瑞克斯（Dierickx & Cool，1989）和巴尼（Barney，1996）都认为，依赖过去独特的历史路径所产生的资源，是企业通过漫长复杂的历史积累而逐步形成的，正因为如此，其竞争对手无法通过投资立即买到这些资源，而必须花上一定的时间通过内部的动态积累来生成这些资源。但即使这样，也不一定能够获得这类资源，因为企业独特的历史路径是不可复制的。文化、知识和声誉资源都属于这类需要不断积累、不可复制和迅速转移的资源，因此就更需要资源相似性的配合，为投资后整合的成功提供可能性；相反，海外投资中有些可以复制并具有流动性，比如，双方战略、人力、市场和产品资源，因此需要互补性的匹配，为投资后整合提供更多协同效应的潜在来源。在商业实践中，建议海外投资方公司战略选择适当，使得双方资源合理地通过相似性与互补性最大化交互作用以实现协同效应，将整合风险控制到最低，从而帮助企业通过海外投资在激烈的全球竞争环境下取得更优异业绩。

第四节 本章小结

本章以我国企业海外投资总体整合风险为研究对象，分别基于资源相似性与资源互补性的视角，进一步通过两者的交互作用，研究其对企业海外投资的总体整合风险的作用机制。在初步提出待验证的理论假设的基础上，为了深入实证研究，我们对多家中国海外投资的企业开展了问卷调查，在此基础上收集了详实的有关资源相似性和互补性的数据，针对理论上资源相似性互补性对整合风险的交互作用开展了实证研究，较好地回应了前面章节的理论机理研究和动态演化仿真研究。

第二十一章

海外投资技术整合风险的生成机理与演化仿真

第一节 基于技术相似性与互补性的企业海外投资技术整合风险的生成机理

技术快速变化,复杂性不断增加,产品的生命周期缩短促使企业放弃内部技术研发转而选择外部技术获取策略(Bannert & Tschirky,2004)。特别是20世纪80年代以来,许多发展中国家通过进行以技术获取为目的的海外并购,获得了关键性的技术,实现了对发达国家的技术追赶与跨越,技术丰富的目标企业为并购方提供组织学习的机会(Hitt, Hoskisson, Johnson & Moesel,1996)。本章研究对象即为并购方以获取更高水平的技术为目的的追赶式技术获取型海外并购。这类海外并购可以为并购方提供海外企业独有的隐性资源,如先进的技术和研发过程的管理(Georgopoulos & Preusse,2009),通过对并购双方技术的有效整合,实现海外并购的技术获取目标。追赶式技术获取型海外并购为企业增强国际竞争力提供关键技术的同时,也面临着较大的整合风险,即并购方企业无法通过有效的整合获得预期技术收益的风险。这向我们提出了一个问题:并购方企业如何在并购中降低技术整合风险?

通过对高科技行业的并购方企业的深度访谈(Odilon & John,2007)和采用问卷数据得出的实证结论（Colombo & Rabbiosi, 2010），研究者总结出当并购双方技术战略互补时并购方往往采取低程度整合策略，而高程度整合策略通常与技术相似性并购一起使用。由此我们认为在现实世界中，并购双方技术特性与并购方整合策略的匹配，是并购方最大化技术收益和最小化整合风险的重要因素。然而遗憾的是，案例研究与问卷调查具有较强的主观性并且实证研究不能展示风险的动态变化。为了发现并购双方技术特性与整合策略的最佳匹配，最终的风险水平及各阶段的演化过程都非常重要。因此，本章运用多主体仿真模型进行实验。多主体仿真方法已经被应用于社会经济研究的各个领域，特别是研究知识传播（Morone & Taylor, 2004；Hyukjoon & Yongtae, 2009）与创新过程（例如，Jennifer, 2011；Cristiano & Gianluigi, 2011）并且展示了当并购双方的技术资源在微观层面产生交互作用时的涌现现象。

　　技术整合与整合风险。技术整合是公司内部的研发一体化过程，而非不同产品技术的简单融合，其目的是让技术方案与企业的实际情况相匹配（Iansiti, 1993）及技术资源的结合和有效使用（Valerie & Hugo, 2004）。据此本章认为海外并购技术整合是并购方采取与技术特性相匹配的整合深度，对目标企业的技术资源进行吸收、与自身技术有效结合并在此基础上进行技术创新，以实现技术收益的过程。企业进行技术获取型海外并购是为了获得两种类型的技术收益——技术知识和技术创新能力（Puranam & Srikanth, 2007）。获取技术知识是利用目标方已创造出的技术，如专利、生产流程等；获取技术创新能力，是利用目标方的能力去创造未来的新的技术，如更为丰富的产品范围，技术创新能力往往存在于核心发明家之中。本章利用知识收益模型（Morone & Taylor, 2004；Hyukjoon & Yongtae, 2009）将技术知识和技术创新能力纳入同一个技术收益模型，考虑并购方在目标方已有知识和创新能力之间的动态权衡。传统的风险研究将风险定义为与预期收益的偏离，技术整合过程中整合不当对收益带来负面影响的现象被认为是技术整合风险（Schweiger, 2003；Puranam, 2007）。本章将技术整合风险具体化为并购方由于整合深度不能匹配技术相似性与互补性特性而造成的技术收益的损失。

　　技术相似性、技术互补性与技术整合风险。之前很多学者从不同方面对技术整合风险进行了研究，其中一个重要理论视角是并购双方资源的相似性、互补性对并购绩效与整合风险的影响。技术的相似性是指并购双方所解决的技术问题集中在相同的狭义范围的知识领域的程度，互补性是指双方解决的问题在相同的广义范围、不同的狭义范围的知识领域的程度（Larsson & Finkelstein, 1999；Makri et al., 2009）。并购公司之间资源的相似性是战略匹配的基本来源，能够促进并购的业绩发展（Robins & Wiersema, 1995），从而降低海外并购整合风险。学者认为技术相似性能够降低并购过程出现的不确定性（Katrin，2010），有利于并购双方现有技术知识的吸收与整合（Cohen & Levinthal，1990；Lane & Lubatkin，1998）。但这并不表示资源相似性越强整合风险越低，资源相似性也有可能减少并购方学习机会（Ghoshal，1987；Hitt，Hoskisson，Johnson & Moesel，1996）。许多学者指出海外并购双方的资源互补性作为资源联系性的另一个重要方面，是决定并购整合成功与否的最重要因素。技术互补性为并购方企业提供了更多的学习机会，使技术创新成为可能，降低双方的生产经营成本（Margaret，2004），从而使得技术整合的风险较小。但是过多的互补性又会带来更多的变革和协调成本（Pablo，1994）。

技术相似性与吸收能力。尽管很多已有研究认为技术相似性和技术互补性是并购后业绩的重要预测指标，但是很少研究关注技术特性对并购后技术整合收益和风险的作用机理。本章认为技术相似性对整合后技术收益产生影响，依赖于吸收能力。最近的战略管理的研究发现，一个公司获取新知识的能力来源于已有能力与新能力的相似性的程度和范围（Cohen & Levinthal，1990；Teece，Pisano & Shuen，1997）。并购后获得的新资源和公司现有资源越相似，新的知识就越容易被理解，获取的技术越容易被融合到现有的生产流程中去，使整合过程中的摩擦成本大大降低，这是因为相似性增强了并购方的吸收能力（Lane & Lubatkin，1998），控制了整合过程中的风险。因此，技术相似性强意味着并购方对目标方已有的技术知识的吸收能力越强。

技术互补性与协同能力。同时，我们发现技术互补性通过协同能力对整合后技术收益产生影响。协同能力指两种资源相互强化或者表现出积极的交互作用。技术互补性能够产生更大的协同（Harrison et al.，2001；Larsson & Finkelstein，1999；Tanriverdi & Venkatraman，2005）。当并购双方拥有互补性技术时，双方技术所涉及的狭义知识领域不同，能够为并购方带来新的技术元素、创新路径、逻辑模式。并购方整合互补性技术可以促进新的结合与创新（Marianna，2010）。所以技术互补性通过协同能力促进了目标方技术创新能力的发挥。以上的分析为本章用吸收能力衡量并购双方的技术相似性，用协同能力衡量并购双方的技术互补性提供了理论支撑，同时这样的衡量方法允许我们在一个框架内同时研究技术相似性、技术互补性与它们的交互作用，而不是像之前研究那样将它们分别进行研究。

整合深度与技术整合风险。另一些学者则针对整合深度和整合风险之间的关系进行了研究。玛格利特（Margaret，2008）发现技术获取与整合深度有着直接的关系。实际的技术获取与预期值的偏离又导致了整合风险的发生。整合深度反映了目标企业和并购企业之间机构关系的改变（Datta & Grant，1990）。

并购后采取一定程度的组织间整合是必要的,整合程度过高或者过低将会导致价值创造失败(Amy,1994)。不充分的整合使潜在的收益难以实现,过度整合将会使一些高级执行者离职从而对未来的发展产生负面影响(Cannella & Hambrick,1993)。普拉南(Puranam,2007)研究了两种极端情况,结构整合与结构分离对技术收益的影响。结构整合有利于获取目标放的技术知识,但由于破坏了目标企业本身的自治性,而导致技术创新能力的损害。甚至当目标企业的产品创新能力被破坏达到一个阈值(比如生产率阈值、研发团队实质性的人员离任),那么意味着目标企业的产生新技术的创新能力已被完全损坏(Puranam,2003)。本章沿用 Puranam 的研究脉络,设定整合深度对于目标方技术知识与技术创新能力的影响,研究并购方在目标方已有知识和创新能力之间的动态权衡。

第二节 企业海外投资技术整合风险的演化仿真

一、多主体仿真实验环境设置及主体间技术整合规则

本章所用仿真软件为 Netlogo 软件,NetLogo 软件是一个用来对自然和社会现象进行仿真的可编程建模软件。它特别适合对随时间演化的复杂系统进行建模,建模人员能够向独立运行的"主体"(agent)发出指令。这就使得探究微观层面上的个体行为与宏观模式之间的联系成为可能。这些宏观模式是由许多个体之间的交互作用涌现出来的。本章基于 Netlogo 平台建立了 21×21 个网格组成的球面世界来模拟投资方公司和目标方企业的技术资源进行技术整合的环境(见图 21-1)。该环境中存在一个代表性投资方和一个代表性目标方,在球体界面上随机分布着它们各自拥有的 N 个技术资源主体($i = 1, 2, \cdots, N, N > 100$)。投资方的技术资源用绿色三角形代表,目标方的技术资源用红色三角形代表。

每一期(每个步长 $step$)绿色三角形(投资方的技术资源主体)向前移动一个网格,选择与其相邻的红色三角形(目标企业的一个技术资源)进行整合。(由于投资双方的初始技术资源是随机分布的,当投资方技术主体的相邻位置不存在目标企业的技术主体时,程序将自动在投资方技术主体的相邻位置上设置一个目标方初始技术主体并赋值)。

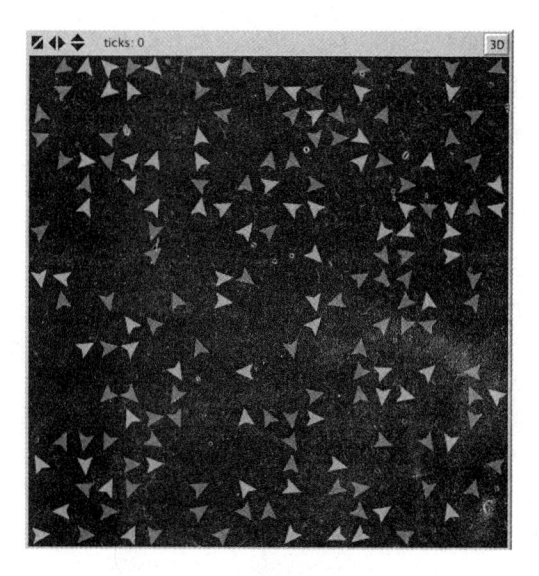

图 21-1　多主体仿真实验环境设置

主体间技术整合规则的仿真模型使用了组织学习曲线（Epple，Argote & Devadas，1991）和知识收益模型（Morone & Taylor，2004）。它们被选择是因为它们已经被用作知识传播的仿真研究（如，Hyukjoon & Yongtae，2009）并且适用于我们对技术整合过程的考量。根据前文对技术整合过程的定义，并购方主体的技术整合主要包括对目标方主体的吸收、创新过程，同时每一期存在折旧。

令并购方的初始技术资源的值为 T_i，目标企业初始技术资源的值为 T_j，系统自动向这些技术资源赋予初始值，并购方技术资源的初始值 T_i 服从 [100,10] 正态分布，目标方技术资源的初始值 T_j 服从 [160,10] 正态分布。这样设定主要由于：(1) 在追赶式技术获取型海外并购中，并购方企业的技术初始值小于目标企业技术资源的初始值，否则海外并购不会发生；(2) 根据 3σ 原则，使并购双方技术资源的分布在 99% 的范围内截断，这样的参数设置了保证了目标方主体的技术初始值大于并购方主体。

在知识吸收阶段，并购方主体作出主体决策以获取技术知识：

1. 当并购方主体的值大于接近的目标方的技术资源的值时，不进行吸收，并购方主体技术知识获取 G_i 为 0；

2. 当并购方主体的值小于接近的目标方的技术资源的值时，进行吸收。并购方初始技术资源主体 i 与目标企业初始技术资源主体 j 的技术差距作为可获取的技术知识：

$$G_i = T_j - T_i \qquad (21-1)$$

公式（21-1）的技术知识收益是由并购双方的技术主体 i 和 j 的技术水平差距所带来的，同时并购双方技术主体 i 和 j 的技术相似性决定了并购方的吸收能力，也将影响并购方的技术收益。我们设 $0<b<1$ 代表并购方的吸收能力，技术知识不能完全转移到并购方，只有并购方能够吸收的部分才是实际获取到的技术知识，即 bG_i。根据前文分析，并购双方技术相似性越强，并购方对目标方的技术知识的吸收能力越强，即 b 越大。那么此时并购方技术资源 i 的值变为：T_i+bG_i，将其改写为离散时间方程，在第 t 期，技术资源 i 的值为：$T_{i,t}+bG_{i,t}$

在第 $t+1$ 期，主体 i 的技术资源被转移到第 $t+1$ 期，并且并购方对第 t 期的技术资源进行技术创新，所以在第 $t+1$ 期，主体 i 的值为：

$$T_{i,t+1}=(1-s)(T_{i,t}+bG_{i,t})+TC_{i,t+1} \qquad (21-2)$$

其中 $0<s<1$ 是知识折旧率，在并购方对目标企业的新技术进行了吸收与创新之后，技术在每一期都会产生一定的贬值，技术知识不能完全地转移到下一个时期，而只能转移固定的比例；$TC_{i,t+1}$ 代表着由技术创新所带来的技术知识，本章借鉴（Epple，Argote & Devadas，1991）的组织学习曲线来推导其公式：

$$q_{t+1}=(l_{t+1}/C)Q_t^e \qquad (21-3)$$

其中 q_{t+1} 代表 $t+1$ 期的产出，l_{t+1} 代表 $t+1$ 期的学习努力程度，Q_c 代表在 t 期的累计产出。C 和 e 是常数，e 越大则生产率越快增长，$e>0$ 具有产出的创造效应，本章将其应用于技术创新产出中，代表并购方从目标方获取的技术创新能力。根据前文分析，目标方技术创新能力的发挥程度，依赖于并购双方技术互补性产生的协同能力。令 p 代表协同能力，$0<p<1$。并购双方技术互补性越强，p 越大，技术创新能力发挥的程度越高。即：

$$q_{t+1}=(l_{t+1}/C)Q_t^{pe} \qquad (21-4)$$

在第 $t+1$ 期对第 t 期的技术主体 i 的技术值进行创新，主体 i 的技术创新收益为：

$$TC_{i,t+1}=(l_{t+1}/C)(T_{i,t}+bG_{i,t})^{pe} \qquad (21-5)$$

由于公式（21-5）中的学习努力程度不是本章研究的变量，所以令常数 $a=l/c$，代入到公式（21-5）中，得到：

$$TC_{i,t+1}=a(T_{i,t}+bG_{i,t})^{pe} \qquad (21-6)$$

将完整的技术创新能力所创造的技术知识即公式（21-6）代入公式（21-2）得到了 $t+1$ 期的技术主体 i 的技术值：

$$T_{i,t+1}=(1-s)(T_{i,t}+bG_{i,t})+a(T_{i,t}+bG_{i,t})^{pe} \qquad (21-7)$$

每一期（每个步长）并购方的技术资源主体向前一步，选择与其相邻的目标企业的一个技术资源进行整合，并获取技术收益。那么从宏观的企业层面来看，仿真步长越长，并购方与目标企业进行整合的技术资源越多，即整合深度越深，据此将仿真步长（step）作为本章对于整合深度的测量。这个设定既符合了整合深度的定义又具有直观性和可操作性。本章采用倒数形式来表达整合深度与技术创新能力的负相关关系，主要基于以下几个原因：（1）较深程度的整合会导致技术创新能力的破坏（Puranam，2003）；（2）整合对技术创新能力的破坏效应主要集中于整合开始阶段，之后破坏效应逐渐降低；当创新能力被破坏达到一个阈值（比如生产率阈值、研发团队实质性的人员离任），那么意味着目标企业的产生新技术的创新能力已被完全损坏（Puranam，2003）。即：

$$T_{i,t+1} = (1-s)(T_{i,t} + bG_{i,t}) + a(T_{i,t} + bG_{i,t})^{pe/step} \quad (21-8)$$

公式（21-8）描述了并购方的一个技术资源 i 在技术整合过程中的技术收益，那么对于企业层面，一个并购方企业在整合的过程中所能实现的总的技术收益为 $Benefit = \sum_{i=1}^{N} T_{i,t}$。根据本章对海外并购的技术整合风险 risk 定义为，并购方由于整合深度不能匹配技术相似性与互补性特性而造成的技术收益的损失，即实际整合深度所对应的技术收益与最优整合深度所对应的最大技术收益 $Benefit^*$ 的偏离，偏离程度越大，技术整合风险越大，偏离程度越小，技术整合风险越小。即：

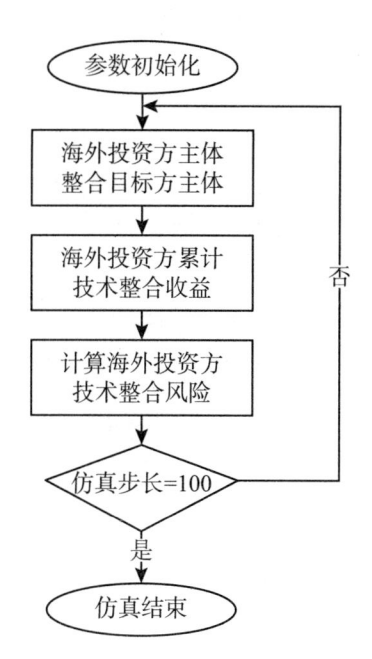

$$risk = Benefit^* - Benefit \quad (21-9)$$

图 21-2 多主体仿真流程图

二、多主体仿真参数设置

为利用多主体仿真模型动态的刻画并购双方存在技术相似性和技术互补性时,随着整合深度增加,并购方海外并购技术整合风险的演化。比较并购双方技术相似性和互补性不同强弱匹配的情况下,并购方在达到技术整合风险最小值时所对应的最优整合深度的变化规律。我们在模型的程序中设置随机种子(random-seed 100)。随机种子并不影响实验的随机性,同时增强了实验的可重复性,即如果每次从同一个随机数种子开始,你可以得到同样的结果。仿真模型中所使用的参数符号的含义如表21-1所示,仿真模型核心参数的取值如表21-2所示,需要说明的是,在模型参数设置的过程中,将技术相似性强设置为 $b > 0.5$,技术相似性弱 $b < 0.5$,技术互补性强设置为 $p > 0.5$,技术互补性弱设置为 $p < 0.5$,所有符合技术特性强弱匹配的设置都能得出上述结论,本章只选取了其中一组进行直观的展示。仿真模型中辅助参数的取值如表21-3所示。

表21-1　　　　多主体仿真参数符号含义

参数符号	参数含义	参数性质
Ti	并购方技术资源初始值	随机
Tj	目标方技术资源初始值	随机
e	技术创新能力	固定
a	学习努力程度	固定
s	技术折旧率	固定
b	吸收能力	可变
p	协同能力	可变

表21-2　　　　多主体仿真实验核心参数设置

并购双方技术特性		b	p	待观测变量
技术相似性弱	技术互补性强	0.2	0.8	$risk$, $step$
技术相似性强	技术互补性弱	0.8	0.2	

表21-3　　　　多主体仿真实验辅助参数设置

Ti	Tj	e	a	s
$N(100, 10)$	$N(160, 10)$	1	1	0.05

三、多主体仿真结果分析

模型 1 的参数设置输入 Netlogo 软件,比较并购双方技术相似性和互补性不同强弱匹配的情况下,并购方在达到技术整合风险最小值时所对应的最优整合深度的变化规律。根据公式 (21-8) 计算代表性并购方的技术整合收益 $Benefit = \sum_{i=1}^{N} T_{i,t}$,输出 100 个仿真步长的仿真结果,并根据公式 (21-9) 计算特定投资方的技术整合风险,结果如图 21-3 所示。

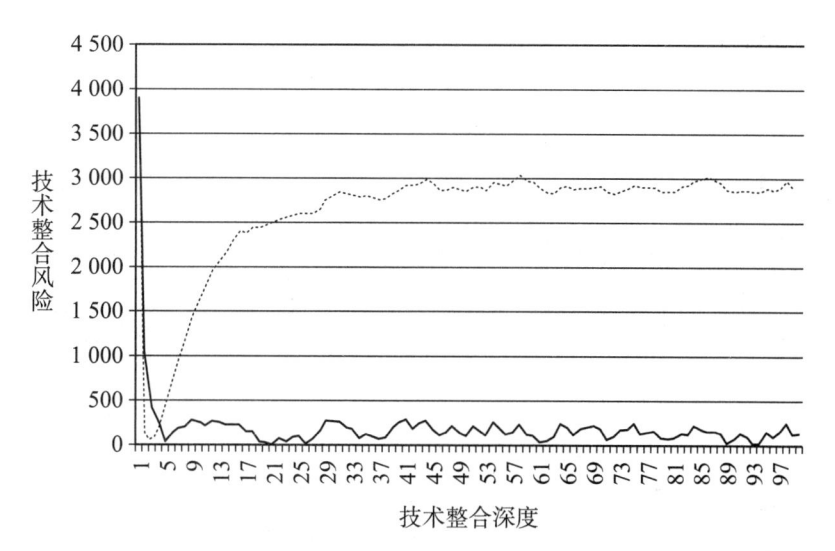

图 21-3 技术整合深度与整合风险的动态关系

注:实线代表技术相似性强互补性弱,虚线代表技术相似性弱互补性强。

图 21-3 中虚线代表并购双方技术相似性强、技术互补性弱 ($b=0.8$, $p=0.2$) 时,技术整合风险随技术整合深度的变化趋势,实线代表并购双方技术相似性弱、技术互补性强 ($b=0.2$, $p=0.8$) 时,技术整合风险随技术整合深度的变化趋势。

分析图 21-3 虚线的形状,我们发现并购双方存在技术相似性强、技术互补性弱的情况下,技术整合风险随着整合深度增加而降低,到达最小值。所以并购方对于相似性技术进行整合,技术整合风险主要是由整合不足所造成的。即使整合过度,技术整合风险并没有显著的提高,证明了技术相似性确实可以有效控制技术整合风险 (e.g. Katrin, 2010)。分析图 21-3 中实线的形状,我们发现并购双方技术互补性强、技术相似性弱的情况下,在最初阶段,技术整合风险不断减小,在达到最小值之后,技术整合风险随着整合程度的继续增加而显著上升,所以并购方对于互补性技术进行整合，技术整合风险主要是由整合过度所造成的。技术整合风险上升到一定程度后趋于平稳，此时整合已对目标方的技术创新能力造成实质性的损害（e.g. Puranam，2003），技术互补性带来的协同能力无法继续发挥作用。

比较虚线和实线，可以发现，技术相似性占主导时最优的整合深度（optimal integration depth = 20）比技术互补性占主导时的最优整合深度（optimal integration depth = 3）要大。因此我们得出结论：并购双方的技术相似性强，互补性弱时，并购方越应采取深度整合策略，降低海外并购技术整合风险。并购双方的技术互补性强，技术相似性弱时，并购方越应采取低度整合策略，发挥协同能力，降低海外并购技术整合风险。技术相似性的价值在于并购方的吸收能力可以充分发挥，在学习和吸收目标方的技术知识上具有绝对优势，因此当并购双方资源以相似性为主时，要求并购双方进行高程度的整合，可以降低技术整合风险。技术互补性的价值来自于并购双方一定的差异性资源带来的协同作用。高程度的整合，包括组织结构的统一、系统同质化或者资源的统一可能破坏目标企业本身的自主性和发明家任务环境，致使拥有核心技术创新能力的发明家离任或不能专心于研发，从而导致技术创新能力无法发挥，协同能力降低。而受限于吸收能力，并购方对目标方技术知识的获取有限，因此高度整合在并购双方技术相似性弱技术互补性强的情况下，会提高并购方的技术整合风险。

第三节　本章小结

本章运用仿真工具动态地刻画了并购双方技术相似性和技术互补性不同匹配的情况下，技术整合风险随整合深度的演化过程，并合理地设置了技术相似性、技术互补性与整合步长在多主体仿真模型中的参数。本章运用多主体动态仿真技术建立了 21×21 个网格组成的球体界面，一个特定的并购方主体所拥有的所有的初始技术资源随机的分布在网格中。输出仿真结果得出了两个有价值的结论：（1）并购双方的技术相似性强，互补性弱时，并购方越应采取深度整合策略，以最大化获取技术收益，降低海外并购技术整合风险；（2）并购双方的技术互补性强，技术相似性弱时，并购方越应采取低度整合策略，以最大化获取技术创新能力，降低海外并购技术整合风险。

第二十二章

基于最优控制方法的海外投资技术整合风险动态研究

第一节 海外投资技术整合风险的理论探讨

一、技术相似性与并购价值创造

并购的研究已经发现,并购企业和目标企业的技术相似性是影响并购后技术进步的重要因素(Cloodt, Hagedoorn & Van Kranenburg, 2006; Cassiman et al., 2005; Hagedoorn & Duysters, 2002)。技术相似性,指在同一个狭义范围的技术领域的企业的技术能力、技艺和知识的程度,决定协同效应的实现与知识重组的性质和内容(Harrison, Hitt, & Ireland 1991; Ornaghi 2009; Cassiman et al., 2005)。技术相似性能够促进海外投资企业对被投资方技术的吸收与消化,同时相似性能够使投资企业原有的资源在整合中被更有效配合从而产生更多价值,实现协同效应。因此,技术相似性通过对吸收能力和协同效应共同作用于投资价值的创造。

技术相似性对海外投资价值创造的影响一方面通过吸收能力产生作用,即两个公司技术知识越相似,被收购方公司的知识就能够更快地被吸收和被商业化开发（Cohen & Levinthal，1990；Lane & Lubatkin，1998）。吸收能力是指主体认识到外界新知识并且吸收的能力（Cohen & Levinthal，1990）。在海外投资中，技术吸收是通过获取原属于外部企业的技术要素（资源、知识、技能），并使之与自身技术要素相整合，以提升自主开发技术能力，实现技术跨越的目的。现有的研究同时表明：吸收能力主要受技术相似性影响，且技术相似性越大，海外投资方的吸收能力越强。寇恩和利文索尔（Cohen & Levinthal，1990），莱恩和鲁帕特金（Lane & Lubatkin，1998）指出投资双方技术越相似，转移的技术就越容易被理解，被同化和应用，所以企业外部获取的技术所涉及的领域与当前已掌握的知识越相关，吸收能力越强，即投资方与目标方的技术相似性越大，投资方企业的吸收能力越强。Nonaka，Takeuchi 和 Umemoto（1996）也指出技术的相似性有利于投资方与目标方现有技术知识的交流与整合。要成功地整合目标方企业的资源，要求投资方必须对这些资源有起码的理解（Chatterjee & Wernerfelt，1991；Szulanski，2000；Teece，1977），因而投资方企业的"吸收能力"对于并购成功与否显得十分关键。

技术相似性对海外投资价值创造的影响另一方面通过研发部门规模增长产生作用，以此获取协同效应。协同效应是用来解释海外投资对于创新影响的另一种理论观点。研发生产率的改变与创新表现能够被解释为协同效用的产生（Hall 1990；Hoskisson, Ireland & Harrison，1991；Henderson & Cockburn，1996；Henderson，2000；Capron，1999）。协同效应通过不同的机制发生：并购带来研发活动规模的上升使其达到能够承担更多科研项目和通过分工利用经济曲线的临界值；平行的研发努力和浪费的研发重复会被降低的研发投入所消除。

二、技术整合与并购价值创造

技术整合过程就是目标企业的技术与投资方企业技术交叉融合的过程。通过技术整合，并购企业可以有效地获得目标企业的技术要素，产生技术协同效应，快速提高企业的研发能力和生产制造能力。成功的技术整合将直接导致企业技术能力的提高，从而提高企业的产品创新能力，推进实施大规模定制，以达到提高企业的市场竞争能力，最终提高企业效益的目的。在并购技术整合过程中，投资双方的技术系统融合在一起，可以相互促进产生潜在的协同效应，也会产生相应的整合成本，包括目标方技术转移产生的转移成本及在技术融合过程中因技术冲突产生摩擦成本。因此采取适当的技术整合策略有利于实现海外投资的协同效应，降低整合成本，从而最大程度的实现海外投资价值创造。

就整合策略而言，整合程度和整合速度是两个最重要的因素。整合程度可以被定义为并购后技术、管理、文化结构的一体化水平。目前已有许多文献就整合程度对投资收益的影响进行了分析：并购后整合的相关文献表明，对于先前独立的两个组织，恰当的整合程度对于并购后的价值创造是很重要的（Haspeslagh & Jemison, 1991）。亚格伯·查希尔，塞维尔·卡斯塔内和戴维·苏德（Akbar Zaheer, Xavier Castañer & David Souder, 2011）认为实现投资价值的关键就是决定合适的整合程度。阿格丽特（Argaret, 2008）也指出技术获取与整合程度有着直接的关系，高程度的整合能够增加技术潜在的协同效应的实现，因此整合的程度越高价值创造的可能性也越大。具体说来，选择和执行恰当的整合方法可以带来并购成功（Haspeslagh & Jemison, 1991）。艾米·帕布罗（Amy L. Pablo, 1994）指出对于并购而言，一定程度的整合是必需的，但最终选择怎样的整合程度对投资结果却是至关重要的，过高或者过低程度的整合均会导致价值获取的失败。因为，虽然高程度的整合在理论上增强了潜在的协同效应，同样增加了投资方与目标方之间潜在的技术冲突，产生整合成本。

对于整合速度，一种观点认为投资的成功受到整合速度的正向影响，许多管理咨询公司已经在对并购价值创造的实证研究中将整合速度作为潜在的成功因素（Fujitsu Consulting, 2001; Mercer Management Consulting, 1997; Price Water house Coopers, 2000）。总体来看，这些研究提供了一些证据，表明整合速度对投资成功是正相关的。特别的，公司变动的快速实现是有好处的，因为这样减少了被并购方公司员工的不确定性。但是，尽管是基于大样本，这些研究在样本选择、构建测度和数据分析上都没有满足实证的基本学术要求。另外，在什么环境下整合速度对并购成功的影响也没有在这些研究中得到体现。另一种观点认为，迅速整合是有害的，容易造成目标企业员工的怨恨与不满，阻碍投资后企业学习目标企业运营的能力（Haspeslagh & Jemison1991; Chandhuri & Tabrizi, 1999）。即使投资企业在整合过程中没有做出努力，投资后随着时间推移，也会慢慢促进知识转移。奥利（Olie, 1994）认为，在某几个案例研究中，缓慢的整合过程更好地将并购双方的冲突最小化了。与此一致的是，兰福特和洛德（Ranft & Lord, 2002）发现缓慢的整合能够增强并购双方公司雇员的信任建立。本书将整合速度定义为两个公司并购后完成预期内的系统、结构、活动和过程的整合所需要的时间长短。总的来说，目前有限的学术研究提到了整合的速度，学者确认了整合速度是成功的海外投资后整合的重要驱动。本书认同维因霍温等（Wijnhoven et al, 2006）的观点：针对不同程度的整合，要依据整合战略采取适当的整合速度。

之前关于海外投资整合的研究更多的关注整合结果，而关于整合决定的详细分析仍是相当之少。本章综合技术相似性及整合过程对海外投资价值创造影响相关理论机理，构建理论框架如图22-1所示。

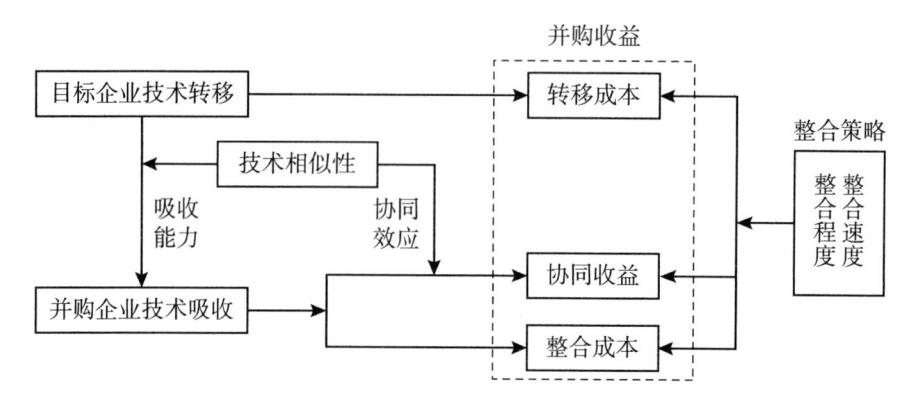

图 22-1　技术相似性与技术整合对并购价值创造的影响机制

第二节　海外投资技术整合风险的模型建立

一、前提假设

令投资方企业投资收益为：$R = \int_0^\infty e^{-\beta t} f(\rho, k(t), v(t)) dt$，其中 β 表示贴现因子，$e^{-\beta t}$ 为 t 时期到初始时期的贴现率，$1 \geq \beta \geq 0$。$f(\rho, k(t), v(t))$ 为单位时间内该整合过程为投资方带来的投资收益。$v(t)$ 表示目标方技术转移；$k(t)$ 表示投资方技术整合程度。若令 $n(v(t))$ 为转移成本，$m(k(t))$ 表示整合过程中的协同收益与摩擦成本之差，是关于整合程度 $k(t)$ 的函数，则投资收益函数为 $f(k(t), v(t)) = m(\rho, k(t)) - n(v(t))$。参数 ρ 表示技术相似性对海外投资所产生的协同效应影响因子，其中 $\partial^2 f / \partial k \partial \rho \geq 0$，意味着技术相似性越大，整合的协同收益越大。对于单期收益函数而言，整合程度同时影响摩擦成本和协同收益，整合程度将同时增加摩擦成本和协同收益。但边际摩擦成本递增而边际协同收益递减，因此 $d^2 m(k(t))/dk(t)^2 \leq 0$（即对于投资收益函数有 $f_{11} = \partial^2 f(\rho, k(t), v(t))/\partial k^2 \leq 0$），那么 $f(\rho, k(t), v(t))$ 是关于 $k(t)$ 的凹函数。对目标方的技术转移而言，转移的技术越多，相应的转移成本越大，故 $dn(v(t))/dv(t) \geq 0$（即 $f_2 = \partial f(\rho, k(t), v(t))/\partial v \leq 0$，且边际成本递增 $d^2 n(v(t))/dv(t)^2 \geq 0$（即 $f_{22} = \partial^2 f(\rho, k(t), v(t))/\partial v^2 \leq 0$）。此外，$t$ 时刻投资方企业的技术整合程度由当期目标方技术转移与投资方企业的吸收能力决定，即 $dk/dt = \dot{k}(t) = \delta v(t)$，$1 \geq \delta \geq 0$

其中为外生给定参数，表示投资方的技术吸收能力，从上文的分析可知技术相似性越大，吸收能力越强。

二、基础模型

本章从动态的视角研究在整合阶段海外投资方如何制定最优的整合策略实现整合利润最大化。主要解决两个问题：一是要整合到怎样的程度才能实现整合收益最大化；二是整合应该以何种速度进行？

投资方的价值最大化问题就是在整合的不同阶段选择适当的整合程度和整合速度极大化其价值 R。因此，整合决策转化为了求解如下最优控制问题：

$$\max \int_0^\infty e^{-\beta t} f(\rho, k(t), v(t)) dt \quad (22-1)$$

$$s.t. \ \dot{k} = \delta \cdot v \quad (22-2)$$

$$k(0) = 0 \quad (22-3)$$

其中 $k(0)=0$ 表示投资方初始整合程度为零。最优控制方法讨论的问题就是在微分方程给出的约束条件下，选择函数来使得目标函数极大或者极小。本章中的 $f(\rho, k(t), v(t))$，$\delta v(t)$ 都要求是二阶连续可微的函数，我们把 $v(t)$ 称为控制变量，$k(t)$ 为状态变量，因为可以通过改变 $v(t)$ 来改变 $k(t)$ 的值。

三、模型的均衡解

首先，我们定义 Hamilton 方程如下：

$$H = f(\rho, k(t), v(t)) + \lambda(t) \cdot \delta \cdot v(t) \quad (22-4)$$

其中 $\lambda(t)$ 为 Hamilton 乘子，具有丰富的经济含义，它表示了 t 时刻状态变量 $k(t)$ 的边际值，即 $k(t)$ 增加一个单位所带来的最优值改变是多少个单位，因此把 $\lambda(t)$ 称为 $k(t)$ 的影子价格。对于以上问题有如下最优性条件：如果 $k(t)$，$v(t)$ 为最优问题的解，则存在 $\lambda(t)$ 满足以下条件：

最优性条件：$\dfrac{\partial H}{\partial v} = \dfrac{\partial f}{\partial v} + \lambda(t)\delta = f_2 + \lambda\delta = 0 \quad (22-5)$

欧拉方程：$\dfrac{d\lambda}{dt} = \beta\lambda - \dfrac{\partial H}{\partial k} = \beta\lambda - f_1 \quad (22-6)$

可行性条件：$\dot{k} = \dfrac{dk}{dt} = \dfrac{\partial H}{\partial \lambda} = \delta v \quad (22-7)$

横截性条件：$\lim\limits_{t \to \infty} \lambda k e^{-\beta t} = 0 \quad (22-8)$

二阶条件：$\dfrac{\partial^2 H}{\partial v^2} = \dfrac{\partial^2 f}{\partial v^2} \leq 0$ （22 – 9）

方程式（22 – 5）表明在最优时技术转移速度对投资收益的边际影响等于单位整合程度对投资收益的边际影响。方程式（22 – 6）是欧拉方程，横截性条件排除了发散均衡点的情形，松弛条件意味着最优解必须满足代数约束条件。从前文假定我们知道对于二阶条件已经满足。

现在通过转化来获得不同形式的欧拉方程。对最优性条件两边关于求 t 求导得：

$$f_{22}\dfrac{dv}{dt} + \delta \dfrac{d\lambda}{dt} = 0 \qquad (22-10)$$

将式（22 – 5）和式（22 – 10）同时代入式（22 – 6）得：

$$f_{22}\dfrac{dv}{dt} = \delta f_1 + \beta \qquad (22-11)$$

即得到新的欧拉方程：

$$\dot{v} = \dfrac{dv}{dt} = [\delta f_1 + \beta f_2]/f_{22} \qquad (22-12)$$

第三节　海外投资技术整合的均衡整合程度及系统的动态化分析

一、技术整合的均衡状态分析

命题1：系统存在稳定均衡状态，且技术转移和整合程度路径会收敛到各自的均衡水平。

对于动态系统 $\dot{v} = (\delta f_1 + \beta f_2)/f_{22}$，$\dot{k} = \delta v$，在 $\dot{k} = \dot{v} = 0$ 条件下达到，此时 $v^* = 0$，k^* 是隐函数 $\delta f_1(\rho, k, 0) + \beta f_2(\rho, k, 0) = 0$ 的解。通过相位图的分析来证明均衡点是存在且稳定的。

根据 $\dot{v} = (\delta f_1 + \beta f_2)/f_{22}$ 知，当 $\delta f_1 + \beta f_2 = 0$ 时 $\dot{v} = 0$，存在 k^*，表示 $\dot{v} = 0$ 时 k 的水平。由于对于 $k < k^*$，$f_1(k) > f_1(k^*)$，所以 $\delta f_1 + \beta f_2 > 0$，由于 $f_{22} < 0$，故 $\dot{v} < 0$。由于 $k(t) < N$，$v(t) > 0$，因此我们只分析 $k(t) < k^*$ 的情况。图中用箭头标出了在该区域技术转移的变动方向。$k(t)$ 的运动方程由式（22 – 7）给出。对于给定的 k，$\dot{k} = 0$ 时，$\dot{v} = 0$，当 $v(t) > 0$ 时，由于 $\dot{k} = \delta v$，$k(t)$ 是逐渐增大的。

图 22-2 中实线箭头表示 $v(t)$ 和 $k(t)$ 的运动方向。其中，$E(v^*, k^*)$ 点为稳定的均衡点，$v^* = 0$。在技术转移和整合程度的平面 $(v(t), k(t))$ 中，$\dot{k} = 0$ 和 $\dot{v} = 0$ 表示两条曲线，它们的交点就是均衡点。一旦变量收敛到这一点上便不会再发生变化了。

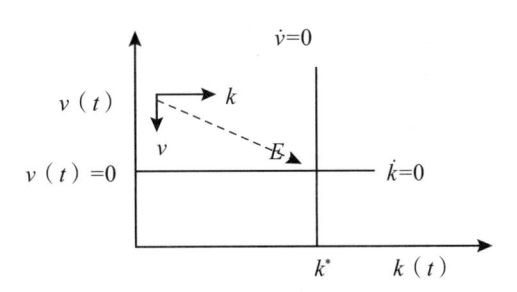

图 22-2 鞍点稳定路径

二、技术整合的整合速度分析

本小节分析与均衡整合程度匹配的整合速度问题。根据技术转移和整合程度的动态性方程式有：

$$\dot{v} = (\delta f_1 + \beta f_2)/f_{22}, \quad \dot{k} = \delta v$$

把上面的系统在均衡点 (v^*, k^*) 处运用泰勒公式线性展开，同时运用当系统处于稳定状态时条件：$\delta f_1(k^*, v^*) + \beta f_2(k^*, v^*) = 0$，$v^* = 0$。得到均衡点的线性系统：

$$\dot{v} = \frac{\delta f_{11} + \beta f_{21}}{f_{22}}(k - k^*) + \frac{\delta f_{21} + \beta f_{22}}{f_{22}}(v - v^*) \quad (22-13)$$

$$\dot{k} = \delta(v - v^*) \quad (22-14)$$

令 θ_1，θ_2 为上述方程组对应的特征根，则有如下等式成立：

$$\theta_1 + \theta_2 = \frac{\delta f_{12} + \beta f_{22}}{f_{22}} \quad (22-15)$$

$$\theta_1 \cdot \theta_2 = -\delta \cdot \frac{\delta f_{11} + \beta f_{21}}{f_{22}} \quad (22-16)$$

由于 $f_{11} \leq 0$，$f_{22} \leq 0$，$f_{12} = f_{21} = 0$，故 $\theta_1 + \theta_2 \geq 0$，$\theta_1 \cdot \theta_2 \leq 0$。那么，特征根 θ_1，θ_2 是实根，而且它们中必须有一根为正，一根为负。从常微分方程的稳定性理论知均衡点 (v^*, k^*) 为系统的鞍点稳定均衡点，即再次证明了均衡点存在性。且由方程式 (22-15) 和式 (22-16) 可以得到两个特征根分别为：

$$\theta_1 = \frac{1}{2}\left\{\frac{\delta f_{12} + \beta f_{22}}{f_{22}} - \left[\left(\frac{\delta f_{12} + \beta f_{22}}{f_{22}}\right)^2 + 4\delta \cdot \frac{\delta f_{11} + \beta f_{21}}{f_{22}}\right]^{\frac{1}{2}}\right\} \quad (22-17)$$

$$\theta_2 = \frac{1}{2}\left\{\frac{\delta f_{12} + \beta f_{22}}{f_{22}} + \left[\left(\frac{\delta f_{12} + \beta f_{22}}{f_{22}}\right)^2 + 4\delta \cdot \frac{\delta f_{11} + \beta f_{21}}{f_{22}}\right]^{\frac{1}{2}}\right\} \quad (22-18)$$

但系统要收敛于（v^*，k^*），θ 必须为负，因为如果 θ 为正，那么（$k - k^*$），（$v - v^*$）是增长的，也就是说，经济不是沿一条直线移向（v^*，k^*），而是沿直线离开（v^*，k^*）。因此

技术整合程度的路径可以逼近为：

$$k(t) = k^* + e^{\theta_1 t}[k(0) - k^*]$$

可以由 θ_1 的绝对值大小来刻画整合过程的收敛速度，即整合速度。显然，θ_1 的绝对值越大，$k(t)$ 越接近均衡的整合程度，即整合速度越快。

第四节　海外投资技术整合风险模型均衡解的比较静态分析

对大多数经济问题来讲，很难求出显式解，但是，我们可以通过给出最优性条件来对经济系统进行分析，得到关于经济的某些特征。分析这些问题主要的手段就是比较静态分析。下面我们将给出吸收能力对整合速度及整合程度的影响方向。

命题2：投资双方技术相似性越大，吸收能力越高，整合速度越快。

证明：技术整合速度如下：

$$\theta_1 = \frac{1}{2}\left\{\frac{\delta f_{12} + \beta f_{22}}{f_{22}} - \left[\left(\frac{\delta f_{12} + \beta f_{22}}{f_{22}}\right)^2 + 4\delta \cdot \frac{\delta f_{11} + \beta f_{21}}{f_{22}}\right]^{\frac{1}{2}}\right\}$$ 由于 $f_{12} = f_{21} = 0$，因此

$$\theta_1 = \frac{1}{2}\left\{\beta - \left[\beta^2 + 4\delta \cdot \frac{\delta f_{11}}{f_{22}}\right]^{\frac{1}{2}}\right\}$$

对上式关于 δ 求偏导得：

$$\frac{\partial \theta_1}{\partial \delta} = -\left(\beta + 4\delta \cdot \frac{\delta f_{11}}{f_{22}}\right)^{-1} \cdot \delta \cdot \frac{f_{11}}{f_{22}} < 0，即 \delta 越大，\theta_1 越小，整合速度越快。$$

由于吸收能力与投资双方技术相似性有关。因此，若投资企业与目标企业间的技术相似性高，吸收能力相对较高，可以进行快速整合，相反的，对于技术相似性较低的情况，投资方的吸收能力相对较低，应选择较低的整合速度。哈斯普斯劳格和杰米森（Haspeslagh & Jemison, 1991），布拉加多（Bragado, 1992）指

出整合速度取决于技术资源的联系性。克里斯琴和马提亚（Christian & Matthias, 2006）提出整合的速度关系到投资的收益和损失，同时投资双方的资源内外部联系性对于这种收益或损失的作用具有调节作用。通过问卷调查的方法，他们得出了当相似性较高的时候快速整合有利于投资结果，相反当相似性较低的情况下快速整合不利于投资结果的结论。

命题 3：投资双方技术相似性越大，协同效应越高，均衡时的整合程度越大。

证明：由于 $v^* = 0$，因此 $f_2(k^*) = 0$，对于均衡状态 $\delta f_1(k^*) + \beta f_2(k^*) = 0$，可知 $f_1(k^*) = 0$，而 $k^* = k^*(a, \delta)$，且由于，$dk(t)/d\rho \geq 0$，$df_1/d\rho \geq 0$ 可知协同效应因子越大，整合程度越高。即技术相似性越强均衡状态的整合程度越大。

因此，即对于特定投资方企业而言，在目标方可整合技术的水平一定的情况下，对于相似性较高的情况，可以进行较高整合程度整合，反之，对于相似性较低的情况，应选择较低程度整合。大量的研究表明两个企业之间的相似性为投资方通过高程度整合带来收益提供了潜在可能（Larsson & Finkelstein, 1999; Puranam et al., 2009; Zollo & Singh, 2004）。当投资双方行业相似性为主时，高程度的整合是可行的（Cohen & Levinthal, 1990; Penrose, 1959）投资方拥有足够的知识来完成投资（Borys & Jemison, 1989; Datta & Grant, 1990）。已有不少文献研究表明相似性越高，整合程度越高（Capron, Mitchell & Swaminathan, 2001; Karim & Mitchell, 2000）。因此根据技术相似性选择与之匹配的整合程度是获得海外投资成功的关键。

第五节 本章小结

如何有效地完成海外投资后的整合，最大程度获得技术提升、实现投资的价值创造，是企业海外投资需要解决的重要问题。海外投资的整合阶段是投资成功与否的关键，而技术相似性、整合速度、整合程度是影响整合成功的重要因素，但目前关于整合速度和程度对投资价值影响的文献十分有限，且大多是定性或案例分析。本章作为对第二十一章海外投资技术整合风险生成机理的补充研究，从海外投资整合速度与整合程度的角度出发，建立海外投资技术整合风险的动态数理模型。得到如下结论：

技术相似性会导致最优整合策略行为的差异，具体而言，投资企业间的技术相似性高，应选择快速、高程度整合；相反的，在技术相似性较低的情况下，应选择缓慢、较低程度的整合。因此，对于技术获取型海外投资，投资方企业在选择整合程度和整合速度时不应一味追求快速高程度整合，而应充分考虑投资双方资源的相似性。因为在技术相似性低的情况下，过高的整合程度和整合速度，并不一定能增加投资绩效，反而可能造成整合成本的过大。

本章的结果在理论上对已有的关于投资整合的研究进行了一定的补充和发展。首先，有关整合速度与整合程度对整合阶段价值实现作用机理的研究很少，本章的模型用定量化的数学方程描述了技术整合过程中企业最优整合速度和整合程度的变化特征。其次，将技术相似性与整合速度、整合程度联系起来，给出了技术相似性对最优整合速度和整合程度的影响方向，为已有的相关文献提供了理论支持。实践中也对投资企业具有一定的指导意义。针对整合，投资方企业关注的视角大多停留在探讨战略整合、人力资源整合和企业文化整合等方面，对技术整合的关注明显不足。而在投资方企业整合过程中，对投资双方企业的技术进行有效整合，是提高海外投资整合绩效的重要过程与条件。由此可见，探讨如何完善海外投资的技术整合尤其是以获取新技术为动因的技术整合显得尤为重要和紧迫。本章的研究有助于帮助企业制定最优的整合策略实现海外投资价值的最大化。

同时，本章留有进一步的研究空间，首先，本章将海外投资收益仅仅看做是技术转移与整合程度的函数，是一个高度简化的模型。其次，本章假设企业的吸收能力为常参数，而在实际中企业的吸收能力往往随着整合过程的推进，技术水平的增加而发生变化，因此后续研究可以将吸收能力设定为随整合程度或时间变化的变量。此外，第五节的技术整合策略分析建立在特定模型设定之上。选择不同的海外投资收益函数形式往往会得到不同的研究结论，作为一个特例，本章使用的函数形式未必一定符合中国企业普遍的实际情况。最后，技术的互补性也是影响整合过程的另一重要特性，后续研究可以在本章的框架内引入互补性的概念，进一步完善本模型。

第二十三章

中国企业海外投资技术整合风险的实证研究

第一节 基于技术相似性与互补性视角的中国企业海外投资技术整合风险实证研究
——以海外并购为例

一、模型设定

在实践中，技术获取型海外投资技术整合风险表现为投资公司技术整合后获得较低水平的技术收益，技术相似性与互补性对技术整合风险的作用效果由此可以通过二者对投资公司技术整合收益的影响进行认识。本章以投资公司的技术整合收益为因变量，以技术相似性和互补性为自变量，构建计量回归模型，通过对技术相似性和互补性与技术整合收益进行相关性分析，获得二者对技术获取型海外投资技术整合风险作用效果的认识。由于现实商业活动中，企业开展的海外投资项目数量庞大，为保证研究数据的典型性和解释力，本章实证数据均取企业海外并购数据。

本研究中的因变量技术整合收益和控制变量技术基础，通过技术获取型海外投资中投资公司不同时期的专利数目来量化，作为计数变量只取非负整数值，为缓和其条件分布可能具有的异方差性或偏态性,以及对极端值的敏感性,对二者取自然对数。本章设定如下回归模型来研究技术的相似性和互补性与技术整合收益的关系:

$$\text{lnreturn} = \beta_1 X_1 + \beta_2 X_1^2 + \beta_3 X_2 + \beta_4 \text{lnbase} + \beta_5 \text{number} + \varepsilon \qquad (23-1)$$

其中,因变量 lnreturn 是技术获取型海外并购后并购公司技术整合收益的对数形式;自变量 X_1 为并购双方的技术相似性,X_1^2 为并购双方技术相似性的平方,验证相似性对技术整合收益的曲线效应;自变量 X_2 为并购双方的技术互补性;控制变量 lnbase 是技术获取型海外并购发生前并购公司技术基础的对数形式;控制变量 number 是并购公司发生该项技术获取型海外并购交易后,三年内发生的技术获取型海外并购数目;ε 是与其他变量无关的独立随机变量。

当自变量显示对因变量技术整合收益存在显著的正向效应,表示自变量对技术整合风险进行了有效控制;当自变量显示对因变量技术整合收益存在显著的负向效应,表示自变量对技术整合风险进行了放大;当自变量显示与因变量技术整合收益之间的相关性并不显著,代表自变量对技术整合风险的作用效果并不明显。

二、相关变量

(一) 因变量的选取与说明

技术整合收益(return):并购公司技术整合后产出的新技术,利用并购公司技术获取型海外并购发生后三年内产出的专利数衡量。

并购企业所追求的技术整合在大部分情况下都不能够立即实现,技术整合的过程中需要并购双方公司日益增加的共同背景下的知识水平,相互理解和信任加以支撑。而这些因素需要通过学习和合作的过程,随时间去获得深化,因此技术获取型海外并购后的技术整合很可能在并购后几年内持续进行,而不是仅仅在并购后某一年全部完成,本章使用海外并购发生后三年内并购公司成功申请的专利数目来衡量技术整合所带来的技术收益。

专利作为测量新技术产出的方法,具有明显的优势。首先,专利数据具有良好的可获得性和连续性,其次,专利代表了对公司新技术的一种外部验证,通过授予受让人产权,具有重要的经济意义。再次,专利与其他测量新技术产出的方法有较好的相关性。实证研究发现,专利与新产品,创新和发明数量,销售增长等测量方法都紧密相关,同时专家对于公司技术能力的评分也与公司持有的专利数高度相关(Ahuja and Katila, 2001)。

为控制从专利申请提交到得到批准这一中间延迟的差异,本章利用专利申请的原始日期,将专利归为某一特定年份。

(二) 自变量的选取与说明

1. 技术相似性 X_1:并购双方技术解决集中在相同知识领域内问题的程度,相同的知识领域是指狭义的范围内。利用技术获取型海外并购发生前五年并购双方位于相同专利分类下的专利比重进行衡量。

一个公司所拥有的专利,可以看做是其所积累的技术知识的基础,代表了公司与特定技术知识元素的关系(Kim and Kogut, 1996)。因此专利为比较公司间的技术提供了基础,因为每一个专利号都唯一的代表了某一种独特的技术知识,那么两个公司所共有的专利分类号码越多,双方技术的相关性越大(Mowery, Oxley and Silverman, 1998)。

国际专利分类法将专利分成 8 个部类, 24 个分部类, 119 类主要的种类。本章用并购双方位于相同专利分类下的专利来衡量相似性技术,反映了技术相似性定义中所指代的这种狭义范围内知识领域的重叠程度。

沿用马克里,希特和莱恩(Makri, Hitt and Lane, 2010)对技术相似性的量化思路,并购双方在相同专利类别下专利的数量除以并购双方拥有的专利总量,再乘以并购方相同专利类别下专利占并购方专利总量的比例,就可以得到这个指标,该指标反映了两个公司在相同专利类别下技术的相似程度。

2. 技术互补性 X_2:共有的广义范围的知识领域内,并购双方所拥有的属于不同狭义范围内知识领域的技术资源。利用技术获取型海外并购发生前五年并购双方位于相同专利分部类、但不同类下的专利比重进行衡量。

技术相似性与技术互补性的量化方法如表 23 - 1 所示。

表 23 - 1   技术相似性与技术互补性量化方法

$$技术相似性 = \frac{并购双方相同专利类别下专利数}{并购双方专利数总数} \times \frac{并购方相同专利类别下专利数}{并购方专利数总数}$$

$$技术互补性 = \frac{并购双方相同专利分部类下专利数}{并购双方专利总数} - \frac{并购双方相同专利类别下专利数}{并购双方专利总数}$$

$$\times \frac{并购方相同专利分部类下专利数}{并购方专利总数}$$

资料来源:Makri, Hitt and Lane. Complementary technologies, knowledge relatedness, and invention outcomes in high technology mergers and acquisitions [J]. Strategic Management Journal, 2010, 31 (6): 602 - 628.

根据国际专利分类法，本章用属于相同的专利分部、但在不同类中的专利代表互补性技术，相同的专利分部对应技术互补性定义中共有的广义范围内的知识领域，不同的专利类别对应不同狭义范围内的知识领域。这个衡量指标反映了互补性的理论概念，反映了并购双方公司间的技术整合潜力，例如，如果两个公司的专利都基于"化学和冶金"部类下的分部"化学"，那么它们基于不同专利类别的程度反映了它们之间的互补整合潜能（C01 和 C07），如图 23-1 所示。

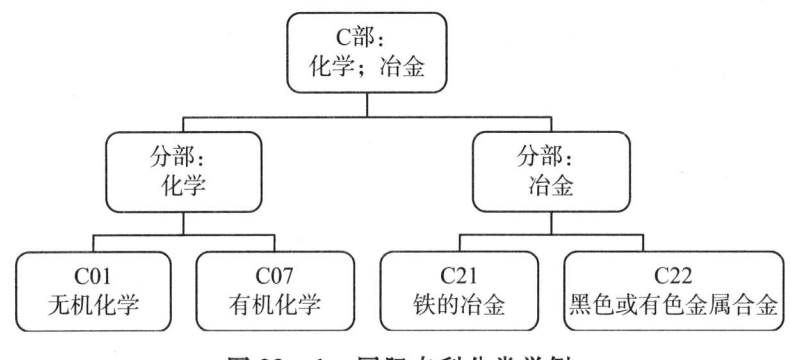

图 23-1 国际专利分类举例

（三）控制变量的选取与说明

1. 并购公司技术基础（base）：并购公司在技术获取型海外并购发生前三年的所获得的专利数。

本章使用并购公司在并购发生前三年所获得的专利数对公司的技术基础进行衡量，以此来对并购方的公司特征进行控制。

2. 其他技术获取型海外并购数目（number）：并购公司发生技术获取型海外并购后，三年内发生的其他技术获取型海外并购数目。

在对因变量技术整合收益的衡量中，本章采用了技术获取型海外并购发生后，并购公司三年内的专利产出进行量化，因此为了控制这三年内并购公司发生的其他技术获取型海外并购对技术整合收益的影响，本章运用该项技术获取型海外并购交易发生后三年内，该并购公司发生的其他技术获取型海外并购数目作为控制变量。

三、样本和数据

（一）样本的筛选

为了明确样本中的技术获取型海外并购，本章获得了每笔海外并购交易的公司并购声明或相关管理者的访谈新闻报道，区分技术获取型海外并购的标准为并购公司是否将技术作为并购的一个动机因素，或者是否把技术作为被转移的资产。满足上述条件之一的海外并购为技术获取型海外并购。

根据所搜集的资料，整理出2000~2011年间中国企业发生的85起技术获取型海外并购交易，对其进行分析。对技术整合收益变量的考察运用了技术获取型海外并购发生后，并购公司三年内的专利产出进行衡量，即对发生在2008年的技术获取型海外并购，本章需要用2009~2011年的公司专利数进行分析，因此样本截止到2008年（共计58起）。

然后本章对无法应用专利分析的并购交易进行剔除。无法用专利分析法对技术获取型海外并购进行量化分析，一方面是因为我国并购公司在该项技术获取型海外并购发生前5年没有获得过专利；另一方面是因为并购声明或新闻报道中虽然表明技术是海外并购的动机因素或待转移的资产中的一部分，然而被并购方的专利并不能得到确认。这种情况之所以会发生，一方面是因为根据并购声明中提供的被并购公司名称进行检索，中外专利数据库服务平台没有相关收录，或者表明被并购公司没有专利；另一方面是因为我国企业发起的技术获取型海外并购的收购对象是外国公司的部分资产业务，其包含的专利是外国公司全部专利的一部分，专利没有被独立的分配给被并购的资产或业务，因此不能与外国公司的总体专利分离。

最后获得36起中国企业技术获取型海外并购交易作为实证分析的最终样本。进入研究样本的并购公司主要集中在电子信息、机械、设备、仪器仪表及零部件行业，专利在这些行业中通常被看做是使用广泛的以及连续有效的。

（二）数据的选择

本章需要选择一个时间区间来对并购双方公司的技术资源进行相似性和互补性的计算。一个极端是，只有并购当年的专利能够被看做是相关的。另外一个极端是，公司在过去所取得的所有专利都被看做是相关的，用来测量双方公司间的技术相似性和互补性。既有的研究认为，技术资本贬值很快，会在5年内失去其显著的价值（Ahuja and Katila, 2001），本章因此使用并购双方并购前5年所成功申请的专利，来计算并购双方的技术相似性与互补性，即如果一项技术获取型海外并购发生在2000年，本章采用并购双方1996~2000年所成功申请的专利进行技术相似性与互补性的计算。

最终对于样本中2000~2008年中国企业的36起技术获取型海外并购交易，本章获得了每一项并购中，被并购公司并购发生前5年的详细专利数据，并购公司从并购发生前5年到并购后3三年共计8年的详细专利数据，以及并购公司并购后三年内再次发起的技术获取型海外并购交易数目。样本专利数据时间跨度为

1996~2011年，技术获取型海外并购交易时间跨度为2000~2011年。

本研究中所涉及的专利数据来自于中外专利数据库服务平台，所收集的中国企业技术获取型海外并购交易主要使用了三种类型的来源：（1）wind上市公司并购数据库、BvD系列库_Zephyr-全球并购交易分析库；（2）媒体报道，包括政府出版物（中国企业并购年鉴）、商业新闻报道、企业管理者访谈录等；（3）并购公司网站。

四、计量结果分析

通过案例搜集及对样本的剔除，本章的实证结果最终来自于对36起中国企业技术获取型海外并购交易进行的分析，因为样本容量较小，对所得到的计量结果进行分析应当以谨慎为宜。尽管如此，本章还是认为通过对并购案例得到数据的科学统计，是能够阐述一些问题的。

将样本数据输入SPSS17.0软件，获得数据的描绘性统计，如表23-2所示。

表23-2   变量描述性统计

	N	极小值	极大值	均值	标准差
return	36	5.00	1 155.00	193.08	287.72
lnreturn	36	1.61	7.05	4.3053	1.44
X_1	36	0	0.86	0.19	0.22
X_{12}	36	0	0.74	0.08	0.16
X_2	36	0.04	0.74	0.36	0.15
base	36	2.00	566.00	87.89	122.20
lnbase	36	0.69	6.34	3.61	1.40
number	36	0	2.00	0.39	0.64

进一步做回归分析，得到数据的回归结果如表23-3所示。

表23-3   模型回归结果

lnreturn	非标准化系数 beta	非标准化系数 标准误差	标准系数 试用版	T	Sig.
X_1	-3.582	1.818	-0.554	-1.971	0.058
X_1^2	4.606	2.555	0.516	1.803	0.081

续表

lnreturn	非标准化系数		标准系数试用版	T	Sig.
	beta	标准误差			
X_2	2.225	0.931	0.235	2.389	0.023
lnbase	0.682	0.095	0.662	7.189	0.000
number	0.589	0.211	0.264	2.798	0.009
cons	1.136	0.506		2.247	0.032
F – value	20.265				0.000
R^2	0.772				
Adjusted R^2	0.733				

其中技术相似性 X_1 的取值范围为 0~86%，均值为 19%，技术互补性 X_2 的取值范围为 4%~74%，均值为 35%，说明样本中国企业发生的技术获取型海外并购中，并购双方的技术相似性平均为 19%，技术的互补性平均为 35%。虽然均为技术获取型海外并购的并购方企业，技术基础 base 却存在较大的差别，样本中并购前三年并购方企业平均获得的专利数为 87.89 件，标准差为 122.20，并购后技术整合收益 return 也呈现非常大的差异，并购后三年经技术整合获得的平均专利数为 193.08 件，标准差为 287.72。发生技术获取型海外并购后的三年中，并购方企业平均再次发起的技术获取型海外并购数为 0.39 件。模型调整后的 R^2 为 0.733，表示计量模型有较好的拟合度，同时 F 检验值显著，表示模型具有较好的解释力。各项解释变量的显著性结果如下：

技术相似性 X_1 以及相似性的平方 X_1^2 的 t 检验概率分别 0.058 和 0.081，通过了 0.1 显著性水平，显示技术的相似性变量与技术整合收益存在统计学意义上的相关性，因此：技术相似性越大，整合风险越低。

技术互补性 X_2 与技术整合收益 ln return 相关性显著，t 检验值通过了 5% 的显著水平，拒绝了技术互补性与技术整合收益无关的假设。其系数为 2.225，表示并购双方的技术互补性每增加 0.01，并购后技术整合的收益变化 2.225%。因此技术的互补性对于并购后技术整合收益存在显著的正向效应，带来了技术整合后较高的技术水平，有效地控制了并购后技术整合的风险。即：技术互补性越大，整合风险越低。

控制变量 ln base 和 number 的 t 检验值都达到了 1% 的显著水平，与技术整合收益 ln return 相关性显著，系数分别为 0.682 和 0.589，显示并购公司并购前的技术基础，以及一项技术获取型海外并购发生后，并购公司三年内再次发起的技术获取型海外并购数目，对于该项技术获取型海外并购技术整合收益均存在正向的影响，带来了技术整合后较高的技术水平，对并购后的技术整合风险均起到了很好的控制作用。

第二节 基于技术转移角度的中国企业海外投资技术整合实证分析

——以海外并购为例

一、研究背景

并购后的整合不完善，被认为是许多并购和重组失败的主要原因。尽管决定企业并购是否成功与并购的具体操作有直接联系，但是关键还是要看并购后的企业是否能进行有效地整合以及企业核心竞争力是否真正增强。并购后整合在并购价值创造的实现过程中起着至关重要的作用。并购本身并不能立即带来具体的效益或价值，它只能给价值的转移或分配提供途径和可能，而真正的并购价值实现只有在并购后整合过程中才能体现。

在日益激烈的国际市场竞争中，以科技创新为基础的核心技术已成为提升企业核心竞争力的决定性因素，而进行海外并购无疑是企业快速获取先进技术、提高自身竞争优势的有效捷径。在过去的 2012 年内，中国海外并购在并购案例数和并购总额两方面都再创新高，平均并购额高达 3.39 亿美元，其中一个显著特征是高科技类海外并购成为关键并购标的，从海外市场引进成熟技术和知识产权成为中国企业海外并购的重要动因。由于技术知识固有的内隐性特征，与国内并购相比，以获取核心技术为主要目标的企业海外并购更易遭受并购失败的风险，并购后技术整合的重要性也因而更为突出。本章将企业并购后技术整合过程看做是并购双方企业间技术知识转移的过程，通过 Logistic 模型，利用中国企业 2000~2011 年间发生海外技术并购的公开数据进行实证检验，证明并购双方企业层面的影响因素——并购方企业的技术吸收能力、技术创新能力，以及目标方企业技术转移能力如何影响海外并购技术整合的实施。本章接下来结构安排如下：第二部分根据理论机理提出相关假设；第三部分阐述了研究方法，并对数据和样本进行了分析；第四部分展示了实证结果并进行了研究讨论；最后一部分对本章节内容进行了小结。

二、基于技术转移角度的中国企业海外并购技术整合理论探讨

随着整合过程在并购后风险管理中的重要性越来越被人们所认识，研究如何设法增加海外并购整合的成功率已经成为学者近年来关注的一个重要议题（Palmatier，2007）。并购后的整合过程，就其本质而言，是企业的资源在并购双方间转移的过程。国外学者研究了大量并购案例，发现并购整合过程中知识转移的失败已成为许多并购失败的重要原因（Back & Krogh，2002；Gammelgaard，Husted & Michailova，2004），并购后有效的知识共享和知识转移是实现并购知识协同的潜在收益的必要条件（Haspeslagh & Jemison，1994；Capron & Mitchell，1998；Bresman et al.，1999）。哈斯普斯劳格和杰米森（1994）认为并购整合过程与知识转移相关，通过并购后整合达到的最终效果是将外来知识源与企业自身具备的知识进行融合，从而增强知识存量水平和技术创新能力。

沿着这一思路，一系列学者针对海外公司知识转移过程影响因素进行了具体的研究和分析，目前有几个主流的研究分支为我们提供了有益的参考，主要有企业的资源基础观，动态能力观，组织学习理论以及知识基础观。不同的理论识别了超过90种影响知识转移的因素，Szulanski（2000）将其分为知识本身的特性，知识转移方的特点（传播能力），知识接受方的特点（吸收能力）等几类。类似地，古普塔和戈文达拉杨（Gupta & Govindarajan，2000）对374家海外子公司进行研究，分析了母子公司之间以及子公司之间知识转移的影响因素主要包括知识转移双方的能力特征，包括知识供给方的转移意愿、转移能力，以及知识接受方的意愿和吸收能力等。我们认为，从企业动态能力观的层面出发，影响海外并购后技术转移，进而影响技术整合结果的决定性因素主要包括并购方企业的技术吸收能力、技术创新能力，以及目标方企业技术转移能力。

在企业海外并购后技术整合过程中，要成功地学习吸收目标方企业的技术知识，要求并购方企业必须对这些知识有起码的识别和理解能力（Chatterjee & Wernerfelt，1991，Szulanski，1996，Teece，1977），这可以从并购方企业的技术吸收能力中得到体现。企业的吸收能力是企业识别外部新知识和信息的价值、将其消化吸收并应用于商业目的的能力（Cohen & Levinthal，1990）。此后，学界涌现了许多关于吸收能力其定义和发展的争论。这一概念在战略管理领域（e.g. Lane & Lubatkin，1998），研发创新领域（e.g.，Mowery & Oxley，1995），资源基础观（e.g.，Lane et al.，2001）和组织学习理论（e.g.，Kim，2001）都有探讨。结果显示，吸收能力是影响知识转移效果的关键因素之一，知识接受方

的吸收能力越强，知识转移的程度越深（Szulanski，1996；Lyles & Salk，1996；Gupta & Govindarajan，2000）。把这一结果应用于并购后技术整合领域，我们提出如下假设：

假设1：并购方技术吸收能力越强，越有利于双方并购后技术整合的进行。

在并购活动中，知识的创新是知识吸收和获取的最终目的，企业在一些知识资源的基础上，理解、掌握、运用知识来创造新知识的能力即为企业的技术创新能力，而技术整合本身就是一个创新的过程。由于知识的协同及杠杆效应，当并购双方进行技术整合时，会有助于产生单个企业所不能产生的新知识，从而在直接的知识学习之外通过知识共享获得协同价值（Zollo & Singh，2004；Farrell & Shapiro，2001）。在这一过程中对技术增益大小起到关键作用的变量是并购方企业的技术创新能力。并购方的技术创新能力越强，在双方技术资源拥有量的基础上创造出的新技术就越多，从而促进技术整合的推进。

假设2：并购方技术创新能力越强，越有利于双方并购后技术整合的进行。

在技术并购方的企业能力之外，技术目标方的动态能力和知识转移行为也能够对并购后技术整合过程产生影响。米巴伊瓦和米哈伊洛娃（Minbaeva & Michailova，2004）将知识转移方的行为界定为"传播能力"。他们认为组织行为者共享其知识的能力和意愿对于知识转移的成功是很关键的。技术转移能力指的是技术供方识别、交流其技术价值并且将重要的知识创新能力转移给潜在技术接受方的能力。马可和林（Marco & Lin，2012）指出技术供给方的技术转移能力能够帮助技术接受方降低其整合成本，因为技术供给方对于怎样将其知识复制和适应到不同环境中的能力可以极大地推进整合的实施（Arora，1995）。

假设3：目标方技术转移能力越强，越有利于双方并购后技术整合的进行。

本节将利用2000~2011年间中国企业技术获取型海外并购案例对上述假设进行实证检验，用来自中国的数据对理论进行说明和验证，并以此对我国企业的技术获取型海外并购整合行为及其影响因素、影响作用进行深入分析，为未来的海外并购行为提供借鉴和指导。

三、研究方法

（一）模型设定与变量说明

本节实证研究旨在通过计量模型的构建，说明并购方技术吸收能力、技术创新能力以及目标方技术转移能力是否能够、在多大程度上能够促进跨国并购企业双方间技术整合的进行。模型的因变量即跨国并购技术整合的状态，由于数据的可得性和主观性限制，这一变量难以被定量化测量，本书通过对样本的观察将其整合状态分为发生整合和未发生整合两种情况，是一个服从二项分布的二分变量。在这种情况下，通常的多元线性回归模型就不再适用了，因为因变量不满足正态分布的要求，随机干扰项会出现异方差性，且不能保证多元回归模型估计的结果处在因变量的取值范围 [0，1] 之内。此时合适的方法是构建 Logistic 回归模型来作为本书所采用的计量模型。Logistic 回归模型也属于广义线性回归模型的一种，是研究二分类观察结果与一些影响因素之间的关系的一种多变量分析方法。其一般形式为：

$$P_i = \frac{1}{1 + e^{-(\beta_0 + \beta_1 X_{1i} + \beta_2 X_{2i} + \cdots + \beta_k X_{ki} + \mu_i)}}$$

或写成 $\ln \frac{P_i}{1 - P_i} = \beta_0 + \beta_1 X_{1i} + \beta_2 X_{2i} + \cdots + \beta_k X_{ki} + \mu_i$

具体地，本书设定如下 Logistic 回归模型：

$$\text{logit} P_i = \beta_0 + \beta_1 AC_i + \beta_2 IC_i + \beta_3 TC_i + \beta_4 AE_i + \beta_5 TB_i + \beta_6 AI_i + \beta_7 RS_i + \varepsilon_i, \quad i = 1, 2, \cdots, 72$$

实证模型中采用的核心变量与前文演化博弈模型是保持一致的，其中 $\text{logit} P_i = \ln \frac{P_i}{1 - P_i}$，表示整合的两种观察结果（$TI_i$ 的不同取值）发生概率之比的自然对数，β_0 为常数项，$\beta_1 \cdots \beta_7$ 为偏回归系数，表示自变量改变一个单位时 $\text{logit} P_i$ 的改变量，AC_i、IC_i、TC_i 为一组自变量，其中 AC_i 表示并购方技术吸收能力，IC_i 表示并购方技术创新能力，TC_i 表示目标方技术转移能力，AE_i、TB_i、AI_i、RS_i 为一组控制变量，其中 AE_i 表示并购方的先前并购经历，TB_i 表示目标方的技术存量，AI_i 表示并购双方是否处于同一行业，RS_i 表示并购双方企业相对规模大小。ε_i 为随机误差项。下面对模型中的因变量、自变量作出进一步具体解释。

首先，本书选取并购后技术整合状态（TI_i）作为模型的因变量。并购企业在跨国并购后，可以选择高度地将目标企业整合到己方的组织内部来，也可以选择让目标企业相对独立地存在（Haspeslagh & Jemison, 1991）。低度的整合只涉及公司基本管理体系和沟通过程的标准化过程；而高度的整合则还包括资源（金融资本、有形资本、人力资本）的共享，运作、控制系统的适应，以及对目标企业结构、文化性的吸收。效仿卡普尔和林（Kapoor & Lim, 2007）的做法，我们通过收集并购方的相关公开报道和信息判别并购后双方企业的技术整合情况，并将这一因变量设置为二分变量。如果目标企业的技术部门被整合进入并购企业日常经营运作的一部分，则技术整合状态变量取值为1，表示跨国并购双方进行了有效的技术整合；若目标企业的技术部门相对于并购企业来说保持独立的部门或分支，则此变量取值为 0，表示跨国并购双方未进行有效的技术整合。

模型的自变量包括并购方技术吸收能力、技术创新能力和目标方技术转移能力。企业的吸收能力取决于先验知识，是企业先验知识水平的函数，并与企业先前的研发投入密切相关（Cohen & Levinthal，1990）。效仿科恩和利文索尔（Cohen & Levinthal，1990），我们采用并购企业的研发强度作为并购企业技术吸收能力的测量。由于吸收能力是一个动态积累的存量（Cohen & Levinthal，1990），吸收能力的多年均值相比于单独年份而言更具有可靠性。因此，我们选取并购发生前 5 年内并购企业研发强度的均值作为并购方技术吸收能力（AC_i）的度量。研发强度的具体计算方法是并购企业当年的研发支出占据当年销售收入的比值。

专利作为企业新技术产出的一种外化形式，是对企业创新表现的一种很好衡量。实证研究也发现，专利与新产品，创新和发明数量，以及销售增长等其他测量新技术产出的方法紧密相关。因此，我们选取并购企业在并购发生前 5 年内专利申请数量作为对并购企业技术创新能力（IC_i）的测量。之所以选择 5 年这个时间窗，是因为我们认为技术创新的贬值速度在 5 年左右是较为合理的（Marianna，Michael & Peter，2010）。

对于目标方的技术转移能力，目前学界还没有明确的量化方式。Teece（1997）指出，企业随着时间积累经验，进而发展出技术转移能力。我们因此效仿马可和林（2012）的做法，基于样本目标企业在并购发生前企业间转移知识的经历来衡量其技术转移能力（TC_i）。这种知识转移的经历包括与其他企业进行 R&D 联盟、成立跨国公司等，当然也包括目标企业先前的并购经历。这些活动包含了信息的共享，技术的支持，和企业间信任和声誉的建立（Macro & Lin，2012），一个类似经验丰富的企业往往也拥有较强的与合作者沟通和合作的能力（Schreiner，Kale & Corsten，2009），也因此具有较强的知识转移能力。

除此之外，我们还在模型中加入一系列控制变量，用以控制除并购方技术吸收能力、并购方技术创新能力以及目标方技术转移能力之外可能会对并购技术整合造成影响的其他因素。除了目标方的以往经验会通过影响目标方的技术转移能力从而影响技术整合的结果外，并购方的先前并购经验也可能会影响技术整合的结果。因此我们选取的第一个控制变量为并购方先前并购经历（AE_i），用并购方在并购发生前曾进行跨国并购的数量来衡量。其次，目标企业的技术存量决定了技术整合时可转移的技术多少，也会对整合的结果产生影响。R&D 是企业长时间累计投资建立起来的技术资源的一部分（Cohen & Levinthal，1990；Cockburn & Henderson，1998）。与现有文献一致，本书采用目标企业的研发投入存量作为其技术存量的代理变量（Ahuja & Katila，2001；Veugelers，1997）。本书采用累积的研发投入来测度企业的技术存量（TB_i），即将并购发生前 5 年内目标方的研发投入进行加总。同行业间的并购和跨行业间的并购可能带来不同的整合态度，因此我们还设置并购行业（AI_i）这一控制变量，这是一个哑变量，如果并购发生前，并购双方企业处在同一个主要行业之中，则该变量赋值为 1；相反则赋值为 0。我们用并购双方企业所属美国标准产业分类代码（US SIC）的前两位数字是否相同来判别并购双方是否处在同一大行业。此外，目标方对并购方的相对规模大小是常常在并购研究中被提及的一个考虑因素（Hambrick & Cannella, 1993; Very, Lubatkin, Calori & Veiga, 1997），因此控制并购企业相对规模（RS_i）这一变量，以目标企业资产与并购企业资产的比值来计算。

模型中涉及的各变量及其测量的总结见表 23-4。

表 23-4　　　　　　　　　　模型变量设置

	变量名	计算方法
因变量	技术整合程度（TI_i）	技术部门发生整合为 1，否则为 0
自变量	并购方技术吸收能力（ACi）	并购发生前 5 年内并购方研发强度均值
	并购方技术创新能力（ICi）	并购发生前 5 年内并购方获得专利数量
	目标方技术转移能力（TCi）	并购发生前目标方海外并购、海外 R&D 联盟、成立海外公司的数量
控制变量	并购方先前并购经历（AEi）	并购发生前并购方海外并购数量
	目标方技术存量（TBi）	并购发生前 5 年内目标方研发投入总和（以亿元计）
	并购行业（AIi）	并购双方处在同一行业为 1，否则为 0
	并购企业相对规模（RSi）	目标企业资产和并购企业资产比值

（二）样本和数据

为了检验本书提出的假设，我们采取多个数据来源筛选数据样本。在获取中国企业的海外技术并购事件方面，本书利用的是 BvD 系列数据库中的全球并购交易分析库（Zephyr）。Zephyr 是一个包含全球并购、首发（IPO）以及风险投资交易等信息的动态专业数据库，是全球报道当前并购交易最快、覆盖率最高的权威并购分析库，从中可以较为方便地查找到每一场并购的基本信息以及目标方企业的财务概况和一些其他情况。通过 Zephyr 数据库，我们选取了发生在 2000 年至 2011 年间，并购方为中国企业而目标方为非中国企业的已完成的海外兼并与并购（M&A）案例。现有文献一般将 7 个两位数制造业作为高科技行业——化学制品业（28）、计算机设备制造业（35）、电子制品业（36）、航空航天业（37）、仪器制造业（38）、通信设备制造业（48）及软件制造业（73）（Certo, Covin &

Dalton，2001，Ranft & Lord，2000）。通过 US SIC 两位数代码的筛选，我们确定了上述案例中所有属于技术获取型并购的样本。之所以将时间的下限定为 2011 年为止，是因为我们需要一段时间来观察并购案例的整合情况。通过这些搜索条件，共得到了 455 个符合条件的案例。

接下来，我们进一步通过 BvD 系列数据库中的全球上市公司分析库（Osiris）和国泰安 CSMAR 数据库分别获取以上 455 个案例中数据可得的并购双方企业信息，包括公司的财务情况、研发投入情况、行业情况、先前海外经历（与其他企业进行 R&D 联盟、成立海外公司以及先前并购活动的数量）等，必要的时候通过企业网站、公司财务报表、新闻报道等补充缺省的信息。通过中国专利数据库搜索样本中并购方企业的专利信息，最后通过公开新闻报道搜索企业并购后的具体整合情况来判断其技术整合程度。排除无法通过数据库和相关报道获得基本信息的企业以及中国专利数据库服务平台没有收录或没有相关专利产生的企业，我们获得了 2000～2011 年间共计 72 组中国企业海外技术并购样本，所属行业涉及化学制药、电子信息、机械、设备、仪器仪表及零部件行业等。本书的实证研究基于这 72 个样本展开，达到了大样本的要求。

四、实证结果分析

各变量的描述统计及相关性矩阵分析见表 23 - 5。从表 23 - 5 中我们可以初步判断，模型中各变量间不存在过高的相关性（r < 0.8）。

表 23 - 5   各变量的描述性统计及相关性矩阵（N = 72）

变量	均值	标准差	TI_i	AC_i	IC_i	TC_i	AE_i	TB_i	AI_i	RS_i
TI_i	0.63	0.49	1							
AC_i	0.04	0.03	0.31**	1						
IC_i	160.46	462.05	0.19	-0.14	1					
TC_i	3.08	2.83	0.47**	0.26*	0.02	1				
AE_i	2.72	2.67	0.29*	0.10	0.14	0.26*	1			
TB_i	90.44	184.44	0.23	0.23	-0.04	0.15	0.25*	1		
AI_i	0.64	0.484	0.19	0.03	-0.23*	0.13	0.02	-0.10	1	
RS_i	11.46	82.91	-0.17	0.15	-0.05	-0.06	-0.12	-0.06	0.08	1

注：* $p < 0.05$，** $p < 0.01$。

在进行 Logistic 回归前，我们进一步对数据进行多重共线性诊断，以检验模型中可能存在的共线性问题。SPSS 软件给出的特征根、条件指数和方差分解比例分析见表 23-6。从中可以发现，不存在小于 0.05 的特征根或者大于 30 的条件指数，因此可以认为模型中不存在多重共线性的问题（Belsley, Kuh & Welsch, 1980）。

表 23-6　　　　　　　　　　模型共线性诊断

编号	特征根	条件指数	方差分解比例							
			常数项	ACi	ICi	TCi	AEi	TBi	AIi	RSi
1	4.208	1.000	0.01	0.01	0.01	0.02	0.02	0.01	0.01	0.00
2	1.061	1.992	0.00	0.00	0.13	0.00	0.01	0.02	0.01	0.62
3	0.922	2.136	0.00	0.00	0.61	0.00	0.00	0.10	0.00	0.14
4	0.729	2.403	0.01	0.00	0.03	0.01	0.00	0.63	0.07	0.14
5	0.355	3.445	0.01	0.07	0.08	0.01	0.91	0.06	0.02	0.05
6	0.342	3.508	0.02	0.02	0.02	0.67	0.00	0.06	0.28	0.01
7	0.270	3.949	0.02	0.49	0.00	0.29	0.00	0.12	0.23	0.03
8	0.114	6.077	0.94	0.40	0.11	0.00	0.03	0.00	0.37	0.01

对样本数据进行 Logistic 回归分析，得到的回归结果如表 23-7 和表 23-8 所示。

表 23-7　　　　　　　　　　预测分类表

观测值		预测值		
		整合状态（TI_i）		预测正确度
		0	1	
整合状态（TI_i）	0	25	2	92.6
	1	2	43	95.6
总解释度				94.4

从表 23-7 可以看出，回归结果总的正确率达到了 94.4%，而对发生整合个案的预测正确率为 95.6%，大于对未发生整合个案的预测正确率 92.6%，而总体预测正确率达到了 90% 以上。

从表 23-8 中可以看出，模型的 Cox-Snell 拟合优度以及 Nagelkerke 拟合优度值都比较理想，表明模型的整体拟合程度较好。具体来看 Logistic 模型的估计结果。从自变量系数的显著性检验来看，在控制了其他因素的情况下，并购方技术吸收能力（AC_i）、并购方技术创新能力（IC_i）以及目标方技术转移能力（TC_i）的系数为正，且均在5%置信水平下显著，证实了本书关于技术吸收能力、技术创新能力、技术转移能力能够促进跨国并购技术整合的三个假设。吸收能力是企业识别外部新知识和信息的价值、将其消化吸收并应用于商业目的的能力。具有较高吸收能力的企业更可能利用外部知识提高技术（Cohen & Levinthal, 1990; Zahra & George, 2002）。实证结果证明了假设1的成立。技术吸收能力与技术并购后的生产率提高成正比，并且可以提高新产品开发效率（Cockburn & Henderson, 1998）。吸收能力在并购企业识别并购双方间资源进行重组结合的潜在空间并加以整合以实现创新的产出这一过程中是十分关键的，如果并购方缺乏这种吸收能力，则并购方识别由目标方技术带来的创新机会的能力就会受到限制，进一步地，组织和管理在此创新过程中产生的新资源的能力也会受到限制。较高的技术吸收能力可以帮助并购方更好地获取目标方独特的技术能力要素并将其内部化，因此能够促进跨国并购双方技术整合的进行。

表23-8　　　　　　　　　　Logistic 回归结果

变量	系数	标准差	Wald 统计量	自由度	概率
AC_i	64.500	27.027	5.695	1	0.017
IC_i	0.022	0.010	4.885	1	0.027
TC_i	0.665	0.313	4.526	1	0.033
AE_i	0.618	0.341	3.289	1	0.070
TB_i	0.036	0.016	5.064	1	0.024
AI_i	3.855	1.629	5.602	1	0.018
RS_i	-3.072	1.329	5.342	1	0.021
常数项	-8.326	2.804	8.818	1	0.003
Cox – Snell R^2	0.621		Nagelkerke R^2	0.847	

并购方技术创新能力（IC_i）的系数为正且在5%水平下显著，验证了前文假设2，即并购方技术创新能力能够促进跨国并购技术整合，这一结果也在意料之中。在并购活动中，知识的创新是知识吸收和获取的最终目的，企业在一些知识资源的基础上，理解、掌握、运用知识来创造新知识的能力即为企业的技术创新能力。技术整合本身就是一个创新的过程，是企业将并购双方不同技术结合起来，产生新的技术及1+1>2的协同效应的过程。并购方技术创新能力提高了并购企业重组双方资源、实现潜在协同价值的能力，因此有利于跨国并购技术整合的进行，实证的结果很好地证明了这一点。

目标方技术转移能力（TC_i）的系数为正且在5%水平下显著，即假设3同样得到了验证。目标方的技术转移能力是目标方交流其技术价值并且将重要的知识创新能力转移给并购方的能力。技术转移能力是企业层面的一个重要变量，因为它是过去经验的一种结果，能够有效地促进对并购方潜在需求的识别，促进与并购方之间的技术交流（Kogut & Zander，1993）。即使并购企业能够理解一项新技术的价值，也可能由于缺乏掌控和融合这种新技术所需要的能力而无法将创新技术整合到新的环境中去。在这种情况下，目标企业的技术转移能力就很关键了。阿罗拉（Arora，1995）指出知识的创新方对于怎样将其知识复制和适应到不同环境中的能力可以极大地推进整合的实施。我们的研究与现有文献结论一致，即目标方的技术转移能力能够促进技术整合的进行。

在控制变量中，并购方先前经验（AE_i）的系数为正，在10%水平下显著，证明并购方先前并购经验能够促进技术整合的进行。事实上，先前并购经验在并购后整合绩效中的作用一直以来都引起人们的重视，曾有不少学者提出并购经验能够促进后续并购过程中技术的吸收（Harvey，2000；Szulanski，1999）。我们的研究与前人的研究结论保持一致。目标方技术存量（TB_i）的系数为正，且在5%水平下显著，表明目标方技术存量对于技术整合具有正向影响。用R&D累计投入代表的目标方技术存量在一定程度上体现了可供转移吸收的技术基础大小，我们的研究结论表明，当目标方技术资源丰富时，跨国并购双方更倾向于采取充分的技术整合。此外，并购行业（AI_i）的估计系数为正，且在5%置信水平下显著。这意味着并购双方企业所处的行业背景在一定程度下会影响跨国并购技术整合。处于同一行业背景下的并购双方，并购方往往对目标企业技术、资源和运作情况有更好的理解，技术整合的成本较低、障碍相对较少，因此在其他条件一定的情况下，并购双方更倾向于进行充分的技术整合。最后，并购企业相对规模（RS_i）的系数在5%水平下显著为负，该结果表明，当并购的目标方规模相对并购方来说较小时，并购双方间的技术整合更容易进行。

第三节 本章小结

本章是我国企业海外投资技术整合风险的实证研究。首先，本章采用上市公司和相关专利库的公开数据，针对技术相似性和互补性开展技术获取型海外投资整合风险的相关实证研究，针对理论上技术相似性互补性对整合风险的作用机理开展了实证研究，回应了第二十一章的理论内容。其次，本章对基于技术转移角度的中国企业海外投资技术整合进行了实证分析。从企业的动态能力观入手，揭示并购双方企业层面的影响因素——并购方企业的技术吸收能力、技术创新能力，以及目标方企业技术转移能力如何影响海外并购技术整合的实施，回应了第二十二章的理论内容，同时为后文的案例分析打下了良好的基础。

第二十四章

中国企业海外投资技术整合风险的案例研究

第一节 案例研究的基本框架
——以海外并购为例

案例分析目的：着重关注海外投资的一种重要形式——海外并购的风险构成要素。根据案例中现实情况，为建立风险防范与管控体系寻找依据。

案例分析的机理思路：利用专利数据通过构建的技术相似性和互补性指标对并购双方的技术关系进行初判，进而根据现有的情况分析是否与现实相符。然后对整合行为进行分析，结合理论机理判断整合行为是否和海外并购双方的初始状况相匹配。最后，根据并购后的业绩分析，判断案例是否成功。如果成功，提出相应的经验总结，和风险规避的规律。如果失败，提出相应的教训总结，和风险来源分析，为商业界对相应风险的防范提供现实依据。

这里选择了四个案例：中联重科收购CIFA、吉利收购沃尔沃、万向收购舍勒以及TCL收购汤姆逊彩电业务。根据马克里等（Makri et al.，2010）的研究，我们运用公司的专利数据来构建衡量双方技术相似性和互补性的指标。从WIPO数据库和SooPAT专利网获取相关的专利数据，得到以下公式：

$$技术互补性 = \frac{并购双方相同专利子类别下专利数}{并购双方专利总数} - \frac{并购双方相同专利类别下专利数}{并购双方专利总数}$$

$$技术相似性 = \frac{并购双方相同专利类别下专利数}{并购双方专利总数} \times \frac{并购方相同专利类别下专利数}{并购方专利总数} \times \frac{并购方相同专利子类别下专利数}{并购方专利总数}$$

第二节　中联重科并购 CIFA

一、并购过程简介

中联重科是长沙中联重工科技发展股份有限公司的简称，它创建于 1992 年，是中国工程机械装备制造龙头企业，全国首批 103 家创新型试点企业之一，主要从事建筑工程、能源工程、交通工程等国家重点基础设施建设工程所需重大高新技术装备的研发制造。在全球经济一体化的趋势下，中联重科以产品系列分类，形成混凝土机械、工程起重机械、建筑起重机械、筑养路机械、基础施工机械、环卫环保机械、土方机械、消防装备、物料输送设备、车桥总成等多个专业分、子公司。自 2001 年，公司与英国保路捷公司签署了整体并购该公司的文件，这是中国工程机械行业在跨国并购上第一个"吃螃蟹"的企业，也为公司往后的全球化战略提供了实践经验；之后陆续收购了湖南机床厂、中标实业的环卫机械、浦沅集权的汽车起重机、山西新黄土的土方机械、湖南车桥厂等。这些收购使得中联重科成为目前国内产品链最为完备的工程机械企业。

CIFA 成立于 1928 年，在意大利拥有七家生产厂，在美国和墨西哥拥有两个销售及售后中心。该公司有着 80 多年的专业研发、制造和销售经验，作为国际一流的混凝土机械制造商，CIFA 拥有知名的品牌，全球化的销售网络，领先的技术工艺，优异的产品质量，完善的售后服务。与行业竞争对手相比，CIFA 是唯一一家能够全面提供各类混凝土设备的提供商，其核心竞争优势在其产品的性价比较高，相对于 Petzmeister 和 Schwing 公司，CIFA 产品具有 10% ~20% 的价格优势；相对于亚洲混凝土机械制造商，CIFA 产品具有较好的技术优势、更高的品牌知名度和客户美誉度。

2007 年 10 月，因为 Magenta 需要现金偿还一部分债务，所以决定出售 CIFA 的股权。2008 年 1 月，中联重科收到卖方正式发出的邀请投标的程序函及 CIFA 的初步情况介绍。显然，这样一家国际化的企业，正是中联重科完成由国内同行业排头企业向国际化企业的跨越中所需要的。

为了最大限度减少并购风险,他们邀请了在国际并购方面有着丰富经验的三大投行弘毅投资、高盛、曼达林基金,联合对 CIFA 展开并购。经过数月的接触后,中联重科最终与 CIFA 达成了并购意向。2008 年 9 月 28 日,中联重科与 CIFA 正式签署整体并购交割协议,以现金并购的方式,正式完成对 CIFA 股份的全额并购。

当时有评论称由于中联重科并购的"标的"额度如此巨大,并购的对象如此抢眼,对中国企业而言,这无疑是一次国际化的实战演练。中联重科并购 CIFA 之所以形成如此大的冲击波,可以从国内与海外两个层面上来加以解读:在国内,这起并购的成功,将大大加快中联重科向行业第一冲刺的速度,一改国内的产业版图;在海外市场,依靠 CIFA 在混凝土机械方面居全球领先地位,中联重科有可能为中国工程机械行业首次冲刺混凝土机械的第一地位,从而为整个行业的海外拓展奠定良好的信心基础。

二、中联重科并购 CIFA 的技术整合风险分析

(一)中联重科与 CIFA 的技术相似性与互补性分析

首先我们利用前面提到的指标来具体计算并购双方的技术相似性和互补性。通过从中外专利数据库服务平台、SooPAT 专利网以及佰腾网获取相关的专利数据[①],得到以下表格。

表 24-1　　　　　中联重科并购 CIFA 双方专利数量

案例	并购方专利数	目标方专利数
中联重科并购 CIFA	89	30

注:专利统计的时间段为查到的并购双方最早专利的公布时间到并购协议签订前截止,下面案例中对专利数量的统计时间段也是如此。

根据前面的指标,首先计算两者在大类上相同的专利数,然后再细化到子分类,由于各个专利之间并不重叠,最终将不同种类下计算的数值相加就是最终的数值。由此我们得到以下的指标值。

---

① 由于数据库以及网站公布专利的时间以及数量的不同,所以本书对专利数据的统计综合数据库和网站的专利资料。

表 24-2　　中联重科并购 CIFA 双方技术相似性与互补性

指标	技术相似性	技术互补性
数值	0.01	0.16
双方的技术关系	技术互补性明显强于技术相似性	

利用专利数据得出的数值表明，在该项并购中，技术互补性要远大于技术相似性。但是专利并不能完全代表并购双方的技术资源，指标并不能代表准确的技术相似性和互补性，本章用这些指标只是来判断并购双方的技术相似性和互补性的相对强弱，还要依据实际的情况来判断双方的技术关系。接下来我们从双方的技术资源情况来分析两者的技术关系。

依据马克里等（Makri et al., 2010）的研究，技术互补性是指在相同的广义范围内的知识领域，公司双方的技术解决集中在不同狭义范围内知识领域问题的程度。从广义的范围来看，中联重科和 CIFA 都处于机械行业，CIFA 的主营业务是混凝土机械制造，这也是中联重科两大主营业务之一，而具体到狭义的知识范围，CIFA 无论是在产品技术性能方面，还是在制造工艺水平方面，都要优于中联重科现有的水平，它所拥有的很多技术能够弥补中联重科现有产品的不足，使其具备新的功能，从而解决不同狭义范围内的问题，与中联重科形成互补，这也意味着双方存在显著的协同效应。这样并购 CIFA 后，中联重科能够利用其现有的技术以及研发能力，提高自身的技术水平。因此并购双方具有较高的技术互补性。

同时，CIFA 提供混凝土施工的全套设备，而中联重科主要从事建筑工程、能源工程、环境工程、交通工程等基础设施建设所需重大高新技术装备的研发制造，有两大业务板块混凝土机械和起重机械，由此可见，双方在产品方面具有一定的重叠性，而产品是技术的具体化，所以中联重科和 CIFA 也具有一定的技术相似性。

以上的结论与表 24-2 中的数据相符合，两者的技术互补性要高于其技术相似性。并购双方较弱的技术相似性使得技术互补性实现协同效应存在一定的风险。

（二）中联重科与 CIFA 存在的技术整合风险

中联重科要并购的 CIFA 是一家意大利公司，其主要资产和业务都集中在欧洲。与中联重科存在企业文化、法律法规、会计税收制度、商业惯例以及工会制度等经营管理环境方面的差异。出自东道国和企业对自身技术的保护，中联重科在技术整合方面可能面临来自政府和工会的阻挠，能够顺利进行技术整合存在一定的变数。

而且，CIFA 的股东变更也可能导致国际市场对 CIFA 品牌的认同度下降，导致 CIFA 原有市场份额流失，增加新市场开拓的难度。即使中联重科能够整合 CIFA 的技术，如果并购后市场满意度不高，那么这项并购也无法达成其原有的目的。

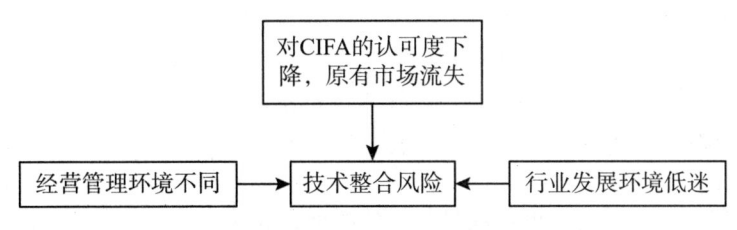

图 24-1 中联重科面临的技术整合风险影响因素

同时恶劣的外部环境进一步提高了中联重科的技术整合风险。次贷危机的爆发，全球房地产市场低迷，钢材涨价，使得工程机械行业面临巨大挑战。在这样的背景下，中联重科出资 2.7 亿并购 CIFA 看似并非明智的选择，能否保证并购后充足的技术投入为其技术整合带来一定的风险。由此可见内外部因素使得中联重科面临较大的技术整合风险。

接下来我们将分析中联重科采取什么样的整合模式来进行技术整合，其整合结果又是怎样的。

三、中联重科采取的技术整合模式及整合绩效

（一）技术整合模式

从现有的整合情况来看，中联重科对 CIFA 进行了初步的深度整合，将其先进的技术和丰富的管理经验移植到"母体"，实现世界最先进技术和中国的低制造成本的结合。具体说，就是 CIFA 中国基地将移植 CIFA 在欧洲的全套生产公司，完全按照 CIFA 的质量标准进行零部件的试制、生产、检测，并在中国范围内选择优秀的供应商合作，实现 CIFA 的中国化，降低了其生产成本，提高它在中国市场的性价比，从而实现了协同效应；另一方面，将中国制造的零部件融入 CIFA 的全球供应链体系，大幅提升客户价值。中联重科强大的售后服务平台也将为 CIFA 国内用户创造更大附加价值，它将以 CIFA 供应链作为模板与标准，消化吸收来自欧洲的先进研发、制造、管理经验，逐步向中联重科产品链渗透、

延伸，着力提升自身产品技术及制造装配工艺水平，最终实现中联重科的跨越式提升。中联重科董事长、首席执行官詹纯新表示，中联重科并购 CIFA 公司，获得了全球顶尖的行业技术，最典型的就是碳纤维泵车臂架，其核心技术在全球 100 多个国家拥有专利。据介绍，2011 年中联重科融合 CIFA 公司技术自主研发的 63 米泵车、80 米碳纤维臂架泵车等一系列专利产品均已成功下线。

从表 24-3 列举的合作项目中我们可以看出，从最初的技术合作到建立厂中厂，再到复合技术平台的构建，中联重科与 CIFA 的合作范围不断扩大，技术创新产品不断增加。根据前面的定义，整合程度与并购双方的相互作用和合作的范围是一致的，因此在该项并购中，随着合作范围增大，中联重科对 CIFA 的整合程度不断加强。由此可见中联重科采取的深度整合战略。

表 24-3　　　　　　　　中联重科与 CIFA 的合作项目

时间	事件
2009 年年初	中联重科联合 CIFA 在中国市场推出全球独创的智能仿生 6RZ 系列泵车产品。
2009 年 4 月	中联、CIFA 两个品牌合作的结晶——K36、K41 和 K48 三个型号的混凝土泵车日前在麓谷工业园成功下线，首次实现了中联、CIFA 两个品牌全面对接以来在技术上的真正融合。
2009 年 9 月	中联重科 CIFA 混凝土喷射机械手。
2009 年 12 月	中联重科与 CIFA 联合开发 Mack 底盘 40 米 X 腿四节臂 Z 型臂架泵车。
2010 年 10 月	中联重科第五代搅拌车"中联-CIFA 搅拌车"开发项目正式启动。
2011 年 2 月	充分融合中联和 CIFA 的优势技术的基础上推出 ZOOMLION-CIFA 复合技术。
2011 年 4 月	其旗下混凝土机械公司充分融合 CIFA 技术、针对海外市场推出的一款轻量级短臂架泵车——中联 CIFA33X-H 泵车。

（二）整合绩效

1. 中联重科的收益：产品的推陈出新以及收入的逆势上扬

中联重科与 CIFA 的技术互补使得双方可以共同探索狭义知识范围内存在的技术问题，在原有产品的基础上，不断推陈出新，丰富了产品类别以及功能，从上表中可以看出中联重科在并购后产品以及技术的推出非常迅速，这也意味着双方通过并购实现了协同效应。

收入方面,我们选择从并购前后中联重科的营业收入、混凝土营业收入等几个指标所反映出来的情况进行分析(见表24-4)。

表24-4 并购前后营业相关指标的增长情况

	2008上半年	2009上半年	2010上半年	2011上半年
营业收入(万元)	621 616.65	926 677.38	1 608 883.76	2 414 844.4
同比增长率	72.46%	49.08%	73.62%	50.09%
混凝土机械收入(万元)	218 123.55	353 387.37	703 665.69	1 113 390.15
同比增长率	56.55%	62.01%	99.12%	58.23%

资料来自中联重科发布的财务报告。

由表24-4可以看出,并购前混凝土机械收入的同比增长率要低于集团总体的增长率,而在并购后混凝土机械营业收入增长率远远大于营业收入增长率。从前面的分析可以中联重科在并购CIFA,机械行业的发展环境低迷,但是2009年在经历了国际金融危机、全球性经济下滑等严峻形势的考验后,中联重科及时调整市场策略和营销政策,公司生产惊异出现产销两旺的局面,尤其是工程起重机、混凝土泵车等主要产品的市场占有率全部得到提升。这得益于与CIFA在采购、技术研发、生产制造、市场开发环节上的整合。2010年公司挖掘生产潜能,加快推出新产品推出速度,经营业绩再度跨越新台阶。尽管2011年国家信贷紧缩、房地产开发及基建投资增速持续回落,受此影响工程机械行业需求非常低迷,但是双方技术平台的搭建,使得中联重科仍保持50%以上的增长率。

由上述指标可知,中联重科在并购后混凝土机械营业收入呈增长状态,整合绩效远远超过了其单独运营的绩效,因此其选择的整合模式达到了预期的效果,使技术整合风险较小。

2. CIFA的收益:开拓中国市场,扭亏为盈

中联重科和CIFA通过渠道优势互补,也就是中联重科通过CIFA的渠道卖产品,CIFA借助中联重科的途径卖产品。CIFA以前因为运输成本高昂,难以进入广阔的亚洲市场,而依托中联重科在中国的大本营,得以提升销售。2009年CIFA中国基地的建立,将全面优化CIFA的全球供应链体系,降低全球采购与运营成本,提升CIFA产品的全球竞争能力,并实现CIFA先进工艺制造技术向中国的输出。这些优势在行业内是独一无二的。

未曾想并购之后却遭遇全球金融危机,使得此前一直处于盈利状态的CIFA于2008年出现亏损,也因此引来外界关于中国制造企业海外并购再度失利的猜测和分析。但2009年在全球混凝土市场受到强烈冲击的情况下,CIFA仍然取得了比国际同行德国大象、施维因等企业更好的业绩。随着国际市场逐渐复苏,尤其是中东、非洲以及欧洲市场的订单明显增加，CIFA 已经走出了困难时期。有关数据显示，2011 年 1~10 月，CIFA 公司业绩同比增长 39%。为了表彰中联重科为意大利经济发展做出的贡献，2011 年年初，意大利总统亲自授予中联重科董事长詹纯新"莱昂纳多国际奖"。目前，全球范围内仅有 8 人获此殊荣；而詹纯新成为荣获该奖项的中国企业家第一人。

从上面的分析可以看出中联重科对 CIFA 的整合是成功的，但是它采取的是缓慢整合和深度整合，在整合速度方面与前面理论分析的是一致的，但是整合程度却相反，原因在于中联重科在并购前对 CIFA 作了详细的尽职调查。为了最大限度减少并购风险，他们邀请了在国际并购方面有着丰富经验的三大投行弘毅投资、高盛、曼达林基金，联合对 CIFA 展开并购，人为地降低了整合成本，促进技术整合的进行。因此这与前面的理论分析不存在矛盾。

四、中联重科并购 CIFA 的成功启示

从并购后整合绩效来看，中联重科并购 CIFA 无疑是一项成功的海外并购，它在并购中积累的经验能够为中国企业提供值得借鉴的地方。

（一）目标方选择评估方面

2002 年，持有 CIFA 的两个家族股东有意将公司出售，曾向中联重科询问是否有购买意向，但中联重科认为自身实力不足，因此放弃了这一机会。2007 年 10 月，需要现金偿还债务的 Magenta 和两个持股家族均对外表示希望出售 CIFA。与其他中国企业海外并购的对象为陷入困境的公司不同，CIFA 质地优良。中联重科成立调查小组对其进行调查，认真评估了并购双方的资源关系，特别是技术关系。调查之后认为，并购 CIFA 能够弥补公司在技术、管理以及销售方面的不足，同时又出于相同的行业领域，并购后能够利用 CIFA 现有的资源，因此中联重科最终选择了 CIFA。

此外，中联重科的并购战略遵循"六不收"原则，即不符合企业发展战略的业务不受、被并购行业不好不收、目标企业的基本状况不好不收、目标企业的团队不好不收、不是同类项的业务不收、不符合国家和股东利益不收，也很好地体现了中联重科在海外并购中对目标选择的重视，也是它成功进行多次国内并购的因素之一。

因此中国企业在进行海外并购中，要依据自己的战略目标来选择并购目标，特别是以获取技术为目的的海外并购，是要选择与自身技术相似还是互补的目标企业，这都要在并购前明确，否则即使并购交易完成，后期的整合过程仍存在很

大的风险。

（二）并购后期整合方面

并购后的整合阶段是整个并购过程中失败风险最大的阶段。中联重科向CIFA做出了"123"承诺，"1"是中联重科和CIFA是一个家庭；"2"是两个品牌，即中联重科和CIFA同时存在；"3"是三个基本原则，即保持CIFA公司管理团队和员工队伍的稳定，保持CIFA公司独立自主经营，两家企业在全球市场实现资源共享。在交易完成后，中联重科的整合完全按着这三条承诺进行。在做出并购决策后，中联重科的并购小组进行了非常仔细的调研，从人力资本、制造成本等方面进行详细评估，并对采购、生产、品牌、渠道等方面确定了比较清晰、明确的规划。这说明中联重科在整合前已经确定了整合程度。

并购整合不是单纯地购买企业，而是要根据双方的情况来调整目标企业现有的生产经营状况，使之为并购方未来的发展服务。如何进行调整？这就需要并购方确定整合程度。针对不同的目标企业，并购方的整合模式是不同的，要求并购方在并购前要对目标企业进行全面的调查。并购方要根据目标企业的不同制定适合自己的整合模式，促进技术相似性和互补性带来的协同效应，降低其负面影响，这样才能实现降低技术整合风险的目的。

第三节　吉利并购沃尔沃

一、并购过程简介

浙江吉利控股集团成立于1997年，自进入轿车领域以来凭借灵活的经营机制和持续的自主创新，取得了快速的发展。吉利汽车初期的口号是"造老百姓买得起的好车"，推行低价策略，迅速抢占市场。然而低价策略的执行使广大消费者给吉利汽车打上了低端产品的烙印。从2007年6月开始，吉利由单纯低成本策略向高质量、高技术、高效率、国际化战略转型，并提出了新的口号——"造最安全、最环保、最节能的好车，让吉利汽车走遍全世界"。为配合这一战略转型，吉利汽车对旗下子品牌进行整合，基本形成三大品牌的发展格局，分别代表不同的品牌特性和风格。虽然吉利汽车已经启动了战略转型，但是并不能立即改变广大消费车对吉利汽车的品牌认识，毕竟品牌的建立不是一蹴而就的。因此，吉利汽车主要精力还是放在经济型轿车市场上，其产品面向的仍是低端市场。

相比于吉利这家十几年迅速成长的民营企业，沃尔沃则是有80多年历史的世界汽车知名企业。沃尔沃成立于1927年，总部设在瑞典哥德堡，是瑞典最大的工业企业集团，北欧最大的汽车企业，也是世界大汽车公司之一，其品牌汽车是目前世界上最安全的汽车，自始至终，品质、安全和环保都是沃尔沃所恪守的三大核心价值。然而就是这两个相差悬殊的汽车新秀与汽车大亨在2010年上演了一幕"蛇吞象"的并购交易。

由于金融危机和经济衰退不断深化，自2005年以来，福特公司连续三年亏损，不得不卖掉那些不挣钱的品牌，同时福特债务缠身，急需资金，出售沃尔沃能够降低成本、减少债务、改善财务状况，因此2008年12月4日福特以60亿美元出售沃尔沃。早在2002年李书福就表达了并购沃尔沃的意愿，因此吉利迅速加入到竞标的行列中。2009年2月5日吉利并购沃尔沃获发改委批准。为了保证竞购的顺利进行，2009年3月10日吉利聘金融公司并购沃尔沃，同时加之中国政府的扶持，吉利的竞购过程显得"一气呵成"：2009年10月28日吉利成沃尔沃优先竞购方，2009年11月27日吉利公布并购沃尔沃，2010年3月23日吉利北京公司增资71亿元，2010年3月28日吉利正式并购沃尔沃。

二、吉利并购沃尔沃的技术整合风险分析

（一）吉利与沃尔沃的技术相似性与互补性分析

同前面一样首先我们从数据库中查出双方的专利数据，然后对其归类计算得到相关指标。从表24-5中可以看出，该项并购中并购双方的专利数据明显多于前一项并购，这说明双方对技术的投入很大，也体现出了汽车产业技术密集型的特点。

表24-5　　　　吉利并购沃尔沃的专利数分析

案例	并购方专利数	目标方专利数
吉利并购沃尔沃	1 177	1 521

表24-6　　　　吉利并购沃尔沃的技术相似性与互补性

指标	技术相似性	技术互补性
数值	0.02	0.28
双方的技术关系	技术互补性强于技术相似性	

同前面的技术步骤一样，我们利用双方的专利数据计算了双方技术关系的具体指标。从结果判断双方的技术互补性远强于技术相似性。为了更全面地体现并购双方的技术关系，接下来从实际的并购事项中来分析这一关系。

技术是企业的重要战略资源，吉利并购沃尔沃的重要目的是通过沃尔沃的技术提升吉利的技术能力，由于吉利和沃尔沃同处于汽车行业，所以两者处于相同的广义范围内的知识领域，但是由于双方产品的不同，所以双方的技术解决的是不同狭义范围内的问题，所以双方在技术上形成互补。而且吉利虽然建立了汽车研究院和国家级技术中心，具备了整车、发动机、变速器和汽车电子电器的研发能力，但现有技术难以达到欧美在环保、安全、节能方面的技术标准，且与国际大型车企相比，自主研发创新能力尤其是关键技术上还有较大差距。沃尔沃则拥有多个研发中心和 4 000 多人的研发队伍，尤其是其汽车安全中心更是为沃尔沃赢得了"全球最安全汽车"的赞誉，这能为吉利提供强大的技术支持。由此可以看出，吉利和沃尔沃在技术上处于较高的互补状态。

同时双方都处于汽车行业，汽车配件的标准化程度较高，基础技术存在一定的相似性，但两者面向的客户和市场不同，因此技术相似性较低。这与前面表24 - 6 中指标体现的相对强弱是一致的。

（二）吉利并购沃尔沃存在的技术整合风险

首先是存在不能完全获取技术或者支付较高使用费的风险。受制于知识产权特别协议，吉利只能获得少量沃尔沃的相关技术。据瑞典媒体报道称，吉利不得从沃尔沃获得或拥有来自福特的技术，而福特之前已经将沃尔沃纳入了全球平台共享体系，以避免因被并购造成核心平台技术的外泄。福特拥有沃尔沃相当部分的知识产权并享有使用权，如果吉利仍想使用，那么有可能支付高额的使用费，从而使得原来的技术整合受阻。而吉利看中的就是沃尔沃的技术，如果不能获取互补性的技术，那么互补性所带来的重新配置资源和获取技术信息的协同效应就无法实现，吉利就会面临较大的技术整合风险。

其次是双方的发展战略不同，可能导致管理层出现冲突，从而对技术整合产生负面影响。近年来中国市场对豪车的需求量不断增加，三大品牌宝马、奔驰、奥迪在中国的销量连年上升，这也使得吉利想要在豪车市场分杯羹。李书福希望沃尔沃要为中国设计车型，满足中国消费者的品位和习惯，开发更加宽大和豪华的车型，与奔驰 S 系和宝马 7 系展开竞争；但是，沃尔沃的管理层认为，造大车不符合沃尔沃一贯的"安全、低调和高品位"的品牌定位，不符合世界汽车工业发展的潮流。吉利与沃尔沃的技术相似性很弱，导致吉利对其吸收能力较弱，造成了研发方向上的分歧，从而使得并购后的技术整合存在较大的风险，对未来技术方面的合作会造成一定的负面影响。

三是吉利和沃尔沃独立运营可能使双方的技术无法融合。李书福表示并购之后"吉利是吉利，沃尔沃是沃尔沃"，沃尔沃继续专注在顶级豪华汽车领域的发展，吉利不生产沃尔沃，沃尔沃也不生产吉利。但是如果这种独立运营时间太长，较强的技术互补性有可能造成双方之间的交流合作不充分，那吉利也就无法获取或者学习想要的技术，无法实现协同效应，从而导致技术整合无法进行。此外吉利作为新的雇主对原有的技术人员是否有更大的吸引力，能否留住核心人才，能否维持原有高端品牌的研发优势，也会对技术整合产生影响。

由此可见，仅仅完成并购交易，保持双方原有的经营模式，并不能保证实现原有的并购目标，还要在后期的整合过程中采取合理的整合模式来规避技术整合风险。

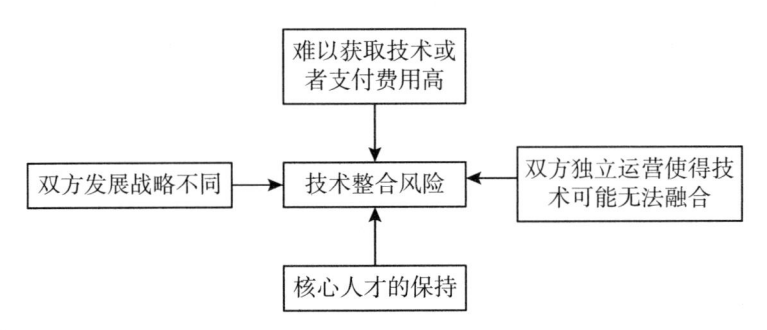

图 24-2 吉利面临的技术整合风险影响因素

三、吉利采取的技术整合模式及整合绩效

（一）技术整合模式

并购完成后，吉利一方面建立上海研发中心，另一方面申请在大庆和成都建立厂，希望能够实现沃尔沃的国产化，获得高端车的生产技术，实现对现有产品链的补充。但从目前的执行情况来看，并没有达到预期的效果，一方面是由于审批项目迟迟未通过，使得技术无法引进，直到 2012 年 3 月，双方就沃尔沃汽车公司向吉利控股集团旗下公司转让技术达成协议，开启双方深入合作的大门。据吉利披露的信息显示，签署技术转让协议后，沃尔沃将以同吉利联合开发的方式，向后者转让小排量、高性能、绿色环保系列发动机，环保型的小型车平台，和电动车、油电混合动力、插入式混合动力等新能源汽车总成系统等相关技术。而吉利将充分利用沃尔沃授权的技术打造旗下高端产品。由此可见吉利对沃尔沃

的技术整合开始步入正轨。

与此同时,吉利在并购整合后没有忙于剥夺沃尔沃的经营管理的独立性,而是将其组织结构定位于适应和服从于企业发展战略。吉利在并购沃尔沃交易完成后,将组成新的董事会,沃尔沃的总部仍然在瑞典,吉利将以两套管理班子服务于不同的消费群体。这种运作方式类似大众与奥迪的运作模式。吉利将按照"沃人治沃"的方式管理沃尔沃,两者之间是兄弟关系,有别于福特集团与沃尔沃的父子关系。由于福特十分关注沃尔沃内部人员对此次出售的满意度以及出售后沃尔沃是否可以摆脱困境,吉利并购后的整合运营方案最大限度地满足了福特的上述要求。吉利允许沃尔沃内部保留单独的运作体系,及不干涉沃尔沃的运营管理,保留高管团队,并且对工会承诺不转移工厂和不裁员。因为较高的互补性使吉利意识到,目前自身没有足够的能力去消化吸收沃尔沃的技术,因此,才建立研发中心,逐步提升自身的技术能力。由此可见,在整合程度方面,现阶段吉利采取的是浅度整合。

(二) 整合绩效

1. 吉利收益:海外销量上升,跃入世界 500 强

并购沃尔沃使得吉利汽车的海外销量有了大幅增长。2011 年吉利汽车海外出口已近 4 万辆,同比增长 120%,这一成绩抵消了吉利去年并不理想的国内业务,使集团整体增幅保持正增长,是中国国内自主品牌海外市场增幅最快的企业。今年上半年,吉利汽车出口总量达 39 209 辆,同比增长超过 200%,远远领先行业平均增速。吉利汽车预计今年公司汽车出口量将达到 8 万辆,相比 2011 年实现翻番。

同时吉利并购沃尔沃有效推动了吉利控股的发展。2012 年 7 月,吉利跃居世界 500 强,并购沃尔沃功不可没。吉利去年营业收入 233.557 亿美元,折合人民币 1 500 多亿元,其中有 1 100 多亿元是沃尔沃贡献的。

2. 沃尔沃收益:沃尔沃的全面中国攻势

沃尔沃从产品、设计到销售等多个方面为中国市场制定了宏伟规划。首先,现有 6 个车型基础上,将陆续再引入 10 款新车。其次,经销商网络规模也得到了有效拓展,经销店自 2010 年起,每年增加约 20 家,到 2017 年总量预计达到 220 家。从现实情况来看,沃尔沃在中国销量从 2010 年的 30 522 辆增加到 2011 年的 47 140 辆,增幅将近 60%,说明沃尔沃的中国攻势效果已经十分明显。

从上述的整合绩效分析来看,吉利并购沃尔沃初步实现了协同效应,整合目前是成功的,它采取的是缓慢整合和浅度整合,这与前面的理论分析是一致的。近年来民营企业逐步开始走向国外,吉利是众多企业的代表,具有中国民营企业的特点，它的海外经验能够为中国民营企业进行技术获取型海外并购提供有效的建议。

四、吉利并购沃尔沃的成功启示

吉利对沃尔沃的并购经验更多地体现在整合战略方面。吉利从并购之初就一直强调双方之间的"兄弟关系"，并购两年之后也并没有采取实质性的整合措施。吉利之所以没有采取"大动作"，是它意识到以自己目前的能力无法完全控制沃尔沃，这样的整合模式。一方面是实现并购前所作的承诺，另一方面，也为后期的深入整合提供了一个缓冲期，稳定沃尔沃以及员工的心理。从目前的运营情况来看，沃尔沃已实现了初步盈利，吉利也借此打开了海外市场，而且已签署初步的技术转让协议，标志着双方逐步开始技术整合。可见并购完成后初期双方相处得还算融洽。因此并购完成后，并购方要充分释放这些企业潜在的优势和竞争力，使这些企业尽快摆脱困境，然后进行整合。这样既可以消除并购初期的不稳定因素，也可以根据并购产生的优势来制定整合策略。

从目前吉利对沃尔沃采取的措施来看，双方保持独立运营，沃尔沃的管理层具有充分的授权，无法推测吉利后期会采取什么样的整合策略，但整合的关键在于吉利消化吸收沃尔沃的技术，使自身在产品开发设计及制造方面上升到一个新的高度，为自主创新提供原始技术依据，达到技术上的协同效应。因此，吉利能否在整合中通过沃尔沃获得先进的技术水平和科学管理模式，借助外来品牌和技术，实现自身的品牌和技术自主创新，真正带动整个吉利集团乃至中国汽车业实现产业升级和增强核心竞争力，仍有待时间的检验。

在这一案例中还还需注意政府这起并购中的作用。2010年习近平访问瑞典时，为了表示对此重大收购的重视，特地把首站设在哥德堡，同行的工信部李毅中部长更是全程参加了吉利与沃尔沃的签字仪式，此后，发改委公布对此项收购的独家批准，温家宝更是亲笔批示：吉利的经验值得学习。而且地方政府给予了吉利在收购资金上的支持。整个过程政府表现出了极大的支持。也正是政府在政策以及资金上的支持使得吉利能够后顾无忧，实现了这项"跨国婚姻"。因此，企业在走出去的过程中，特别是那些缺乏经验或者资金的企业，要借力政府的扶持，提高海外并购成功的保障。这也要求政府能够顺应海外投资的发展趋势，适时推出相关的政策与服务，推动企业的全球化发展。

第四节 万向并购舍勒

一、并购过程简介

万向集团始于1969年,今天的万向集团董事局主席鲁冠球,当时带领6个农民,用自己积攒的4 000元创办宁围公社农机厂。几经发展,在改革开放后的1979年,万向将汽车零件——万向节,作为主攻产品。1983年,万向以25%的市场占有率,成为全国万向节市场的龙头老大。1984年,美国派莱克斯公司和舍勒公司向万向订购了三万套万向节,实现了万向产品向美国市场的首次出口。

进入20世纪90年代,万向提出"大集团战略、小核算体系、资本式运作、国际化市场"的战略方针,调整产业、产品结构、市场结构,谋求跨行业、跨国界发展。此时,万向在国内万向节市场的占有率已超过60%,但国内场的增长率在减缓,如何加快国际市场的开发成为公司的战略重点。1992年,万向集团获得进出口自营权。1994年,万向美国公司(Wanxiang America Corporation)经中国外经贸部批准正式成立,注册资本50万美元,是万向集团的全资海外公司,负责万向国际市场体系的建设与相关品牌的创立和管理。

美国舍勒公司始建于1923年,具有良好的技术历史,是美国汽车维修市场的3大万向节供应商之一,主要制造和销售制动器和零部件等产品。在万向节领域,它曾经是世界上万向节专利最多的企业,拥有广阔的产品范围,曾向全美及全球市场提供了高质量的产品。1983年3月,美国舍勒公司亚洲销售公司的总裁多伊尔来到万向进行考察,他是在广交会上看到万向节,产生了兴趣。经过严格考察,多伊尔留下3万套万向节的订单,这是万向的第一笔海外订单。合作后,舍勒公司认为万向的产品质量过硬、价格公道,1987年9月,舍勒公司提出,凡是万向的产品,必须经过他们才能出口。舍勒公司此举的目的在于控制产品市场,限制万向的发展规模。万向不同意舍勒公司的独家代理意见,对方便大幅削减订货合同。几十万套专门为舍勒公司制作的万向节堆积在仓库中,万向因此出现了资金周转不畅等问题。

面对数十万套万向节积压在仓库,资金流转不畅等困难,万向没有屈服,而是上下齐心,开发出了60多种新产品,大力开拓日本、意大利、德国等18

个国家的市场,当年出口创汇不仅没减少,而且较上年有很大的增长。一年后,万向渡过了最困难的时期,舍勒公司的老板又回来了。舍勒公司在别的国家找不到同万向一样价廉物美的产品,只好向万向示好,希望能够进一步合作。他们为表示自己的诚意,特意送来一只铜鹰,双方重新签订了1988年的供货合同。

然而,自1994年开始,由于市场竞争日趋激烈及内部决策失误,舍勒公司的经营业绩日趋下滑。与此同时,万向集团在美国设立的万向美国公司则刚刚建立。到1998年,舍勒公司出现严重亏损;而万向美国公司在美国市场的销售额是1994年初建时的近10倍,达到3 000万美元。于是,舍勒公司总裁致信万向集团愿意出售公司,报价1 936万美元。

对于"送上门的姑娘",万向集团并没有急于与对方接触,而是详细调研和分析了舍勒公司的优良和不良资产,对照自身的情况,找出万向并购舍勒最需要的是什么。当了解到美国的另一家公司LSB也在与舍勒公司接触,而他们并不需要舍勒的品牌、专利等无形资产时,鲁冠球当机立断,派人前去与LSB公司接洽。经过周密考虑,万向集团向LSB公司打出一条双赢妙计:从舍勒各取所需,你可以从舍勒拿走你需要的,而我拿走我需要的。很快万向集团与LSB公司达成协议:LSB公司接纳舍勒的工人,并购厂房;而舍勒的品牌、技术专利、专用设备及市场等归万向所有,剥离了大部分固定资产的舍勒成为万向集团麾下的美国子公司。通过对舍勒公司的并购,万向集团在汽车制动零部件领域进一步得到先进技术的支持,并且进一步打开了新产品的世界市场渠道。

二、万向并购舍勒的技术整合风险分析

(一) 万向与舍勒的技术相似性与互补性分析

同前面的案例一样,首先从数据库中获取技术专利的信息,对其进行整理后得到所需的数据,进而求得相关指标。相对于前面的并购案例来说,我们整理的万向和舍勒的专利技术数量很少,主要是由于数据库现有资源的不足,而且该项并购进行的较早,可能相关的技术专利尚未公开。

表24-7　　　　　　　　万向与舍勒双方的专利情况

案例	并购方专利数	目标方专利数
万向并购舍勒	91	85

表 24-8　　　　万向并购舍勒的技术相似性与互补性

指标	技术相似性	技术互补性
数值	0.03	0.15
双方的技术关系	技术互补性强于技术相似性	

从具体的指标来看，双方的技术互补性要强于技术相似性，但强弱度不如最前面的两项案例。接下来我们分析实际并购时双方的技术关系。

从广义范围上来说，万向集团和舍勒公司同处于汽车零部件产业，万向专业生产汽车底盘及悬架系统、制动系统、传动系统、排气系统、轿车保险杠总成、燃油箱、轮毂单元、轴承及工程机械零部件等汽车系统零部件及总成，舍勒公司的主营产品则包括万向节、减震器、等速驱动器、传动轴、轴承、滚动体、橡胶密封件等，从产品角度来看万向与舍勒的主营范围是比较类似的。特别是在万向节领域，双方公司产品范围有较大的重叠，在各自国家内也都具有绝对市场优势。由此可以看出，万向和舍勒之间的技术存在一定程度的相似性。

另一方面，作为国内最大的独立汽车系统零部件供应商之一，万向集团目前的优势还是低成本、性能稳定，虽然产品品种丰富、产品工艺较复杂但技术含量并不高。随着汽车技术的进步，万向一些产品因技术含量低而在国外受到贬低，海外竞争对手对其是否能够迅速脱离低端产品表示怀疑。而相比之下美国舍勒公司的汽车零配技术就要领先许多，产品质量、口碑在国际上要远远强于万向。对舍勒的并购，万向一方面是看重舍勒的品牌和营销支持，另一方面正是出于专利技术的获取，希望万向在海外市场从产业链下游为他人做 OEM 转向往产业上游渗透。通过学习和消化舍勒的汽配技术，万向可以利用双方技术上较强的互补性实现双方在同等技术水平上的融合和跨越。

（二）万向并购舍勒存在的技术整合风险

相比于前面的并购案例，万向集团在该项海外并购中面临的技术整合风险较小。一方面由于汽车零部件技术的标准化程度普遍较高，因此，在整合所并购的技术资源时，万向获取的是标准化技术及规范，整合不会遇到太大障碍。另一方面，对舍勒进行并购的万向集团在美国的子公司——万向美国公司，它是在美国注册的美籍公司，只是股东是中国的万向集团。不同于为了并购目的而新设立的特殊目的项目公司，它是一家在美国及全球市场从事汽车零部件营销的实体经营性公司，也是一家在美国融资、在美国投资的投资性公司，全部按照国际通用的标准进行管理，并且必须遵守美国的法律，具有很高的本土化优势。此外，由于万向集团在万向节技术方面积累的优势，通过跨国并购实现了并购双方在同等技术水平上的互补和融合，使万向对引进技术和工艺能够快速消化吸收。万向集团长期对研发工作的重视和投入也为这种融合提供了保证。因此在整合过程中，万向在技术整合中遇到法律风险、政治风险等都较低，有利于整合地顺利进行。

由上述的分析可知，影响万向技术整合风险的因素不同于前面案例中的因素，对技术整合风险具有弱化作用，如图24-3所示：

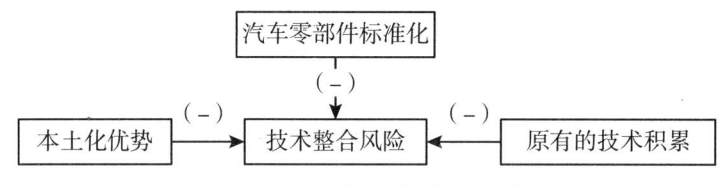

图 24-3　万向面临的技术整合风险影响因素

注：不同前面的案例，这里的因素趋向于降低技术整合风险。

三、万向采取的技术整合模式及整合绩效

（一）技术整合模式

从理论上来讲，技术的相似性意味着双方处于相似技术领域，并购后，他们熟悉可能要面对的技术难题，并且依据相似的定理或原理来理解和解决这些难题。他们拥有相似的"了解是什么"（特定信息领域的语意）和相似的"了解应该怎样"（理解这些语意如何联系起来的）（Lubatkin et al., 2001）。更进一步，获取的技术越容易被融合到现有的生产流程中去，使得整合过程中的摩擦成本大大降低，这是因为相似性增强了并购方的吸收能力（Lane & Lubatkin, 1998）。技术互补性代表并购双方在某些方面存在一定程度的差异性，整合过程不可避免地涉及并购双方资源的相互作用，这样就会产生摩擦成本，这样就会降低技术相似性所带来的成本协同效应。从上面的理论分析可知，万向与舍勒之间的技术关系是技术相似性偏弱、技术互补性强，应该采取浅度缓慢整合的模式。而在实际的操作中，万向实施的整合模式有所不同。

从2000年整体并购了舍勒的技术、品牌资源和营销渠道后，万向将舍勒公司的所有产品全部搬到国内生产，在美国市场仍保持以舍勒的品牌销售，因此其整合程度是浅度的。

（二）整合绩效

1. 万向的收益：获得专利技术，开拓海外市场

并购舍勒公司的最直接效果是，万向集团在美国市场每年至少增加 500 万美元的销售额，更具有深远意义的则是，万向集团获得了舍勒的品牌，之前万向的产品以"舍勒"品牌在美国市场销售，如今"舍勒"品牌的主人则是万向美国公司。万向集团通过这次并购获得了万向节专利技术和品牌资源，从微笑曲线的底部向两端的高附加值方向发展，整体的价值链形成。通过并购舍勒的部分有效资产，对其技术进行消化吸收，万向市场规模在并购舍勒三年后达到了巅峰。2003 年，万向在全球市场占有率达到了 10%，成为市场规模最大的万向节公司。

从万向海外并购中我们也可以发现，万向集团通过并购有用的企业，变竞争对手为合作伙伴，将其研究能力和成果据为己有，为公司注入了新的技术和活力，提升了企业自主创新的能力。同时围绕"外国专利开发、专利引进、专利收买和合作开发专利"为主要方向，取得了较好效益。

再来从技术整合绩效的变化来判断技术整合风险的变化。由于技术整合的绩效主要反映在集团主要产品业务的营利性指标变动上，因此我们选取并购前后万向集团的主营业务收入、主营业务利润等指标所反映出来的情况进行分析。从万向集团 1999~2005 年年度报告数据中的主营业务收入、主营业务利润变更情况中也可以看出万向在并购舍勒后强劲的增长势头。

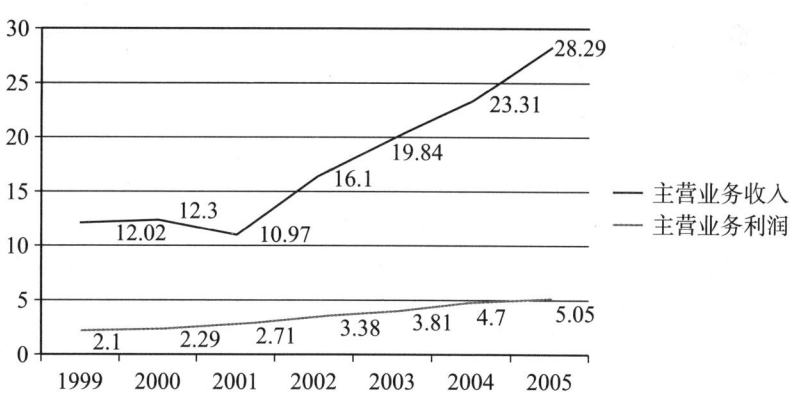

图 24-4 万向集团的营利性指标变化　　单位：亿元（人民币）

资料来源：万向集团财务报告。

2. 舍勒的收益：剥离固定资产，获得成本优势

由于剥离大部分了固定资产的舍勒成为万向集团麾下的美国子公司。并购之后，将舍勒公司的所有产品全部拿到国内工厂来生产，在美国仍以舍勒的品牌销售,实现了国内低成本生产,国外高价格销售,充分发挥了并购双方人力资本、专利技术、品牌效应、销售网络等无形资产的协同作用,使得舍勒既保持了原有的市场地位,而且获得了成本优势,取得了巨大收益。

从绩效分析上可以看出,万向的整合是成功的。它所采取的整合模式是浅度快速整合,与理论分析的整合速度不一致,这是因为万向与舍勒在前期已经有过长期的合作,省去了本应在整合阶段对目标方技术进行评估和了解的阶段。而且万向只获取了舍勒的技术和品牌等无形资产,员工留给了LSB,因此它无须整合人力资源,它所面临的整合成本较低,整合过程的不确定性大大降低。这一系列的因素促成了万向对舍勒的快速整合。

四、万向并购舍勒的成功启示

通过并购美国舍勒公司,获得该公司的设备、品牌、技术专利及全球市场网络,万向集团迈出了海外生产性投资的第一步,并通过此后的一系列持续海外投资举措,实现了"脱中入美"、走向世界的突破性成功。分析万向集团并购舍勒公司的案例,其成功给我们带来的关键性启示主要有三点。

(一) 目标评估慎之又慎

当初主动来谈并购事宜的是舍勒极端,但是万向集团并没有急于进行答复,而是做了详细的调查,对舍勒现有的资源以及运作情况进行了评估,明确自己想要什么。最终万向集团与LSB公司达成协议:LSB公司接纳舍勒的工人,并购厂房;而舍勒的品牌、技术专利、专用设备及市场等归万向所有。也正是这种谨慎的决策使得万向能够在几十年的并购中一直获益。

正如前面提到的并购整合不是单纯地购买企业,而是通过双方的整合能够实现潜在的协同效应。对于技术获取型的海外并购,并购方要根据自身的发展战略明确所要获取的技术资源,谨慎的选择并购目标。

(二) 发展战略立足长远

万向并购舍勒的成功得益于万向一直切实贯彻的本土化策略。万向总裁鲁冠球认为,全球化既是一体化,同时又是一体化和本土化的矛盾统一体。一方面,全球化正在冲破传统的民族和国家的壁垒,被越来越多地接纳和遵守国际性的标准及规模;另一方面,各国又都在努力将国际标准与本国的传统结合,使国际标准本土化。对此,万向的海外企业采取了"思考全球化,行动本土化"的经营战略。

就拿管理本土化来说，中国企业跨国并购的主体，通常是在中国本土注册、发展起来的中国籍公司。而万向集团的海外并购不是这样。万向集团1994年在美国成立全资子公司——万向美国公司，这是在美国注册的美籍公司，只是股东是中国的万向集团。万向美国公司又完全不同于为了并购目的而新设立的特殊目的项目公司，而是一家在美国及全球市场从事汽车零部件营销的实体经营性公司，是一家在美国融资、在美国投资的投资性公司。中国企业到海外并购时，当地的媒体往往有不少疑虑或者猜测。而相比其他企业，万向美国公司是一家在美国注册的公司，全部按照国际通用的标准进行管理，并且必须遵守美国的法律，这会给当地人带来较多的信任感。这样在一定程度上就降低了并购整合风险。

再如资本运作的本土化。万向海外公司的经营效益和发展速度，很快引起了当地银行的注意。这些银行不仅在资金上支持，受信额度从500万美元增加到8 000万美元，而且还主动为企业出谋划策。目前，当地银行对万向美国公司的投入，是母公司投入的2倍以上。本土化优势预示着双方之间的相似性，降低了双方之间的差异性，从而使得并购方能较快地整合目标方的资源，减小整合风险。

(三) 资源配置有效合理

万向成功的关键在于其形成了跨国企业必备的能力——全球范围内进行资源有效配置，使资源在嫁接、转移、互换中，得到了有效地放大和提升。万向在并购扩张中形成了独特的"反向OEM模式"，即并购国外知名品牌汽配供应商，把产品转移到国内生产，再打上原来的品牌返销国际市场。这种模式的成功前提是具有低成本和大规模生产能力、对制造技术快速消化吸收能力，加上并购获得的主流市场稳定的客户关系和销售渠道，就可以占尽低成本制造、高价格销售带来的高额利润空间。万向在制造上的长板得以和国外合作伙伴的短板互补，不仅借此机会可以进一步扩大制造规模，而且控制了销售渠道和品牌一定程度的定价权，得以分享市场利润的大蛋糕。不少国内企业通过跨国公司的全球采购，得到了产品出口或者给国外企业配套的机会，但大多只赚可怜的加工费。像万向这样快速走上全球化道路的汽配企业屈指可数。万向从产业链下游为他人做OEM转向往产业上游渗透，通过获取技术和营销渠道建立了核心竞争力，给出了一个值得借鉴的渐进模式。

积极主动实施全球战略、利用反向OEM技巧化被动为主动，加上不遗余力地推进本土化策略，万向成功地完成了对舍勒公司的并购，提升了自身生产技术，也开拓了海外市场。万向集团的全球扩张战略，应该为我国的汽车零部件工业带来新的启示。

第五节　TCL并购汤姆逊彩电业务

一、并购过程简介

TCL集团股份有限公司创立于1981年，是中国最大的、全球性规模经营的消费类电子企业集团之一。1998年亚洲金融风暴突起，TCL海外业务由于主要由加工出口构成，收到很大影响。为此，公司作出一个重要的战略决定：走出去，在海外建立品牌和销售渠道，改变依赖出口的脆弱局面。因此在1999年，TCL在越南建立了第一家海外工厂和海外销售公司，虽然前期进行得很艰难，但在当时越南公司负责人的大力主持下，越南公司终于转亏为盈。这次的成功，使TCL进军海外市场的信息大增。很快，TCL通过多种方式进入了东南亚，俄罗斯、中东、澳洲、拉美等地。海外新兴市场的成功以及TCL集团在组织能力和队伍建设方面的储备让李东生充满了信心，他开始寻找契机打入TCL一致紧盯的欧美地区。

法国汤姆逊成立于1839年，是法国最大的国家企业集团，位居全球第四大的消费类电子生产商，在同TCL合并之前，汤姆逊占有18%的北美市场和8%的欧洲市场，有四个主要业务方向：内容及网络、消费产品、零部件、专利许可，但是欧洲电子产品市场的激烈竞争使汤姆逊公司的日子逐渐不好过，从2001年开始市场占有份额逐年下降。2003年，其彩电业务亏损约1.3亿欧元。为扭转这一局面，汤姆逊调整重心，意图出售彩电业务。有四个主要业务方向：内容及网络、消费产品、零部件、专利许可，但其彩电业务处于亏损状态。而法国汤姆逊公司是彩电的鼻祖，是全球拥有彩电专利最多的企业。汤姆逊在欧洲、北美地区拥有成熟的销售网络。如果能并购闻名全球彩电业的汤姆逊公司，对于TCL来说得到的不仅是彩电领域技术创新方面的提高，还可以通过汤姆逊公司在北美、墨西哥、欧盟的市场，避开欧美市场对中国电子产品设置的贸易壁垒。

2003年11月4日，TCL集团和法国汤姆逊公司正式签订协议，重组双方的彩电和DVD业务，组建全球最大的彩电供应商——TCL汤姆逊电子有限公司，即建成TTE，共同开发、生产及销售彩电及其相关产品和服务。TCL集团将把其在中国内地、越南及德国的所有彩电及DVD生产厂房、研发机构、销售网络等业务投入合资公司；而汤姆逊则将投入其所有位于墨西哥、波澜及泰国等过的彩电生产厂房、所有 DVD 的销售业务以及所有彩电及 DVD 的研发中心。在其中 TCL 占合资公司 67% 的股权，汤姆逊占 33%，合并后的 TTE 跃身成为全球最大的彩电生产商。

二、TCL 并购汤姆逊的技术整合风险分析

（一）TCL 与汤姆逊的技术相似性与互补性分析

首先我们利用专利数据来大体判断双方在技术方面的关系。通过专利数据库查找双方的技术专利数据，归类计算出具体的数值。

表 24-9　　　　　　　TCL 与汤姆逊的专利情况

案例	并购方专利数	目标方专利数
TCL 并购汤姆逊彩电业务	40	205

注：由于汤姆逊公司拥有较多的子公司，这里我们选取的是与彩电业务相关的子公司所拥有的专利。

表 24-10　　　　TCL 并购汤姆逊的技术相似性与互补性

指标	技术相似性	技术互补性
数值	0.11	0.08
双方的技术关系	技术互补性与技术相似性相当	

从表 24-10 中的具体数值可以看出，双方在技术方面既有相似性也有互补性，没有主导方，那实际情况是否也符合这一判断呢？

在技术方面，汤姆逊原有的彩电技术主要集中于传统 CRT 彩电与背投彩电方面，在高端液晶与等离子彩电方面积累较少，TCL 并购其彩电业务后获得的技术包括装配工艺技术、一般技术、CRT 和 LCD 彩电显示技术（使用权）以及研发团队，这些能够弥补 TCL 在 CRT 技术上的不足，能够与 TCL 现有的技术形成互补，提高 TCL 在 CRT 市场上的竞争力。因此 TCL 与汤姆逊之间的技术互补性很强。同时两者都处于彩电行业，TCL 作为国内彩电行业的佼佼者，在现有彩电基础技术上与汤姆逊具有较高的相似性，因此两者的技术相似性水平也较高。

由此可见，TCL 与汤姆逊之间的技术关系是技术相似强、互补性强的情形，这与表 24-10 中的数据也相符。但是 TCL 仍面临一定的技术整合风险。

(二) TCL并购汤姆逊存在的技术整合风险

双方在技术方面的相似性使得技术部门和人员存在较大的重叠性，容易造成资源的浪费和职位的冗余，而在法国，公司裁员要支付巨额的赔偿金，可能使得整合成本增加，从而提高技术整合风险。

TCL通过并购获取的技术属于低端技术，而高端技术仍然掌握在法国公司手里。这是因为根据合并协议，TTE不拥有汤姆逊已申请的电视机专利技术，TTE使用上述专利，需要与汤姆逊签订专利许可协议并缴纳费用。因此TCL如愿获得汤姆逊彩电技术的难度很大。

由于TCL在并购前没有进行过CRT的相关研究，并购后要将其整合到现有的生产流程中，但是TCL并没有相关的技术人员以及相类似的生产流程，若完全引入CRT技术，TCL可能要配备相应的技术人员及生产线，这会涉及人员的流动以及资金投入，整合成本很高，协同效应不明显。同时双方的文化差异也是技术整合的一大难题，因为中国人不说法语，法国人不说英语，这会阻碍后期的沟通交流，从而对技术整合造成一定的影响。

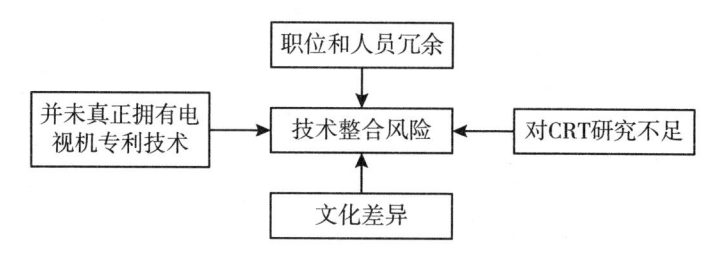

图 24 – 5　TCL 面临的技术整合风险影响因素

三、TCL采取的技术整合模式及整合绩效

(一) 技术整合模式

在整合程度方面，一方面由于并购进行的比较仓促，TCL并没有很好的对该项并购进行调查，致使并购后汤姆逊彩电业务的核心技术仍掌握在法国公司手里，另一方面则是由于TCL只是获得了CRT技术，缺乏与相关技术配套的人员以及经验，没有能力在其基础上与现有技术整合，更难以针对欧美市场进行高效的产品开发。事实上，中国总部没办法真正从业务流程上实现管理和监控。欧洲曾是汤姆逊公司的全球总部，TTE把全球总部从法国巴黎转移到中国广东后，欧洲原班人马对这个

转换没有清晰的理解，不习惯被指挥和管理，TCL 没有实际的控制权。从 2004 年年末到 2005 年整整一年，TCL——汤姆逊总部并没有完全控制欧洲的采购、工厂、研发和产品，TCL——汤姆逊总部对欧洲利润中心完全没有控制力，真正的操作管理都没有和在一起，TCL 整合汤姆逊彩电业务只停留在整体采购来节约成本方面，技术整合更是无从谈起。种种情况说明，双方的关系只是一种形式上的"婚姻"。这就意味着 TCL 并购后只是简单地进行了名义上的并购，没有深入整合。

由此可见 TCL 采取的是浅度整合，接下来我们看它并购后的绩效。

（二）整合绩效

1. TCL：遭遇滑铁卢，损失巨大

对于 TCL 集团并购后的相关整合绩效，我们采用财务指标加以衡量。从表 24-11 中，我们可以看出 2004 年 TCL 集团在欧洲和北美市场的销量大增，这是因为并购汤姆逊之后，扩大了海外市场。但是从 2006 年开始，销量开始出现负增长，主要是双方的整合不利，使得研发技术落后，导致海外销量下降。

表 24-11　　TCL 并购前后的销量情况（单位：万台）

	2003 年	2004 年	2005 年	2006 年
中国	783	888	923	798
欧洲、北美市场	11	309	613	477
新兴市场及 OEM	372	475	764	941
合计	1 166	1 672	2 300	2 216

资料来源：TCL 集团的年度报告。

表 24-12　　TCL 并购前后相关盈利指标的变化

	2003 年	2004 年	2005 年	2006 年
销售净利率	2.02%	0.61%	-0.62%	-4.12%
总资产收益率	3.57%	0.80%	-1.07%	-8.80%
净资产收益率	25.21%	4.49%	-6.52%	-64.95%

从盈利指标来看，并购之后所有的指标都呈下降趋势，说明并购汤姆逊的彩电业务并没有给 TCL 带来新的利润增长点，反而使得原有市场无法保持原有的竞争力，可见 TCL 选择的整合模式并没有带来预期的整合绩效，没有实现协同效应。TCL 指出，集团在欧洲遭遇滑铁卢主要是由欧洲彩电市场环境的巨变导致。2004 年欧洲引领全球彩电市场迅速从显像管电视转向平板电视。尚未整合好的欧洲公司反映缓慢，TCL 各地工厂仍大量生产显像管电视。直到 2005 年中期，

TCL 的平板电视才开始大规模上市，而此时竞争对手已经开始降价了。

并购汤姆逊后，TCL 集团在 2005 年、2006 年连续亏损两年，戴上了 *ST 的帽子，2007 年才好不容易实现扭亏，现在却又遭遇与汤姆逊合资成立的 TTE 欧洲公司的清算，向 TTE 欧洲之法定清盘人赔偿 2 310 万欧元（约 2.11 亿元），这也意味着该项并购彻底失败，TCL 不仅没有获取核心技术，反而损失惨重。

2. 汤姆逊收益：迅速出售，扔掉烫手山芋

成立 TTE 后，汤姆逊公司会成为新公司在北美和欧洲市场的独家分销代理，提供包括产品设计、客户推广、物流、质量认证及其他增值服务。协议规定，在合资公司成立后的 18 个月内，占有新公司 33% 股份的汤姆逊公司可以用合资公司股权置换 TCL 国际控股公司（TCL International）的股权。分析家们指出，对于最近急于扭转亏损局面和实现经营结构调整的汤姆逊公司来说，这实在是一劳永逸地解决其消费电子业务不盈利难题的一桩好买卖。同时厂商汤姆逊面临低端生产线的大面积亏损，正处于处理不良资产阶段。此举使得其在低端业务上可以抽身而退，进而转移资产和精力顾及新技术高增值产品领域。

由此可见，通过出售彩电业务，汤姆逊迅速摆脱亏损业务，不仅没有遭受损失，反而有更多的精力进入高增值领域，可谓一箭双雕。

四、TCL 并购汤姆逊彩电业务的失败教训

（一）准确评价目标方的技术及其趋势

并购结束后一年，TCL 并没有如愿获取电视机专利技术，而电视机市场的转变更使的 TCL 雪上加霜。正如前面所说，全球彩电市场从显像管电视转向了平板电视，不管是 TCL 中国公司还是欧洲公司都没有及时的作出应对措施，从产品开发、供应链管理到整个体系都没有适应这种变化。这种巨变完全打乱了 TTE 的脚步，2005 年，TCL 的产品、市场、管理团队，所有的问题集中爆发，为了周转资金，2005 年年底，李东生打包出售了盈利的两块业务——TCL 电工和 TCL 楼宇科技。然而 TCL 通讯在阿尔法特手机业务拖累下亏损搞到 16.08 亿港元，欧洲彩电业务经营不善使得 TCL 多媒体亏损 5.99 亿港元。TCL 仅 2005 年一年的亏损就超过了公司辉煌时期的 2002 年、2003 年、2004 年三年的利润总和。由此可见技术整合的失利导致资金困难，使得 TCL 损失惨重。

然而在并购之初，TCL 看中的就是汤姆逊的彩电技术，认为它能迅速听声TCL 在彩电市场的地位，但未曾料想，市场瞬息万变，TCL 完全乱了脚步，亏损严重。出现这种结果，很大程度上在于 TCL 并没有对汤姆逊彩电技术进行深入了

解，对彩电行业的发展趋势预测不准，错误地判断了技术的发展趋势。李东生在谈及并购汤姆逊的教训时说："我们并购的时候有一样东西没看准，就是说未来电视会往哪个方向走，究竟是等离子还是液晶电视，当时更多人认为是 PDP 等离子，当时汤姆逊有很强的技术，我们任务汤姆逊的背投更胜等离子，结果一脑门子扎下去，结果赔了大钱。"由此可见并购方获取技术时，不能只看到眼前的情形，要根据行业的发展趋势，对其并购的技术做出切合实际的预测，特别是更新速度很快的技术，并购后要制定应对市场变化的措施。

（二）整合行动落实到位

TCL 管理层扬言要在 18 个月内完成整合，但是 18 个月过后整合进程非常缓慢，前面提到的中法双方的文化差异，使得双方在技术交流方面，沟通不到位，效率低下，丧失了调整整合战略的最佳时期。

同时在后期的整合中一直处于被动的局面，整合战略一直无法实施。2004 年彩电市场发展趋势已经发生改变，TCL 却未及时做出应对措施，仍延续原有的发展战略，致使其丧失了市场的主动权，不但没借机提升自己，反而背上了沉重的包袱。

因此并购方在制定整合战略时，要考虑到双方的情况以及市场形势，同时制定相应的监督措施或政策，使其真正落实到实际中。

第六节　案例横向比较

前面的案例分针对具体的案例研究了并购方在实际整合过程中采取的整合模式，下面结合前面的理论分析和实证结论，我们将并购方实际采取的模式与理论分析的模式进行对比，探讨采取不同模式的原因。

表 24-13　　并购方实际采取的模式与理论模式的对比

案例	实际采取模式	理论采取模式	理论与实际是否相符
中联重科收购 CIFA	整合程度深	整合程度浅	不符
吉利收购沃尔沃	整合程度浅	整合程度浅	符合
万向收购舍勒	整合程度浅	整合程度浅	符合
TCL 收购汤姆逊	整合程度浅	整合程度深	不符

首先来看前两项并购。依据前面的理论分析以及实证结论两者应该采取浅度

整合,吉利实际采取的模式与理论模式是一致的,而中联重科则不符。我们认为有以下两个原因:一是中联重科与 CIFA 之间的技术互补性要弱于吉利与沃尔沃之间的互补性,他们之间的技术差距较小,技术融合相对容易。二是并购主体的市场地位不同。虽然两者都属于弱势并购,但是中联重科在国内机械行业的龙头企业,而吉利在国内市场的地位并不高,在收购沃尔沃时更是被外界形象地称为"蛇吞象"式的海外并购。在国内市场地位的差异影响并购方在整合中的主动性,并购后,中联重科积极主动地与 CIFA 进行技术合作,建立 CIFA 中国基地,而吉利则是维持着沃尔沃的主动权和独立性,因此整合程度不深。

万向收购舍勒与前面两项的技术关系是相同的,万向采取的浅度整合与前面的理论分析是一致的,因为舍勒拥有的万向节技术能够弥补万向现有的不足,相似性比较弱,适合采取浅度整合。

TCL 采取的整合模式与吉利是一样的,但两者的技术关系不同,根据前面的理论分析和实证结论,TCL 应该采取深度整合,而在实际整合中,TCL 并没有这样做。我们任务原因有两方面:一是由于并购进行的比较仓促,TCL 并没有很好的对该项并购进行调查,致使并购后汤姆逊彩电业务的核心技术仍掌握在法国公司手里,并没有获得预期的高端技术;另一方面则是由于 TCL 自身尚未具备技术吸收能力,只是获得了 CRT 技术,并没有在其基础上与现有技术整合,更难以针对欧美市场进行高效的产品开发。事实上,中国总部没办法真正从业务流程上实现管理和监控。这两方面的原因致使 TCL 不能将获取的技术深入整合到现有的生产流程中,只能采取浅度整合。

表 24-14　　四项海外并购的技术关系与整合行为的匹配分析

中联重科并购 CIFA	技术相似性、互补性识别		并购方的整合行为	
	相似性弱,互补性强		整合程度深	匹配效应
技术相似性弱	CIFA 提供混凝土施工的全套设备,而中联重科主要从事建筑工程、能源工程、环境工程、交通工程等基础设施建设所需重大高新技术装备的研发制造(++)		保持两者独立品牌(***)	CIFA 中国基地的构建将技术引入中联重科,缓慢整合使双方对技术更了解;同时中联重科被纳入了 CIFA 的全球供应链系统,深度整合使得中联重科不断研发新技术,对现有资源进行配置,获得混凝土行业的先进技术。
技术互补性强	CIFA 在产品技术性能和制造工艺水平方面,都要优于中联重科现有的水平,它所拥有的技术能够弥补中联重科现有产品的不足(+++)		加强技术合作,共同开发技术平台(***)	

续表

	技术相似性、互补性识别	并购方的整合行为	
吉利并购沃尔沃	相似性弱、互补性强	整合程度浅	匹配效应
技术相似性弱	沃尔沃属于豪华汽车品牌，吉利是中国低端廉价车品牌（＋＋）	并购后会尊重沃尔沃品牌，并将保持沃尔沃的独立（＊＊＊）	缓慢整合能使吉利充分了解沃尔沃所拥有的技术，防止目标方工人产生抵触情绪；浅度整合保留双方的品牌优势，防止并购后市场认可度下降。
技术互补性强	沃尔沃的技术先进程度远远超过吉利（＋＋）	把沃尔沃一部分专利技术逐渐应用到汽车产品当中去（＊＊＊）	
万向收购舍勒	相似性弱，互补性强	整合程度浅	匹配效应
技术相似性弱	万向主攻万向节，而舍勒是美国汽车零部件供应商，技术系列更多（＋＋）	快速获取核心技术（＊＊＊）	快速整合使得万向赢得了市场主动权，充分发挥国内的成本优势；浅度整合使得万向拥有舍勒的技术优势，获得及时收益。
技术互补性强	舍勒拥有世界最多的万向节专利技术（＋）	对技术进行消化吸收（＊＊）	
TCL并购汤姆逊	相似性强，互补性强	整合程度浅	匹配效应
技术相似性强	TCL是国内背投彩电行业的佼佼者，汤姆逊是国际背投彩电的领先者（＋）	沟通不畅，整合过程繁琐，效率低下（不匹配）	缓慢整合使得TCL丧失了市场主动权，技术创新迟缓；浅度整合使得TCL仅停留在获取CRT技术，没有进行相应的技术整合，未获得技术协同效应。
技术互补性强	TCL对CRT技术积累少，汤姆逊拥有成熟的CRT技术（＋＋）	未获取核心技术，对市场变化反应慢（不匹配）	

从上面的分析可知，每项并购的本身特征也影响它们采取的整合模式。接下来我们通过技术相似性与互补性的识别和企业整合行为分析两个方面，评判出具体技术相似性与互补性带来的风险程度（用"＋"表示）和整合行为匹配程度（用"＊"表示），并分析了两者的匹配效应（见表24－14）。

从上面的分析可知即使是相同的技术关系，并购方也会采取不同的整合模式，这主要是由并购本身的特征所引起的，不同的整合行为与技术关系产生不同的匹配效应。因此在实践中，除了考虑双方技术关系带来的潜在协同效应，还应从自身的实际情况和所处的环境出发来选择合适的整合模式。

第七节 本章小结

本章在总结和回顾中国企业海外投资技术整合风险的理论研究、仿真研究和实证研究的基础上，提出了案例分析的基本逻辑框架。通过搜集具有代表性的海外并购案例，包括中联重科并购CIFA、吉利并购沃尔沃、万向并购舍勒以及TCL并购汤姆逊等，本章对案例涉及的海外投资整合中的风险要素、投资方整合模式、投资后业绩分析以及案例中风险防范和管控经验给予了深入分析。在此基础上，将案例通过内在逻辑划分进行了横向比较，得出了切实可行的防范海外投资技术整合风险的实践指南，为中国企业的技术获取型海外投资提供经验借鉴。

第二十五章

中国企业海外投资文化整合风险生成机理与演化仿真

第一节 海外投资文化整合风险生成的理论机理

一、海外投资中文化的含义

海外投资需面临来自国家文化和组织文化差异带来的诸多问题。阿德勒和杰利内克（Adler & Jelinek, 1986）认为，文化通常被定义为世界上存在的一套理所当然的假设、期望或规则，且文化强调一种共享的看待世界的认知方法，以区分不同的文化群体。虽然许多学者强调在一个组织内部，文化具有同质性质，且更多表现出来的是对内部组织成员的凝聚作用，但凯思琳格里亨利（Kathleen L. Gregory, 1983）认为一个组织的文化更准确地说应看成是多元的。来自不同职位、部门、民族等的各小团体，都将以其特有方式和感觉与组织相互作用。文化是一种象征，反映一个文化群体的传统、思想和信仰，并具有评估的性质（Parsons, 1951）。它是一套规则的集合，支配着一个群体的行为（Radcliffe - Brown, 1957），是影响一个给定群体人们行为和互动的中心要素，一个群体的文化会随时间发生改变，并以一种微妙方式影响个体和群体行为（Buono, Bowditch &

Lewis，1989）。

我们借鉴库兰和桑德霍姆（Kuran & Sandholm，2008）对文化的定义，将文化看成是两种分布的集合：一种偏好的连续分布和一种均衡行为的连续分布。该定义既反映了一个文化群体的特有身份认同，以区别于另一文化群体；同时也使文化多样性可以被表示出来，即这种文化不仅包括国家文化、组织文化、还包括职业文化、部门文化等多种亚文化。

二、海外投资文化整合的行为协调机制

在文化整合过程中，当投资主体进行互动时，就行为选择而言，一个主体受到两种竞争动机的驱动。从个人角度来说，应使行为和偏好形成一致；但从收益角度来说，自身行为必须和他人行为形成协调以使收益最大。如组织文化被认为是一些默认规则，会减少群体之间的交流与协调等成本。又如在同一国家文化背景下，大家都知道其他人在正常情况之下将如何处理人际关系。斯塔尔和沃伊特（Stahl & Voigt，2008）认为，社会文化一体化与协同效应的实现密切相关，共同的行为标准、意识形态和价值观等，有利于产生信任，减少冲突。

虽然每一公司成员有着不同偏好，来自他们行为选择所获取的收益则依赖于其他成员的行为，从而这种互动呈现的是协调的博弈结果，所以工作规范看起来更像是一种均衡的结果。个人与他人互动时面临收益的权衡，如果随时要进行行为调整，成本很高，所以单个组织中，个人会以一种稳定行为来应对不同伙伴（Kuran & Sandholm，2008）。

三、海外投资文化整合中的偏好演化机制

库兰和桑德霍姆（2008）认为，偏好发生改变的原因有两个：社会化和偏好行为一致性。首先看社会化，海外投资需要整合的文化包括国家文化、组织文化等。就国家文化而言，一个人偏好的形成主要受其父母及其他关系密切的人员偏好影响，与成长环境关系密切。就组织文化而言，新员工组织文化的形成会受上司和同事偏好影响。所以个人偏好的形成是一个社会化过程。库兰（1995）在研究偏好演化时指出：如果个人偏好和公众表现的偏好不一致，社会化过程会使个人偏好发生改变。

第二个原因是个人行为和偏好一致性。弗里德曼和弗雷泽（Freedman & Fraser，1996）发现人们常有一种保持自己行为和偏好一致的特点，一个人有什么偏好，就会采取什么行为。但行为也会影响偏好演化，当由于客观原因造成行为

改变，偏好会有一种向现有行为演变的趋势。如在 St & fest 对 Uni – Tech 收购的案例中，后者过于注重产品质量而忽视产品时效性，在收购公司压力及市场更认同产品时效性压力下，Uni – Tech 公司最终接受了效率为先的理念，认同了收购公司的文化（Zueva – Owens et al.，2011）。

四、海外投资文化整合的心理成本

研究"自我说服"问题的学者发现，当一个人为保持言行一致而必须改变偏好时，会产生心理成本。阿克尔洛夫和科腾（Akerlof & Kranton，2000）通过"认同"的概念刻画了移民文化的异化问题，他们观察到，随着个人逐渐长大，他们会形成一种"自我"的感觉。与其他社会群体进行接触会迫使个体去追求一种完全不同于小时候所形成的生活方式，那么他的认同模糊性将会导致一种心理上的损失。当一个个体要接受另一公司不同行事方式时，认同的模糊性将通过行为和偏好的不一致呈现在模型中。

海外投资背景下，根据社会归类理论的认知偏见和认知过程原理，内部成员总有一种将负面性格特征、意图等和外部成员联系起来的心理（Kramer，1999）。希特金和斯蒂克尔（Sitkin & Stickel，1996）指出，内部成员总是将外部成员看成是没有道德的、有恶意的、没有能力的等，而将内部成员看成具有相反的品质。此时投资方强行要目标公司进行文化调整，将给目标公司员工带来很高的心理成本。

五、海外投资中的文化适应性要素

文化适应性要素包括文化包容程度、文化整合程度和文化认同程度（Nahavandi & Malekzadeh，1988）。投资方的文化包容程度指投资方包容目标公司文化的程度，投资方文化包容程度越高，越不可能要求目标公司和本公司行为保持一致（Datta & Grant，1990）。文化整合程度指投资双方文化改变的程度，根据社会认同理论，多数文化群体会寻求身份的连贯性（Haunschild et al.，1994），文化整合程度越高，冲突的可能性就越大。文化认同程度即为投资双方之间一种正面、肯定看法的程度（Buono & Bowditch，1989）。一个组织对另一个组织文化认同程度越高，组织成员越倾向于放弃原有文化而接受新文化（Haunschild et al.，1994）。

我们再简单回顾一下模型关键内容：在海外投资中，两个参与投资的公司有着不同文化，从表面看，同一公司表现出相同的文化认同，但不同员工其实有着不同的偏好。在海外投资背景下，员工要和本公司及外国公司员工进行文化互动。公司成员需要在达成自身理想状态和获得协调收益之间进行权衡，偏好的改变由社会化的和心理方面的力量驱动。海外投资公司对目标公司进行文化整合的准则是追求自身收益最大化。目标公司对文化整合进行文化评估，通过自身的行为调整和偏好改变，追求自身收益最大化，并对海外投资公司的文化进行评估，认同或不认同海外投资公司的文化，从而对海外投资文化整合的最终结果产生影响。海外投资文化整合机制如图25-1所示。

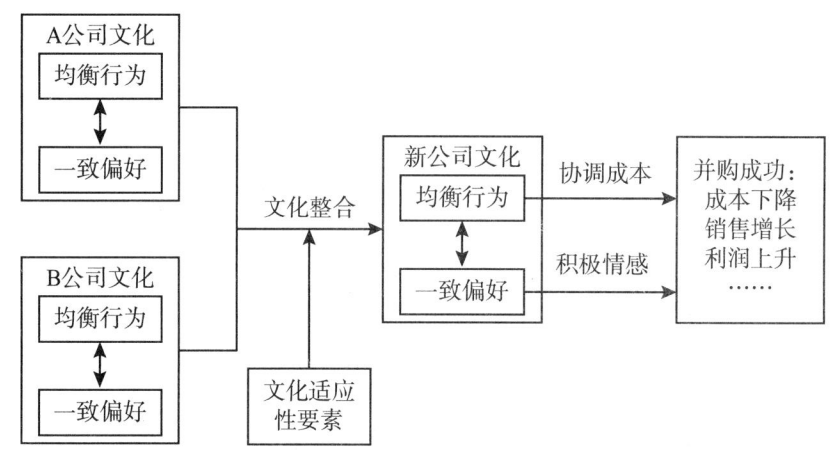

图 25-1　海外投资文化整合机制

第二节　海外投资文化整合风险的数理模型

由于海外投资发生之前一个公司文化的融合与移民文化融合发生之前单独一个群体的文化融合非常相似，所以我们首先简单介绍库兰和桑德霍姆（2008）的文化融合模型，然后指出两种文化融合之间的差异。在此基础上我们对原模型进行修改，使其适用于分析海外投资发生前公司的文化融合。

库兰和桑德霍姆（2008）认为，在社会文化融合中，主体是成对进行交互作用的，他们需要考虑两种成本：双方行为不一致导致的行为协调成本以及个人行为和偏好不一致时的心理成本。

如果一个文化群体的一致性系数是 ω，一个主体的偏好和行为分别是 π 和 x，当他和另一个有着偏好和行为分别是 π' 和 x' 的主体进行互动时，他将最大化

$$u(x, x', \pi) = [-\omega(x - x')^2] + [-(x - \pi)^2] \quad (25-1)$$

从而两个主体的行为选择分别是 $\frac{1}{1+2\omega}[(1+\omega)\pi+\omega\pi']$ 和 $\frac{1}{1+2\omega}[(1+\omega)\pi'+\omega\pi]$。

如果文化互动发生在一个群体所有成员之间，那么一个文化群内部的成员之间是重复随机进行配对的交互作用，并且在每一次互动中的收益由效用函数 u 来决定。此时成员将选择行为来最大化期望效用

$$Eu(x, x_t, \prod_t(\alpha)) = E[-\varepsilon(x-X_t)^2 - (x-\prod_t(\alpha))^2] \quad (25-2)$$

解得每一个主体在时间 t 会选择的最优行为是

$$\hat{X}_t(\alpha) = \frac{1}{\omega+1}(\omega E\prod_t + \prod_t(\alpha)), \forall \alpha \in A \quad (25-3)$$

在长期，偏好会根据下式进行演化：

$$\frac{d}{dt}\prod_t(\alpha) = \hat{X}_t(\alpha) - \prod_t(\alpha), \forall \alpha \in A \quad (25-4)$$

方程式（25-4）的解为

$$\prod_t(\alpha) = E\prod_0 + (\prod_0(\alpha) - E\prod_0)\exp\left(-\frac{\omega}{\omega+1}t\right) \quad (25-5)$$

对于社会群体的文化融合，成员不能选择拒绝进行文化融合，因此主体只能考虑文化融合的成本最小化；但对于公司的文化融合，如果一个公司成员不能忍受这个公司的企业文化，他可以通过辞职离开这个企业，从而我们从收益的角度进行考虑更合适。即在企业文化的融合中，一个成员获得的收益必须不小于 0，否则他将拒绝进行文化融合。从而等式（25-1）修改如下：

$$u(x, x', \pi) = N - \omega(x-x')^2 - (x-\pi)^2 \geq 0 \quad (25-6)$$

N 表示一个主体与另一主体在进行文化融合时获得的最大协调收益。相应的，等式（25-2）修改为

$$Eu(x, X_t, \prod_t(\alpha)) = E(N(\alpha) - \omega(x-X_t)^2 - (x-\prod_t(\alpha))^2) \geq 0 \quad (25-7)$$

这两个条件的修改不会影响公司成员最优的行为选择和其偏好的演化，即企业文化的演化和社会文化的演化在行为选择和偏好演化上具有相类似的结果。但这两个条件的修改，首先反映了企业成员可以选择拒绝进行文化融合的现实情形；同时，这两个条件的修改将会决定后文有关海外投资文化演化的相关结论。

一、海外投资文化整合背景

借鉴库兰和桑德霍姆（2008）的移民文化融合分析框架，设 m^i 是公司 i 成员的集合，从而参与海外投资的两个公司规模分别为 $A^1 = [0, m^1]$, $A^2 = [0, m^2]$。在时间 t 公司 1 和公司 2 的偏好描述分别是：$\prod_t^1: A^1 \to R$ 以及 $\prod_t^2: A^2 \to R$，

他们的行为描述分别是 $X_t^1: A^1 \rightarrow R$ 以及 $X_t^2: A^2 \rightarrow R$。两个文化群体平均的偏好分别是如下两个等式：$E\prod_t^1 = \frac{1}{m^1}\int_0^{m^1} \prod_t^1(\alpha) d\alpha$ 和 $E\prod_t^2 = \frac{1}{m^2}\int_0^{m^2} \prod_t^2(\alpha) d\alpha$，平均的行为是 $EX_t^1 = \frac{1}{m^1}\int_0^{m^1} X_t^1(\alpha) d\alpha$ 和 $EX_t^2 = \frac{1}{m^2}\int_0^{m^2} X_t^2(\alpha) d\alpha$。

海外投资文化整合时，公司成员需要和本公司及外国公司成员进行文化互动。根据之前论述，i 公司的一个主体和内部成员互动时的收益函数为：

$$u^{ii}(x, x', \pi) = N^i - \omega^i(x - x')^2 - (x - \pi)^2 \qquad (25-8)$$

文化互动要发生，必须有 $u^{ii}(x, x', \pi) \geq 0$。

如果这个合作伙伴是来自外国公司 j 的成员，此时公司 i 的主体对协调的权重是跨文化的一致性系数 a^i，假定公司 i 的主体与公司 j 的主体进行文化整合能够实现的协调收益是 M^i。则收益函数是

$$u^{ij}(x, x', \pi) = M^i - a^i(x - x')^2 - (x - \pi)^2 \qquad (25-9)$$

同样的，要使公司 i 的主体与公司 j 的主体进行文化互动，必须有 $u^{ij}(x, x', \pi) \geq 0$，否则，公司 i 将拒绝与公司 j 进行文化融合，而这显然和移民文化融合的情形不同。通常假定 $a^i > 0$ 以确保两个公司进行海外投资时会进行文化整合。

海外投资背景下，我们考虑海外投资文化整合的三个空间：假定一个公司有一些部门将进行跨文化整合，另一些部门不进行跨文化整合，两个公司成员分别在这三种不同的部门进行文化互动。我们用代表公司 i 的主体在进行跨文化整合互动时的比例，则 $1 - c^i$ 是该主体在自己的文化群体内部进行交互作用的比例。因为行动时刻发生改变需要付出成本，所以每一个主体在相同部门会选择相同行为进行互动。

二、海外投资文化整合的均衡行为

方程 (25-3) 可用来刻画没有进行跨文化整合部门内的均衡行为。从而，

$$\hat{X}_t^1(\alpha) = \frac{1}{\omega^1 + 1}(\omega^1 E\prod_t^1 + \prod_t^1(\alpha)), \forall \alpha \in A^1; \qquad (25-10)$$

$$\hat{X}_t^2(\alpha) = \frac{1}{\omega^2 + 1}(\omega^2 E\prod_t^2 + \prod_t^2(\alpha)), \forall \alpha \in A^2; \qquad (25-11)$$

在移民文化融合中，如果群体 i 的规模为 M^i，且假定所有文化互动匹配是通过独立的个体行动得到，同时每一成员在发生文化融合的区域都有比例的活动是在该区域进行，那么一个文化群体在跨文化融合区域进行交互作用的比例是 $\emptyset^i = m^i c^i / (m^i c^i + m^j c^j)$。但海外投资文化整合与移民文化融合最大不同在于，移民文

化融合时，每一个体地位都是平等且独立的，各自按照自身行为和偏好进行文化融合，而在海外投资文化整合时，公司 i 的成员需要遵守相同的文化融合规则，此时每个公司成员在海外投资文化融合中的作用是相同的，并不取决于公司规模，此时更适合将每一个公司作为一个独立分析对象，则有 $\emptyset^i = c^i/(c^i + c^j)$。如果公司 i 的主体有着偏好 π，采取的行为是 x，那么期望效用为：

$$U^i(x, X_t^i, X_t^j, \pi) = \emptyset^i E u^{ii}(x, X_t^i, \pi) + \emptyset^j E u^{ij}(x, X_t^j, \pi)$$
$$= \emptyset^i E N^i + \emptyset^j E M^i - \emptyset^i \omega^i E(x - X_t^i)^2 - \emptyset^j a^i E(x - X_t^j)^2 - (x - \pi)^2 \qquad (25-12)$$

同样的，文化群体 i 的主体愿意进行文化整合，必须满足 $U^i(x, X_t^i, X_t^j, \pi) \geq 0$，否则公司 i 的成员将拒绝和公司 j 进行文化整合。

由此表达式可知海外投资文化整合时，员工均衡行为选择为：

$$\tilde{X}_t^i(\alpha) = (1 - o^i - p^i) E \prod_t^i + o^i E \prod_t^j + p^i \prod_t^i (\alpha) \qquad (25-13)$$

$\alpha \in A^i$ 且 $i \in \{1, 2\}$，$1 - o^i - p^i > 0$，

$$o^i = \frac{c^j a^i}{c^j(a^i + 1) + c^i(a^j + 1)} > 0 \text{ 且 } p^i = \frac{c^j + c^i}{c^j(a^i + 1) + c^i(w^i + 1)} > 0$$

在跨文化整合部门，员工有唯一纳什均衡，最优行为是他所在公司平均偏好，投资伙伴公司平均偏好，及他个人偏好的加权平均。虽然从形式上看，海外投资中员工的均衡行为和移民文化融合中成员的均衡行为选择相似，但海外投资中员工均衡行为权重的大小，只取决于投资双方文化整合深度和整合范围的大小。

三、文化整合程度对整合收益影响

a^i 反映的是投资方对目标公司的文化整合程度，若公司 j 是海外投资方，a^i 表示 j 公司所要求的 i 目标公司在行为上应该和投资方 j 保持行为一致性的程度。这个系数越大，说明公司 j 对公司 i 的整合程度越高。a^i 的改变对员工心理成本与收益的影响，有如下三个结论（与在库兰和桑德霍姆（2008）文献中的三个相关结论类似）：

(1) $\dfrac{\mathrm{d}}{\mathrm{d}a^i} E_a[(\tilde{X}_t^i(\alpha) - \prod_t^i(\alpha))^2] \geq 0$；

(2) $\dfrac{\mathrm{d}}{\mathrm{d}a^i} E_a U^i(\tilde{X}_t^i(\alpha), \tilde{X}_t^i, \tilde{\prod}_t^i(\alpha))$ 是否大于 0 不确定；

(3) $\dfrac{\mathrm{d}}{\mathrm{d}a^i} E_a U^j(\tilde{X}_t^j(\alpha), \tilde{X}_t^j, \tilde{\prod}_t^j(\alpha)) \geq 0$。

虽然这三个结论来自于对移民文化整合的分析，但在海外投资文化整合的框架下，可以得到相同的结论。因为，虽然在海外投资文化整合的背景下 o^i 和 p^i 的取值都已经发生了变化，但两者对 a^i 和 a^j 分别求导之后的数值正负号和移民文化融合背景下得到的相应取值符号相同，从而最后结果不变，证明过程可以参阅库兰和桑德霍姆（2008）。下面就这三个结论在海外投资文化融合背景下的含义进行阐述。

结论（1）指出对目标公司整合程度的增加会提高目标企业 i 员工的心理成本，结论（2）表明，a^i 的增加对目标企业 i 成员的收益影响是不确定的。这意味着目标企业 i 如果进行文化的调整，在承担了心理成本之后，其收益是否大于 0 却不确定。前两个结论可解释为什么在海外投资中，投资方要求目标公司进行文化调整时，容易受到目标公司员工抵制。目标公司不会有改变自己行为的动力，除非投资方能够通过薪酬或职位等方面的好处进行激励。结论（3）显示投资公司 j 提高对目标公司 i 的文化整合程度，会提高投资方 j 的总收益。因此对目标企业整合程度的增加会提高海外投资公司 j 的收益。

四、文化整合范围对文化整合程度的影响及其决定条件

上一节的结论隐藏着一个矛盾：投资方 j 希望 a^i 越大越好；而目标公司 i 希望 a^i 越小越好。投资方 j 通过提高 a^i 来增加其收益的前提必须是目标公司 i 进行合作，否则收益不可能实现，因此满足 $U^i(x, X_t^i, X_t^j, \pi) \geq 0$。即：

$$\emptyset^i EN^i + \emptyset^j EM^i - \emptyset^i \omega^i E(x - X_t^i)^2 - \emptyset^j a^i E(x - X_t^j)^2 - (x - \pi)^2 \geq 0$$

$$(25-14)$$

从而：$a^i \leq \dfrac{1}{\emptyset^j E(x - X_t^j)^2}(\emptyset^i EN^i + \emptyset^j EM^i - \emptyset^i \omega^i E(x - X_t^i)^2 - (x - \pi)^2)$

$$(25-15)$$

或：$a^i \leq \dfrac{1}{c^j E(x - X_t^j)^2}(c^i EN^i + c^j EM^i - c^i \omega^i E(x - X_t^i)^2 - (c^i + c^j)(x - \pi)^2)$

这是投资方 j 能够取得 a^i 的最大值。

$$\dfrac{da^i}{dc^i} = \dfrac{1}{c^j E(x - X_t^j)^2}(EN^i - \omega^i E(x - X_t^i)^2 - (x - \pi)^2) \quad (25-16)$$

由公式（25-8）知：$EN^i - \omega^i E(x - X_t^i)^2 - (x - \pi)^2 \geq 0$，所以 $\dfrac{da^i}{dc^i} \geq 0$。

$$\dfrac{da^i}{dc^i} = \dfrac{c^i}{c^j} \times \dfrac{-1}{c^j E(x - X_t^j)^2}(EN^i - \omega^i E(x - X_t^i)^2 - (x - \pi)^2) \leq 0 \quad (25-17)$$

因此目标公司的整合程度 c^i 增加会提高 a^i 的取值范围，而投资方的整合程度 c^j 增加会降低 a^i 的取值范围。

$$\frac{\mathrm{d}U^i}{\mathrm{d}c^j} = \frac{c^j}{(c^i+c^j)^2}(EM^i - a^i E(x-X_t^j)^2 - (EN^i - \omega^i E(x-X_t^i)^2))$$

$$= \frac{c^i}{(c^i+c^j)^2}(EM^i - a^i E(x-X_t^j)^2 - (x-\pi)^2 - (EN^i - \omega^i E(x-X_t^i)^2 - (x-\pi)^2)$$

(25 – 18)

要使 $\frac{\mathrm{d}U^i}{\mathrm{d}c^i} > 0$，必须使

$$EM^i - a^i E(x-X_t^j)^2 - (x-\pi)^2 > EN^i - \omega^i E(x-X_t^i)^2 - (x-\pi)^2 \quad (25-19)$$

不等式的左边是公司 i 的成员与公司 j 的成员进行文化互动时获得的期望收益；而不等式的右边是公司 i 的成员与原公司内部成员进行文化整合时获得的期望收益。根据对称性，这意味着投资方 j 如果要加大对投资方 i 的整合范围并获益，前提条件必须是投资方 j 的成员与目标公司 i 的成员进行文化互动获得的期望收益，超过收购公司 j 内部成员之间进行文化互动时所获得的期望收益。

五、海外投资中的偏好演化

海外投资中每一个主体都有两个均衡的行为：与本公司成员互动时的均衡行为和与海外投资伙伴成员文化互动时的均衡行为。假定一个值 $\lambda^i \in (0,1]$，这里 λ^i 表示公司员工均衡行为中所受到的来自跨文化均衡行为的影响，定义为目标公司 i 对投资方 j 文化认同程度。然后定义

$$\overline{X}_t^i(a) = (1-\lambda^i c^i)\widehat{X}_t^i(a) + \lambda^i c^i \widetilde{X}_t^i(a) \quad (25-20)$$

λ^i 的取值代表目标公司 i 对投资方 j 文化认同程度。该取值小于 1，表示目标公司 i 的员工更认同其原公司文化；等于 1，表示目标公司员工对两个公司文化有着相同的认同程度；大于 1，表示目标公司 i 的员工更认同投资方 j 的文化。根据文化认同理论，通常情况下，λ^i 的取值都小于 1，即人们更易受到与他们有着相同文化背景的人们的影响，更认同自身文化。与库兰和桑德霍姆（2008）模型不同的是，我们这里 λ 的取值分为 λ^i 和 λ^j，即投资双方对彼此的文化认同通常情况下并不相等，这更符合现实中海外投资文化整合的情形。

偏好演化方程我们借鉴库兰和桑德霍姆（2008）的移民文化整合中的偏好演化方程，以反映在海外投资中，每一主体的偏好均朝着他目前"均衡行为"方向移动；随着偏好的演化，主体会调整他们的行为以保持均衡的博弈。偏好演化方

程如下：

$$\frac{d}{dt}\prod_t^i(a) = \bar{X}_t^i(a) - \prod_t^i(a) \tag{25-21}$$

假定两个公司成员最开始的偏好属性是 $\prod_0^1$ 和 $\prod_0^2$，方程（25-21）的解被描述如下：

（S1） $\prod^* = \tau^1 E \prod_0^1 + \tau^2 E \prod_0^2$；

（S2） $E\prod_t^i = \pi^* + \tau^j (E\prod_0^i - E\prod_0^j) \exp(-\rho^{i*} t)$，所有 $i \in \{1, 2\}$；

（S3） $\prod_t^i(a) = E\prod_t^i + (\prod_0^i(a) - E\prod_0^i) \exp(-\rho^i t)$，所有 $a \in A^i$，$i \in \{1, 2\}$；

影响程度 τ^1 和 τ^2 及收敛比率 ρ^{i*}，ρ^i 取值如下：

$$\tau^i = \frac{a^j}{a^j + a^i},$$

$$\rho^{i*} = \frac{\lambda^i c^1 c^2 (a^1 + a^2)}{a^2(a^1+1) + c^1(a^2+1)} > 0，且$$

$$\rho^i = \frac{w^i + \lambda^i c^i}{w^i + 1} - \frac{\lambda^i c^i (c^i + c^j)}{c^i(w^i+1) + c^j(a^i+1)} > 0。$$

方程（25-21）的解表明，长期来看，所有的偏好和行为都会向单一点 π^* 聚焦，它是每个公司初始平均偏好的加权平均值。每一个公司的平均偏好将以速率 ρ^{i*} 趋向于极限值 π^*；且每一个属于文化群体 i 的个体以速率 ρ^i 趋向于该文化群体的平均偏好 $E\prod_t^i$。

（S1）表明在投资双方初始偏好已知的情况之下，文化融合的最终结果是两个公司初始偏好的函数。但是偏好演化最终走向何方，取决于系数 a^i 和 a^j。更具体地说，目标公司 i 的文化越被要求与投资方 j 的文化相一致，即 a^i 取值越高，则新公司最终的文化，受投资方影响越大。这意味着目标公司 i 将承担更大的文化变革的心理成本，从而在海外投资文化整合过程中，目标公司抵制自身文化变革有其合理性。

六、文化认同对文化整合的影响

方程（25-21）中描述的偏好改变过程是由个体偏好和行为的差异驱动的，这个过程会产生个体行为和偏好间的冲突，形成心理成本。接下来我们将研究在海外投资过程中文化认同将如何影响成员对这种心理成本的承受，从而影响文化整合的结果。

对等式（S2）进行时间上的微分可得 $\frac{d}{dt} E\prod_t^i = \rho^{i*} \tau^j (E\prod_0^j - E\prod_0^i) \exp$

$(-p^{i*}t)$。

从而 $E\prod_t^i$ 的变化率取决于两个企业平均偏好的初始差异，同时也取决于内生系数 ρ^{i*} 和 τ^j 的取值。现在将关注的焦点放在 $t=0$ 的时刻，我们发现这个变化率会随着 ρ^{i*} 的增加而增加，也会随着 τ^j 的增加而增加。从 ρ^{i*}、τ^i 与 λ 关系来看，文化认同 λ^i 或 λ^j 的取值只会影响 ρ^{i*} 的取值。更具体地说，目标公司 i 对投资方 j 的文化认同系数 λ^i 越大，将会使得 ρ^{i*} 的值越大，从而 $\frac{d}{dt}E\prod_t^i$ 的取值越大。也即在相同时间，目标公司对投资方文化认同程度越高，愿意进行文化变革的程度也越高，越愿意承担文化融合的心理成本，从而有助于跨国并购文化整合的成功。

七、模型总结

通过一个文化整合模型，模型分析了在海外投资文化整合过程中的演化，对文化整合过程中投资方对目标公司的整合程度、投资方对目标公司的整合范围以及目标公司对投资方的文化认同程度在海外投资文化整合过程中的调节作用进行了详细分析，得出了一些重要结论。

首先，文化整合程度对投资方的心理成本或总收益有重要影响。投资方 j 对目标公司 i 的文化整合程度越高，目标公司员工需要承受的心理成本越高，越容易导致投资方员工的抵制。目标公司 i 在进行文化调整后，其总收益是正是负不能确定。但投资方 j 能从目标公司 i 的文化调整中获得正的收益。这可以让我们理解为什么投资方更倾向于利用权力，要求目标公司采取投资方的文化标准，因为这会使投资方 j 获得正的收益。同时目标公司更倾向于对这种文化整合模式进行抵制，因为短期来看会增加投资方员工心理成本；而长期来看，目标公司 i 的员工总收益是正是负却是未知的。因此，投资方想要提高投资成功概率，必须权衡对目标公司文化包容程度的大小，文化包容度系数 a^i 取值最大不能超过 $\frac{1}{c^jE(x-X_t^j)^2}[c^iEN^i+c^jEM^i-c^i\omega^iE(x-X_t^i)^2-(c^i+c^j)(x-\pi)^2]$。

其次，就文化认同系数 λ^i 而言，目标公司 i 对投资方 j 的文化认同程度越高，目标公司员工越倾向于吸收投资方的文化，即使他们因此需要做出更多文化调整，承受更大文化整合成本，这无疑会增加海外投资文化整合的成功率。海外投资文化整合程度越高，投资双方承受的心理成本也就会越高。对目标公司的文化整合范围 c^i 越高，投资方对 a^i 的取值也可以越高，增加投资方 j 的获益空间。本章研究表明，投资方对目标公司文化整合范围 c^i 的取值，取决于投资方成员与内外部成员进行文化互动时收益的大小。只有当投资方成员与目标公司成员进行文化互动时的收益超过与内部成员进行文化互动时的收益，投资方才能够在加大对目标公司的整合范围。

本章有三个结论是现有文献所没有的：首先文化整合程度的大小对投资方和目标公司产生的影响方向是相反的，投资方对目标公司文化整合程度系数的取值，文中已经算出了临界值。其次，文化整合范围会对文化整合程度产生重要影响，投资方对目标公司文化整合范围越高，文化整合程度系数取值空间越大，获益空间也越大。最后，投资方对目标公司整合范围的大小取决于投资方成员与内外部成员进行文化互动时的利益比较。如果投资方成员与目标公司成员进行文化互动时获取的收益高于其与原有公司成员进行文化互动时的收益，那么，此时目标公司可以对投资方进行更大范围的文化整合。这为未来的研究指出了方向：在满足什么样的条件下，投资方与目标公司进行文化整合带来的收益会高于投资方内部成员之间文化整合带来的收益？可通过实证来验证文化整合程度是否对投资方和目标公司会产生相反的影响？如果投资方文化整合程度系数取值超过临界点，是否会增加文化整合失败的概率？对目标公司文化整合范围提高，是否可以促使投资方采取更高的文化整合策略，获取更高收益？

第三节　海外投资文化整合的动态演化：基于多主体仿真方法的研究

一、多主体仿真实验设置

（一）多主体仿真实验环境设置及主体间文化交互作用规则

本章所用仿真软件为Netlogo软件，NetLogo软件是一个用来对自然和社会现象进行仿真的可编程建模软件。它特别适合对随时间演化的复杂系统进行建模，建模人员能够向独立运行的"主体"（agent）发出指令。这就使得探究微观层面上的个体行为与宏观模式之间的联系成为可能。这些宏观模式是由许多个体之间的交互作用涌现出来的。这里的仿真环境选取的是一个由20×20的网格组成的一个球面世界来模拟投资公司和目标公司成员进行文化整合的环境（见图25 -

2）。在这个球面世界中，投资公司成员和目标公司成员能够任意地在这个界面中游走。其中蓝色小人表示的是投资公司的成员，而绿色小人表示的是目标公司的成员。

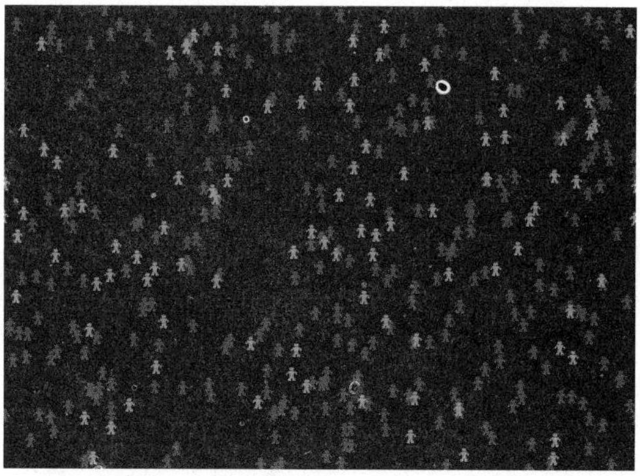

图 25-2　多主体仿真实验环境设置

投资双方成员在这个世界中随机游走，当任意的两个人相互接触，不管他们是同时来自投资公司、同时来自目标公司，或者一方来自投资公司、一方来自目标公司，他们之间都会按照一定的规则进行文化的交互作用。在投资双方文化整合初期，投资双方公司的成员具有各自相应的文化偏好和行为，当他们相互接触之后，就按照相应的规则进行互动以获取个人最大的收益。关于投资双方成员文化互动的行为规则，可参阅本章第二节的内容。

投资公司所要做的，就是利用这些文化互动的规则，在长期的文化互动中，追求成员平均收益的最大化。如果投资公司成员在长期的文化互动中，最后一直能够保持获得正的收益，就表示投资公司对目标公司的文化整合是成功的；如果投资公司成员在长期的文化互动中，最后获得的成员平均收益为负值，就表示投资公司对目标公司的文化整合是失败的。这里投资公司成员平均收益的获取值，看的不是一个时点上的值，而是一长段时间的取值，代表的是未来演化的趋势。举例来说，如果投资公司对目标公司进行文化整合，在短时期内获得的是负的收益，并不表示投资公司对目标公司的文化整合是失败的。只要随着仿真步长的推移，投资公司平均收益曲线改变发展趋势，最后获得正的收益，并且一直保持下去，那么在这种获得正的收益趋势已经明确的条件下，我们判断投资公司对目标公司的文化整合取得了成功。相应地随着仿真步长的推移，投资公司从文化整合中获得的收益为负，并且形成了趋势一直保持下去，则判断投资公司的文化整合是失败的。

(二) 多主体仿真实验参数设置

以上投资双方有关收益获取、行为选择标准、文化长期演化的规则，实际体现了跨国投资文化整合机制中的投资双方文化匹配机制、投资公司对目标公司文化整合机制以及目标公司对投资公司文化认同机制这三大机制在跨国投资文化整合中的重要作用。因此，文章的仿真实验也主要围绕这三个机制在跨国投资文化整合中所起的作用不同而分别进行仿真研究，并且加入了这三个机制之间的联合作用对跨国投资文化整合结果产生影响的仿真实验分析。仿真模型中所使用的参数符号的含义如表25-1所示，仿真模型核心参数的取值如表25-2所示，仿真模型中辅助参数的取值如表25-3所示。

表25-1　　　　　　　　多主体仿真实验参数含义

参数符号	参数含义
mean-i	投资公司文化偏好的平均值
stv-i	投资公司文化偏好的方差
mean-j	目标公司文化偏好的平均值
stv-j	目标公司文化偏好的方差
c-i	投资公司参与文化整合的范围
c-j	投资公司对目标公司进行文化整合的范围
a-i	投资公司在行为上愿意与目标公司保持一致的程度
a-j	投资公司要求目标公司在行为上与投资公司保持一致的程度
lumda-i	投资公司对目标公司文化认同的程度
lumda-j	目标公司对投资公司文化认同的程度
w-a	投资之前投资公司内部成员在行为上保持一致性的程度
w-t	投资之前目标公司内部成员在行为上保持一致性的程度
n-i	投资之后投资公司成员之间进行文化互动能够获得的最大收益
m-i	投资之后投资公司成员与目标公司成员进行文化互动时能够获得的最大收益
n-j	投资之后目标公司成员之间进行文化互动能够获得的最大收益
m-j	投资之后目标公司成员与投资公司成员进行文化互动时能够获得的最大收益
n-acquirer	投资公司员工数量
n-target	目标公司员工数量

表25-2　　　　多主体仿真实验核心参数设置

并购双方文化匹配参数		收购企业文化整合参数				目标企业文化认同参数		模型
mean-i, stv-i	mean-j, stv-j	c-i	c-j	a-i	a-j	lumda-i	lumda-j	
1. 并购双方文化匹配机制对跨国并购文化整合结果的影响									
150, 25	50, 15	0.5	0.8	0.3	0.3	0.8	1.0	1
150, 25	100, 15	0.5	0.8	0.3	0.3	0.8	1.0	2
150, 25	148, 15	0.5	0.8	0.3	0.3	0.8	1.0	3
2. 收购企业文化整合机制对跨国并购文化整合结果的影响（文化整合范围）									
150, 25	100, 15	0.5	0	0.3	0.3	0.8	1.0	4
150, 25	100, 15	0.5	0.02	0.3	0.3	0.8	1.0	5
150, 25	100, 15	0.5	0.8	0.3	0.3	0.8	1.0	6
150, 25	100, 15	0.5	1.0	0.3	0.3	0.8	1.0	7
3. 收购企业文化整合机制对跨国并购文化整合结果的影响（文化包容程度）									
150, 25	100, 15	0.5	0.8	0.3	0	0.8	1.0	8
150, 25	100, 15	0.5	0.8	0.3	0.5	0.8	1.0	9
150, 25	100, 15	0.5	0.8	0.3	1	0.8	1.0	10
4. 目标企业文化认同机制对跨国并购文化整合的影响									
150, 25	100, 15	0.5	0.8	0.3	0.3	0.8	0	11
150, 25	100, 15	0.5	0.8	0.3	0.3	0.8	0.5	12
150, 25	100, 15	0.5	0.8	0.3	0.3	0.8	1.0	13
150, 25	100, 15	0.5	0.8	0.3	0.3	0.8	-0.1	14
150, 25	100, 15	0.5	0.8	0.3	0.3	0.8	-0.2	15
5. 文化整合机制联合作用对跨国并购文化整合的影响									
150, 25	100, 15	0.5	0	0.3	0.3	0.8	-0.3	16
150, 25	100, 15	0.5	1	0.3	0.3	0.8	-0.3	17
150, 25	100, 15	0.5	0.8	0.3	0	0.8	-0.3	18
150, 25	100, 15	0.5	0.8	0.3	1	0.8	-0.3	19
150, 25	100, 15	0.5	0.8	0.3	0.3	0.8	0.7	20
150, 25	50, 15	0.5	0.8	0.3	0.3	0.8	0.4	21

表25-3　　　　多主体仿真实验辅助参数设置

w-a	w-t	n-i	m-i	n-j	m-j	n-acquirer	n-target	模型
0.6	0.6	500	500	500	500	300	100	1-21

二、多主体仿真实验结果分析

(一) 投资双方文化匹配机制对跨国投资文化整合的影响

在研究投资双方文化匹配机制对跨国投资文化整合结果影响的仿真研究中，我们考虑了三个模型。模型 1 中，投资公司成员的初始文化均值和方差分别是 150 和 25，而目标公司成员的初始文化均值和方差分别是 50 和 15，代表投资双方文化匹配程度很低的情形；模型 2 中，投资公司成员的初始文化均值和方差分别是 150 和 25，而目标公司成员的初始文化均值和方差分别是 100 和 15，代表投资双方文化匹配程度适中的情形；模型 3 中，投资公司成员的初始文化均值和方差分别是 150 和 25，而目标公司成员的初始文化均值和方差分别是 148 和 15，代表投资双方文化匹配程度很高的情形。三个模型中，投资公司对目标公司进行文化整合时投资公司成员平均收益的演化仿真实验结果如图 25 - 3 所示。

从仿真实验的图形中可以得到四个发现：首先，在模型 1 和模型 2 中，存在两种可能的演化方式：第一种演化方式是投资公司对目标公司的文化整合进展顺利，投资公司成员从一开始就能够获得正的收益，并且之后始终保持增长（如模型 1 - 1；模型 2 - 1）；第二种演化方式是文化整合先经历一个磨合期，投资公司对目标公司文化整合遇到障碍，收益迅速下降，但是之后投资公司成员收益上升（如模型 1 - 2；模型 2 - 2）。模型 3 中投资公司成员平均收益只存在一种演化方式，即投资公司对目标公司文化整合自始至终进展顺利。从仿真结果看，模型 1 出现模型 1 - 2 的情形大概有 80% 的概率；而模型 2 出现模型 2 - 2 的情形只有 10% 的概率。

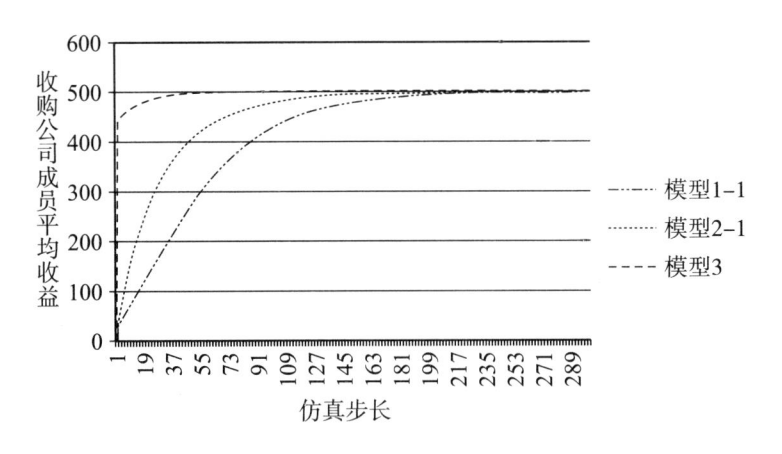

[图表：纵轴为收购公司成员平均收益（-200 到 600），横轴为仿真步长（19 到 289），三条曲线分别代表模型1-2、模型2-2、模型3]

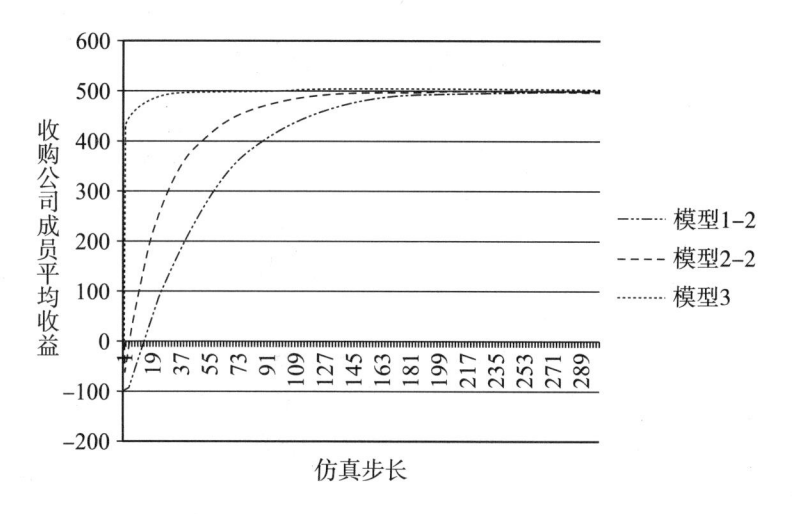

图 25-3　投资双方文化匹配不同对跨国投资文化整合影响的对比分析

其次，从图形变换趋势来看，不管是投资公司一开始就对目标公司文化整合进展顺利的情形，还是投资公司对目标公司文化整合最初遇到障碍而后才成功的情形，投资公司成员收益的变化趋势都是先快后慢的。在模型1-1中，投资公司成员平均收益在投资后短时期内迅速上升，而后缓慢上升，最后趋于稳定。

再次，随着投资双方文化匹配程度的增加，投资公司成员平均收益到达接近最大值的稳定状态所需要的时间越来越短。如到达投资公司成员平均收益最大值的稳定状态，模型1需要200的步长；模型2需要150的步长，而模型3只需要50的步长。并且在这个上升的过程中，步长相同时，文化越匹配，投资公司能够获得的平均收益就越高。

最后，从模型2-2和模型1-2的对比来看，在投资公司对目标公司文化整合最初遇到障碍时，随着投资双方文化匹配程度的增加，投资公司付出的整合成本有下降的趋势。

结论1：随着投资双方文化匹配程度的增加，投资公司成员获得文化整合收益最大值的时间更短；相同步长下获得的收益更高；文化整合遇到障碍的概率更小；且遇到障碍情况下付出的成本更低。

（二）投资公司文化整合机制对跨国投资文化整合的影响

投资公司文化整合机制可以从两个方面来考虑，一是投资公司对目标公司进行文化整合范围的选择，模型中用 $c-j$ 来表示，其取值范围是 0 到 1 之间。0 表示投资公司对目标公司完全不进行整合，1 表示投资公司对目标公司整个公司进行整合，而取值介于两者之间的文化整合是对目标公司进行局部整合。二是投资公司对目标公司进行文化整合的深度,在模型中用 a-j 来表示,a-j 其实就是投资公司要求目标公司的成员在文化上与投资公司保持一致的程度,a-j 反映的实质是跨国投资中投资公司对目标公司的文化包容程度。a-j 的取值在 0 到 1 之间,取值为 0 表示投资之后在目标公司中原有的文化依然是目标公司的主导文化;取值为 1 表示投资公司要求目标公司的成员在行为上必须保持和投资公司文化的完全一致。

1. 投资公司对目标公司文化整合范围不同对跨国投资文化整合结果的影响

收购公司对目标公司进行文化整合范围上的选择,研究中用了模型 4-7 这四个模型,c-j 的取值分别是 0、0.02、0.5 和 1,分别代表在范围上投资公司对目标公司完全不进行文化整合、进行微小的文化整合、进行适中的文化整合和进行完全的文化整合。四组模型中收购公司成员平均收益的演化详细结果对比见图 25-4。

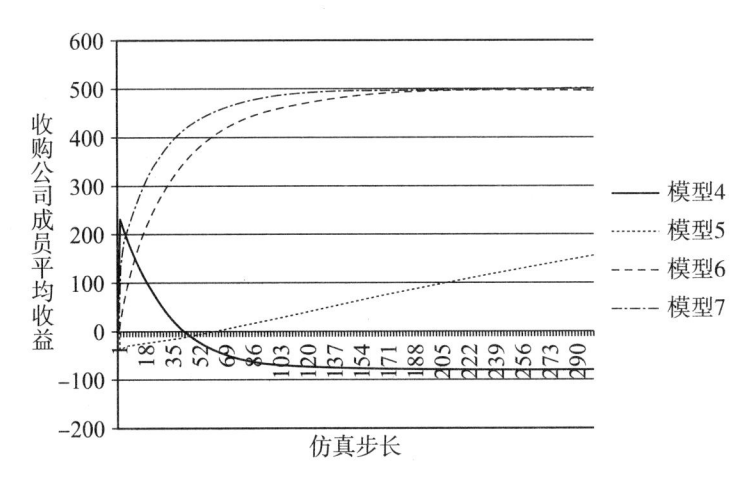

图 25-4 投资公司对目标公司文化整合范围不同对跨国投资文化整合影响的对比

通过对四个模型中的图形进行对比分析,我们可以发现投资公司对目标公司文化整合范围选择不同对跨国投资文化整合结果产生的几个重要影响:首先,如果整合范围选择为 0,投资公司成员的最终收益将为负值。但是,只要在整合范围上投资公司对目标公司的文化整合稍微地进行调整,那么投资公司成员就能够从跨国投资文化整合中获得正的收益,虽然这个过程会非常的漫长。但是,随着投资公司对目标公司文化整合范围的日益增加,如 c-j 的取值从 0.5 变成 1 的这个过程中,两者到达接近最大值的相对均衡的状态,在步长方面表现不出太大的差别。

其次,从变化趋势来看,模型 6、模型 7 和模型 4 中投资公司成员平均收益的变化在开始阶段变化都非常的迅速,然后在一段时间之后达到相对稳定的状态。而模型 5 中投资公司成员收益在向最大值接近的过程很缓慢。从而我们可以看出，投资公司对目标公司文化整合的范围，还会从时间的角度对跨国投资文化整合的结果产生影响。

结论2：投资公司对目标公司文化整合范围为0将导致文化整合的失败；随着文化整合范围的提高，相同步长下收购公司能获得更高收益；缩短收购公司达到收益最大值的时间；但文化整合范围高到一定程度，收购公司成员平均收益接近最大值的时间长短相差不大。

2. 投资公司对目标公司文化包容程度不同对跨国投资文化整合结果的影响

收购公司对目标公司进行文化整合，在文化包容程度方面的差异考虑了三种情形，在模型8~模型10中，a-j的取值分别为0、0.5和1，相对应的是投资公司对目标公司最大化的文化包容、适中的文化包容和最小的文化包容程度，相对应的跨国投资文化整合演化结果如图25-5所示。

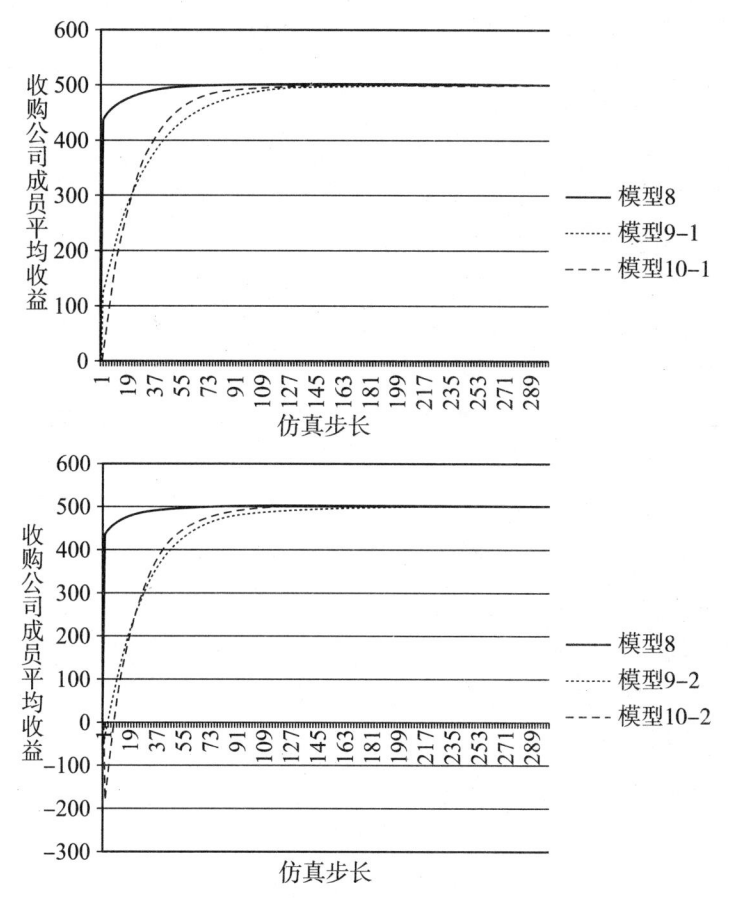

图25-5 投资公司对目标公司文化整合包容程度不同对跨国投资文化整合影响的对比

从图 25-5 中可得如下重要信息：首先，当投资公司对目标公司文化包容程度最大时，跨国投资文化整合的效果最好，这体现在三个方面：第一，当 a-j 的取值为 0 时，投资公司对目标公司进行文化整合，只会出现一种情形，即投资公司对目标公司文化整合顺利，不会出现投资公司付出收益为负的代价，而在 a-j 为 0.5 和 1 的取值条件下，投资公司都有可能出现收益为负的情形（见模型 25-2、模型 10-2）。第二，从到达接近收益最大值的相对稳定的时间来看，a-j 取值为 0 时投资公司只需要大概 50 的步长就可以得到接近最大值时的稳定状态。而 a-j 为 0.5 和 1 时达到接近最大值时的稳定状态大概需要 100 甚至更长的时间。第三，相同的步长条件下，当 a-j 取值为 0 时，相对于其他的 a-j 取值情形，投资公司成员总能获得最大的平均收益。

其次，一个比较有意思的发现就是当文化包容程度下降到一定程度，如 a-j 取值从 0.5 增加到 1，有两个重要的结果：第一，随着投资公司对目标公司文化包容程度的下降，如果出现投资公司对目标公司文化整合最开始遇到障碍的情形，那么投资公司付出的代价会随着文化包容程度的下降而增加，如模型 25-2 中的最低值是 -64，而模型 10-2 中是 -190。第二，在从文化整合遇到障碍再到文化整合成功的过程中，随着投资公司对目标公司文化包容程度的下降，投资公司将会以更少的时间达到接近收益最大值的稳定状态。

结论3：当投资公司对目标公司文化包容程度最高时，跨国投资文化整合结果最优。文化包容程度下降到一定范围，情形会发生变化，如 a-j 取值在 0.5 到 1 这个变化过程中，投资公司对目标公司文化包容程度越低，到达最大值的稳定状态所需时间越少，其代价是文化整合一旦遇挫，投资公司将会付出更高成本。

（三）目标公司文化认同机制对跨国投资文化整合的影响

目标公司对投资公司文化认同机制对跨国投资文化整合结果的影响，可以分三种情形来考虑。第一种情形，lumda-j 的取值为 0（模型 11），表示目标公司对投资公司的文化不认同，但是也不反感。第二种情形，lumda-j 的取值为正，表示目标公司对投资公司的文化采取的是一种文化认同的心理，文中选了两个模型，lumda-j 的取值分别为 0.5（模型 12）和 1（模型 13），分别对应目标公司对投资公司的文化认同程度适中；目标公司对投资公司的文化有着和其母公司文化一样高的认同。第三种情况，目标公司对投资公司的文化采取的是一种反感的心态，文中选了两个模型，lumda-j 的取值分别为 -0.1（模型 14）和 -0.5（模型 15），对应目标公司成员对投资公司的文化反感程度相对比较低；目标公司成员对投资公司文化反感程度比较强烈。五个模型的演化图形如图 25-6

所示。

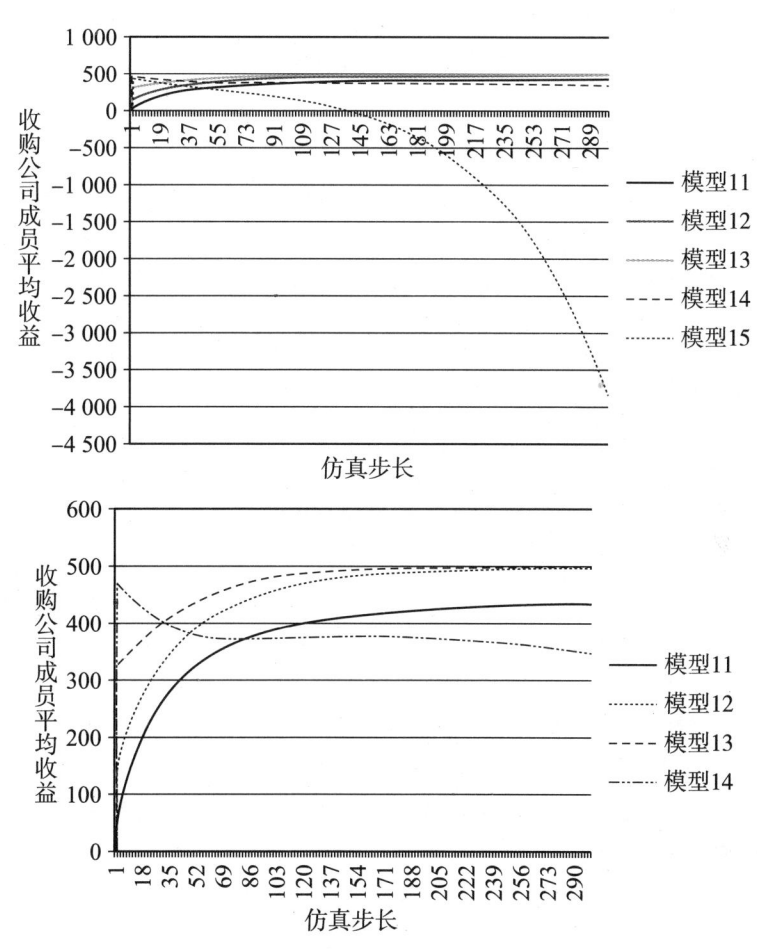

图 25-6　目标公司对投资公司文化认同程度不同对跨国投资文化整合影响对比

从仿真图中可以得到几个重要发现：首先，从图 25-6 的上图来看，当目标公司对投资公司的文化较反感时如模型 15，相对于目标公司对投资公司文化微弱反感的情况如模型 14，随着仿真步长的增加，投资公司平均收益的差距会越来越大，这意味着随着目标公司对投资公司文化反感程度的增加，投资公司成员平均收益下降的速度会越来越快。

其次，目标公司对投资公司文化的态度由文化认同转变为文化反感时，投资公司成员平均收益的演化会发生根本性的变化。在模型 11 到模型 13 中，投资公司成员平均收益到最后均能达到收益为正的一种稳定状态。不过当目标公司对投资公司文化认同程度为 0 时，投资公司成员平均收益的最大值不会达到 lumda-j

取值为正时的高度。而当 lumda-j 取值为正时，其值越小，投资公司成员平均收益达到接近最大值的稳定状态所需的时间会越长，但最后的结果就是投资公司成员平均收益最后的最大值几乎相等。而当目标公司对投资公司的文化持有的是一种反感心理时，最后的文化整合的结果注定是失败的，随着反感程度的增加，投资公司为文化整合付出的成本会越来越大。

最后，在目标公司对投资公司文化认同系数不为负时，随着 lumda-j 的增大，投资公司平均收益达到稳定值所需时间会越来越短。例如达到稳定状态时，模型 11 需要约 250 的步长，模型 12 需要约 200 的步长，而模型 13 只需要约 150 的步长。并且在这个趋向最大值的过程中，步长相同时，lunda-j 取值越高，投资公司成员所获得的平均收益也越高，这意味着目标公司对投资公司文化认同的增加会从时间成本节约和收益获取更高两个方面来促进目标公司跨国投资文化整合的成功。而当目标公司对投资公司文化认同系数为负值时，分析的结果和上面的刚好相反。只不过当文化认同系数为负时，投资公司成员平均收益的下降要比文化认同系数为正时投资公司成员平均收益的上升这种差距要大得多。如在步长为 300，lunda-j 的取值分别为 0 和 0.5 时，投资公司成员平均收益差距大概为 60，而在步长为 300，lunda-j 取值分别为 -0.1 和 -0.5 时，投资公司成员平均收益的差距约为 4 200。

结论 4：目标公司对投资公司文化认同为负，文化整合结果基本会失败；随着文化反感程度增加，投资公司成员平均收益下降的速度会越来越快。文化认同系数不为负，则文化整合会带来成功，认同程度的增加会节省投资公司获取最大收益的时间，增加相同步长时的收益。

第四节 组织文化整合视角下海外投资风险演化仿真

一、组织文化差异与海外投资风险关系假定

在海外投资文化整合过程中，文化差异包括国家文化差异、组织（或公司）文化差异和职业文化差异（Gunter K. Stahl & Andreast、David G Sirmon etc.）。但更多学者在进行相关研究时，使用笼统的文化差异概念，并没对文化组成进行细分。而实际上，对于企业而言，海外投资中文化整合风险的主体更多来源于海外投资双方的组织文化差异。因此，在本节内容中，我们的研究特别针对海外投资

中的企业组织文化展开深入的分析。

苏珊·卡特赖特和格雷·库珀（Susan Cartwright & Cary L. Cooper）指出，投资方对目标公司组织成员产生的文化魅力或吸引力，取决于目标公司成员对投资方文化带来影响的感知变化方向。例如说这种文化变迁是否被认为将会增加或者减少组织成员的参与热情或自由度。被认为会给目标公司组织成员施加更多控制的文化变迁将比给目标公司组织成员带来更多自主或自由的文化变迁，遭到目标公司员工更多的抵制。因此，一个有着"任务文化"类型的投资组织，相对于一个有着"角色文化"类型的投资组织，其文化似乎更容易在投资中被目标公司成员所接受。从心理角度来说，这个观点很好理解：人们总是倾向于偏好相对更自由的组织文化，而不是倾向于偏好受到种种限制的组织文化。从而本章提出如下假设：

假设1：投资方组织文化给目标公司成员带来的自由越大越倾向于被目标公司成员所接受，从而海外投资组织文化整合初始风险越小；投资方组织文化给目标公司成员带来的限制越多，越倾向于被目标公司成员所抵制，从而海外投资组织文化整合初始风险越大。

行为标准、意识形态和价值观是组织文化的核心内容，共同的行为标准、意识形态和价值观，有利于信任的产生，潜在冲突的减少。内部成员有将负面性格特征、意图等和外部成员联系起来的心理，内部成员常将外部成员看成是没有道德的、有恶意的、没有能力的、孤陋寡闻的，而将内部成员看成具有相反的品质，这很容易产生或强化内部成员对外部成员的怀疑态度。在受到外部威胁的时候，例如被投资的情形，且外部成员被看成和内部成员有很大差异时，内部成员对外部成员所抱有的偏见，会达到最高点。这种情形之下，目标公司内部成员凝聚力将增强，从而接管或投资将会受到强烈抵制，那么类似"胜利之师综合征"的情形将发生。文化差异增加，会导致公司业务融合在实施过程中产生问题，使融合不能顺利完成，阻碍能力转移、资源共享和学习等。文化差异不仅使得投资者很难在目标国发现合作伙伴，而且会增加向合作伙伴转移生产诀窍的成本。文化差异越大，代理成本越高，不确定性就越大。员工之间文化差异的增加将可能导致人员的高度流动，带来潜在成本，也可能增加内部员工之间的冲突，内部交流出现破裂等，增加海外投资风险。所有这些观点都指明了组织文化的差异将导致海外投资中一系列负面影响的产生，从而本章提出如下假设：

假设2：投资方与目标公司组织文化差异越大，海外投资组织文化整合风险越大；投资方与目标公司组织文化差异越小，海外投资组织文化整合风险越小。

在海外投资完成后，随着时间的推移，投资双方对对方的学习将会增加，这有利于投资双方加深了解，采用更好的沟通方式，减少文化冲突。随着时间的推移，投资方可以获取目标公司许多知识，包括目标公司所在国组织特征、特殊知识等。而且公司海外投资中，文化整合经验也将随着时间的增加而增加，提高公司在投资整合中风险处理的应对能力，所有这些都有利于减少海外投资中的文化整合风险。但是，随着时间的推移，投资双方蜜月期过后，许多以前隐藏的矛盾也可能爆发，甚至日益激烈。例如"娃哈哈"与"达能"之间的投资，就是随着时间的推移，投资双方矛盾日益激化的典型例子。从而本章提出如下假设：

假设3：随着投资时间的增加，海外投资组织文化整合风险可能随着协同效应的实现而变得越来越小；也可能随着矛盾的激化而变得越来越大。

通过海外投资成立的企业，其生存年限和财务业绩间有着非常密切的正相关关系。企业生存期限是海外投资风险的一个非常恰当的反映指标，海外投资方生存期限越长，说明企业海外投资风险越小，从而投资相对越成功；反之，如果海外投资方生存期限越短，说明公司在海外投资过程中所遇风险越高。哈里·巴科玛（Harry G. Barkema）等人通过对13个荷兰公司225个投资案例的实证研究后，发现公司投资风险与企业文化构成要素差异及时间之间存在如下关系：

$$\ln(h) = a + \sum_{i=1}^{n} b_i x_i + f \ln(t) \qquad (25-22)$$

式（25-22）中，h代表风险，是企业生存时间的倒数（$h=1/n$，n代表投资后企业生存年限），a代表投资发生时，没有存在投资双方文化互动之前的风险，b_i代表组织文化各个构成要素差异变动对投资风险产生的影响系数，x_i代表公司文化构成要素差异，f代表投资风险随时间变动的方向及大小。当投资双方文化整合成功，良性循环，f为负数；如果文化整合不成功，恶性循环，f为正数。它包含了投资双方在投资之后的相互学习、处理相互关系时经验的积累，也包含了投资双方在互动中可能出现的矛盾激化等信息，t代表投资完成的时间。在公式（25-22）的两边同时进行以e为底数的幂函数变换，将风险和组织文化差异之间的关系公式变换如下：

$$h = \exp(a + bx + f \times \ln(t)) \qquad (25-23)$$

式（25-23）中，h、a、f、t含义不变，b现在代表b_i的综合加权平均数，x代表组织文化构成要素差异均值，因为线性关系加减变化不改变线性性质。做这样的变形是为了更方便地利用下文中组织文化构成要素整体差异这个变量。

二、组织文化类型与文化融合模式

我们用组织文化类型这一指标来反映海外投资中企业的组织文化差异。组织文化有四种类型：权力文化、角色文化、任务文化、人本章化。每种文化类型的特点可参阅 Susan Cartwright & Cary L. Cooper（1993）。这四种文化类型依次给员工带来的自由度越来越大，为员工提供的发展机会越来越多。据此，本章将它们以数值形式分成四个类别：权力文化数值为 0~25；角色文化数值为 25~50；任务文化数值为 50~75；人本章化数值为 75~100。数值高低表示不同类型文化对员工吸引力大小不同。数值高的文化，让员工更加满意，将增加员工对公司的忠诚度；数值低的文化则更易使员工产生排斥，员工更倾向于接受、追求有更多个人发展机会的组织文化。

组织文化融合模式的选择是影响海外投资风险的一个非常重要的因素。组织文化融合模式有四种类型，分别是吸收、消亡、渗透和分离模式。其含义国内文献阐述颇多，这里不再费笔墨，我们需要指出的是：投资通常很难在平等的情况下发生，从而在现实中，文化渗透模式可遇不可求。考虑到这一点，我们在进行模型仿真时，将主要考虑其他三种组织文化整合模式下，海外投资风险的演变趋势。

三、海外投资中组织文化融合与学习

当具有两种不同类型组织文化的企业进行海外投资，文化的适应性就涉及到组织成员对文化的学习与调整。组织文化数值高的企业投资组织文化数值低的企业，进展顺利；反之，则有许多障碍。据此，本章将海外企业投资分成两种情况，第一种情况是投资方组织文化比目标方组织文化数值高，如投资方组织文化是"人本章化"、而目标方组织文化是"权力文化"、"角色文化"或"任务文化"等，在这种情况下，文化整合模式最有可能出现的类型是文化吸收模式。此时目标方将向投资方文化类型转变，表现在微观上就是目标公司成员对投资方组织文化的学习。本章采用马龙和泰勒（Morone & Taylor, 2004）学习公式，步骤如下：

步骤1：计算投资方与目标公司组织文化差异：
$$x_t = c_t^h - c_t^l \tag{25-24}$$

步骤2：计算目标公司组织文化与文化差距比率：
$$R_t = c_t^l / d_t \tag{25-25}$$

步骤3：计算目标公司的文化学习收益：
$$g_t = \max\{\min\{d_t, R_t\}, 0\} \tag{25-26}$$

步骤4：计算目标公司学习后的组织文化存量：
$$c_{t+1}^l = c_t^l + g_t \tag{25-27}$$

以上公式中，x_t 代表 t 时刻文化差异，与公式（25-23）中 x_t 含义相同，c_t^h 和 c_t^l 分别代表 t 时刻数值高和低的公司组织文化，R_t 代表 t 时刻数值低的公司文化与两个公司文化差距比例，g_t 代表组织文化数值低的公司在一轮学习之后公组织文化学习所得，c_{t+1}^l代表组织文化数值低的公司在$t+1$时刻文化存量。这个计算公式反映了人的基本认知规律，通常人们对自己熟悉的知识或者文化更容易接受和掌握，而对自己不熟悉，或差距较大的组织文化，学习和接受更困难。

下面考虑第二种情况，投资方组织文化比目标方组织文化取值低的情况。相互渗透的文化整合模式在现实中很少发生，所以我们主要考虑三种情形：文化吸收、文化分离和文化消亡。文化吸收学习模式，学习步骤和第一种情况一样。文化分离模式发生时，投资方不向目标公司学习，也不要求目标公司文化进行改变，双方组织文化基本保持不变。投资方迫使目标方向权力更集中，自由更少的组织文化转型，目标方原来的组织文化被迫放弃，但投资方组织文化也被目标公司员工强烈抵制、文化消亡模式发生，投资双方文化裂痕增加，组织文化凝聚力下降，人心日益涣散，员工流动率上升。在这种情形下，投资方文化保持不变，目标公司在文化消亡模式下，将向与权力文化类型相反方向移动，日益向数值为100的公司文化类型趋近，学习公式与前面相同，只是文化赋值高的公司现在由数值为100的公司代替，投资双方组织文化裂痕日益增加。

四、仿真参数设置

本章所用仿真软件为Netlogo。仿真分两种情况：投资方组织文化数值比目标方组织文化数值高，这种情形最可能发生文化吸收模式；投资方组织文化数值比目标方组织文化数值低，这种情形下，投资方可选择三种不同文化适应模式。仿真公式（25-23）中，a代表投资发生但还没有进行文化整合时的投资风险。投资方组织文化取值越高投资风险就越小，所以a的取值分别为0.5、1.0和1.5，反映随着投资方文化取值逐步下降，投资风险日益增加；系数b反映文化差异导致的风险增加，取值为2；f表示随着时间推移，投资风险上升或下降的系数，取值分别为-0.9、-0.6、-0.3和0.3。文化整合越成功，随着时间推移，投资产生的风险越小。仿真实验的参数设置如表25-4所示。

表25-4　　　　　　　　　仿真实验参数设置

投资方文化取值	目标方文化取值	文化适应模式	a	b	c	模型
第一种情况：投资方文化取值高于目标方						
C = 100	C = 75	吸收	0.5	2	-0.9	1
C = 100	C = 50	吸收	0.5	2	-0.9	2
C = 100	C = 25	吸收	0.5	2	-0.9	3

续表

投资方文化取值	目标方文化取值	文化适应模式	a	b	c	模型
第二种情况：目标方文化取值高于投资方						
C = 75	C = 100	吸收	1.0	2	-0.6	4
C = 75	C = 100	分离	1.0	2	-0.3	5
C = 75	C = 100	消亡	1.0	2	0.3	6
C = 25	C = 100	吸收	1.5	2	-0.6	7
C = 25	C = 100	分离	1.5	2	-0.3	8
C = 25	C = 100	消亡	1.5	2	0.3	9

五、仿真结果分析

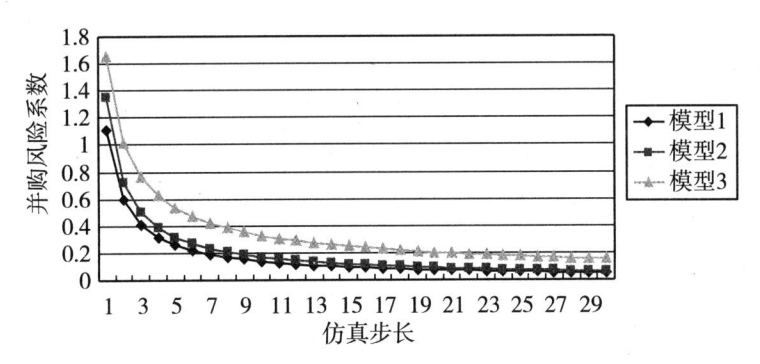

（一）投资方组织文化取值高于目标方时，海外投资风险演化

图 25-7 表示投资方组织文化取值高于目标公司组织文化取值时，海外投资风险的演化。从短期来看，在三种情况下，投资风险都在投资发生后很短的时间迅速下降，这表明当投资方文化取值高于目标公司时，在文化吸收整合模式下，投资风险将迅速下降。从长期来看，海外投资风险都有向 0 趋近的趋势。曲线还表明，随着时间的推移，海外投资风险的变化将越来越小；不管是从短期还是从长期来看，组织文化差异小的投资风险曲线始终处于最下方，组织文化差异大的投资风险曲线始终最上方，这表明当投资方的组织文化取值高于目标公司组织文化取值时，组织文化越接近，投资风险越小。

图 25-7 投资方组织文化取值高于目标方时海外投资风险的演化

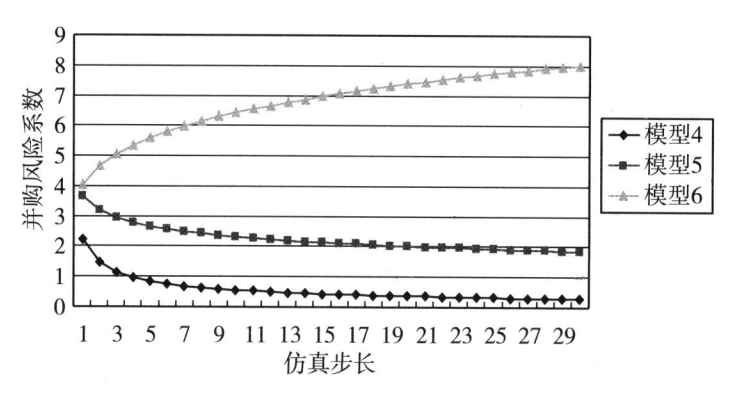

（二）投资方组织文化取值低于目标方时海外投资风险演化

图 25-8 反映的是当投资方组织文化取值略低于目标方组织文化取值时，海外投资风险的演化。从长期来看，模型 4 显示的结果与模型 1~模型 3 很相似，风险有趋近于 0 的趋势，且在短期风险下降也较快，但相对而言，投资风险曲线比模型 1~模型 3 来得更平缓。它反映当投资方比目标方组织文化取值略低时，愿意放弃自己已有文化，而全面接受目标公司数值更高文化的情形。模型 5 反映的是文化分离的情形，从短期来看，风险下降较缓慢，在仿真步长相同时，投资风险取值高出模型 4 中组织文化吸收模式发生时投资风险取值。模型 6 反映的是投资方组织文化取值略低于目标方组织文化取值时，组织文化消亡模式发生时的情形。从长期来看，海外投资风险持续增加，短期增加速度更快，长期增加相对平缓。这三条投资风险曲线表明：当投资方组织文化取值略低于目标公司文化取值时，公司在文化整合模式的选择上对海外投资方风险演化具有很大的影响，从而对海外企业投资的成败具有重要意义。更具体地说，文化吸收模式最优，这种情形很像投资方组织文化取值高于目标方组织文化取值时投资发生的情形；文化分离模式次之，它的风险下降的速度比吸收模式要慢，且从长期来看，其投资风险高于文化吸收模式的风险，但是投资风险的变化趋势也是下降的；文化消亡模式最糟糕，投资发生后，风险持续上升，相对而言，短期上升速度比长期上升速度快。

图 25-9 反映的是当投资方组织文化取值远低于目标方组织文化取值时，海外投资风险的演化。通过对比可发现，相对于投资方组织文化取值略低于目标方组织文化取值的情形而言，后者由于组织文化的差异相对较大，导致的结果就是对应的三种文化融合模式，海外投资风险均增加了，只是增加的量大小不同。

图 25-8　投资方组织文化取值略低于目标方时海外投资风险演化

图 25-9　投资方组织文化取值远低于目标方组织文化时海外投资风险演化

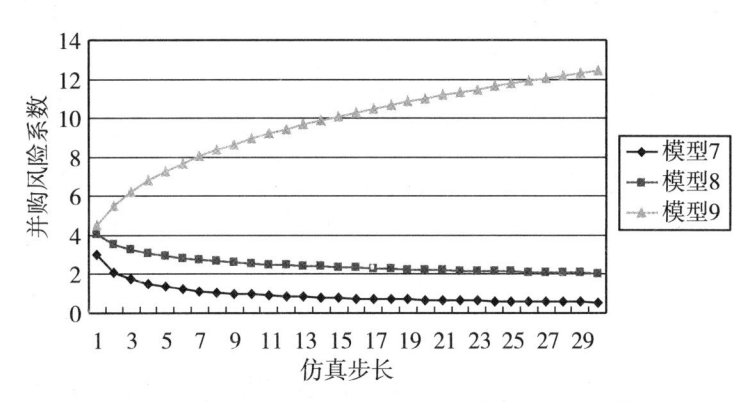

模型 7 和模型 4 从长期来看，都有向 0 趋近的趋势，但就相同仿真时间来看，模型 7 所对应的海外投资风险数值相对要大，风险曲线相对更平坦，说明投资f方和目标方组织文化差异加大，使风险下降速度减小。模型 8 的投资风险曲线比模型 5 的有所上升，相对更平坦，但似乎在文化分离模式下，海外投资风险曲线受文化差异大小影响相对较小。模型 9 中的海外投资风险曲线比模型 6 的更加陡峭，取值也更大，说明随着文化差距加大，组织文化差异对海外投资风险的影响，无论从量上还是变化率上，影响都很大。模型 7~模型 9 都说明了，随着投资双方组织文化差异加大，在相同仿真步长上，投资风险取值相对上升；投资风险变化率方面，风险下降速度变缓，上升速度加快。

第五节　本章小结

本章为中国企业海外投资文化整合风险生成机制与演化仿真。以海外投资的文化整合风险为研究对象，在对海外投资中文化的定义进行清晰梳理后，本章从海外投资双方的文化匹配、投资方对目标公司的文化整合行为以及目标公司对投资方的文化认同三个方面对文化整合风险生成机制进行勾勒。在此基础上，本章通过构建海外投资的文化整合模型对文化整合风险的生成机理进行研究。然后，以海外投资文化整合风险的动态演化规律为研究对象。海外投资文化整合风险的已有研究大多集中于风险影响因素的静态研究，本章接下来从组织文化差异这一视角进行分析，对于中国企业作为并购方在海外投资中实现降低文化整合风险，有着现实意义。本章利用 Netlogo 软件平台，基于多主体仿真模型动态的视角印证了理论分析，同时为后文实证研究提供了理论指导。

第二十六章

中国企业海外投资文化整合实证分析
——以海外并购为例

第一节 中国企业海外投资文化整合模型理论探讨

海外投资目前已经成为促进全球经济一体化的最为主要的方式（Jons, Froese & Pak, 2007）。在海外投资过程中，由于担心投资后可能被解雇，很多员工会感受到巨大的压力和不确定性（O'Shaughnessy & Flanagan, 1998）。面对新处境，他们可能表现出低的工作满意度、低的责任心和忠诚度（Buono, Bowditch & Lewis, 1985；Newman & Krzystofiak, 1993），会有大量员工离职（Walsh, 1989）。当两个有着不同文化的企业融合时，员工特别是目标企业的员工会体会到改变的文化环境及随之而来的诸多负面影响。

文化差异被认为是影响海外投资成功的主要因素之一（Cartwright & Cooper, 1993；Morosini, Shane & Singh, 1998）。不同的分析方法，例如文化匹配指数（Morosini et al., 1998；Pothukuchi et al., 2002）以及文化适应模型（Very, Lubatkin & Calori, 1996）被用来分析海外投资中文化和海外投资业绩之间的关系，但是这些研究得出的结果并不一致。从目前结果来看，大多数研究指出在海外投资的企业中，有着相似文化的企业之间的合并更容易成功（Cartwright & Cooper, 1993；Pothukuchi et al., 2002）；但也有学者发现合并双方之间的文化差异越大越有利于并购业绩的提高,比如莫罗西尼等(Morosini et al.,1998);还有学者发现文化差异和海外投资业绩之间没有关系,如坎特和考恩(Kanter & Corn,1994)。

出现研究结果不一致的重要原因是就文化对海外投资业绩影响来说,除了双方的文化匹配,还有其他重要因素需要考虑。如文化认同、文化整合等因素。尽管在海外投资过程中,文化整合的作用非常重要,但很少有学者对文化整合进行系统研究(Jons,2002)。前人的研究表明,在考虑海外投资文化整合时,除了考虑投资双方的文化匹配,还需要考虑投资方和被投资方企业对海外投资业绩产生影响的重要因素,其中特别重要的是投资企业对目标企业的文化整合机制和目标企业对投资企业的文化认同机制。

基于此,本章结合海外投资双方文化匹配机制、投资公司对目标公司文化整合机制和目标公司对投资公司文化认同机制,提出了文化整合综合模型。并采用中国企业海外并购文化整合的相关数据,采用结构方程对文化整合模型的相关假设进行了验证。结果表明文化匹配机制、文化整合机制和文化认同机制均会对海外投资业绩产生重要影响。文化整合机制和文化认同机制既会对海外投资业绩产生直接影响,也会通过文化认同机制的桥梁作用对海外投资业绩产生间接影响。并且海外投资企业对目标企业文化整合机制相对于投资双方的文化匹配机制在促进海外投资业绩提升方面的作用更突出。

本章接下来结构安排如下:第二部分根据理论机理提出相关假设;第三部分阐述了研究方法,并对样本进行了分析;第四部分展示了实证结果及发现;第五部分根据实证结果针对提出的模型假设进行研究讨论,并指出了本书的不足及未来的研究方向;最后一部分对本章节内容进行了小结。

第二节 中国企业海外投资文化整合模型理论假设的提出

一、海外投资双方文化匹配对海外投资业绩的影响

文化是影响并购投资的一个非常重要的因素(Cartwright & Cooper,1992),而对于海外投资来说,文化则显得尤其重要(Duncan & Mtar,2006)。正如蔡尔德等(Child et al.,2001)所解释的:"投资之后管理的敏感性问题在涉及到海外投资时会增加",因为"海外投资企业和被投资企业需要忍受不同的管理理念

和惯例"。这种差异可能来自国家文化，也可能来自组织文化（Barkema et al.，1996；Child et al.，2001）。文化匹配指的是海外投资中双方之间文化的适合程度，它不完全等同于文化相似，但是两者之间关系密切（Weber, Shenkar & Raveh）。虽然投资双方存在文化差异时也可能表现出文化的匹配（Nahavandi & Malekzadeh），但现有研究通常认为海外投资双方之间的文化差异越小，两者之间的文化越匹配。因此本书用投资双方文化差异反映双方文化的匹配，海外投资双方文化差异越小，两者间文化越匹配。

组织文化管理理论认为由于文化是一种无形之物（Clemente & Greenspan，1998），所以它是一个很难进行测量的概念。对同一起海外投资中的文化，人们可能会有不同的理解，但是对文化的研究，其最终的目的必定都是为了避免文化冲突（culture clash），因为文化冲突会破坏并购所组成的新企业的价值（Clemente & Greenspan, 1998）。Calori 等（1994）认为并购双方组织文化和管理惯例方面的差异可能是并购双方产生冲突的源泉，从而导致并购的潜在收益不能充分实现。诺尔本和舍恩伯格（Norburn & Schoenberg, 1994）发现在遭遇并购失败的海外投资企业中，65%的海外投资企业指出并购之后文化整合的困难是由于文化差异造成的。文化差异会造成合作方面特殊的问题，因为它会增加并购双方的交流成本，阻碍知识的有效传播（Krug & Nigh, 1998）。哈斯普斯劳格和杰米森（1991）认为两个有着不同文化的企业进行整合，会产生许多障碍，如价值破坏，管理人员离任等。

文化不匹配会导致文化适应压力。文化适应压力（acculturative stress）是一个文化群体和另一个文化群体的成员进行互动并调整自己的行为方式时所感受到的一种破坏性张力（Nahavandi & Malekzadeh, 1988; Berry, 1983）。与文化适应压力相伴随的是目标企业员工低忠诚度和低的合作意愿（Buono, Bowditch & Lewis, 1985; Sales & Mirvis, 1984）以及低的财务成功率（chatterjee et al., 1992）。许多研究认为当海外投资双方的文化存在很大的差异时，潜在的文化适应压力是最大的。而且大多数人也同意文化适应压力在海外投资中可能更明显，因为海外投资中，两个企业不仅有着不同的组织文化，而且有着不同的国家文化（Very, calori, & Lubatkin, 1993; Schneider & Demeyer, 1991）。

上述理论指出文化不匹配会导致投资双方的文化冲突、增加双方交流成本、阻碍知识的有效传播等，所以提出如下假设：

假设1：海外投资中双方文化匹配程度越高，越有利于海外投资业绩的提高。

二、投资企业文化整合对海外投资业绩的影响

投资企业对目标企业的文化整合需要考虑两方面的因素,一是投资企业对目标企业的文化整合范围,即投资企业是要求目标企业某些部门参与文化整合还是所有部门参与文化整合;二是海外投资企业对目标企业的文化整合程度,包括文化分离、文化融合和文化吸收三种整合模式①,这三种文化整合模式依次表示收购企业对目标企业文化整合程度越来越高。

海外投资完成后双方协同潜力的实现不会自动产生的,协同的实现取决于新企业在海外投资结束之后的管理方式(Datta 1991,Hunt,1990)。为了挖掘并购的潜力,大量的互动和合作是必需的(Haspeslagh & Jemison 1991,Pablo,1994)。在海外投资中,为保证协同潜力的实现,提高海外投资的成功率,双方需要更多地参与到文化整合中。拉尔森和芬克尔斯坦(Larsson & Finkelstein,1999)认为并购双方文化互动的数量和质量会对协同收益的实现产生积极的影响,因为缺乏互动、合作的组织即使合并了,也不可能产生大量的并购收益。所以从文化互动的范围来说,海外投资双方参与文化整合的部门越多,越有利于并购协同收益的实现。

在海外投资中,投资企业经常会将他们自己的价值体系和行为惯例强加给目标企业(Jemison & Sitkin,1986)。这些行为会降低目标企业管理人员对他们工作地位的感知,从而导致他们的离职,给文化整合收益的实现造成损失(Hambrick & Cannella,1993)。虽然对差异文化进行整合会导致潜在冲突,但另一方面,对差异文化进行整合,使之趋于一致是海外投资双方进行能力有效转移、资源共享和相互学习的前提条件(Bjorkman,Stahl & Vaara,2007)。如果高层管理模式彼此完全相反,组织成员没有共同关键价值观,那么目标公司就不可能获得投资公司带来的有价值的战略能力。这是因为文化差异增加了管理方式、组织实践等不相容的可能性,会造成执行问题(Slangen,2006)。

从上述分析可知,对目标企业进行文化整合,既有有利的一面,也有不利的一面。一方面文化整合会产生投资双方的文化冲突,且文化整合越深,目标公司需要进行文化调整的程度越高,越容易导致冲突,越不利于协同收益的实现;但另一方面,文化整合是投资双方进行能力有效转移、资源共享和相互学习的前

---

① 在文化分离的整合模式下,海外投资双方的文化不进行任何改变,维持现状;在文化融合的整合模式下,新的公司文化保留投资双方各自最好的企业文化;在文化吸收的整合模式下,目标公司放弃原有文化,完全吸收收购公司企业文化(参阅:"The Role of Culture Compatibility in Successful Organizational Marriage")。

提,且文化整合越深,越容易实现文化的一致,从而越有利于促进协同收益的实现。文化整合的最终结果如何,取决于两者力量的对比。因此我们提出如下假设:

假设2:投资企业对目标企业文化整合与海外投资业绩存在非线性关系。

三、目标企业文化认同对海外投资业绩的影响

并购双方文化认同指并购双方对伙伴企业文化的一种正面、肯定的看法(Buono & Bowditch, 1989),所以目标企业对海外投资企业的文化认同可以看成是目标企业对海外投资企业文化的一种正面、肯定的看法。企业成员对新的合作伙伴文化认同越高,他们越倾向于放弃原有文化而接受新的文化;反之,如果企业成员对新合作伙伴的文化认同度低,则他们将越倾向于拒绝这种新文化。当目标企业对海外投资企业的日常行为和价值观认同度越高,收购中目标企业成员所产生的抵制情绪就越小(Nahavandi & Malekzadeh, 1988),从而并购所产生的风险也就越小。

从更深层次来看,文化认同被看成是一种感知上的认知结构,是一种心理活动,它至少会从如下几个方面对海外投资的文化整合产生影响:首先,个人在行为上会选择和他们文化认同相一致的活动,并且愿意支持那些包含着与自己的认同有着相似成分的组织(Ashoforth & Mael, 1989)。其次,文化的认同会对组织的形成产生如下影响:提高组织凝聚力、提高合作的意愿、对所在组织产生积极的评估(Turner, 1984),并且文化认同通常会产生对组织的忠诚度、自豪感以及积极的态度。再次,文化认同会促使个体支持组织的价值观、行为标准,并在态度和行为上和组织保持同质性。最后,文化认同会强化一个组织特质性的东西,例如组织的价值观和行为惯例、组织声望和与外部组织不相同的竞争能力。一旦个体对组织产生了文化认同,那么在个体看来,这个组织的价值观和管理惯例将会显得与外部组织与众不同,并且在自己的脑海中印象深刻,影响自己的行为(Tajfel, 1969)。并且对组织文化的认同会超越个人的关系:即使你从个人感情的角度来说,不喜欢某个人,但是当你把他看成是组织的一部分时,你又会喜欢这个人,而这无疑对并购双方成员之间的合作有着重要影响。

综上,个体对一个组织产生文化认同将会促使这个组织更具有凝聚力、有更高的合作意愿、更多的自豪感和更积极的态度。因此文章提出如下假设:

假设3:目标企业对海外投资企业文化认同程度越高,越有利于海外投资业绩的提高。

四、海外投资双方文化匹配对目标企业文化认同的影响

心理契约理论认为组织文化是决定个体的忠诚度、满意度、生产效率以及一个组织寿命长短的重要因素（O'Reilly, Chatman & Caldwell, 1991; Kilmann, Saxton & Serpa, 1986; Holl &, 1985），个体选择的组织应该是那些和他们自身有着相似价值观的组织（Wklkins & Ouchi 1983）。当一种适合的人与组织匹配产生时，一种心理契约就会形成并且不能被轻易打破（Ashforth & Mael, 1989）。通常海外投资企业认为自身能够比目前的情况更有效地利用被投资企业的物质和人力资本，这常给被投资企业的员工造成大量压力，因为这意味着目标企业的员工需要打破他们的心理契约，而遵循投资企业的管理规则和价值观。这种压力经常会被目标企业的员工所抵制（Haspeslagh & Jemison, 1987）。

文化认同理论认为：共同的行为标准、意识形态和价值观等，有利于信任的产生，同时会减少潜在的冲突。反之，则容易导致信任程度降低和产生潜在的冲突。根据社会归类（social categorization）理论的认知偏见和认知过程原理，内部成员总有一种将负面的性格特征、意图等和外部成员联系起来的心理（Kramer, 1999）。希特金和斯蒂克尔（1996）指出，内部成员总是将外部成员看成是没有道德的、有恶意的、没有能力的、孤陋寡闻的，而将内部成员看成具有相反的品质，这就很容易产生或加强内部成员对外部成员的怀疑态度。霍格和泰瑞（Hogg & terry, 2000）认为，在受到外部威胁的时候，比如被收购的情形，而且外部成员被看成是和内部成员有很大差异时，内部成员对外部成员所抱有的偏见，以及"我们 vs 他们"的想法，似乎将会达到最高点。在这种情形之下，目标企业内部成员的凝聚力将会增强，从而海外投资将会受到目标企业强烈抵制，那么达塔和格兰特（Datta & Grant, 1990）所提出的类似"胜利之师综合征"（conquering army syndrome）的情形将会发生。据此本书提出和如下假设：

假设4：海外投资双方文化匹配程度越高，越有利于目标企业对海外投资企业产生文化认同。

五、投资企业文化整合对目标企业文化认同的影响

海外投资企业对目标企业进行文化整合，会影响目标企业对海外投资企业的文化认同。近年来，已经有一部分学者考虑了文化整合是如何通过影响目标企业对海外投资企业文化的认同，从而影响最终的文化整合结果的（Bjorkman, Stahl

& Vaara，2007；Slangen，2006；Stahl & Voigt，2008）。许多学者认为参与并购的两个企业之间成员的互动能够通过相互接触，给他们提供相互间文化学习的机会，从而会减少误解（Larsson & Lubatkin，2001；Schweiger & Goulet，2005）。互动可以采取的形式有文化培训（Schweiger & Goulet，2005），适应性课程，互访（Larsson & Lubatkin，2001）以及联合的工作团队（Dackert et al.，2003）。这些文化融合活动会促进合并伙伴之间的相互理解和积极的态度（Dackert et al.，2003；Schweiger & Goulet，2005），产生彼此的文化认同。整合范围越广，互动越多，产生文化认同的效果就越好。

不同文化整合模式体现着投资企业对目标企业文化整合程度的不同，这决定了目标企业文化改变程度的不同。例如分离式的文化融合模式，投资企业不要求目标企业保持对投资企业文化的一致性，体现着投资企业对目标企业较高的文化包容，意味着目标企业只需进行很小的文化调整。如果投资企业对目标企业进行较高程度的整合，那么大多情况下，目标企业的管理人员将被替代，工人被裁员，新的管理方法被引入（O'Shaughnessy & Flanagan，1998）。目标企业管理人员或其他雇员也许必须自愿或不自愿地离开这个企业（e.g. Lubatkin，Schweiger & Weber，1999），留下的员工必须适应新的环境。如果海外投资前后企业文化环境发生太大改变，目标企业员工可能更多体验到的是压力、紧张，并产生抵制（Buono et al.，1985；Larsson & Finkelstein，1999），从而不利于目标企业员工对投资企业文化产生认同。

由此提出如下假设：

假设5：海外投资企业对目标企业文化整合范围越广、文化整合程度越低，越有利于目标企业成员对海外投资企业产生文化认同。

综合以上假设，我们将这些变量之间的相互关系呈现在图26-1中。

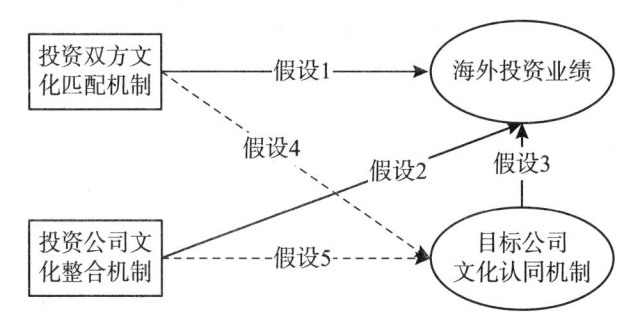

图26-1 海外投资文化整合模型中变量之间的关系

第三节 研究方法

本章采用结构方程的研究方法,首先是要检验上述文化整合模型假设的有效性;其次,要检验文化匹配机制和海外投资企业文化整合机制是否会对目标企业的文化认同机制产生影响;最后,结构方程将计算文化整合模型三个机制对海外投资业绩产生影响的权重大小,使我们可以比较三个机制对海外投资业绩产生影响的相对重要性。这里的一些重要变量如海外投资双方文化匹配、海外投资企业的文化整合与目标企业的文化认同都不能直接测量,而结构方程中的测量方程则可以很好地解决这个问题。结构方程还可以同时分析文化整合三个机制对企业海外投资业绩产生的直接影响和间接影响;并且还可以在解释变量和被解释变量的指标都存在测量误差的情况下对他们之间的关系进行研究,也可以同时分析变量之间的相互影响和因果关系,这是传统的回归分析方法所不能解决的。

一、抽样范围和研究样本描述

由于以海外并购形式作为企业海外扩张策略的重要性日益突出,而且海外并购中遇到的文化整合问题更为普遍存在,故本章海外投资实证研究对象均为进行海外并购的企业,相关数据通过采取问卷调查的形式获取。在设计问卷的时候,先确定调研的主要内容,再依据前人已有的研究成果选定指标,接着通过小范围的样本测试来修订问卷与指标。样本测试以及后来的实际调查都是在浙江大学举办的总裁研修班中进行的。该班主要是面向全国企业开办的,其中以浙江、广东地区学员最多,这些地区企业的海外并购活动也相对比较活跃。特别强调的是,问卷对象经过特别筛选,学员所属企业均拥有一次及以上的海外投资经验,因此样本对象完全符合我们的实证要求。学员一般为企业副总以上级别,或者至少位于核心管理层中,年龄在 30~50 岁之间,均主持或主要负责相关的海外投资项目。2009~2010 学年,浙江大学经济学院总共举行了 25 期总裁研修班,利用这个机会我们共发放问卷 130 份,回收 104 份,其中有效问卷 51 份,达到了大样本的要求。

二、变量测量

本书主要是通过实证对第三章提出的海外投资文化整合模型进行验证，涉及的核心变量包括：并购双方的文化匹配、海外投资企业的文化整合和目标企业的文化认同、海外投资文化整合的结果（文中用"海外投资业绩"反映）。所涉及的核心变量如并购双方文化匹配、海外投资企业对目标企业的文化整合以及目标企业对海外投资企业的文化认同等，均为潜在变量，无法直接进行观察或测量，只能通过寻找合适的指标（indicator）来间接地反映这些潜在变量。这里海外投资的业绩也被看成潜变量来处理，主要反映参与并购的管理人员对文化整合结果的评估。所以研究中所涉及的潜变量包括四个：海外投资业绩、目标企业对海外投资企业的文化认同、并购双方文化匹配和海外投资企业对目标企业的文化整合。第一个潜变量包含一个指标；后面三个潜变量均分别包含四个指标，所以四个潜变量总共包含了13个指标。后面12个指标设计主要参考如下文献得到：阿什克纳齐、布莱德富特和福尔克斯（Ashkenasy, Breadfoot & Falkus, 2000）；霍夫斯塔德（Hofstede, 2001）；科比和伍斯里奇（Kobi & Wuthrich, 1986）；欧蕾利等（O'Reilly et al., 1991），现对潜变量和指标简单介绍如下：

1. 海外投资业绩（EAT1）。这一潜变量用一个指标来刻画：海外投资文化整合成功指数（VAR1）。海外投资文化整合成功指数通过7点量表来表示：海外投资企业管理人员如果认为海外投资的结果超过预期，取值为7；达到预期，取值为5；结果不如预期但仍然获利取值为3；亏损，取值为1。

2. 目标企业对海外投资企业的文化认同（EAT2）。刻画这一潜变量的指标包括四个：文化整合时目标企业对海外投资企业文化整合信息公布的满意程度（VAR2）、目标企业对海外投资企业的利益激励满意程度（VAR3）、目标企业对海外投资企业的文化信任程度（VAR4）、海外投资企业文化对目标企业的文化吸引程度（VAR5）。四个指标的量表取值为1、3、5、7、9，指标的取值越大，分别对应的是：文化整合时目标企业对海外投资企业文化整合信息公布的满意程度越高；目标企业对海外投资企业的利益激励越满意；目标企业对海外投资企业的文化信任程度越高；海外投资企业文化对目标企业的吸引程度越高。

3. 海外投资双方文化匹配（KSI1）。刻画这一潜变量的指标包括四个：双方产品设计理念相似（VAR6）、双方市场开拓战略相似（VAR7）、双方技术研发战略相似（VAR8）、双方组织结构相似（VAR9）。刻画四个指标的量表取值为1、3、5、7、9，指标的取值越大，分别对应的是：海外投资双方产品设计理念越相似；海外投资双方市场开拓战略越相似；双方技术研发战略越相似；双方组织结构越相似。

4. 海外投资企业对目标企业的文化整合（KSI2）。刻画这一潜变量的指标包括四个：双方参与沟通的范围（VAR10）、双方参与协调的范围（VAR11）、目标企业的人员变动程度（VAR12）、海外投资企业对目标企业的文化干预（VAR13）。前两个指标主要用来反映海外投资企业对目标企业的整合范围、后两个指标用来刻画海外投资企业对目标企业文化整合的深度。四个指标的量表取值为 1、3、5、7、9，取值越大，分别对应的是海外投资双方参与沟通的部门越多；投资双方参与行为协调的部门越多；目标企业的人员变动越小；海外投资企业对目标企业的文化干预越少。

这些指标的有效样本容量、最大值、最小值、平均值及标准差等见表 26 – 1。

表 26 – 1　　　　　　　　　数据统计描述

	样本容量	最小值	最大值	平均值	标准差
文化整合成功指数（VAR1）	51	1.00	7.00	3.1961	2.16351
信息公布满意程度（VAR2）	51	1.00	9.00	4.7647	2.66524
利益激励满意程度（VAR3）	51	1.00	9.00	4.7647	2.57362
目标企业文化信任（VAR4）	51	1.00	9.00	4.4902	2.75951
收购企业文化引力（VAR5）	51	1.00	9.00	4.6078	2.82190
产品设计理念相似（VAR6）	51	3.00	7.00	4.8039	1.61269
市场开拓战略相似（VAR7）	51	1.00	7.00	4.5686	1.66439
技术研发战略相似（VAR8）	51	1.00	9.00	4.7647	1.53086
组织结构相似（VAR9）	51	1.00	9.00	4.7647	1.68034
双方参与沟通范围（VAR10）	51	3.00	9.00	4.7647	1.72729
双方参与协调范围（VAR11）	51	1.00	9.00	4.8039	1.70903
目标企业人员变动（VAR12）	51	1.00	7.00	4.5490	1.54031
收购企业文化干预（VAR13）	51	3.00	9.00	4.9608	1.89695

三、问卷的信度与效度分析

信度指测量结果一致性的程度，它主要反映测验题目内部之间的关系，考察测验的各个题目是否测量了相同的内容或特质。通常用 Cronbach's Alpha 系数来评估所测量的数据的一致性程度。如果该值超过 0.70 则表明样本数据的信度通过检验。本书采用了 SPSS 16.0 对所采用数据的一致性进行了检验，相应的 Cronbach's Alpha 取值如表 26 – 2 所示。

表26-2　　　　　　　　数据信度分析结果

潜变量	可测变量个数	Cronbach's Alpha
所有观测变量	13	0.961
并购双方文化匹配（KSI1）	4	0.895
收购企业文化整合（KSI2）	4	0.877
目标企业文化认同（ETA2）	4	0.976

从表26-2的结果可知，不管是所有指标的Cronbach's Alpha系数取值，还是每个项目的Cronbach's Alpha系数取值，都在0.7以上，所以用于案例分析的指标数据可靠性较高。

效度指测量工具能够正确测量出所要测量的特质的程度，在实际操作过程中，常用结构效度对案例所用数据进行效度分析。结构效度的分析方法有如三种：第一种方法是通过模型系数评价结构效度。如果模型假设的潜变量之间的关系以及潜变量与可测变量之间的关系合理，非标准化系数应当具有显著的统计意义。第二种方法是通过相关系数评价结构效度。如果在理论模型中潜变量之间存在相关关系，可以通过潜变量的相关系数来评价结构效度：显著的相关系数说明理论模型假设成立，具有较好的结构效度。第三种方法是先构建理论模型，通过验证性因子分析的模型拟合情况来对量表的结构效度进行考评。因此数据的效度检验就转化为结构方程模型评价中的模型拟合指数评价。

本书将通过对结构方程测量路径统计检验结果的分析、结构模型拟合优度的分析和潜变量之间的相关系数及其显著性对实证所用数据的效度进行分析。

第四节　实证结果分析

一、模型M1结构方程结果分析

本书利用LISREL8.80软件进行结构方程建模。结构方程模型分为测量方程和结构方程，测量方程描述的是潜变量与指标之间的关系；结构方程描述的是潜变量之间的关系（侯杰泰，温忠麟，成子娟，2004）。图26-2展示了海外投资文化整合结构方程初始模型（假设为模型M1）的分析结果。其中椭圆形变量之间的关系是结构模型的关系，黄色椭圆形代表的是内源潜变量（EAT1 与 ETA2），绿色椭圆形表示外源潜变量（KSI1 与 KSI2）。外源潜变量之间只能存在相关关系，不能有因果关系；而内源潜变量之间则既可以存在相关关系，也可以存在因果关系。长方形代表的是对应潜变量的测量指标。在对因子负荷显著性进行检验时，通常选取 $t=1.96$ 作为路径负荷系数是否显著异于零的检验标准，即对应于 $\alpha=0.05$ 的显著水平。当路径系数的 t 检验值大于 1.96，则认为该路径系数在 $\alpha=0.05$ 的双尾检验显著性水平上显著地异于零。同样，当 t 检验值大于 2.58 时，则意味着该系数在 $\alpha=0.01$ 的双尾检验显著性水平上显著地异于零。

（一）模型 M1 测量方程结果

表 26 - 3 显示的是模型 M1 结构方程测量路径的统计检验结果。从该表中可以看到，对于每一个潜变量来说，除两个 t 值固定的变量之外，其他的变量 t 值最小为 5.79，自由度为 61，所以这些变量都是在 $\alpha=0.01$ 的双尾检验显著性水平上显著地异于零的，因此这些潜变量的指标都是可靠的。

表 26 - 3　　模型 M1 测量路径统计检验结果

	参数	线性评估	t 值	误差项方差	显著性
ETA1 海外投资业绩					
VAR1 海外投资文化整合成功指数	$\lambda Y11$	1	固定	0.00	显著
ETA2 目标企业对海外投资企业的文化认同					
VAR2 投资企业信息公布满意程度	$\lambda Y22$	0.84	固定	0.00	显著
VAR3 对投资企业利益激励满意程度	$\lambda Y32$	0.85	15.2	0.06	显著
VAR4 目标企业对投资企业信任程度	$\lambda Y42$	0.83	12.91	0.06	显著
VAR5 投资企业对目标企业文化吸引	$\lambda Y52$	0.84	13.98	0.06	显著
KSI1 并购双方文化匹配					
VAR6 海外投资双方产品设计理念相似	$\lambda X11$	0.85	7.21	0.12	显著
VAR7 海外投资双方市场开拓战略相似	$\lambda X21$	0.86	7.37	0.12	显著
VAR8 海外投资双方技术研发战略相似	$\lambda X31$	0.78	6.39	0.12	显著
VAR9 海外投资双方组织结构相似	$\lambda X41$	0.80	6.64	0.12	显著
KSI2 海外投资企业对目标企业文化整合					
VAR10 海外投资双方参与沟通范围	$\lambda X52$	0.85	7.4	0.12	显著
VAR11 海外投资双方参与协调范围	$\lambda X62$	0.79	6.35	0.12	显著
VAR12 目标企业人员变动程度	$\lambda X72$	0.72	5.79	0.12	显著
VAR13 投资企业对目标企业文化干预	$\lambda X82$	0.83	7.12	0.12	显著

（二）模型 M1 结构方程结果

本书通过检验之前模型提出的相关假设评估了显示在图 26-1 中的结构模型，图 26-2 展现的是图 26-1 中所描述的模型的结果。

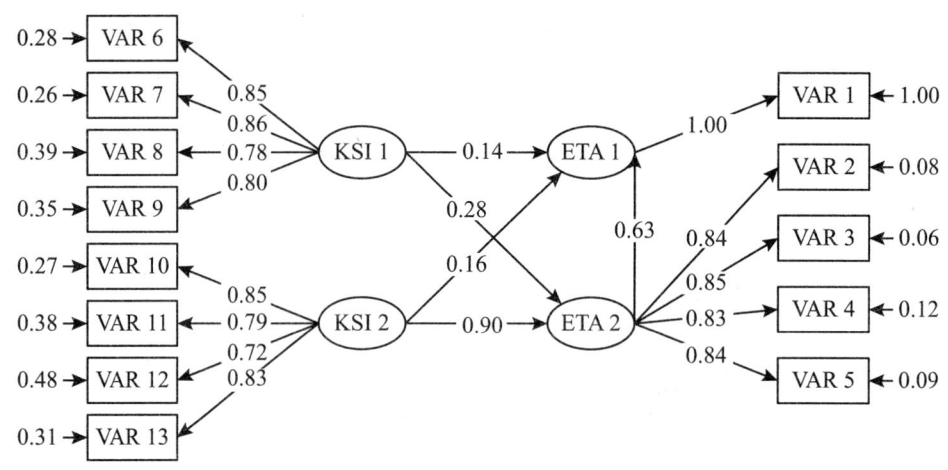

Chi-Square=69.79，df=61，P-value=0.20616，RMSEA=0.054

图 26-2　模型 M1 海外投资文化整合结构方程分析结果

对模型 M1 结构方程拟合优度的分析见表 26-4，从表中的结果来看，除了个别拟合指标结果差强人意之外，大多拟合指标都是不错的。

表 26-4　　　　　　模型 M1 结构方程拟合优度

拟合指标	模型估计	解释
绝对拟合评价		
χ^2（模型拟合的卡方检验）	69.79	通常是越小越好
GFI（拟合优度指数）	0.82	接近 0.90，拟合较好
RMSEA（近似误差的均方根）	0.054	小于 0.08，拟合很好
相对拟合评价		
AGFI（调整后的拟合优度指数）	0.74	接近但小于 0.90，拟合一般
CFI（比较拟合指数）	0.99	大于 0.90，拟合很好
NFI（规范拟合指数）	0.96	大于 0.90，拟合很好
NNFI（非赋范拟合指数）	0.99	大于 0.90，拟合很好

续表

拟合指标	模型估计	解释
简效拟合评价		
卡方值/自由度（χ^2/df）	1.144	$1<1.14<2$，拟合很好
PNFI（简约赋范拟合指数）	0.75	大于0.50，拟合很好
PGFI（简约适合度指数）	0.55	大于0.50，拟合很好

模型 M1 结构方程潜在变量之间的因果关系见表 26-5。从表中我们可以发现，$\gamma 12$ 的 t 值为 0.83，没有通过假设检验，所以需要对模型 M1 的潜变量之间的关系进行修改，将海外投资企业文化整合机制（KSI2）对海外投资业绩（ETA1）的直接影响路径删除，得到修正后的模型 M2。对模型 M2 的分析见下文。

表 26-5　　模型 M1 潜变量之间的测量结果及显著性

	ETA2	KSI1	KSI2
ETA1	$\beta 12=0.63$（t=3.12）	$\gamma 11=0.14$（t=1.82）	$\gamma 12=0.16$（t=0.83）
ETA2	——	$\gamma 21=0.28$（t=3,63）	$\gamma 22=0.90$（t=7.86）

二、模型 M2 结构方程结果分析

（一）模型 M2 测量方程结果

表 26-6 显示的是模型 M2 结构方程测量路径的统计检验结果。对于每一个潜变量来说，除两个 t 值固定的变量之外，其他的变量 t 值最小为 5.78，自由度为 62，所有这些变量都是在 $\alpha=0.01$ 的双尾检验显著性水平上显著地异于零的，因此这些潜变量的指标都是可靠的。

表 26-6　　模型 M2 测量路径统计检验结果

	参数	线性评估	t 值	误差项方差	显著性
ETA1 海外投资业绩					
VAR1 海外投资文化整合成功指数	$\lambda Y11$	1	固定	0.00	显著
ETA2 目标企业对海外投资企业的文化认同					
VAR2 对海外投资企业信息公布满意程度	$\lambda Y22$	0.84	固定	0.00	显著
VAR3 对海外投资企业利益激励满意程度	$\lambda Y32$	0.85	15.13	0.06	显著

续表

	参数	线性评估	t 值	误差项方差	显著性
VAR4 目标企业对投资企业的信任程度	λY42	0.83	12.91	0.06	显著
VAR 投资企业对目标企业的文化吸引程度	λY52	0.84	13.93	0.06	显著
KSI1 并购双方文化匹配					
VAR6 并购双方产品设计理念相似	λX11	0.85	7.21	0.12	显著
VAR7 并购双方市场开拓战略相似	λX21	0.86	7.37	0.12	显著
VAR8 并购双方技术研发战略相似	λX31	0.78	6.40	0.12	显著
VAR9 并购双方组织结构相似	λX41	0.80	6.65	0.12	显著
KSI2 海外投资企业对目标企业文化整合					
VAR10 海外投资双方参与沟通范围	λX52	0.85	7.37	0.12	显著
VAR11 海外投资双方参与协调范围	λX62	0.79	6.55	0.12	显著
VAR12 目标企业人员变动程度	λX72	0.72	5.78	0.12	显著
VAR13 海外投资企业对目标企业文化干预	γX82	0.84	7.15	0.12	显著

(二) 模型 M2 结构方程结果

在模型 M1 的基础上经过修正得到的模型 M2 的结构方程的结果如图 26-3 所示。

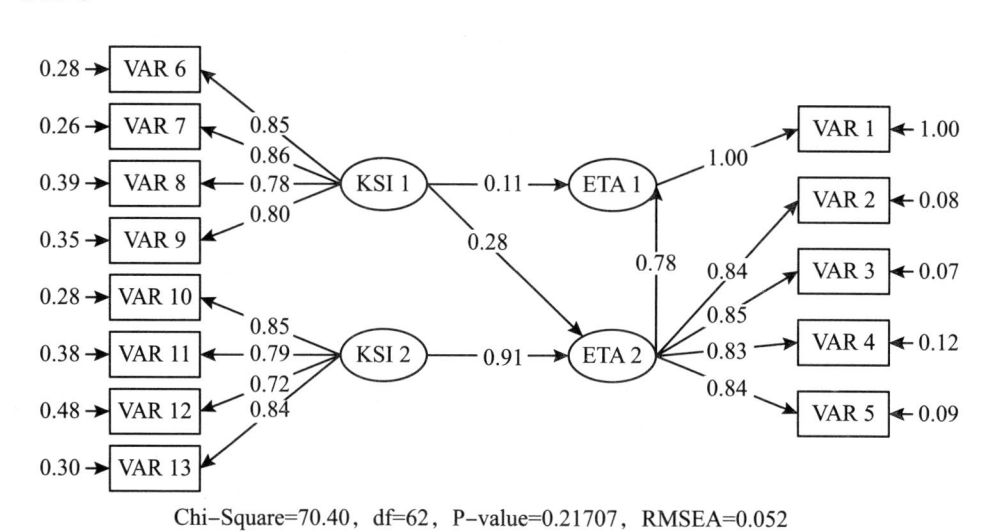

Chi-Square=70.40，df=62，P-value=0.21707，RMSEA=0.052

图 26-3 模型 M2 海外投资文化整合结构方程分析结果

对模型 M2 结构方程拟合优度的分析见表 26-7，从表中的结果来看，模型

M2 的拟合优度比模型 M1 的拟合优度更好。

表 26-7　模型 M2 结构方程拟合优度

拟合指数	χ^2	GFI	RMSEA	AGFI	CFI	NFI	NNFI	χ^2/df	PNFI	PGFI
结果	70.40	0.82	0.052	0.74	1	0.96	0.99	1.135	0.76	0.56

模型 M2 结构方程潜在变量之间的因果关系见表 26-8。从表 26-8 知，四个系数的 t 值最小为 2.20，最大为 13.75，都通过了显著性检验。通过对比表 26-5 和 26-8 可知，模型 M2 比模型 M1 有了很大的改进。

表 26-8　模型 M2 潜变量之间的测量结果及显著性

	ETA2	KSI1	KSI2
ETA1	$\beta12 = 0.78$（t = 13.75）	$\gamma11 = 0.11$（t = 2.20）	—
ETA2	—	$\gamma21 = 0.28$（t = 3.60）	$\gamma22 = 0.91$（t = 7.94）

此外，本章还研究了不考虑文化匹配和文化整合对文化认同产业影响的情况下，三个机制对海外并购业绩的影响。设定该模型的名称为模型 M3，对 M3 结构方程的分析见下文。

三、模型 M3 结构方程结果分析

（一）模型 M3 测量方程结果

表 26-9 显示的是模型 M3 结构方程测量路径的统计检验结果。从该表中可以看到，对于每一个潜变量来说，除两个 t 值固定的变量之外，其他的变量 t 值最小为 5.79，自由度为 63，所有这些变量都是在 $\alpha = 0.01$ 的双尾检验显著性水平上显著地异于零的，因此这些潜变量的指标都是可靠的。

表 26-9　模型 M3 测量路径统计检验结果

	参数	线性评估	t 值	误差项方差	显著性
ETA1 海外投资业绩					
VAR1 海外投资文化整合成功指数	$\lambda Y11$	1	固定	0.00	显著
ETA2 目标企业对海外投资企业的文化认同					

续表

	参数	线性评估	t 值	误差项方差	显著性
VAR2 对投资企业信息公布满意程度	$\lambda Y22$	0.95	固定	0.00	显著
VAR3 对投资企业利益激励满意程度	$\lambda Y32$	0.97	17.28	0.06	显著
VAR4 目标企业对投资企业信任程度	$\lambda Y42$	0.94	14.41	0.07	显著
VAR5 对目标企业文化吸引程度	$\lambda Y52$	0.96	15.84	0.06	显著
KSI1 并购双方文化匹配					
VAR6 海外投资双方产品设计理念相似	$\lambda X11$	0.84	7.09	0.12	显著
VAR7 海外投资双方市场开拓战略相似	$\lambda X21$	0.86	7.36	0.12	显著
VAR8 海外投资双方技术研发战略相似	$\lambda X31$	0.79	6.42	0.12	显著
VAR9 海外投资双方组织结构相似	$\lambda X41$	0.81	6.67	0.12	显著
KSI2 海外投资企业对目标企业文化整合					
VAR10 海外投资双方参与沟通范围	$\lambda X52$	0.86	7.31	0.12	显著
VAR11 海外投资双方参与协调范围	$\lambda X62$	0.80	6.50	0.12	显著
VAR12 目标企业人员变动程度	$\lambda X72$	0.74	5.89	0.13	显著
VAR13 投资企业对目标企业文化干预	$\lambda X82$	0.80	6.50	0.12	显著

(二) 模型 M3 结构方程结果

模型 M3 结构方程的运行结果如图 26-4 所示，此时没有考虑并购双方文化匹配对目标企业文化认同的影响，也没有考虑海外投资企业文化整合机制对目标企业文化认同的影响。

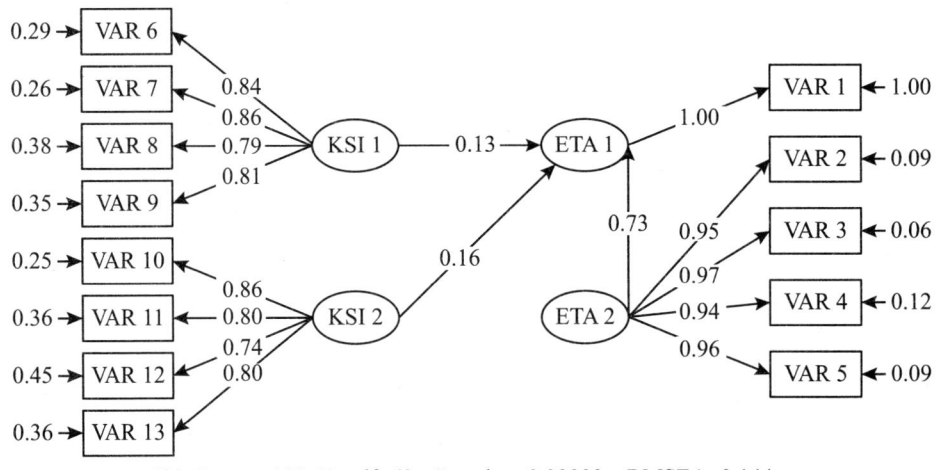

Chi-Square=128.54, df=63, P-value=0.00000, RMSEA=0.144

图 26-4 模型 M3 海外投资文化整合结构方程分析结果

对模型 M3 结构方程拟合优度的分析见表 26-10，从表中的结果来看，模型 M3 的拟合优度比模型 M1 和模型 M2 都要差。

表 26-10　　　　　　模型 M3 结构方程拟合优度

拟合指数	χ^2	GFI	RMSEA	AGFI	CFI	NFI	NNFI	χ^2/df	PNFI	PGFI
结果	128.5	0.72	0.14	0.59	0.96	0.93	0.95	2.040	0.75	0.50

模型 M3 结构方程潜在变量之间的因果关系见表 26-11。从表 26-11 知，三个系数的 t 值最小为 2.90，最大为 14.26，都通过了显著性检验。所以单就潜变量的因果关系和系数显著性来看，模型 M3 不存在太多问题，关键的问题是其拟合优度不理想。

表 26-11　　　　模型 M3 潜变量之间的测量结果及显著性

	ETA2	KSI1	KSI2
ETA1	β12 = 0.73（t = 14.26）	γ11 = 0.13（t = 2.90）	γ12 = 0.16（t = 3.37）
ETA2	—	—	—

第五节　研　究　讨　论

一、不同模型间对比分析

模型 M1、M2 和 M3 的拟合优度对比见表 26-12，通过对比可知在这三个模型中，M2 是最优模型。因为 M3 中的 χ^2 为 128.5 太大，而且 RMSEA 远大于 0.08，χ^2/df 的取值也超过了 2 的临界值等。所以三个模型，M3 是最差的模型。M1 和 M2 从拟合优度对比而言，M2 比 M1 稍有改进。但是最重要的是在模型 M2 中，所有的 β 取值都是显著的，而 M1 则不是。所以 M2 是三个模型中最优的模型。

表 26-12　　　　　　三个模型拟合优度对比

拟合指标	模型 M1	模型 M2	模型 M3	评价标准
绝对拟合评价				
χ^2（模型拟合的卡方检验）	69.79	70.40	128.5	越小越好

续表

拟合指标	模型 M1	模型 M2	模型 M3	评价标准
GFI（拟合优度指数）	0.82	0.82	0.72	大于 0.90
RMSEA（近似误差的均方根）	0.054	0.052	0.14	小于 0.08
相对拟合评价				
AGFI（调整后拟合优度指数）	0.74	0.74	0.59	大于 0.90
CFI（比较拟合指数）	0.99	1	0.96	大于 0.90
NFI（规范拟合指数）	0.96	0.96	0.93	大于 0.90
NNFI（非赋范拟合指数）	0.99	0.99	0.95	大于 0.90
简效拟合评价				
卡方值/自由度（χ^2/df）	1.144	1.135	2.040	$1 < \chi^2/df < 2$
PNFI（简约赋范拟合指数）	0.75	0.76	0.75	大于 0.50
PGFI（简约适合度指数）	0.55	0.56	0.50	大于 0.50

从三个模型的对比分析中我们可以得到如下的发现：

首先，在不考虑海外投资双方文化匹配和海外投资企业文化整合机制对目标企业文化认同机制产生影响的情况下（模型 M3），结构方程的拟合优度大打折扣。所以在未来的研究中，我们需要对文化整合的三个机制进行一种相互联系的、系统性的研究。对于我国进行海外投资的企业而言，更需要注意文化匹配与海外投资企业的文化整合机制对目标企业文化认同的重要影响。

其次，从目前的数据来看，模型 M2 告诉我们，文化整合机制对海外投资业绩产生影响离不开文化认同的传导作用。同时，文化整合机制对海外投资业绩产生的直接影响并不显著，这是和假设 2 相吻合的。正如机理部分所论述的，对目标企业进行文化整合会对海外投资业绩产生方向相反的两种作用。可能的原因是本研究所采用的数据，这两种方向相反的力量强弱相当，相互抵消，所以表现出的结果就是文化整合机制对海外投资业绩产生的直接影响没有通过显著性检验。如果两者力量强弱相差较大，则可能会通过显著性检验，而且系数的符号可能为正，也可能为负。模型 M2 验证了海外投资文化整合中的三个机制都会对海外投资业绩产生影响，并且 t 值最小为 2.2，均通过了显著性检验。

最后，从模型 M2 中我们可以知道这三个机制对海外投资文化整合业绩大小的影响。文化匹配机制对海外投资业绩影响总的效应为：0.11 + 0.28 × 0.780.33；文化整合机制对海外投资业绩的影响总效应为：0.91 × 0.78 ≈ 0.71。可以看出对海外投资业绩产生影响方面，文化整合机制比文化匹配机制更重要。修正后的海外投资文化整合模型如图 26-5 所示。

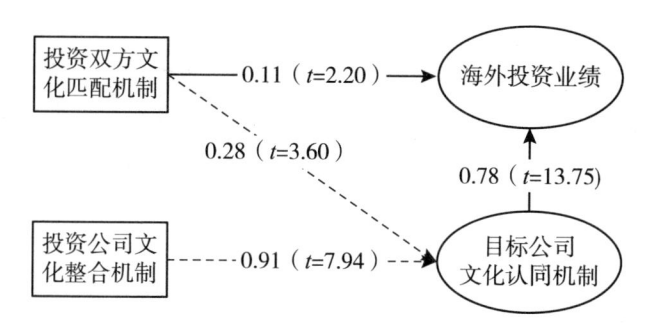

```
投资双方文        0.11 (t=2.20)      海外投资业绩
化匹配机制
           0.28 (t=3.60)        0.78 (t=13.75)
投资公司文        0.91 (t=7.94)      目标公司
化整合机制                         文化认同机制
```

图 26－5　修正后的海外投资文化整合模型

二、投资双方文化匹配对海外投资业绩的影响

模型 M2 的结果支持了假设 1 和假设 4 的有效性。结合现有文献来看，假设 1 和假设 4 被支持并不出乎意料之外。许多学者都注意到了并购双方的文化不匹配是造成并购失败的重要因素之一。在有关文化整合研究的初级阶段，很多学者都是将并购双方的文化差异和并购之后的业绩直接联系起来。不过从本章的实证结果来看，并购双方的文化匹配因素如果不考虑目标企业文化认同机制在中间所起的传导作用，则它对海外投资业绩所产生的影响并不是太大，只有 0.11。并购双方的文化匹配会对目标企业的文化认同产生重要的影响，从而间接对海外投资业绩产生影响。这里的 γ_{21} 取值为 0.28，并且 t 值为 3.60，显著性非常高。

并购双方的文化不匹配至少会从两个方面对并购的结果产生影响，首先是通过直接的方式对并购结果产生消极影响。这方面的理论研究比较多，也相对比较成熟，学者们关注的是并购双方文化差异会导致沟通成本的上升、阻碍知识的有效传播、导致高层管理人员的离职等。其次是通过影响目标企业对海外投资企业的文化认同，然后对并购结果产生影响。从实证结果来看，目标企业对海外投资企业的文化认同对最后的文化整合结果产生的影响才是最大的。我们可以通过对文化匹配机制与目标企业文化认同机制之间的传导机制进行研究，减少并购双方由于文化不匹配所导致的负面影响。

三、海外投资企业文化整合对海外投资业绩的影响

海外投资企业对目标企业进行文化整合，需要考虑两个维度，一个是海外投资企业对目标企业文化整合的范围，另一个是海外投资企业对目标企业文化整合的程度。从实证结果来看，这两个维度构成的文化整合机制对海外投资业绩会产生重要影响。但是这里有两个问题值得继续研究：一是假设 2 中两种力量的进一

步区分。文化整合机制对海外投资业绩的直接影响，存在方向相反的两种力量。文化整合可以促进投资双方的能力转移、资源共享和相互学习，促进协同收益的实现；但是文化整合也会导致投资双方产生冲突，降低目标企业员工忠诚度和合作的意愿，不利于协同收益的实现。在文化整合中通过哪些机制实现能力转移与资源共享而又不增加投资双方的冲突，使之共同促进海外投资业绩的提升值得继续研究。另一个需要进一步研究的问题是将海外投资文化整合这个维度细分成两个更小的维度：文化整合的范围和深度，这将使我们更加清楚地知道两个要素，哪一个会对海外投资文化整合的结果产生更重要的影响，其作用的机理又是什么。

四、目标企业文化认同对海外投资业绩的影响

对海外投资文化整合中人的要素的关注，是近年来这一领域研究的新方向之一。早期并购成功的研究，更多关注的是财务或战略匹配，而之后关注文化领域的，有更多的是将文化差异本身和并购的业绩相挂钩。最后发现文化差异和并购业绩之间关系的研究有时会产生相互矛盾的结果。所以学者们逐渐认识到文化差异与并购业绩之间，还有着更为重要的变量。越来越多的学者开始关注人的因素对海外投资文化整合结果的影响。从实证结果来看，目标企业对海外投资企业的文化认同会对海外投资的文化整合产生非常重要的影响。

由社会认同理论我们知道，当一个组织的成员对该组织的认同度很高时，这个组织将会表现出更多的向心力、更高的合作意愿、更积极的员工态度。文化认同和社会认同关系密切，对于进行海外投资的海外投资企业而言，对企业的收购，也许重要的并不是对企业本身的收购，而是对目标企业员工认同和凝聚力的培养。因此在进行文化整合策略选择时，应该更多选择促进目标企业文化认同心理形成的文化整合策略。

第六节 本章小结

本章通过采用结构方程的方法，对中国企业海外投资文化整合的问题进行了研究。首先，研究结果发现，海外投资双方的文化匹配机制、海外投资企业对目标企业的文化整合机制以及目标企业对海外投资企业的文化认同机制，都会对海外投资业绩产生重要的影响。其次，这三个机制对并购业绩的作用方式是不相同

的，其中目标企业文化认同机制对海外投资业绩产生的影响，会传递并购双方文化匹配和海外投资企业文化整合两个机制对并购业绩的影响，文化认同机制的中间调节作用很重要。海外投资双方的文化匹配机制会通过两种方式影响海外投资业绩：一种是直接影响，另一种是通过对目标企业的文化认同对海外投资业绩产生间接影响。就目前数据来看，文化整合机制对海外投资业绩产生影响需要通过目标企业文化认同机制的中间作用来实现。最后，三个机制对海外投资业绩的影响的大小程度不一。具体来说，并购双方的文化匹配机制对并购业绩产生的影响小于海外投资企业文化整合机制对并购业绩产生的影响。而文化认同机制对并购业绩的影响大小会受前两种机制的约束。

第二十七章

中国企业海外投资文化整合风险的案例研究

第一节 案例研究的基本逻辑框架
—— 以海外并购为例

本章认为在海外并购中，文化差异对并购结果产生影响，主要取决于三个维度，分别是文化匹配机制；收购公司对目标公司的文化整合机制；目标公司文化评估机制。这三个机制作用的发挥，会影响目标公司员工产生积极或消极情感，从而会使目标公司的成员形成积极或者消极的态度，并对并购表现出积极或消极的行为，从而决定文化整合的成败，进而影响海外并购的成败。

一、并购双方文化匹配机制

许多研究者认为海外并购比国内并购的风险更大，因为海外并购中，两个参与并购的公司不仅要应对不同的组织文化产生的问题，还要应对不同的国家文化产生的问题（Schneider & Demeyer, 1991）。下面将从国家文化和组织文化两个层面探讨文化匹配与海外并购风险的关系。

国家文化差异对海外并购风险生成的影响，可从以下几方面解释：首先，国际管理研究方面的文献指出，来自不同文化背景下的两个国家，他们拥有不同的组织行为，比如管理和战略决策制定的风格不同、解决冲突的方式不同、道德和价值观不同。一般来说，并购双方的国家文化差异越大，那么组织行为就越难相容，从而并购后的转变就越复杂，这将使并购后的管理成本越高（Kogut & Singh, 1988）。其次，组织行为理论认为，员工深受本国文化的影响，海外并购很容易导致一些问题，比如对合作伙伴的动机和目的产生误判，这将阻碍来自不同国家的员工进行顺利交流。当交流存在问题时，容易使并购双方的员工，特别是目标公司的员工产生负面情感，这些负面情感包括对未来感到不确定、迷茫、无助、紧张、不安和敌意等。这种压力将会降低员工对企业的责任心、忠诚度、满意度，增加潜在冲突，抵制母公司指令，导致并购后公司的管理由于人为因素而低效，带来海外并购风险。最后，人力资源管理理论认为，海外并购案例中，经常发生的事情是收购公司用自己的管理者替代目标公司的管理者，这使目标公司管理层在得知被收购消息时就提前离开，导致目标公司人力资源被破坏（Krug & Nigh, 2001），影响公司经营业绩，产生并购风险。

组织文化的差异被看成是并购后冲突的主要原因。首先，社会引力理论指出：一个群体对另一个不同于他们的群体将会形成一种负面的态度。内部成员有将负面性格特征、意图等和外部成员联系起来的心理：内部成员常将外部成员看成是没有道德的、有恶意的、没有能力的、孤陋寡闻的，而将内部成员看成具有相反的品质，这容易产生或强化内部成员对外部成员的怀疑态度（Sitkin & Stickel, 1996）。其次，在受到外部威胁的时候，比如被收购，且外部成员被看成和内部成员有很大差异时，内部成员对外部成员所抱有的偏见，会达到最高点（Hogg & Terry, 2000）。这种情形之下，目标公司内部成员凝聚力将增强，从而接管或并购将会受到强烈抵制，增加并购的困难。最后，组织文化差异所导致的并购后组织文化的模糊性和公司成员对新文化的短时期不适应性，也会给公司并购带来许多问题。

被广泛接受的一个观点是组织文化是嵌套在民族文化之内的，并且相互之间有着很强的影响（van Oudenhoven, 2001）。纽曼和诺伦（Newman & Nollen, 1996）发现当组织惯例和国家文化相匹配时，他们的业绩表现会更好。因此他们得出结论，如果要业绩表现好，一个组织的管理惯例必须适应这个国家的组织文化。因此如果收购公司在对目标公司进行文化整合，引入的新文化元素必须和目标公司所在国的国家文化相匹配。文化不匹配对海外并购风险生成的影响见图 27-1。

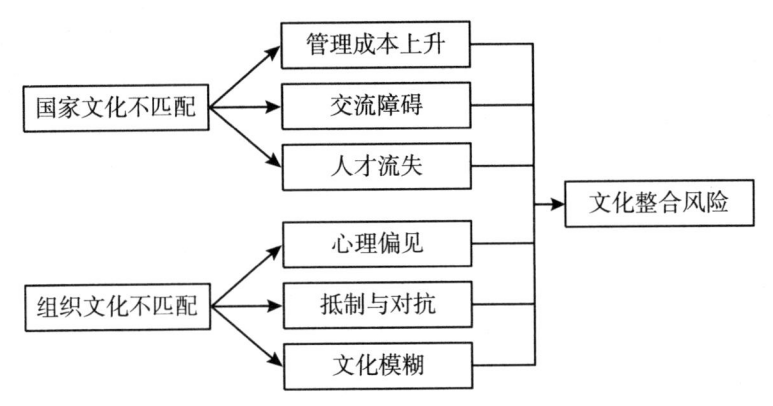

图 27-1　文化不匹配对文化整合风险生成的影响

二、收购公司文化整合机制

收购公司对目标公司的文化整合模式包括：融合（integration），其特点是并购双方在文化和结构上做出改变，但没有一个主导文化。吸收（assimilation），即收购公司完全吸收目标公司的过程。分离（Separation），这意味着最小的文化改变，从而目标公司几乎保持不变。消亡（deculturation）会导致一种全新的实践和系统，而这不同于之前的两种文化。最后一种消亡的整合模式是一种失败的结果，不在考虑范围之内。

组织文化有四种类型，分别是权力文化、角色文化、任务文化和人本文化（cartwright & cooper, 1993），四种文化的主要特点见表 27-1。

表 27-1　　　　　　组织文化的类型及其主要特点

类型	主要特点
权力	权力集中，迅速做出反应 在决策制定时，强调个人而不是群体的作用 挑战主要来自专制和压迫 倾向于靠隐性的而不是显性的规则来运作 员工的激励机制是对老板的忠诚度和担心受惩罚
角色	官僚的和分等级的 在工作实施过程中强调正式的程序、书面的规则和制度 角色要求和权力边界定义明确 不受个人影响，高度的墨守成规 个人经常感觉到自己在组织中是可有可无的，因为角色比人重要

续表

类型	主要特点
权力	强调在组织任务中团队的忠诚和热忱的信仰
	组织工作的方式由任务的要求来决定
	充满灵活性和高度的工人自由
	工作环境非常满意,同时赋予创造性
人本	强调机会平等
	组织的存在和运作在于培养其组织成员的成长和发展
	经常存在于社区或者是联合体,很少存在商业营利性的组织

卡特莱特和库珀（Cartwright & Cooper, 1993）认为从权力文化到角色文化、任务文化再到人本文化,员工的受限制程度逐步下降,员工对文化的满意度逐步上升,对文化的忠诚度逐步上升。因此在选择是否进行文化整合时,需要考虑两个公司组织文化的类型。当并购双方都是权力文化类型时,并购要取得成功可能会出现问题,这在很大程度上取决于合并后的公司对领导人的选择以及领导人的个人魅力。在并购双方都是权力文化类型时很容易出现激烈的权力斗争,导致并购的失败。如果收购公司是权力文化,而目标公司是角色、任务或人本文化,则文化吸收或融合会导致严重的文化冲突。如果收购公司是角色文化而目标公司是权力文化,则文化吸收可能会被目标公司接受,因为目标公司的员工会感受到更多的公平和自由,文化整合的效果会比较好。并购双方如果都是角色文化,进行文化整合时目标公司不会感受到太多的权力限制,文化整合的结果也可能会比较顺利。如果收购公司是角色文化而目标公司是任务文化或人本文化,则目标公司需要改变越多的文化整合模式,越容易出现剧烈的文化冲突,增加文化整合风险,导致文化整合的失败。如果收购公司是任务文化,而目标公司是权力文化、角色文化或任务文化中的一种,则文化吸收或融合模式可能带来较好的文化整合效果,虽然目标公司的一些管理层会因为权力的失去而失落,但是大多数的员工会因为一种更人性化的文化到来而采取欢迎的态度。但如果目标公司是人本文化,则文化整合可能会出现问题,因为人本文化强调的是人自身的发展,可能不是非常有利于团队文化的形成。并购双方文化不同时采取文化吸收或融合的整合模式,可能出现的具体情形见表27-2（Cartwright & Cooper, 1993）,因为文化分离的融合模式不需要并购双方作出文化调整,所以不太可能出现文化冲突,因此在上面的分析中对文化分离的整合模式没做太多说明,这也从侧面反映了并购双方文化的匹配还取决于收购公司文化整合模式的选择。

表 27-2　　　　　　　不同类型文化整合可能出现的结果

收购公司文化类型	目标公司文化类型	可能出现的结果
权力	权力	可能出现问题
权力	角色、任务、人本	可能损失惨重
角色	权力、任务	潜在效果良好
角色	任务	可能出现问题
角色	人本	可能损失惨重
任务	权力、角色、任务	潜在效果良好
任务	人本	可能出现问题

以上考虑的是收购公司和目标公司文化类型不同情况下进行文化整合可能出现的结果，这是收购公司选择文化整合决策的基础。除了考虑收购公司和目标公司的文化匹配情形以决定文化整合模式，收购公司还需要考虑的一个维度是文化整合过程中目标公司自主性的移除。和文化吸收、文化融合、文化分离三种文化整合模式相联系的是对目标公司自主性移除程度的不同。收购公司高层对目标公司高层决策过程的干预方式可以通过强加上标准、规则和期望等手段来实现。两个高层团队的过多接触不仅减少了目标公司高层管理人员的自主性，而且相互暴露了并购双方更多的国家文化和公司文化差异，并且使得文化差异更加显著（Weber，1988）。如果说文化差异产生了文化冲突（cultural clash），那么当相对应的两种不同文化接触最大时，这种冲突产生的可能性也是最大的时候，比如收购公司的高层管理人员为目标公司决定目标、战略选择以及其他的运营。自主性的损失会激发目标公司管理人员对收购产生心理压力，并导致消极的态度，因为他们感受到了威胁，这最终会影响忠诚度和合作（Weber & Schweiger，1992），从而增加并购中双方文化整合的风险，导致更高的文化整合失败率。

就目标公司的员工来说，文化分离的整合模式给予目标公司的自主性最大，文化融合模式其次，而文化吸收模式给予目标公司的自主性是最小的，从而也是最容易引起冲突的文化整合模式，因此收购公司需要在这三种整合模式中慎重选择。同时还需要注意，文化融合的整合模式，根据并购双方需要改变的文化程度不同，还可以分为深度的文化融合模式和浅度的文化融合模式，文化融合的程度越高，则给目标公司成员所带来的心理压力也可能越大，从而导致更高程度的文化整合风险及文化整合的失败。

综上分析，收购公司对目标公司的文化进行整合，需要考虑两个重要的维度。首先是根据并购双方的组织文化类型匹配情况决定是否进行文化整合；其次，如果选择进行文化整合，还需要对文化整合的模型进行选择，因为文化整合模式的不同将决定目标公司自主性的大小不同,从而决定海外并购风险的大小不同。收购公司文化整合机制如图 27-2 所示。

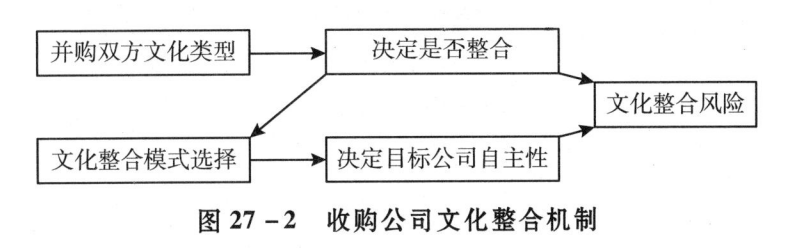

图 27-2 收购公司文化整合机制

三、目标公司文化评估机制

文化适应压力(acculturative stress)是一个文化群体和另一个文化群体的成员进行互动并调整自己的行为方式时所感受到的一种破坏性张力(Nahavandi & Malekzadeh,1988)。据社会运动的人类学理论和程序公正的心理学理论,文化适应性压力之所以会发生,是因为被认为应该会发生的事情没有发生。换言之,如果收购能够满足目标公司的期望,那么两种文化的差异可能就是文化适应引力(acculturative attraction)而不是文化适应压力的来源(Very et al.,1996)。举例来说,如果收购公司是一种任务文化类型,而目标公司是一种权利文化类型,那么在进行文化整合时,目标公司员工将感受到的是一种更为自由的文化,他们个性的发展将受到更少的压制,在决策中将有着更多的自主性,从而这两种文化之间的差异给目标公司带来的就不是一种文化适应压力,而是一种文化适应引力。又如目标公司在采用收购公司管理惯例后,企业运作更有效,企业生产率和经营效益得到提高,目标公司会对收购公司的文化产生更多认同,从而文化差异带来的也是一种文化适应引力而不是压力。

在并购中,员工非常关心人们将在分配公正、程序公正和互动公正性方面将会如何被对待(Greenberg,1987)。目标公司员工对并购整合阶段收购公司对留下来的和被替代的人员的公正性方面的感知,会显著影响他们的态度和行为(Fried et al.,1996)。社会运动的观点认为社会公平和公正的判断标准有三条,分别是:目前的工作环境是否和他人的工作环境一样有利;目前的环境是否和过去的环境一样有利;我们的将来是否和现在一样有利?目标公司将采取他们文化标准对新公司的文化进行评估,这三个条件能得到满足,那么目标公司对收购公司进行的文化整合会形成一种积极的情感,比如对收购公司的信任将形成,对公司新的文化将形成新的心理契约,从而产生正面的态度,采取积极的行为来面对海外并购,有利于促进海外并购的成功。目标公司文化评估机制如图 27-3 所示。

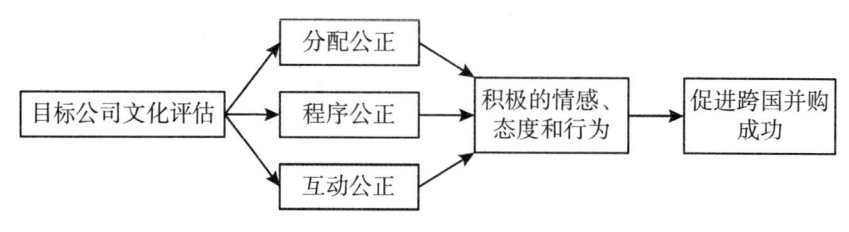

图27-3　目标公司文化评估机制

综合海外并购中的文化匹配机制、收购公司对文化的整合机制和目标公司文化评估机制，我们提出如下的海外并购文化整合机制框架见图27-4。

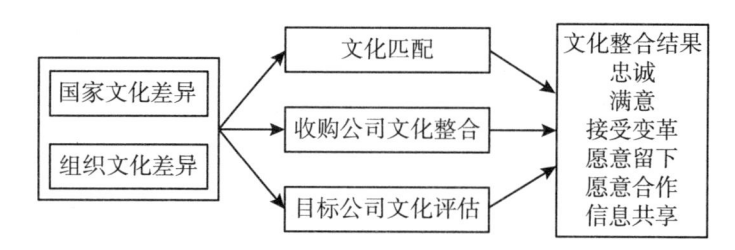

图27-4　海外并购文化整合机制

第二节　上汽收购韩国双龙案例分析

一、上汽收购双龙文化风险要素分析

（一）案例概况

上海汽车工业（集团）总公司简称"上汽集团"，是中国四大汽车集团之一，主要从事乘用车、商用车和汽车零部件的生产、销售、开发、投资及相关的汽车服务贸易和金融业务。2004年上汽首次跻身《财富》500强的行列，但在其发展壮大的同时，也有它明显的软肋：培养自主研发和建设自主品牌的压力曾一度困扰着上汽，所以上汽当时希望通过海外收购来获取技术研发能力，打造自主品牌。

韩国双龙汽车公司是韩国第五大汽车制造商，主要生产大型SUV和高档豪华轿车。1997年的亚洲金融危机使韩元贬值，双龙因此陷入债务危机，双龙因资不抵债而被大宇集团收购。1999年，大宇集团解散时，双龙被分离出来成为独立的上市公司。由于经营不善，双龙的债权债务出现严重倒置，公司濒于破产。为此，双龙的债权团开始探讨向海外出售股权，以便收回其投入的资金。

2005年1月27日，上海汽车集团股份有限公司完成韩国双龙汽车公司的股权交割手续，获得双龙汽车48.92%的股份，正式成为其第一大股东。此后来自双龙工会的反对浪潮始终没有平息。2008年，随着国际油价的飞涨，双龙以生产SUV和大型车为主的弊病显现出来。2008年上半年，受韩国国内柴油价格高出汽油价格的影响，韩国政府取消了对柴油车的补贴，使得主要产品为柴油车的双龙汽车在韩国国内市场销量出现大幅下滑。截至2008年第三季度，双龙出现1 000亿韩元的亏损，走到了破产的边缘。

2009年2月6日，韩国首尔法院接受双龙破产保护申请的决定，而根据法庭的判决，上海汽车将放弃对双龙的控制权，但保留对其部分资产的权力。至此，上汽5亿美元的投资损失几乎已成定局。

（二）文化匹配分析

1. 中韩两国国家文化匹配分析

从国家文化差异看，中国文化和韩国文化同属儒家文化圈，但因各自发展路径的不同而具有各自的特点。从表27-3我们发现，中韩两国国家文化有的指标相似，有的指标得分相差比较大：（1）在权力距离维度上，中国的得分高于韩国，这表现在企业文化中中国公司上下级之间存在很大的权力距离，有明显的阶层概念。（2）在不确定规避维度上，中国得分较低，韩国得分很高，所以韩国的企业应该更倾向于风险厌恶。（3）在个人主义/集体主义维度上，中韩两个民族都崇尚集体主义，得分基本相同。（4）在男性化/女性化维度上，与中国相比，韩国更倾向于女权主义，他们更加崇尚和谐和道德伦理，重视民主决策，工会广泛参与到企业的各种决策中，在企业管理中发挥着巨大作用。（5）在长期取向/短期取向维度上，韩国得分更高，更看重长期承诺，愿意为长期的收获放弃短期的利益。

表27-3　　　　　　各国文化维度指标分值

国家	权力距离	不确定性规避	个人主义	男性化	长期取向
中国	80	30	20	66	87
韩国	60	85	18	39	100

资料来源：http://www.geerthofstede.com/。

在民族文化的不匹配上,有两点对上汽并购双龙起到了非常大的负面影响。首先是不确定性规避。比如面对双龙工会担心上汽入主会将双龙的核心技术转移到中国而影响双龙工人的就业,同时可能会造成韩国国内汽车产业的崩溃,上汽总裁承诺将确保双龙汽车管理层和工人的职位,表示目前没有转移设备到中国生产的计划,将维持双龙汽车在韩国生产。所谓的"目前"是什么时间概念?这个措辞明显含糊,而韩国人对不确定、含糊的东西抵触强烈。所以这个承诺虽然可以一时安抚人心,但却为以后的罢工留下隐患。第二个是强大的工会组织。韩国的强势工会世界闻名,工会已经不仅是一个劳方利益代表或发言人而是质变为一个管理者、权力拥有者和政治机构。双龙当时生产一辆汽车的人工费是全球汽车业单车人工费平均水平的2倍。但即便如此,面对全球裁员的大势,上汽提出的裁员计划,韩国工会还是给予了强烈的反对回应。此后的多次罢工给上汽造成的被动局面,无不与强大的工会组织相关。

2. 上汽与双龙组织文化匹配分析

企业文化是企业在较长的经营过程中形成的、为全体或大多数成员所认可和遵循的价值观念和行为规范,对自治的渴望就是双龙的企业文化之一。2000~2004年转入债权团重组这段时间,被很多员工认为是双龙汽车最辉煌的时期。这几年,双龙汽车进入实质上的自治阶段。这种对"自治"年代的怀旧,在双龙汽车的韩籍工人、管理人员当中相当普遍。在他们眼里,那几年不仅意味着节节上涨的工资,更意味着化屈辱为力量、独立奋斗、改变命运的成就,从这里分析来看,双龙企业文化具有任务型文化的属性。而上汽并不理解双龙汽车的这种特殊感情。接手仅仅一年半,上汽就雇用通用汽车的墨菲,试图大刀阔斧地减员增效,表现出一种非常强势的权力文化类型。例如,在2004年上汽接管前,双龙汽车内部正如火如荼地开展保持创新的"精英革新运动",强调创新和挑战。而上汽的领导来了以后,"就不容许搞了,说没有必要"。

同时双龙很讲论资排辈,他们看重领导者的经验、背景和社交能力,它的50多名韩方管理者大部分都在企业里工作了二三十年,如苏镇琯在双龙汽车工作了30多年,曾经在生产、销售、企划等双龙几乎所有的部门工作过,因此他在工人、管理层及经销商中,都有着极大的凝聚力和影响力。2005年3月,上汽向双龙公司加派了5名高层管理人员,除蒋志伟58岁以外,其他人的平均年龄为44岁,最年轻的只有37岁,对于韩方管理者和员工来说太年轻,没有经验,不足以服众。而2005年11月3日,上海汽车公司以双龙汽车销售业绩不佳为由,更换了总经理苏镇琯等经营班子,赢得了企业的实际控制权,提拔48岁的双龙产品开发本部部长崔馨铎为新任代理总经理。这一人事震荡让双龙内外人士感到惊讶,因为韩国企业的职务等级大致分为社长(总裁)、理事、副社长、常务、常务补充等。崔馨铎属于常务一级,在双龙50多个核心管理层中,排名第十五左右。双龙上下,包括崔馨铎本人都没有想到他会接替苏镇琯成为代表理事。从这里可以看出,韩国的企业文化表现了一定的角色文化类型,而上汽在人事任免方面表现出来的依然是强势的权力文化。

不管上海汽车集团本土的企业文化如何,但至少在收购双龙集团的过程中,让韩国员工感受到的是很强势的权力企业问题。这种收购公司是权力文化,而目标公司表现出的是角色或任务文化的整合类型,存在很大文化融合的隐患。

二、文化整合与评估分析

(一) 整合第一阶段:分离模式为主,融合模式为辅

为了消除韩方的疑虑,赢得信任,并购之初,上汽几乎保留了双龙原社长苏镇琯为代表的全部管理层。而且原管理层的继续留任,在很大程度上打消了员工的许多顾虑,顺利实现过渡。为了尽快和双龙融合,消除双方的差异,2005年2月底,上汽聘请了一家曾经为通用汽车收购韩国大宇汽车提供咨询的跨国管理咨询公司,做了一个"百日整合计划"并要求在"百日整合"期间把这一理念全面贯彻到所有运营环节。双龙通过在主楼上悬挂"齐心协力!新的出发!双龙人能做到!"、"重视原则!相互信赖!"等标语,向员工传达新的价值观。

在收购谈判之初,上汽的管理者们一直将如何让双龙员工了解中国文化上汽文化,认同上汽对双龙未来的经营方针,当作一道急需解决的难题。在上汽正式签署收购合同以后,为了进一步安抚这家以强势工会著称的韩国汽车公司,同时为了让双龙工会认识上汽集团,上汽邀请双龙汽车工会代表团访问上汽集团,让他们参观了上汽集团展示厅、上海大众汽车工厂和上海通用汽车生产流水线,使韩国工会代表了解上汽集团的发展历程以及整车流水线制造水平,对上汽的实力有了感性的认识。后来上汽又组织韩国双龙新近招募的122名大学以上学历的员工,到上汽集团进行为期一天的参观访问,让新职员了解中国经济和文化以及公司今后的经营环境。在参观访问中,双龙项目工作小组负责人、上汽汽车工程院副院长沈剑平向双龙新员工介绍了公司的企业文化、价值观、未来发展蓝图和韩国双龙的前景。经过一番用心良苦的努力,双龙工会风波逐渐平息下来,上汽似乎过了双龙工会这一关。

在促进双龙员工对上汽这位新的大股东了解的同时,上汽也对派遣到双龙的管理员工进行了文化敏感性训练。早在并购之初,上汽就在内部聘请专人就韩国的风俗、人情、文化、传统等进行培训。进入双龙后,上汽给在韩国的工作团队

的每个人发了一本《漫画韩国》的小册子。这本书风靡韩国,讲述的是韩国文化及韩国人强烈的民族自尊心形成的过程。针对韩国盛行的送礼文化,中方团队甚至专门设立了一个基金。中方人员逐渐习惯了把喝酒作为与韩方沟通的契机。

在"百日整合"期间,双龙韩国管理层和员工也显得相当配合。从2004年7月22日起,双龙汽车的高层开始集中学习中文,每天进行一个小时,目标是"直到能够自由进行业务相关会话为止"。到2005年1月,从事行政和生产的职员也开始申请学习中文。这种其乐融融的景象更因双龙市场销售的提升而加深:2005年上半年,双龙实现销售60 908辆,其中出口30 441辆,这个总量几乎达到上年同期的2倍,创造了历史上出口销售业绩的最高纪录。

从这一阶段来看上汽的文化整合方面采取的是分离式为主的文化整合方式,因为双龙的全部管理层都被保留了下来,上汽对双龙的经营管理没有太多的插手。同时辅助于文化融合的形式,更多是让双方对彼此的文化有更多的了解,以期达到相互认同和潜移默化的对情感和行为的影响。这个时候的融合式文化整合模式是很温和的,上汽公司并没有严格要求双龙公司做出什么改变,更多的只是通过参观访问、文化敏感性培训、文化本地化等一些措施来融合两个公司的文化,给予目标公司双龙的自由空间还是很大的。而且从结果来看,这种整合的效果是很积极的,双龙集团的管理层和员工也都在积极地学习中文,这可以看出双龙公司对合作的期待。这个阶段的文化整合过程见图27-5。

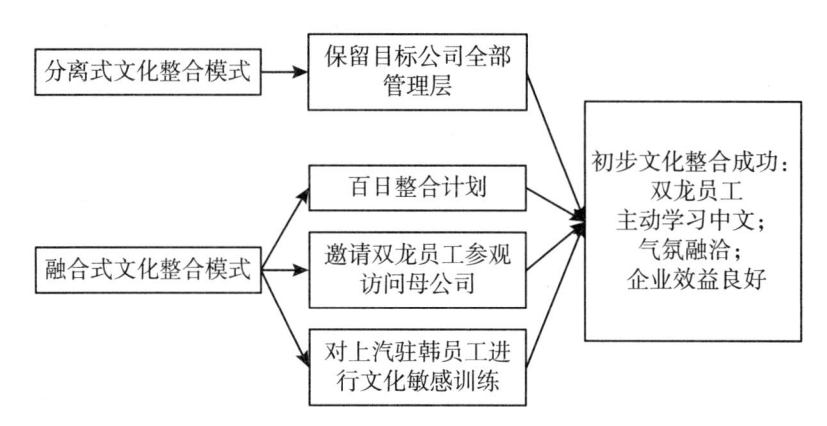

图27-5 上汽第一阶段对双龙公司的文化整合过程

(二)整合第二阶段:文化吸收模式

在整合获得初步胜利后,上汽开始逐步加大对双龙的控制,更多地派人进驻双龙,实施并购整合方案,双方的矛盾不断出现并激化。2005年3月上汽向双龙公司加派了5名高层管理人员,陈虹和张海涛被任命为新任董事。至此,在双龙的4名公司董事中，有3名来自上汽。同时，陈虹接替苏镇琯担任双龙汽车董事会主席。这些人事调整引起韩方高层的不满。

2005年11月，上海汽车公司以双龙汽车销售业绩不佳为由，更换了总经理苏镇琯等经营班子，赢得了企业的实际控制权，开始进行董事会和管理层的大规模人事调整。提拔了48岁的双龙产品开发本部部长崔馨铎为新任代理总经理。这一人事震荡仍让双龙内外人士感到惊讶。因为更换总经理，双龙气氛有些散乱，为了尽早平息这种氛围，双龙进行了后续一系列人事调整，对副总经理级别的企划财务本部长、研究所所长和常务级别的采购、管理企划董事进行了调整。内定来自中国上海汽车的副总经理朱贤为企划财务本部长，由崔馨铎兼任研究所所长。另外，内定高春植常务为负责采购的董事，李庆泽常务为管理董事，并由负责宣传的方承柱常务兼任企划董事。双龙汽车立即确定并发表了这些董事人事调整决定。苏镇馆总经理和两名副总经理、4名常务等共7人因此次撤换人事而离开双龙。至此，双龙基本完成了管理层的调整，开始按照上汽的思路发展。

然而，并不是一切都如上汽所愿，2002年达到销售最高峰后，韩国汽车内需市场不断萎缩，在2006年跌到了最低谷，让汽车销售难掀波澜。屋漏偏逢连夜雨，国际市场能源价格猛涨，韩国的燃油几乎全依赖进口，其柴油价格也节节攀升。韩国汽车消费税率近年来向小型车倾斜，大排量车型税收加重，发动机排量为2升以上车型的消费税从80k上涨到10%；同时，每升柴油价格目前为每升汽油的85%，而4年前仅为50%左右。双龙的王牌产品影响巨大。加上前几年由于双龙债务缠身，企业濒临破产，缺少良好的资信而难以获得贷款，投入新品开发的经费/捉襟见肘，产品缺乏新亮点，市场销售更难了。这些原因使上汽开始面临经营危机。2006年5月，当双龙提出以辞退部分员工、中断福利来摆脱困境的计划时，工人们一直以来的怀疑和不满终于以罢工的形式爆发了。持续49天的总罢工不但让双龙损失了3亿美元，还让上汽双龙在2006年实现盈利的计划成为泡影。

这一阶段的文化整合模式很明显可以看出，具有文化吸收模式的特点。上汽首先是通过对董事会新加入中国的成员，控制了董事会。但是这种人事调整和韩国的排资论辈产生了冲突，比如导致矛盾的产生。同时通过更换苏镇琯等领导班子，上汽掌握了企业的实际经营控制权。虽然这种整合过程有利于双龙公司执行上汽的意图，但这种吸收式的文化融合模式，毫无疑问会激发原双龙公司员工的负面情感。而市场不景气以及由此引起的裁员计划则彻底将这些负面情感爆发了出来。上汽对双龙第二阶段文化整合过程见图27-6。

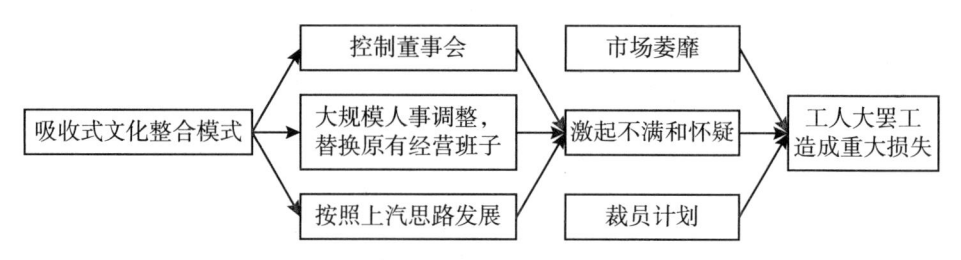

```
吸收式文化整合模式 → 控制董事会        市场萎靡
                  → 大规模人事调整,  → 激起不满和怀疑 → 工人大罢工
                    替换原有经营班子                    造成重大损失
                  → 按照上汽思路发展    裁员计划
```

图 27-6 上汽对双龙第二阶段文化整合过程

(三) 双龙公司文化评估分析

分析双龙公司员工对上汽集团一系列整合的文化评估,如下几件事情非常重要。首先上汽公司没有兑现承诺。自上汽收购双龙到 2005 年年底,上汽没有兑现收购合同中对双龙做出投资双龙的承诺,这就是双龙举行第一次罢工的直接原因。在跨国收购或跨文化管理中,对他人诚信,得到他人的信任是成功经营的第一步,也是成功整合的基石。上汽既然已作出承诺,也已签署合同,就应遵守合同,这是诚信的象征。上汽如果不完全兑现承诺,劳方当然有理由通过罢工来维权。对此,上汽不仅是理亏的,而且也失去了双龙工会对它的信任。

其次,罢免了苏镇琯及一系列的"苏派"高管。苏镇琯被罢免时,是一位在双龙已经干了 30 多年的老员工,而且距离任期结束只有 4 个月。之后,上汽又先后罢免了 20 多位"苏派"的高管,先后在财务、采购、营销、人事等领域派驻了上汽方面的管理人才。这对于一个集体主义文化盛行和对不确定性规避很高的国家来说,这种激烈的举措给员工造成的心理负面影响由此可见一斑。在苏镇琯被撤职后的第十天,双龙工会进行总罢工,想上汽施压,目的是让上汽集团履行投资承诺和抵制技术外泄。

最后,在 2006 年,双龙公司为了缩减成本,向韩国劳动部提交裁员 550 名工人的方案,双龙工会又开始了新一轮的罢工。此后,苏镇琯又以"未付退休金补偿"等罪状起诉上汽,双方官司纠结未了。双龙工会与上汽之间的劳资纠纷也始终没完没了。

所有这些事情,无疑都会使得双龙的员工认为自己没有得到上汽公正的对待。不履行投资的义务、大规模撤换高层管理人员,让中方人员担任要职,特别是罢免了苏镇琯。而当市场行情不好时,毫不犹豫地缩减员工福利、进行大规模裁员,这在一个重感情的东方国家,很显然会使员工的心理很难接受。

结合之前的文化匹配机制、上汽公司对双龙公司的文化整合模式选择以及双龙员工的文化评估机制,我们给出了上汽收购双龙的文化整合机制,如图 27-7 所示。

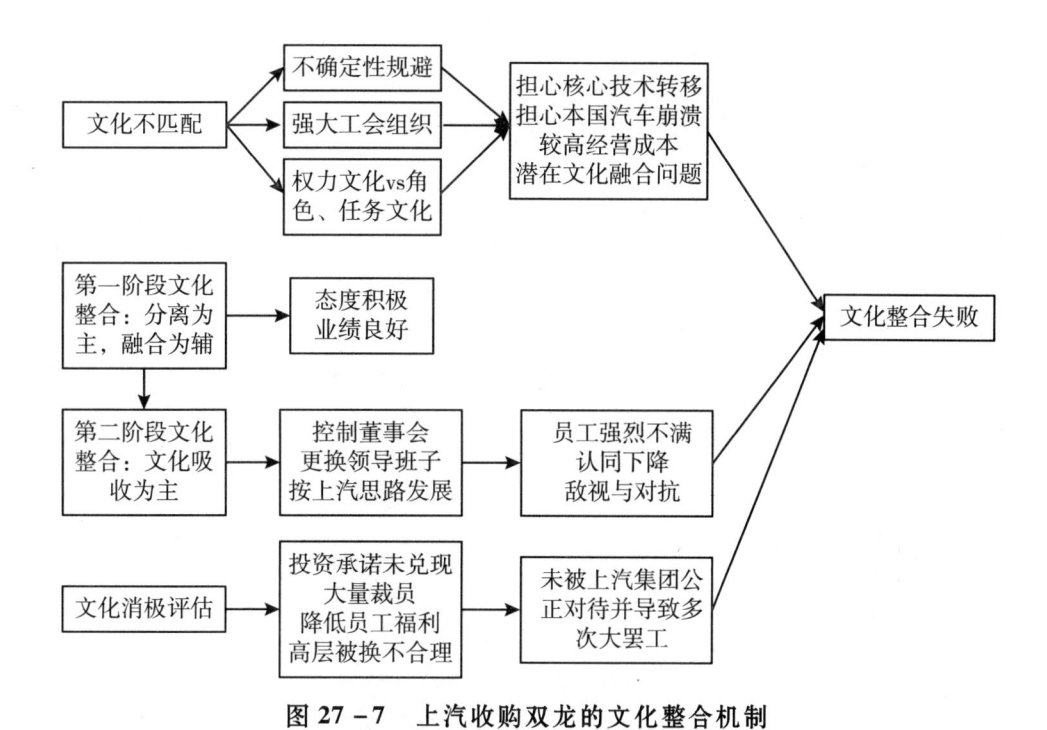

图 27-7　上汽收购双龙的文化整合机制

三、上汽收购双龙的业绩分析

在上汽收购双龙之前，双龙汽车经过持续的结构和战略调整，已经实现扭亏为盈，2003 年双龙汽车已经连续三年实现盈利。但是在上汽收购双龙之后，双龙汽车的经营业绩开始下滑。2007 年的经验业绩虽然净收入略有好转，但是年销售额下滑非常厉害。之后在全球经济不景气的大背景下，双龙的经营状况日益恶化。2009 年 1 月，双龙汽车向韩国地方法院提请"回生程序"，上海汽车不得不接受重组的现实，并为投资失败计提损失共计 4.3 亿元。截至 2010 年 8 月上海汽车已经抛售完韩国双龙的所有股份。上汽收购双龙汽车前后三年的经营业绩状况见表 27-4。

表 27-4　　　　　　　上汽收购双龙前后的业绩对比

双龙汽车	收购前（美元）			收购后（美元）		
年份	2002	2003	2004	2005	2006	2007
年销售额	28.47 亿	27.39 亿	31.59 亿	33.91 亿	31.75 亿	8.87 亿
年净收入	2.67 亿	4.92 亿	0.11 亿	-1.02 亿	-2.10 亿	0.098 亿

资料来源：http://www.docin.com/p-440195832.html。

四、文化整合的失败教训分析

从上汽收购双龙集团失败的案例来看，有内忧，也有外患。比如上汽收购双龙后，正值国际油价飙升，低碳经济兴起，小排量汽车在全球销量显著上升。双龙的主打车 SUV 是油老虎，而其他的中高档的车也不适应小排量、低耗油的趋势，因而失掉了一大块市场份额。2008 年油价飞涨，使得双龙的销售市场进一步委靡、销量大跌。而下半年的经济危机又使双龙股价暴跌，双龙汽车受外围经济重创。但是上汽对双龙文化整合问题的处理不当，也是其遭受并购失败的一个非常重要的原因。

首先，从文化匹配方面来看，有三点对并购的失败产生了重要的负面影响。第一是强大的工会组织，它使得上汽集团对双龙的一些正当裁员不能顺利进行，增加了公司的经营成本。第二是韩国文化中的不确定性规避，使得韩国一直担心上汽对双龙的并购只是为了获取技术，而不是为了双龙的长远发展，担心双龙的核心技术外泄，韩国汽车产业的崩溃等。这使得双方的一些重要的合作项目（比如 S-100 项目）不能顺利进行，而且还使得双龙对上汽有很强的戒备心理，很难从根本上对上汽形成认同。第三是上汽在与双龙的接触中，表现出来的是一种强势的权力文化，而双龙的文化更倾向于角色文化和任务文化，这会使得双方在进行文化整合时面临很多挑战。

其次，从上汽对双龙的文化整合来看，第一个阶段的文化整合还是比较成功的。第一个阶段基本是一种分离式的文化融合模式，双龙的高层管理团队基本都没有进行调整。而且还通过多种活动增强并购双方文化之间的相互了解。这一阶段，并购双方并没有出现太多矛盾，公司的经营业绩也很好。但是在第二个阶段，上汽对双龙进行了大量的高层人事调整，掌握了双龙的实际控制权，使得双龙的发展按照上汽的思路发展，采取的是一种吸收的文化融合模式，这导致了目标公司的强烈不满，为以后的大罢工埋下了隐患。

最后，最为重要的一点是上汽对双龙的收购，始终没有赢得双龙的文化认同。首先是上汽在收购双龙后，没有兑现追加投资的承诺，造成了员工的信任危机；其次，双龙始终担心的是上汽收购双龙，只是为了转移技术，一旦目的达到，上汽就会过河拆桥，对韩国汽车产业造成致命打击。最后，上汽对苏镇琯等管理层的调整，使得韩国人很难认同。而对双龙员工的裁员方案尤其不满，并直接导致了罢工的发展。这些因素在双龙员工看来，都是受到不公正对待的因素。因此很显然会导致一系列消极的情感，比如敌意、心理对抗、愤怒、忠诚度下降等，并进而发展成为罢工等行为对抗形式，给两个公司的合作造成致命打击。

第三节 中国蓝星收购法国安迪苏案例分析

一、中国蓝星收购法国安迪苏文化风险要素分析

(一) 案例概况

中国蓝星总公司是蓝星集团所属的转移公司。蓝星集团以化工新材料为主导业务，下属30多家企业和科研机构，控股"蓝星清洗"、"星新材料"、"蓝形石化"、"沈阳化工"四家上市公司。2005年，蓝星集团总资产300亿元，销售收入300亿元。蓝星集团在化工新材料、工业清洗和膜与水处理领域居国内领航地位。在石油化工领域有很强的实力，业务涉及原油加工及石油制品制造，石油化工产品和精细化工产品加工等。蓝星是中国工业服务类第一个驰名商标。蓝星成立22年来，一直坚持走自主创新之路，通过"连续引进，垂直开发"，在众多化工新材料领域拥有自主知识产权技术，并不断将其产业化。蓝星集团拥有中国最大的有机硅装置，双酚A装置和亚洲唯一连续法PBT工程塑料生产装置。蓝星的工业硅、钛白粉、彩色显影剂等居于国内主导地位，苯酚、丙酮生产技术居国内领先地位，并且是中国唯一离子膜电解设备制造商。

法国安迪苏是全球最大的专业动物营养添加剂生产企业，是一家具有60多年生产经验的从事蛋氨酸、维生素A及维生素E、酶制剂生产的世界著名动物营养添加剂公司，是世界上唯一一家同时生产液体和固体两种形态蛋氨酸产品的公司。其主要产品蛋氨酸占全球市场份额的三分之一，居世界第二位，维生素市场份额全球第三，生物酶居全球第五。该集团在全球拥有五家主要生产厂，拥有792项技术专利和世界上最先进的液体蛋氨酸生产技术，经销网络遍布140多个国家和地区，2005年销售收入5亿多欧元。安迪苏集团运用总部设在法国巴黎，全球的五家生产工厂，其中的三家在法国，主要生产固体蛋氨酸、维生素A和维生素E，西班牙和美国各一家，都生产液态蛋氨酸。

2005年10月19日，蓝星集团总经理任建新率团出访欧洲，签署了蓝星集团全资收购法国安迪苏公司100%股权的正式协议。此次收购涉及资金约4亿欧元，约合40亿元人民币，并于2006年1月17日在比利时正式签署对蓝星的交割仪式。

(二) 文化匹配分析

1. 中法两国国家文化匹配分析

从表 27-5 我们发现,中法两国国家文化的指标相差都比较大,特别是不确定性规避、个人主义、长期取向等方面:(1)在权力距离维度上,中国的得分高于法国,这表现在企业文化中中国公司上下级之间存在很大的权力距离,在组织决策方面,员工的话语权很低。(2)在不确定规避维度上,中国得分较低,法国得分很高,与韩国很相似,所以法国的企业也应该更倾向于风险厌恶。(3)在个人主义/集体主义维度上,中国是一个崇尚集体主义的国家,而法国是一个强调个人主义的国家。所以表现的企业文化方面,也许中国企业更强调的是为了集体的利益而牺牲个人的利益。而法国的企业则相反。(4)在男性化/女性化维度上,与中国相比,法国更倾向于女权主义,这一点和韩国的取值也很接近。(5)在长期取向/短期取向维度上,中国得分更高,更看重长期承诺,愿意为长期的收获放弃短期的利益。

表 27-5　　　　　　　　各国文化维度指标分值

国家	权力距离	不确定性规避	个人主义	男性化	长期取向
中国	80	30	20	66	87
法国	68	86	71	43	63

资料来源:http://www.geerthofstede.com/。

从国家文化的匹配性来看,两个国家的文化差异距离相差比较远,所以如果进行文化整合,可能会导致比较多的文化问题。但是这也不是绝对正确,两个文化距离相差比较远的群体进行文化的整合,摩擦的大小还取决于两个群体文化整合程度的大小。

2. 蓝星与安迪苏组织文化匹配分析

就两个公司的组织文化而言,由于目前两个公司的文化已经完全合二为一,而在并购之前有关安迪苏企业文化的研究资料非常稀少,所以我们只能从两个公司的成长经历背景来大致地推测两个公司可能存在的组织文化方面的差异。

1984 年,蓝星的创始人任建新带领 7 个人,借款 1 万元创立了中国第一个专业清洗公司——蓝星公司,经过 10 年的发展,蓝星成为工业清洗行业的主导者。进入第二个十年,蓝星的业务重心转向化工新材料领域,成为蓝星集团新材料的领航者。进入第三个十年,蓝星通过一系列的国际并购,主营业务在全球居领先地位，其中有机硅和蛋氨酸业务均居全球前三位。蓝星的行业优势和快速发展受到国际资本的青睐，2008年，蓝星引进美国黑石作为战略投资者，促进了体制创新、管理创新和技术进步，为其进一步整合全球化工资源、保持在相关领域的优势提供更多的便利。从蓝星的成长来看，每一步都有着任建新的影子，这种公司的发展历程在中国的背景下，最容易出现的文化类型可能是家长式的权力文化类型。这种文化类型的特点是员工对领导者有着发自内心的尊重，员工对领导核心有着很高的忠诚度，并愿意服从他的指挥，对他的能力感到非常认同。但是这种文化容易出现的结果就是核心领导的话语权太大，而其他人，特别是普通员工的话语权很小。

法国安迪苏公司的历史非常悠久，可以追溯到成立于1858年的法国普朗克兄弟公司，在接近并购的时候，公司已经有快接近150年的历史了。1928年，普朗克公司与罗纳化工公司合并，成立了法国罗纳普朗克公司。整合之后的罗纳普朗克公司发展成为世界第七、法国最大的国际化医药和化工集团，其中罗纳普朗克动物营养公司就是安迪苏的前身。从这里可以看出，安迪苏的前身有着非常悠久的历史，因此应该形成了完善的公司管理惯例和各项规章制度，公司可能出现的文化类型是角色文化类型或者是任务文化类型。总体来看，收购公司相对于目标公司，应该有着更高的权力距离，收购公司的权力更强倾向于向高层核心的集中；而目标公司的企业文化类型则更可能是员工自由度更高的角色文化或者任务文化类型。

二、文化整合与评估分析

（一）蓝星对安迪苏的文化整合

在并购交割完成之后，蓝星集团迅速采取了一系列措施，以使安迪苏尽快融入蓝星集团之中。第一，总经理任建新亲自给安迪苏的高管和员工写信并发表录像讲话，详细介绍蓝星集团及蓝星公司的理念、创业历程、并购意图、发展前景、全球布局等，让安迪苏全体员工在第一时间清晰了解母公司的发展前景和战略意图、自身在母公司战略布局中的地位和未来前景。第二，公布高管及员工留用计划。考虑到安迪苏的市场前景，蓝星集团认为没有必要在并购刚刚完成之后立即采取裁员措施，明确表示愿意留用所有员工，并强调随着公司业绩的增长，员工的待遇将会获得提升。第三，派出管理人员担任安迪苏副总，并要求派出人员先虚心学习后参与管理，当好联系纽带。第四，在安迪苏召开员工座谈会，听取员工对公司未来发展及并购后管理事项的意见和建议。

第五，邀请安迪苏工会代表来中国考察，以充分了解母公司。第六，开通海外员工信箱，指定专门的部门和人员对海外员工的建议、意见、要求等做出及时响应。第七，在公司网络新闻、报纸等的报道中增加安迪苏最新情况的内容，并出版英文版的企业报。

每年蓝星及后来的中国都要组织员工子女开展夏令营活动。并购后，许多安迪苏员工的子女在父母的陪同下到中国参加了夏令营活动。愉快而别具特色的夏令营给参加的孩子及其父母留下了深刻印象，更让整个安迪苏感觉到自己是蓝星集团大家庭中的一员。蓝星集团总经理任建新在法国考察时，精心挑选了40多幅法国名画复制品带回国内，装上画框后挂在了公司总部的办公室和走廊中。另外，他发现法国人喜欢品咖啡，经常一边品咖啡、一边谈业务。于是，他要求公司总部的咖啡厅精心开发出地道的法式咖啡。安迪苏的管理人员到公司总部汇报工作或者开会时，都会看到办公楼内的法国"名画"，喝上法式咖啡。另外，在安迪苏管理人员来访时，常常会被邀请吃一碗地道的、具有中国西部文化底蕴的中餐"马兰拉面"。这些小的细节令来访的安迪苏工作人员倍感亲切。

并购后的文化整合是并购中普遍遇到的难题，正因如此，有学者特别强调要努力选择具有文化相似性和兼容性的公司作为并购对象（Cartwright & Cooper, 1996）。由于国家距离、公司传统、各自所奉行的价值观等方面的差别，蓝星集团和安迪苏的组织文化存在诸多差异。蓝星集团没有采取强硬地进行文化灌输的方式，而是坚持以人为本的原则，在给予安迪苏员工充分尊重的基础上采取渐进渗透的方式，借助事关安迪苏发展的重大事项和若干日常工作中的细节，让安迪苏员工感受到集团公司所给予的充分尊重、支持、关爱，看到在集团帮助下公司所取得的长足发展和为员工带来的前程，进而使其以开放的心态接受集团的文化。与此同时，蓝星集团也借此在集团文化中加入了新的元素，使集团文化更加多元和包容。这种既着眼战略高度又重视细节、不断渗透的文化对接，使双方的文化融合变得更加自然和顺畅。

从蓝星对安迪苏的文化整合措施来看，是以文化分离模式为主，文化融合模式为辅的整合方式。具体来说，就是蓝星并不急于将一位"自己人"推上安迪苏集团首席执行官的位置，而是基本保持后者管理层和员工队伍不变，使安迪苏从高管层到普通员工都树立了长远发展的信心。总经理杨兴强曾在接受记者采访时表示，安迪苏集团是个国际知名企业，其原有的管理模式十分科学，蓝星应该通过收购学习其管理方式，而没必要派个什么人去扰乱子公司的管理。"充分放权，提供帮助"八个字正是蓝星管理安迪苏集团的主要思想。这种文化整合模式的选择，给予了安迪苏公司非常大的自主权，将蓝星公司和安迪苏公司自己可能存在的由于国家文化差异和组织文化差异可能导致潜在冲突的可能性降到了最低。

（二）安迪苏对蓝星的文化评估

蓝星收购安迪苏并非一帆风顺，双方先后经历了长达三年的前期接触。2000年前后，蓝星公司拟新建一套蛋氨酸装置。然而，当时国内各类企业及科研机构都不掌握蛋氨酸生产技术。法国安迪苏是蛋氨酸领域的全球领先企业，于是蓝星公司主动和安迪苏联系，希望从安迪苏引进技术。然而，安迪苏对蓝星发出的技术合作要约并不感兴趣。蓝星总经理任建新在了解到安迪苏极其冷淡的回应后决定直接和安迪苏的高管人员联系。他亲自给安迪苏的CEO写信，介绍蓝星的创业历程和经营状况，努力让安迪苏了解到蓝星是一个负责任的、进取的公司，表明蓝星强烈的合作意愿、合作将为双方带来的双赢结果和安迪苏从中获得的发展机遇。最初，安迪苏的CEO并未给予积极的回应，而任建新并未放弃，继续保持与安迪苏CEO等高管的联络。尽管双方的合作事项在一段时间内并无实质性的进展，但任建新和这些法国企业高管成了好朋友。每次他们到北京开展商务活动或者旅游，任建新都热情招待，有时还接到家里设家宴款待，甚至亲自下厨房包饺子，并事先精心准备了纪念品，来访者的夫人、孩子都会获得一份精美的小礼品。任建新的努力让法国企业高管充分感受到了中国人的热情好客和合作诚意。

2004年爆发了全球性的禽流感，这使得以生产饲料添加剂为主营业务的安迪苏受到了严重冲击，经营业绩急速下滑。蓝星及后来组建的中国化工敏锐地观察到了安迪苏遭遇的困难，诚恳地向安迪苏及其母公司表达了全资收购安迪苏的意向。业绩不佳、前景不明、中国化工又愿意出一个合理的价格收购，Drakkar及CVC最终决定出售安迪苏全部股权给中国化工以套现。单纯从并购安迪苏的机遇来看，2004年的禽流感提供了历史性的良机。然而，如果没有前期长时间的接触，中国化工很难抓住这次商机。而这三年的接触之所以能够取得很大的成效，重要的一点就是任建新的真诚打动了安迪苏的高管。任建新盛情款待法方高管人员，甚至设家宴并亲自下厨的举动，实际上是将很多文化元素融入到了双方的交往之中，充分体现了中方真诚待人、热情好客、执着追求等特质。

在蓝星收购安迪苏之前，安迪苏的高管已经从任建新的真诚和执着中赢得了很高的影响分，而收购之后的文化整合模式的正确选择，使得双方的双赢进一步成为现实。从蓝星对安迪苏的整合模式可以看出，蓝星对于安迪苏公司所表现出来的是充分的尊重、支持和关爱。安迪苏公司对蓝星的文化评估，我们可以用。

安迪苏集团原二号人物热拉尔·德曼先生的话作为窗口，看看安迪苏员工对蓝星的文化评估。他认为，蓝星对安迪苏集团的收购是面向长期发展的产业投资，有别于其他投资基金只顾追求短期回报的做法，令安迪苏从高管到普通职工都对集团的平稳发展具有信心，从而增加了集团的凝聚力和生产力。从德曼先生的一席话可以看出，安迪苏对蓝星的领导非常满意，对蓝星的文化评估无疑是非常积极的。

综合考虑蓝星和安迪苏的文化匹配、蓝星文化整合方式的选取以及安迪苏对蓝星的文化评估机制，蓝星公司对安迪苏公司收购过程中的文化整合机制可参见图27-8。

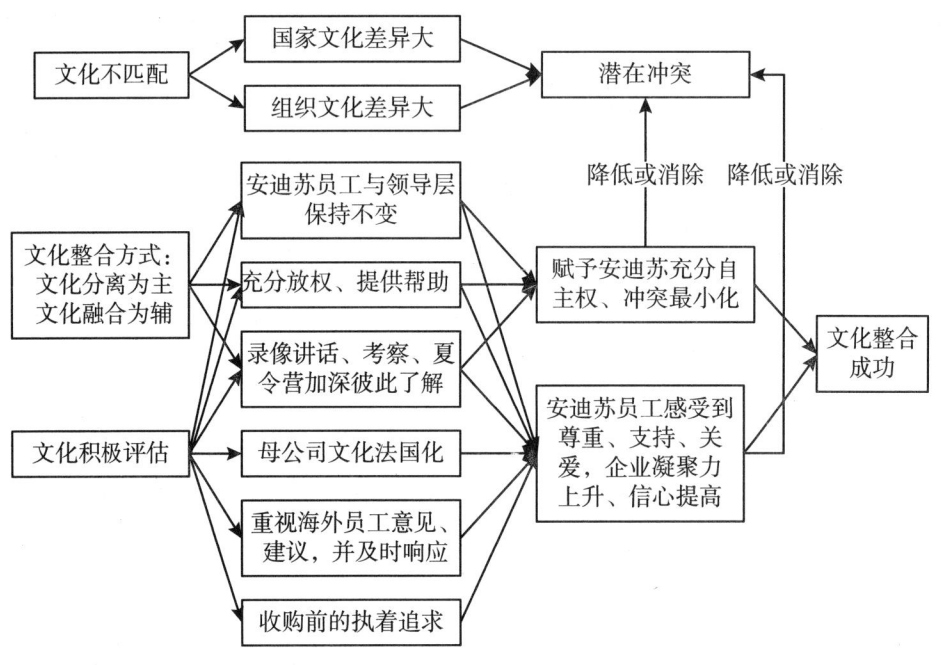

图27-8 蓝星收购安迪苏的文化整合机制

三、蓝星收购安迪苏的业绩分析

蓝星收购安迪苏被业内外普遍认为是一桩成功的中国企业国际并购案。一方面，通过并购安迪苏，中国企业第一次拥有了蛋氨酸生产技术，蓝星集团在公司经营规模、国际化水平、蛋氨酸等领域的技术水平等方面都获得了显著提升；另一方面，作为中国化工全资子公司的安迪苏在近几年获得了快速发展。2008年，安迪苏销售额首次突破10亿欧元。2009年4月，安迪苏正式启动了在欧洲新增2.5万吨蛋氨酸产能的计划。同年8月，蓝星和安迪苏共同宣布，双方将合作在南京建设一套全新的蛋氨酸装置，以更好地满足中国及周边市场的需求增长。新工厂预计 2012 年下半年投产，设计年生产能力为 7 万吨蛋氨酸。

四、文化整合的成功经验分析

从这起成功的并购案例中，我们可以得到如下的启发：

首先，虽然从文化匹配的角度来说，两个公司之间的文化越匹配的话，越有利于降低并购双方文化整合过程中可能出现的摩擦的减少。但是相对于文化匹配的作用，收购公司对目标公司的文化整合模式的选取以及使目标公司形成对收购公司积极的文化评估两者的重要性会比前者更重要。虽然中国和法国在国家文化方面存在很大的差异，同时并购双方在企业文化方面可能存在的差异也很大，从而潜在的文化冲突也会比较大，但是蓝星公司在对安迪苏进行文化整合时，选择了分离式为主、融合式为辅的文化融合模式。这种模式的优点在于可以赋予安迪苏公司充分的自主权，避免了两个公司进行深层次的文化整合可能出现的各种冲突问题。

其次，这种文化整合模式的选取，充分体现了蓝星公司对安迪苏公司的信任，使得安迪苏高层真正感受到了自己被尊重，以及蓝星期望与安迪苏共同发展的诚意，对蓝星产生了积极的文化评估。除了正式场合的文化融合手段之外，蓝星公司还通过各种非正式的社会互动形式，比如举办夏令营活动、将母公司的文化加入法国文化的元素，拉近了并购双方之间的心理距离。这使得安迪苏公司成员心怀感激，增加了公司的凝聚力。公司员工将以积极的心态和行为参与到工作中，提高了公司的生产力。

最后，安迪苏对蓝星的积极文化评估，还得益于并购之前任建新就已经和安迪苏高层建立起来的信任。人们通常会对陌生的人产生戒备心理，而任建新和安迪苏高层在并购之前建立起来的友谊，无疑为双方的合作打下了很好的合作平台，有利于安迪苏对蓝星形成积极的文化评估。所以这一点给我们的启示有两方面：一是收购公司在筛选目标公司的时候，可以选择那些之前已经有很好合作经历的，彼此都比较了解的公司；二是如果并购双方之前没有合作经历，那么在收购之前和目标公司的核心人员建立良好的私人关系，无疑对形成目标公司积极的文化评估会有重要的作用，从而有利于促进并购的成功。

第四节　上海电气收购日本秋山印刷机械公司案例分析

一、上海电气收购秋山印刷机械的文化风险要素分析

（一）案例概况

上海电气集团的前身是上海市机电工业管理局，是中国最重要的重型机电生产基地，是中国内地最大的发点设备、大型机械设备、制造、销售的企业集团，业务涵盖了中国机电设备的所有领域。上海电气集团是中国装备制造业最大的企业集团之一，具有设备总成套、工程总承包和提供现代装备综合服务的优势。自20世纪90年代以来，销售收入始终位居全国装备制造业第一位。高效清洁能源、新能源装备是上海电气集团的核心业务，能源装备占销售收入70%左右。主导产品主要有1 000MW级超超临界火力发电机组、1 000MW级核电机组、重型装备、输配电、电梯、印刷机械和机床等。

上海电气是中国装备制造业领袖品牌。在"亚洲品牌500强"评选中，上海电气为亚洲机械类品牌排名第五名，中国机械类品牌第一名。上海电气正在成为一个主业突出、优势明显，可持续发展的现代化、国际化大型装备集团。上海电气旗下有电站、输配电、重工、轨道交通、机电一体化、机床、环保、电梯、印刷机械等多个产业集团，员工总数超过70 000人，公司集工程设计、产品开发、设备制造、工程成套和技术服务为一体，并形成了设备总成套、工程总承包和为客户提供现代综合服务的核心竞争优势。主要产品长期居中国领先地位，是中国最重要的发电设备供应商之一，并在国际市场上占有一定的份额。

日本秋山印刷机械公司原名秋山印刷机械株式会社，是日本三大印刷机制造企业之一。1948年于日本东京都墨田区的秋山机械制造所开业，之后的10多年，相继开发了17种胶印机机型。属于中小型的印刷机械专业制造企业，其技术能级处于世界先进水平，拥有50多项专利，其中单张纸胶印机润版技术、多倍径压印滚筒技术、单张纸非翻转多色胶印技术在国际上处于领先地位。秋山机械虽然销量不是很大，但在技术方面、在品牌影响力方面都是佼佼者，产品质量的可靠性和稳定性在六大品牌中口碑最好，是国际上印机制造主流市场中的一员。秋

山机械全盛期，雇员380名，营业额150亿日元。原社长小岛泰隆是印刷机械行业内杰出的技术天才。1992年秋山机械首创"两面印刷"技术，曾占有日本国内市场份额的50%，在国际市场上也有相当的知名度。

泡沫经济崩溃后，秋山机械的经营逐渐困难。首先是资金方面的问题。由于日本经济不景气，尤其是日本印刷出版行业的日渐萎缩，银行开始收紧银根，而秋山机械主要靠贷款，资金调节困难对他们影响很大。其次，秋山机械的产品比较单一，主要就是单张纸单面印刷机和单张纸双面印刷机这两种机型。秋山与小森在技术方面存在纠纷并形成诉讼，而诉讼的是秋山的主打产品，因此经营受到很大的影响。最后，秋山机械不适应全球化的经济环境，在管理、经营方面存在问题，产品成本居高不下。受这些因素的影响，秋山机械年营业额从最高时的150亿日元下跌到60亿日元。截至2000年，企业债台高筑，所有资产的市场评价只有债务的10%，陷入入不敷出的境地。到2001年3月，秋山机械负债约76亿日元，从而不得不提出申请民事再生。

2002年1月28日，上海电气集团和美国晨兴集团联手，各出50%的资金成功收购了日本秋山机械公司。美国晨兴集团由香港陈氏家族于1986年创建于美国，是一家全球化的投资集团。美国晨兴集团作为专业化的投资机构，在全球从事投资业务，熟悉海外并购的复杂流程。因此美国晨兴在此次收购中，成了上海电气的引路人，帮助上海电气考虑了涉及法律、财务、技术以及劳资等各方面的问题。完成收购的当年，秋山国际就实现了扭亏为盈，实现税前净利润1.6亿日元。随后两年的销售收入保持50%的增长速度。

（二）文化匹配分析

1. 中日两国国家文化匹配分析

从表27-6我们发现，中日两国除了在长期取向这一维度国家文化指标取值比较接近之外，其他的指标取值距离相差都比较远：（1）在权力距离维度上，中国的得分非常高，日本的取值处于中等位置，这表现在企业文化中就是中国公司上下级之间存在很大的权力距离，在中方的企业内，可能领导的决策具有非常大的权威性，员工的话语权很低。（2）在不确定规避维度上，中国得分很低，日本的得分非常高，所以日本的企业有可能表现得更加保守一些，在一些项目投资上可能会更加谨慎，更倾向于规避风险。（3）在个人主义/集体主义维度上，中国的取值很低，依然是一个崇尚集体主义的国家，强调未来企业的利益而牺牲个人的利益。虽然都收到儒家思想的影响，但同时日本可能受欧美文化的影响也比较大，所以文化逐渐向个性张扬的方向发展。（4）在男性化/女性化维度上，与中国相比，日本更倾向于男权主义，表现在企业文化上，意味着日本企业可能更侧重于激烈的竞争。(5) 在长期取向/短期取向维度上，两国的得分几乎相同，处于高分值区间，意味着两国的企业都有愿意为长期的收获放弃短期利益的特点。从国家文化的匹配性来看，两个国家的文化差异距离相差比较远，所以如果进行文化整合，可能会导致比较多的文化问题。更为重要的是中日两国之间的特殊历史关系，民族主义、极端的爱国主义等，都有可能会对两国之间企业的合作带来很大的消极影响。

表 27-6　　　　　　　各国文化维度指标分值

国家	权力距离	不确定性规避	个人主义	男性化	长期取向
中国	80	30	20	66	87
日本	54	92	46	95	88

资料来源：http://www.geerthofstede.com/。

2. 上海电气和日本秋山机械公司组织文化匹配分析

中日企业的组织文化特点各异，在各自不同的环境和土壤里存在，有相同之处，也有不同之处，我们可以通过对比中日企业一些普遍存在的深层次的组织文化差异（见表27-7），来推测上海电气和日本秋山机械公司之间可能存在的组织文化的差异。因为在后文有关上海电气对日本秋山机械公司收购后进行整合的过程中，的确碰到了许多与之相类似的问题，比如秋山印刷机械公司强调员工忠诚于企业、员工工作态度非常认真、强调员工的内部团队、一致对外等组织文化特点，这些都能够在典型的日本组织文化中寻觅到踪迹，所以通过比较中日企业之间典型的组织文化差异来大致推测上海电气公司和日本秋山印刷公司之间存在的组织文化差异有其合理性。

表 27-7　　　　　中日企业间典型组织文化对比

	中国企业文化特点	日本企业文化特点
企业文化核心思想	"中庸之道"，提倡明哲保身、外圆内方、不求有功、但求无过；顺其自然	"和"，提倡和谐、团结、团队；反对内杠、一致对外
工作态度	"差不多、左右"等模糊语言使用较多	认真、精于计算
制度执行	人为因素干扰多，回旋余地大	严格、回旋余地小
行事方式	计划性和程序化意识不强	事前花大工夫调研、一旦行动非常快速
时间观念	差	强
预算管理	预算管理很难执行	贯彻和实行预算管理很到位
雇用制度	一般不会轻易被开除	终身雇用，特别是大型企业

续表

	中国企业文化特点	日本企业文化特点
升迁制度	能上不能下，特别是大型国企	论资排辈
忠诚度	忠诚度不高，人才流失或跳槽较多	忠诚度高、队伍很稳定
决策方式	典型的个人或高层集体决策方式	普遍重视企业员工参与决策

资料来源：根据 http://q.sohu.com/forum/7/topic/2449719 整理得到。

从表 27-7 来看，中国和日本的企业在组织文化方面有一些地方比较相似，比如企业文化的核心价值观，都强调的是人与人之间的和谐相处，但是中国企业的组织文化更侧重的是个人的自保，较少强调个人之间的团结，而只是个人之间的一团和气。但是日本企业强调的人与人之间的和谐相处，强调的则是团体的内部和外部之分。公司内部的人要团结一致，而对公司外部的人则要一致对外。但是更多的地方，中国企业和日本企业的组织文化表现出来的是差异性，比如工作态度、行事方式、制度执行等，都表现了很大的不同。有理由相信，来自中国和日本的两个公司，如果要在文化的整合方式上，选择的不是分离的文化整合方式，而是融合或者吸收的文化整合方式，则肯定会有一个冲突发生的过程。

二、文化整合与评估分析

（一）上海电气对秋山印刷机械的整合

上海电气在完成对秋山印刷机械（并购后改名秋山国际）的收购之后，对秋山国际做了如下几件事情：

第一，文化本土化。在成立秋山国际后，上海电气集团只委派时任上海电气光华印刷机械有限公司董事兼总经理的胡雄卿先生任秋山国际社长，把握大局，并力推"属地化管理"，由日本人担任几乎全部管理职位，采用符合日本国情的管理方式。中方管理者发现，日本文化是一种"力争完美与优秀"的文化，强调忠诚于企业，员工工作非常认真。因此，中方在管理中尽力做到尊重日本文化。"属地化管理"在短时期内获得了日本员工对中国母公司的认同，也赢得了日本主流社会的承认。

第二，改革人事制度。打破了日本式的"大锅饭"模式，由原来强调岗位、工龄的分配模式变为强调技能、贡献，同时兼顾岗位和工龄，提高了员工的积极性。在取消论资排辈的年龄工资制、实施绩效考核、提拔青年干部等改革措施的初期，日方人员都表现出一定的抵制情绪，中方管理者一方面积极真诚地沟通，同时让老员工参与到改革决策之中，让他们给候选人打分，最终消除反感情绪。

第三，改革采购制度。针对秋山采购成本居高不下的顽症，胡雄卿力排重重阻力，辞退了秋山原采购经理。辞退原采购经理时，他顶住了来自员工集体辞职等多方面的压力，晓之以理，并在上海电气株式会社的大力配合下，最终采取"比价采购"方式，减少中间环节、降低生产成本，改变了以往外协厂家旱涝保收，日本秋山却连年亏损的局面，同时将采购目标扩展到全球。这一重要改革是一举使秋山摆脱亏损的重要原因。

从这里我们可以看出，上海电气对秋山国际的文化整合采取的是一种低程度的文化融合模式。企业文化本土化，给了秋山国际足够的自主权，使得并购双方由于文化差异而产生的潜在冲突最小化。但是在大的方向上，胡雄卿也毫不动摇地进行了人事改革和采购制度的改革。这两方面的改革在实施初期都遭受到了来自日方人员的抵制。

（二）秋山国际的文化评估分析

秋山国际人员对上海电气整合方面的文化评估，应该分成两个阶段来分析。第一阶段，只有上汽的文化本土化整合措施得到了日方员工的认同，得到的是正能量；而人事制度改革和采购制度改革都受到了日方员工的抵制。在后两项整合措施的实际效果没有显现出来之前，积极和消极的文化评估共同作用，此时的不满处于挤压状态，视后期整合效果发生改变。第一阶段的文化评估机制如图27-9所示。

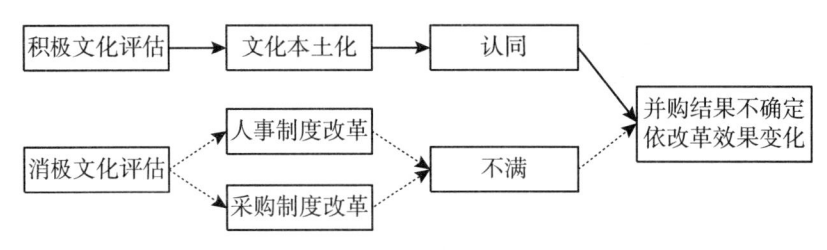

图27-9 第一阶段秋山国际文化评估效果

人事制度改革的结果是提高了企业员工的工作积极性，同时采购制度转变为"比价采购"的方式后，秋山国际的采购成本大幅下降，这是使得秋山国际摆脱亏损的重要原因，所以这两项制度改革逐渐被秋山国际的日方员工所认同，在第二阶段，这两项制度改革就变成了积极的文化评估。考虑上海电气与秋山印刷机械之间的文化匹配、上海电气的文化整合模式选择和秋山国际的文化评估机制，并购双方的海外并购文化整合机制如图27-10所示。

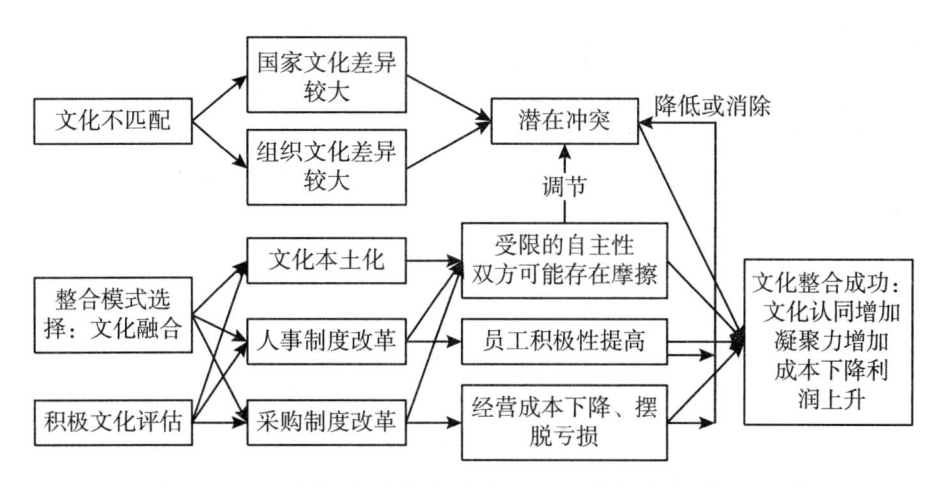

图 27-10　上海电气收购秋山印刷机械的文化整合机制

三、上海电气收购秋山印刷机械的业绩分析

上海电气收购秋山印刷机械后成立的秋山国际扩张成为集团公司、雇员增加、就业率提高。秋山国际通过继承、消化和吸收原公司的先进技术，迅速恢复了制造、设计的能力，并建立了追踪世界先进印刷技术的研发基地。同时在世界各地的销售网络已经全部恢复，还在阿拉伯、土耳其等中东地区设立了新的销售网点。在被上海电气收购后，秋山国际连年盈利。第一年扭亏为盈，实现盈利150万美元。第二年即2003年，秋山国际销售收入增长了50%，达到65亿日元，投资收益率为10%。2004年销售收入上升到80亿美元。2005年的销售收入超过95亿日元。日本媒体将秋山国际称为"日本国内外资经营最成功的企业之一"。

四、文化整合的成功经验分析

从这起成功的并购案例中，我们得到如下启发：

首先，从文化匹配的角度来说，上海电气和日本秋山印刷机械公司之间，无论是国家文化还是组织文化，两者之间都存在较大的差异。在这种情形下进行文化整合意味着较大的文化整合风险。但是上海电气并购秋山印刷机械公司，在文化匹配方面做得非常成功的一点就是文化的本土化。文化的本土化，一方面表现的是上海电气对秋山机械以及日本文化的尊重，这迅速赢得了秋山国际员工的心理认同，有利于信任的形成。而信任在海外并购中对并购的成功有着重要影响，这无疑为海外并购的成功起了重要的推动作用。另一方面，文化的本地化减少了目标公司的行为协调成本，有利于秋山国际员工迅速进入工作状态，而不会因为文化的模糊性产生各种心理问题。

其次，在文化整合方面，除了上海电气进行的文化本土化策略，还需要提到上海电气在人事制度和采购制度方面的改革。胡雄卿进行的人事制度的改革和采购制度改革对并购的成功也起了非常重要的作用。一方面，这两方面的改革增加了日方员工的对抗情绪，这潜在的是一种协调成本，还有可能在改革效果不理想时爆发出来。但是另一方面，这两起改革都是非常必要的。人事制度方面的改革，不仅提高了员工的工作积极性，而且吸引了更多有能力的专业人才来秋山国际工作。而采购制度的改革，则是秋山国际扭亏为盈的直接原因，这一改革对秋山国际经营成本的降低非常重要。所以收购公司在进行变革的时候，需要比较变革的收益和成本的大小，以做出最优的选择。

最后，从目标公司文化评估的角度来说，秋山国际的员工文化评估有一个转变的过程。文化本土化使得秋山国际的员工对上海电气打了正分，但是人事制度的改革和采购制度的改革则引起了员工态度的不满。正负两种力量潜伏着，最后使得目标公司产生积极文化评估的原因是两起改革带来了实实在在的积极效果。这给我们的启示就是，收购公司如果要进行改革，必须能够带来具有说服力的结果，才会抵消文化整合导致的冲突，使目标公司员工产生积极的文化评估，降低文化整合风险，促进并购的成功。

第五节 联想收购 IBM
—— 蛇吞象的惊世成功

一、联想收 IBM 文化风险要素分析

（一）案例概况

联想集团是一家总部位于北京的中国民营企业集团，始创于 1984 年，凭借自身创新的产品、高效的供应链和强大的战略执行力，联想已经成为一家营业额近 300 亿美元的个人科技产品公司，其客户遍布全球 160 多个国家，是全球第二大个人电脑厂商，名列《财富》世界 500 强，为目前全球四大电脑厂商中增长速度最快

的公司。目前，联想产品覆盖 Think 品牌商用个人电脑、Idea 品牌的消费个人电脑、服务器、工作站，以及包括平板电脑、智能手机和智能电视在内的移动互联网终端产品。联想集团的成功离不开其强大的"联想之道"，联想公司上下无一不贯彻着"说到做到、尽心尽力"的企业文化，这是联想集团走向辉煌的核心竞争力。

IBM 公司是一家具有百年历史的全球信息产业领先企业，以"成就客户、创新为要、诚信负责"的价值观为基础，提供领先的存储、服务器、IT 服务和企业咨询服务。公司成立于 1911 年 6 月 6 日，总部位于美国纽约州。在过去近百年中，IBM 始终以超前的技术，出色的管理和独树一帜的产品领导着信息产业的发展，保证了世界范围内几乎所有行业用户对信息处理的全方位需求。

2004 年 12 月 8 日上午九点，联想公司在北京五洲皇冠大酒店召开新闻发布会，宣布将以 12.5 亿美元收购 IBM 包括台式机业务和笔记本业务在内的全球 PC 业务，一时间这一消息震惊海内外。

根据协议，联想将支付给 IBM6.5 亿美元的现金和 6 亿美元的联想股票，同时，联想将承担 IBM 个人电脑业务 5 亿美元的负债。IBM 方将在并购后获得联想 19% 的股份，且三年内不得出售。联想集团将拥有 IBM 品牌 5 年的使用权，且 IBM 的相关商标和技术可供联想集团使用。并购后，联想集团新任 CEO 将有 IBM 原高级副总裁旧史蒂芬·沃德担任，而新公司董事长将由原联想总裁兼 CEO 杨元庆担任。此外，联想总部将在纽约设立联想国际，作为临时总部，而原北京总部作为联想集团的全球行政总部继续运行。

并购之初，业内外争论纷纷，DELL 公司明确表示对联想与 IBM 这次的并购并不看好，而 IBM 公司 PC 部门的员工也纷纷担忧，甚至相互调侃"以后的养老金可能要用人民币发放了"。

2005 年 5 月，联想与 IBM 共同宣布，联想完成了对 IBM 全球 PC 业务的收购，联想将以全新的国际化集团继续扬帆起航，这标志着全球第三大个人电脑企业就此诞生。

2006 年，联想收购 IBM PC 业务后的第一年，联想交出了一份出色的答卷，重组而成的新联想使得原 IBM PC 业务实现盈利，截至 2006 年 9 月 30 日的第二财季显示，联想全球营业额达到 37 亿美元，减去重组等费用的支出，净利润高达 3 800 万美元。可以说，并购重组带来的效率提高成果正逐步显现，这也给 DELL、惠普等竞争对手造成了不小压力。

（二）文化匹配分析

1. 中美两国国家文化匹配分析

联想是一家中国民营企业，而 IBM 是一家美国公司。从宏观层面上来看，两家企业所处的文化土壤截然不同。各国民族文化在各维度上的分值，见表27-8。

表27-8　　　　　　　　各国文化维度指标分值

国家	权力距离	不确定性规避	个人主义	男性化	长期取向
中国	80	30	20	66	87
美国	40	46	91	62	26

从表27-8可知，权利距离：中国民族文化价值观倾向于远离权力中心，中国企业中往往等级分明，大部分权力掌握在少数领导者手中。美国则倾向于接近权力中心，美国企业结构较为扁平，更多强调民主和个人能力的开发；不确定性规避：中国具有较高风险接受程度，企业往往围绕单个管理者或管理组开展治理和决策，习惯于"人治"。美国具有较低风险接受程度，企业事务围绕给定的决策和执行框架开展，偏好"法制"；集体主义/个人主义：中国偏向集体主义，崇尚团队合作，员工对组织的依赖感很强，追求更高的归属感，个人主动性发挥的余地不大。美国偏向个人主义，崇尚个人地位和能力，员工主动性更强，创新意识更强；男性化：中美在该项分数上都不低，但相较而言，美国男性化分数更高，中国处于中等水平。这可以看出，美国比中国更看重金钱、利益的获取，而且非常坦诚和直白，中国相比之下较为恭顺、谦逊，对金钱的崇尚程度较低；长期取向：中国文化价值观中非常重视长期计划，在日常工作生活中崇尚节俭、注重储蓄，企业往往会制定长期愿景，考虑现在做的事对未来、对后代的影响。美国则偏向短期价值的实现，尊重传统，重视社会责任的履行，关注每年的利润和员工绩效评估。

从上述分析来看，中美民族文化存在着很大的差异。

2. 联想与IBM组织文化匹配分析

组织文化包括企业在其运营的长期历史中，经过验证得出的坚持不变的一种企业精神、远景、使命、企业的核心价值观，以及在表层产出的制度和物化行为。

联想和IBM组织文化的比较如表27-9所示。可以看出，联想和IBM在愿景上都强调成为创新型公司，在使命上都强调为客户服务，在精神上都谋求企业的全球责任，在企业价值观上上都强调创新、诚信和客户的重要性，但在其他方面却有着不同，联想和IBM的组织文化差异适中，核心层面的一致性给未来文化整合带来可能。

表 27-9　　　　　　　　　　联想和 IBM 组织文化比较

	联想	IBM
愿景	未来的联想应该是高科技的联想、服务的联想、国际化的联想	无论是一小步，还是一大步，都要带动人类的进步
使命	为客户利益而努力创新	为您服务是我们的使命
精神	高端品质、创新、国际化、企业责任	思考、贸易促和平、IBM 就是服务、停止空谈开始行动、电子商务随需应变、更加智慧的地球
企业价值观	成就客户、创业创新、精准求实、诚信正直——建立信任与负责任的人际关系	创新为要、成就客户、诚信负责
组织架构	"航母"式结构，由联想控股公司进行统一运营，制定发展战略，联想集团公司和联系神州数码有限公司具有独立法人地位，可自主进行治理和运行，对于一件事"专人专管"	"多维矩阵"结构，将多种划分部门的方式有机地结合起来，既按地域分区，又按产品体系划分事业部，所有部门纵横交错、有机地结合成为一体，对于一件事"多人多管"
管理风格	四条被视为"天条"的管理准则：认真、严格、主动、高效联想的管理风格较专制，层级化分明，公司里存在"维上"现象，且对领导人的个人崇拜较明显	经典的"7C"管理模式：职责承担、合作、磋商、竞争、交流、信心、团体精神，IBM 的管理风格相对较为民主，员工自主能动性较强，更有参与意识
战略规划	国际化战略：确立了"紧缩多元化战略、重新专注 PC 领域"的战略，且立刻设立了海外业务事业部	战略转型：逐步调整为向企业提供解决问题咨询服务和软件上，并着重硬件和高价值芯片技术的开发，正在朝着以需求为导向的战略布局前进

资料来源：MBA 智库。

3. 中美商业文化匹配分析

由于民族特性和历史沿袭，中美商业文化也显示出了很多的不同，见表 27-10。

表 27－10　　　　　　　　　　中美商业文化比较

	中国	美国
时间观念	不喜欢制定计划，就算制定了，计划也是非常灵活可变的；环形时间观念，认为时间和工作是在一个圆环上运作着，不断重复	计划紧凑，相信珍惜时间的重要性；线性时间观，认为一段时间内只能做一项工作
商业价值观	看中过去的成就、历史、关系背景等；认为人际关系是商业活动的一个重要因素；推崇"以义制利"、"舍利取义"，认为在利面前义是第一位的	更看中未来，认为应用努力和勤奋来开拓新市场；看中信用和诚信、自身的条件来获取成功，认为靠关系开展商业活动是不公平、不道德的；推崇"利益至上"、"功利主义"，认为每个人都有追求利益的合法权利，而且人们并不会避讳对财富和金钱的追求
沟通方式	含蓄中庸，看重信息接受者的理解，喜欢寒暄，短话长说	直言不讳，看重自身传达信息的义务，喜欢直入主题
惯例、礼仪	期望与对方建立良好关系，谋求长期的商业合作，以关系为导向；在商业活动中往往融入自己的感情，注重"以和为贵"，讲求"情分"；谈生意喜欢在热闹的饭桌上讨论；讲求送礼，看重礼物的价格和代表含义	倾向于短期的商业利益，以结果为导向；认为在商业活动中法律是第一位，讲求"法理"；喜欢在安静优雅的正式场合谈论；送礼较为实际，讲求包装，而且喜欢当面打开

通过上表的对比可知，中美商业文化存在着巨大差异。

综合上述分析，联想和 IBM 的文化在民族文化和商业文化上较为不同，组织文化同中有异，且具有较大互补性，见表 27－11。

表 27－11　　　　　　　　联想和 IBM 文化差异比较

	民族文化	组织文化	商业文化
文化差异			
整合难度			

注：方块颜色越深代表差异和整合难度越大。

二、文化整合与评估分析

联想并购 IBM 后立刻意识到了文化问题的严重性。联想创始人柳传志曾说："最大的麻烦其实是文化冲突"。首先，由于 IBM 在国际上的口碑和影响力，联想自并购后就受到了质疑，于是联想在并购后先实施了短暂的分离式整合。其次，联想和 IBM 的组织文化核心部分差异较小，但中间层和表层的差异存在，若实施高程度的整合可能会引发潜在的冲突、"我们对他们"的心态、"占领军综合征"等，影响知识的转移和创新，联想进而实施了较低程度的反并购模式。最后，在整合稳定后，IBM 原有员工对联想的信任度上升，潜在的冲突已被抑制到最低水平，此时联想调整为融合模式，以促进更多的知识与技术的创新。文化整合路径如图 27-11 所示。

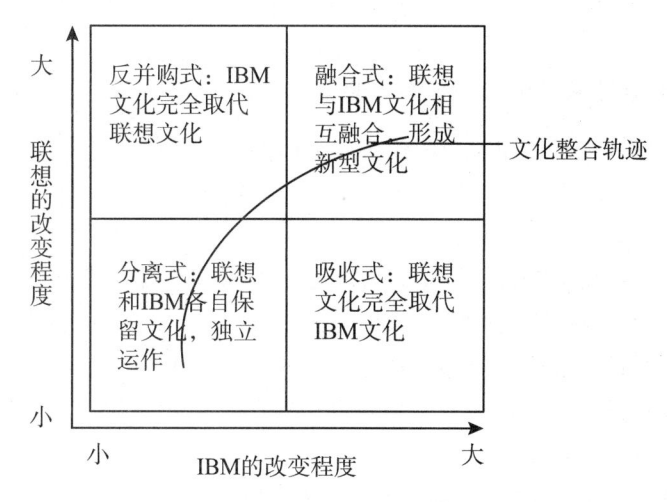

	IBM的改变程度 小	IBM的改变程度 大
联想的改变程度 大	反并购式：IBM文化完全取代联想文化	融合式：联想与IBM文化相互融合，形成新型文化
联想的改变程度 小	分离式：联想和IBM各自保留文化，独立运作	吸收式：联想文化完全取代IBM文化

图 27-11　联想并购 IBM 的文化整合路径

（一）准备阶段：分离模式

联想在并购 IBM 后立刻受到了各方面的排斥：（1）IBM 前大客户美国通用电气宣布不再继续向 IBM 订购，转而向戴尔订购电脑，这很大程度上是因为美国人强烈的自尊心，联想收购了让美国人近百年来都无比自豪的 IBM，这严重打击了他们的民族自豪感。（2）戴尔销售人员 Chris 向其目标客户发送邮件时，说道："联想是一家中国政府控制的企业，最近刚收购 IBM 的个人电脑业务。尽管美国政府批准了联想的收购，但我们要明白，现在客户们每花 1 美元购买 IBM 的产品，中国政府就会得到 1 美元的资助。"（3）IBM 个人电脑业务部门的员工在得知公司将被联想收购时，哀声一片，立即在公司的 BBS 上展开激烈讨论，人们开玩笑说以后年金都要用人民币来支付了。(4) 很多客户都质疑 IBM 被联想收购后，其电脑的质量是否会下降，有人甚至为新 IBM 电脑设计了融入联想元素的商标，来讽刺 IBM 这一不明智之举。

于是在并购之初，考虑到 IBM 是美国人民的骄傲，具有悠久的历史和成熟的管理模式，IBM 员工对企业文化认同度非常高，而联想是中国市场的老大，其创始人柳传志被誉为中国 IT 教父，是中国人民的骄傲，其员工对企业文化的认同度也同样较高。不宜立即进行大规模的改革，为了消除外界和 IBM 员工对于收购的恐慌和排斥，联想宣布不会对 IBM 员工进行裁员或降薪，不会干预 IBM 部门业务的开展，只是在财务等重要职位由本公司人员担任，试图安抚员工情绪。

在该阶段，联想实行的是短暂的分离式整合模式，彼此不干涉"内政"，实行独立的管理模式，监察重点是民族自豪和自尊可能引发的文化冲突。通过整合政策的良好贯彻，联想获得了原 IBM 员工的信任，为后面的整合奠定了基础。

（二）正面冲突阶段：反并购模式

在并购完成后，文化冲突和碰撞是难免的。杨元庆就说过公司内部一旦出现冲突，人与人之间就失去了信任和沟通的动力，他不断鼓励打破隔阂，开诚布公地交流。

联想在组织结构上进行了调整，将联想中国和联想国际划分开来，联想国际由联想和原 IBM 个人电脑事业部组成，是一家新的极富创新性的国际化科技公司，同时在美国设立了临时总部，将北京公司定位全球行政总部，并在美国北卡罗来纳州的罗利设立了营运中心，通过联想国际的组织配置，融入北美文化圈，打开北美乃至国际市场。

联想还任命原 IBM 副总裁担任新联想的 CEO，并在 13 位管理层中安放了 6 位 IBM 人员，如全球首席运营官、首席市场官等。联想成立了过渡期领导团队"T&T"，积极与 IBM 方沟通、学习，努力消除彼此可能存在的误解，留住 IBM 的核心人才。联想在公司内部开展了英语培训班，要求员工积极学习英语，并宣布公司的官方语言是英语。柳传志称已读了不少比尔·盖茨等的书籍，管理层也表示正在学习美国商务历史。

联想在人力资源部建立文化整合小组，双方高管担任组长，成员包括联想、IBM 和麦肯锡三方专家共同组成，小组收集公司各部门员工的反馈意见。经过评估分析，联想意识到了自身文化的弱势，提出了"坦诚、尊重、妥协"的沟通六字方针，鼓励员工正确看待并购。由此可见，联想在该阶段实行的是反并购式整合模式，鼓励联想员工向优秀的 IBM 学习。

在该阶段，联想实行了反并购式整合模式，让 IBM 方看到了自己的诚意，最大限度地降低了彼此的冲突，建立了良好的信任基础。该阶段监察重点是组织文化引发的工作运营、决策上的冲突，同时，该阶段也是联想方积极学习 IBM 优秀组织文化、获得跨文化收益的重要时期。

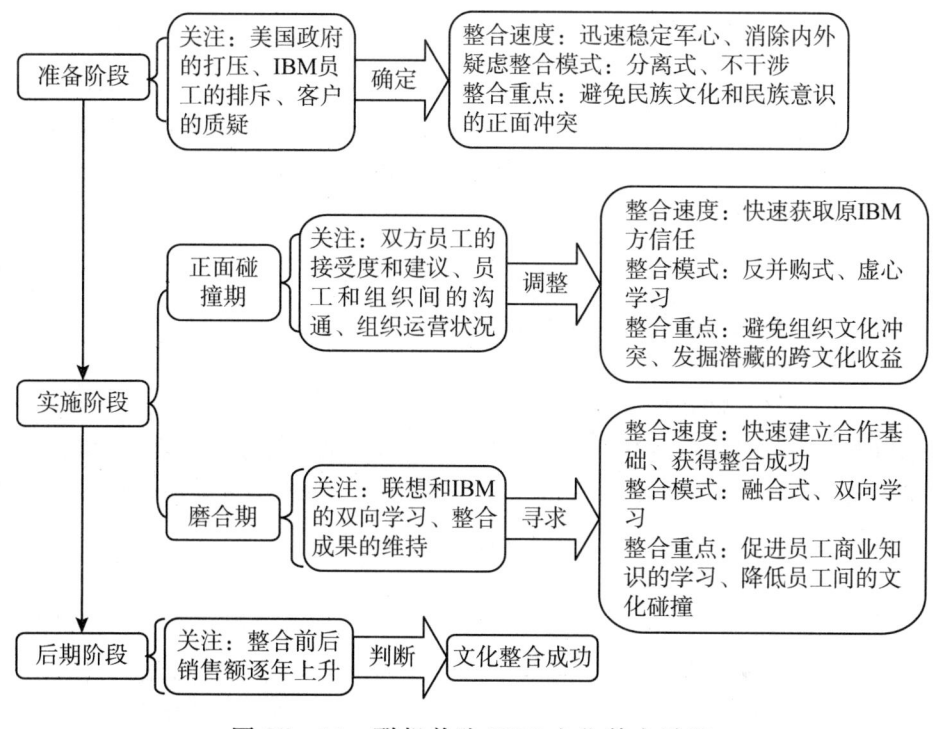

图 27-12　联想并购 IBM 文化整合过程

（三）磨合阶段：融合模式

2005 年 12 月，阿梅里奥出任新联想第二任 CEO，标志着新联想第三阶段整合的真正开始。经调查发现，联想和原 IBM 员工对企业家价值观的选择在以下五项上是完全相同的：客户至上、诚信、创新、竞争力、生活和工作的平衡。这说明两家公司员工在组织文化上存在彼此认可的良好基础。

2006 年 6 月 26 日，联想开展了"文化鸡尾酒"活动，同时在线上和线下开展活动，员工可以通过内网访问"文化鸡尾酒"论坛，促进员工之间的交流，促进中西方文化的融合。

在美国，联想获得了三大私人股权投资公司 3.5 亿美元的战略投资，试图通过资本当地化进一步融入美国经济和文化，将自身利益与当地联系起来，使公司在必要时可获得当地资源的帮助，降低本土化的困难。联想还在当地广泛吸纳人才，效仿美国的人才管理模式，从根源上实现本土化，降低文化冲突产生的可能性。

该阶段，联想实行的是融合式整合模式，在已有信任的基础上，努力促进双方文化上的交流和沟通，彼此学习。与正面碰撞期以员工和组织的沟通不同的是，该阶段的学习是双重方向的，是以员工个人为单位进行的沟通和学习，增强员工之间的互动性和主动性，让他们对企业未来的发展保持信心。该阶段监察重点是双方员工在商业文化上的交流和沟通、整合成果的维持情况、员工彼此的交流状况，努力在公司内建立平衡的文化氛围，形成彼此合作的基础。综上可知，从2004年年末到2007年，联想并购IBM全球PC业务的整个文化整合流程如图27-12所示。

三、联想收购IBM的业绩分析

2007年一季度财务报告显示，联想集团净利润达6 684万美元，同比增长竟高达惊人的11.8倍！杨元庆在财报电话会议中表示此次并购是一次成功的并购。从历年销售收入可见，如图27-13所示，联想收购IBM个人电脑业务后，销售收入逐年递增。可见，此次并购的文化整合较为成功。

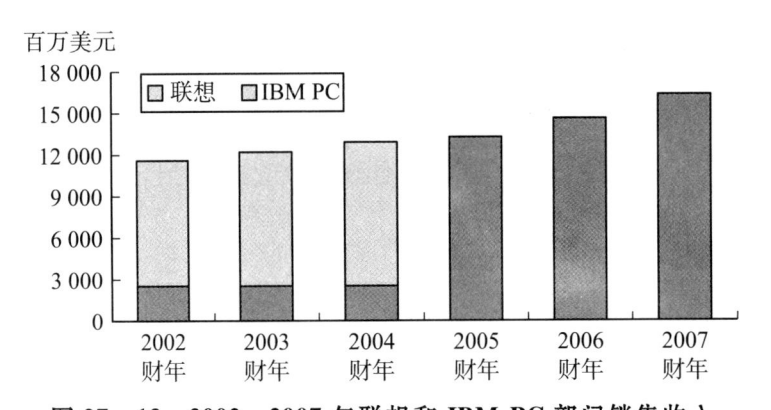

图27-13　2002~2007年联想和IBM PC部门销售收入

资料来源：唐炎钊，王业峰，唐蓉. 战略管理. 2010年第2卷第2期，第46页。

四、文化整合的成功经验分析

综合上述案例分析，新联想给予我们颇多文化整合的成功经验：（1）准确评估双方的情况，正视自身与对方的差距，虚心学习，以公司整体的利益为重，不打没有准备的仗；（2）根据实际情况，不断调整整合政策，即时应对突发情况，最大化增加跨文化收益、降低文化冲突；(3) 贯彻总体整合思想，维持整合成果，进一步巩固员工之间的文化交流，建立属于新公司的新型文化；(4) 文化整合必须循序渐进，不可过快或是过慢，保证每阶段目标达成后，再开展下阶段的活动。

此外，联想并购 IBM 全球 PC 业务后迅速获得文化整合的成功也让我们意识到，并购双方的文化差异并不"可怕"，重要的是文化整合模式的正确选择和有效执行。

第六节 TCL 收购阿尔卡特

——南辕北辙的失败

一、TCL 收购阿尔卡特文化风险要素分析

(一) 案例概况

TCL 集团股份有限公司创立于 1981 年，是中国最大的、全球性规模经营的消费类电子企业集团之一，旗下拥有三家上市公司：TCL 集团、TCL 多媒体科技、TCL 通讯科技。经过不懈努力，TCL 已形成多媒体、通讯、华星光电和 TCL 家电四大产业集团，以及系统科技事业本部、泰科立集团、新兴业务群、投资业务群、翰林汇公司、房地产六大业务板块。

阿尔卡特公司创建于 1898 年，总部设在法国巴黎，是电信系统和设备以及相关的电缆和部件领域的世界领导者，业务遍及全球 130 多个国家，拥有 12 万名员工。阿尔卡特通信部面向通信运营商、服务供应商、企业及消费者，提供从主干网到用户终端产品的全方位解决方案与服务。在 IP/ATM 交换系统、SDH/SONET 传输系统、移动通信系统、无线本地环路系统、卫星通信系统、ADSL 接入系统、因特网终端设备等方面，阿尔卡特具有绝对优势。目前，阿尔卡特的语音、数据和多媒体信息通信系统处于世界领导地位。

2004 年 4 月 26 日，TCL 正式宣布与法国阿尔卡特签订了"股份认购协议"，双方将在香港成立新的合营企业 T&A，共同开发手机产品，进行服务等方面的研发，这堪称中国企业在国际手机行业上的首次大型并购活动。

新成立的 T&A 初始资产高达 1 亿欧元，其中 TCL 通讯出资并持有 55%的股份，阿尔卡特出资并持有 45%的股份，新董事长由李学生出任，CEO 则由万明

坚担任。双方期望合作能大幅降低整体研发成本，同时实施的"技术创新"和"开源节流"策略能够在交差期销售、采购、生产和研发环节发挥协同效应。根据摩根的报告预计，T&A 公司运营后，TCL 国内外手机的年销量将达到 2 000 万部，一举跃升至中国手机销售量榜首、全球销售量第七。

（二）文化匹配分析

1. 中法两国国家文化匹配分析

表 27-12 各国文化维度指标分值

国家	权力距离	不确定性规避	个人主义	男性化	长期取向
中国	80	30	20	66	87
法国	68	86	71	43	63

权利距离：中国和法国的民族文化价值观都倾向于远离权力中心；不确定性规避：中国具有较高的风险接受程度，而法国则更高，可见两国都偏好"人治"的管理体制；集体主义/个人主义：中国偏向集体主义，崇尚团队合作，而法偏向个人主义，员工的创新意识和主动意识更强；男性化/女性化：中国男性化分数较高，与法国相比较低，可见法国人比中国人更看重生活的品质，对金钱崇尚度更低。

综上分析可知，中法民族文化差异很大。

2. TCL 和阿尔卡特组织文化匹配分析

TCL 和阿尔卡特公司的组织文化比较见表 27-13。

表 27-13 TCL 和阿尔卡特组织文化比较

	TCL	阿尔卡特
愿景	成为受人尊敬和最具创新能力的全球领先企业	实现连接着的世界的潜力。
使命	为顾客创造价值、为员工创造机会、为股东创造效益、为社会承担责任	传递消费者所需的创新，不断进步、变革，变得更加有效率，不断思考、不断前行
企业价值观	诚信尽责、公平公正、变革创新、知行合一、整体至上	消费者第一、创新、团队精神、尊重、责任心
组织架构	由 TCL 集团公司总部进行统一运营和筹划、制定发展战略，旗下公司各自运行、开发不同的产品	以客户需求为导向，将全球划分为美洲区、欧洲、中东和非洲区，以及亚太区三大区域进行管理

续表

	TCL	阿尔卡特
管理风格	信奉内部企业家精神，喜欢敢于冒险、有创新精神的人；推崇牺牲精神，经常加班，统一的军事化管理	无法认同内部企业家精神，创建公司人才库并从外部聘请专业人才；更加看中员工的价值观，在内部人才选拔时，若离职者无完善的继任计划，公司会否决他的离职申请；推崇宽松的工作环境，并不强迫人加班和服从
战略规划	战略发展遇到了"瓶颈"，一是研发力量薄弱，二是过多的贸易壁垒。TCL 希望通过合资公司的发展获得阿尔卡特的研发技术，同时在国际上打响名号，节约国际品牌推广成本	阿尔卡特连年亏损，希望通过与 TCL 的合作化解危难，降低损失，伺机寻求复兴的机会。可以说，阿尔卡特并不完全甘心"屈服"于 TCL，只是想借助 TCL 的财力等资源休养生息、以逸待劳

资料来源：MBA 智库。

从表 27-13 可知，企业双方的组织文化在各个方面都略有不同，特别值得注意的是，TCL 和阿尔卡特的战略目标并不相同，可以说是"南辕北辙"、"各怀鬼胎"，这也为后来的并购失败埋下了巨大的隐患。

3. 中法商业文化匹配分析

中法商业文化差异见表 27-14。从表 27-14 的分析可知，法国人的商业文化自成一体，受到北欧和拉丁民族的影响，中法人们的友谊一向良好，法国前总统萨科奇就非常喜欢中国文化，收藏了许多中国的书法作品。俗话有说"法国是西方的中国，中国是东方的法国"，但实际上虽然相较中美的差异中法两国的商业文化差异较中国与其他国家相比较小，但仍旧存在着非常多的不同之处。

综合上述分析，TCL 和阿尔卡特的文化在民族文化、组织文化和商业文化的差异都非常大，见表 27-15。

表 27-14　　　　　中法商业文化比较

	中国	法国
时间观念	不喜欢制定计划，就算制定了，计划也是非常灵活可变的；环形时间观念，认为时间和工作是在一个圆环上运作着，不断重复	时间观念差，不喜欢受限制、不喜欢戴手表，讲究享受生活，在商务活动中常常迟到，越是重要的贵宾越是要迟到

续表

	中国	法国
商业价值观	看中过去的成就、历史、关系背景等；认为人际关系是商业活动的一个重要因素；推崇"以义制利"、"舍利取义"，认为在利面前义是第一位的	更看中未来，认为应努力和勤奋来开拓新市场；看中信用和诚信、自身的条件来获取成功，认为靠关系开展商业活动是不公平、不道德的；推崇"利益至上"、"功利主义"，认为每个人都有追求利益的合法权利，而且人们并不会避讳对财富和金钱的追求
沟通方式	含蓄中庸，看重信息接收者的理解，喜欢寒暄，短话长说	热情幽默、乐观开朗，注重生活情趣，有着浪漫情怀，喜欢在交谈前先聊一些新闻等话题，否则会认为对方很无趣
惯例、礼仪	期望与对方建立良好关系，谋求长期的商业合作，以关系为导向；在商业活动中往往融入自己的感情，注重"以和为贵"，讲求"情分"；谈生意喜欢在热闹的饭桌上讨论；讲求送礼，看重礼物的价格和代表含义	希望在信赖和人际关系的基础上进行商务交往，否则他们会先用小生意试探，建立友谊后就会加大订单；不喜欢在餐桌上谈论公事；在谈判时不喜欢涉及过多的个人私事；不喜欢初次见面就送礼，认为那很粗俗

表 27-15　　　　TCL 和阿尔卡特文化差异比较

	民族文化	组织文化	商业文化
文化差异			
整合难度			

注：方块颜色越深代表差异和整合难度越大。

二、文化整合与评估分析

　　TCL 和阿尔卡特的民族文化、组织文化和商业文化差异都很大，并购后文化整合模式的选择非常复杂，需要不断调整和磨合。

　　然而可惜的是，TCL 并没有进行足够的调查和计划，TCL 在收购后盲目信奉"文化强势"，在 T&A 建立之初，就空降自己的管理团队，妄想通过强硬方式将自己的文化注入公司，替代 TCL 原有文化，即采取吸收式的整合模式，这立刻引发了阿尔卡特员工的不满和抵触，导致了大量的人才流失。2004 年 12 月，并购的主要决策人万明坚宣布辞职，旗下的一些老部下也跟着离开了 TCL。2004 年年末,在 T&A 担任高层管理者的阿尔卡特原有员工也基本都辞职了。

上述一系列的人员流动使得 T&A 公司基本成为一具空壳,可以说,TCL 这次的并购是一场完全的惨败,具体过程见图 27-14。

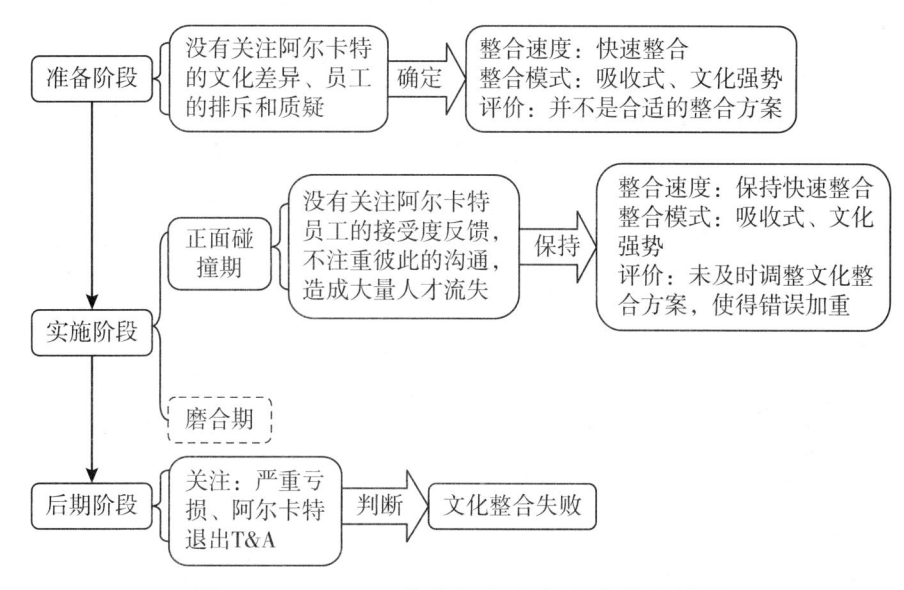

准备阶段 → 没有关注阿尔卡特的文化差异、员工的排斥和质疑 → 确定 → 整合速度:快速整合 / 整合模式:吸收式、文化强势 / 评价:并不是合适的整合方案

实施阶段 → 正面碰撞期:没有关注阿尔卡特员工的接受度反馈,不注重彼此的沟通,造成大量人才流失 → 保持 → 整合速度:保持快速整合 / 整合模式:吸收式、文化强势 / 评价:未及时调整文化整合方案,使得错误加重

磨合期

后期阶段 → 关注:严重亏损、阿尔卡特退出 T&A → 判断 → 文化整合失败

图 27-14 TCL 并购阿尔卡特文化整合过程

首先,TCL 没有在准备阶段进行全面的信息搜集和调查,没有制定出合理而完善的文化整合方案。其次,在正面碰撞期,TCL 和阿尔卡特的文化差异巨大,潜藏的文化冲突和弊端很多,理应先采取安抚措施,进行低程度的整合,而 TCL 却恰恰相反,大范围、大幅度地改变阿尔卡特原有的管理机制和人员,导致阿尔卡特员工的不信任感和敌意,人员流动率大幅攀升,最后导致公司关键人才的空壳化。最后,由于大额亏损,TCL 收回了阿尔卡特持有的股份,并购正式宣告失败,可以说 TCL 甚至连磨合期都没有进入就匆匆结束了收购之旅。

三、TCL 收购阿尔卡特的业绩分析

2004 年第四季度,T&A 出现 3 000 万欧元的巨额亏损,2005 年第一季度更为严重,TCL 在国内的手机销量一下下降了 23%。2005 年 5 月,TCL 通讯正式对外宣布 TCL 将以换股形式收购阿尔卡特持有的 45% 的股份,这表明阿尔卡特将退出 T&A 公司,而 TCL 将独自承担高达 4 亿元的亏损,双方的并购以失败告终。严重的亏损也反映在 TCL 的股价上,自 2004 年 4 月收购以来,TCL 的股价

就一路下跌震荡，见图 27-15。

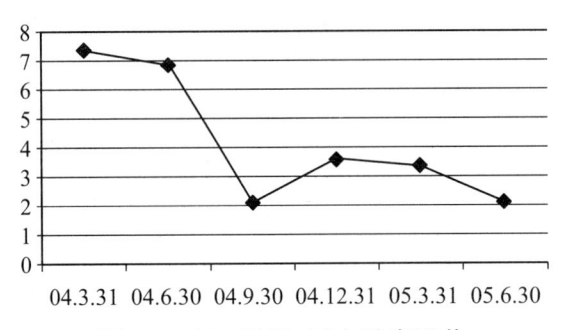

图 27-15　TCL 历史季度股价

资料来源：同花顺软件，TCL 股票代码：000100。

四、文化整合的失败教训分析

综合上述案例分析，TCL 收购的失败给予我们很多的经验教训：一方面，必须对双方的情况进行全面评估，以公司全局为重；另一方面，万不可盲目地奉行"文化强势"，强硬地将自己的文化注入目标公司。

在这个案例中，TCL 恰巧犯了这两个关键的错误，导致整合迅速以失败告终，甚至没有进入磨合阶段。TCL 应先采取安抚措施，平息阿尔卡特员工的不满，驱散质疑，提升他们的信心；其次，采取分离式整合模式，甚至是反并购式整合模式，挖掘民族文化和商业文化差异潜藏的知识转移，通过学习效应推动知识和技术创新，同时降低组织文化差异带来的冲突和矛盾；最后，随着整合的进行，可适当加深整合程度，以建立双方认可的新型文化。

第七节　明基收购西门子

一、明基收购西门子文化风险要素分析

（一）案例概况

明基 BenQ 是全球一线 5C（电脑、通信、消费电子、车载电子、医疗电子）

品牌，史上最年轻且成长速度最快的世界 500 强企业。2001 年，明基在台湾宣布成立，以"享受快乐科技"为理念，打造数字时尚领导品牌。明基 BenQ 旗下产品 LCD 显示器拥有全球第一的市场占有率，DLP 投影仪也是全球市场占有率和销量的冠军，液晶电视在台湾销量更是超过索尼，成为全台电视销量第一品牌，而 DC 数位相机在日系品牌重重包围中也杀出一条血路，真正成就中华数码品牌的骄傲成为华人品牌占有率第一名。

西门子股份公司是世界最大西门子公司总部的机电类公司之一。1847 年，维尔纳·冯·西门子创立了它，总部位于德国慕尼黑。2004 年 10 月，西门子移动集团（ICM）和西门子信息通信网络集团（ICN）正式合并成立西门子通信集团。该通信集团使西门子成为继诺基亚、思科之后全球第三大通信产品提供商，销售额预期为 170 亿欧元。西门子已经在企业网络领域、宽带、GSM、GSM－R 等产品占有竞争优势，如果加上手机业务，将形成完整的产品线。显然，西门子希望新合并的信息通信网络集团具有同样的竞争优势。

2005 年 6 月 7 日，西门子宣布将手机部门转移至中国台湾最大的手机厂商明基，并支付 3 亿欧元作"陪嫁"，包括含 2.5 亿欧元现金与服务，及 5 000 万欧元用于购买明基的股票。一时间举世哗然，明基竟然没花一分钱以净值无负债的形式收购了声誉和业绩远高于自身的世界机电巨头西门子公司的手机事业部，明基一下跃居世界第四大手机生产商，同时创下当年国内科技业规模最大的国际并索购案记录。双方决定整合后全新的双品牌为 BenQ－Siemens，意为"无限探索"（keep exploring）。除核心主管外，包括手机研发中心 1 700 位的工程师，加上明基现有的 600 人研发团队，总体研发团队激增为原本的 5 倍之多，此外明基也收到了西门子超过百项的专利技术。

（二）文化匹配分析

1. 中德两国国家文化匹配分析

权利距离：中国民族文化价值观倾向于远离权力中心，中国企业中往往等级分明，大部分权利掌握在少数领导者手中。德国则倾向于接近权力中心，更多强调民主和个人能力的开发；不确定性规避：中国和德国的风险承受能力都较高，这说明两国企业都习惯于"人治"；集体主义/个人主义：中国的集体主义观念很强，而德国人则更注重个人能力和个人创造性；男性化：相较而言，德国更看中金钱、利益的获取；长期取向：中国人强调长期规划，而德国人则更注重短期利益的获取。双方的民族文化差异很大。

表 27-16　　　　　　　　各国文化维度指标分值

国家	权力距离	不确定性规避	个人主义	男性化	长期取向
中国	80	30	20	66	87
德国	35	65	67	66	83

2. TCL 收购阿尔卡特组织文化匹配分析

表 27-17　　　　　　　　明基和西门子组织文化比较

	明基	西门子
愿景	传达资讯生活真善美	锐意开拓、引领创新。
企业价值观	客户、创新、承诺	勇担责任、追求卓越、矢志创新
组织架构	5C 架构：电脑、通信、消费电子、车载电子、医疗电子共同发展。	建立了一个集团信息办公室 CIO，旗下的每个集团子公司都有自己的 CIO 和 IT 经理进行管理，呈树状。
管理风格	如其创始人那般，温文尔雅、平实务本、追求卓越、关怀社会，传统的台湾式风格，注重团队合作	推崇员工成为真正的企业家，让员工有充分的权利进行决策、施展才华，提供了很多增加薪酬的机会，让员工体会到企业家的感觉，推崇个人的作用
战略规划	明基的优势在于计算设计领域，而通信领域则是其弱势，收购西门子手机部门可以有效弥补这一缺憾，加强其通信基础	西门子手机并不是其核心业务，在行业内也一直扮演缓慢跟随者的角色；急于通过合作在手机业务上做出突破，同时保障员工、客户和供应商的利益

资料来源：MBA 智库。

明基和西门子的组织文化比较见表 27-17。从上表可知，企业双方的组织文化在各个方面都略有不同，但其战略目标完全契合，双方都急于发展，外界也笑称其为"完美的契合"，这很有利于随后的整合。

3. 中德商业文化匹配分析

中德商业文化差异见表 27-18。

表 27-18　　　　　　　　中德商业文化比较

	中国	德国
时间观念	不喜欢制定计划，就算制定了，计划也是非常灵活可变的；环形时间观念，认为时间和工作是在一个圆环上运作着，不断重复	非常重视时间观念，可以说是一种整体的民族意识，认为是一个人教育程度的体现

续表

	中国	德国
商业价值观	看中过去的成就、历史、关系背景等；认为人际关系是商业活动的一个重要因素；推崇"以义制利"、"舍利取义"，认为在利面前义是第一位的	保守、更看项目本身的价值，如果不是牢靠的项目不会投资；在人际关系上非常刻板；推崇"民族主义"，对方必须提供当地没有的，且不会使本国经济利益受损
沟通方式	含蓄中庸，看重信息接收者的理解，喜欢寒暄，短话长说	看上去冷漠疏远、难以交往，实际是因为德国人非常重视个人空间，工作和生活界限分明，不提倡幽默
惯例、礼仪	期望与对方建立良好关系，谋求长期的商业合作，以关系为导向；在商业活动中往往融入自己的感情，注重"以和为贵"，讲求"情分"；谈生意喜欢在热闹的饭桌上讨论；讲求送礼，看重礼物的价格和代表含义	严谨、刻板、讲究秩序、固执，谈判的时候很难让步；不会在商业活动中过多融入自己的感情，认为工作和生活应该分离；注重送礼，在重大节日、朋友亲人生日都会互赠礼品

从表 27-18 分析可知，德国的商业文化与中国非常不同。

综合上述分析，TCL 和阿尔卡特的文化在民族文化和商业文化的差异非常大，组织文化差异中有契合。

二、文化整合与评估分析

（一）准备阶段

TCL 和阿尔卡特的民族文化、组织文化和商业文化差异都很大。但归功于双方在整合之初做了良好的"预热"活动，使得员工们都出了积极迎接改变的姿态，西门子员工主动在餐厅里吃水饺、挂中国书法，为合并提前"暖身"，而明基人力资源部也给全体员工发出一份名为《到德国坐坐》的电子报纸，以鼓励加强文化交流。整个文化整合趋势正往好的一面发展。

（二）正面冲突阶段：吸收模式

明基和西门子的企业文化完全不同：一个以生产消费电子产品为主，一个以生产大型电气设备为主。前者强调创新和速度,而后者则强调可靠与程序。

在正式的文化整合阶段,在尊重德国的传统和西门子公司的前提下,明基派遣行销专才王文灿等十多人分别担任德国公司的董事长等,接管慕尼黑总部。明基电通董事长李焜耀说:"在明基内部,现在的员工都是第一代的创业者,对这个企业都有很强的归宿感,大家觉得企业就是自己的,要让它成功,一定要兢兢业业地做。而在欧美大型企业工作的员工来这里是为了上班,为了赚薪水,他们的很多规章制度也是为了更好地控制员工的行为。德国企业员工每天习惯下班了就是再见,让他们星期天做事情困难很大。我们现在也在努力改变这种作风,他们也在慢慢地接受明基的企业文化。"可以看出,明基在并购后采用的是以自身文化占主导地位的吸收式整合模式,希望潜移默化慢慢地让对方接受自己的文化。

然而,德国人的自视甚高和西门子原有的文化优越感使得他们对明基的"入侵"非常有抵触情绪,这造成了后续一系列问题的爆发。如明基会追求任何可以成功的机会,对不确定性较能容忍,而西门子追求控制、安全,对未来的不确定性怀有深深的焦虑和不安;明基允许产品放到市场上"试错",在探索中完善,而西门子不允许有一个错误,决策要尽量达成共识,以求执行时的一致性。随着时间的推移,双方的企业诉求差异完全暴露了出来,明基是一个充满活力和斗志一直走在追求成功道路上的少年,而西门子则是一个已经成功、疲于奔命、只想着保持、以不犯错误为重的中年人。

(三) 磨合阶段:吸收模式

在上述一系列问题爆发之后,明基马上从反馈信息中意识到了问题的严重性。明基无法改变拥有 158 年悠久历史的西门子的企业文化,同时也无法拜托自身拖沓慢速的管理制度,文化差异的存在使得企业运营成本急速上升。2006 年,明基亏损额高达 3 亿美元,这在明基的历史上绝无仅有,外界评论认为这完全是西门子拖累造成的结果。最后,明基终于抵挡不住高额且持续扩大的亏损对外宣布放弃继续对西门子的投资,这一场惊世收购正式宣告失败。整个整合过程具体参见图 27-16。

三、明基收购西门子的业绩分析

就在并购后的一年,2006 年 9 月 28 日,明基董事会对外宣布决定不再投资西门子在德国的手机子公司,明基在德国设立的子公司也拟向德国政府申请破产保护,并交出公司经营权,但保留明基西门子手机品牌和销售。

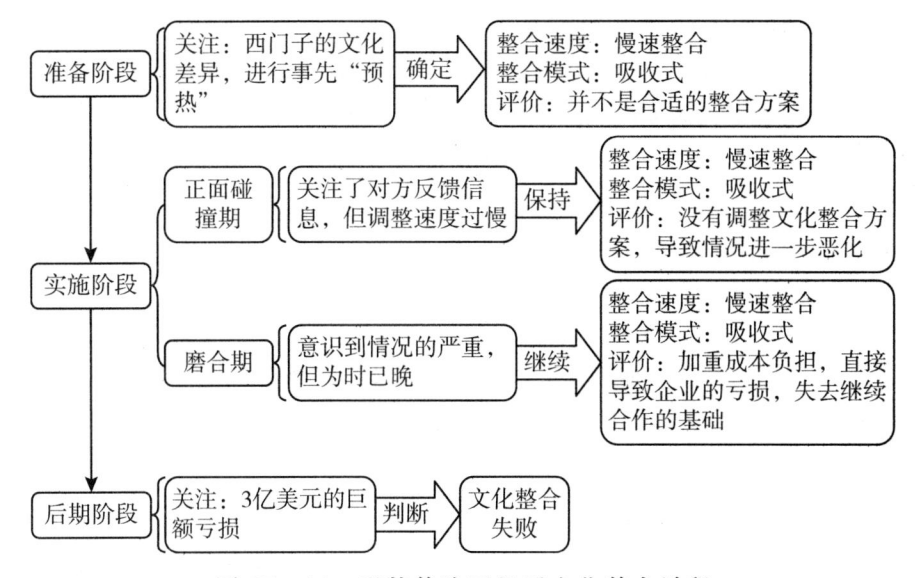

图 27-16　明基并购西门子文化整合过程

轰轰烈烈的明基收购西门子一案正式在 2006 年的秋天划伤休止符，这不禁令人惋惜。收购的失败也导致明基股价的震荡下挫，见图 27-17。

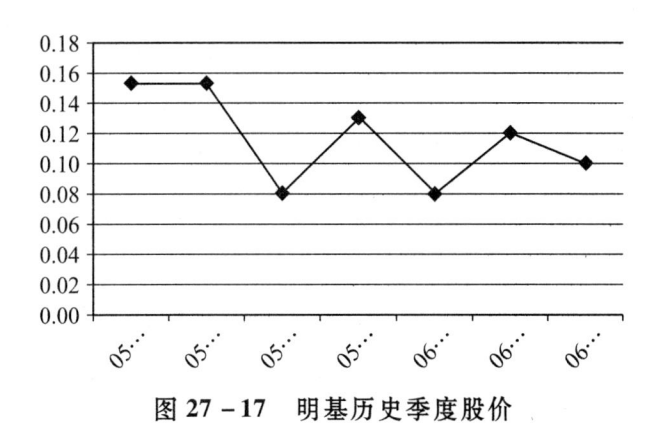

图 27-17　明基历史季度股价

资料来源：同花顺软件，明基公司代码：HK8239。

四、文化整合的失败教训分析

明基收购西门子的失败令人惋惜，双方都有良好的合作意向，但强烈的文化差异使得文化整合风险巨大，明基文化整合的失败其实大部分应归咎于其碰撞期间没有快速根据反馈信息进行文化整合方案的调整，错误地继续维持融合模式。虽然明基没有像 TCL 那样盲目地采取强硬姿态，但是其以弱者的姿态要求对方接纳自己的文化的做法也着实不妥。

在这个案例中，明基应该学习联想在整合之初采取分离式或反并购式整合模式并采取相应安抚措施，挖掘民族文化和商业文化差异潜藏的知识转移，通过学习效应推动知识和技术创新，同时降低组织文化差异带来的冲突和矛盾；接着，采用融合式或者吸收式让对方渐渐接受自己的文化观念；最后，随着整合的进行，在双方共同探讨的基础上，创建出属于双方的新型文化。

第八节 案例对比分析

一、海外并购文化整合成功案例比较分析

海外并购文化整合的风险，可以通过海外并购结果是否成功反映出来。文化整合的风险越小，海外并购就越容易成功；文化整合的风险越大，海外并购就越容易失败。所以我们可以认为研究文化整合与海外并购成功的关系，也就是研究文化整合与海外并购风险的关系。海外并购文化整合需要考虑三方面的重要因素：文化匹配机制、收购公司文化整合模式选择机制和目标公司文化评估机制，这三个机制其实也是海外并购文化整合风险的来源。表27-19对三起成功海外并购的三个要素及并购的结果进行了对比分析。

表27-19　　　　三起成功并购文化整合要素及结果比较

	联想收购IBM	蓝星收购安迪苏	上海电气收购秋山印刷机械
国家文化差异	大	大	适中
组织文化差异	适中	较大	较大
文化整合模式选择	先是分离为主，然后是反吸收为主，最后为文化融合模式	文化分离为主、融合为辅	文化融合
文化评估	积极文化评估	积极文化评估	第一阶段积极消极文化评估并存；第二阶段为积极评估
并购结果	成功	成功	成功

从对比分析的结果来看，我们发现如下规律：

首先，目标公司的文化评估与并购的最终结果密切相关。收购公司文化整合的过程如果能够给目标公司带来积极的效果，就能使目标公司形成积极的文化评估，那么文化整合的风险就会下降，收购就更容易取得成功。这个很好理解，因为海外并购所需要获得的资源中，人力资源才是最宝贵的资源，要使海外并购取得成功，必须要有目标公司成员的积极参与。他们积极参与并对新公司形成身份认同的前提就是对新公司形成一种正面的文化评估。

其次，文化整合模式的选取与并购的成败有密切的联系。从文化分离到文化融合再到文化吸收的模式，收购公司赋予目标公司的自主权是在逐步减少的，自主权的减少会增加目标公司成员的对抗情绪。联想收购IBM的文化整合模式，首先是分离式的文化整合模式，这避免了在双方没有形成信任情形之下进行文化整合可能出现的潜在文化整合冲突，然后采取反吸收的文化融合模式，收购方以学习的低姿态赢得了IBM的好感和信任，而信任的建立可以很好地消除目标公司员工的心理防御，降低文化整合的风险。在条件成熟的情况之下，联想公司采取了融合的文化整合模式，将自身企业的优秀文化也保持到了新公司中，给新公司的成长带来积极因素。蓝星公司对安迪苏公司采取的是完全放权、提供帮助的分离式文化整合模式，表现了蓝星公司对安迪苏的信任与尊重，文化整合效果很好。上海电气对秋山国际的文化整合也是文化本土化的整合模式，只是人事制度改革和采购制度改革直接关系到公司的利润才不得不改革。

最后，从案例对比来看，并购双方之间文化的不匹配，并不必然会导致文化整合风险的产生。实际上，并购双方之间的文化匹配要对文化整合风险发挥作用，必须和收购公司的文化整合模式选取一并考虑才有意义。如果并购双方的文化差异很大，但却是采取分离的文化整合模式，并购双方特别是目标公司并不需要做出太多的文化方面的调整，那么并购双方产生文化冲突的可能性也就很小，从而并购双方的文化整合风险就很小，对并购的结果不会产生太大的消极影响。这意味着虽然并购双方之间的文化匹配很重要，但是其发挥作用有着重要的前提。在文化吸收和文化融合的整合模式下，并购双方的文化匹配比文化分离整合情况下的并购双方文化匹配对并购的成功有着更为重要的影响。从而并购双方的文化匹配在脱离了文化整合模式的情形下来单独考虑，其实际意义并不大。

二、海外并购文化整合失败案例比较分析

从以上分析可以知道，在以上三个成功的案例中，虽然并购双方的文化差异都存在，有的还很大，但是三次并购都取得了成功，非常重要的原因是在很多时

候，收购公司采取的都是文化分离的整合模式。就算上海电气收购日本秋山印刷机械采取的是文化融合的整合模式，也是在对目标公司进行文化本土化的基础上采取的文化整合模式，将并购双方由于文化差异导致的文化整合冲突尽可能地降到了最低。而接下来我们将考察的是三起失败的海外并购文化整合的案例。通过对比分析，我们可以发现失败的海外并购文化整合有一些共同的规律值得我们借鉴。三起失败的海外并购案例分析内容见表 27 – 20。

表 27 – 20　　　　三起失败并购文化整合要素及结果比较

	上汽收购双龙	TCL 收购阿尔卡特	明基收购西门子
国家文化差异	适中	大	大
组织文化差异	较大	大	大
文化整合模式选择	第一阶段分离为主、融合为辅，第二阶段文化吸收模式	文化吸收	文化吸收
文化评估	第一阶段：积极文化评估，第二阶段：消极文化评估	消极文化评估	消极文化评估
并购结果	失败	失败	失败

从对比分析的结果来看，我们发现如下规律：

首先，三起文化整合失败的案例印证了对目标公司文化匹配的审核必须和文化整合模式的选择结合起来考虑才有意义。和三起文化整合成功的案例比较起来，其实这几起案例中面临的文化差异相对都比较大，但是他们在文化整合模式的选取上却存在很大的差别。成功的案例基本上以文化分离模式为主；而文化整合失败的案例基本上是以文化吸收的模式为主。采取文化吸收的模式会在激发由于并购双方文化差异导致的文化冲突，产生诸如焦虑、不满、对待企业的忠诚度下降、对新企业的文化认同下降等消极情感，从而引起目标公司员工的不合作，或者导致目标公司重要的管理人员的离职，导致并购双方文化整合风险的产生和并购的失败。

其次，明基收购西门子的失败和 TCL 收购阿尔卡特失败的情况看似相同，但深入挖掘可以知道两起并购的失败有着很大的差异，TCL 是以一种强硬姿态要求对方接受自己的文化，而明基则是以一种弱势姿态期望对方能够改变、接纳自己。这就直接导致了前者文化整合迅速地失败，而后者虽然坚持到了磨合期，但因为自身天生"慢性"的处事作风，虽然一直都意识到问题所在，仍没有及时调整整合策略，最终以失败告终，这不得不说是一个巨大的遗憾。这里还须说明的一个差别是，明基和西门子有着良好的互相合作的期望，而 TCL 和阿尔卡特则是"各怀鬼胎"，企业在选择合作对象的时候，必须要看清对方真实的合作意图，不要盲目地认为自己赚了便宜，可能最后会发现受骗上当的是自己。

最后，目标公司的文化评估与并购的最终结果密切相关。从这三起失败的案例分析来看，他们都造成了目标公司消极的文化评估，虽然具体情况稍有不同。从上汽收购双龙来看，在第一个阶段，由于上汽采取的是文化分离的整合模式，所以并购双方的文化冲突非常小，目标公司的文化评估也比较积极，上汽的收购取得了阶段性的成功。但是在第二个阶段采取了吸收式的文化融合模式，导致并购双方的关系日益紧张，不满情绪日益上升，罢工时常发生，最终导致了并购的失败。而 TCL 收购阿尔卡特一开始就是以胜利者的姿态高调进入，导致目标公司消极的文化评估和大量关键人才的流失，从而以并购失败的命运结束。

第九节 本章小结

本章在总结和回顾中国企业海外并购文化整合风险的理论研究、仿真研究和实证研究的基础上，提出了案例分析的基本逻辑框架。通过搜集具有代表性的海外并购案例，包括上汽收购韩国双龙、中国蓝星收购法国安迪苏、上海电气收购日本秋山、联想收购 IBM、TCL 收购阿尔卡特、明基收购西门子等，对案例涉及的海外并购文化整合中的风险要素、并购双方文化整合行为、并购后业绩分析以及案例中风险防范和管控经验给予了深入分析，并进行横向比较，得出了切实可行的防范海外并购文化整合风险的实践行动，为中国企业海外并购的文化整合风险的规避提供了宝贵的经验借鉴。

第二十八章

中国海外投资财务风险生成机理研究

第一节 海外投资财务风险增强机制

估值风险、融资和支付风险、财务整合风险是主要的投资财务风险。本章认为,海外投资与国内投资相比,以上环节皆存在显著的"财务风险增强机制"。

一、估值风险

所谓估值风险,即投资企业对目标企业的价值评估偏离其实际价值的风险。低估固然可能造成投资的夭折,而高估会对投资企业的未来发展有深远影响,故为主要估值风险。对目标企业的估值需建立在对其未来收益的大小和时间预期的基础上,而合理的估值则有赖于投资企业对目标企业所掌握的信息量。投资的估值风险较高程度上取决于信息不对称程度的大小,而海外投资的信息不对称显著高于国内投资。安格温(Angwin,2001)总结认为海外投资由于存在两国不同的制度环境、不同的文化背景和不同的社会规范及价值体系,海外投资与国内投资相比,"复杂化"了尽职调查中的估值环节。这一观点与本书类似。其作用机制可见图28-1。

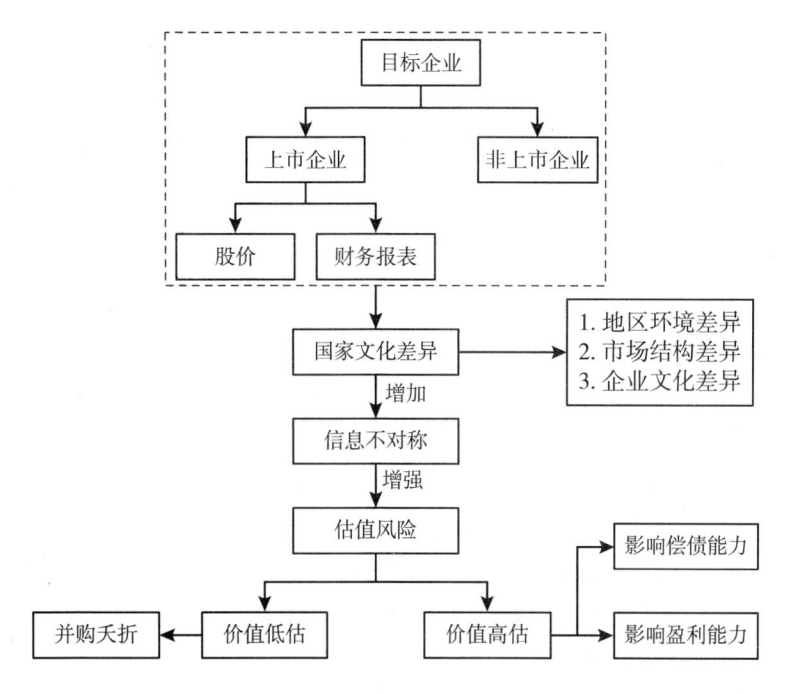

```
                    ┌─────────┐
                    │ 目标企业 │
                    └────┬────┘
              ┌──────────┴──────────┐
         ┌────┴────┐           ┌────┴──────┐
         │ 上市企业 │           │ 非上市企业 │
         └────┬────┘           └───────────┘
        ┌────┴────┐
   ┌────┴─┐  ┌────┴────┐
   │ 股价 │  │ 财务报表 │
   └──────┘  └─────────┘
         │                    ┌──────────────┐
    ┌────┴────────┐           │1. 地区环境差异│
    │ 国家文化差异 │──────────→│2. 市场结构差异│
    └────┬────────┘           │3. 企业文化差异│
       增加                   └──────────────┘
    ┌────┴────┐
    │信息不对称│
    └────┬────┘
       增强
    ┌────┴────┐         ┌──────────┐
    │ 估值风险 │────────→│影响偿债能力│
    └────┬────┘         └──────────┘
     ┌───┴────┐
 ┌───┴──┐ ┌───┴──┐      ┌──────────┐
 │价值低估│ │价值高估│───→│影响盈利能力│
 └───┬──┘ └──────┘      └──────────┘
┌───┴──┐
│并购夭折│
└──────┘
```

图 28-1 海外投资估值风险增强机制

海外投资的估值风险增强机制体现在：(1) 对于海外上市企业而言，由于会计政策的可操作性和可选择性，国家间会计制度存在差异，两国的财务报表不具可比性；且由于两国证券资本市场成熟度的不同，如国内外股市市盈率水平的差异，股价所反映的信息无法得到恰当解读。(2) 对于海外非上市企业而言，由于股价信息和公开的财务报表的缺乏，国内企业缺乏合理渠道以获取目标企业的真实资产价值、营运水平等信息。因此，海外投资较国内投资更有可能增强投资企业的估值风险。

当出现价值高估时，通过债权融资的企业会加重其未来还本付息的资金压力，进而削弱其偿债能力；而由于估值失误，目标企业未能带来预期收益或低估了其成本回收时间，进而削弱了投资企业的盈利能力。

二、融资和支付风险

融资和支付的双向关系可以描述成融资能力限制支付方式，支付方式决定融资方式，二者相辅相成。反观中国十余年间的海外投资实务，在融资和支付环节大致呈现两大特点：(1) 融资以自有资金和间接融资为主；(2) 现金支付为应用最广泛的海外投资支付方式。这一现象与国际投资市场逐步以股权支付、混合支付方式为主流的趋势恰恰相悖。中国证券市场较低的国际化程度、较晚起步的直接融资市场，造成中国企业在海外投资中支付方式受限。现金支付方式给中国企业在投资完成后的财务整合阶段造成了严重的资金压力。此外，海外投资受到国际市场汇率利率波动的影响。其作用机制可见图 28 - 2。

海外投资的融资和支付风险增强机制体现在：（1）中国资本市场的发展情况限制了中国企业海外投资中的融资及支付方式。国际上于 19 世纪 70 年代起发生第一次投资浪潮，而中国企业直至 20 世纪 80 年代才初步接触投资。国内投资市场发展滞后，加之企业对海外市场认识不足，企业缺乏足够的经验以辨别投资双方的情况和外部环境，以选择合适的融资及支付方式。此外，中国企业并未聘请中介机构，助其完成财务尽职调查、商业和运营调查，策划整体交易方案的习惯。（2）海外投资中，国际汇率的波动则可能造成支出超出企业的融资预算，而国际利率的波动则会通过影响目标企业股价波动而增加交易风险。

当前中国企业海外投资中过于依赖自有资金和债务融资进行现金支付，可能对企业的持续经营产生影响。首先，调用企业宝贵的流动资金，会影响企业应对未来不确定因素和发展机会，影响企业现金流量能力；现金支付极易产生流动性风险，造成企业资金周转困难，影响企业营运能力。

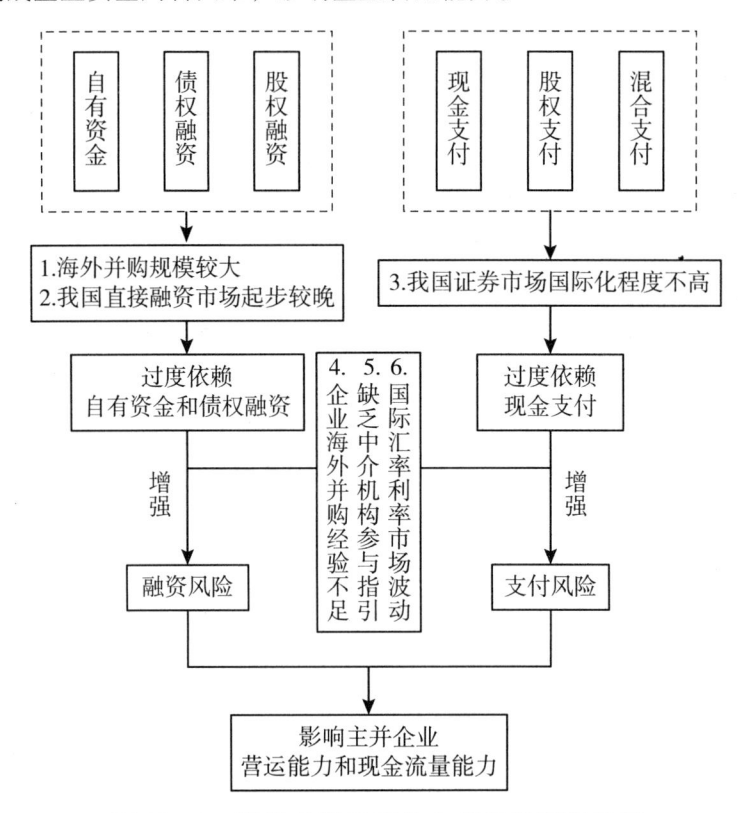

图 28 - 2 海外投资融资和支付风险增强机制

三、财务整合风险

交易完成后,海外投资中投资企业仍将面临整合风险。财务整合风险主要表现在:一方面,价值高估、融资结构和支付方式安排不当,企业将不得不处理诸如高负债等后续问题;另一方面,随着项目推进,企业对整合成本的估计不足会导致投资后期的资金链风险。海外投资的财务整合风险增强机制体现在:国家文化差异会影响企业的行事准则、决策过程和企业的权力及控制结构,影响投资后的学习和专业化进度,而这些都会增加投资企业需要承担的整合成本。

第二节 海外投资财务风险影响因素

通过上一节的分析,不难发现,中国企业参与海外投资时,所面临财务风险的影响因素有一部分与国内投资相同,也有一部分是其所特有的。共有影响因素包括交易相对规模、支付方式等;特有影响因素包括投资企业性质、雇用投资顾问、国家文化差异和汇率等。而如果从类别角度来看,这些影响因素大致可归为投资特征因素、投资企业因素、区位因素和行业因素四类。

一、投资特征因素

(一)交易相对规模

规模经济理论认为,企业借助投资达到生产的最小有效规模,降低生产和经营成本,达到规模经济,是企业展开投资的主要动因。而市场势力理论认为企业通过投资在短时间内减少竞争者,增加市场占有率,增强自身影响商品或服务价格的能力。基于这两种理论,企业尤其是跨国企业通过高规格的投资案,增强自身在国内或全球范围内的竞争能力。但从企业财务风险层面,有学者研究(李善民等,2004)指出,在投资交易期,交易相对规模越大的投资交易对企业的现金能力和再融资能力产生的影响越大。其次,在投资整合期,整合成本一般与目标企业相对于投资企业的规模成正比。且上文分析也指出,交易规模与企业融资规模正相关,而中国企业海外投资存在融资风险放大机制,因此,本章的第一个假设为：

假设1：交易相对规模越大，中国企业海外投资的财务风险越高。

（二）支付方式

传统的投资支付方式包括现金支付、股权支付和混合支付（现金和股票等）三种。狭义的现金支付仅指代全现金支付，而广义的现金支付则包括现金加资产收购和债务承担加现金支付两种变通形式（朱朝华，2002），本章的现金支付仅指代全现金支付。选择何种支付方式，反映出企业管理层对投资前景的合理预期，并在实施过程中向市场传递不同的信息。选择现金支付，在表明投资企业现金流充足的同时，也象征企业对投资整合的良好预期（Jensen，1986）。从适用性层面而言，现金支付适用于拥有充足的自有资金和现金流量，或是股价被低估的投资企业；股权支付适用于财务状况不佳、资产流动性较差或是股价被高估的投资企业。而这两种基本支付方式各有其缺陷，现金支付方式造成投资规模易受企业现金流量和融资能力的约束，而股权支付通过改变投资企业的股权结构，稀释原有股东的控制权以及摊薄每股收益等会计指标。因此，本章认为使用混合支付，在减轻企业的现金支付压力、防止企业控制权转移的同时，也表达出目标企业愿与投资企业分担风险，体现出协同发展的良好愿望。例如，2005年联想收购IBM的PC业务时，17.5亿美元的交易金额以6.5亿美元的股权支付、6亿美元的现金支付和5亿美元的债务承担完成，IBM借此获得联想18.9%的股权。基于以上所述，本章的第二个假设为：

假设2：支付方式为混合支付，中国企业海外投资的财务风险越低。

除上述两个因素外，投资企业与目标企业的行业相关度也可能对财务风险造成影响。鉴于本章的实证样本几乎均为横向投资，故不在此进行理论上的深入探究。

二、投资企业因素

（一）投资企业性质

参与海外投资的企业主体，无论从数量还是规模而言，国有企业均占据重要地位。若投资企业为国有企业，考虑到国家股和法人股的非流通性，政府在企业决策中的能够施加极高的影响，此类海外投资可能受到政治动机的影响。一方面，国有企业能够首先享受到政府的扶持政策，如信息支持、低息贷款、税收减免和直接补贴；另一方面，国有企业自身管理能力的欠缺，以及随之而来的管理者投机主义和企业经营效率低下，对海外投资财务风险亦会产生不良影响。投资者对国有企业参与的海外投资具有消极反馈（Yuan & Young，2010），国有企业参与海外投资后盈利能力明显下降，面临偿债危险，但营运能力增强；非国有企业财务海外投资后盈利能力明显下降，其他能力变化不明显（褚音，2008）。顾露露、雷德（R. Reed，2011）运用 Fix－to－fix 控制组的方法对并购中长期绩效的决定性因素进行多元回归分析，认为国有企业的并购绩效差于民营企业，国有企业的所有权优势未能在海外投资领域获得延伸，其长期投资风险高于非国有企业。因此，本章的第三个假设为：

假设3：投资企业为国有企业，中国企业海外投资财务风险越高。

（二）雇用投资顾问

企业在进行海外投资时，所面临的信息不对称较之国内投资更为严峻。信息不对称通过阻碍投资企业对目标企业股本结构、规模的判断，股价的分析（低估或高估）和财务状况分析，影响评估决策期目标企业估值，进而因为估值溢价对并购企业的财务状况造成影响，从而增加企业财务风险。并购企业通过雇用第三方咨询机构（投资银行、事务所等）作为并购案的咨询顾问，对目标企业的产业环境、经营能力和经营状况进行系统分析，对目标企业的未来收益能力进行合理预期，并协助企业完成交易方案的设计，从而降低并购企业的财务风险。此外，专业咨询机构能为并购双方提供更完全的并购信息，决策和并购后的整合建议。因此，本章的第四个假设为：

假设4：雇用并购咨询顾问，中国企业海外并购的财务风险越低。

此外，企业的并购动机，治理结构和先前的国际化经历也可能对海外并购财务风险产生影响。

三、区位因素

（一）国家文化差异

东道国选择对于海外并购财务风险也会产生影响。本章统计了2000年～2011年所有中国企业海外并购的区位分布（见表28－1）。中国企业的海外并购触角已延伸至全球35个国家和地区，遍布六大洲。其中亚洲以32.21%的比重占据首席，这一点与亚洲国家具备地缘优势和文化相通性的常识相一致。北美洲以

26.61%的比重位列第二。

表28-1　　　2000~2011年中国企业海外并购区位分布

	非洲	南美洲	大洋洲	欧洲	北美洲	亚洲	合计
数目	8	16	87	183	190	230	714
比例	1.12%	2.24%	12.18%	25.63%	26.61%	32.21%	100%

说明：统计包括进行中、完成、失败等全部项目进度。
资料来源：Wind数据库，作者整理。

国家文化差异是一国文化规范不同于另一国的程度（Kogut & Singh，1988）。诸多学者都为国家文化差异的量化作出了努力，以荷兰学者霍夫斯塔德（Hofstede，1980）的贡献最为卓越。霍夫斯塔德（Hofstede，1980）将国家文化划分为四个维度：权力距离（Power distance）、不确定性规避（Uncertainty avoidance）、男性度与女性度（Masculinity/femininity）和独立性（Individualism），并得出相应评分。科古特和辛格（Kogut & Singh，1988）通过计算两国四个指标的标准差，提出量化国家文化差异的公式。之所以选用Hofstede的研究成果，是因为其正确性和有效性已被广泛证实，且这一方法可以从外部视角避免对国家文化讨论时的共同方法变异和回溯性评价（Morosini, Shane & Singh，1998）。霍夫斯塔德和安格文（Hofstede & Minkov，2010）在原有4个维度上，添加了长期取向与短期取向（Long-term/short-term orientation）和放纵与克制（Indulgence/restraint）2个维度，共6个维度。本章遵循以上学者的研究思路，用公式（28-1）计算国家文化差异：

$$CD_j = \sqrt{\sum_{i=1}^{6}(I_{ij} - I_{iCHN})^2} \qquad (28-1)$$

其中CD_j是第j个国家（或地区）与中国的文化差异，I_{ij}是第j个国家第i个维度的Hofstede评分，CHN指代中国。[①]

上文分析指出，国家文化差异可通过强化信息不对称进而增强估值风险，也通过增加并购后的财务整合成本而增强财务整合风险。故本章的第五个假设为：

假设5：国家文化差异越大，中国企业海外并购的财务风险越高。

（二）汇率

人民币相对于目标国（地区）货币的汇率变动也将影响海外并购财务风险。

---

① 霍夫斯塔德在其个人网站上公开原始得分数据，详情可见http://www.geerthofstede.com。

如果人民币相对于目标国货币升值，则中国企业可以以更低的价格购买目标企业。2000~2010年，人民币与四种主要外币（美元、日元、港元、欧元）的汇率如表28-2所示。

表28-2　　　　　　　　　人民币与主要外币的汇率

年份	100 美元	100 日元	100 港元	100 欧元
2000	827.84	7.6864	106.18	
2001	827.70	6.8075	106.08	
2002	827.70	6.6237	106.07	800.58
2003	827.70	7.1466	106.24	936.13
2004	827.68	7.6552	106.23	1 029.0
2005	819.17	7.4484	105.30	1 019.53
2006	797.18	6.857	102.62	1 001.90
2007	760.40	6.4632	97.459	1 041.75
2008	694.51	6.7427	89.190	1 022.27
2009	683.10	7.2986	88.123	952.70
2010	676.95	7.7279	87.130	897.25

说明：以直接标价法的年平均价标注。欧元自2002年开始进入市场流通。
资料来源：国家统计局编，中国统计年鉴，2011。

本章汇率指标的计算公式参考瑟本延、帕帕约安努等（Cebenoyan A. S., G. J. Papaioannou et al., 1992）研究在美国发生的海外并购时所提出的汇率变动计算公式（见式（28-2））。

$$ER_t = \frac{\frac{1}{T}\sum_{t=1}^{T} e_t - e_t}{\frac{1}{T}\sum_{t=1}^{T} e_t} \qquad (28-2)$$

e_t为并购当年目标国货币与人民币基准汇价的年平均价，T为样本研究期间。若$ER_t<0$，则研究期间内人民币相对于目标国货币贬值；若$ER_t>0$，则研究期间内人民币相对于目标国货币升值。这一方法能够有效衡量汇率变动在不同目标国间的差异。本章汇率数据来自CSMAR中国外汇市场研究数据库和世界银行。

上文分析指出，中国企业会得益于人民币升值，以更低的价格完成海外收购，从而降低并购企业财务风险。故本章的第六个假设为：

假设6：人民币相对于目标国货币升值，中国企业海外并购的财务风险越低。

四、行业因素

过去的一个世纪里，相当多的实证研究都得出了一致的结论，即并购存在浪潮式集聚，而在一次浪潮中，并购又存在着产业集聚的特征。此外，作为技术革新、供给变化和政策监管放松的产物，并购存在显著的行业间差异（Andrade & Mitchell，2001）。不同行业所处的发展阶段有所不同，依据产品生命周期理论（Vernon，1966），不同企业的对外投资应遵循生命周期。统计分析表明，不同行业参与海外并购的密集度和成功率不同，行业的性质和发展程度对企业海外并购的绩效有一定影响。行业的周期、不确定因素亦会加剧海外并购的财务风险。因而，在实证研究时，应考虑到行业因素影响，或选择同行业水准相当的未参与海外并购企业作为对照组，或控制并购财务风险在行业间的差异。本章将实证样本分布最多的两个行业：制造业和采掘业作为行业控制变量。

第三节 本章小结

本章以海外并购的财务风险为研究对象，在对海外并购的财务风险定义进行清晰梳理后，本章将海外并购财务风险的增强机制拓展为估值风险、融资和支付风险以及财务整合风险；将财务风险影响因素拓展为交易特征因素、企业特征因素、区位因素和行业因素对财务风险的生成机制展开研究。本章的理论分析为后文海外并购财务风险的实证研究和案例研究提供了坚实的理论基础和分析依据。

第二十九章

中国企业海外投资财务风险的实证研究

第一节 中国企业海外投资财务风险水平实证研究
——以海外并购为例

本节将分别运用单一指标法分析投资企业在海外投资前后的盈利能力变化，运用综合指标法分析投资企业在海外投资前后的综合财务水平变化。

一、样本选择和数据来源

本章研究的海外投资样本来自 2000 年 1 月 1 日至 2009 年 12 月 31 日中国 A 股上市企业作为并购方已完成的海外并购，实证样本包含 72 桩案例，涉及 69 家企业。表 29 – 1 是样本的年度分布，表 29 – 2 是样本的行业分布。有几点需要说明：

（1）海外指中国大陆以外，即包括中国香港、中国澳门和中国台湾。

（2）样本包括中国企业全资海外子公司实施的海外并购；从中国大陆中外合资或外商独资企业中，中方购买外资方股份或资产；和一家或多家国外企业一同作为收购方的海外并购。

（3）并购日期以并购完成日为准。

（4）一家企业在同一年度发生超过一起的海外并购案，取一次；若一家企业在不同年度参加海外并购,以多起事件分别计入。

(5) 为保证会计指标的可比性,依据 CSRC(China Securities Regulatory Commission,中国证券监督管理委员会)行业分类,本章的研究样本将剔除金融、保险业。

表29-1　　　　　　　　　　样本企业的年度分布

年度	2000	2001	2002	2003	2004	2005	2007	2008	2009
样本企业数	1	7	4	3	9	6	4	22	16

资料来源:Wind 数据库,作者分析。

本章研究案例来自 Wind 数据库,财务指标数据来自 CSMAR 中国上市公司财务指标分析数据库。此外,学界在会计指标的选取上存在着多种意见。本章试图通过两种方式,一是使用单一指标法和综合指标法区分并购企业盈利能力和综合财务水平;二是在综合指标法中使用因子分析法,对多个会计指标进行因子分析,确定权重,得出合理的综合财务水平指标体系。

本章研究时间跨度为并购前一年($T-1$)、并购当年(T)、并购后一年($T+1$)、并购后两年($T+2$)和三年($T+3$),样本企业数分别为72、72、72、55、33。

表29-2　　　　　　　　　　样本企业的行业分布

行业代码	行业名称	样本企业数
B	采掘业	7
C	制造业	43
D	电力、煤气及水的生产和供应业	4
E	建筑业	2
F	交通运输、仓储业	4
G	信息技术业	5
H	批发和零售贸易	3
K	社会服务业	1
J	房地产业	1
M	综合类	2

说明:行业分类参照 CSRC 行业分类。

资料来源:Wind 数据库,作者分析。

二、单一指标法

在单一指标法中，本章将聚焦于反映盈利能力的会计指标。盈利能力可细分为企业盈利能力与股东获利能力两种，前者包括净资产收益率、总资产净利润率和营业利润率，后者包括每股收益（见表29-3）。

表29-3　　　　　　单一指标法指标选取及计算公式

指标	计算公式
净资产收益率	净利润÷股东权益余额
总资产净利润率	净利润÷总资产余额
营业利润率	营业利润÷营业收入
每股收益	净利润÷总股数

将样本企业上述四指标的平均值作图如下（见图29-1）。从整体趋势来看，与并购前一年相比，各项盈利能力指标均出现了不同程度的下滑，但始终为正。考虑到至并购后三年的研究样本数骤减，故从并购当年、并购后一年、并购后两年来看，除净资产收益率外，总资产净利润率、营业收益率和每股收益的降速逐渐放缓。从中可大致看出，海外并购在发生时，财务风险的增加会降低并购企业的盈利能力，但这种风险逐渐被企业自身消解，其影响渐渐转弱。

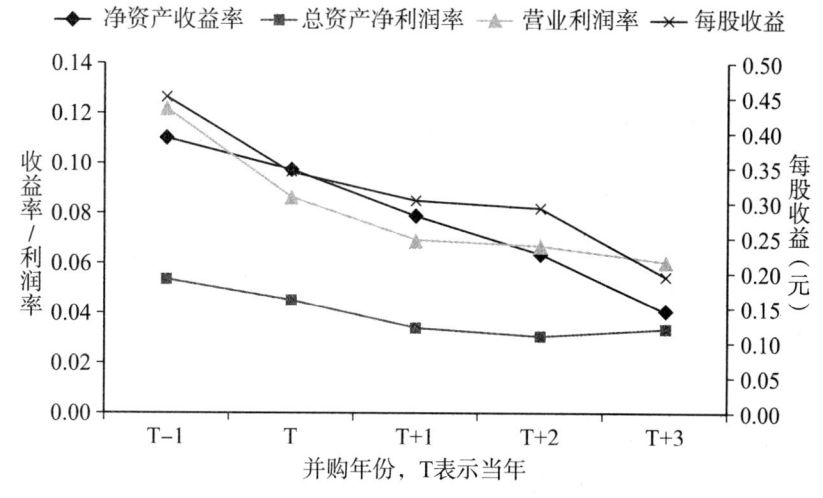

图29-1　单一指标法的检验结果

三、综合指标法

综合指标法中，将运用因子分析法完成会计指标体系的改进。

本节将选用四大类共十一个单项指标。四大类分别为：盈利能力、偿债能力、营运能力、现金流量能力（见表29-4）。这四大类指标是过往文献中衡量企业财务风险时最为看重的四个方面。综合指标法部分使用 SPSS19 对样本企业并购前后的综合财务水平进行分析，以判断海外并购对并购企业整体财务水平的影响。具体过程包括相关性分析、构造因子载荷矩阵、建立因子得分函数和计算综合财务水平得分。所涉及五年分析过程相同，仅以并购后一年（T+1）为例进行说明。

表29-4　　　　　综合指标法指标选取及计算公式

能力	指标		计算公式
盈利能力	X_1	净资产收益率	净利润÷股东权益余额
	X_2	总资产净利润率	净利润÷总资产余额
	X_3	营业利润率	营业利润÷营业收入
	X_4	每股收益	净利润÷总股数
偿债能力	X_5	股东权益比率	股东权益总额÷资产总额
	X_6	流动比率	流动资产÷流动负债
	X_7	速动比率	（流动资产－存货）÷流动负债
营运能力	X_8	总资产周转率	营业收入÷总资产余额
	X_9	存货周转率	营业成本÷存货期末余额
现金流量能力	X_{10}	每股经营活动现金净流量	经营活动现金净流量÷总股数
	X_{11}	现金流量比率	经营活动现金净流量÷流动负债

（一）相关性分析

分别对五组样本数据进行 Bartlett 球形检验和 KMO 检验。以（T+1）年为例（见表29-5）。

表29-5　　　　　KMO 和 Bartlett 的检验

取样足够度的 Kaiser – Meyer – Olkin 度量。		0.610
Bartlett 的球形度检验	近似卡方	505.598
	Df	55
	Sig.	0.000

KMO 值为 0.610，大于 0.5。而 Bartlett 球形检验表明变量间存在显著相关性，满足使用因子分析的前提条件。因此，（T+1）年度样本可进行因子分析。其余四年度样本也均满足原有变量存在相关性的假设。

（二）构造因子载荷矩阵

旋转成分矩阵（见表 29-6）列示出经旋转后的因子载荷矩阵，其意义在于对于所提取的公共因子进行命名解释。"因子载荷"是指原有变量与公共因子的相关系数，故载荷绝对值越大，所对应的公共因子与原有变量关系越密切。公共因子 f_1 着力于解释企业现金流量能力，可视为"现金流量能力因子"；公共因子 f_2 着力于解释企业的偿债能力，可视为"偿债能力因子"；公共因子 f_3 着力于解释企业的盈利能力，可视为"盈利能力因子"；公共因子 f_4 则着力于解释企业的营运能力，可视为"营运能力因子"。

表 29-6　　　　　　　　　旋转成分矩阵

		成分			
		f_1	f_2	f_3	f_4
X_1	净资产收益率	0.663	0.079	0.606	-0.066
X_2	总资产净利润率	0.752	0.183	0.456	-0.073
X_3	营业利润率	0.072	0.038	0.833	0.036
X_4	每股收益	0.767	-0.004	0.211	-0.145
X_5	股东权益比率	0.218	0.653	0.446	0.235
X_6	流动比率	-0.005	0.973	0.020	-0.028
X_7	速动比率	0.048	0.970	-0.017	0.042
X_8	总资产周转率	0.323	0.003	-0.203	-0.598
X_9	存货周转率	0.119	0.093	-0.114	0.849
X_{10}	每股经营活动现金净流量	0.785	-0.125	-0.102	-0.040
X_{11}	现金流量比率	0.734	0.322	0.023	0.145

说明：提取方法：主成分；旋转法：具有 Kaiser 标准化的正交旋转法。

（三）建立因子得分函数

成分得分系数矩阵如表 29-7 所示：

表 29-7　　　　　　　　　　成分得分系数矩阵

		成分			
		f_1	f_2	f_3	f_4
X_1	净资产收益率	0.132	-0.052	0.324	-0.041
X_2	总资产净利润率	0.200	0.004	0.173	-0.043
X_3	营业利润率	-0.167	-0.069	0.646	-0.011
X_4	每股收益	0.269	-0.049	-0.006	-0.071
X_5	股东权益比率	-0.029	0.211	0.232	0.132
X_6	流动比率	-0.064	0.434	-0.072	-0.131
X_7	速动比率	-0.026	0.425	-0.119	-0.062
X_8	总资产周转率	0.136	0.067	-0.208	-0.487
X_9	存货周转率	0.148	-0.046	-0.174	0.754
X_{10}	每股经营活动现金净流量	0.368	-0.086	-0.256	0.052
X_{11}	现金流量比率	0.307	0.084	-0.195	0.157

说明：提取方法：主成分；旋转法：具有 Kaiser 标准化的正交旋转法。

由表 29-7 所示的因子得分系数矩阵，可得相应的因子得分函数（见式 29-1、29-2、29-3、29-4）。

$$f_1 = 0.132X_1 + 0.200X_2 - 0.167X_3 + 0.269X_4 - 0.029X_5 - 0.064X_6 - 0.026X_7 \\ + 0.136X_8 + 0.148X_9 + 0.368X_{10} + 0.307X_{11} \quad (29-1)$$

$$f_2 = -0.052X_1 + 0.004X_2 - 0.069X_3 - 0.049X_4 + 0.211X_5 + 0.434X_6 + 0.425X_7 \\ + 0.067X_8 - 0.046X_{10} - 0.086X_{10} + 0.084X_{11} \quad (29-2)$$

$$f_3 = 0.324X_1 + 0.173X_2 + 0.646X_3 - 0.006X_4 + 0.232X_5 - 0.072X_6 - 0.119X_7 \\ - 0.208X_8 - 0.174X_9 - 0.256X_{10} - 0.195X_{11} \quad (29-3)$$

$$f_4 = -0.041X_1 - 0.043X_2 - 0.011X_3 - 0.071X_4 + 0.132X_5 - 0.131X_6 - 0.062X_7 \\ - 0.487X_8 + 0.754X_9 + 0.052X_{10} + 0.157X_{11} \quad (29-4)$$

将 $X_1 \sim X_{11}$ 对应的原始会计指标数据标准化，带入因子得分函数中，得并购后一年（T+1）的公共因子得分。

（四）建立综合得分函数：

这一步通过对 4 个公共因子的得分进行加权求和，得出综合财务水平得分。此处的权数为方差贡献率。则并购后一年（T+1）的综合得分函数为：

$$F_1 = 0.357f_1 + 0.304f_2 + 0.193f_3 + 0.146f_4 \quad (29-5)$$

同理可得，并购前一年和并购当年、后两年、后三年的综合得分函数为：

$$F_{-1} = 0.345f_1 + 0.316f_2 + 0.171f_3 + 0.168f_4 \quad (29-6)$$

$$F_0 = 0.311f_1 + 0.301f_2 + 0.205f_3 + 0.183f_4 \quad (29-7)$$

$$F_2 = 0.321f_1 + 0.319f_2 + 0.182f_3 + 0.178f_4 \quad (29-8)$$

$$F_3 = 0.328f_1 + 0.299f_2 + 0.195f_3 + 0.178f_4 \quad (29-9)$$

（五）综合检验与结果分析

对五个年度样本的综合财务水平得分差值进行均值检验（见表29-8）。

表29-8　　　　　　综合得分差值及均值检验

F差值	$F_0 - F_{-1}$	$F_1 - F_0$	$F_1 - F_{-1}$	$F_2 - F_1$	$F_2 - F_{-1}$	$F_3 - F_2$	$F_3 - F_{-1}$
样本量 n	72	72	72	55	55	33	33
均值	-8.33333E-07 (0.000)	1.61908E-17 (0.000)	-8.33333E-07 (0.000)	-0.02808 (-0.696)	-0.06472 (-1.202)	0.04743 (0.761)	-0.00670 (-0.104)
正值比率	0.555	0.458	0.542	0.472	0.436	0.455	0.485

说明：F差值指代样本企业在不同年度得分差值，括号内为t检验值。正值比率指代综合得分差值为正数的样本企业占相应年度样本总数的比重。

从表29-8中可见，与并购前一年（$F_0 - F_{-1}$）相比，并购当年的综合得分有所下降但并不显著，这可能是出于刚完成的并购案不会对企业的财务水平产生过大的影响；并购后一年的综合得分相较于并购当年（$F_1 - F_0$）有所上升，但不及并购前一年（$F_1 - F_{-1}$）。受到样本研究时间限制，并购完成后第二年、第三年样本量逐渐减少，但仍有趋势可供借鉴。并购后第二年综合得分继续下降（$F_2 - F_1$），第三年得分有所升高（$F_3 - F_2$），较并购前一年的综合得分有稍许差距（$F_3 - F_{-1}$）。此外，从正值比例来看，与并购前一年相比，并购后一年、后两年的正值比率均下降，在并购后第三年正值比率有所增加。因而，海外并购的并购企业，其综合财务水平一般在并购后第二年达到最低点，随后有所回升，虽与并购前一年，并购当年仍有距离，但差距已不大。

考虑到样本中，制造业企业居于首位（59.72%），其次为采掘业（9.72%），因此我们分行业对并购企业综合财务水平得分差值进行研究（见图29-2）。

```
        ◆ 总体   ■ 制造业   ▲ 采掘业
```

综合财务水平得分差值（制造业/采掘业）纵轴刻度：0.08, 0.06, 0.04, 0.02, 0.00, -0.02, -0.04, -0.06, -0.08

综合财务水平得分差值（总体）纵轴刻度：0.10, 0.05, 0.00, -0.10, -0.15, -0.20, -0.25, -0.30, -0.35

横轴：F0-F-1, F1-F-1, F2-F-1, F3-F-1

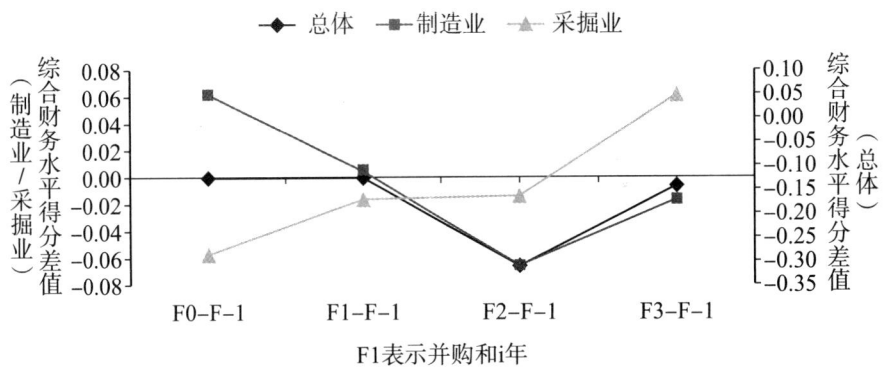

F1表示并购和i年

图 29-2　综合得分差值分行业走势图

可见，制造业大体走势与总体相符，而采掘业的综合财务得分差值则呈现上扬趋势，这就为下文研究将行业因素作为控制变量提供了依据。制造业综合财务得分差值的走势图，从一定程度上反映出制造业企业在海外并购中，前期存在估值阶段的过度溢价，后期存在整合阶段的整合成本估计不足等问题，并购企业的持续经营受到影响。

第二节　中国企业海外投资财务风险影响因素的实证研究

一、变量选取

依据对于中国企业海外并购财务风险可能的影响因素分析，我们将解释变量归为并购特征因素（包括交易相对规模和支付方式）、并购企业因素（包括并购企业性质和雇用并购顾问）和区位因素（包括国家文化差异和汇率），并将行业因素（以制造业和采掘业为主）作为控制变量，使用多元线性回归进行分析。变量的描述见表29-9，统计概况见表29-10。

表 29-9　　　　　　　　　多元回归变量简述

	被解释变量	
ΔF	综合财务水平得分差值	$\Delta F = F2 - F-1$

续表

解释变量		
并购特征因素		
RS（Relative Size）	交易相对规模	交易价值/并购当年并购企业总资产
PAY（Payment）	支付方式	混合支付为1，其他为0
并购企业因素		
BT（Business Type）	并购企业类型	并购企业为国有企业为1，其他为0
ADV（Advisor）	并购顾问	并购企业雇用并购顾问为1，其他为0
区位因素		
CD（Culture Difference）	国家文化差异	中国和目标国（地区）文化差异
ER（Exchange Rate）	汇率	人民币与目标国（地区）货币汇率水平
控制变量		
IDU_M（Manufacture）	制造业	并购企业为制造业为1，其他为0
IDU_E（Excavation）	采掘业	并购企业为采掘业为1，其他为0

表 29－10　　　　　　　　　变量统计概况

	N	极小值	极大值	均值	标准差
ΔF	49	－1.1685	0.9002	－0.0711	0.4048
RS	49	0.0003	0.6285	0.0801	0.1128
PAY	49	0	1	0.1600	0.3730
BT	49	0	1	0.5900	0.4970
ADV	49	0	1	0.2200	0.4220
CD	49	31.5500	118.2000	76.5409	33.4049
ER	49	－0.0823	0.1793	0.01605	0.08308
IDU_M	49	0	1	0.6300	0.4870
IDU_E	49	0	1	0.0800	0.2770

二、模型建立

（一）相关性检验

对所有自变量进行简单相关系数检验（见表 29－11）。结果显示，支付方式

（PAY）和国家文化差异（CD）之间具有较高的相关系数（-41.8%），其余变量间相关系数较低，考虑到样本容量较小，将以上变量均带入模型进行回归。

表 29-11　　　　　　　　　　简单相关系数检验

	RS	PAY	BT	ADV	CD	ER	IDU_M	IDU_E
RS	1.000							
PAY	-0.061	1.000						
BT	0.190	0.126	1.000					
ADV	0.349	0.157	0.342	1.000				
CD	0.111	-0.418	0.036	0.221	1.000			
ER	0.042	0.103	-0.182	0.059	-0.082	1.000		
IDU_M	-0.267	-0.100	-0.107	-0.038	0.320	-0.033	1.000	
IDU_E	0.374	-0.116	0.229	0.361	0.307	0.073	-0.356	1.000

（二）回归分析

对模型（式 29-10）进行回归分析。结果见表 29-12。

$$\Delta F_i = \beta_0 + \beta_1 RS_i + \beta_2 PAY_i + \beta_3 BT_i + \beta_4 ADV_i + \beta_5 CD_i + \beta_6 ER_i \\ + \beta_7 IDU\_M_i + \beta_8 IDU\_E_i + \varepsilon_i \quad (29-10)$$

表 29-12　　　　　　　　　　回归结果

变量	参数值	标准误差	t 检验值	Sig.
常数	0.129	0.162	0.799	0.429
RS	-0.996	0.475	-2.096	0.042
PAY	0.292	0.151	1.935	0.060
BT	-0.019	0.108	-0.173	0.864
ADV	-0.352	0.135	-2.604	0.013
CD	-0.004	0.002	-1.769	0.085
ER	1.073	0.597	1.798	0.080
IDU_M	0.201	0.129	1.560	0.127
IDU_E	0.565	0.235	2.399	0.021

从整体上看，模型（式 29-10）的可决系数 R^2 为 0.4552，方程拟合优度虽然不高，但其总体线性关系的显著性水平达到 99%（F = 4.18，Prob = 0.0011）。

从变量参数的显著性考虑，交易相对规模（RS）、雇用并购顾问（ADV）和采掘业（IDU_E）通过5%水平下的显著性检验，支付方式（PAY）、文化差异（CD）和汇率（ER）通过10%水平下的显著性检验。进一步，考虑到模型使用截面数据，为避免异方差性的出现，对其进行异方差检验，结果显示，chi2（1）=0.15，Prob > chi2 = 0.6939，未拒绝原假设 H_0：不存在异方差。故可认为回归不存在异方差问题。

三、结果分析

通过以上分析，可以发现交易相对规模（RS）、雇用并购顾问（ADV）为最为显著的两个解释变量；支付方式（PAY）、文化差异（CD）和汇率（ER）则一般显著；企业类型（BT）未通过10%水平下的显著性检验。实证结果与前文假设的对应关系见表29-13。

从经济意义上来看，交易相对规模越大、国家文化差异越大，中国企业海外并购财务风险越高；使用混合支付、人民币相对于目标国货币升值，中国企业海外并购财务风险越低。此外，雇用并购顾问未能降低海外并购的财务风险。结合理论和实务，本章将对这一结果进行详细分析。

表29-13　　　　　　　　　　假设检验情况

自变量	对应原假设	显著性检验	一致性
交易相对规模（RS）	H_1	通过	一致
支付方式（PAY）	H_2	通过	一致
并购企业类型（BT）	H_3	未通过	一致
雇用并购顾问（ADV）	H_4	通过	不一致
国家文化差异（CD）	H_5	通过	一致
汇率（ER）	H_6	通过	一致

在通过显著性检验的变量方面：

（一）交易规模与财务风险。尽管高规格的海外并购有助于企业达成规模经济，但是交易规模增加的同时也是对并购企业现金能力、再融资能力和财务整合能力的一种挑战。近年来，中国企业海外并购的交易规模屡创新高，财务风险意识的提升也应紧跟步伐。

（二）混合支付与财务风险。在全部55个样本中，仅有约20%的企业使用混合支付，其余均采用全现金支付。本章采用的样本虽均是已完成的并购案，但事实上支付方式是并购前期交易方案设计的重要部分。2005年，中海油竞标优尼科败走美国，不敌雪弗兰。尽管前期有JP Morgan和Goldman作为并购顾问，但逾185亿美元全现金收购的交易方案引起美国国会的强烈反对，其理由在于国家安全受到威胁。美国会担心这次全现金收购是中国政府通过其巨额外汇储备来掌握美国资源的实际印证。相比之下，雪弗兰的由现金、债务承担和股权收购组成的混合支付方式则更符合国际惯例。此外，全现金支付适合那些拥有充足的自有资金和稳定的现金流量的企业，不满足这些条件的企业在使用巨额现金进行支付后会影响企业的偿债能力，典型代表如TCL收购法国汤姆逊公司彩电业务和阿尔卡特集团手机业务，京东方收购韩国现代株式会社的TFT–LCD业务。

（三）是否雇用并购顾问。本章实证结果显示，雇用并购顾问未能降低中国海外并购的财务风险。这一结论看似与前文分析相悖，但亦有学者研究结论与之相似。瑟韦斯和曾纳（Servaes H. & M. Zenner, 1995）的研究结果表明雇用投资银行作为并购顾问并未为企业降低财务风险。展开分析，雇用咨询顾问的同时，企业需为这项服务支付高额佣金，咨询机构的选择不当，也可能增加并购成本。但是否雇用并购顾问实际上受到交易复杂性、交易类型（股权收购或资产收购）、并购企业之前的并购经历和目标企业的多元化程度的影响。因此，企业是否雇用并购顾问，究其根本，应在佣金支出和可能承担的契约成本及信息不对称成本间做出抉择。

（四）国家文化差异与财务风险。国家文化差异下，是不同的法律、宗教和社会背景，以及不同的企业文化。作为一种非经济影响因素，文化差异会通过增加并购前的估值风险和影响并购后的整合难度而影响并购的经济结果。近年来，中国不少企业通过其海外子公司展开并购（如2008年，中石化通过其设立在加拿大的全资子公司Mirror Lake Oil and Gas Co. Ltd完成对Tanganyika Oil Co. Ltd的全资收购），这一方式一定程度上能够降低国家文化差异的影响。

（五）汇率与财务风险。回归结果显示，人民币相对于目标国（地区）货币的升值，有助于降低海外并购中的财务风险，提升并购企业综合财务水平。一方面，在并购前期，人民币的升值可以使企业以更低的价格并购海外企业；另一方面，由于海外并购并非简单的一次性交易，并购后期的整合阶段仍需并购企业源源不断的资金投入，故汇率波动对海外并购财务风险的影响是长期的。近年来，人民币的升值为中国企业迈出国门提供了良好的契机。然而机遇与挑战并存，在海外并购中，中国企业切莫高估了人民币的升值空间而对目标企业过度溢价估值。

在未通过显著性检验的变量方面：

企业类型与财务风险。本章实证结果显示，企业类型（BT）前的回归系数为负，与假设一致，但未通过 10% 水平下的显著性检验。未通过显著性检验的原因可能在于，国有企业能优先享受到政府在低息贷款、税收减免和直接补贴等方面的政策扶持，从而降低国有企业的融资风险。

第三节　本章小结

本章运用会计指标法对中国企业海外并购的财务风险水平进行判断。单一指标法的结果显示，并购企业的盈利能力随着海外并购进程的推进逐渐下降；综合指标法的结果显示，基于盈利能力、偿债能力、营运能力和现金流量能力的综合财务水平在并购后第二年达到最低点，此后回升并接近并购前一年水平，海外并购企业的财务风险有先升后降的过程。这表明，海外并购的财务风险逐渐被并购企业自身消解，其影响渐渐转弱。然后，本章采用多元线性回归对中国企业海外并购的财务风险影响因素进行分析。结果显示，交易相对规模、国家文化差异与海外并购财务风险呈正相关；使用混合支付、人民币相对于目标国货币的升值有助于降低财务风险。雇用并购顾问未能降低财务风险。

第三十章

中国企业海外投资财务风险的案例研究

本章将选取中国铝业收购力拓，五矿集团收购 OZ 矿业这两桩近年来发生的规模较大、影响较广的海外并购案，从财务风险视角切入，进行对比分析。

第一节 案例研究的基本逻辑框架
——以海外并购为例

案例分析目的及思路：基于理论机理与实证结果，通过对中国近年来征战海外过程中具有代表性的海外投资财务风险典型案例进行梳理。

这里选择了两个典型案例：五矿集团收购 OZ 矿业、中国铝业收购力拓（Rio Tinto PLC）。我们将通过对并购中的财务风险因素进行梳理，在此基础上回顾并购公司并购前后的财务绩效情况，对并购公司在海外并购前后的财务风险水平有一个基本认识。同时，通过对具体案例的分析，对公司在参与海外并购过程可以规避或降低财务风险水平的措施进行总结性陈述。这一部分的逻辑框架详见图 30-1。

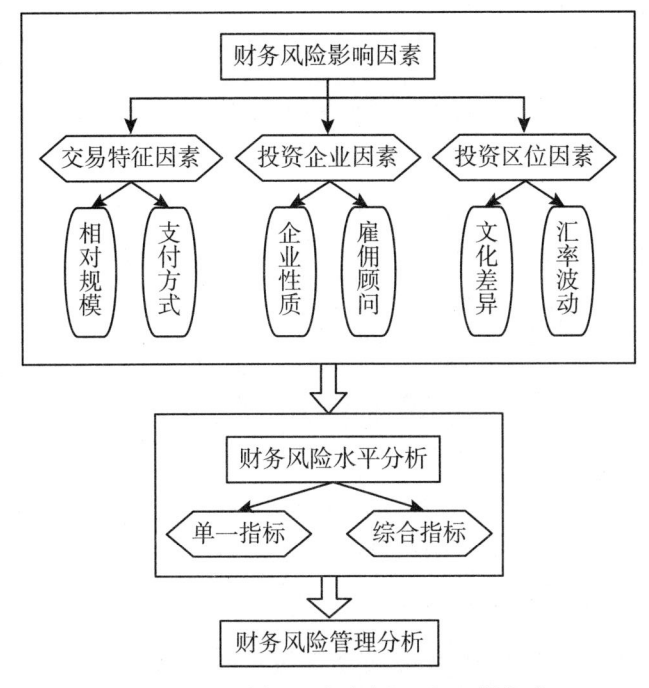

图 30-1 财务风险案例研究逻辑框架

第二节 五矿集团收购 OZ 矿业

一、收购过程简介

五矿集团成立于 1950 年,总部位于北京,主要从事金属矿产品的勘探、开采、冶炼、加工、贸易,以及金融、房地产、矿冶科技等业务,经营范围遍布全球 26 个国家和地区,拥有 16.8 万员工,控股 9 家境内外上市公司,其中五矿发展(600058)于 1997 年在上海证券交易所上市。五矿一直致力于在全球范围内寻求以铜、铅、锌、镍为主的优质资源,且这一并购时机恰在商品价格跌至谷底并回升时。因此,契合集团"打造多金属资源集团"的战略目标与时机把握是五矿参与并购的主要动因。

澳大利亚 OZ 矿业公司是澳大利亚大型矿业集团之一,并且是全球第二大锌矿开采商,主营铜、铅、锌、银、金等资源。2008 年多种有色金属价格猛烈下跌,OZ 矿业 2008 年亏损高达 25 亿澳元,加之 5.6 亿美元到期债务,OZ 矿业濒临破产。OZ 试图通过资产出售或引入小股东来解决这一困境。财务危机是使得 OZ 参与并购的主要动因。

这一起收购为资产收购，收购对象包括 OZ 公司在老挝的 Sepon 铜金矿，澳大利亚的 Golden Grove、Century、Rosebery、Dugald River 锌矿和位于塔斯马尼亚岛的 Avebury 镍矿等项目。2009 年 6 月 18 日，中国五矿集团公司旗下的五矿有色金属股份有限公司全资拥有的 MMG（Minerals and Metals Group，MMG）公司在澳大利亚墨尔本 OZ 矿业公司总部宣告成立，即标志中国五矿集团收购澳大利亚 OZ 矿业公司部分资产的交割最终完成。在媒体评价方面，《亚洲金融》（Finance Asia）杂志将这桩并购评为 2009 年最佳并购交易。

二、财务风险分析

（一）财务风险因素分析

由 12.2 节有关海外投资财务风险影响因素的分析可知，交易特征因素、投资企业因素和投资区位因素是最显著的三类影响因素。我们将从这三类因素着手，对五矿收购 OZ 矿业过程中面临的财务风险进行深入剖析。

交易特征因素方面，一方面，由于交易相对规模越大的海外投资交易对企业的现金能力和再融资能力产生的影响越大，且整合阶段的整合成本一般与投资项目相对于投资企业的规模成正比，故交易相对规模越大，投资企业所面临的财务风险越高，且这一假设已通过实证予以验证。该起交易的绝对交易金额为 13.86 亿美元，2009 年年底，五矿发展（600058）的总资产规模为 419.33 亿人民币，按照 2009 年人民币对美元的年均汇价（100USD = 683.10RMB）计算，交易相对规模为 22.58%。在本章实证部分涉及的所有样本中，这一变量的平均值为 8.01%，可见这起交易在交易金额方面面临着较大的风险。另一方面，由于混合支付在减轻企业的现金支付压力、防止企业控制权转移的同时，也表达出目标企业愿与并购企业分担风险，体现出协同发展的良好愿望，故当支付方式为混合支付时，投资企业所面临的财务风险越低，且这一假设也已通过实证予以验证。该起交易的支付方式为债务承担和现金支付的混合支付方式，就前者而言，有助于缓解 OZ 矿业所面临的财务危机，增加交易设计方案的引力，就全局而言，则避免了五矿骤然面临强大的现金支付压力，有助于降低交易的财务风险。

投资企业因素方面，一方面，由于国有企业参与的海外并购具有消极反馈（Yuan & Young，2010），易引起如外国政府投资审核委员会这样的机构出于国家安全的交易驳回。事实上，2009 年 3 月澳大利亚外商投资审核委员会（Foreign

Investment Review Board，FIRB）出于国家安全考虑否决了五矿竞购 OZ 矿业的计划。后经交易标的的修改和进一步协商，交易方得以继续；另一方面国有企业自身管理能力的欠缺，以及随之而来的管理者投机主义和企业经营效率低下，对海外并购财务风险亦会产生不良影响。故作为国有企业的五矿，面临着源自于自身企业性质的海外投资财务风险。此外，雇用顾问对投资项目的产业环境、经营能力和经营状况进行系统分析，对投资项目的未来收益能力进行合理预期，并协助企业完成交易方案的设计，能够降低投资企业的财务风险。这起交易中，五矿选择了瑞银集团（UBS）作为其财务顾问，博雷道盛（Blake Dawson）作为其法务顾问。尽管实证部分对这一变量的检验未能得出通过显著性检验，但仍然指出是否雇用顾问实际上受到交易性质的影响，从前文分析可见，这起交易从交易相对规模及东道国政府对中国国有企业的态度方面，存在雇用顾问的需求。

投资区位因素方面，一方面，国家文化差异可通过强化信息不对称进而增强估值风险，也通过增加并购后的财务整合成本而增强财务整合风险，故国家文化差异越大，投资企业所面临的财务风险越高，且这一假设已通过实证予以验证。根据 Hofstede 的国家文化评分，不难计算出中国与澳大利亚的国家文化差异为 118.20，在本章实证部分涉及的所有样本中，这一变量的平均值为 76.54，可见这起交易在调和国家文化风险方面面临着较大的风险。另一方面，人民币升值有助于中国企业以更低的价格完成海外投资，从而降低投资企业财务风险。从汇率上而言，2008~2009 年，人民币相对于澳元处于强势升值期，从而有助于降低财务风险。

该起海外投资中，以上三类财务风险的概括可见表 30-1。这起并购从财务风险因素视角来看，对于五矿来说，有机遇也有挑战。机遇在于其支付方式的选择、投资顾问的雇用和人民币的强势升值；挑战则在于克服融资压力、国有企业的身份障碍和国家文化差异的阻隔。

表 30-1　　　　五矿收购 OZ 矿业的财务风险因素

财务风险影响因素		案例1	财务风险作用效果
		五矿收购 OZ	
交易特征因素	交易相对规模	22.58%（AVG：8.01%）	增加
	支付方式	混合支付	降低
投资企业因素	并购企业性质	国有企业	增加
	雇用并购顾问	UBS、Blake Dawson	降低
投资区位因素	国家文化差异	118.20（AVG：76.54）	增加
	汇率	人民币升值期	降低

此外，在项目估值方面，五矿此次收购面临着较低的估值财务风险。在2008年年底五矿着手洽谈收购事宜时，2008年11月28日，OZ矿业股票已经因计划出售部分资产或实施公司股权收购的重大事件而申请停牌，直至2009年2月17日五矿向FIRB提交收购OZ矿业申请，OZ矿业股票才复牌。此时OZ矿业已由2008年7月最高约120亿澳元降至2008年11月17亿澳元的水平，OZ矿业市值的缩水为五矿的抄底收购提供了良机，降低了其由估值引起的财务风险。

（二）财务风险水平分析

我们分别使用单一指标（盈利能力指标）和基于因子分析的综合指标得分对五矿采取财务风险管理手段前后各方面的财务绩效进行评估。五矿在投资前后单一指标的变动情况详见图30-2。

不难发现，在海外投资完成当年，五矿的盈利能力与上年相比有一个较大的回落。而在随后的两年中，各项盈利指标均微幅稳健上升。考虑到并购完成当年行业整体受到全球金融危机影响，故（T-1）至T年盈利指标的大幅下降不难理解。同时，并购完成前期（2008年），多种有色金属价格猛烈下跌，这也对五矿盈利能力造成了较大的影响。

参考媒体信息披露，在这起收购完成一年后，MMG完成一年间盈利近7亿美元，回收了初始投资13.86亿美元的过一半，这无疑大大改善了五矿的盈利能力。

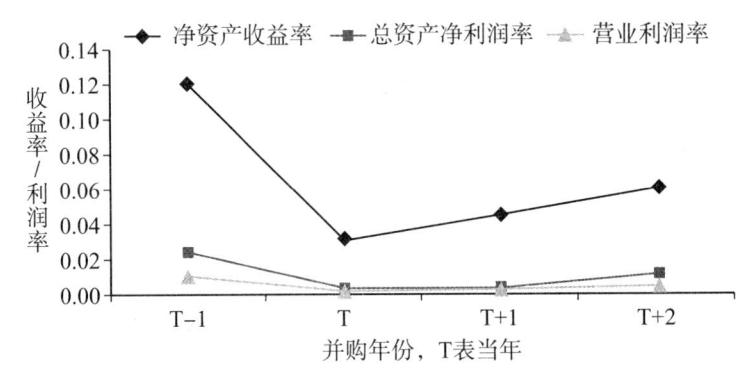

图30-2 五矿海外投资前后盈利指标变化

说明：T代表收购完成年份，数据来自国泰安数据库。

五矿在投资前后综合财务水平得分情况详见表30-2。在综合财务水平中，除盈利能力外，我们同时将企业的偿债能力、营运能力和现金流量能力纳入考虑范畴。故表 30-2 的变动趋势会出现与图 30-1 不一致的情形。

表 30-2　　　　　　并购前后综合财务水平得分表

T-1	T	T+1	T+2
-0.64319	-0.30719	-0.44844	/

五矿虽然投资前后综合财务水平均为负数,但投资当年已有显著回升,投资后一年虽然略微回落但仍优于投资前一年。这表明尽管从宏观经济环境给企业的盈利能力带来了较大的负面影响,但该起收购仍对五矿的营运能力、现金流量能力等带来了一定的积极影响。基于以上两类分析,我们大致可以判定五矿较好地控制了这起海外投资中的财务风险。

三、财务风险管理措施

五矿的这一起海外投资案例中,有几处有关财务风险的处理十分值得有志于投资海外的中国企业学习。

在降低估值风险方面,五矿在正式洽购 OZ 矿业前,已对 OZ 矿业进行了四五年的追踪分析,此外,五矿与 OZ 矿业的合作关系由来已久。由于长时间的了解和充分考察,使收购方对目标方的真实价值有了较准确的把握,避免支付过高溢价。而 2008 年年底,多种有色金属价格猛烈下跌,OZ 矿业陷入债务危机,为五矿着手收购 OZ 矿业创造了极佳的外部条件。

在降低融资风险方面,五矿为此次收购 OZ 矿业留下两年亏损运营期,2011 年 6 月方进入并购贷款偿还期,这极大地缓解了企业在投资后期的资金压力。而在对待国有企业的身份障碍方面,五矿妥善打理与澳方政府的关系,对澳外国投资审核委员会(FIRB)的审查积极应对。即便是在面临投资遭拒的情形时,仍能配合进行投资方案的修改,剔除敏感性资产,使得交易顺利、平稳地进行。

在减轻国家文化差异的阻隔方面,五矿在制定交易方案时,即承诺保留目标资产涉及的从勘探、生产、管理、运营到销售的所有团队人员,并通过 OZ 矿业的管理层"打动"董事会,使投资对象对自己留下了值得加分的正面印象。这就有效降低了后期的整合成本,降低了财务风险。

第三节 中铝收购力拓

一、收购过程简介

2008年2月1日，中铝宣布已通过新加坡全资子公司，联合美铝（Alcoa Inc.）获得力拓英国上市公司（Rio Tinto PLC）12%的股份，总交易金额为140.5亿美元，其中美铝出资12亿美元，中铝占Rio Tinto PLC全部股份的9%，成为力拓集团单一最大股东。中铝于2009年2月13日以10.21亿美元回赎美铝所持股份。

然而该起投资为中铝带来巨大损失。截至2008年10月19日，中铝所持力拓股份市值已缩水约73亿美元，跌至68亿美元。另外，随着矿产品价格下跌，力拓未来业绩必会有大幅下降；而作为一般财务投资者，中铝必须承担巨额还款压力和相应财务费用。2008年，中铝利润总额下跌99.17%，净利润仅923万元，同比下滑99.91%，被港媒称为"最差蓝筹H股"。

2008年年底，有消息指出中铝将进一步注资力拓，此举目的在于由一般财务投资者转为战略投资者，收购相关核心资产。2009年，中铝拟投入72亿美元认购力拓可转换公司债券，此举需要经过澳大利亚、加拿大、美国等国监管机构的批准。继获得澳大利亚、德国、澳大利亚和美国政府相关机构的放行后，中铝依然遭遇力拓解约，最终获得1.95亿美元的分手费。

现有的针对此事件的案例分析多聚焦于中铝增资力拓失败，而忽视了该事件对中铝财务绩效的影响。本章则将重点关注2008年2月1日中铝与力拓的第一笔交易，分析中铝在该笔交易中所面临的财务风险，以及不当的处理对自身财务绩效带来的损害，以获得相应的海外投资财务风险管理警示。

二、财务风险分析

我们同样从交易特征因素、投资企业因素和投资区位因素这三类因素着手，对中铝收购力拓过程中面临的财务风险进行深入分析。

交易特征因素方面，该起交易的绝对交易金额为140.5亿美元，其中美铝出资12亿美元，中铝承担128.5亿美元。2008年年底中国铝业（601600）的总资产为 1 355.2 亿人民币，按照 2008 年人民币对美元的年均汇价（100USD = 694.51）计算，交易相对规模为 65.86%。在本章实证部分涉及的所有样本中，这一变量的平均值为 8.01%，可见这起交易在交易金额方面面临着极高的风险。该起交易的支付方式为全现金支付方式。前文分析中指出，全现金支付方式适合那些现金流充足的同时，也对后期整合有良好预期的收购方。然而，依据中铝 2007 年报，其经营活动产生的现金流量净额仅为 114 亿元，远不足以承担 128.5 亿美元的交易额。从这一点上来看，中铝在这起海外投资中面临着极高的支付风险。

投资企业因素方面，中铝的国有企业身份，也为它带来了一定的财务风险。在雇用顾问方面，中铝聘请了雷曼兄弟（Lehman Brothers）和中金公司（CICC）作为其财务顾问。尽管实证部分对这一变量的检验未能通过显著性检验，但仍然指出是否雇用顾问实际上受到交易性质的影响，从前文分析可见，这起交易从交易相对规模及案件复杂性方面来看，仍存在雇用顾问的需求。

表 30 - 3   中铝收购力拓的财务风险因素

财务风险影响因素		案例 2 中铝收购力拓	财务风险作用效果
交易特征因素	交易相对规模	62.85%（AVG：8.01%）	增加
	支付方式	现金支付	增加
投资企业因素	并购企业性质	国有企业	增加
	雇用并购顾问	Lehman Brothers，CICC	降低
投资区位因素	国家文化差异	101.10（AVG：76.54）	增加
	汇率	人民币升值期	降低

投资区位因素方面，中国与英国的国家文化差异为 101.10，在本章实证部分涉及的所有样本中，这一变量的平均值为 76.54，可见这起交易在调和国家文化风险方面面临着较大的风险。另一方面，人民币升值有助于中国企业以更低的价格完成海外投资，从而降低投资企业财务风险。从汇率上而言，2008~2009 年，人民币处于强势升值期，从而有助于降低财务风险。

该起海外投资中，以上三类财务风险的概括可见表 30 - 3。不难发现，从财务风险影响因素方面着手分析，同样可以发现中铝在此桩并购中雇用顾问和享受到人民币升值带来的价格优势外，在交易相对规模、支付方式、企业性质和国家文化差异方面均面临挑战。故我们可以认为中铝的此次投资面临着极高的财务风险。

此外，在项目估值方面，中铝此次收购面临着较高的估值财务风险。中铝是在必和必拓全面要约收购力拓截止期前出手，而此时力拓股价正处于利好消息期，故当2008年11月25日必和必拓宣布放弃并购力拓后，力拓股价大跌37%至15.5英镑，距中铝58英镑的买价跌幅高达73%。力拓股价跳水同时也意味着中铝投资的项目价值缩水，是中铝估值失误的表现，且高额溢价为中铝带来了严重的财务压力。

三、财务风险水平分析

我们分别使用单一指标（盈利能力指标）和基于因子分析的综合指标得分对中铝采取财务风险管理手段前后各方面的财务绩效进行评估。中铝在投资前后单一指标的变动情况详见图30-3。

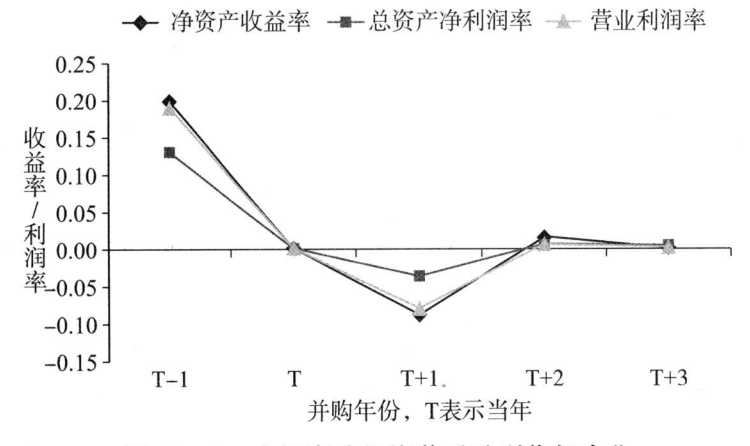

图30-3　中铝海外投资前后盈利指标变化

说明：T代表收购完成年份，数据来自于国泰安数据库。

与五矿各项盈利能力财务指标下降后回升的整体趋势不同，中铝的盈利能力基本处于一直下跌的过程中，仅投资后第二年有微弱上升。五矿在投资前后综合财务水平得分情况详见表30-4。

表30-4　并购前后综合财务水平得分表

T-1	T	T+1	T+2	T+3
0.39299	-0.32832	-0.43392	-0.23746	/

与其盈利能力走势基本一致，中铝在收购前后的综合财务水平得分基本处于

下跌趋势。综合以上分析，我们可以认为在中铝收购力拓案中，中铝未能有效控制投资过程中的财务风险。

四、财务风险管理警示

中铝收购力拓案中，有关企业海外投资财务风险管理的可供警示之处在于：

在项目估值方面，需审慎把握投资时机，重视投资项目真实价值水平分析和产业环境分析。重视项目真实价值的评估，即是对企业长期盈利能力及偿债能力的关注；而重视产业环境分析，则能有效避免企业在投资过程中面临"内忧外患"的双重压力——主营业务收入堪忧，同时承担沉重的偿债压力。

在融资及支付方式方面，应基于企业自身情况进行选择。企业现金流充足的同时，也象征企业对并购整合的良好预期。倘若企业现金流充足的同时，也对后期整合有良好预期，全现金支付方式未尝不可。除此之外，企业更宜考虑能够同时减轻企业的现金支付压力、防止企业控制权转移的混合支付方式。

第四节　本章小结

观察到中国企业作为投资方企业在国际舞台上的活跃表现，本章围绕"中国海外投资财务风险水平"和"中国海外投资财务风险影响因素"两个问题展开研究，得出主要研究结论：交易相对规模、国家文化差异与海外投资财务风险呈正相关；使用混合支付、人民币相对于目标国货币的升值有助于降低财务风险。本章最后通过中铝并购力拓和五矿并购 OZ 矿业的对比案例分析，对理论机理和实证结论进行了回应。

… 第三十一章

中国海外投资经营与管理风险防范与管控的支撑体系

第一节 中国企业海外投资经营与管理风险研究总论

以中国企业海外投资的海外投资经营与管理风险及其防范与管控为研究内容,本研究系统地从中国企业海外投资的技术整合风险、文化整合风险和财务风险三个视角切入分析,在充分把握经营与管理风险生成要素及结构的基础上,进一步凝练出中国企业面临着总体整合风险的现实问题和理论创新发展方向的结合点——资源相似性与资源互补性的视角。在此基础上,求解出不同资源相似性与互补性组合下,中国企业海外投资最优整合程度,从而对总体经营与管理风险做出最优规避策略。沿着这一思路,研究对中国企业海外投资中面临着最主要的两类经营与管理风险——技术整合风险和文化整合风险的动态演化进行建模分析和仿真实验,充分掌握这两类风险的动态变化规律。在此基础上,对中国企业的客观数据进行挖掘,开展实证研究。同样,对海外投资经营与管理风险中的财务风险,开展了理论和实证研究。针对每一类研究,研究中都包含了多个中国企业的案例比较分析。本研究整体的研究内容,对应的主要结论及其引申出来的风险识别体系和风险防范与管控体系构建相关的政策建议，参见图 31-1 的中国企业海外投资的经营与管理风险解析和管控框架。

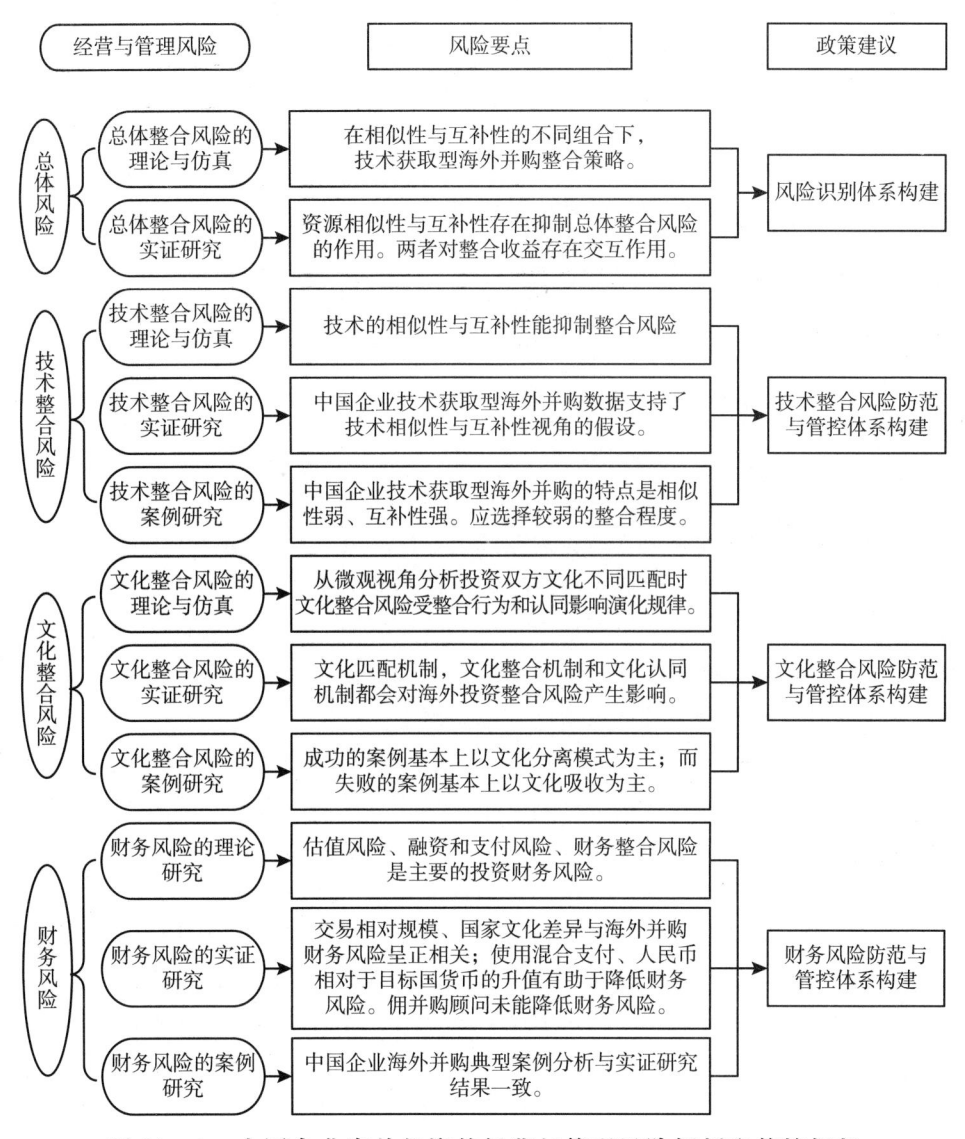

经营与管理风险		风险要点	政策建议
总体风险	总体整合风险的理论与仿真	在相似性与互补性的不同组合下，技术获取型海外并购整合策略。	风险识别体系构建
	总体整合风险的实证研究	资源相似性与互补性存在抑制总体整合风险的作用。两者对整合收益存在交互作用。	
技术整合风险	技术整合风险的理论与仿真	技术的相似性与互补性能抑制整合风险	技术整合风险防范与管控体系构建
	技术整合风险的实证研究	中国企业技术获取型海外并购数据支持了技术相似性与互补性视角的假设。	
	技术整合风险的案例研究	中国企业技术获取型海外并购的特点是相似性弱、互补性强。应选择较弱的整合程度。	
文化整合风险	文化整合风险的理论与仿真	从微观视角分析投资双方文化不同匹配时文化整合风险受整合行为和认同影响演化规律。	文化整合风险防范与管控体系构建
	文化整合风险的实证研究	文化匹配机制，文化整合机制和文化认同机制都会对海外投资整合风险产生影响。	
	文化整合风险的案例研究	成功的案例基本上以文化分离模式为主；而失败的案例基本上以文化吸收为主。	
财务风险	财务风险的理论研究	估值风险、融资和支付风险、财务整合风险是主要的投资财务风险。	财务风险防范与管控体系构建
	财务风险的实证研究	交易相对规模、国家文化差异与海外并购财务风险呈正相关；使用混合支付、人民币相对于目标国货币的升值有助于降低财务风险。佣m并购顾问未能降低财务风险。	
	财务风险的案例研究	中国企业海外并购典型案例分析与实证研究结果一致。	

图 31-1 中国企业海外投资的经营与管理风险解析和管控框架

第二节　海外投资经营与管理风险防范与管控的国际经验比较

一、发达国家海外投资经营与管理风险防范经验——以德国、法国为例

(一) 德国海外投资经营与管理风险防范经验

1952年以来，随着联邦德国（西德）战后经济的恢复和发展，对外直接投资逐渐提到日程，在20世纪60年代中期，德国对外直接投资存量总额在美国、英国、法国、瑞士和加拿大之后，居全球第6位。进入20世纪90年代以来，东西德统一后，德国已成为世界对外直接投资最多的国家之一。在经济全球化的大潮中，基于降低成本、扩大市场份额等多方面战略上的考虑，越来越多的德国企业将目光转向国外，加快、加大了在境外投资的步伐和力度。在此过程中，德国政府对于海外投资经营与管理风险的防范举措主要有：

1. 海外投资融资服务。通过有关机构提供灵活、有效、多种形式的融资服务是联邦政府支持企业海外投资、减轻企业财务与资金压力，降低经营与财务风险的重要措施。德国促进企业海外投资的主要机构是德国复兴信贷银行、投资发展公司和德国技术合作公司。德国复兴信贷银行是一家国有银行，其作用是促进本国经济和发展中国家的经济发展，为德国中小企业到国外投资进行融资，也给德国在国外的大型项目，尤其是电力、通讯、交通等基础设施提供贷款。德国投资发展有限责任公司是直属德国政府的一家金融、咨询机构，其基本任务是通过参与资本投资为德国私人企业在发展中国家和转型国家投资提供资金支持，包括农业、加工业服务业以及基础设施建设等领域所有能产生效益、可持续发展的项目。德国技术合作公司是隶属于德国经济合作部的一家促进德国与发展中国家经济技术合作的公司。德国对发展中国家的无偿援助项目主要是通过该公司实施的，因此该公司能为德国的中小企业在发展中国家寻找有良好条件的投资机会，并能为这些企业在当地介绍适宜的合作伙伴，必要时还会根据德国企业的实际需求，为其在当地培训所需要的专业技术人才。

2. 海外投资信息服务。经过多年的努力在促进本国企业海外投资方面，德

国已经建立了一个由官方民间有关部门和机构共同参与、各有侧重、国内外相配合，行之有效的完整信息服务网络，切实降低企业海外投资经营与管理风险。政策信息：联邦经济部和各州经济部所提供的促进对外投资政策方面的信息。目的国信息：由驻外使领馆、海外商会、工商会代表处利用网站形式提供投资目的国关于经济、税收、投资法律法规等政策方面的信息。外国投资市场信息：由联邦对外经济信息局提供外国市场包括投资需求在内的综合信息，并接受企业委托，就某一外国市场或境外投资项目进行主题调研。项目配对服务：德国促进境外投资有关机构主要通过携手共同打造的国外企业对接互联网平台，为企业提供项目配对信息服务。普华永道公司通过多种方式提供信息咨询服务。例如，帮助企业在项目初期考虑项目结构时帮助了解可能存在的问题和可能产生的影响，提供关于环境要求和担保特点的信息材料，使企业投资更加安全可靠。普华永道公司还专门设立中小企业境外投资咨询服务处，通过信函、电话、面谈等多种方式向中小企业提供咨询。

（二）法国海外投资经营与管理风险防范经验

法国是世界主要海外投资国之一。根据经济合作和发展组织最近发表的全球投资报告显示，在 2005 年，法国对外直接投资额为 1 160 亿美元，曾经一度位居世界各国之首。其中法国企业实施了几个重要的国际兼并项目，其中仅最大的 4 个兼并项目所涉及的资金总额即高达 480 亿美元之多，因此使法国成为 2005 年发达国家对外投资的领头羊。近年来，法国企业的海外投资活动也相当活跃，在这当中，法国政府积极创造条件，采取一系列的政策措施来鼓励和保护本国企业的海外投资活动，其中在经营与管理风险方面的防范经验主要有：

1. 政府融资支持。法国政府在对企业提供融资便利的同时充分体现了对国际经贸规则加以利用的灵活度。在法国，政府对企业海外投资提供的直接资金扶持大多体现在对企业市场开拓调研、可研报告拟订和参与国际性商务活动（展博览会、洽谈会）的资助上，同时他们将大量的财政资金以保险公司委托管理、商会中介机构代管或补贴其为企业提供的服务等方式间接"输血"给了企业，这种做法不仅符合经济合作与发展组织等多边国际经济组织的规定要求，同时也增加了财政扶持资金的效率/风险比，使有限的财政资金在保证长期收益的同时扩大了对大量企业的促进效应，促使企业增强了风险意识，不会由于扶持资金较易获得而倾向于挥霍，从而降低了海外投资企业的经营风险。

2. 政府信息服务。为了便于希望从事海外投资活动的法国企业了解投资目的国（地）的经济、税收、投资法律法规等，从而有效地降低了这些企业的前期成本，法国财政部对外经济关系总司利用其派驻国外的常设机构，也就是遍布在世界上120多个国家的驻外大使馆和领事馆的172个经商参赞处的2 000多名工作人员以及各个大区政府外贸局,向法国企业提供来自世界各地的经济贸易信息。其次是由行政上隶属于法国政府经济财政部对外关系总司的法国企业国际发展署(UbiFrance)提供国外市场动态、产业信息、法律规定、税收规定、融资条件、国外企业需求以及出口担保等方面的信息服务。第三是由各类工商会,通过遍布全球的海外代表机构,建立各大区国际经贸资料中心,帮助企业掌握各种境外市场和经济政策信息。

二、新兴工业国家海外投资经营与管理风险防范经验——以韩国、印度为例

(一)韩国海外投资经营与管理风险防范经验

近年来,韩国作为新兴工业体国家,经济发展迅速,在海外投资方面也取得了令人瞩目的成绩。除了完备的海外投资法律保障、适宜的海投资管理体制以外,在政府层面,韩国海外投资与跨国公司发展的成功经验同样离不开经营与管理风险的防范与管控:

1. 重视培养国际化经营人才。为培养海外投资的商业领导人才,韩国政府在20世纪90年代提出了"国际经济人才"的培养计划,并由教育部赞助、联合韩国九所知名大学成立专门的国际研究生院,招收世界各地的精英大学毕业生;同时建立国家研究所,并鼓励本国科研院所与跨国公司开展技术合作。此外,政府还积极资助有关人员到海外培训,学习跨国公司的先进技术、管理经验和操作流程等内容,或在国内建立完善的培训机制,为韩国公司与其他跨国公司的交流减轻了障碍。

2. 及时为企业提供信息服务。早在1988年,韩国政府就在韩国进出口银行内设立专门负责提供海外投资情报和咨询服务的海外投资商谈室,发挥政府在收集和处理信息情报方面的天然优势,解决跨国公司市场信息不对称的困扰。随后,政府又建立多家海外信息情报收集机构和技术服务机构,系统收集有关国家的政治动向、经济政策、法规环境、外汇管理及税收制度等情况,并提供专业投资咨询人员,及时、准确地为本国企业跨国经营提供海外经营信息和技术服务。据统计,目前韩国已与世界上300多个咨询机构建立了业务联系,收集有关投资信息提供给海外投资企业决策参考,有效防范海外投资管理风险。

（二）印度海外投资经营与管理风险防范经验

印度是飞速发展的新兴工业国家，尤其值得一提的是，印度企业的国际化经营态势越来越强，海外投资呈迅速发展之势，对外直接投资额从 1995 年的 0.38 亿美元迅速扩大到 2007 年的 65 亿美元，增长了 171 倍。多年来，印度政府根据国际国内经济发展与形势的变化，不断调整有关企业海外投资的政策，大大促进了印度企业海外投资的发展。这些政策扶持对于企业海外投资经营与管理风险的防范主要体现在：

1. 政府金融和财政支持。印度政府通过进出口银行、国有商业银行和出口信贷保险公司等金融机构，向海外合资企业提供贷款支持，同时也允许印度金融机构在海外的分支机构向印度企业在海外创办的合资企业提供信贷支持，并对这种贷款给予一定程度的优惠。对海外企业提供财政支持，主要是：印度政府对海外合资企业的所得税实行减免；海外合资企业出口的机器设备也可以享受现金补贴。此外，印度政府还与有关国家达成避免双重征税的协议，防止加重海外企业的纳税负担。

2. 加强经济法律信息服务。印度政府支持国内有关单位向企业提供海外有关国家的经济、法律等方面的服务；印度驻外使馆的商务处也积极向印度企业提供所在国家的市场行情、政府政策法规及风俗习惯等方面的信息服务，并对印度企业到所在国家投资提供必要的帮助；印度工商界则在全国设立一个专门机构为海外企业提供世界各国行情。

第三节 中国海外投资经营与管理风险防范与管控的支撑体系

一、以政府为主体构建中国海外投资经营与管理风险防范与管控的政策支撑体系

（一）加强政府宏观调控，完善投资政策体系

作为全球最大的发展中国家，我国大型企业的全球竞争力较弱，通过海外投

资来提升核心竞争力不止需要企业的努力,更离不开国家综合实力与政府政策导向作支撑。第一要成立专门的海外投资管理机构,统一制定我国企业海外投资的有关战略规划与方针政策。及时协调国家发改委、商务部、人民银行、财政部等各相关部门的工作,为企业海外投资提供政策方面的指引和咨询服务,及时解决实践中出现的各种问题。同时完善与我国企业海外投资有关的政策,适当放松对海外投资的投资许可。第二,我国应当抓紧成立全国性的海外投资信息咨询服务机构,建立完善的情报体系和信息网络。强化信息情报搜集工作,形成高效、灵敏的信息情报机制。尽可能与国外信息系统保持紧密联系,及时掌握国际产业和企业动向,为企业开展海外投资提供各种信息和咨询服务,提高企业海外投资的应变能力和决策能力。第三,要提供全国性的海外投资保险体系。要借鉴发达国家的经验,建立海外投资保险制度,扩大国家双边投资保护协定的覆盖面,促进对外投资企业加强与风险投资企业、保险企业的联系,建立风险共担机制,帮助国内企业防范和化解海外投资风险。根据美、德、日等发达国家经验,境外投资保障制度作为投资资本安全和企业正常经营的保障,能够有效地促进本国企业的对外投资和国际化发展。而对于海外投资经验尚不丰富的中国企业来说,更有裨益。第四,为我国企业海外投资提供税收优惠政策。在避免双重征税的前提下,采用多层次差异性税收政策,鼓励企业开展海外投资,鼓励企业用投资的利润进行再投资。第五,要提供完备的立法支持,加速国内相关法律制度的建设。对海外投资中涉及的审批程序、外汇管制、资金融通、保险支持、税收政策等有关问题给予法律上的明确规定,使我国企业在实施海外投资时,有法可依、有章可循,使海外投资活动步入法制的、健康的发展轨道。

(二) 发挥政府引导作用,创造投资整合路径

海外投资整合是一套复杂的系统工程,要求投资企业拥有相应的整合经验、一套合理有效的整合机制和积极的整合环境,而在这一过程中政府的引导作用也是十分关键的。对政府而言,首先要努力营造技术开发成果有效转移和企业充分运用的社会氛围,确立企业海外投资在技术创新中的重要地位。引导企业通过海外投资不断开发新产品、新技术,实现从引进技术、模仿加工向自主创新转变,从而提高技术吸收能力与创新能力。提供技术开发成果的科研院所和高校需要强化科技成果转化意识,加大技术开发成果面向市场的力度,使企业通过海外投资获得更多的技术开发成果。其次要对企业在文化建设方面进行积极引导。要求我国跨国企业集团在整合阶段就开始注重建立新企业的伦理道德和社会责任感,这一方面是为了促进企业海外投资后文化整合过程的推进,另一方面,这也是经济国际化、全球化的必然要求。企业首先是社会的企业,需要担负其应有的社会责

任；企业管理者同时也是社会人，要有正确的价值观念和正义感。政府应鼓励企业注重内部的文化等各方面整合，同时为实施海外投资的企业营造良好的外部环境，促进企业与社会共同的和谐发展。

（三）加强金融服务建设，保障投资金融环境

除了对政策环境进行不断完善和构建，政府的另一重要职责是进行我国金融服务的建设。首先，应不遗余力地开展金融创新，促进金融工具多样化。国外经验表明，健全、完善的资本市场是企业海外投资赖以生存和发展的基础，国家必须十分重视和充分发挥资本市场在跨国投资中的积极作用，推进我国资本市场的改革和完善，促进我国债券和股票市场的协调、健康发展。多样化的融资渠道使得企业在投资支付方式上可以根据自身情况灵活选择，从而获得最好的资金来源和最低的资金成本。我国可借鉴国外经验，在发展资本市场的同时审时度势地推出一系列行之有效的金融工具。其次，培育金融中介服务机构。海外投资决非单凭企业的力量就可以实现的，它需要具有国际从业资格的投资银行、会计事务所、律师事务所和资产评估事务所等诸多中介机构的参与。中介机构有专业的人才、科学的程序和方法，在投资中主要履行服务和监督职能，其服务和监督渗透到投资的全过程，有利于降低企业海外投资风险。但目前，我国缺乏熟悉海外投资、有能力服务企业施行投资活动的中介机构，国家应大力发展中介机构，尤其要培育大型投资银行，充分发挥投资银行等金融机构的中介作用，运用投资银行、证券公司的资本实力、信用优势和信息资源，为企业投资开创多种多样的融资机会，创造一个良好的海外投资金融环境。

二、以企业为主体构建中国海外投资技术整合风险防范与管控的战略决策体系

（一）以企业为主体构建中国海外投资技术整合风险防范与管控的战略决策体系

1. 要积累足够的海外投资经验

国际化经营经验越丰富的企业，采取海外投资后的技术整合绩效越好。浙江吉利控股公司从设立香港吉利公司开始，到成功整合澳大利亚DSI公司，逐步积累了国际化经营经验，为投资沃尔沃打下了坚实的基础。而在万向集团国际化步伐大幅领先之前，已经积累了成功投资美国舍勒公司、UAI公司等多家公司的成

功经验。目前，大多数中国企业仍普遍处于"走出去"的起步阶段，综合国际经验还不充分。在生疏的环境实施海外投资时，由于对当地制度法规、经营惯例、社会意识等缺乏了解而遭遇了多种挫折。

2. 要选择适当的技术并购企业

海外投资双方资源的相似性、互补性对技术整合风险具有控制作用。因此在投资前，跨国公司应全面考察潜在目标企业与自身的技术相似性与互补性，科学合理地评估海外并购技术整合成本与收益，规避技术整合风险。一方面，投资公司之间资源的相似性是战略匹配的基本来源，能够促进海外投资的业绩发展，从而降低海外投资整合风险，同时资源相似性也有可能减少投资方学习的机会。另一方面，互补性技术增加了整合成本，但为投资方企业提供了更多学习的机会，使技术创新成为可能。因此，投资双方的技术相似性和互补性特征会潜在地影响海外投资的技术获取目标，进而影响技术整合风险。

3. 要选择温和的技术整合策略

实际上，西方发达国家海外投资浪潮以强强联合为显著特征，有别于此，近年来，中国企业的海外投资涉及的目标公司多为经营上遇到困难的企业，对发达国家企业的投资更是如此。目前，中国企业还没有积累大批跨国经营经验非常丰富的人才，且投资方和目标公司通常在投资前缺乏长期深入的了解，再加上国家政治制度与社会环境、民族文化等的巨大差异，容易出现在投资整合之初目标公司对投资方缺乏足够信心的情形。此时，激进的技术整合会增加目标公司的心理恐慌，甚至破坏目标公司刚刚建立起来的对投资方的信心。有效的做法是选择较为温和的渐进式整合方式，逐步树立并巩固目标公司的信心，在目标公司的信心得到确立后再考虑是否需要采取较为激进的变革方式。

4. 要适当推行"本土化"策略

提升企业自主创新能力，既是新技术、新产品的开发，又是新市场的开拓，因此既有技术创新能否成功的风险，又有能否经得起市场考验的风险，也就是说，有很多不确定性和不可控因素。从万向的案例来分析，万向集团的做法是通过向海外的扩张和在海外建立研究和发展机构，和当地的企业研究机构合作开发，向当地的领先用户学习，发展公司潜在的技术能力，提高公司的核心技术能力，最终实现稳固国内市场，同时占领部分外国市场的目的。万向的研发活动是基于本土的技术创新，技术创新的着眼点是开拓市场。因此，企业自主创新面临高竞争，要求高投入、抢时间、赶速度，在技术领域领先于竞争对手，以保证获得技术创新所带来的超额利润。而万向集团通过设立美国公司，将本土化的整合策略贯彻得更为彻底，从根本上解决中国企业海外投资中可能存在的内生性制度相似性弱带来的整合风险。

5. 要挖掘整合的互补共赢条件

成功的海外投资要创造出价值，实现整合价值大于总价值的溢出效应。海外投资并不是为了打击被收购对象，而是为了实现价值创造，这需要投资双方具备资源互补性的共赢条件。中国企业的海外投资，面临很大的整合困难，各种因素都有可能直接导致销售下滑和成本失控，而如果被投资方产品在投资后主要销售到中国市场，那么中国投资方就能够凭借自己对中国市场的熟悉和对中国市场的掌控能力来防止销售下滑，甚至可能进一步扩大销售，从而弥补海外损失。从另一方面说，充分利用中国本土市场规模的互补性优势来进行海外投资更容易成功。或者说，国外的技术品牌互补性优势与中国的市场规模互补性优势结合起来更容易使海外投资获得成功。

（二）以企业为主体构建中国海外投资文化整合风险防范与管控的战略决策体系

1. 慎重选择目标企业，谋求投资双方文化匹配

每种文化都具有鲜明的个性和一定的排他性，投资双方文化存在核心理念上的相似性非常重要。所以在海外投资发生前对目标企业进行筛选时，必须对潜在目标企业在国家、民族、行业、个性等方面的文化进行深入评估。如果发现目标企业与己方文化匹配度太小，则说明投资双方的文化整合难度会很大，协同效应实现的可能性也相应降低。若如此，则应该建议对该投资项目保持慎重的态度，收购企业需要制定更为详尽、系统的文化整合方案，并长久地关注文化整合计划的执行，以便做出适时的调整。

2. 识别双方文化差异，据此制定文化整合策略

海外投资企业必须对母国与东道国的国家文化以及与目标企业间的组织文化中的各项文化要素进行全面系统分析，识别彼此差异，以便对企业的战略和行为作相应的调整。为此，跨国、跨国企业首先应对东道国文化和目标公司文化构成的有关方面进行全面的学习和调查，找出与国家和组织文化的差异，分析这些差异对企业跨国经营可能造成的现实或潜在影响，据此制定文化整合策略。

3. 恰当选择整合行为，遵循开放包容行为准则

投资方要以开放的心态来进行文化整合，这样更容易接受外来人员保留他们自己的价值观，并积极学习外来优秀文化以弥补自身原有文化的不足；也能让目标企业员工体会到被尊重，不容易引起投资双方的文化冲突。文化整合追求的是整合主流文化，是那些涉及企业战略、流程、组织、合作等关系到企业发展的关键部分。过度的整合会造成趋同化，使得个体间没有了差异，阻碍了组织中应有的文化多样性的产生。企业应该尽量包容各种非主流差异，以体现对个性的尊重和褒奖，更为各种创造性的产生提供良好的土壤。

4. 合理控制整合速度，遵循循序渐进行为准则

文化整合模式的选取与并购的成败有密切的联系。从文化分离到文化融合再到文化吸收的模式，收购公司赋予目标公司的自主权是在逐步减少的，自主权的减少会增加目标公司成员的对抗情绪。在整合之初采取分离式或反并购式整合模式并采取相应安抚措施，挖掘民族文化和商业文化差异潜藏的知识转移，通过学习效应推动知识和技术创新，同时降低组织文化差异带来的冲突和矛盾；接着，采用融合式或者吸收式让对方渐渐接受自己的文化观念；最后，随着整合的进行，在双方共同探讨的基础上，创建出属于双方的新型文化。

5. 积极采取各种措施，促进目标企业文化认同

加强跨国企业员工的文化培训，增进不同文化背景的员工对彼此文化的理解、促进相互沟通是防范企业跨文化管理风险的主要方法和最为有效的途径。投资双方应定期进行文化培训，加深彼此的文化互融，促进双方文化认同的形成。跨国文化整合不仅要获得企业高层的重视和专业人员的参与，还需要广大普通员工对双方文化的深刻理解。因此，企业可以定期举办多层次、多阶段的文化普及和培训，这样能增进双方人员的互相谅解，也能增强双方文化的适应性和包容性，强化企业的整体意识。通过跨文化培训构建企业共同价值观，营造和谐的企业文化，从而降低跨文化风险。

（三）以企业为主体构建中国海外投资财务风险防范与管控的战略决策体系

1. 评估目标企业，确保交易价格合理化

海外并购的交易价格是建立在对目标企业的价值评估基础上，由双方协商谈判确定的。信息不对称是评估风险最主要的原因，因此评估前，跨国公司可以借助咨询公司、资产评估等中介机构，充分利用一切资源来收集目标企业详尽的信息，尤其是财务数据，对于企业的财务状况和经营环境等方面做出全面评估，根据并购的特点选择恰当的价值评估方法，对目标企业潜在的增长价值进行合理评估。海外并购中在评估企业价值时，不仅要考虑目标企业自身的价值，还要考虑并购后的协同价值，这就需要对于目标企业的资产质量、品牌影响力、技术创新能力、人力、市场等方面多维度的深入评估，才能使评估价值与企业真实价值趋近。

2. 加强内控能力，实现财务管理规范化

海外投资企业的财务风险是其在海外经营过程中面临的主要管理风险之一，提高跨国公司的财务内控能力，加强财务管理的规范化是提高财务风险防范的重要手段。实现跨国公司内部财务管理的规范化,可以使企业更为准确地把握其发展动态,制定有效的发展战略,有利于解决海外投资企业面临的财务风险,规避投资决策风险、市场风险和管理风险。

3. 善用国际资源,保证金融服务国际化

海外投资尤其是海外并购,已成为一项专业性极强的团队性、国际性工作。通常需要投资银行顾问、律师、会计师等专业机构和人士的参与和协助,尤其对经营管理能力处于弱势的中国企业来说更为重要。聘请国际专业机构和人士,就是借助于他们的能力,来弥补中国企业在投资能力上存在的不足。同时,海外的国际金融资源,也是海外投资企业需要把握的。吉利投资沃尔沃使用自有资金出资仅7亿美元,其他大部分资金来源于海外渠道的贷款;万向通过设立美国公司在当地获得的资金,超过母公司投资额的5倍以上。

4. 拓展融资渠道,保证融资结构合理化

我国投资企业应该根据各自的投资情况选择合适的融资方式以降低投资实施过程中的财务风险。具体措施主要有:为了更好地规避融资风险,企业在制定融资决策时,应视野开阔,积极开拓不同的融资渠道。通过将不同的融资渠道相结合,做到内外兼顾,以确保目标企业一经评估确定,即可实施投资行为,顺利推进重组和整合。在此基础上,仔细分析各种融资方式的利弊,选择合适的融资方式。投资方在股价高涨且对公司的控制权比较稳定时,宜采用股票融资方式,反之则可采用债务融资方式。另外,在收购时即使中国企业有能力用自有资金支付投资款,也应该考虑从东道国筹集一部分资金,这样可以将一部分投资风险转嫁给东道国政府和银行,以减少中国企业由于信息不对称而造成的损失。

5. 尝试混合支付,实现支付方式多样化

当前,各国支付方式各有侧重,从全球来看,混合支付方式呈上升趋势。我国伴随着投资法规的完善和投资的程序操作的进一步规范,企业应立足于长远目标,结合自身的财务状况,在支付方式上采用现金、债务和股权等方式的不同组合。如果投资方发展前景好,可以采用以债务支付为主的混合支付方式;如果投资方自有资金充足,资金流入量稳定,可选择以自有资金为主的混合支付方式;如果投资财务状况不佳,资产负债率高,企业资产流动性差,可采取换股方式,以优化资本结构。

第四节 本章小结

本章是构建海外投资经营与管理风险防范与管控体系的政策建议。基于前面

章节的理论和实证分析，从海外投资技术整合风险、文化整合风险和财务风险三个方面，提出以企业为主体构建海外投资经营与管理风险防范与管控的战略体系，为企业提供海外投资风险规避的实践指导；以政府为主体构建海外投资经营与管理风险防范与管控的政策支撑体系，为之提供切实可行的政策建议。

附录

附录A：中国海外投资区域风险防范与管控战略

附录A.1：自然资源型海外投资区域风险因子描述

表1　　　　　　　　　指标体系和变量描述

变量	描述
经济因素	
商业自由 （ease）	由商业自由度指数表示，1＝最友好的商业规范和环境。数据来源：World Bank, Doing Business project（http://www.doingbusiness.org/）
劳动力市场 （employment）	由劳动力市场刚性指数表示，0＝较小市场刚性而100＝较强市场刚性。数据来源：World Bank, Doing Business project（http://www.doingbusiness.org/）
通货膨胀 （inflation）	通过GDP平减因子计算，表示经济中价格的变化率。数据来源：World Bank national accounts data, and OECD National Accounts data files
税收水平 （taxrate）	由税收占利润的比例计算，表示对商业活动的征税。数据来源：World Bank, Doing Business project（http://www.doingbusiness.org/）

续表

变量	描述
经济因素	
外国直接投资（netFDIin）	外国直接投资的净流入（当期百万美元），以超过10%具有投票权的股份投资以及长期资本及再投资计算。数据来源：International Monetary Fund, International Financial Statistics and Balance of Payments databases, and World Bank, Global Development Finance.
经济权益（rights）	用合法权益强度指数表示，当发生经济纠纷时法律对涉及主体的保护完善度，1=弱 10=强。数据来源：World Bank, Doing Business project（http://www.doingbusiness.org/）
政治因素	
法律保障（contract）	主要指针对交易和合同的法律保障，包括交易与合同安全、政府对合同的认知、破产及破产法强制力。数据来源：Institutional Profiles Database（IPD）
政府战略发展（costrategy）	政府战略合作与发展，包括政策执行力、创新变革能力、社会沟通能力和人才储备能力，1=能力弱 4=能力强。数据来源：Institutional Profiles Database（IPD）
公共管理（pubadm）	体现公共管理有效性，包括财政管理、公共政策制定、组织团体构建以及政府改革能力，1=低水平 4=高水平有效性。数据来源：Institutional Profiles Database（IPD）
政治体制（polinstitutions）	体现公共权力和自由，包括政治制度合法性、权力制衡、社会自治以及人民参政自由，1=低水平 4=高水平制度框架。数据来源：Institutional Profiles Database（IPD）
军队武装（armedfor）	用军队占劳动力比例表示，政治稳定的一个保障。数据来源：International Institute for Strategic Studies, The Military Balance
社会因素	
安全和秩序（order）	体现社会安全、法律和秩序，包括国内公共安全和骚乱防范、国家动乱和国外冲突，1=不安全和无秩序 4=稳定的社会秩序。数据来源：Institutional Profiles Database（IPD）
开放程度（openess）	描述国家对外开放水平，包括人员和信息的自由流动、政体与美国的接近程度[①]以及与邻国竞争程度，1=较低开放度 4=高开放度。数据来源：Institutional Profiles Database（IPD）

① 原始资料（Institutional Profiles Database（IPD））提供了欧盟、美国、中国和日本四个参照，因为中国目前对美对外投资以及贸易量最大，所以选择以"政体最接近美国"为参照。

续表

变量	描述
社会因素	
信用信息（credit）	使用信息的信用深度指数表示，指部门或个人在做出决策时能够获得信息的信用参考，1 = 信用度低 6 = 信用度高。World Bank，Doing Business project（http：//www.doingbusiness.org/）
社会凝聚力（cohesion）	表示社会流动性和社会凝聚力，包括国家认同感、国家包容度、国家凝聚力、中产阶级势力、传统基础和商品补贴，1 = 低水平 4 = 高水平凝聚力。数据来源：Institutional Profiles Database（IPD）
控制变量	描述
所属区域（region）	国家所属区域，包括：Sub-Saharan Africa，Middle East & North Africa，Latin America & Caribbean，East Asia & Pacific，Europe & Central Asia，South Asia，North America。数据来源：World Bank Database，WDI，GDF
收入水平（income group）	国家所属收入水平，包括：High income：OECD，High income：nonOECD，Upper middle income，Lower middle income，Low income。数据来源：World Bank Database，WDI，GDF

附录 A.2：制造业海外投资风险因素及指标

表1　　　　　　　　　　　政治距离变量

国家（地区）	外交关系	东道国对中国的依赖度	中国对东道国的依赖度	腐败距离	民主距离	政局稳定性
中国香港	1.00	2.28	7.50	2.31	2.21	1.09
中国澳门	1.00	4.80	549.82	0.40	1.86	0.46
日本	3.00	6.54	12.32	1.68	2.68	0.94
韩国	1.00	6.83	19.35	0.89	2.31	0.41
越南	7.00	5.68	94.61	0.32	0.11	0.32
柬埔寨	4.00	5.83	1 305.92	0.70	0.79	-0.27
老挝	1.00	9.06	5 336.15	0.79	0.02	-0.01

续表

变量 国家（地区）	外交关系	东道国对中国的依赖度	中国对东道国的依赖度	腐败距离	民主距离	政局稳定性
马来西亚	6.00	8.30	66.68	0.58	1.14	0.13
泰国	7.00	12.87	91.50	0.05	1.17	-1.19
德国	3.00	25.30	24.16	2.21	3.06	1.08
法国	3.00	35.15	60.88	1.87	2.97	0.58
英国	3.00	23.50	39.66	2.20	3.05	0.56
意大利	3.00	25.37	53.73	0.57	2.68	0.41
罗马尼亚	4.00	30.30	495.06	0.38	2.20	0.30
波兰	4.00	25.69	158.26	0.81	2.58	0.79
荷兰	6.00	13.05	31.16	2.63	3.25	0.95
匈牙利	4.00	20.35	234.66	0.99	2.72	0.59
美国	3.00	10.14	5.66	1.98	2.84	0.59
俄罗斯	2.00	11.14	43.25	0.54	0.75	-0.62
巴西	3.00	11.87	76.07	0.41	2.23	-0.12
巴基斯坦	1.00	6.50	236.44	0.34	0.71	-2.61

表2　　　　　　　　　　　社会距离变量

变量 国家（地区）	地理距离	语言同一性	教育投入距离	男女劳动力比例距离
中国香港	1 612.37	0.00	0.34	15.00
中国澳门	1 982.75	0.00	1.18	2.10
日本	1 974.97	1.00	0.08	18.90
韩国	1 168.17	1.00	0.79	17.60
越南	2 664.70	1.00	5.34	0.70
柬埔寨	2 975.50	1.00	1.60	5.80
老挝	2 440.46	1.00	2.66	10.30
马来西亚	3 879.04	0.00	5.56	23.40
泰国	2 986.22	1.00	4.47	1.60
德国	8 031.67	1.00	4.47	14.60
法国	8 742.57	1.00	5.61	16.60

续表

变量 国家（地区）	地理距离	语言同一性	教育投入距离	男女劳动力比例距离
英国	8 539.15	1.00	5.57	12.30
意大利	8 466.93	1.00	4.50	29.20
罗马尼亚	7 395.02	1.00	3.92	20.60
波兰	7 456.56	1.00	5.35	20.70
荷兰	8 242.41	1.00	5.52	8.30
匈牙利	7 709.91	1.00	5.44	24.80
美国	11 183.43	1.00	5.53	8.60
俄罗斯	5 506.71	1.00	3.82	10.40
巴西	17 235.78	1.00	4.90	7.60
巴基斯坦	4 420.18	1.00	2.66	46.30

表3　　　　　　　　　　　　经济变量

变量 国家	年份	对外直接投资流量（美元）	GDP增长率	人均GDP（美元）	劳动力数量	教育投资/GDP	高科技产品出口量（美元）
德国	2005	128 740 000	0.80	33 811	41 617 820.0	4.50	142 454 438 000
德国	2006	76 720 000	3.40	35 429	41 894 275.0	4.40	159 012 227 000
德国	2007	238 660 000	2.70	40 468	42 221 941.7	4.40	155 921 793 000
德国	2008	183 410 000	1.00	44 264	42 375 118.6	4.40	162 421 139 000
法国	2005	6 090 000	1.90	34 228	27 856 782.5	5.60	69 661 891 592
法国	2006	5 600 000	2.20	35 848	28 084 856.9	5.60	80 525 057 959
法国	2007	9 620 000	2.40	40 644	28 405 930.8	5.60	80 464 533 592
法国	2008	31 050 000	0.20	44 471	28 611 254.5	5.60	93 209 237 841
英国	2005	24 780 000	2.20	37 859	30 483 695.9	5.50	82 840 612 500
英国	2006	35 120 000	2.90	40 251	30 936 424.2	5.60	115 464 022 253
英国	2007	566 540 000	2.60	45 901	31 131 194.5	5.60	63 065 596 823
英国	2008	16 710 000	0.50	43 361	31 494 938.7	5.60	61 766 504 574
荷兰	2005	3 840 000	2.00	39 122	8 581 433.7	5.50	65 124 646 608
荷兰	2006	5 310 000	3.40	41 459	8 647 272.6	5.50	68 577 779 534

续表

变量\国家	年份	对外直接投资流量（美元）	GDP增长率	人均GDP（美元）	劳动力数量	教育投资/GDP	高科技产品出口量（美元）
荷兰	2007	106 750 000	3.60	47 511	8 801 360.8	5.50	74 369 385 904
荷兰	2008	91 970 000	2.00	53 076	8 933 218.6	5.50	67 056 181 940
美国	2005		3.10	42 534	153 131 960.1	5.40	190 864 005 744
美国	2006		2.70	44 663	155 343 919.1	5.70	219 179 330 135
美国	2007	104 468 000	1.90	46 627	156 677 557.2	5.50	228 654 832 989
美国	2008	78 620 000	0.00	47 209	158 374 588.8	5.50	231 126 189 384
罗马尼亚	2005	2 870 000	4.20	4 572	9 851 277.70	3.50	757 649 899
罗马尼亚	2006	9 630 000	7.90	5 681	10 043 377.50	3.50	1 129 182 544
罗马尼亚	2007	6 800 000	6.00	7 856	10 003 428.70	4.40	1 177 699 144
罗马尼亚	2008	11 980 000	9.40	9 300	9 955 970.50	4.40	2 744 172 899
意大利	2005	7 460 000	0.70	30 332	24 591 633.40	4.40	24 623 432 234
意大利	2006	7 630 000	2.00	31 614	24 783 516.80	4.70	25 147 517 304
意大利	2007	8 100 000	1.50	35 641	24 814 162.60	4.30	27 982 362 819
意大利	2008	5 000 000	-1.30	38 385	25 211 836.80	4.50	29 814 179 684
波兰	2005	130 000	3.60	7 963	17 562 564.70	5.50	2 687 507 094
波兰	2006	0	6.20	8 958	17 353 709.80	5.70	3 283 896 333
波兰	2007	11 750 000	6.80	11 157	17 389 255.00	4.90	4 176 589 210
波兰	2008	10 700 000	5.00	13 857	17 650 257.90	4.90	7 172 018 717
匈牙利	2005	650 000	3.90	10 924	4 268 262.20	5.50	13 623 883 000
匈牙利	2006	370 000	4.00	11 220	4 306 534.80	5.40	14 915 263 000
匈牙利	2007	8 630 000	1.00	13 799	4 301 320.10	5.40	19 349 248 000
匈牙利	2008	2 150 000	0.60	15 408	4 268 266.90	5.40	20 989 547 000

附录 A.3：海外投资政治风险动态研究中的公式证明

1. 免税期的证明

证明：类似于托马斯和沃洛（Thomas and Worrall，1994）与马库斯（Marcus M. Opp，2012），接下来给出免税期的证明。

假设 $V_{HC,t} \neq \hat{V}_{HC}$ 时，由于约束（5-33）等号并不成立，即 $V_{F,t} > 0$，所以必

然有 $\lambda_1 = 0$。

由于根据（5-40）式，有 $(\beta_F + \lambda_1)\frac{\partial V_{F,t+1}}{\partial V_{HC,t+1}} + (\lambda_3 + \lambda_4)\beta_G = 0$，

根据包络定理：$\frac{\partial V_{F,t}}{\partial V_{HC,t}} = -\lambda_{4,t}$，故 $\frac{\partial V_{F,t+1}}{\partial V_{HC,t+1}} = -\lambda_{4,t+1}$，代入上式得：$(\beta_F + \lambda_1)\lambda_{4,t+1} = (\lambda_3 + \lambda_4)\beta_G$，即 $\lambda_{4,t+1} = (\lambda_3 + \lambda_4)\frac{\beta_G}{\beta_F}$。

由于通过（5-29）式有 $-1 + \lambda_2 + \lambda_3 + \lambda_4 = 0$ 成立，因此

$$\lambda_{4,t+1} = (1 - \lambda_2)\frac{\beta_G}{\beta_F} \tag{A}$$

假设当前价值低于稳定状态价值（$V_{HC,t} < \hat{V}_{HC}$），且下一阶段达到稳定状态（$V_{HC,t+1} = \hat{V}_{HC}$），那么 $\lambda_{4,t+1} = (1 - \lambda_2)\frac{\beta_G}{\beta_F} = \hat{\lambda}_4 = \frac{\beta_G}{\beta_F}$，因此方程（A）左边等于1，那么意味着 $\lambda_2 = 0$，即 $\tau_{f,t} > 0$。若下一阶段并未达到稳定状态（即 $V_{HC,t+1} < \hat{V}_{HC}$），那么由于 $\frac{\partial V_{F,t}}{\partial V_{HC,t}} = -\lambda_{4,t}$，且函数 $V_F(V_{HC,t})$ 是凹函数，则有 $\lambda_{4,t+1} < \hat{\lambda}_4 = \frac{\beta_G}{\beta_F}$，因此等式（A）左边小于1，那么 $\lambda_2 > 0$，此时最优的税率为 $\tau_{f,t} = \tau_{\min} = 0$。

2. 在资本存量一定的情况下 $V_{F,t}$ 是关于 $V_{HC,t}$ 的凹函数，在 $V_{HC,t}$ 上单调递减；

证明：数学中已有定理表明，对于如下形式的动态规划：

$$\sup \sum_{t=0}^{\infty} \beta^t F(x_t, x_{t+1})$$
$$St. \quad x_{t+1} \in \Gamma(x_t)$$

若函数 $F(x, y)$ 是凹函数，其相应的值函数 $v(x) = \sup_{y \in \Gamma(x)}\{F(x,y) + \beta_1 v(y)\}$ 也为凹函数。在本章中，$F(I_{f,t}, \tau_{f,t}, K_{f,t-1}) = (1 - \tau_{f,t})R_f(K_{f,t}) - I_{f,t}$。由于 $R_f(K_{f,t})$ 是凹函数因此值函数为凹函数，即 $V_{F,t}$ 是关于 $V_{HC,t}$ 的凹函数。同时，由包络定理 $\frac{\partial V_{F,t}}{\partial V_{HC,t}} = -\lambda_{4,t}$，且 $\lambda_{4,t} \geq 0$，所以 $\frac{\partial V_{F,t}}{\partial V_{HC,t}} \leq 0$，即 $V_{F,t}$ 是关于 $V_{HC,t}$ 的单调减函数。

附录B：中国海外投资金融风险防范与管控战略

附录B.1：第十二章相关内容附录

附表1.1　　　　　　企业样本日数据的统计描述

企业名称	观测数	均值	最大值	最小值	标准差	偏度	峰度
中兴通讯	1 548	0.0011	0.2744	-0.1001	0.0286	0.6377	6.2900
TCL集团	1 548	0.0010	0.1012	-0.1017	0.0293	0.1473	2.1388
中联重科	1 548	0.0024	0.1352	-0.1001	0.0322	0.2282	1.5763
粤海投资	1 595	0.0009	0.2015	-0.1176	0.0261	0.8255	5.7089
珠江船务	1 593	0.0005	0.1602	-0.1350	0.0266	0.8337	6.1622
中国电信	1 593	0.0007	0.2053	-0.1416	0.0276	0.5083	6.2430
中色股份	1 548	0.0020	0.1010	-0.1621	0.0386	-0.0760	0.8818
云南铜业	1 548	0.0019	0.1006	-0.1004	0.0380	0.1802	0.9464
中国海洋石油	1 594	0.0012	0.2236	-0.1425	0.0297	0.3542	4.7514
鞍钢股份	1 548	0.0009	0.1171	-0.1004	0.0313	0.1966	1.3869
华菱钢铁	1 548	0.0002	0.1007	-0.2670	0.0292	-0.4860	6.2741
中国移动	1 593	0.0009	0.1475	-0.0840	0.0221	0.5813	4.5664
首钢股份	1 548	0.0006	0.1009	-0.1001	0.0269	0.0930	3.0697
联想集团	1 614	0.0009	0.2659	-0.2597	0.0349	0.5148	6.7161
中国电力	1 593	0.0002	0.1585	-0.1722	0.0260	0.2802	5.3028
武钢股份	1 548	0.0007	0.1011	-0.1003	0.0300	0.1102	1.8060

续表

企业名称	观测数	均值	最大值	最小值	标准差	偏度	峰度
华能国际	1 548	0.0006	0.1006	-0.1005	0.0259	0.0871	2.5325
宝钢股份	1 548	0.0006	0.1004	-0.1005	0.0261	0.1490	2.4220
中国石化	1 548	0.0009	0.1003	-0.1002	0.0266	0.1907	2.7579
保利地产	1 300	0.0016	0.1002	-0.1003	0.0356	0.1006	0.7701
中国联通	1 548	0.0009	0.1318	-0.1004	0.0259	0.2893	3.3317
五矿发展	1 548	0.0018	0.1466	-0.1004	0.0370	0.1916	0.9276
长航油运	1 548	0.0011	0.1006	-0.1006	0.0319	-0.0639	1.5488
上海汽车	1 548	0.0016	0.1009	-0.1041	0.0321	0.1861	1.5398
兖州煤业	1 548	0.0017	0.1007	-0.1002	0.0340	0.1013	1.1913
中金黄金	1 548	0.0027	0.1004	-0.3453	0.0381	-0.1840	5.0423
中化国际	1 548	0.0008	0.1869	-0.1009	0.0328	0.0493	1.9093
青岛海尔	1 548	0.0014	0.1004	-0.1003	0.0295	-0.0381	1.9740
国投电力	1 548	0.0005	0.1004	-0.1004	0.0264	0.0218	2.7364
张江高科	1 548	0.0010	0.1007	-0.1258	0.0307	-0.1152	1.9119
中国神华	1 012	-0.0003	0.1001	-0.1002	0.0285	0.2577	1.9049
中国国航	1 286	0.0011	0.1007	-0.1004	0.0356	-0.0063	1.0102
中国铁建	910	-0.0011	0.1006	-0.0998	0.0214	-0.0818	3.9339
中国铝业	1 118	-0.0004	0.1006	-0.1005	0.0345	0.1943	1.5622
中国中冶	554	-0.0016	0.0742	-0.0850	0.0157	-0.2623	3.6487
中国建筑	592	-0.0012	0.1006	-0.0736	0.0160	0.3073	5.0029
中国石油	993	-0.0012	0.0996	-0.0903	0.0202	0.2285	3.9121
中海集运	966	-0.0012	0.1007	-0.1013	0.0286	0.3438	2.5175
招商轮船	1 216	-0.0002	0.1006	-0.1000	0.0288	-0.0212	2.1269
中国远洋	1 082	-0.0006	0.1004	-0.1000	0.0337	0.2710	1.6103

附表1.2　　　　　　　企业样本周数据的统计描述

企业名称	变量数	均值	最大值	最小值	标准差	偏度	峰度
中兴通讯	327	0.0053	0.2536	-0.2666	0.0616	0.2612	2.0706
TCL集团	327	0.0049	0.2525	-0.2199	0.0645	0.4096	2.2374
中联重科	327	0.0122	0.4766	-0.2698	0.0789	1.1167	4.8727

续表

企业名称	变量数	均值	最大值	最小值	标准差	偏度	峰度
粤海投资	337	0.0039	0.2346	-0.1972	0.0481	0.4572	3.8496
珠江船务	337	0.0029	0.4000	-0.2611	0.0606	1.4791	9.4306
中国电信	337	0.0031	0.2711	-0.1577	0.0518	0.5924	2.4693
中色股份	327	0.0100	0.4460	-0.2300	0.0911	0.4387	1.4834
云南铜业	327	0.0095	0.3696	-0.3110	0.0892	0.4373	1.8421
中海油	338	0.0059	0.2910	-0.2917	0.0654	0.2327	3.0319
鞍钢股份	327	0.0049	0.2651	-0.2614	0.0727	0.4259	1.8527
华菱钢铁	327	0.0015	0.2914	-0.2973	0.0679	0.0493	3.0137
中国移动	337	0.0045	0.1926	-0.1388	0.0462	0.3780	1.5567
首钢股份	327	0.0030	0.2383	-0.2489	0.0582	0.2163	3.1658
联想集团	343	0.0051	0.3803	-0.2593	0.0729	0.2403	2.5423
中国电力	337	0.0011	0.2535	-0.1802	0.0575	0.3228	2.1104
武钢股份	327	0.0037	0.2970	-0.2537	0.0720	0.5171	2.2006
华能国际	327	0.0030	0.2227	-0.2467	0.0568	-0.1735	2.1220
宝钢股份	327	0.0030	0.3057	-0.2050	0.0607	0.6980	2.9033
中国石化	327	0.0049	0.2312	-0.1995	0.0601	0.3109	1.9541
保利地产	276	0.0086	0.2477	-0.2767	0.0826	0.1257	0.7187
中国联通	327	0.0044	0.2005	-0.1509	0.0520	0.2661	1.4708
五矿发展	327	0.0092	0.3286	-0.2247	0.0865	0.7240	1.6028
长航油运	327	0.0053	0.2887	-0.2325	0.0692	0.2680	1.9693
上海汽车	327	0.0081	0.3500	-0.2143	0.0756	0.8257	2.9527
兖州煤业	327	0.0080	0.3957	-0.2818	0.0751	0.4211	3.2748
中金黄金	327	0.0134	0.3373	-0.3192	0.0935	0.5543	1.6834
中化国际	327	0.0045	0.3208	-0.2208	0.0745	0.3905	1.8372
青岛海尔	327	0.0070	0.2084	-0.2563	0.0637	-0.0332	1.6146
国投电力	327	0.0025	0.2063	-0.2145	0.0554	-0.0246	2.2046
张江高科	327	0.0055	0.1900	-0.2652	0.0664	-0.2363	1.0472
中国神华	217	-0.0038	0.2103	-0.2618	0.0600	0.2269	2.4095
中国国航	274	0.0065	0.2411	-0.2855	0.0822	0.0259	0.8661
中国铁建	195	-0.0045	0.2451	-0.1276	0.0435	1.2246	6.6512

续表

企业名称	变量数	均值	最大值	最小值	标准差	偏度	峰度
中国铝业	239	-0.0012	0.3130	-0.2125	0.0814	1.0007	2.7783
中国中冶	117	-0.0061	0.1111	-0.1050	0.0319	0.3084	1.4331
中国建筑	125	-0.0061	0.0829	-0.0926	0.0324	0.1567	0.3566
中国石油	213	-0.0051	0.1630	-0.1503	0.0412	0.0150	2.4878
中海集运	208	-0.0051	0.2539	-0.1720	0.0617	0.5324	1.6579
招商轮船	260	-0.0013	0.2590	-0.1514	0.0560	0.4328	1.7324
中国远洋	231	-0.0024	0.4645	-0.3166	0.0831	1.0384	5.5692

附表1.3　　企业样本月数据的统计描述

企业名称	变量数	均值	最大值	最小值	标准差	偏度	峰度
中兴通讯	78	0.0231	0.3025	-0.4320	0.1253	-0.4580	1.7233
TCL集团	78	0.0194	0.3898	-0.3077	0.1376	0.2451	0.4538
中联重科	78	0.0528	0.5513	-0.3467	0.1776	0.4244	0.2122
粤海投资	78	0.0159	0.2778	-0.3109	0.0919	-0.2161	1.9461
珠江船务	78	0.0119	0.7284	-0.2069	0.1374	2.1651	9.1534
中国电信	78	0.0121	0.3051	-0.2522	0.0961	0.3013	1.2163
中色股份	78	0.0482	0.6812	-0.4046	0.2191	0.2165	0.5166
云南铜业	78	0.0429	0.6580	-0.4342	0.2056	0.5880	0.9427
中海油	78	0.0228	0.3704	-0.2881	0.1133	0.0771	0.9268
鞍钢股份	78	0.0231	0.4351	-0.3614	0.1662	-0.0465	0.2250
华菱钢铁	78	0.0078	0.4242	-0.3626	0.1495	0.1720	0.8997
中国移动	78	0.0182	0.2333	-0.1711	0.0796	0.1177	0.3870
首钢股份	78	0.0132	0.3633	-0.3007	0.1340	0.0788	0.0115
联想集团	85	0.0213	0.4648	-0.3679	0.1459	0.3046	1.4753
中国电力	78	0.0016	0.2171	-0.3444	0.1001	-0.7326	1.6298
武钢股份	78	-0.0199	0.4662	-0.4343	0.1778	0.4101	0.7702
华能国际	78	0.0119	0.4949	-0.2979	0.1270	0.4652	2.0443
宝钢股份	78	0.0155	0.4016	-0.3714	0.1432	0.0292	1.1781
中国石化	78	0.0234	0.3627	-0.3680	0.1363	-0.2340	0.8167
保利地产	66	0.0362	0.5010	-0.2598	0.1689	0.5077	0.1197

续表

企业名称	变量数	均值	最大值	最小值	标准差	偏度	峰度
中国联通	78	0.0192	0.4825	-0.3083	0.1138	0.4338	3.5955
五矿发展	78	0.0420	0.5027	-0.4975	0.1969	0.1075	0.4831
长航油运	78	0.0220	0.3708	-0.4085	0.1524	-0.1819	0.2379
上海汽车	78	0.0368	0.4338	-0.3468	0.1629	0.0870	-0.1811
兖州煤业	78	0.0319	0.6016	-0.3323	0.1573	0.7899	1.7239
中金黄金	78	0.0597	0.8915	-0.3266	0.2272	1.1268	1.8060
中化国际	78	0.0170	0.5815	-0.2881	0.1470	0.6955	2.5590
青岛海尔	78	0.0296	0.3465	-0.3458	0.1355	-0.0562	0.0857
国投电力	78	0.0104	0.4847	-0.2836	0.1167	0.7969	3.9840
张江高科	78	0.0222	0.4074	-0.2700	0.1435	0.4178	0.1866
中国神华	51	-0.0129	0.2895	-0.3494	0.1291	-0.0887	0.2956
中国国航	65	0.0301	0.4918	-0.4306	0.1834	0.0698	0.6266
中国铁建	46	-0.0156	0.2554	-0.1700	0.0891	0.8515	1.0221
中国铝业	57	0.0019	1.0159	-0.3638	0.2169	1.9767	8.3585
中国中冶	28	-0.0237	0.1340	-0.1422	0.0646	0.1906	-0.1623
中国建筑	30	-0.0245	0.0965	-0.2701	0.0742	-0.8836	2.9672
中国石油	50	-0.0178	0.1806	-0.2370	0.0808	-0.7203	0.9763
中海集运	49	-0.0239	0.2971	-0.3006	0.1276	0.1807	0.4000
招商轮船	61	-0.0088	0.2533	-0.2602	0.1163	-0.1758	0.1002
中国远洋	55	-0.0049	1.0765	-0.4494	0.2127	2.3487	11.7665

附表1.4　　　　　　　行业样本日数据的统计描述

行业名称	观测数	均值	最大值	最小值	标准差	偏度	峰度
农、林、牧、渔业	1 568	0.0015	0.0976	-0.0961	0.0262	0.0033	-0.3712
采掘业	1 568	0.0009	0.0991	-0.0992	0.0227	0.0003	0.1099
制造业	1 568	0.0013	0.0986	-0.0901	0.0217	0.0032	-0.5431
电力、煤气及水的生产和供应业	1 568	0.0006	0.0992	-0.0960	0.0219	0.0015	-0.4658
建筑业	1 568	0.0010	0.1005	-0.0963	0.0222	0.0017	-0.3485
交通运输、仓储业	1 568	0.0005	0.0999	-0.0985	0.0219	0.0015	-0.4031

续表

行业名称	观测数	均值	最大值	最小值	标准差	偏度	峰度
信息技术业	1 568	0.0011	0.0993	-0.0923	0.0222	0.0030	-0.3848
批发和零售贸易	1 568	0.0013	0.0994	-0.0942	0.0219	0.0032	-0.5341
金融、保险业	1 568	0.0008	0.1003	-0.0893	0.0215	0.0007	0.0595
房地产业	1 568	0.0013	0.0989	-0.0963	0.0258	0.0023	-0.3624
社会服务业	1 568	0.0012	0.0984	-0.0924	0.0235	0.0029	-0.5486
传播与文化产业	1 568	0.0013	0.0998	-0.0961	0.0273	0.0030	-0.2967
综合类	1 568	0.0012	0.0980	-0.0966	0.0240	0.0035	-0.6813

附表1.5　　　　行业样本周数据的统计描述

行业名称	观测数	均值	最大值	最小值	标准差	偏度	峰度
农、林、牧、渔业	314	0.0076	0.2585	-0.166	0.056	-0.048	1.7634
采掘业	314	0.0038	0.1533	-0.138	0.0495	0.4322	0.9691
制造业	314	0.0061	0.1903	-0.152	0.049	-0.112	1.2869
电力、煤气及水的生产和供应业	314	0.003	0.1496	-0.19	0.0453	-0.305	2.2725
建筑业	314	0.0041	0.263	-0.167	0.0493	0.4057	3.2492
交通运输、仓储业	314	0.0023	0.1664	-0.167	0.047	-0.23	1.3664
信息技术业	314	0.005	0.1425	-0.151	0.0454	-0.15	0.8195
批发和零售贸易	314	0.0062	0.2058	-0.157	0.0495	-0.033	1.5268
金融、保险业	314	0.0028	0.2862	-0.146	0.0474	0.773	4.5498
房地产业	314	0.0064	0.2093	-0.215	0.0577	-0.141	0.9345
社会服务业	314	0.0059	0.1958	-0.17	0.052	-0.245	1.1289
传播与文化产业	314	0.0063	0.2368	-0.156	0.062	0.2937	1.1483
综合类	314	0.0058	0.2017	-0.184	0.054	-0.198	1.5532

附表1.6　　　　行业样本月数据的统计描述

行业名称	观测数	均值	最大值	最小值	标准差	偏度	峰度
农、林、牧、渔业	78	0.0273	0.3348	-0.2926	0.1168	0.0261	-0.0967
采掘业	78	0.0210	0.2958	-0.2682	0.1114	0.0265	-0.2843
制造业	78	0.0246	0.2954	-0.2748	0.1134	0.0318	-0.3445

续表

行业名称	观测数	均值	最大值	最小值	标准差	偏度	峰度
电力、煤气及水的生产和供应业	78	0.0131	0.4005	-0.2271	0.1083	-0.0003	0.3485
建筑业	78	0.0170	0.3891	-0.2275	0.1102	0.0192	0.5040
交通运输、仓储业	78	0.0097	0.2229	-0.2933	0.1054	0.0093	-0.2492
信息技术业	78	0.0195	0.2371	-0.2572	0.0974	0.0285	-0.6794
批发和零售贸易	78	0.0254	0.3586	-0.2907	0.1144	0.0320	-0.0069
金融、保险业	78	0.0173	0.5165	-0.2559	0.1138	0.0171	0.8271
房地产业	78	0.0255	0.3510	-0.2494	0.1271	0.0460	0.1324
社会服务业	78	0.0241	0.4012	-0.2728	0.1108	0.0259	0.0054
传播与文化产业	78	0.0237	0.4512	-0.3027	0.1350	0.0227	0.4526
综合类	78	0.0236	0.4225	-0.2575	0.1220	0.0270	0.0918

附表1.7　欧元/人民币日收益率滞后12期ARCH效应检验

滞后期数	Q	P值	LM	P值
1	11.3807	0.0007	11.3142	0.0008
2	15.8353	0.0004	14.6183	0.0007
3	20.6102	0.0001	18.0652	0.0004
4	44.803	<0.0001	38.4051	<0.0001
5	55.323	<0.0001	43.9355	<0.0001
6	59.854	<0.0001	45.4654	<0.0001
7	68.0581	<0.0001	49.4961	<0.0001
8	69.2132	<0.0001	49.5182	<0.0001
9	73.3883	<0.0001	50.6226	<0.0001
10	76.8387	<0.0001	51.426	<0.0001
11	86.9833	<0.0001	56.0263	<0.0001
12	103.515	<0.0001	65.7251	<0.0001

附表1.8　欧元/人民币周收益率滞后12期ARCH效应检验

滞后期数	Q	P值	LM	P值
1	11.3807	0.0007	11.3142	0.0008
2	15.8353	0.0004	14.6183	0.0007

续表

滞后期数	Q	P 值	LM	P 值
3	20.6102	0.0001	18.0652	0.0004
4	44.803	<0.0001	38.4051	<0.0001
5	55.323	<0.0001	43.9355	<0.0001
6	59.854	<0.0001	45.4654	<0.0001
7	68.0581	<0.0001	49.4961	<0.0001
8	69.2132	<0.0001	49.5182	<0.0001
9	73.3883	<0.0001	50.6226	<0.0001
10	76.8387	<0.0001	51.426	<0.0001
11	86.9833	<0.0001	56.0263	<0.0001
12	103.515	<0.0001	65.7251	<0.0001

附表1.9　欧元/人民币月收益率滞后12期ARCH效应检验

滞后期数	Q	P 值	LM	P 值
1	77.9612	<0.0001	77.2251	<0.0001
2	77.9744	<0.0001	103.8494	<0.0001
3	77.9876	<0.0001	116.5664	<0.0001
4	78.0012	<0.0001	124.6532	<0.0001
5	78.0149	<0.0001	129.6659	<0.0001
6	78.0286	<0.0001	133.5587	<0.0001
7	78.0424	<0.0001	136.2022	<0.0001
8	78.0564	<0.0001	138.4989	<0.0001
9	78.0705	<0.0001	140.1176	<0.0001
10	78.0845	<0.0001	141.6334	<0.0001
11	78.0987	<0.0001	142.7144	<0.0001
12	78.1133	<0.0001	143.7935	<0.0001

附表1.10　澳元/人民币日收益率滞后12期ARCH效应检验

滞后期数	Q	P 值	LM	P 值
1	127.6072	<0.0001	127.401	<0.0001
2	418.5913	<0.0001	335.3638	<0.0001

续表

滞后期数	Q	P 值	LM	P 值
3	542.5676	<0.0001	353.9567	<0.0001
4	738.2479	<0.0001	386.6871	<0.0001
5	767.5774	<0.0001	398.8948	<0.0001
6	876.7769	<0.0001	404.9041	<0.0001
7	901.3832	<0.0001	405.1022	<0.0001
8	988.5324	<0.0001	415.7672	<0.0001
9	1 006.327	<0.0001	415.7896	<0.0001
10	1 073.2158	<0.0001	418.684	<0.0001
11	1 124.4035	<0.0001	430.9177	<0.0001
12	1 203.5686	<0.0001	435.3213	<0.0001

附表1.11　澳元/人民币周收益率滞后12期ARCH效应检验

滞后期数	Q	P 值	LM	P 值
1	127.6072	<0.0001	127.401	<0.0001
2	418.5913	<0.0001	335.3638	<0.0001
3	542.5676	<0.0001	353.9567	<0.0001
4	738.2479	<0.0001	386.6871	<0.0001
5	767.5774	<0.0001	398.8948	<0.0001
6	876.7769	<0.0001	404.9041	<0.0001
7	901.3832	<0.0001	405.1022	<0.0001
8	988.5324	<0.0001	415.7672	<0.0001
9	1 006.327	<0.0001	415.7896	<0.0001
10	1 073.2158	<0.0001	418.684	<0.0001
11	1 124.4035	<0.0001	430.9177	<0.0001
12	1 203.5686	<0.0001	435.3213	<0.0001

附表1.12　澳元/人民币月收益率滞后12期ARCH效应检验

滞后期数	Q	P 值	LM	P 值
1	77.8537	<0.0001	77.1186	<0.0001
2	77.8668	<0.0001	103.6578	<0.0001

续表

滞后期数	Q	P值	LM	P值
3	77.8799	<0.0001	116.3031	<0.0001
4	77.8933	<0.0001	124.3163	<0.0001
5	77.907	<0.0001	129.2588	<0.0001
6	77.9207	<0.0001	133.0795	<0.0001
7	77.9345	<0.0001	135.6545	<0.0001
8	77.9484	<0.0001	137.8789	<0.0001
9	77.9626	<0.0001	139.4287	<0.0001
10	77.9769	<0.0001	140.8754	<0.0001
11	77.9913	<0.0001	141.8921	<0.0001
12	78.0059	<0.0001	142.9021	<0.0001

附表1.13　美元/人民币日收益率滞后12期ARCH效应检验

滞后期数	Q	P值	LM	P值
1	50.0992	<0.0001	50.2916	<0.0001
2	96.2232	<0.0001	81.8956	<0.0001
3	182.307	<0.0001	136.8965	<0.0001
4	213.4735	<0.0001	142.56	<0.0001
5	254.4723	<0.0001	152.9346	<0.0001
6	278.8009	<0.0001	154.3585	<0.0001
7	296.1795	<0.0001	155.2134	<0.0001
8	321.488	<0.0001	158.4876	<0.0001
9	345.4252	<0.0001	162.1756	<0.0001
10	364.7724	<0.0001	164.0068	<0.0001
11	389.9526	<0.0001	167.493	<0.0001
12	436.7942	<0.0001	181.16	<0.0001

附表1.14　美元/人民币月收益率滞后12期ARCH效应检验

滞后期数	Q	P值	LM	P值
1	10.5786	0.0011	10.5627	0.0012
2	23.6366	<0.0001	19.9719	<0.0001

续表

滞后期数	Q	P 值	LM	P 值
3	35.9853	<0.0001	26.0914	<0.0001
4	59.3636	<0.0001	38.3628	<0.0001
5	74.3655	<0.0001	42.3608	<0.0001
6	87.3279	<0.0001	44.4297	<0.0001
7	107.2619	<0.0001	49.557	<0.0001
8	119.7094	<0.0001	50.4722	<0.0001
9	123.4418	<0.0001	51.2173	<0.0001
10	132.0448	<0.0001	51.4181	<0.0001
11	140.6769	<0.0001	51.5133	<0.0001
12	150.8007	<0.0001	52.0907	<0.0001

附表1.15　港元/人民币日收益率滞后12期ARCH效应检验

滞后期数	Q	P 值	LM	P 值
1	11.3807	0.0007	11.3142	0.0008
2	15.8353	0.0004	14.6183	0.0007
3	20.6102	0.0001	18.0652	0.0004
4	44.803	<0.0001	38.4051	<0.0001
5	55.323	<0.0001	43.9355	<0.0001
6	59.854	<0.0001	45.4654	<0.0001
7	68.0581	<0.0001	49.4961	<0.0001
8	69.2132	<0.0001	49.5182	<0.0001
9	73.3883	<0.0001	50.6226	<0.0001
10	76.8387	<0.0001	51.426	<0.0001
11	86.9833	<0.0001	56.0263	<0.0001
12	103.515	<0.0001	65.7251	<0.0001

附表1.16　港元/人民币周收益率滞后12期ARCH效应检验

滞后期数	Q	P 值	LM	P 值
1	67.0931	<0.0001	64.7427	<0.0001
2	86.2598	<0.0001	71.8016	<0.0001

续表

滞后期数	Q	P值	LM	P值
3	134.7952	<0.0001	103.1597	<0.0001
4	155.5546	<0.0001	106.8416	<0.0001
5	173.4565	<0.0001	111.5231	<0.0001
6	193.5865	<0.0001	115.7521	<0.0001
7	210.1932	<0.0001	118.6659	<0.0001
8	229.8738	<0.0001	123.0546	<0.0001
9	238.2173	<0.0001	123.1166	<0.0001
10	248.4195	<0.0001	124.2621	<0.0001
11	259.5908	<0.0001	125.2157	<0.0001
12	281.393	<0.0001	132.0137	<0.0001

附表1.17　港元/人民币月收益率滞后12期ARCH效应检验

滞后期数	Q	P值	LM	P值
1	4.0653	0.0438	4.0757	0.0435
2	12.0241	0.0024	10.8945	0.0043
3	15.0476	0.0018	12.3357	0.0063
4	21.9568	0.0002	16.298	0.0026
5	41.8412	<0.0001	30.2464	<0.0001
6	51.6914	<0.0001	34.0102	<0.0001
7	63.9628	<0.0001	38.1048	<0.0001
8	75.851	<0.0001	42.4623	<0.0001
9	79.4417	<0.0001	42.4743	<0.0001
10	81.0145	<0.0001	43.3104	<0.0001
11	103.2294	<0.0001	52.0335	<0.0001
12	113.7543	<0.0001	53.4637	<0.0001

附表 1.18　汇率数据与企业股票市场收益率的协整检验描述

企业名称		日数据 T 值	周数据 T 值	月数据 T 值
中兴通讯	美元	-35.774	-8.3169	-8.3169
	港元	-35.754	-8.3545	-8.3545
	欧元	-35.693	-8.2845	-8.2845
	澳元	-35.832	-8.4302	-8.4302
TCL 集团	美元	-39.878	-8.9363	-8.9363
	港元	-39.88	-9.1026	-9.1026
	欧元	-39.874	-9.2043	-9.2043
	澳元	-39.916	-9.1851	-9.1851
中联重科	美元	-34.335	-10.423	-10.423
	港元	-34.326	-10.328	-10.328
	欧元	-34.316	-10.385	-10.385
	澳元	-34.324	-10.493	-10.493
粤海投资	美元	-45.733	-9.7101	-9.7101
	港元	-45.679	-9.76	-9.76
	欧元	-45.793	-9.1106	-9.1106
	澳元	-45.69	-9.1791	-9.1791
珠江船务	美元	-42.402	-8.8454	-8.8454
	港元	-42.399	-8.8204	-8.8204
	欧元	-42.445	-8.988	-8.988
	澳元	-42.392	-8.9532	-8.9532
中国电信	美元	-37.648	-9.8349	-9.8349
	港元	-37.696	-9.7906	-9.7906
	欧元	-37.796	-9.5143	-9.5143
	澳元	-37.796	-9.6104	-9.6104
中色股份	美元	-36.704	-9.9771	-9.9771
	港元	-36.742	10.019	-10.019
	欧元	-36.909	-10.088	-10.088
	澳元	-37.172	-10.095	-10.095
云南铜业	美元	-37.81	-8.3407	-8.3407
	港元	-37.813	-8.4898	-8.4898
	欧元	-38.097	-8.1873	-8.1873
	澳元	-38.265	-8.0926	-8.0926

续表

企业名称		日数据 T 值	周数据 T 值	月数据 T 值
中国海洋石油	美元	-36.516	-10.905	-10.905
	港元	-36.49	-10.818	-10.818
	欧元	-36.466	-10.83	-10.83
	澳元	-36.52	-10.742	-10.742
鞍钢股份	美元	-34.663	-7.6985	-7.6985
	港元	-34.673	-7.7023	-7.7023
	欧元	-34.732	-7.787	-7.787
	澳元	-34.92	-7.7019	-7.7019
华菱钢铁	美元	-36.43	-10.308	-10.308
	港元	-36.432	-10.288	-10.288
	欧元	-36.409	-10.321	-10.321
	澳元	-36.431	-10.252	-10.252
中国移动	美元	-34.786	-7.1865	-7.1865
	港元	-34.798	-7.2025	-7.2025
	欧元	-34.45	-7.1897	-7.1897
	澳元	-34.847	-7.6261	-7.6261
首钢股份	美元	-35.666	-8.7364	-8.7364
	港元	-35.688	-8.7668	-8.7668
	欧元	-35.674	-8.5593	-8.5593
	澳元	-35.685	-8.2177	-8.2177
联想集团	美元	-40.575	-10.185	-10.185
	港元	-40.566	-10.276	-10.276
	欧元	-40.544	-10.028	-10.028
	澳元	-40.503	-10.097	-10.097
中国电力	美元	-37.936	-8.572	-8.572
	港元	-37.948	-8.6138	-8.6138
	欧元	-37.941	-8.5076	-8.5076
	澳元	-37.992	-8.3832	-8.3832
武钢股份	美元	-36.148	-9.0832	-9.0832
	港元	-36.186	-8.8189	-8.8189
	欧元	-36.155	-8.2869	-8.2869
	澳元	-36.153	-8.4828	-8.4828

续表

企业名称		日数据 T 值	周数据 T 值	月数据 T 值
华能国际	美元	-35.765	-9.3892	-9.3892
	港元	-35.773	-9.509	-9.509
	欧元	-35.854	-10.094	-10.094
	澳元	-35.85	-10.242	-10.242
宝钢股份	美元	-35.503	-8.4291	-8.4291
	港元	-35.5	-8.3146	-8.3146
	欧元	-35.512	-8.1621	-8.1621
	澳元	-35.501	-8.137	-8.137
中国石化	美元	-36.263	-9.8118	-9.8118
	港元	-36.247	-9.8061	-9.8061
	欧元	-36.242	-9.7343	-9.7343
	澳元	-36.272	-9.8076	-9.8076
保利地产	美元	-34.024	-8.6121	-8.6121
	港元	-34.017	-8.7655	-8.7655
	欧元	-33.972	-8.6474	-8.6474
	澳元	-34.043	-8.7709	-8.7709
中国联通	美元	-37.994	-9.5603	-9.5603
	港元	-37.981	-9.5704	-9.5704
	欧元	-38.008	-9.3316	-9.3316
	澳元	-38.009	-9.3519	-9.3519
兖州煤业	美元	-35.452	-9.2806	-9.2806
	港元	-35.404	-9.2864	-9.2864
	欧元	-35.594	-9.2425	-9.2425
	澳元	-35.794	-9.4077	-9.4077
五矿发展	美元	-37.658	-9.2556	-9.2556
	港元	-37.656	-9.2384	-9.2384
	欧元	-37.695	-9.1551	-9.1551
	澳元	-37.804	-8.8693	-8.8693
上海汽车	美元	-36.588	-9.6092	-9.6092
	港元	-36.606	-9.5515	-9.5515
	欧元	-36.572	-9.3876	-9.3876
	澳元	-36.638	-9.4258	-9.4258

续表

企业名称		日数据 T 值	周数据 T 值	月数据 T 值
中金黄金	美元	-35.738	-9.7669	-9.7669
	港元	-35.834	-9.8094	-9.8094
	欧元	-36.185	-9.2371	-9.2371
	澳元	-36.222	-9.4605	-9.4605
中化国际	美元	-38.489	-10.53	-10.53
	港元	-38.493	-10.555	-10.555
	欧元	-38.462	-10.392	-10.392
	澳元	-38.529	-10.5	-10.5
青岛海尔	美元	-36.739	-9.6253	-9.6253
	港元	-36.735	-9.63	-9.63
	欧元	-36.751	-9.6027	-9.6027
	澳元	-36.779	-9.5884	-9.5884
国投电力	美元	-37.685	-9.9982	-9.9982
	港元	-37.654	-9.9535	-9.9535
	欧元	-37.755	-9.9963	-9.9963
	澳元	-37.81	-10.714	-10.714
张江高科	美元	-37.615	-8.9287	-8.9287
	港元	-37.653	-8.9447	-8.9447
	欧元	-37.591	-8.9733	-8.9733
	澳元	-37.706	-9.1571	-9.1571
中国神华	美元	-29.228	-7.5292	-7.5292
	港元	-29.194	-7.5182	-7.5182
	欧元	-29.389	-7.7089	-7.7089
	澳元	-29.71	-7.8844	-7.8844
中国国航	美元	-33.05	-9.2761	-9.2761
	港元	-33.082	-9.222	-9.222
	欧元	-33.204	-8.8287	-8.8287
	澳元	-33.208	-9.3368	-9.3368
中国中冶	美元	-24.162	-6.8325	-6.8325
	港元	-24.256	-6.4914	-6.4914
	欧元	-24.274	-7.1	-7.1
	澳元	-24.299	-6.3668	-6.3668

续表

企业名称		日数据 T 值	周数据 T 值	月数据 T 值
中国铁建	美元	－30.095	－6.0974	－6.0974
	港元	－30.115	－6.2117	－6.2117
	欧元	－30.122	－6.0393	－6.0393
	澳元	－30.315	－6.3829	－6.3829
中国铝业	美元	－33	－10.75	－10.75
	港元	－33.03	－10.668	－10.668
	欧元	－33.075	－10.851	－10.851
	澳元	－33.163	－11.084	－11.084
长航油运	美元	－35.58	－12.084	－12.084
	港元	－35.577	－12.113	－12.113
	欧元	－35.677	－11.9	－11.9
	澳元	－35.702	－11.864	－11.864
中国建筑	美元	－24.589	－5.1046	－5.1046
	港元	－24.632	－5.2813	－5.2813
	欧元	－24.515	－4.5694	－4.5694
	澳元	－24.671	－4.9374	－4.9374
中国石油	美元	－30.241	－7.3681	－7.3681
	港元	－30.133	－7.3214	－7.3214
	欧元	－30.431	－7.352	－7.352
	澳元	－30.208	－7.2507	－7.2507
中海集运	美元	－30.255	－6.2737	－6.2737
	港元	－30.227	－6.216	－6.216
	欧元	－30.224	－6.2053	－6.2053
	澳元	－30.243	－6.278	－6.278
招商轮船	美元	－34.359	－13.666	－13.666
	港元	－34.388	－13.785	－13.785
	欧元	－34.352	－13.88	－13.88
	澳元	－34.361	－13.779	－13.779
中国远洋	美元	－29.149	－7.9448	－7.9448
	港元	－29.128	－7.7898	－7.7898
	欧元	－29.168	－7.7447	－7.7447
	澳元	－29.204	－7.4905	－7.4905

附表 1.19　　　　　　　企业日数据的实证结果描述

企业名称	美元系数	美元T值	港元系数	港元T值	欧元系数	欧元T值	澳元系数	澳元T值
中兴通讯	-0.48	-0.77	-0.10	-0.17	0.19	2.20	0.10	2.03
TCL集团	-0.23	-0.40	-0.02	-0.05	0.02	0.31	-0.02	-0.47
中联重科	0.03	0.05	0.48	0.71	0.05	0.64	-0.01	-0.10
粤海投资	-1.00	-1.85	-0.71	-1.43	0.08	0.94	-0.05	-0.73
珠江船务	0.45	0.74	0.39	0.68	-0.06	-0.86	0.00	-0.04
中国电信	0.84	2.06	0.81	1.92	0.05	0.86	0.03	0.58
中色股份	0.32	0.42	1.30	1.81	0.34	4.47	0.28	5.50
云南铜业	-2.15	-3.12	-0.84	-1.36	0.48	6.55	0.46	8.77
中海油	-1.58	-3.65	-1.30	-3.10	0.26	4.20	0.28	6.61
鞍钢股份	-0.65	-1.23	-0.41	-0.78	0.23	3.82	0.23	4.93
华菱钢铁	-0.36	-0.50	-0.44	-0.66	0.14	1.93	0.08	1.47
中国移动	0.61	1.81	0.24	0.74	-0.21	-4.63	-0.19	-5.25
首钢股份	0.98	1.86	0.07	0.14	0.04	0.68	-0.05	-1.27
联想集团	-1.20	-1.62	-1.09	-1.49	0.07	0.74	0.01	0.15
中国电力	-0.17	-0.34	-0.39	-0.83	-0.05	-0.77	-0.13	-2.20
武钢股份	0.71	1.67	0.28	0.66	-0.04	-0.74	-0.03	-0.76
华能国际	-0.11	-0.26	-0.41	-1.07	-0.09	-1.55	-0.11	-2.78
宝钢股份	0.30	0.83	0.18	0.50	-0.04	-0.79	0.00	-0.09
中国石化	-1.17	-3.56	-1.27	-4.12	0.04	0.89	-0.02	-0.46
保利地产	-1.40	-1.86	-1.33	-1.82	0.14	1.58	-0.11	-1.53
中国联通	-0.14	-0.31	-0.03	-0.08	0.02	0.42	0.01	0.22
五矿发展	-0.14	-0.21	0.37	0.57	0.08	0.93	0.09	1.40
长航油运	0.47	0.74	0.66	1.08	-0.04	-0.56	-0.03	-0.57
上海汽车	0.39	0.57	-0.20	-0.31	-0.11	-1.30	-0.04	-0.74
兖州煤业	-1.03	-1.61	-0.79	-1.31	0.20	2.70	0.21	3.52
中金黄金	-4.08	-5.18	-2.77	-3.90	0.67	8.05	0.39	4.92
中化国际	0.19	0.32	0.10	0.18	-0.05	-0.70	-0.08	-1.51
青岛海尔	0.62	1.11	0.73	1.29	-0.05	-0.65	-0.04	-0.69

续表

企业名称	美元系数	美元T值	港元系数	港元T值	欧元系数	欧元T值	澳元系数	澳元T值
国投电力	-0.19	-0.40	-0.45	-0.93	-0.11	-1.96	-0.15	-3.32
张江高科	0.52	0.72	0.31	0.47	-0.13	-1.51	-0.06	-0.96
中国神华	-1.00	-2.42	-0.46	-0.95	0.20	4.01	0.16	3.50
中国国航	-0.14	-0.19	-0.69	-0.92	-0.30	-3.53	-0.13	-2.15
中国铁建	-0.69	-1.58	-0.53	-1.25	0.01	0.34	-0.01	-0.18
中国铝业	-0.43	-0.74	-0.20	-0.38	0.15	2.10	0.13	2.21
中国中冶	-0.30	-0.53	-0.04	-0.09	0.01	0.11	-0.03	-0.66
中国建筑	-0.77	-1.59	-1.35	-3.06	0.11	1.97	-0.04	-0.73
中国石油	-1.07	-4.03	-0.98	-3.76	0.16	6.46	0.07	2.76
中海集运	0.98	2.04	1.00	2.17	-0.10	-1.67	0.02	0.65
招商轮船	0.28	0.62	0.07	0.16	-0.12	-2.56	0.05	1.83
中国远洋	0.64	1.51	0.84	2.04	0.07	1.18	0.08	1.63

附表1.20　　企业周数据的实证结果描述

企业名称	美元系数	美元T值	港元系数	港元T值	欧元系数	欧元T值	澳元系数	澳元T值
中兴通讯	-1.42	-1.11	-1.13	-0.91	0.18	0.97	0.07	0.80
TCL集团	-1.20	-0.85	-1.04	-0.81	0.03	0.16	-0.25	-1.80
中联重科	-0.31	-0.26	-0.11	-0.10	0.22	1.17	0.06	0.48
粤海投资	-0.11	-0.12	0.06	0.07	-0.22	-1.90	-0.25	-2.94
珠江船务	-0.16	-0.11	-0.73	-0.51	0.08	0.53	0.03	0.21
中国电信	1.49	1.35	1.99	2.09	-0.15	-0.92	-0.15	-1.09
中色股份	3.97	2.11	4.90	2.49	0.16	0.96	0.41	3.37
云南铜业	-2.05	-1.41	-0.47	-0.30	0.59	6.72	0.68	6.05
中海油	-1.82	-1.86	-1.55	-1.55	0.20	1.34	0.40	3.12
鞍钢股份	-2.13	-1.89	-1.41	-1.22	0.39	2.00	0.35	3.01
华菱钢铁	-0.11	-0.06	-0.30	-0.19	0.14	0.66	-0.04	-0.31
中国移动	0.13	0.14	0.18	0.21	-0.02	-0.19	-0.14	-1.32
首钢股份	-0.43	-0.33	-0.89	-0.67	0.04	0.21	-0.07	-0.54

续表

企业名称	美元系数	美元T值	港元系数	港元T值	欧元系数	欧元T值	澳元系数	澳元T值
联想集团	-1.94	-1.03	-1.27	-0.72	-0.20	-0.99	0.14	0.73
中国电力	-1.28	-1.33	-1.67	-1.77	0.15	1.14	0.04	0.30
武钢股份	0.34	0.48	-0.15	-0.21	0.03	0.24	-0.04	-0.43
华能国际	-0.36	-0.38	-0.96	-0.93	0.00	0.02	-0.03	-0.31
宝钢股份	-0.90	-1.10	-0.89	-1.05	0.08	0.60	-0.02	-0.32
中国石化	-1.64	-2.05	-1.96	-2.37	-0.10	-0.72	-0.16	-1.20
保利地产	-4.19	-2.99	-3.16	-2.16	0.17	0.68	0.04	0.27
中国联通	-1.05	-1.01	-0.53	-0.49	-0.11	-0.61	-0.13	-0.95
五矿发展	-1.43	-1.12	-1.52	-1.18	0.18	0.76	0.10	0.65
长航油运	-0.03	-0.03	-0.74	-0.67	0.07	0.38	-0.04	-0.29
上海汽车	0.79	0.48	0.07	0.04	0.00	0.01	-0.14	-0.86
兖州煤业	-1.23	-0.81	-2.04	-1.49	0.22	1.19	0.25	2.06
中金黄金	-2.15	-1.32	-1.16	-0.74	0.74	3.63	0.43	2.79
中化国际	1.29	1.28	0.84	0.82	-0.06	-0.40	-0.08	-0.61
青岛海尔	0.74	0.62	0.36	0.30	0.05	0.28	-0.07	-0.69
国投电力	-0.08	-0.07	-0.49	-0.44	0.01	0.08	-0.18	-2.00
张江高科	-0.55	-0.41	-0.35	-0.26	0.03	0.18	0.06	0.42
中国神华	-1.90	-2.00	-2.37	-2.25	0.40	2.95	0.20	2.13
中国国航	-0.54	-0.31	-1.04	-0.57	-0.23	-1.06	-0.14	-1.07
中国铁建	-1.20	-2.35	-0.94	-1.81	0.03	0.30	0.07	1.04
中国铝业	0.68	0.55	0.98	0.74		1.41	0.26	2.15
中国中冶	-0.83	-0.92	-0.74	-0.84	0.26	1.84	0.04	0.32
中国建筑	-2.09	-1.86	-2.74	-2.99	0.15	2.05	-0.03	-0.29
中国石油	-1.87	-3.37	-2.15	-3.72	0.24	3.26	0.07	1.31
中海集运	0.33	0.26	0.30	0.24	0.10	0.57	-0.10	-0.85
招商轮船	0.54	0.55	0.70	0.78	0.10	0.68	0.05	0.59
中国远洋	0.22	0.31	0.20	0.30	0.25	1.76	0.30	3.17

附表1.21　　　　　　　　企业月数据的实证结果描述

企业名称	美元系数	美元T值	港元系数	港元T值	欧元系数	欧元T值	澳元系数	澳元T值
中兴通讯	-2.80	-0.97	-4.06	-1.54	0.59	1.94	0.33	1.37
TCL集团	-5.18	-2.10	-5.27	-2.18	0.25	0.59	-0.13	-0.38
中联重科	-1.69	-0.37	2.14	0.46	0.54	1.10	-0.18	-0.50
粤海投资	-0.36	-0.19	-1.02	-0.57	-0.42	-1.39	0.45	-2.17
珠江船务	0.20	0.05	0.37	0.09	-0.14	-0.26	0.41	1.89
中国电信	-1.68	-0.77	-1.43	-0.62	-0.48	-1.25	-0.21	-0.64
中色股份	6.60	2.37	7.38	2.28	0.27	0.48	0.22	0.46
云南铜业	-1.50	-0.34	0.88	0.24	0.50	1.44	0.63	1.53
中海油	-0.29	-0.16	0.49	0.24	-0.01	-0.04	0.37	1.41
鞍钢股份	-1.79	-0.61	0.39	0.13	0.17	0.37	0.01	0.03
华菱钢铁	-1.64	-0.53	-0.66	-0.23	0.24	0.60	0.16	0.49
中国移动	0.96	0.47	0.69	0.37	-0.22	-0.90	-0.30	-1.37
首钢股份	-0.56	-0.32	-1.04	-0.49	-0.19	-0.76	-0.44	-2.15
联想集团	-1.57	-0.43	-2.51	-0.66	0.08	0.18	0.13	0.26
中国电力	0.39	0.22	0.20	0.11	-0.36	-1.12	-0.39	-1.39
武钢股份	-2.12	-1.37	-3.03	-1.69	-0.29	-0.97	-0.35	-1.71
华能国际	-2.28	-0.76	-0.88	-0.33	-0.29	-0.71	-0.26	-0.87
宝钢股份	-3.20	-1.21	-2.36	-0.98	-0.47	-1.31	-0.56	-3.10
中国石化	-1.99	-0.80	-0.06	-0.03	-0.42	-1.20	-0.13	-0.51
保利地产	-4.62	-1.12	-1.76	-0.43	0.49	1.05	0.00	-0.01
中国联通	-5.17	-2.43	-3.54	-1.65	-0.28	-0.89	-0.14	-0.63
五矿发展	-5.69	-2.25	-6.35	-2.36	0.73	2.04	0.53	1.78
长航油运	-3.69	-1.10	-3.91	-1.09	0.27	0.66	0.10	0.33
上海汽车	2.35	0.60	3.43	0.97	0.28	0.66	-0.08	-0.25
兖州煤业	-3.52	-0.81	-4.23	-0.98	0.44	0.89	0.30	0.67
中金黄金	2.96	0.36	2.57	0.32	1.48	1.71	0.56	0.93
中化国际	-0.16	-0.06	-0.49	-0.17	0.40	1.15	0.22	0.71
青岛海尔	-0.72	-0.29	0.27	0.12	0.09	0.25	0.07	0.27
国投电力	-1.91	-1.42	-1.49	-0.98	0.36	1.95	-0.28	-1.27

续表

企业名称	美元系数	美元T值	港元系数	港元T值	欧元系数	欧元T值	澳元系数	澳元T值
张江高科	-1.86	-0.53	-1.13	-0.36	0.16	0.39	-0.25	-0.68
中国神华	-0.37	-0.15	-0.47	-0.19	0.19	0.53	0.21	0.78
中国国航	-2.13	-0.52	-2.04	-0.55	0.55	1.06	0.16	0.49
中国铁建	-2.35	-1.16	1.79	0.82	0.19	0.60	-0.26	-1.33
中国铝业	-0.04	-0.02	0.21	0.10	-0.45	-1.93	0.45	-2.19
中国中冶	-2.94	-1.07	-3.03	-0.96	0.52	1.79	-0.03	-0.12
中国建筑	-4.24	-2.06	-4.71	-2.11	0.29	0.77	-0.20	-0.53
中国石油	1.10	0.70	-1.21	-0.71	-0.02	-0.14	0.04	0.26
中海集运	1.09	0.58	1.34	0.64	0.18	0.80	0.11	0.53
招商轮船	-1.16	-0.56	-1.14	-0.62	0.13	0.54	0.01	0.02
中国远洋	-1.52	-0.79	-2.26	-1.23	0.00	0.02	-0.09	-0.47

附表1.22　　统计显著的企业日数据的实证结果描述

美元企业	系数	T值	港元企业	系数	T值	欧元企业	系数	T值	澳元企业	系数	T值
粤海投资	-1.00	-1.85	中国电信	0.81	1.92	中兴通讯	0.19	2.20	中兴通讯	0.10	2.03
中国电信	0.84	2.06	中色股份	1.30	1.81	中色股份	0.34	4.47	中色股份	0.28	5.50
云南铜业	-2.15	-3.12	中国海洋石油	-1.30	-3.10	云南铜业	0.48	6.55	云南铜业	0.46	8.77
中国海洋石油	-1.58	-3.65	中国石化	-1.27	-4.12	中国海洋石油	0.26	4.20	中国海洋石油	0.28	6.61
中国移动	0.61	1.81	保利地产	-1.33	-1.82	鞍钢股份	0.23	3.82	鞍钢股份	0.23	4.93
首钢股份	0.98	1.86	中金黄金	-2.77	-3.90	华菱钢铁	0.14	1.93	中国移动	-0.19	-5.25

续表

美元			港元			欧元			澳元		
企业	系数	T值	企业	系数	T值	企业	系数	T值	企业	系数	T值
武钢股份	0.71	1.67	中国建筑	-1.35	-3.06	中国移动	-0.21	-4.63	中国电力	-0.13	-2.20
中国石化	-1.17	-3.56	中国石油	-0.98	-3.76	兖州煤业	0.20	2.70	华能国际	-0.11	-2.78
保利地产	-1.40	-1.86	中海集运	1.00	2.17	中金黄金	0.67	8.05	兖州煤业	0.21	3.52
中金黄金	-4.08	-5.18	中国远洋	0.84	2.04	国投电力	-0.11	-1.96	中金黄金	0.39	4.92
粤海投资	-1.00	-1.85	中国电信	0.81	1.92	中兴通讯	0.19	2.20	中兴通讯	0.10	2.03
中国神华	-1.00	-2.42				中国神华	0.20	4.01	国投电力	-0.15	-3.32
中国石油	-1.07	-4.03				中国国航	-0.30	-3.53	中国神华	0.16	3.50
中海集运	0.98	2.04				中国铝业	0.15	2.10	中国国航	-0.13	-2.15
						中国建筑	0.11	1.97	中国铝业	0.13	2.21
						中国石油	0.16	6.46	中国石油	0.07	2.76
						中海集运	-0.10	-1.67	招商轮船	0.05	1.83
						招商轮船	-0.12	-2.56			

附表1.23   统计显著的企业周数据的实证结果描述

美元			港元			欧元			澳元		
企业	系数	T值	企业	系数	T值	企业	系数	T值	企业	系数	T值
中色股份	3.97	2.11	中国电信	1.99	2.09	粤海投资	-0.22	-1.90	TCL集团	-0.25	-1.80
中国海洋石油	-1.82	-1.86	中色股份	4.90	2.49	云南铜业	0.59	6.72	粤海投资	-0.25	-2.94
鞍钢股份	-2.13	-1.89	中国电力	-1.67	-1.77	鞍钢股份	0.39	2.00	中色股份	0.41	3.37
中国石化	-1.64	-2.05	中国石化	-1.96	-2.37	中金黄金	0.74	3.63	云南铜业	0.68	6.05
保利地产	-4.19	-2.99	保利地产	-3.16	-2.16	中国神华	0.40	2.95	中国海洋石油	0.40	3.12
中国神华	-1.90	-2.00	中国神华	-2.37	-2.25	中国中冶	0.26	1.84	鞍钢股份	0.35	3.01
中国铁建	-1.20	-2.35	中国铁建	-0.94	-1.81	中国建筑	0.15	2.05	兖州煤业	0.25	2.06
中国建筑	-2.09	-1.86	中国建筑	-2.74	-2.99	中国石油	0.24	3.26	中金黄金	0.43	2.79
中国石油	-1.87	-3.37	中国石油	-2.15	-3.72	中国远洋	0.25	1.76	国投电力	-0.18	-2.00
									中国神华	0.20	2.13
									中国铝业	0.26	2.15
									中国远洋	0.30	3.17

附表1.24 统计显著的企业月数据的实证结果描述

	美元			港元			欧元			澳元	
企业	系数	T值	企业	系数	T值	企业	系数	T值	企业	系数	T值
TCL集团	-5.18	-2.10	TCL集团	-5.27	-2.18	中兴通讯	0.59	1.94	粤海投资	0.45	-2.17
中色股份	6.60	2.37	中色股份	7.38	2.28	五矿发展	0.73	2.04	珠江船务	0.41	1.89
中国联通	-5.17	-2.43	武钢股份	-3.03	-1.69	中金黄金	1.48	1.71	首钢股份	-0.44	-2.15
五矿发展	-5.69	-2.25	中国联通	-3.54	-1.65	国投电力	0.36	1.95	武钢股份	-0.35	-1.71
中国建筑	-4.24	-2.06	五矿发展	-6.35	-2.36	中国铝业	-0.45	-1.93	宝钢股份	-0.56	-3.10
			中国建筑	-4.71	-2.11	中国中冶	0.52	1.79	五矿发展	0.53	1.78
									中国铝业	0.45	-2.19

附表1.25 行业日数据的实证结果描述

行业名称	美元 系数	T值	港元 系数	T值	欧元 系数	T值	澳元 系数	T值
农、林、牧、渔业	0.59	1.43	0.10	0.30	-0.20	-4.52	-0.15	-4.27
采掘业	-0.83	-3.15	-0.61	-2.53	0.16	5.53	0.09	3.91
制造业	0.17	1.17	0.26	1.66	-0.04	-2.38	-0.04	-2.97
电力、煤气及水的生产和供应业	-0.11	-0.51	-0.32	-1.53	-0.07	-2.70	-0.04	-2.30
建筑业	-0.29	-1.29	-0.25	-1.21	0.03	1.10	-0.04	-2.00
交通运输、仓储业	-0.21	-1.10	-0.20	-1.08	-0.03	-1.22	0.00	-0.24
信息技术业	0.83	3.30	0.79	3.16	-0.10	-3.65	-0.06	-2.64
批发和零售贸易	0.37	1.75	0.15	0.64	-0.09	-3.66	-0.06	-3.22
金融、保险业	0.13	0.50	-0.02	-0.08	0.01	0.39	0.07	2.58
房地产业	-0.21	-0.69	-0.21	-0.70	0.02	0.60	-0.09	-2.96

续表

行业名称	美元 系数	美元 T值	港元 系数	港元 T值	欧元 系数	欧元 T值	澳元 系数	澳元 T值
社会服务业	0.65	2.26	0.53	1.81	-0.14	-4.16	-0.11	-4.17
传播与文化产业	0.56	1.31	0.54	1.25	-0.16	-3.17	-0.12	-3.20
综合类	0.51	2.04	0.49	1.95	-0.11	-3.69	-0.11	-4.35

附表1.26　　　　行业周数据的实证结果描述

行业名称	美元 系数	美元 T值	港元 系数	港元 T值	欧元 系数	欧元 T值	澳元 系数	澳元 T值
农、林、牧、渔业	-0.93	-1.22	-0.72	-0.91	0.10	0.91	0.00	-0.03
采掘业	1.67	1.69	0.66	0.66	-0.32	-2.18	-0.35	-3.19
制造业	-0.80	-0.96	-0.04	-0.06	0.18	1.40	0.15	1.76
电力、煤气及水的生产和供应业	1.60	4.32	1.24	3.21	-0.07	-1.10	-0.13	-2.76
建筑业	-0.24	-0.47	-0.28	-0.51	-0.02	-0.33	-0.01	-0.21
交通运输、仓储业	-0.22	-0.38	-0.29	-0.49	0.04	0.57	-0.08	-1.67
信息技术业	-0.10	-0.25	-0.03	-0.10	0.03	0.46	0.03	0.67
批发和零售贸易	2.16	3.97	1.63	3.00	-0.21	-2.42	-0.23	-4.07
金融、保险业	0.20	0.31	-0.47	-0.79	0.04	0.42	-0.08	-1.31
房地产业	-1.44	-2.78	-1.14	-2.19	-0.02	-0.21	0.14	1.91
社会服务业	-0.20	-0.27	-0.63	-0.92	-0.08	-0.60	-0.10	-1.40
传播与文化产业	1.25	1.38	1.29	1.48	0.00	-0.02	-0.05	-0.50
综合类	2.02	3.37	1.84	2.63	-0.16	-1.42	-0.18	-2.59

附表1.27　　　　行业月数据的实证结果描述

行业名称	美元 系数	美元 T值	港元 系数	港元 T值	欧元 系数	欧元 T值	澳元 系数	澳元 T值
农、林、牧、渔业	3.89	1.48	-0.56	-0.18	-0.40	-1.54	-0.29	-1.36
采掘业	-2.36	-1.81	-0.28	-0.15	-0.05	-0.19	0.12	0.64
制造业	4.29	9.63	1.59	1.14	0.04	0.26	-0.04	-0.26
电力、煤气及水的生产和供应业	-1.10	-0.98	-1.29	-0.99	0.07	0.40	0.04	0.31

续表

行业名称	美元 系数	美元 T值	港元 系数	港元 T值	欧元 系数	欧元 T值	澳元 系数	澳元 T值
建筑业	-1.03	-0.71	-0.95	-0.64	0.22	1.16	-0.12	-0.75
交通运输、仓储业	-1.47	-1.08	-1.23	-0.87	0.10	0.56	0.11	0.93
信息技术业	0.69	0.44	-0.40	-0.28	-0.24	-1.55	-0.05	-0.37
批发和零售贸易	-0.16	-0.09	-1.43	-0.96	0.37	2.23	0.14	1.00
金融、保险业	0.01	0.00	0.89	0.40	-0.14	-0.38	-0.04	-0.15
房地产业	-1.44	-0.67	-0.76	-0.36	0.32	1.26	-0.02	-0.08
社会服务业	-1.80	-1.45	-2.16	-1.67	0.43	2.14	0.18	1.32
传播与文化产业	-1.18	-0.38	-2.03	-0.70	0.36	1.08	0.24	0.75
综合类	3.00	1.90	2.22	1.09	0.06	0.42	0.04	0.31

附表1.28　统计显著的行业周数据的实证结果描述

美元 行业	美元 系数	美元 T值	港元 行业	港元 系数	港元 T值	欧元 行业	欧元 系数	欧元 T值	澳元 行业	澳元 系数	澳元 T值
采掘业	1.67	1.69	电力供应业	1.24	3.21	采掘业	-0.32	-2.18	采掘业	-0.35	-3.19
电力供应业	1.60	4.32	批发和零售贸易	1.63	3.00	批发和零售贸易	-0.21	-2.42	制造业	0.15	1.76
批发和零售贸易	2.16	3.97	房地产业	-1.14	-2.19				电力供应业	-0.13	-2.76
房地产业	-1.44	-2.78	综合类	1.84	2.63				批发和零售贸易	-0.23	-4.07
综合类	2.02	3.37							房地产业	0.14	1.91
									综合类	-0.18	-2.59

附表 1.29　　　　统计显著的行业日数据的实证结果描述

美元			港元			欧元			澳元		
企业	系数	T值	企业	系数	T值	企业	系数	T值	企业	系数	T值
采掘业	-0.83	-3.15	采掘业	-0.61	-2.53	农林牧渔业	-0.20	-4.52	农林牧渔业	-0.15	-4.27
信息技术业	0.83	3.30	制造业	0.26	1.66	采掘业	0.16	5.53	采掘业	0.09	3.91
批发和零售贸易	0.37	1.75	信息技术业	0.79	3.16	制造业	-0.04	-2.38	制造业	-0.04	-2.97
社会服务业	0.65	2.26	社会服务业	0.53	1.81	电力供应业	-0.07	-2.70	电力供应业	-0.04	-2.30
综合类	0.51	2.04	综合类	0.49	1.95	信息技术业	-0.10	-3.65	建筑业	-0.04	-2.00
						批发和零售贸易	-0.09	-3.66	信息技术业	-0.06	-2.64
						社会服务业	-0.14	-4.16	批发和零售贸易	-0.06	-3.22
						传播文化产业	-0.16	-3.17	金融保险业	0.07	2.58
						综合类	-0.11	-3.69	房地产业	-0.09	-2.96
									社会服务业	-0.11	-4.17

续表

美元			港元			欧元			澳元		
企业	系数	T值	企业	系数	T值	企业	系数	T值	企业	系数	T值
									传播文化产业	-0.12	-3.20
									综合类	-0.11	-4.35

附表 1.30　　统计显著的行业月数据的实证结果描述

美元			港元			欧元			澳元		
企业	系数	T值	企业	系数	T值	企业	系数	T值	企业	系数	T值
采掘业	-2.36	-1.81	社会服务业	-2.16	-1.67	批发和零售贸易	0.37	2.23			
制造业	4.29	9.63				社会服务业	0.43	2.14			
综合类	3.00	1.90									

附表 1.31　　企业季度 ROE 数据的实证结果描述

企业名称	美元		港元		欧元		澳元	
	系数	T值	系数	T值	系数	T值	系数	T值
中兴通讯	-0.59	-1.35	-0.55	-1.17	-0.13	-0.88	-0.08	-0.60
TCL集团	-2.12	-1.51	-2.15	-1.45	-0.50	-1.03	-1.24	-3.19
中联重科	-2.60	-3.46	-2.79	-3.55	0.16	0.52	-0.20	-0.70
中色股份	-2.18	-4.02	-2.28	-3.96	0.19	0.77	-0.26	-1.14
云南铜业	2.98	1.23	2.24	0.86	0.87	1.35	1.08	1.63
鞍钢股份	-2.29	-5.48	-2.45	-6.01	0.24	1.03	-0.27	-1.41
华菱钢铁	-0.53	-0.89	-0.48	-0.75	0.01	0.04	-0.30	-2.02

续表

企业名称	美元 系数	美元 T值	港元 系数	港元 T值	欧元 系数	欧元 T值	澳元 系数	澳元 T值
首钢股份	-0.95	-3.80	-0.97	-3.62	-0.09	-0.79	-0.06	-0.63
武钢股份	-3.30	-7.55	-3.45	-7.11	-0.25	-0.87	-0.52	-2.04
华能国际	1.22	2.64	1.27	2.59	-0.05	-0.26	0.33	2.19
宝钢股份	-1.82	-6.80	-1.84	-6.35	-0.20	-1.35	-0.26	-1.87
中国石化	-1.38	-2.44	-1.54	-2.63	-0.09	-0.48	-0.02	-0.08
保利地产	-0.26	-0.51	-0.29	-0.55	0.13	0.60	0.03	0.23
中国联通	-0.51	-1.54	-0.48	-1.49	0.01	0.08	0.02	0.23
五矿发展	-2.54	-9.61	-2.69	-10.01	0.00	-0.02	-0.44	-2.39
长航油运	-1.52	-5.21	-1.55	-4.81	-0.18	-1.43	-0.27	-2.32
上海汽车	-0.22	-0.46	-0.26	-0.53	-0.10	-0.62	0.11	0.76
兖州煤业	-2.35	-5.05	-2.39	-4.76	-0.39	-1.85	-0.44	-2.23
中金黄金	-1.73	-4.49	-1.88	-4.90	-0.04	-0.23	-0.20	-1.17
中化国际	-0.98	-2.08	-0.96	-1.90	-0.43	-2.95	-0.21	-1.34
青岛海尔	-0.50	-0.96	-0.62	-1.15	-0.13	-0.89	0.13	0.94
国投电力	-0.91	-1.54	-0.96	-1.56	-0.28	-1.50	-0.01	-0.04
张江高科	-1.06	-2.85	-1.13	-2.81	-0.05	-0.37	-0.07	-0.61
中国神华	-1.08	-1.12	-1.11	-1.10	-0.30	-1.11	-0.10	-0.53
中国国航	3.26	2.47	3.35	2.31	0.75	1.07	1.15	3.48
中国铁建	0.08	0.22	0.12	0.30	0.09	0.73	-0.09	-0.97
中国铝业	-0.41	-0.50	-0.69	-0.82	-0.33	-1.57	-0.08	-0.46
中国中冶	-3.31	-1.53	-3.55	-1.44	0.43	1.96	0.36	1.47
中国建筑	-3.35	-4.10	-3.39	-3.32	0.13	0.52	0.44	5.33
中国石油	-1.59	-2.32	-1.62	-2.36	-0.19	-0.66	-0.20	-0.93
中海集运	-0.93	-0.48	-1.57	-0.82	-0.67	-1.50	0.09	0.27
招商轮船	-1.50	-6.53	-1.55	-6.15	-0.38	-2.41	-0.26	-2.98
中国远洋	-4.90	-3.34	-5.59	-3.91	-0.75	-2.14	-0.34	-1.06

附表 1.32　　企业季度 CFPS 数据的实证结果描述

企业名称	美元 系数	美元 T值	港元 系数	港元 T值	欧元 系数	欧元 T值	澳元 系数	澳元 T值
中兴通讯	-36.15	-2.23	-38.00	-2.21	-3.08	-0.50	-6.30	-1.29
TCL 集团	-0.89	-0.13	-1.70	-0.23	-3.04	-1.39	-0.29	-0.13
中联重科	-8.62	-1.20	-9.36	-1.23	-5.44	-2.67	-3.61	-1.74
中色股份	5.37	1.45	6.08	1.57	1.49	1.19	2.46	2.27
云南铜业	55.31	1.87	46.92	1.46	7.31	0.87	12.08	1.40
鞍钢股份	1.43	0.35	0.45	0.11	1.11	0.80	1.07	0.93
华菱钢铁	8.77	1.81	8.66	1.67	0.90	0.55	2.67	2.11
首钢股份	8.85	2.88	9.39	2.92	0.02	0.02	2.49	2.61
武钢股份	1.39	0.34	1.50	0.35	0.62	0.46	0.71	0.56
华能国际	0.16	0.09	-0.03	-0.02	-0.84	-1.60	-0.04	-0.08
宝钢股份	3.20	1.28	3.21	1.24	-0.20	-0.25	0.75	0.98
中国石化	0.00	-0.01	-0.01	-0.01	0.10	0.48	-0.02	-0.10
保利地产	16.03	0.95	15.81	0.90	7.81	1.15	5.06	1.13
中国联通	-5.70	-2.07	-5.58	-2.05	-0.23	-0.32	0.03	0.04
五矿发展	9.44	1.33	8.20	1.07	-1.33	-0.53	3.15	1.38
长航油运	0.28	0.11	0.10	0.04	-0.20	-0.26	-0.23	-0.31
上海汽车	5.55	0.88	6.30	0.96	-2.25	-1.09	2.90	1.62
兖州煤业	-6.15	-1.98	-5.63	-1.69	-1.21	-1.15	-2.51	-2.91
中金黄金	-9.19	-1.01	-10.12	-1.06	8.36	3.60	3.42	1.23
中化国际	-13.52	-1.71	-14.57	-1.75	-5.18	-1.98	-1.13	-0.42
青岛海尔	26.45	2.84	26.64	2.73	4.55	1.57	9.15	4.41
国投电力	2.21	0.38	1.69	0.28	4.35	2.88	0.29	0.19
张江高科	-7.29	-1.91	-7.43	-1.79	0.47	0.37	-1.93	-1.92
中国神华	-28.05	-2.22	-32.53	-2.65	-5.59	-1.43	-4.01	-1.63
中国国航	0.72	0.33	0.47	0.20	-1.23	-1.25	0.44	0.72
中国铁建	-22.69	-4.58	-23.19	-4.40	-0.91	-0.29	-3.02	-1.52
中国铝业	1.28	0.31	0.91	0.21	-2.51	-2.84	-0.02	-0.02
中国中冶	1.18	0.03	3.16	0.07	6.95	4.46	-0.25	-0.05
中国建筑	-47.40	-1.18	-47.92	-1.11	9.35	3.61	5.49	1.04

续表

企业名称	美元 系数	美元 T值	港元 系数	港元 T值	欧元 系数	欧元 T值	澳元 系数	澳元 T值
中国石油	8.30	3.97	8.50	4.17	1.92	1.90	0.80	0.95
中海集运	-3.02	-0.34	-6.38	-0.73	-0.90	-0.40	0.69	0.44
招商轮船	-2.78	-0.62	-3.44	-0.74	-2.44	-1.46	-1.06	-1.00
中国远洋	7.87	0.90	9.39	1.02	1.83	1.06	1.94	1.45

附表1.33　季度ROE数据显著的企业实证结果描述

美元			港元			欧元			澳元		
中联重科	-2.60	-3.46	中联重科	-2.79	-3.55	兖州煤业	-0.39	-1.85	TCL集团	-1.24	-3.19
中色股份	-2.18	-4.02	中色股份	-2.28	-3.96	中化国际	-0.43	-2.95	华菱钢铁	-0.30	-2.02
鞍钢股份	-2.29	-5.48	鞍钢股份	-2.45	-6.01	中国中冶	0.43	1.96	武钢股份	-0.52	-2.04
首钢股份	-0.95	-3.80	首钢股份	-0.97	-3.62	招商轮船	-0.38	-2.41	华能国际	0.33	2.19
武钢股份	-3.30	-7.55	武钢股份	-3.45	-7.11	中国远洋	-0.75	-2.14	宝钢股份	-0.26	-1.87
华能国际	1.22	2.64	华能国际	1.27	2.59				五矿发展	-0.44	-2.39
宝钢股份	-1.82	-6.80	宝钢股份	-1.84	-6.35				长航油运	-0.27	-2.32
中国石化	-1.38	-2.44	中国石化	-1.54	-2.63				兖州煤业	-0.44	-2.23
五矿发展	-2.54	-9.61	五矿发展	-2.69	-10.01				中国国航	1.15	3.48
长航油运	-1.52	-5.21	长航油运	-1.55	-4.81				中国建筑	0.44	5.33
兖州煤业	-2.35	-5.05	兖州煤业	-2.39	-4.76				招商轮船	-0.26	-2.98

续表

美元			港元			欧元			澳元		
中金黄金	-1.73	-4.49	中金黄金	-1.88	-4.90						
中化国际	-0.98	-2.08	中化国际	-0.96	-1.90						
张江高科	-1.06	-2.85	张江高科	-1.13	-2.81						
中国国航	3.26	2.47	中国国航	3.35	2.31						
中国建筑	-3.35	-4.10	中国建筑	-3.39	-3.32						
中国石油	-1.59	-2.32	中国石油	-1.62	-2.36						
中联重科	-2.60	-3.46	中联重科	-2.79	-3.55	兖州煤业	-0.39	-1.85	TCL集团	-1.24	-3.19
招商轮船	-1.50	-6.53	招商轮船	-1.55	-6.15						
中国远洋	-4.90	-3.34	中国远洋	-5.59	-3.91						

附表1.34 季度CFPS数据显著的企业实证结果描述

美元			港元			欧元			澳元		
企业	系数	T值	企业	系数	T值	企业	系数	T值	企业	系数	T值
中兴通讯	-36.15	-2.23	中兴通讯	-38.00	-2.21	中联重科	-5.44	-2.67	中联重科	-3.61	-1.74
云南铜业	55.31	1.87	华菱钢铁	8.66	1.67	中金黄金	8.36	3.60	中色股份	2.46	2.27
华菱钢铁	8.77	1.81	首钢股份	9.39	2.92	中化国际	-5.18	-1.98	华菱钢铁	2.67	2.11
首钢股份	8.85	2.88	中国联通	-5.58	-2.05	国投电力	4.35	2.88	首钢股份	2.49	2.61

续表

美元			港元			欧元			澳元		
企业	系数	T值	企业	系数	T值	企业	系数	T值	企业	系数	T值
中国联通	-5.70	-2.07	兖州煤业	-5.63	-1.69	中国铝业	-2.51	-2.84	兖州煤业	-2.51	-2.91
兖州煤业	-6.15	-1.98	中化国际	-14.57	-1.75	中国中冶	6.95	4.46	青岛海尔	9.15	4.41
中化国际	-13.52	-1.71	青岛海尔	26.64	2.73	中国建筑	9.35	3.61	张江高科	-1.93	-1.92
青岛海尔	26.45	2.84	张江高科	-7.43	-1.79	中国石油	1.92	1.90			
张江高科	-7.29	-1.91	中国神华	-32.53	-2.65						
中国神华	-28.05	-2.22	中国铁建	-23.19	-4.40						
中国铁建	-22.69	-4.58	中国石油	8.50	4.17						
中国石油	8.30	3.97									

附录 B.2：各国（地区）风险分解结果

序号	亚洲国家（地区）	$\sigma_{\varepsilon_i}^2$	$\lambda_{iw}^2 \sigma_w^2 / \sigma_{\varepsilon_i}^2$	$\lambda_{i,\varphi_j}^2 \sigma_{\varphi_j}^2 / \sigma_{\varepsilon_i}^2$	$\sigma_{\mu_i}^2 / \sigma_{\varepsilon_i}^2$
1	阿富汗	0.0172	0.0003	0.3276	0.6720
2	巴林	0.0224	0.0006	0.7306	0.2689
3	孟加拉国	0.0253	0.0064	0.9380	0.0556
4	塞浦路斯	0.009	0.1715	0.7310	0.0975
5	中国香港	0.0037	0.0194	0.4551	0.5255
6	印度	0.0067	0.0030	0.7152	0.2819
7	印度尼西亚	0.0245	0.0021	0.4587	0.5392
8	伊朗	0.017	0.0007	0.0642	0.9352
9	以色列	0.0154	0.0071	0.7039	0.2890
10	日本	0.0096	0.0647	0.6048	0.3305
11	约旦	0.0315	0.0000	0.8327	0.1673

续表

序号	亚洲国家（地区）	$\sigma_{\varepsilon_i}^2$	$\lambda_{iw}^2\sigma_w^2/\sigma_{\varepsilon_i}^2$	$\lambda_{i,\varphi_j}^2\sigma_{\varphi_j}^2/\sigma_{\varepsilon_i}^2$	$\sigma_{\mu_i}^2/\sigma_{\varepsilon_i}^2$
12	韩国	-0.0126	0.0064	0.6301	0.3635
13	老挝	0.0094	0.0104	0.2356	0.7539
14	中国澳门	0.0032	0.0001	0.0113	0.9886
15	马来西亚	0.0046	0.0090	0.5391	0.4519
16	蒙古国	0.0211	0.0002	0.7899	0.2099
17	缅甸	0.0165	0.0061	0.3595	0.6344
18	尼泊尔	0.0027	0.0365	0.0015	0.9621
19	阿曼	0.0251	0.0003	0.7583	0.2414
20	巴基斯坦	0.0129	0.0058	0.8731	0.1211
21	菲律宾	0.0095	0.0000	0.6082	0.3918
22	沙特阿拉伯	0.0283	0.0006	0.8826	0.1169
23	新加坡	0.0033	0.0348	0.0435	0.9217
24	斯里兰卡	0.0102	0.0021	0.8994	0.0985
25	叙利亚	0.019	0.0035	0.1830	0.8135
26	泰国	0.0057	0.0532	0.6271	0.3197
27	土耳其	0.0087	0.0524	0.6626	0.2850
28	越南	0.1999	0.0001	0.0146	0.9853
29	也门	0.006	0.0079	0.0601	0.9319
	平均值	0.02	0.0174	0.5083	0.4743

序号	非洲国家	$\sigma_{\varepsilon_i}^2$	$\lambda_{iw}^2\sigma_w^2/\sigma_{\varepsilon_i}^2$	$\lambda_{i,\varphi_j}^2\sigma_{\varphi_j}^2/\sigma_{\varepsilon_i}^2$	$\sigma_{\mu_i}^2/\sigma_{\varepsilon_i}^2$
30	阿尔及利亚	0.0100	0.0027	0.5039	0.4934
31	安哥拉	0.0278	0.0073	0.0225	0.9703
32	贝宁	0.0164	0.0252	0.8080	0.1668
33	博茨瓦纳	0.0058	0.1134	0.1757	0.7109
34	布隆迪	0.0134	0.0096	0.5531	0.4373
35	喀麦隆	0.0169	0.0450	0.8383	0.1167
36	佛得角	0.0046	0.1185	0.1599	0.7217
37	乍得	0.0250	0.0036	0.1851	0.8113
38	科特迪瓦	0.0144	0.0244	0.6004	0.3752
39	埃及	0.0066	0.0100	0.0002	0.9899
40	赤道几内亚	0.0495	0.0040	0.0292	0.9668

续表

序号	非洲国家	$\sigma_{\varepsilon_i}^2$	$\lambda_{iw}^2\sigma_w^2/\sigma_{\varepsilon_i}^2$	$\lambda_{i,\varphi_j}^2\sigma_{\varphi_j}^2/\sigma_{\varepsilon_i}^2$	$\sigma_{\mu_i}^2/\sigma_{\varepsilon_i}^2$
41	埃塞俄比亚	0.0191	0.0012	0.0088	0.9900
42	加蓬	0.0154	0.0060	0.2652	0.7288
43	冈比亚	0.0088	0.0674	0.0010	0.9316
44	加纳	0.0126	0.0265	0.0155	0.9580
45	肯尼亚	0.0078	0.0278	0.4288	0.5434
46	莱索托	0.0057	0.0504	0.0007	0.9488
47	利比里亚	0.0365	0.0095	0.0001	0.9904
48	利比亚	0.0126	0.0013	0.0020	0.9968
49	马达加斯加	0.0124	0.0001	0.0426	0.9573
50	马拉维	0.0151	0.0000	0.6477	0.3523
51	马里	0.0177	0.0150	0.8127	0.1723
52	毛里塔尼亚	0.0268	0.0095	0.0689	0.9215
53	毛里求斯	0.0033	0.2188	0.1208	0.6604
54	摩洛哥	0.0049	0.2361	0.4886	0.2753
55	莫桑比克	0.0305	0.0099	0.0084	0.9817
56	尼日尔	0.0228	0.0113	0.5698	0.4189
57	尼日利亚	0.0160	0.0350	0.1437	0.8213
58	塞内加尔	0.0150	0.0445	0.7632	0.1923
59	塞舌尔	0.0174	0.0073	0.1617	0.8310
60	塞拉利昂	0.0320	0.0015	0.0180	0.9805
61	南非	0.0045	0.1867	0.0109	0.8024
62	苏丹	0.0387	0.0002	0.0066	0.9932
63	多哥	0.0243	0.0159	0.5069	0.4771
64	突尼斯	0.0063	0.1467	0.7331	0.1202
65	乌干达	0.0118	0.0045	0.3932	0.6023
66	坦桑尼亚	0.0125	0.0415	0.0288	0.9297
67	赞比亚	0.0240	0.0028	0.0668	0.9304
	平均值	0.0170	0.0406	0.2682	0.6913

序号	发达国家	$\sigma_{\varepsilon_i}^2$	$\lambda_{iw}^2\sigma_w^2/\sigma_{\varepsilon_i}^2$	$\lambda_{i,\varphi_j}^2\sigma_{\varphi_j}^2/\sigma_{\varepsilon_i}^2$	$\sigma_{\mu_i}^2/\sigma_{\varepsilon_i}^2$
68	澳大利亚	0.0118	0.0494	0.865	0.0856
69	斐济	0.0082	0.0184	0.2582	0.7234

续表

序号	发达国家	$\sigma^2_{\varepsilon_i}$	$\lambda^2_{iw}\sigma^2_w/\sigma^2_{\varepsilon_i}$	$\lambda^2_{i,\varphi_j}\sigma^2_{\varphi_j}/\sigma^2_{\varepsilon_i}$	$\sigma^2_{\mu_i}/\sigma^2_{\varepsilon_i}$
70	新西兰	0.0044	0.2487	0.3133	0.438
71	巴布亚新几内亚	0.0076	0.0154	0.4759	0.5086
72	西萨摩亚	0.0124	0.0009	0.0098	0.9893
73	阿尔巴尼亚	0.0135	0.1273	0.8512	0.0215
74	保加利亚	0.0244	0.0031	0.5040	0.4929
75	捷克	0.0135	0.0339	0.8179	0.1482
76	丹麦	0.0113	0.1631	0.8183	0.0186
77	芬兰	0.0069	0.1969	0.6747	0.1283
78	法国	0.0188	0.0941	0.8971	0.0088
79	德国	0.0253	0.0702	0.9251	0.0048
80	希腊	0.0041	0.2935	0.3680	0.3385
81	匈牙利	0.0042	0.1763	0.3412	0.4826
82	爱尔兰	0.0031	0.4576	0.2913	0.2512
83	意大利	0.005	0.3139	0.5452	0.1409
84	卢森堡	0.0069	0.1296	0.6153	0.2551
85	马耳他	0.0037	0.1301	0.0003	0.8696
86	荷兰	0.0171	0.0999	0.8848	0.0153
87	挪威	0.0057	0.1144	0.6932	0.1924
88	波兰	0.0047	0.001	0.0053	0.9936
89	罗马尼亚	0.0155	0.0005	0.2817	0.7179
90	俄罗斯	0.0122	0.0009	0.1186	0.8805
91	西班牙	0.0037	0.4311	0.4097	0.1592
92	瑞典	0.0181	0.0798	0.8926	0.0276
93	瑞士	0.0164	0.1039	0.8792	0.0169
94	英国	0.0084	0.1194	0.7810	0.0996
95	加拿大	0.0074	0.0315	0.8385	0.13
96	美国	0.0014	0.0594	0.3079	0.6327
	平均值	0.0102	0.1229	0.5401	0.337

序号	南美国家	$\sigma^2_{\varepsilon_i}$	$\lambda^2_{iw}\sigma^2_w/\sigma^2_{\varepsilon_i}$	$\lambda^2_{i,\varphi_j}\sigma^2_{\varphi_j}/\sigma^2_{\varepsilon_i}$	$\sigma^2_{\mu_i}/\sigma^2_{\varepsilon_i}$
97	阿根廷	0.031	0.0045	0.5712	0.4243
98	巴哈马	0.0186	0.0135	0.8283	0.1582

续表

序号	南美国家	$\sigma_{\varepsilon_i}^2$	$\lambda_{iw}^2\sigma_w^2/\sigma_{\varepsilon_i}^2$	$\lambda_{i,\varphi_j}^2\sigma_{\varphi_j}^2/\sigma_{\varepsilon_i}^2$	$\sigma_{\mu_i}^2/\sigma_{\varepsilon_i}^2$
99	巴巴多斯	0.013	0.0138	0.8145	0.1717
100	伯利兹	0.0032	0.0694	0.153	0.7776
101	玻利维亚	0.0043	0.0072	0.2358	0.7569
102	巴西	0.0073	0.011	0.0067	0.9823
103	智利	0.0071	0.013	0.3953	0.5917
104	哥伦比亚	0.0049	0.0075	0.4716	0.5209
105	古巴	0.0181	0.0035	0.0676	0.9289
106	多米尼加	0.021	0.0004	0.0347	0.9649
107	厄瓜多尔	0.0144	0.0024	0.5995	0.3981
108	格林纳达	0.017	0.0018	0.8463	0.1519
109	圭亚那	0.0414	0.0027	0.8713	0.126
110	洪都拉斯	0.0217	0.0011	0.4795	0.5194
111	牙买加	0.0119	0.0303	0.4471	0.5225
112	墨西哥	0.0064	0.0593	0.1813	0.7594
113	巴拿马	0.0111	0.0192	0.1745	0.8063
114	巴拉圭	0.0467	0.0019	0.9182	0.0799
115	秘鲁	0.0451	0.0046	0.9406	0.0548
116	圣文森特和格林纳丁斯	0.0019	0.0021	0.0132	0.9847
117	苏里南	0.0407	6E−06	0.2313	0.7687
118	乌拉圭	0.0074	0.0014	0.1572	0.8414
119	委内瑞拉	0.0355	0.0004	0.74	0.2596
	平均值	0.0187	0.0118	0.4426	0.5457

附录C：中国海外投资经营与管路风险防范与管控战略

附录C.1：仿真程序源代码

第十九章　中国企业海外投资总体整合风险演化仿真程序源代码

```
globals[
    f
    a
    step
    seff
    speff
      b
    d
    p
]

turtles – own[ eff]

patches – own[ peff gain]

to setup
    ca
    set a n/1089
```

```
    set d 0
    set f 0
    setup – patches
    setup – turtles
    set step 1
    set speff 0
    set seff 0
    do – plots
end

to setup – patches
    ask  n – of n patches[ set pcolor green ]
    ask  patches[ set peff 0 ]

end

to setup – turtles
    ask n – of m patches
    [ sprout 1[ set eff 0
              set color red ] ]
end

to go
       move – turtles
    set speff 0
    set seff 0
    integration
    turn
    do – plots
       set step step + 1
    if step > = final – step[ stop ]

end
```

```
to move-turtles
    ask turtles[ rt random 360
                 fd 1 ]
end


to integration
    ask turtles[ set gain 0
                 set p((c*0.30/s)  )  *100
    if pcolor = green[    set pcolor black
                     if    random 100 > p   [set gain(1-(1/c))*1
                          set peff(1-(1/c))*1
                          set pcolor green
                     ]
                 ]
    set f sum[peff]of patches
    set d sum[gain]of patches
]

end



to do-plots
    set-current-plot "海外投资整合的总收益值"
    set-current-plot-pen "peff"
    plot f
    set-current-plot "海外投资整合的边际收益"
    set-current-plot-pen "eff"
    plot d/m
end
```

第二十一章　中国企业海外投资技术整合风险演化仿真程序源代码

////////////////////Simulation Environment////////////////////
globals;;
[step;;the steps of simulation

```
    teck - list
    teck - integrated
    teck - integrated - margin
    teck - integrated - net
    teck - value - now
    teck - value - last
    teck - value - initial

    show - mean - teck ;; show mean of teck in the simulation
    show - median - teck
    show - stdv - teck ;; show stdv of teck in the simulation
]


turtles - own ;;
[ teck - target ;; technological knowledge
    teck - acquirer ;;
    gap ;
    Tneighbor ;;
    expteck ;;
]

;;//////////////////////////Simulation Initialization/////////////////
//////////
to setup
    ;; ( for this model to work with NetLogo's new plotting features,
    ;; __clear - all - and - reset - ticks should be replaced with clear - all at
    ;; the beginning of your setup procedure and reset - ticks at the end
    ;; of the procedure. )
    __clear - all - and - reset - ticks
    setup - turtles
    set step 1
    plotpart
end
```

```
to setup - turtles
  random - seed 100
  ask n - of num - target patches; ; num - exp ?
  [ sprout 1 [ set teck - target random - normal 160 10; ;[ ]
          set color red ] ]

  ask n - of num - acquirer patches
  [ if not any? turtles - here [ sprout 1
      [ set color green
       set teck - acquirer random - normal 100 10; set firm's initial technological knowledge level
       set Tneighbor sort turtles - on neighbors;

      ] ] ]
  set teck - value - initial sum [ teck - acquirer ] of turtles with [ color = green ]
  set teck - value - last teck - value - initial

  ; ; print - proc
end


; ;////////////////////////////////Every - Step - Doing//////////
//////////////////////////////////
to go

  ask turtles with [ color = green ]
  [ let temp - teck - index chose - firm - teck - index
   if not ( temp - teck - index = -1 )
      [ let newone - 1; ;
         learnwith - teck turtle temp - teck - index; ;
  ask turtle temp - teck - index; ;
            [ if any? turtles - on neighbors  [ set newone [ who ] of one - of turtles - on neighbors ] ]
              if not ( newone = -1 ) [ set Tneighbor lput turtle newone Tneighbor ]
```

]
]

　　set teck – integrated – net sum[teck – acquirer]of turtles with[color = green] – teck – value – last
　　set teck – list[teck – acquirer]of turtles with[color = green]
　　set show – mean – teck mean teck – list

　　set teck – value – now sum teck – list
　　set teck – integrated teck – value – now – teck – value – initial
　　set teck – integrated – margin teck – value – now – teck – value – last
　　set teck – value – last teck – value – now
　　;;print – proc

　　plotpart

　　set step step + 1
　　if step > = final – step[stop]
end

　　;;/////////////////////////////Way – to – Chose – Firm////////////////////////
to – report chose – firm – teck – index
　　if not empty? Tneighbor
　　[report[who]of one – of Tneighbor]
　　report – 1;;nothing in the Tneighbor and Tfriendlist
end

　　;;/////////////////////////////To – Learn – With/////////////////////////////

```
to learnwith-teck[chosen]
    let gain teck-gain chosen
    set teck-acquirer  (1-s)*(teck-acquirer+teck-absorb*gain)+(teck-acquirer+teck-absorb*gain)^(teck-innova/step)
    ;;
End


;;//////////////////////////Max-of-Two////////////////////////////////
to-report max-two[num1 num2]
    ifelse num1<num2[report num2][report num1]
end


;;//////////////////////////Min-of-Two////////////////////////////////
to-report min-two[num1 num2]
    ifelse num1<num2[report num1][report num2]
end


;;//////////////////////////Way-to-Calculate-Gains///////////////////////////
to-report teck-gain[chosen]
    set gap teck-target-teck-acquirer
    report max-two  gap 0
end



;;//////////////////////////Plot-Process///////////////////////////
to plotpart
    ;;
    ;;set-current-plot
        set-current-plot-pen
```

plot show – mean – teck
set – current – plot
set – current – plot – pen
plot show – stdv – teck
; ;
set – current – plot
set – current – plot – pen
plot teck – integrated
set – current – plot
set – current – plot – pen
plot teck – integrated – margin

end

第二十五章　中国企业海外投资文化整合风险演化仿真程序源代码

; ;simulation environment setting; ; ; ; ; ; ; ; ; ; ; ; ; ; ; ; ; ; ; ;

globals[

revenue

a – action; ; ;action of acquirer(neibu de xingwei)

a – action – 2; ;waibu xingwei of acquirer

t – action; ; ;action of target

t – action – 2; ;waibu xingwei of target

a – preference; ; ; ; ; ; ; ;preference of acquirer

t – preference; ; ; ; ; ; ; ;preference of target

step; ; ; ;time

a – preference – chushi; ; ; ;it's the origianl value of a – preference

t – preference – chushi; ; ; ;it's the origianl value of t – preference

]

; ;breeds setting; ;

breed[acquirers acquire]

```
breed[targets target]
acquirers – own[
    u – ii;;;the average revenue of member of acquirer in the interaction between members in acquirer
    u – ij;;;;the average revenue of member of acquirer in the interaction between members in acquirer and target
    x – b;;;;;;;average preference of acquire
]

targets – own[
    u – jj;;;the average revenue of member of target in the interaction between members in target
    u – ji;;;;the average revenue of member of target in the interaction between members in acquirer and target
    y – b;;;;;;;average preference of target
]

;;;;;;;;;;;;;;;;;;;;;;;;;;;;;;;;;simulation initialization;;;;;;;;;;;;
;;;;;;;;;;;;;;;;;;;;;;;

to setup
    ca
    setup – acquirers
    setup – targets
    set step 0
end

;;;;;;;;;;;;;;;;;;;;;;;;;;;;;;;;;;;;;;;;;;;;;acquirers Initialization
;;;;;;;;;;;;;;;;;;;;;;;;;;;;;

to setup – acquirers
    set – default – shape acquirers "person"
    create – acquirers n – acquirer[
        set a – preference random – normal mean – i stv – i;;;;chushi pianhao pingjunzhi he fangcha
        set a – preference – chushi a – preference
        set color blue
```

```
      setxy random - xcor random - ycor
      ifelse show - a - who? [
        set label who ] [
        set label " " ]

      ]
  end
  ;;;;;;;;;;;;;;;;;;;;;;;;;;;;;;;;;;;;;;;targets Initialization;;;
;;;;;;;;;;;;;;;;;;;;;;;;;
  to setup - targets
    set - default - shape targets "person"
    create - targets n - target [
      set t - preference random - normal mean - j stv - j
      set t - preference - chushi t - preference
      set color green
      setxy random - xcor random - ycor

      ifelse show - t - who? [
        set label who ] [
        set label " " ]
      ]
  end
  ;;;;;;;;;;;;;;;;;;;;;;;;;;;;;;;;;;;;;;;;every step doing;;;;;
;;;;;;;;;;;;;;;;;;;;;;
  to go
    ; if step > 30 [ stop ]
    if step > n [ stop ]
    set step step + . 1
    ask acquirers [
      ifelse show - a - who? [
        set label who ] [
        set label " " ]
      rt random 360
      fd 2
```

    set revenue (c - i/(c - i + c - j)) * u - ii + c - j/(c - i + c - j) * u - ij
    set u - ii n - i - w - a * (a - action - [a - action] of one - of acquirers)^2 - (a - action - a - preference)^2
    set a - action (1/(w - a + 1)) * (w - a * epai - i + a - preference)
    set a - preference epai - i + (a - preference - chushi - mean - i) * exp (- 1 * rou - i * step)
    set u - ij m - i - a - i * (a - action - 2 - [t - action] of one - of targets)^2 - (a - action - 2 - a - preference)^2
    set a - action - 2 (1 - o - i - p - i) * epai - i + o - i * epai - j + p - i * a - preference
    ; ; do - plot
    ]
  ask targets [
    lt random 180
    fd 1
    set revenue (c - j/(c - i + c - j)) * u - jj + c - i/(c - i + c - j) * u - ji
    set u - jj n - j - w - t * (t - action - [t - action] of one - of targets)^2 - (t - action - t - preference)^2
    set t - action (1/(w - t + 1)) * (w - t * epai - j + t - preference)
    set t - preference epai - j + (t - preference - chushi - mean - j) * exp (- 1 * rou - j * step)
    set u - ji m - j - a - j * (t - action - 2 - [a - action] of one - of acquirers)^2 - (t - action - 2 - t - preference)^2
    set t - action - 2 (1 - o - j - p - j) * epai - j + o - j * epai - i + p - j * t - preference
    ; ; doing - plot
    ]
    do - plot
  end
  ; how to get the parameter ;
  to - report epai - i
    report pai - xing + t - j * (mean - i - mean - j) * exp (- 1 * rou - i - xing *

step)
　　end
　　to-report epai-j
　　　　report pai-xing + t-i * (mean-j - mean-i) * exp(-1 * rou-j-xing *
step)
　　end

　　to-report pai-xing
　　　　report(a-j/(a-j+a-i)) * mean-i + (a-i/(a-j+a-i)) * mean-j
　　end
　　to-report t-j
　　　　report a-i/(a-j+a-i)
　　end
　　to-report t-i
　　　　report a-j/(a-j+a-i)
　　end

　　to-report rou-i-xing
　　　　report(lumda-i * c-i * c-j * (a-i+a-j))/(c-j * (a-i+1) + c-i *
(a-j+1))
　　end
　　to-report rou-j-xing
　　　　report(lumda-j * c-i * c-j * (a-i+a-j))/(c-j * (a-i+1) + c-i *
(a-j+1))
　　end

　　to-report rou-i
　　　　report(w-a + lumda-i * c-i)/(w-a+1) - lumda-i * c-i * (c-i+c-
j)/(c-i * (w-a+1) + c-j * (a-i+1))
　　end
　　to-report rou-j
　　　　report(w-t + lumda-j * c-j)/(w-t+1) - lumda-j * c-j * (c-i+c-
j)/(c-j * (w-t+1) + c-i * (a-j+1))
　　end

to-report o-i
   report c-j * a-i/(c-j * (a-i+1) + c-i * (a-j+1))
end
to-report o-j
   report c-i * a-j/(c-i * (a-j+1) + c-j * (a-i+1))
end

to-report p-i
   report(c-j+c-i)/(c-j * (a-i+1) + c-i * (w-a+1))
end
to-report p-j
   report(c-j+c-i)/(c-i * (a-j+1) + c-j * (w-t+1))
end
;;;;;;;;;;;;;;;;;;;;;;;;;;;;;plot results;;;;;;;;;;;;;;;;;;;;;;;;;;;;;;;;;;
to do-plot
   set-current-plot"shouyi"
   set-current-plot-pen"pingjunshouyi"
   plot mean[revenue] of acquirers
   set-current-plot"zong"
   set-current-plot-pen"zongshouyi"
   plot sum[revenue] of turtles
   set-current-plot-pen"zongshouyi-a"
   plot sum[revenue] of acquirers
   set-current-plot-pen"zongshouyi-t"
   plot sum[revenue] of targets

end

第二十五章　组织文化整合视角下海外投资风险演化仿真程序源代码

;;//////////////////////Simulation Environment////////////////////////
globals[step]
turtles-own[risk

culture – distance
culture – rate]

to setup
　　ca
　　crt 3 [
　　　　setxy random – xcor random – ycor]
　　ask turtle 0 [
　　　　create – link – to turtle 2
　　　　create – link – to turtle 1]
　　ask turtle 2 [
　　　　create – link – from turtle 1]
　　ask turtle 1 [create – link – to turtle 0]
　　ask turtle 2 [set pcolor green]
　　set step 0.1
end

to go
　　　ask turtles [
　　　ifelse show – who?
　　　[set label who]
　　　[set label " "]
　　　]
　　ask turtle 2 [
　　　　set risk exp(a + b * culture – distance/1000 + c * ln(step))
　　　　set culture – distance culture – high – culture – low
　　　　set culture – low culture – low + culture – get
　　do – plot]
　　set step step + 0.01
　　if(step > = 10) [stop]
end
to – report culture – get
　　if not(culture – distance = 0) [
　　set culture – rate culture – low/culture – distance]

```
    report max – two(min – two culture – distance culture – rate)0
end

to – report max – two[num1 num2]
    ifelse num1 < num2[report num2][report num1]
end
to – report min – two[num1 num2]
    ifelse num1 > num2[report num2][report num1]
end

to do – plot
    set – current – plot "total"
    set – current – plot – pen "risk"
    plot risk
end
```

附录C.2：实证样本及数据

第二十章 海外投资总体整合风险调查问卷设计

海外投资总体整合风险调查问卷

◆ 基本情况

1. 贵公司选择的海外投资项目，投资动机是：（　　）

　　A. 获取海外市场　　　　　B. 获取海外技术

　　C. 获取海外资源　　　　　D. 其他_____

2. 如果方便的话，能否透露此次海外投资项目的规模（人民币元）：（　　）

　　A. 10万以下　　　　　　　B. 10万到100万

　　C. 100万到1 000万　　　　D. 1 000万以上

3. 贵公司该海外投资项目截止目前的收益：（　　）

　　A. 超过预期　　　　　　　B. 达到预期

　　C. 不如预期但仍获利　　　D. 亏损

　　海外投资后的整合成功会受到投资交易双方资源相似性与互补性的影响，如果贵公司目前有海外投资经历，请在下面的栏中评价这一因素在贵公司投资项目中的实际情况。

◆ 技术获取型海外投资整合成功要素

▲ 基本情况

	程度最高→程度最低
1. 投资方的海外投资经验丰富	9　7　5　3　1
2. 此次海外投资的相对规模	9　7　5　3　1
3. 此次海外投资的财务杠杆	9　7　5　3　1

▲ 资源相似性

	最强→最弱
1. 公司文化相似性	9　7　5　3　1
2. 公司制度相似性	9　7　5　3　1
3. 知识领域方向相似	9　7　5　3　1
4. 技术发展目标相似	9　7　5　3　1
5. 品牌知名度相似	9　7　5　3　1
6. 产品定位相似	9　7　5　3　1

▲ 资源互补性

	最强→最弱
1. 战略知识互补性	9　7　5　3　1
2. 战略能力互补性	9　7　5　3　1
3. 员工技能互补性	9　7　5　3　1
4. 管理层能力互补性	9　7　5　3　1
5. 分销网络互补性	9　7　5　3　1
6. 市场区域互补性	9　7　5　3　1

第二十三章 基于相似性和互补性的中国企业海外投资技术整合实证样本

序号	日期	并购方	目标企业	金额	行业	国家/地区	并购目的
1	2000.9	山西金叶	德州国家塑胶有限公司	98万美元	印刷	美国	获取主业务领先技术
2	2000.9	华工科技	ASC公司所属Laser-Lab及Farley	115万澳元	电子	澳大利亚	获取相应的激光切割先进技术
3	2000.10	万向集团	舍勒公司	42万美元	汽车零部件	德国	获取品牌、技术专利以及专用设备
4	2001.8	海尔集团	Meneghetti冰箱厂	700万美元	家用电器	意大利	获得信息窗口、技术窗口、采购窗口
5	2001.8	万向集团	UAI公司	—	汽车零部件	美国	得到先进技术的支撑，打开新产品的国际市场渠道，扩大市场份额
6	2001.9	杭州华立股份有限公司	飞利浦CDMA移动通信部	—	仪器仪表制造	美国、加拿大	获得了飞利浦在CDMA无线通信方面的全部的知识产权、研发成果、研发设备、研发工具和一大批有经验的研发人员
7	2001.11.	京东方科技集团股份有限公司	HYNIX所有的STN-LCD及OLED业务	2 250万美元	电子信息	韩国	引进液晶显示器一流生产技术

续表

序号	日期	并购方	目标企业	金额	行业	国家/地区	并购目的
8	2001.12	华谊集团	美国moltech公司	560万美元	电子	美国	获取所有设备、近百项专利技术、存货、营销网络等全部有效资产
9	2002.5	海欣集团	美国Glenoit纺织分部	2 500万美元	纺织制造	美国	充分利用技术成果和雄厚的技术力量,通过技术移植、技术指导和组织技术培训,迅速提升产品品质、生产技术及环保水平
10	2002.8	东方通信股份有限公司	美国易通陆电信公司	435万美元	移动手机和移动系统设备	美国	获得GSM专用系统产品和宽带无线接入网产品及解决方案
11	2002.8	上海电气印刷包装机械集团	秋山印刷制造公司	—	机械	日本	引进技术和市场知名度
12	2002.9	京东方科技集团股份有限公司	HYDIS	38 000万美元	电子信息	韩国	引进先进的技术和工艺
13	2002.9	TCL集团	施耐德	820万欧元	电子	德国	获取机械、设备等固定资产及品牌和知识产权
14	2002.10	上汽集团	大宇汽车公司	5 900万美元	汽车	韩国	提升自主开发能力,增强核心竞争力,进一步提升其在亚洲的市场份额

657

续表

序号	日期	并购方	目标企业	金额	行业	国家/地区	并购目的
15	2002.10	华谊集团	美国 polystar 公司	450万美元	电子	美国	获取手机锂电池两条生产线等技术资产
16	2002.10	大连机床集团	英格索尔生产系统有限公司	—	机械	美国	引进先进的技术和工艺
17	2003.1	TCL集团股份有限公司	法国汤姆逊集团	—	家电	法国	拟对双方的彩电及DVD业务合并重组
18	2003.2	京东方科技集团股份有限公司	韩国现代TFT-LCD业务		电子信息	韩国	获得TFT-LCD核心技术并取得直接进入全球市场的通道，从而打造了显示技术完整的产业链
19	2003.2	上海电气	德国沃伦贝格公司	48.16万欧元	机械	德国	获取其技术优势、销售渠道和在欧洲市场的声誉
20	2003.5	中集集团	美国半挂车制造商HPAMonon	450万美元	机械	美国	获取有关半挂车生产的技术和零部件配售中心的相关资产
21	2003.6	河南安彩高科股份有限公司	康宁公司9条生产线	4990万美元	家电	美国	获得彩电玻壳制造技术
22	2003.8	京东方科技集团股份有限公司	冠捷科技	13461万美元	电子信息	中国香港	引进液晶显示器一流技术

续表

序号	日期	并购方	目标企业	金额	行业	国家/地区	并购目的
23	2003.10	上海汽车股份有限公司	韩国双龙	42 000万~50 000万美元	汽车	韩国	获取技术、开发自主品牌
24	2003.10	大连机床集团	英格索尔曲轴系统公司	—	机械	美国	引进先进技术和工艺
25	2003.10	万向集团	洛克福特公司	—	汽车零部件	美国	获取技术、品牌资源
26	2003.11	陕西秦川机械发展股份有限公司	美国UAI（联合美国工业）公司	195万美元	机械	美国	获取拉削装备的先进制造技术、销售网络和服务网络
27	2003.11	福建新大陆电脑股份有限公司	JQG公司	1 000万美元	电子信息	德国	引进石英晶体技术的研发、引进设备，开拓市场
28	2004.4	TCL集团股份有限公司	阿尔卡特手机	5 500万欧元	家电	法国	获得全球移动电话核心技术，超越知识产权壁垒，打通通向国际市场的道路
29	2004.4	大连机床集团	德国兹默曼有限公司	近1 000万美元	机械	德国	航空工业领域的一项关键技术
30	2004.8	上海机电股份有限公司	老牌机床厂商池贝	3 000万日元	机械	日本	引进设计开发技术及制造技术

659

续表

序号	日期	并购方	目标企业	金额	行业	国家/地区	并购目的
31	2004.8	温州哈杉鞋业有限公司	WILSON 公司	200 万美元	鞋帽制造业	意大利	提升产品档次，创建国际品牌，提高产品的科技含量和附加值
32	2004.8	沈阳机床	德国希斯公司	—	机械	德国	收购商标、技术等无形资产和有形资产
33	2004.10	温州飞雕电器有限公司	ELIOS 公司	550 万欧元	电子	意大利	引进 ELIOS 的设备、技术、品牌和销售网络
34	2004.10	上工申贝（集团）股份有限公司	FAG 公司所持有的 DA 公司	1 700 万欧元	机械	德国	先进技术、品牌强势，提升国际竞争力
35	2004.12	联想集团	收购 IBM 全球个人电脑（台式电脑和笔记本电脑业务）	175 000 万美元	电子	美国	获得 IBM 全球个人电脑业务及品牌
36	2005.3	哈尔滨量具刃具集团	德国 KELCH 公司	950 万欧元	机械	德国	实现与国际高端技术的对接，获得了国际知名品牌、技术、销售网络，取得了参与国际市场竞争的平台
37	2005.6	上海宝钢	COURT 集团旗下两家工厂成立的 NMPC 公司	—	钢铁产品的冶炼、加工和销售	加拿大	获取相关技术，打通其上下游产业链

续表

序号	日期	并购方	目标企业	金额	行业	国家/地区	并购目的
38	2005.7	南汽集团	英国罗孚汽车公司	5 300万英镑	汽车制造	英国	获得MG、Austin等品牌、四款整车生产技术和设备、三个系列发动机与一整套先进的发动机研发设施和一个汽车自主品牌
39	2005.10	北京第一机床厂	德国阿尔道夫·瓦德里希科堡机床厂	—	机械	德国	获取品牌和技术
40	2005.10	钱江摩托	意大利贝纳利公司	—	机械	意大利	获得"跑车王"品牌和产品设计及有关技术,进入了大功率摩托车的生产领域
41	2005.10	四川长虹	Sterope公司	19亿	电子	美国	获取PDP领域的专利技术,实现向上游关键部件领域突破,缩小技术差距,提高自主创新能力
42	2006.1	中国蓝星(集团)总公司	法国安迪苏公司	40 000万欧元	化工	法国	获取世界上最先进的蛋氨酸生产技术
43	2006.4	飞跃集团	MIFRA公司	—	电子	意大利	引进研发技术,在世界电脑横机领域赢得更高的市场份额
44	2006.6	杭州机床	ABAZ&B磨床有限公司	600万欧元	机械	德国	获取高端技术与管理

661

续表

序号	日期	并购方	目标企业	金额	行业	国家/地区	并购目的
45	2006.10	中国蓝星（集团）总公司	法国罗地亚（Rhodia）公司有机硅及硫化物业务项目	—	化工	法国	获得罗地亚公司有机硅业务的专利技术、生产装置、销售渠道等
46	2006.10	安泰科技	德国OdersunAG公司	300万欧元	电子	德国	进入太阳能电池行业领域，获得CISCuT技术，持有OdersunAG公司的无形资产
47	2006.12	浙大网新	美国Comtech公司	700万美元	计算机	美国	巩固软件外包领域优势，提升技术外包综合技术实力
48	2006.12	华翔集团	英国劳伦斯内饰件有限公司	340万英镑	机械	英国	获取技术及部分产能
49	2007.1	中复连众集团	德国NOI公司	—	机械	德国	获得研发和技术支持，并得到最前沿的信息、技术和最好的培训
50	2007.1	展讯通信	Quorum系统公司	7 600万美元	电子产品	美国	获得经验丰富的RF工程师团队，提高无线电市场竞争力
51	2007.7	万向集团	美国AI公司	2 500万美元	零部件制造	美国	充分利用其现有业务平台，整合万向在零部件制造及本地化采购的优势
52	2007.11	福耀玻璃	德国SCHE35公司	102.50万欧元	材料制造	德国	提升相关增值服务

续表

序号	日期	并购方	目标企业	金额	行业	国家/地区	并购目的
53	2008.6	中鼎股份	美国AB公司	450万美元	橡胶零部件	美国	获取汽车减震橡胶产品国际领先技术，提高公司在同类产品的研发技术水平和生产效率
54	2008.6	中集集团	TGE公司	2 000万欧元	机械	德国	获得自主知识产权的LNG接收站核心技术和全球业绩记录，为中集集团获取全球LNG项目机会奠定技术基础
55	2008.7	德国金风风能有限责任公司	德国VENSYS能源股份公司	4 124万欧元	电气设备	德国	获得自主知识产权的风力发电机组技术和设计能力；实现技术优势和产业化优势相结合，获取在世界风电市场的产品竞争优势
56	2008.9	中联重科	CIFA	1.626亿欧元	工业机械	意大利	获取先进技术、管理经验、渠道互补与CIFA产生协同效应
57	2008.10	株洲南车时代电气	英国大功率半导体商DynexPower	1 672万加元	轨道交通装备制造行业	英国	扩大业务网络，优化客户基础，提高市场地位和竞争力，进一步拓展海外市场，并实现技术研发等领域的运营协同效应
58	2008.12	广博股份	荷兰HENZO公司	91.5万欧元	印刷制造	荷兰	获取纸制品、文具和相册生产流水线技术设备

续表

序号	日期	并购方	目标企业	金额	行业	国家/地区	并购目的
59	2009.2	联想集团	SwitchboxLabs 公司	—	技术产品	美国	扩大市场领域，获得新技术
60	2009.3	吉利控股集团	DSI 公司	18 亿美元	汽车	澳大利亚	获得完整的自动变速器研发、设计和制造能力
61	2009.4	怀兴集团	飞思卡尔半导体公司	—	半导体产品	美国	收购手机芯片业务，从而获取3G和4G领域的技术专利
62	2009.4	北京京西重工有限公司	德尔福公司	9 000 万美元	汽车零配件与设备	美国	收购其全球汽车悬架和制动器的研发、生产系统
63	2009.7	赛维 LDK 太阳能有限公司	SGT 公司	—	半导体产品	意大利	获取光伏工程机会和技术支持
64	2009.7	北汽福田汽车股份有限公司	日本福田自动车株式会社	246.44 万元人民币	汽车	日本	提升整体研发实力；建立海外信息和业务平台；优化、整合现有业务结构
65	2009.8	东软集团股份有限公司	SescaGroupOy	不超过1 200 万欧元	应用软件	芬兰	获得客户关系，手机软件开发优秀人才及专业技术等关键竞争因素
66	2009.9	安徽中鼎密封件股份有限公司	MyersIndustries, Inc. 持有的部分净营运资产	850 万美元	工业机械	美国	获取有形资产及品牌、客户关系、知识产权等无形资产

续表

序号	日期	并购方	目标企业	金额	行业	国家/地区	并购目的
67	2009.9	辽宁高科	日本太阳能企业Evatech	4 990万美元	制造业	日本	获取太阳能领域的核心技术
68	2009.9	湘潭电机股份有限公司	荷兰达尔文公司	1 000万欧元	电气设备	荷兰	加快公司大型风机和海上风机的研发制造进程
69	2009.11	北京汽车工业控股有限责任公司	美国通用汽车公司萨博资产	19 700万美元	汽车	美国	获取萨博技术,扩充自主品牌
70	2009.12	中航工业西飞集团	FACC公司	10 000欧元	特种化工	奥地利	形成以FACC公司为核心的航空复合材料结构件研发试制中心
71	2010.2	无锡美新半导体公司	CROSSBOW	1 800万美元	电子元件	美国	除获得传感网技术和产品外,筹建研究中心,加快孵化一系列具有国际领先水平的传感网产品
72	2010.2	中国国际海运集装箱(集团)股份有限公司	F&G公司	7 500万美元	工业器械	俄罗斯	研发设计环节是海洋工程产业链高技术高附加值的核心环节,收购F&G公司股权将有利于公司有效配置行业资源
73	2010.5	宁波裕人针织机械有限公司	瑞士事坦格集团		机械	瑞士	获得事坦格所有的知识产权、技术资料、工作人员、设备资产等

665

续表

序号	日期	并购方	目标企业	金额	行业	国家/地区	并购目的
74	2010.6	大橡塑	麦克罗公司	不超过900万美元	机械	加拿大	整合麦克罗公司的科研能力和母公司的生产实力，发挥双方的互补优势
75	2010.8	吉利控股集团	沃尔沃轿车公司	18亿美元	汽车	美国	获取技术、品牌和商业渠道，提升核心竞争力
76	2010.9	盛大游戏有限公司	EyedentityGames公司	9 500万美元	家庭娱乐	韩国	巩固公司的研发能力，扩阔国际视野
77	2010.10	博深工具	CYCLONEDIAMOND-PRUDUCTSLIMITED	205万加元	工业机械	加拿大	充分利用其技术、渠道及品牌影响力，扩大公司在北美市场的销售份额
78	2010.11	柳工	HSW公司下属工程机械业务单元及其全资子公司Dressta100%的股权及资产	—	建筑、农业机械与重型卡车	波兰	获得其全部知识产权和Dressta商标
79	2010.11	华为技术有限公司	M4S公司	—	电子设备和仪器	比利时	获得M4S在芯片组领域的强大实力，强化公司技术工程师网络，研发能力

续表

序号	日期	并购方	目标企业	金额	行业	国家/地区	并购目的
80	2010.12	复星医药	Chindex Medical	2 000 万美元	医疗器械	美国	实现双方原有医疗器械业务的整合，将进一步完善医疗器械业务从研发、制造到国内外营销的整体产业链体系
81	2010.12	浙江飞尔康通信技术有限公司	FIRECOMMS 公司	—	通信	爱尔兰	获得全球顶级光纤收发器核心技术
82	2011.1	中国化工集团	MA Industries	24 亿美元	基础化工	以色列	扩大公司产能，获得先进的农药生产技术；利用其销售网络拓展国际市场
83	2011.1	时代新材	代尔克公司	283.5 万澳元	基础化工	澳大利亚	获得与公司主营业务相关的核心专有技术，以及长期受益的技术支持和市场资源
84	2011.2	上海佳豪游艇发展有限公司	FIPA 公司	55 万欧元	工业机械	意大利	引进 MAIORA20S 型游艇的全套生产技术
85	2011.2	科力远	Panasonic 株式会社	—	电子元件	日本	获得车载用镍氢电池所需的生产设备、销售、研发部门及客户资源在内的资源

667

第二十三章　基于技术转移角度的中国企业海外投资技术整合实证样本

序号	日期	并购方	目标企业	金额	行业	国家/地区
1	2000.9	华工科技	ASC 公司	91 万欧元	电子制品	澳大利亚
2	2001.8	海尔集团	Meneghetti 冰箱厂	537 万欧元	电器制造	意大利
3	2001.12	华谊集团	美国 moltech 公司	430 万欧元	电子产品	美国
4	2002.9	TCL 集团	施耐德电气有限公司	820 万欧元	电子	德国
5	2002.10	大连机床	英格索尔生产系统有限公司	—	机械	美国
6	2002.10	华谊集团	美国 polystar 公司	345 欧元	电子	美国
7	2003.1	京东方科技集团	韩国现代 TFT-LED 项目	3 亿欧元	电子信息	韩国
8	2003.1	TCL 集团	法国汤姆逊集团	4 亿欧元	家电	法国
9	2003.2	上海电气	德国沃伦贝格公司	48 万欧元	机械制造	德国
10	2003.11	福建新大陆电脑公司	JQG 公司	768 万欧元	电子信息	德国
11	2003.12	沈阳合金股份公司	美国缪勒公司	6 535 万欧元	机械制造	美国
12	2004.3	海尔集团	海尔中建集团有限公司	1 亿欧元	电器	中国香港
13	2004.4	TCL 集团	阿尔卡特手机	5 500 万欧元	电子通讯	法国
14	2004.4	大连机床集团	兹默曼公司	767 万欧元	设备制造	德国
15	2004.8	上海电气集团	日本池贝株式会社	22 万欧元	机械	日本
16	2004.10	上工申贝集团	FAG 公司所持有的 DA 公司	1 700 万欧元	机械	德国
17	2004.11	广东美的电器	华凌集团	2 087 万欧元	电器制造	中国香港
18	2005.1	中国网通	电讯盈科有限公司	7 807 万欧元	电子通讯	中国香港
19	2005.4	亚星化学	德国拜耳	2 378 万欧元	化工	德国
20	2005.6	同方集团	科诺威德国际有限公司	83 万欧元	能源制造	新加坡

续表

序号	日期	并购方	目标企业	金额	行业	国家/地区
21	2005.10	山东新北洋信息技术	荷兰 orient technology BV 公司	2 000 万欧元	信息技术	荷兰
22	2006.1	中国蓝星集团	比利时 DRAKKAR 公司	4 亿欧元	化学制品	比利时
23	2006.4	飞跃集团	MIFRA 公司	—	电子制品	意大利
24	2006.6	杭州机床	ABAZ&B 磨床有限公司	600 万欧元	机械	德国
25	2006.7	芯原股份有限公司	美国 LSI LOGIC 公司	1 018 万欧元	电子制品	美国
26	2006.10	中国蓝星集团	罗地亚公司硅产品制造部门	4 亿欧元	化工	法国
27	2006.12	中国银行	新加坡飞机租赁有限责任公司	24 亿欧元	航空航天	新加坡
28	2006.12	四川世纪双虹公司	荷兰 Sterope Investments BV 公司	7 686 万欧元	电子制品	荷兰
29	2007.9	山河智能	HPM 公司	219 万欧元	机械	意大利
30	2007.12	新疆金风科技	德国 VENSYS 能源股份公司	4 124 万欧元	能源制造	德国
31	2008.6	中集集团	TGE 公司	2 000 万欧元	机械	德国
32	2008.10	株洲南车时代电气	英国大功率半导体商 DynexPower	1 068 万欧元	装备制造	英国
33	2009.1	潍柴动力	马赛公司博杜安动力	300 万欧元	机械	法国
34	2009.3	北汽集团	德尔福公司	6 723 万欧元	汽车零部件	美国
35	2009.3	吉利集团	DSI 公司	14 亿欧元	汽车零部件	澳大利亚
36	2009.4	侨兴集团	飞思卡尔半导体公司	—	电子制品	美国
37	2009.5	易方数码科技	飞马技术有限公司	4 296 万欧元	电子制品	以色列

续表

序号	日期	并购方	目标企业	金额	行业	国家/地区
38	2009.7	北汽福田汽车	日本福田自动车株式会社	31万欧元	汽车	日本
39	2009.9	辽宁高科	日本太阳能企业Evatech	3 830万欧元	能源制造	日本
40	2009.9	天威新能源控股	美国hoku scientific公司	3 508万欧元	能源制造	美国
41	2010.2	国际海运集装箱集团	F&G公司	5 700万欧元	工业机械	俄罗斯
42	2010.6	广州汽车集团	骏威汽车	31亿欧元	汽车	中国香港
43	2010.6	大连橡胶塑料机械	麦克罗公司	652万欧元	机械	加拿大
44	2010.8	吉利控股集团	沃尔沃汽车	13亿欧元	汽车	美国
45	2011.1	中国蓝星集团	埃肯公司	16亿欧元	化学制品	挪威
46	2011.1	时代新材	代尔克公司	223万欧元	化工	澳大利亚
47	2011.2	中航通用飞机	美国西锐公司	—	航天航空	美国
48	2011.3	山西太重煤机公司	威利朗沃国际集团公司	1亿欧元	机械	澳大利亚
49	2011.4	深圳立讯精密工业	香港ICT – LANTO LIMITED公司	157万欧元	电子制品	中国香港
50	2011.10	卧龙控股集团	奥地利ATB集团	1亿欧元	电子制品	奥地利
51	2011.10	中国化工农化总公司	马克西姆阿甘公司	11亿欧元	化工	以色列

第二十六章　中国企业海外投资文化整合实证分析调查问卷

尊敬的女士/先生：您好！

非常感谢您的支持与参与！本调查问卷所获数据将仅用于学术研究并予以严格保密，请您放心作答。请您根据所在企业的实际情况填写，您对每个问题的回答对本研究都具有重要的学术价值，所以敬请您勿遗漏每一项！

浙江大学经济学院

◆ 基本情况

1. 贵企业所属行业：_____

2. 贵企业规模多大：（　　）

   A. 少于 50 人　　　　　B. 50～100 人　　　　　C. 100～500 人

   D. 500～1 000 人　　　E. 1 000～3 000 人　　F. 3 000 人以上

3. 贵企业的成立年限：（　　）

   A. 3 年以下　　　　　　　　　　　　　　　　B. 3～10 年

   C. 11～20 年　　　　　　　　　　　　　　　D. 20 年以上

4. 您在贵企业的职位：（　　）

   A. 企业所有者　　　　　B. 高层管理者　　　　　C. 中层管理者

   D. 基层管理者　　　　　E. 公司员工

5. 贵企业性质属于：（　　）

   A. 国有企业　　　　　　　　　　　　　　　　B. 民营企业

   C. 合资企业　　　　　　　　　　　　　　　　D. 其他_____

6. 您如果选择进行海外投资，那么投资动机是：（　　）

   A. 获取海外市场　　　　　　　　　　　　　　B. 获取海外技术

   C. 获取海外资源　　　　　　　　　　　　　　D. 其他_____

7. 您会选择以下哪种跨国并购投资类型：（　　）

   A. 混合并购　　　　　　　　　　　　　　　　B. 同行业横向并购

   C. 跨行业纵向并购　　　　　　　　　　　　　D. 其他_____

8. 您认为跨国并购风险主要来源于哪个阶段：（　　）

   A. 投资前期战略选择阶段

   B. 投资中期谈判交易阶段

   C. 投资后期整合阶段

9. 如果贵企业有海外投资经历，那么该海外投资项目截止目前的收益：（　　）

   A. 超过预期　　　　　B. 达到预期　　　　　C. 不如预期但仍获利

   D. 亏损　　　　　　　E. 其他_____

海外投资文化整合的成功会受到一些因素的影响，请您评价下列因素对海外投资文化整合成功的影响程度。另外，如果贵企业目前有海外投资文化整合经历，请在实际情况一栏中对这一要素进行评价。

◆ 海外投资双方文化匹配因素评价

	影响程度	实际情况
	极重要→极不重要	很高→很低
1. 投资双方产品设计理念相似	9 7 5 3 1	9 7 5 3 1
2. 投资双方市场开拓战略相似	9 7 5 3 1	9 7 5 3 1
3. 投资双方技术研发战略相似	9 7 5 3 1	9 7 5 3 1
4. 投资双方组织结构相似	9 7 5 3 1	9 7 5 3 1

◆ 投资企业文化整合因素评价

	极重要→极不重要	很高→很弱
1. 投资双方参与沟通范围	9 7 5 3 1	9 7 5 3 1
2. 投资双方参与协调范围	9 7 5 3 1	9 7 5 3 1
3. 目标企业人员变动程度	9 7 5 3 1	9 7 5 3 1
4. 投资企业文化干预程度	9 7 5 3 1	9 7 5 3 1

◆ 目标企业文化认同因素评价

	极重要→极不重要	很高→很低
1. 目标企业对信息公布满意程度	9 7 5 3 1	9 7 5 3 1
2. 目标企业对利益激励满意程度	9 7 5 3 1	9 7 5 3 1
3. 目标企业对企业文化信任程度	9 7 5 3 1	9 7 5 3 1
4. 投资企业文化吸引程度	9 7 5 3 1	9 7 5 3 1

第二十九章　中国企业海外并购财务风险案例样本

序号	并购企业	A股代码	完成年份	交易价值（元）	东道国（地区）	目标企业
1	中牧股份	600195	2000	12 169 248	Australia	I-LOK 公司 20.01% 股权
2	深南电A	000037	2001	2 607 255	Singapora	深南能源（新加坡）有限公司 35% 股权
3	青岛海尔	600690	2001	57 939 000	Italy	MENEGHETTI SPA

续表

序号	并购企业	A股代码	完成年份	交易价值（元）	东道国（地区）	目标企业
4	陕西金叶	000812	2001	6 456 060	USA	美国休斯顿包装印刷股份有限公司
5	华立控股	000607	2001	41 385 000	Netherland	飞利浦 Sanjose's CDMA 移动通信部门
6	美的电器	000527	2001	160 000 000	Japan	日本三洋磁控管工厂
7	青岛啤酒	600600	2001	59 000 000	HongKong	香港富利运投资有限公司 90% 股权
8	宁波韵升	600366	2002	2 530 000	Japan	日本理研发条株式会社的 25% 股份
9	海欣股份	600851	2002	116 019 000	USA	GLENOIT INTERMEDIATE HOLDING INC.'S TWO FACTORIES
10	上海机电	600835	2002	37 246 500	Japan	秋山公司
11	上工申贝	600843	2002	201 131 100	Germany	DUERKOPP ADLER AG
12	ST 安彩	600207	2003	413 007 000	USA	CORNING INC.'S NINE PRODUCTION LINES
13	ST 合金	000633	2003	662 936 000	USA	MURRAY INC.
14	新大陆	000997	2003	82 770 000	Germany	JQC 公司 10% 股权
15	亿阳信通	600289	2004	500 000	HongKong	和记奥普泰通信技术有限公司
16	多伦股份	600696	2004	29 754 800	HongKong	香港兆祥（中国）有限公司 73.47% 股权
17	北京城建	600266	2004	1 404 380 000	HongKong	香港康实投资有限公司
18	上海机电	600835	2004	5 145 000	Germany	德国沃伦贝格机床 53.5% 股权
19	锦龙股份	000712	2004	35 090 000	HongKong	冠富（清远）化纤厂有限公司 75% 股权

续表

序号	并购企业	A股代码	完成年份	交易价值（元）	东道国（地区）	目标企业
20	TCL集团	000100	2004	983 713 000	France	ALCATEL SA'S MOBILE HANDSET MANUFACTURING DIVISION
21	京东方	000725	2004	3 138 800 000	Korea	韩国现代显示技术株式会社 TFT-LCD 业务
22	上海汽车	600104	2004	4 138 400 000	Korea	韩国双龙汽车 48.92%股权
23	海王生物	000078	2004	275 572 000	HongKong	亚洲资源
24	德豪润达	002005	2005	17 530 238	USA	北美电器公司 70%股权
25	新中基	000972	2005	72 990 000	France	CONSERVE DE PROVENCE SAS
26	秦川发展	000837	2005	15 973 815	USA	United American Industries, INC
27	兖州煤业	600188	2005	194 733 000	Australia	SOUTHLAND COAL MINE
28	海南航空	600221	2005	368 550 000	HongKong	中富航空 60%股权
29	中远航运	600428	2005	720 766 966	Taiwan	GALAXY SHIPPING & ENTERPRISES CO., LTD.
30	长城信息	000748	2007	n. a.	Netherland	飞利浦电子公司手机业务
31	中国玻纤	600176	2007	n. a.	Germany	NOI - ROTORTECHNIK GMBH
32	四川长虹	600839	2007	1 904 031 000	Netherland	STEROPE INVESTMENTS BVSTEROPE INVESTMENTS BV
33	万向钱潮	000559	2007	190 100 000	USA	美国 AI 公司 30%的股权
34	鼎立股份	600614	2008	25 000 000	HongKong	DINGLI TECHNOLOGY DEVELOPMENT (HONG KONG) CO, LTD

续表

序号	并购企业	A股代码	完成年份	交易价值（元）	东道国（地区）	目标企业
35	雅戈尔	600177	2008	833 412 000	USA	Smart Apparel Group Limited. & XinMa Apparel International Limited
36	中国铝业	601600	2008	85 175 997 000	UK	RIO TINTO PLC12%的股权
37	北方国际	000065	2008	106 500 000	HongKong	番禺富门花园房地产有限公司75%的股权
38	华天酒店	000428	2008	230 000 000	HongKong	香港咏亨有限公司
39	华能国际	600011	2008	11 048 769 000	Singapora	SINOSING POWER PTE LTD
40	江淮动力	000816	2008	64 577 214	USA	All-Power America, LLC100%股权
41	中集集团	000039	2008	1 108 403 000	Netherland	BURG INDUSTRIES BV60%股权
42	海隆软件	002195	2008	n.a.	Japan	日本海隆株式会社5%股权
43	中国石化	600028	2008	11 019 981 000	Canada	TANGANYIKA OIL COMPANY LTD
44	九龙山	600555	2008	123 664 451	HongKong	SIDE PERFECT INVERSTMENT LIMITED
45	格力电器	000651	2008	n.a.	HongKong	香港格力电器销售有限公司100%股权
46	中国远洋	601919	2008	18 504 017 000	HongKong	Golden View Investment Limited
47	哈投股份	600864	2008	82 438 337	Russia	俄罗斯"林业运输"有限责任公司100%股权
48	东北电气	000585	2008	109 369 300	HongKong	香港中兴动力有限公司
49	金风科技	002202	2008	441 646 000	Germany	VENSYS ENERGY AG70%的股权

续表

序号	并购企业	A股代码	完成年份	交易价值（元）	东道国（地区）	目标企业
50	中银绒业	000982	2008	68 460 000	UK	T&DL'S BUSINESS AND CERTAIN ASSETS
51	华菱钢铁	000932	2008	2 751 890 000	Australia	FORTESCUE METALS GROUP LTD
52	中钢天源	002057	2008	n. a.	Australia	MIDWEST CORPORATION LTD
53	中联重科	000157	2008	2 706 839 000	Italy	COMPAGNIA ITALIANA FORME ACCIAIO SPA
54	中海油服	601808	2008	12 957 797 000	Norway	AWILCO OFFSHORE ASA
55	旭飞投资	000526	2008	n. a.	HongKong	富邦银行（香港）增资后发行股本19.99%的股权
56	大唐电信	600198	2009	1 175 360 000	HongKong	SMIC 16.572% 股权
57	上工申贝	600843	2009	3 415 500	HongKong	香港杜克普爱华远东有限公司100%股权
58	新海股份	002120	2009	9 527 000	Netherland	荷兰Unilight公司100%股权
59	中鼎股份	000887	2009	30 739 500	USA	Allied – Baltic Rubber, Inc. 100%股权
60	吉恩镍业	600432	2009	115 231 820	Canada	LIBERTY MINES INC. 51%股权
61	五矿发展	600058	2009	11 478 890 000	Australia	OZ MINERALS LTD
62	中色股份	000758	2009	53 997 000	Australia	TERRAMIN AUSTRALIA LTD
63	宗申动力	001696	2009	n. a.	Brazil	巴西卡辛斯基摩托车厂100%股份
64	美克股份	600337	2009	62 598 601	USA	SCHNADIG CORPORATION'S NET OPERATING ASSETS
65	中国国航	601111	2009	5 580 876 000	HongKong	CATHAY PACIFIC AIRWAYS LTD

续表

序号	并购企业	A股代码	完成年份	交易价值（元）	东道国（地区）	目标企业
66	中国石油	601857	2009	15 332 880 000	Singapora	Singapore Petroleum Company Limited 96% 股权
67	苏宁电器	002024	2009	60 252 780	Japan	LAOX CO., LTD 27.36% 的股权
68	中金岭南	000060	2009	208 886 970	Australia	PERILYA LTD 50.1% 的股权
69	深国商	000056	2009	n.a.	HongKong	百利亚太投资有限公司 51% 股权
70	宝钢股份	600019	2009	1 793 151 000	Australia	AQUILA RESOURCES LTD 15% 的股权
71	福田汽车	600166	2009	1 345 707 000	Sweden	通用汽车萨博的部分资产
72	兖州煤业	600188	2009	19 903 875 000	Australia	FELIX RESOURCES LTD

第二十九章 综合财务水平得分

		F_{-1}	F_0	F_1	F_2	F_3
1	600195	0.13509	0.16767	0.15888	-0.03738	0.17729
2	000037	0.15945	0.53316	0.76633	0.51534	0.19248
3	600690	0.55323	0.66456	0.27905	0.55688	1.18238
4	000812	0.04583	-0.05553	-0.07291	0.02949	-0.07681
5	000607	0.10694	0.37255	0.25236	0.36254	-0.18311
6	000527	-0.15615	0.13596	0.09813	0.34057	0.27554
7	600600	-0.37361	-0.33896	-0.15442	-0.00531	-0.03284
8	600366	0.26510	-0.05588	-0.09995	0.14845	0.11994
9	600851	0.07644	-0.00679	0.13514	0.02089	-0.17001
10	600835	0.15452	0.15293	0.13761	0.18238	0.07084
11	600843	-0.31324	-0.31975	-0.13149	-0.24502	-0.73130
12	600207	0.10222	0.42543	0.14874	-0.44121	-0.94496

续表

		F_{-1}	F_0	F_1	F_2	F_3
13	000633	-0.33401	0.00379	-1.62797	-1.50247	-1.24067
14	000997	0.36918	0.10296	0.18668	0.40261	0.36906
15	600289	0.31089	0.15134	0.33280	0.21544	0.07555
16	600696	-0.21336	-0.29638	-0.13367	-0.33361	-0.05819
17	600266	-0.44256	-0.31272	-0.13187	-0.43370	-0.41856
18	600835	0.10303	0.21994	0.10950	0.28285	0.30077
19	000712	-0.37953	-0.49182	-0.36719	-0.47191	0.19339
20	000100	-0.22271	-0.29577	-0.65133	-0.74728	-0.08411
21	000725	-0.19428	-0.39530	-0.79625	-0.81374	0.21817
22	600104	0.45422	0.62804	0.48537	-0.10424	0.01151
23	000078	-0.32313	-0.29282	-1.10317	-0.32644	-0.26419
24	002005	-0.18698	-0.25161	-0.27749	-0.21430	-0.24336
25	000972	-0.32673	-0.25326	-0.23115	-0.25201	-0.44756
26	000837	-0.01810	0.05424	0.15178	0.19443	-0.02618
27	600188	1.11298	1.12191	0.92401	0.74343	1.16040
28	600221	-0.17171	-0.39806	-0.06754	-0.21298	-0.41674
29	600428	0.60756	0.95469	0.61173	1.20726	1.17918
30	000748	-0.03009	-0.10117	0.47600	0.53993	0.26446
31	600176	-0.19111	0.12373	-0.33112	-0.70676	-0.21162
32	600839	-0.24382	-0.23178	-0.07513	-0.43364	-0.27597
33	000559	-0.21451	-0.00216	-0.21736	-0.02562	0.03519
34	600614	-0.25529	-0.35416	-0.15179	-0.23873	
35	600177	0.38728	0.01554	0.05439	0.09366	
36	601600	0.39299	-0.32832	-0.43392	-0.23746	
37	000065	-0.83131	-0.34858	0.27841	-0.01321	
38	000428	0.03094	-0.12483	0.01457	-0.13732	
39	600011	0.02476	-0.72995	-0.12188	-0.18622	
40	000816	-0.21272	-0.20156	-0.12971	-0.03204	
41	000039	0.01191	0.20505	-0.08944	0.06889	
42	002195	1.78202	1.89112	1.85509	1.95814	

续表

		F_{-1}	F_0	F_1	F_2	F_3
43	600028	0.02759	-0.02575	0.12390	0.47663	
44	600555	-0.46649	-0.21876	0.52069	-0.08565	
45	000651	0.15330	0.28807	0.25914	0.08868	
46	601919	1.00145	0.83767	-0.32568	0.32726	
47	600864	0.59372	0.15693	0.08557	0.07191	
48	000585	-1.29003	-0.74022	-0.17254	-0.38982	
49	002202	0.50673	0.37201	0.26825	0.16522	
50	000982	0.02403	-0.42406	-0.43295	-0.31668	
51	000932	-0.08055	-0.08357	-0.29046	-0.88598	
52	002057	-0.06847	-0.48042	-0.07601	0.00486	
53	000157	0.45056	0.12827	-0.01603	0.08466	
54	601808	0.70621	0.08954	0.61306	0.61112	
55	000526	0.44999	-1.91774	0.92773	0.13723	
56	600198	-0.43703	-0.17278	-0.38622		
57	600843	-0.57521	-0.39746	-0.18700		
58	002120	-0.22286	-0.12847	-0.24200		
59	000887	0.07700	0.44888	0.17499		
60	600432	0.12992	-0.34342	-0.34641		
61	600058	-0.64319	-0.30719	-0.44844		
62	000758	-0.28272	-0.16672	-0.20600		
63	001696	0.38585	0.92468	0.33186		
64	600337	-0.26696	0.05645	0.16048		
65	601111	-1.00044	-0.26059	0.27149		
66	601857	0.31493	0.31574	0.41079		
67	002024	0.08729	0.38004	0.02063		
68	000060	0.09001	-0.10202	0.02157		
69	000056	-1.69280	-0.96502	-2.00727		
70	600019	-0.17963	-0.05844	0.07803		
71	600166	-0.55771	0.57618	-0.03734		
72	600188	1.21394	0.48072	0.84635		

第二十九章 国家（地区）文化差异

国家（地区）	权利距离	不确定性规避	男性度与女性度	独立性	长期取向与短期取向	放纵与克制	国家文化差异
中国	80	30	66	20	87	24	/
澳大利亚	36	51	61	90	21	71	118.20
新加坡	74	8	48	20	72	46	39.68
意大利	50	75	70	76	61	30	82.38
美国	40	46	62	91	26	68	112.67
荷兰	38	53	14	80	67	68	104.91
日本	54	92	95	46	88	42	79.78
中国香港	68	29	57	25	61	17	31.55
德国	35	65	66	67	83	40	75.89
法国	68	86	43	71	63	48	86.97
韩国	60	85	39	18	100	29	65.96
英国	35	35	66	89	51	69	101.10
巴西	69	76	49	38	44	59	77.51
瑞典	31	29	5	71	53	78	113.28
中国台湾	58	69	45	17	93	49	55.98

参 考 文 献

第一篇　中国海外投资的区域风险防范与管控战略研究

［1］白远．中国企业对外直接投资风险论［M］．中国金融出版社，2012．

［2］孔小惠．地缘政治的涵义、主要理论及其影响国家安全战略的途径分析［J］．世界地理研究，2010（2）．

［3］迈克尔波特．国家竞争优势［M］．中译本，华夏出版社，2002．

［4］聂名华．中国企业对外直接投资风险分析［J］．经济管理，2009（8）．

［5］潘永辉．外资并购的风险识别、侧度及调控机制研究——基于"动机与风险对应论"的视角［M］．经济科学出版社，2008．

［6］夏皮罗．跨国公司财务管理基础（第三版）（影印版）［M］．北京：清华大学出版社，1998：193－195．

［7］项本武．东道国特征与中国对外直接投资的实证研究［J］．数量经济技术经济研究．2009（07）．

［8］张建红，卫新江，海柯·艾伯斯．决定中国企业海外收购成败的因素分析［J］．管理世界，2010（3）．

［9］张建红，周朝鸿．中国企业走出去的制度障碍研究——以海外投资为例［J］．经济研究，2010（6）．

［10］郑先武．海外投资的政治风险及其防范［J］．对外经贸实务，1998，Vol. 10：pp. 31－33．

［11］Ali. A. and Isse, H. Political freedom and the stability of economic policy. Otto Journal, 240. 2004：251－260.

［12］Acemoglu, D, Johnson S. and Robinson J. 'The Colonial Origins of Comparative Development：An Empirical Investigation'［J］. American Economic Review, 2001, 91：1369－1401.

［13］Alon I, and Herbert TT. A stranger in a strange land：Micro political risk and the multinational firm［J］. Business Horizons, 2009, 52：127－137.

[14] Agarwal J and Feils D. Political risk and the internationalization of firms: an empirical study of Canadian – based export and FDI firms [J]. Canadian Journal of Administrative Sciences, 2007, 24: 165 – 181.

[15] Al Khattab A, Anchor J, and Davies E. Managerial perceptions of political risk in international projects [J]. International Journal of Project Management, 2007, 25: 734 – 743.

[16] Al Khattab, A. 'Political risk assessment in Jordanian international firms, PhD Thesis, Huddersfield', University of Huddersfield: 2006. UK.

[17] Alon, I. Global franchising and development in emerging and transitioning markets. Journal of Macromarketing, 2004, 24 (2), 156 – 167.

[18] Alon, I., Gurumoorthy, R., Mitchell, M. C., and Steen, T.. Managing micropolitical risk: A cross – sector examination. Thunderbird International Business Review, 2006, 48 (5), 623 – 642.

[19] Alon, I., and Kellerman, E.. Internal antecedents to the 1997 Asian economic crisis. Multinational Business Review, 1999, 7 (2), 1 – 12.

[20] Alon, I., and Martin, M. A normative model of macro political risk assessment. Multinational Business Review, 1998, 6 (2), 10 – 19.

[21] Arellano Manuel and Stephen Bond, Some Tests of Specification for Panel Data: Monte Carlo Evidence and an Application to Employment Equations, Review of Economic Studies 1991, 58: 277 – 297.

[22] Acemoglu, Daron, Johnson, Simon, Robinson, James A., Yared, Pierre. Income and democracy. The American Economic Review 2008, 98 (3), 808 – 842.

[23] Antkiewicz, A. and Whalley, J. Recent Chinese Buyout Activity and the Implications for Wider Global Investment Rules. Canadian Public Policy/Analyse de Politiques, 2007, 33 (2), p. 207 – 226.

[24] Asiedu, E. and Lien D. Democracy, foreign direct investment and natural resources, Journal of International Economics 84 (2011) 99 – 111.

[25] Aguilera RV., and Jackson G. The cross – national diversity of corporate governance: dimensions and determinants. Academy of Management Review 2003, 28: 447 – 465.

[26] Boateng, A., Qian, W., and Tianle, Y. Cross – border M&As by Chinese Firms: An Analysis of Strategic Motives and Performance, Thunderbird International Business Review, Vol. 2008. 50 (4), p. 259 – 270.

[27] Blonigen, B. A Review of the Empirical Literature on FDI Determinants.

Atlantic Economic Journal 2005, 33 (4): 383 – 403.

[28] Blundell Richard and Stephen Bond, "Initial Conditions and Moment Restrictions in Dynamic Panel Data Models", Journal of Econometrics 1998, 87: 115 – 143.

[29] Buckley, P. J. and Casson M. The optimal timing of a foreign direct investment, Economic Journal 1981, 91 (361): 75 – 87.

[30] Balkan. E. M. Political Instability, country risk and probability of default. Applied Evonomics. 1992, 24 (9), 999 – 1008.

[31] Barro, R. J. Economic growth in a cross section of countries. Quarterly Journal of Economics 1991, 106 (2): 407 – 43.

[32] Berg, A. Patillo, Predicting Currency Crisis: the Indicators approach and an alternative. [J]. Journal of Money and Finance, 1999, Vol. 18, pp. 561 – 586.

[33] Bevan, A. and Estrin, S. 'The determinants of Foreign Direct Investment in Transition Economies', Journal of Comparative Economics, 2004, 32: 775 – 787.

[34] Bhalla, B. How corporations should weigh up country risk. Euromoney, 1983. June: 66 – 72.

[35] Brewer, T. L. Regime changes and fiscal policy deviations from the trend. In Brewer. T. L. (Ed.). Political Risks in International Business, New Directions for Research, Management, and Public Policy. New York: Praeger, 1985. 151 – 161.

[36] Brito, J., and Sampayo, F. 'The timing and probability of FDI: an application to US multinational enterprises', Applied Economics, 2005, 37: 417 – 437.

[37] Butler, Kirt C.; Joaquin, Domingo Castelo. A Note on Political Risk and the Required Return on Foreign Direct Investment. Full Journal of International Business Studies, 3rd Quarter, Vol. 29 Issue 3, 1998. pp. 599 – 607.

[38] Barrell Ray and Nigel Pain, "Foreign Direct Investment, Technological Change, and Economic Growth Within Europe", The Economic Journal, Vol. 107, No. 445, 1997. pp. 1770 – 1786.

[39] Brink, C. H. Measuring political risk: Risks to foreign investment. Burlington, VT: Ashgate. 2004.

[40] Bénassy – Quéré A, Coupet M and Mayer T. Institutional Determinants of Foreign Direct Investment [J]. The World Economy, 2007, 10: 764 – 782.

[41] Borensztein E., J. De Gregorio, J – W. Lee, 1998, How does foreign direct investment affect economic growth? Journal of International Economics, Vol45, No1, pp. 115 – 135.

[42] Brouthers LE, Gao Y, and Mcnicol JP. Corruption and market attractive-

ness influences on different types of FDI [J]. Strategic Management Journal, 2008, 29: 673 -680.

[43] Buckley Peter J. and Mark Casson. An Economic Model of International Joint Venture Strategy. Journal of International Business Studies. Vol. 27, No. 5, 1996. pp. 849 -876.

[44] Boddewyn, J. J. Political Aspects of MNE Theory', Journal of International Business Studies 1988, 19 (3), 341 -363.

[45] Buckley P. J., L. J. Clegg, A. R. Cross, X. Liu, H. Voss and P. Zheng, The determinants of Chinese outward foreign direct investment, Journal of International Business Studies 2007, 38, pp. 499 -518.

[46] Chetty, S., Blankenburg Holm, D. Internationalisation of small to medium -sized manufacturing firms: a network approach, International Business Review, Vol. 9 No. 1 2000. pp. 77 -93.

[47] Chan CM, Isobe T, and Makino S. Which country matters? Institutional development and foreign affiliate performance [J]. Strategic Management Journal, 2008, 29: 1179 -1205.

[48] Coplin, W. D., and O'Leary, M. K. Introduction to politicalrisk analysis. Washington, DC: Policy Studies Associates Inc. 1983.

[49] Cornell B, Shapiro A C. Managing for Exchange Risk. Midland Corporate Finance Journal, 1983 1 (3): 16 -31.

[50] Cohen, Daniel and Jeffrey Sachs, Growth and External Debt Under Risk of Debt Repudiation, European Economic Review 30 (1986): 529 -60.

[51] Cosset, J. C, and Roy. J. (1991). Tbe determinants of country risk ratings. Journal of International Business Studies, 22 (1), 135 -142.

[52] Christoph Pasternak, The Signals Approach as an Early Warning System for Currency Crises. An Application to Transition Economies - with special emphasis on Poland [J]. EconWPA_International Finance, 2003, No. 0304001.

[53] Christine M. Chan, Takehiko Isobe, Shige Makino, Which Country Matters? Institutional Development and Foreign Affiliate Performance [J]. Strategic Management Journal, 2008, Vol. 29: pp. 1179 -1205.

[54] Clark Ephraim, Valuing Political Risk [J]. Journal of International Money and Finance [J]. 1997, Vol. 16: pp. 477 -490.

[55] Chakrabarti, A. "The determinants of foreign direct investments: sensitivity analyses of cross - country regressions", Kyklos 2001, 54 (1): 89 -114.

［56］Casper, Gretchen, Tufis, Claudiu. Correlation versus interchangeability: the limited robustness of empirical finding on democracy using highly correlated datasets. Political Analysis 2003, 11, 196 – 203.

［57］Cheung Y. and Qian X. The empirics of China's outward direct investment. Pacific Economic Review, Vol. 14, No. 3, 2009. pp. 312 – 341.

［58］Dahl, Robert A. Polyarchy: Participation and Opposition. New Haven, Conn: Yale University Press. 1998.

［59］Deng Ping. Why do Chinese firms tend to acquire strategic assets in international expansion. Journal of World Business, Vol. 44, No. 1, 2009. pp. 74 – 84.

［60］Dunning, J. H. and Lundan, S. M. Institutions and the OLI paradigm of the multinational enterprise. Asia Pacific J Manage 2008. 25: 573 – 593.

［61］Dunning, J. H. Comment on Dragon multinationals: New players in 21st century globalization. Asia Pacific Journal of Management, 2006, 23 (2): 139 – 141.

［62］Dunning, J. H. Multinational Enterprises and the Global Economy, Addison – Wesley Publishing Company: Reading, MA. 1993.

［63］de Co'rdoba, J. Land grab: Farms are latest target in Venezuelan upheaval. The Wall Street Journal, 2008, May 17. pp. A1, A18.

［64］Dante Di Gregorio, Re – thinking Country Risk: Insights from Entrepreneurship Theory [J]. International Business Review, 2005, Vol. 14: pp. 209 – 226.

［65］Davis, Karim, Comparing Early Warning Systems for Banking Crises [J]. Journal of Financial Stability, 2008, Vol. 4, pp. 89 – 120.

［66］Desai Mihir A. and C Fritz Foley. Capital structure with risky foreign investment (2006). http://www.nber.org/papers/w12276.

［67］de la Torre J., and Neckar D. Forecasting political risks for international operations [J]. International Journal of Forecasting, 1988, 4: 221 – 241.

［68］Doyle, C., van Wijnbergen, S, 1994, 'Taxation of foreign multinationals: A sequential bargaining approach to tax holidays'. International Tax and Public Finance, Vol. 1, pp. 211 – 225.

［69］Eaton, Jonathan and Raquel Fernandez, "Sovereign Debt," NBER Working Paper No. 5131 (1995).

［70］Eaton, J., Gersovitz, M., Country risk: Economic aspects. In: Herring, R. J. (Ed.), Managing International Risk, Cambridge University Press, Cambridge, 1983. pp. 75 – 108.

［71］Eaton, J., Gersovitz, M. and Stiglitz, J. The pure theory of country risk,

European Economic Review, 1986, 30: 481 – 513.

[72] Eden Lorraine and Maureen Appel Molot, Insiders, outsiders and host country bargains, Journal of International Management Vol. 8, 2002. pp. 359 – 388.

[73] Fathali Firoozi, Multinationals FDI and Uncertainty: an Exposition [J]. Journal of Multinational Financial Management, 1997, Vol. 7: pp. 265 – 273.

[74] Filatotchev I., R. Strange, J. Piesse and Y. C. Lien, FDI by firms from newly industrialised economies in emerging markets: Corporate governance, entry mode and location, Journal of International Business Studies 38, 2007. pp. 556 – 572.

[75] Grosse, R. The bargaining relationship between foreign MNEs and host governments in Latin America. International Trade Journal, 1996, 10 (4), 467 – 500.

[76] Grosse R. The bargaining relationship between foreign MNEs and host governments in Latin America [J]. International Trade Journal, 1996 10: 467 – 500.

[77] Gillespie, K. Political risk implications for exporters, contractors, and foreign licensors: the Iranian experience. Management International Review, 1989, 29 (2), 41 – 52.

[78] Goldberg, C., and Veitch, J. Country risk and financial integration: A case study of South Africa', Research in International Business and Finance, Vol. 24, No. 2, 2010. pp. 138 – 145.

[79] Haggard, Stephen Pathsways from the Periphery: The Politics of Growth in Newly Industrializing Countries. Ithaca. N. Y,: Cornell University Press. 1990.

[80] Hymer, Stephen. The International Operations of National Firms: A Study of Direct Foreign Investment. Cambridge, mass,: MIT Press. 1976.

[81] Haner, F. T. Rating investment risks abroad. Business Horizons, 1979, 22 (2), 18 – 23.

[82] Henisz, W. J., and Zelner, B. A. Legitimacy, interest group pressures, and change in emergent institutions. Academy of Management Review, 2005, 30 (2), 361 – 382.

[83] Hofstede, G. Culture and organizations: Software of the mind. London: McGraw – Hill. 1991.

[84] Henisz WJ and Zelner BA. Legitimacy, interest group pressures, and change in emergent institutions: the case of foreign investors and host country governments [J]. Academy of Management Journal, 2005, 30: 361 – 382.

[85] Henisz WJ. The institutional environment for international business. In What is International Business? Buckley PJ (ed) [M]. Palgrave Macmillan: New York,

2004：85 - 109.

[86] Henisz WJ. and Delios A. Uncertainty, imitation and plant location：Japanese multinational corporations 1990 - 1996. Administrative Science Quarterly. 2001, 46（3）. 443 - 475

[87] Henisz WJ., The Institutional Environment for Economic Growth [J]. Economics and Politics, 2000, Vol. 12：pp. 1 - 31.

[88] Henisz WJ. The institutional environment for multinational investment [J]. Journal of Law, Economics, and Organization, 2000b, 16：334 - 364.

[89] Hitt MA, Ahlstrom D, Dacin MT, Levitas E, Svobodina L. The institutional effects on strategic alliance partner selection in transition economies：China vs. Russia [J]. Organization Science, 2004, 15：173 - 185.

[90] Hakro Ahmed Nawaz and Ghumro Akhtiar Ahmed, Foreign direct investment, determinates and policy analysis：Case of Pakistan. hakro@ qau. edu. pk

[91] Hashmi, M. A., and Guvenli, T. Importance of political risk assessment functions in U. S. multinational corporations. Global Finance Journal, 1992. 3（2）, 137 - 144.

[92] Hoti, S. and McAleer, M. 'An empirical assessment of country risk ratings and associated models', Journal of Economic Surveys, 2004, 18：539 - 588.

[93] Habeck, M. M., Kroger, F., and Tram, M. R. London：Financial Times/Prentice Hall. 2000.

[94] Habib, M. and P. G. Zurawicki. Corruption and Foreign Direct Investment', Journal of International Business Studies 2002. 33（2）, 291 - 307.

[95] IMF, Global Financial Stability Report [R]. Washington. DC, International Monetary Fund, Publication Services, 2009.

[96] Joshua Aizenmana, Nancy Marion, The Merits of Horizontal Versus Vertical FDI in the Presence of Uncertainty [J]. Journal of International Economics, 2004, Vol. 62：pp. 125 - 148.

[97] Juhl, P. Economically rational design of developing countries' expropriation policies toward foreign direct investment. Management International Review, 1985, 25（2）, 44 - 52.

[98] Janicki, H. and Wunnava, P. 'Determinants of foreign direct investment：empirical evidence from EU accession candidates', Applied Economics, 2004, 36：505 - 509.

[99] Jensen Nathan. Measuring Risk：political risk insurance premiums and do-

mestic political institutions. njensen@ wustl. edu. 2005.

［100］ JinjarakYothin, Foreign Direct Investment and Macroeconomic Risk ［J］. International Business Review, 2005, Vol. 14: pp. 765 – 790.

［101］ Johanson, J., Mattsson, L. – G. Internationalisation in industrial systems – a network approach, Strategies in Global Competition, 1988. pp. 287 – 314.

［102］ Jensen, N. Political Risk, Democratic Institutions, and Foreign Direct Investment. The Journal of Politics/Volume 70/Issue 04/October 2008, pp. 1040 – 1052.

［103］ Knudsen, H. Explaining the national propensity to expropriate: an ecological approach. Journal of International Business Studies. 1974, 5 (1). 51 – 71.

［104］ Kobrin, S. Political risk: a review and reconsideration. Journal of International Business Studies, 1979, 10 (1), 67 – 80.

［105］ Khanna T, Palepu K. The future of business groups in emerging markets: long – run evidence from Chile ［J］. Academy of Management Journal, 2000a, 43: 268 – 285.

［106］ Kobrin, Stephen J. 'Political risk: A review and reconsideration. Journal of International Business Studies', Spring/Summer: 1979. Vol. 10, pp. 67 – 80.

［107］ Kolstad I. and A. Wiig, Is transparency the key to reducing corruption in resource rich countries? World Development 2009, 37 (3), pp. 521 – 532.

［108］ Kent D. Miller, A Framework for Integrated Risk Management in International Business ［J］. Journal of International Business Studies, 1992, Vol. 23: pp. 311 – 331.

［109］ Khanna T and JW. Rivkin. Estimating the performance effects of business groups in emerging markets, Strategic Management Journal. 2001. Vol 22 (1), pp. 45 – 74.

［110］ Lucas, Robert E., Why Doesn't Capital Flow from Rich to Poor Countries, American Economic Review 80 (1990): 92 – 6.

［111］ La Porta, R., Lopez – de – Silanes, F., Shleifer, A. and Vishny, R., Legal determinants of external finance. Journal of Finance 1997. 52, pp. 1131 – 1150.

［112］ Lim, D. "Fiscal incentives and direct investment in less developed countries", Journal of Development Studies 1983, 19 (2): 207 – 212.

［113］ Luo, Y., Q. Xue, et al. How emerging market governments promote outward FDI: Experience from China. Journal of World Business 2010, 45 (1): 68 – 79.

［114］ Laurence, C., and Mauro, G. National corporate government institutions and post – acquisition target reorganization. Strat. Mgmt. J., 2009, 30: 803 – 833.

［115］ Li, Quan and Resnick Adam. Reversal of Fortunes: Democratic Institutions and Foreign Direct Investment Inflows to Developing Countries, International Organization, Vol. 57, No. 1 (Winter, 2003), pp. 175 – 211.

［116］Li, S. and Xia, J. The Roles and Performance of State Firms and Non – state Firms in China's Economic Transition, World Development, 2008, 36 (1), p. 39 – 54.

［117］Linz, Juan. Totalitarian and Authoritarian Regimes. Boulder, Colo.: Lynne Rienner. 2000.

［118］Liu, H., and Li, K. Strategic Implications of Emerging Chinese Multinationals: The Haier Case Study. European Management Journal, 2002, 20 (6), p. 699 – 706.

［119］McGowan, Carl, and Susan, Moeller. A model for making foreign direct investment decisions using real variables for political and economic risk analysis. Managing Global Transitions, 2009. Vol. 7, No. 1, pp. 28 – 44.

［120］Morck, Randall, Bernard, Yeung, and Minyuan Zhao. Perspectives on China's outward foreign direct investment. Journal of International Business Studies, 2008. Vol. 39, pp. 337 – 350.

［121］Mahajan, Arvind. Pricing expropriation risk. The Journal of the Financial Management Association, Winter, 1990. Vol. 19 Issue 4, P. 77.

［122］Mattoo, Aaditya, Olarreaga, Marcelo, Saggi, Kamal. 2004, Mode of foreign entry, technology transfer, and foreign direct investment policy, Journal of Development Economics Vol. 75, Issue 1, pp. 95 – 111.

［123］Marcet, Albert and Ramón Marimón, Communication, Commitment, and Growth, Journal of Economic Theory 58 (1992): 219 – 249.

［124］McGowan, C. B., Jr., and S. E. Moeller. An empirical application of discriminant analysis of political and economic risk variables for foreign direct investment. Journal of Global Business 2003, 14: 7 – 18.

［125］McGowan, C. B., Jr., and S. E. Moeller.. Using Logistic regression of financial and political risk variables for country risk analysis of foreign direct investment decisions. Paper presented at the Southwestern Society of Economics Annual Meeting, Orlando. 2005.

［126］McGowan, C. B., Jr., and S. E. Moeller.. A Model for Making Foreign Direct Investment Decisions Using Real Variables for Political and Economic Risk Analysis. Managing Global Transitions 2009. 7 (1): 28 – 44.

［127］Mathews John A. and Dong – Sung Cho., Combinative capabilities and organizational learning in latecomer firms: the case of the Korean semiconductor industry, Journal of World Business, 1999. Vol 34 (2), pp. 139 – 156.

[128] Meldrum, D. "Country risk and foreign direct investment", Business. Economics, 2000, 35: 33 – 40.

[129] Minor, J. Mapping the new political risk. Risk Management, 2003, 50 (3), 16 – 21.

[130] Molano, W. Approaches to political risk analysis. In Howell, L. D. (Ed.), Political Risk Assessment: Concept, Method and Management. East Syracuse, NY: PRS Group, 2001, 17 – 36.

[131] Monti - Belkaoui, J., and Riahi - Belkaoui, A. The Nature, Estimation, and Management of Political Risk. Westport, CT: Quorum Books. 1998.

[132] McGowan CB and Moeller SE. A model for making foreign direct investment decisions using real variables for political and economic risk analysis [J]. Managing Global Transitions, 2009, 7: 27 – 44.

[133] Mayer T. Market Potential and Development [R], CEPII Working Paper, No. 2009 – 24.

[134] Meyer KE, Estrin S, Bhaumik SK, and Peng MW. Institutions, resources, and entry strategies in emerging economics [J]. Strategic Management Journal, 2009, 30: 61 – 80.

[135] Mayer T and Zignago S. Notes on CEPII's distances measures [R], http://www.cepii.fr/francgraph/bdd/distances.pdf, 2006.

[136] Ming - Chih Tsai, Chin - Hui Su, Political Risk Assessment of Five East Asian Ports—the Viewpoints of Global Carriers [J]. Marine Policy, 2005, Vol. 29: pp. 291 – 298.

[137] Marco Fioramanti, Predicting Sovereign Debt Crises Using Artificial Neural Network: s: [J]. Journal of Financial Stability, 2008, Vol. 2, pp. 149 – 164.

[138] Matthew Yiu, Alex Ho, Lu Jin, Econometric Approach to Early Warnings of Vulnerability in the Banking System and Currency Markets for Hong Kong and Other EMEAP Economies [J]. Hong Kong Monetary Authority series Working Papers, 2009, Vol. 8.

[139] Minor J., "Mapping the New Political Risk", Risk Management, 2003. Vol. 50, No. 3, pp. 16 – 21.

[140] Miyagiwa Kaz and Yuka Ohno. "Multinationals, tax holiday, and technology transfer", The Japanese Economic Review 2009. Vol. 60, No. 1, pp. 82 – 96.

[141] Maliar Lilia, Serguei Maliar, and Fidel Pérez Sebastián, "Sovereign Risk, FDI Spillovers, and Growth", Review of International Economics, 2008. Vol. 16, No. 3, pp. 463 –477.

[142] Macdougall G. D. A., 1960 The benefits and costs of private investment from abroad: A theoretical appriaoch Bulletin of the Oxford University Institute of Economics & Statistics, Vol. 22, No. 3, pp: 189 –211.

[143] Murray C. Kemp, "Foreign investment and the national advantage" Economic Record, 1962. Vol38, Issue 81, pp. 56 –62.

[144] Nath, HK (2008), Country Risk Analysis: A Survey of the Quantitative Methods, SHSU Economics & Intl. Business Working Paper No. SHSU_ECO_WP08 –04.

[145] Nag Ashok, Amit Mitra, Neural Networks and Early Warning Indicators of Currency Crisis [J]. Reserve Bank of India Occasional Papers 20 (2), 1999, pp. 183 –222.

[146] Nie MH. Analysis on the main overseas direct investment risk of Chinese enterprises [J]. Economic Management Journal, 2009, 31 (08): 52 –56.

[147] North D. Institutions, Institutional Change, and Economic Performance [M]. Norton: New York. 1990.

[148] Nigh D. The effect of political events on United States direct foreign investment: a pooled time –series cross –sectional analysis [J]. Journal of International Business Studies, 1985, 16: 1 –17.

[149] Nath Hiranya K (2008). Country Risk Analysis: A Survey of the Quantitative Methods. SHSU Economics & Intl. Business Working Paper No. SHSU. ECO. WP08 –04.

[150] Nigh, D. "Political Events and the Foreign Direct Investment Decision: an Empirical Examination", Managerial and Decision Economics, 1986, 7: 99 –106.

[151] Nigh, D. E Scholl Hammer, H. "Foreign Direct Investment, Political Conflict and Co –operation: The Asymmetric Response Hypothesis", Managerial and Decision Economics, 1987, 8: 307 –312.

[152] North, Douglass. Institutions, Institutional Change, and Economic Performance. Norton: New York. 1990.

[153] O'Donnell, Guillermo. Reflections on the patterns of Change in the Bureaucratic Authoritarian state. Latin American Research Review 1978, 13 (1): 3 –38.

[154] O'Donnell, Guillermo. Bureaucratic Authoritarianism: Argentina, 1966 –1973 in Comparative Perspective. Berkeley: University of California Press. 1988.

[155] Olson, Mancur. Dictatorship, Democracy, and Development. American Political Science Review 1993, 87 (3): 567 – 76.

[156] Oetzel Jennifer M., Richard A. Bettis, Marc Zenner, Country Risk Measures: How Risky Are They？[J]. 2001, Journal of World Business, Vol. 36: pp. 128 – 145.

[157] Opp M. Marcus, "Expropriation risk and technology", Journal of Financial Economics 2012. Vol. 103, pp. 113 – 129.

[158] Overby JW. and Soonhong Min, International supply chain management in an Internet environment: A network – oriented approach to internationalization, International Marketing Review, 2001. Vol. 18 (4), pp. 392 – 420.

[159] Pankaj Ghemawat, Distance Still Matters: The Hard Reality of Global Expansion [J]. Harvard Business Review, 2001, Sep.: pp. 137 – 147.

[160] Patrick Brockett, Linda Golden, Jaeho Jang, Chuanhou Yang, A Comparison of Neural Network, Statistical Methods, and Variable Choice for Life Insurers' Financial Distress Prediction [J]. Journal of Risk & Insurance, 2006, Vol. 3, pp. 397 – 419.

[161] Pahud de Mortanges, C., and Allers, V. Political risk assessment: theory and the experience of Dutch firms. International Business Review, 1996, 5 (3), 303 – 318.

[162] Price, T. Measuring Political and Economic Risk. Franchising World, 2005, 37 (12), 58 – 59.

[163] Porter ME. Advantage of nations [M]. Chinese Edition, Huaxia Press, 2002.

[164] Poe, Steven, Tate, Neal, Repression of human rights to personal integrity in the 1980s: a global analysis. American Political Science Review 1994, 88 (4), 853 – 872.

[165] Papyrak is, Ellisaios, and Gerlagh, Reyer. The Resource Curse Hypothesis and Its Transmission Channels. Journal of Comparative Economics, 2004, 32 (1), pp. 181 – 193.

[166] Rodriguez P, Uhlenbruck K, and Eden L. Government corruption and the entry strategies of multinationals [J]. Academy of Management Review, 2005, 30: 383 – 396.

[167] Raddock. DM. Assessing Corporate Political Risk. Totowa, NJ: Rowman and Littlefield. 1986.

[168] Rice G and Mahmoud E. Political risk forecasting by Canadian firms. International Journal of Forecasting, 1990, 6 (1), 89 – 102.

[169] Rui Huaichuan and Yip George S. Foreign acquisitions by Chinese firms: a strategic intent perspective. Journal of World Business 2008. vol43 pp. 213 – 226.

[170] Rice, G., and Mahmoud, E. Political risk forecasting by Canadian firms. International Journal of Forecasting, 1990, 6 (1), 89 – 102.

[171] Roe MJ. The institutions of corporate governance. Discussion paper 488, Harvard John M. Olin Discussion Paper Series, Harvard Law School, Cambridge, MA. 2004.

[172] Ramey Garey and Valerie A. Ramey, Cross – Country Evidence on the Link Between Volatility and Growth [J]. The American Economic Review, 1995, Vol. 85: pp. 1138 – 1151.

[173] Ring, P., Bigley, G. A., D'Aunno, T., and Khanna, T. Perspectives on how governments matter. Academy of Management Review, 2005, 30 (2), 308 – 320.

[174] Robock, S. H. Political risk: Identification and assessment. Columbia Journal of World Business, 1971, 6 (4), 6 – 20.

[175] Robock, S. H., and Simmonds, K. International business and multinational enterprises (3rd ed.). Homewood, IL: Irwin. 1983.

[176] Reinhart, Carmen, Kaminsky, Leading Indicators of Currency Crisis [J]. IMF staff papers, 1998, No 1.

[177] Ravi Ramamurtia, Jonathan P. Doh, Rethinking Foreign Infrastructure Investment in Developing Countries [J]. Journal of World Business, 2004, Vol. 39: pp. 151 – 167.

[178] Raymond, L., Blili, S. Organizational learning as a foundation of electronic commerce in the network organization, International Journal of Electronic Commerce, 2000 – 2001. Vol. 5, No. 2, pp. 29 – 45.

[179] Reid W Click, Financial and Political Risks in US Direct Foreign Investment [J]. Journal of International Business Studies, 2005, Vol. 36: pp. 559 – 575.

[180] Reuven R. Levary, Ke Wan, An Analytic Hierarchy Process Based Simulation Model for Entry Mode Decision Regarding Foreign Direct Investment [J]. The International Journal of Management Science, 1999, Vol. 27: pp. 661 – 677.

[181] Rizwan Tahir, Jorma Larimo, Understanding the Location Strategies of the European Firms in Asian Countries [J]. Journal of American Academy of Business,

2004, Vol. 5: pp. 102 - 109.

[182] Rodolphe Desbordes, The Sensitivity of U.S. Multinational Enterprises to Political and Macroeconomic Uncertainty: A Sectoral Analysis [J]. International Business Review, 2007, Vol. 16: pp. 732 - 750.

[183] Ramamurti, R. The obsolescing "bargaining model"? MNE - host developing country relations revisited. Journal of International Business Studies, 2001. 32 (1): 23 - 40.

[184] Sethi, D., S. E. Guisinger, et al. "Trends in foreign direct investment flows: a theoretical and empirical analysis." Journal of International Business Studies 2003, 34 (4): 315 - 326.

[185] Sethi, P. S., and Luther, K. A.. Political risk analysis and direct foreign investment: Some problems of definition and measurement. California Management Review, 1986, 28 (2), 57 - 68.

[186] Simon, J. D. Political risk assessment: Past trends and future prospects. Columbia Journal of World Business, 1982, 17 (3), 62 - 71.

[187] Stecklow, S. (2005). Virtual battle: How a global web of activists gives Coke problems in India. The Wall Street Journal.

[188] Shapiro Alan C., Managing Political Risk: A Policy Approach [J]. Columbia Journal of World Business, 1981, Fall: pp. 63 - 70.

[189] Scott WR. Institutions and Organizations (Foundations for Organizational Science) (1st edn) [M]. Sage Publications: Thousand Oaks, CA. 1995.

[190] Sethi, SP and Luther. K. A. N. (1986). Political Risk Analysis and Foreign Direct Investment: Some Problems of Definition and Measurement. California Management Review, 28 (2), 57 - 68.

[191] Shapiro A C. Exchange Rate Changes, Inflection, and the Value of the Multinational Corporations. Journal of Finance 1975 30 (5): 393 - 410.

[192] Shapiro A C. Defining Exchange Risk. Journal of Business, 1977, 50 (1): 37 - 39.

[193] Sims Ca, "Macroeconomics and Reality" Econometrica 1980.

[194] Sims, "Policy analysis with Econometric Models." Brookings papers on economic activity, 1982. 1, pp. 107 - 154.

[195] Sims CA, "Are forecasting models usable for policy analysis" Federal Reserve Bank of Minneapolis quarterly Review, 1986.

[196] Stobaugh, Jr., Robert B. How to analyze foreign investment climates.

Harvard Business Review, Sep/Oct 69, Vol. 47 Issue 5, pp. 100 – 108.

［197］Singh H. and K. W. Jun, (1995), Some new evidence on determinants of foreign direct investment in developing countries, Policy research working paper 1531, World Bank, Washington D. C.

［198］Schnitzer Monika, "Expropriation and control rights: A dynamic model of foreign direct investment", International Journal of Industrial Organization 1999. Vol. 17, pp. 1113 – 1137.

［199］Tallman, S. 'Home Country Political Risk and Foreign Direct Investment in the United States', Journal of International Business Studies, 1988, 19 (2): 219 – 233.

［200］Thomas, Jonathan and Tim Worrall, "Foreign Direct Investment and the Risk of Expropriation," Review of Economic Studies 61 (1994): 81 – 108.

［201］Tolentino Paz Estrella, Explaining the competitiveness of Multinational Companies from developing economies: a critical review of the academic literature. International Journal of Technology and Globalisation. 2008. Vol 4, pp. 23 – 28.

［202］Thomas, J., Worrall, T. "Foreign direct investment and the risk of expropriation", Review of Economic Studies, 1994. Vol. 61, pp. 81 – 108.

［203］Tracy Chan Su Yin, Louis Ta Huu Phuong, How Singapore Companies in ASEAN Manage Political Risk ［J］. Seoul Journal of Economics, 2003, Vol. 16: pp. 23 – 58.

［204］Udo Broll, Sugata Marjit and Arijit Mukherjee, Foreign Direct Investment, Credible Policy: The Role of Risk Sharing ［J］. The International Trade Journal, 2003, Vol. 17: pp. 165 – 176.

［205］Uhlenbruck K, Meyer KE, Hitt MA. Organizational transformation in transition economies: resource – based and organizational learning perspectives ［J］. Journal of Management Studies, 2003, 40: 257 – 282.

［206］Vernon, R. "Sovereignty at Bay The Multinational Spread of United State Enterprises", New York Basic Books. 1971.

［207］Williams C. A., Jr, R. M. Heins. Risk Management and Insurance ［M］. Newyork: MeGraw Hill, 1985.

［208］Wong, J., and Chan, S. China's outward direct investment: Expanding worldwide. China: An International Journal, 2003, 1 (2): 273 – 301.

［209］Wooldridge, J. M. Econometric analysis of cross section and panel data. Cambridge, MA: MIT Press. 2002.

[210] Yang, X., Jiang, Y., Kang, R., and Ke, Y. A Comparative Analysis of the Internationalization of Chinese and Japanese Firms. Asia Pacific Journal of Management, 2009, 26 (1), p. 141 – 162.

[211] Yip, G. S., Biscarri, J. G., and Monti, J. A. The role of internationalization process in the performance of newly internationalizing firms [J]. Journal of International Marketing, 2000, 8 (3), 10 – 35.

[212] Zhang JH, Wei XJ and Albus H. Analysis on determinants of Chinese enterprises' overseas direct investment [J]. Managment World, 2010 (03): 97 – 107.

[213] Zhang, Y. China's emerging global businesses: Political economy and institutional investigations. Basingstoke: Palgrave Macmillan. 2003.

[214] Zhao, J. H., Kim. S. H. and Du, J. The impact of corruption and transparency on foreign direct investment: an empirical analysis. Management International Review, 2003, 43 (1), 41 – 62.

第二篇 中国海外投资的金融风险防范与管控战略研究

[1] 巴曙松. 挪威：全球配置组合管理模式 [J]. 中国外汇，2007 (5)：20 – 21.

[2] 曹双群. 动态计算的汇率风险——国际工程项目合同风险案例分析 [J]. 国际工程与劳务，2005 (12)：37 – 39.

[3] 曾剑云，刘海云，符安平. 交换威胁、技术寻求与无技术优势企业对外直接投资 [J]. 世界经济研究，2008 (2)：54 – 59, 73.

[4] 陈仕慧. 基于 VaR 模型的商业银行汇率风险管理研究 [D]. 武汉科技大学硕士学位论文，2010.

[5] 陈学华，杨辉耀. VaR——一种风险度量方法 [J]. 广州大学学报（自然科学版），2002 (2)：8 – 12.

[6] 陈燕君. 基于 VaR 的汇率风险度量方法文献综述 [J]. 经济研究导刊，2011 (24)：74 – 75.

[7] 褚晓飞. 人民币汇率波动对上市公司财务绩效影响的实证分析——基于跨国经营企业的实证分析 [J]. 理论与现代化，2010 (9)：61 – 65.

[8] 淡马锡控股公司，淡马锡控股年度报告 2011，2011

[9] 丁薇. 对外直接投资政策体系的问题与对策 [J]. 国际经济合作，2008.

[10] 董文霞. 基于 VAR 模型的人民币汇率、外汇储备与我国对外直接投资的关系研究 [J]. 商品与质量，2011 (7)：7 – 8.

[11] 杜玲. 发展中国家/地区对外直接投资，理论、经验与趋势 [D]. 博

士学位论文，北京，社会科学院研究生院，2002：5.

[12] 段文海. 跨国公司应对汇率风险的现状、问题及建议 [J]. 中国货币市场，2006（7）：40-41.

[13] 对外经济贸易大学金融学院主权财富基金研究课题组. 主权财富基金透明度的选择 [J]. 国际商务，2008（4）：41-45.

[14] 樊纲，王小鲁，朱恒鹏. 中国市场化指数——各地区市场化相对进程2009年报告 [M]. 北京：经济科学出版社，2010.

[15] 范雪舟. 企业的汇率风险及其防范 [D]. 对外经济贸易大学硕士学位论文.

[16] 方虹，孙红. 基于主权财富基金的中国海外投资风险研究 [J]. 中国科技投资，2009（7）：68-70.

[17] 方美琪，张树人. 复杂系统建模与仿真 [M]. 北京：中国人民大学出版社，2005.

[18] 符瑞武，卢米，颜蕾. 主权财富基金全球投资风险研究 [J]. 黑龙江对外经贸，2009（10）：141-143.

[19] 龚妮. GARCH模型与VaR法在外汇风险度量中的应用 [J]. 黑龙江对外经贸，2006（6）：29-30.

[20] 顾露露，R. Reed. 中国企业海外并购失败了吗？[J]. 经济研究 2011（7）.

[21] 顾志刚. 发展中国家产业集群创新网络构建和技术能力提高 [J]. 经济地理，2007（6）：961-964.

[22] 黄志勇. 汇率变化对我国FDI影响的实证分析 [J]. 南京财经大学学报，2005（4）：36-39.

[23] 姜昱，邢曙光. 基于DCC-GARCH-CVaR的外汇储备汇率风险动态分析 [J]. 经济前沿，2009（9）：40-45.

[24] 景明利，张峰，杨纯涛. 金融风险度量VaR与CVaR方法的比较研究及应用 [J]. 统计与信息论坛，2006（5）：85-87.

[25] 孔令玉，陈蔚. 中国企业对外直接投资的模式分析 [J]. 经济师，2005（7）：166.

[26] 黎兵. 试析中国主权财富基金 [J]. 上海金融，2007（10）：53-55.

[27] 李锋. 主权财富基金的经济效应与中国的战略选择 [D]. 浙江大学博士学位论文，2011.

[28] 李刚. 涉外企业的汇率风险度量 [J]. 经济与管理，2005（3）：89-91.

[29] 李怀祖. 管理研究方法论 [M]. 西安：西安交通大学出版社，2004：

37-50.

[30] 李蕊. 跨国并购的技术寻求动因解析 [J]. 世界经济, 2003 (2): 19-24.

[31] 李善民, 朱涛. 多元化并购能给股东创造价值吗?——兼论影响多元化并购长期绩效的因素 [J]. 管理世界, 2006 (3).

[32] 李文军, 张巍巍. 人民币汇率变动对中国 FDI 的影响——基于总量和分国别面板数据的实证分析 [J]. 经济与管理, 2009 (10): 74-80.

[33] 李妍. 应用 VaR 模型计算人民币汇率风险的实证研究 [J]. 商业经济, 2009 (8): 64-66.

[34] 李优树. 中国对外直接投资利益论 [D]. 博士学位论文, 四川, 四川大学经济学院, 2004: 7-9.

[35] 刘才明. 经济利益视角的对外直接投资理论-兼论中国的对外直接投资 [D]. 博士学位论文, 上海, 复旦大学经济学, 2003: 29.

[36] 刘慧. 人民币汇率变动对我国外商直接投资影响的 VaR 分析 [J]. 金融与经济, 2011 (7): 40-42.

[37] 刘友金, 刘莉君. 基于混沌理论的集群式创新网络演化过程研究 [J]. 科学学研究, 2008, 26 (1).

[38] 楼继伟. 金融危机下的主权财富基金 [J]. 财经, 2009 (7): 47-49.

[39] 卢苏娟. 基于 GARCH 族模型的 VaR 度量分析 [J]. 中南财经政法大学研究生学报, 2010 (2): 63-68.

[40] 罗党论, 甄丽明. 民营控制政治关系与企业融资约束——基于中国民营上市公司的经验证据 [J]. 金融研究. 2008 (12).

[41] 马云飞. 我国企业对外直接投资的汇率风险及防范 [J]. 黑龙江对外经贸, 2009 (7): 48-50.

[42] 苗迎春. 主权财富基金的对外投资与中国海外利益的维护 [J]. 中国发展观察, 2009 (2): 44-46.

[43] 聂名华. 中国企业对外直接投资风险分析 [J]. 经济管理, 2009 (8): 52-56.

[44] 潘红波, 夏新平, 余明桂. 政府干预、政治关联与地方国有企业并购 [J]. 经济研究, 2008 (4).

[45] 庞韬. 基于模糊理论的对外资源型投资项目风险评价模型 [J]. 现代商贸工业, 2009 (3): 150-151.

[46] 皮大喜. VaR 模型在我国商业银行汇率风险管理中的应用研究 [D]. 西南财经大学硕士学位论文, 2007.

[47] 邱云来. 人民币汇率变动对 FDI 影响分析 [J]. 统计与决策, 2009

（18）：120 - 121.

[48] 任梅春，韩萍. 关于风险度量方法 VaR 的文献综述 [J]. 科技信息，2006（11）：26 - 29.

[49] 茹玉骢. 技术寻求型对外直接投资及其对母国经济的影响 [J]. 经济评论，2004（2）：109 - 112，123.

[50] 桑俊，易善策. 我国传统产业集群升级的创新实现机制 [J]. 科技进步与对策，2008（6）：74 - 78.

[51] 谭洁. 中国主权财富基金风险管理研究 [D]. 中南大学博士学位论文，2010.

[52] 王维. 中国企业对外直接投资战略分析 [J]. 南京政治学院学报，2003（5）：59 - 62.

[53] 王紫薇. 主权财富基金运作和我国外汇储备管理创新 [D]. 浙江大学硕士学位论文，2009.

[54] 魏金明，陈敏. VaR 模型在人民币汇率风险度量中的应用 [J]. 上海商学院学报，2009（7）：90 - 93.

[55] 魏金明，陈敏. VaR 模型在人民币汇率风险度量中的应用 [J]. 上海商学院学报，2009（4）：90 - 93.

[56] 魏昀璐. 主权财富基金投资策略和风险管理研究 [D]. 中南大学硕士学位论文，2009.

[57] 邬彦琳. 中国制造业海外投资的区位风险研究 [D]. 浙江大学硕士学位论文，2011.

[58] 夏敬慧. 我国股票价格与汇率间动态关系的实证研究 [J]. 世界经济研究，2011（1）：80 - 86.

[59] 谢平，陈超. 论主权财富基金的理论逻辑 [J]. 经济研究，2009（2）：4 - 17.

[60] 徐艾丽. 当前中国对外直接投资状况研究 [J]. 中小企业管理与科技，2009（7）：101.

[61] 杨冬梅，赵黎明，陈柳钦. 基于产业集群的区域创新体系构建 [J]. 科学学与科学技术管理，2005，10.

[62] 杨润生. 国际直接投资理论与我国对外直接投资 [J]. 求实，2004（12）：54 - 56.

[63] 余明桂，潘红波. 政治关系制度环境与民营企业银行贷款 [J]. 管理世界，2008（8）.

[64] 袁雄，余罡，吴璐. 主权财富基金的风险控制——以中投公司的风险

控制为例 [J]. 知识经济, 2009 (12): 51 - 52.

[65] 张超. 人民币汇率波动对股票价格影响的实证研究 [J]. 理论与现代化, 2010 (11): 44 - 55.

[66] 张功富. 政府干预、政治关联与企业非效率投资——基于中国上市公司面板数据的实证研究 [J]. 财经理论与实践 2011 (3).

[67] 张家平, 张丽璇. 中国股票市场汇率风险定价研究 [J]. 华南理工大学学报（社会科学版）, 2009 (1): 47 - 51.

[68] 张娟, 刘钻石. 我国外贸竞争力、外国直接投资与实际汇率关系的实证研究 [J]. 国际贸易问题, 2009 (4): 81 - 92.

[69] 张明. 主权财富基金与中投公司 [J]. 经济社会体制比较, 2008 (2): 93 - 100.

[70] 张翼飞. 我国外汇风险分析及风险防范对策 [J]. 宁夏社会科学, 2006 (5): 41 - 44.

[71] 张颖. 人民币汇率与股票价格关系的实证研究 [J]. 金融与保险, 2010 (3): 72 - 74.

[72] 张永安, 田钢. 多主体仿真模型的主体行为规则设计研究 [J]. 软科学, 2008, 3.

[73] 张正平. 我国上市商业银行汇率风险的实证研究——基于2005年汇改以来数据的分析 [J]. 北京工商大学学报（社会科学版）, 2009 (3): 64 - 90.

[74] 赵伟, 古广东, 何元庆. 外向FDI与中国技术进步: 机理分析与尝试性实证 [J]. 管理世界, 2006 (7).

[75] 赵伟, 古广东, 何元庆. 外向FDI与中国技术进步: 机理分析与尝试性实证 [J]. 管理世界, 2006 (7): 53 - 60.

[76] 郑燕, 张术丹等. 企业技术创新的演化分析框架 [J]. 科技管理研究, 2007, 3.

[77] 中国人民银行. 2007年国际金融市场报告 [R]. 2008.

[78] 中国投资有限责任公司. 2008年年度报告 [R]. 2009.

[79] 中国投资有限责任公司. 2009年年度报告 [R]. 2010.

[80] 中国投资有限责任公司. 2010年年度报告 [R]. 2011.

[81] 朱孟楠, 陈晞, 王雯. 全球金融危机下主权财富基金: 投资新动向及其对中国的启示 [J]. 国际金融研究, 2009 (4): 4 - 10.

[82] Aaron Brown, Michael Papaioannou & Iva Petrova, Macrofinancial Linkages of the Strategic Asset Allocation of Commodity - Based Sovereign Wealth Funds [R]. International Monetary Fund, 2010, WP/10/9.

［83］Abe de Jong, Jeroen Ligterink and Victor Macrae, A Firm – Specific Analysis of the Exchange – Rate Exposure of Dutch Firms［EB/OL］. ERIM Report Series Reference No. ERS – 2002 – 109 – F&A.

［84］Adam B. Jaffe. Real Effects of Academic Research［J］. The American Economic Review, 1989, 79（5）：957 – 970.

［85］Akinlo, A. E.. Foreign Direct Investment and Growth in Nigeria：An Empirical Investigation. Journal of Policy Modeling, 2004, Vol. 26, 627 – 639.

［86］Alan C. Shapiro, Defining exchange risk［J］. Journal of Business, Vol. 50, January 1977, pp. 37 – 39.

［87］Aline Mullera, Willem F. C. Verschoor, Asian foreign exchange risk exposure［J］. Journal of the Japanese and International Economies, March 2007, Volume 21 Issue 1, 16 – 37.

［88］Allayannis G, Ihrig J, Weston J P. Exchange – Rate Hedging：Financial Versus Operational Strategies. The American Economic Review, 2001, 91（2）, 391 – 395.

［89］Almeida, P. Knowledge Sourcing By Foreign Multinationals：Patent Citation Analysis in the US Semiconductor Industry, Strategic Management Journal, 1996, 17, 155 – 165.

［90］Andrade, G., M. L. Mitchell and E. Stafford, "New Evidence and Perspective on Mergers". Harvard Business School Working Paper 2001, No. 01 – 070.

［91］Andrew Rozanov, Who Holds the Wealth of Nations［J］. Central Banking Journal, May 2005.

［92］Antonelli C. Collective Knowledge Communication and Innovation：The Evidence of Technological Districts［J］. Regional Studies, 2000, 34（6）：535 – 547.

［93］Asheim B., Cooke P. And Martin M. The Rise of the Cluster Concept in Regional Analysis and Policy, In Asheim B., Cooke P. and Martin M. (Eds) Clusters and Regional Development：Critical Reflections and Explorations. Routledge, London. 2006.

［94］Audretsch, D. & Feldman, M.. R&D, Spillovers and the Geography of Innovation and Production. American Economic Review, 1996, 86, 253 – 273.

［95］Bai, C. E., J. Lu and Z. Tao, "Property rights protection and access to bankloans：Evidence from private enterprises in China" Economics of Transition, 2006, 14：611 – 628.

［96］Bathelt H., Malmberg A and Maskell P. Clusters And Knowledge：Local Buzz, Global Pipelines And The Process of Knowledge Creation, Progress In Human

Geography 2004, 28, 31 -56.

［97］Beata Smarzynska Javorcik. Does Foreign Direct Investment Increase the Productivity of Domestic Firms? In Search of Spillovers through backward linkages ［J］. The American Economic Review, 2004, 94 (3): 605 -627.

［98］Beladi, H. Co, C. Y. And Firoozi, F. Signaling To Multinationals: Domestic R&D and Inflow of FDI, Mimeo, University Of Dayton. 1999.

［99］Benassy – Quere A., Fontagne L. & Lahreche – Revil A., Exchange Rate Strategies in the Competition for Attracting Foreign Direct Investment ［J］. Journal of the Japanese and International Economies, 2001, Vol. 15: pp. 178 -198.

［100］Benvignati, A. Domestic Profit Advantages of Multinationals, US Federal Trade Commission, Washington, Dc. 1983.

［101］Birkinshaw, Julian, Upgrading of Industry Clusters and Foreign Investment, International Studies of Management And Organization, 2000. Vol. 30 (2), 93 -113.

［102］Blǎmstrom. The determinants of host country spillovers from foreign direct investment: review and synthesis of the literature ［R］. SSE/EFI working paper series in economics and finance (239), 1994.

［103］Blinder, A. S., 1973, "Wage Discrimination: Reduced Form and Structural Estimates" The Journal of Human Resources, 8: 436 -455.

［104］Blomstrom, Magnus, and H. Persson. Foreign Investment and Spillover Efficiency In an underdeveloped Economy Evidence from the Mexican Manufactring Industry. J. World Development, 1983, 11, pp: 493 -501.

［105］Blonigen, B. A., "Firm – Specific Assets And The Link Between Exchange Rates And Foreign Direct Investment", American Economic Review, 1997, 87 (3), 447 -465.

［106］Bong – Soo Lee, Jungwon Suh, Exchange Rate Changes and the Operating Performance of Multinationals ［J］. European Financial Management, Institutions and Money, 2010, 1468 -1497.

［107］Borenztein E. How does foreign investment affect economic growth? ［J］. Journal of international economics, 1998, 45: 115 -135.

［108］Boubakri, N., J. – C. Cosset and W. Saffar, 2008, "Political connections of newly privatized firms" Journal of Corporate Finance, 14 (5): 654 -673.

［109］Brainard, S. L, "An Empirical Assessment of the Proximity – Concentration Trade – off Between Multinational Sales and Trade", American Economic Review,

1997, 87, 520 – 544.

［110］Bramwell A. , Nelles J. And Wolfe D. A. Knowledge, Innovation and Institutions: Global and Local Dimensions of the Ict Cluster In Waterloo, Canada, Regional Studies. , 2008 February, Vol. 42. 1, pp: 101 – 116.

［111］Branson, W. and D. W. Henderson, The Specification and Influence of Asset Markets, in R. W. Jones and P. B. Keneneds. Handbook of International Economics, 1985, Volume 2, 749 – 805.

［112］Branstetter, lee. Vertical Keiretsu and Knowledge Spillovers in Japanese Manufacturing: An Empirical Assessment ［J］. Journal of the Japanese and International Economies, 2000, 14: 73 – 104.

［113］Brown, S. J. and J. B. Warner, "Measuring security price performance" Journal of Financial Economics, 1985, 8: 205 – 258.

［114］Bruce Kogut and Sea Jin Chang. Technological Capabilities and Japanese Foreign Direct Investment in the United States ［J］. The Review of Economics and Statistics, 1991, 73 (3), 401 – 413.

［115］Buckley, P. J. , Newbould, G. D. , & Thurwell, J. C. . Foreign Direct Investment By Smaller U. K. Firms. London: Macmillan. 1988.

［116］Burton, F. N and Saloons, R H. . Trade Barriers and Japanese Foreign Direct Investment in the Color Television Industry. Managerial and Decision Economics, 1987, Vol. 8, 285 – 293.

［117］Camagni R (Ed.). Innovation Networks. Spatial Perspectives. Belhaven Press, London, 1991.

［118］Cantwell, John, and Paz Estrelia E. Tolentino. Technological Accumulation and Third World Multinationals. Discussion Paper in International Investment and Business Studies, University of Reading, 1990.

［119］Capello R. & Faggian A. Collective Learning and Rlational Capital in Local Innovation Process ［J］. Regional Studies, 2005 (1): 75 – 78.

［120］Cappello R. Spatial Transfer of Knowledge in High Technology Milieu: Learning Versus Collective Learning Process ［J］. Regional Studies, 1999, 33 (2): 353 – 365.

［121］Carl B. McGowan & Susan E. Moeller, A Model for Making Foreign Direct Investment Decisions Using Real Variables for Political and Economic Risk Analysis ［J］. Managing Global Transitions, 2009, Vol. 7: pp. 27 – 44.

［122］Caves, R. E. , Multinational Enterprise and Economic Analysis, Cambridge Universitypress, Cambridge. 1996.

［123］Cebenoyan, A. S., G. Papaioannou and N. Travlos, "Foreign takeover activity in the U. S. and wealth effects for target firm shareholders" Financial Management, 1992, 21: 58 – 68.

［124］Chakrabarti R. & Scholnick B., Exchange Investment Rate Expectations of World and Foreign Direct Flows ［J］. Review Economics, 2002, Vol. 138, No. 1: pp. 1 – 21.

［125］Chan, L. K. C., Y. Hamao and J. Lakonishok, "Fundamentals and Stock Returns in Japan" The Journal of Finance, 1991, 46（5）: 1739 – 1764.

［126］Chen, H. and Chen, T – J., Network Linkages and Location Choice in Foreign Direct Investment. Journal of International Business Studies, 1998, 29（3）: 445 – 468.

［127］Chen, T – J. Network Resources For Internationalization: The Case Of Taiwan's Electronics Firms. Journal of Management Studies,, 2003, 40: 1107 – 1130.

［128］Chen, Y. Y. and M. N. Young, "Cross – border mergers and acquisitions by Chinese listed companies: A principal – principal perspective" Asia Pacific Journal of Management, 2010, 27（3）: 523 – 539.

［129］Christel Lane & Jocelyn Probert, The External Sourcing of Technological Knowledge by US Pharmaceutical Companies: Strategic Goals and Inter – Organizational Relationships, Industry and Innovation, February 2007, Vol. 14, No. 1, 5 – 25.

［130］Claessens, S., E. Feijen and L. Laeven, "Political connections and preferential access to finance: The role of campaign contributions" Journal of Financial Economics, 2008, 88（3）: 554 – 580.

［131］Claudia M. Buch and Jorn Kleinert, Exchange Rates and FDI: Goods Versus Capital Market Frictions. The World Economy, Sep2008, Vol. 31 Issue 9, 1185 – 1207.

［132］Clive Lawson & Edwa rd Lorenz. Collective Learning, Tacit Knowledge and Regional Innovative Capacity ［J］. Regional Studies, 1999, . 33（4）: 305 – 317.

［133］Coase Rh. The Nature of The Firm. Economica, 1938, 5: 386 – 405.

［134］Cooke P. Regionally Asymmetric Knowledge Capabilities and Open Innovation: Exploring "Globalisation 2" – A New Model of Industry Organisation, Research Policy 2005, 34, 1128 – 1149.

［135］Cooke, P. and M. Heindenrich. Regional Innovation System: The Role of Governance in a Globalized Word. Ucl Press, 1996.

[136] Cooke, P. Regional Innovation System: General Findings and some new evidence from Biotechnology Clusters [J]. Journal of Technology transfer, 2002, 27: 133 – 145.

[137] Cushman D. O., Real Exchange Rate Risk: Expectations and the Level of Direct Investment [J]. Review of Economics and Statistics, 1985, Vol. 67, No. 5: pp. 297 – 308.

[138] Cushman D. O., Real Exchange Rate Uncertainty and Foreign Direct Investment in the United States [J]. Review of World Economics, 1988, Vol. 124: pp. 322 – 336.

[139] Das. Externalities and Technology Transfer through MNC [J]. Journal of International Economics, 1987, 22: 171 – 181.

[140] David Keeble & Frank Wilkinson. Collective Learning and Knowledge Development in the Evolution of Regional Clusters of High Technology S MEs in Europe [J]. Regional Studies, 1999, 33 (4): 295 – 303.

[141] David Miles & Stephen Jen, Sovereign Wealth Funds and Bond and Equity Prices [R], Morgan Stanley Research Global, June 1, 2007.

[142] De Bernardy Reactive and Proactive. Local Territory: Co – operation and Community in Grenoble, 1999 (4).

[143] De Mattos, C., S. Sanderson & P. Ghauri, "Negotiating. Alliances In Emerging Markets: – Do Partners' Contributions. Matter?," Thunderbird International Business Review, 2002, 44 (6): 701 – 728.

[144] Debresson C, Amesse F. Networks of Innovators: A Review and an Introduction to the Issue [J]. Research Policy, 1991, 20 (5): 363 – 380.

[145] Dewenter, K., "Do Exchange Rate Changes Drive Foreign Direct Investment?" Journal of Business, 1995, 68: 405 – 433.

[146] Don Bredin and Stuart Hyde, Forex Risk: Measurement and Evaluation using Value – at – Risk [J]. Journal of Business Finance and Accounting, Vol. 31, No. 9 – 10, November 2004, pp. 1389 – 1417.

[147] Dornbuseh, R. and S. Fisher, Exchange Rates and the Curent Account, American Economic Review, 1980, Volume 70, 960 – 971.

[148] Dosi. G. Technological Paradigms and Technological Trajectories [J]. Research Policy, 1982, 11 (2): 147 – 162.

[149] Driffield N, Munday M.. Industrial Performance, Agglomeration, and Foreign Manufacturing Investment in The U. K. Journal of International Business, 2000,

31 (1): 21-37.

[150] Duncan H. Meldrum, Country Risk and Foreign Direct Investment [J]. Business Economics, 2000, Vol. 35: pp. 33-40.

[151] Dunning, J. H., Van Hoesel, R., &Narula, R. Third World Multinationals Revisited: New Develop-menu and Theoretical Implications [J]. Globalization, Trade, and Foreign Direct Investment, 1998: 255-286.

[152] Dunning, J. H.. Commentary: How Should National Governments Respond To Globalization? The International Executive, 1997, 39 (1): 55-56.

[153] Dunning, J. H. Incorporating Trade Into The Investment Development Path: A Case Study of Korea and Taiwan [J]. Oxford Development Studies, 2001, 29 (2): 145-154.

[154] Dunning. Explaining International Production. London: Unwin Hyman, 1988.

[155] Dyer, Jeffrey H. & Harbir Singh. The Relational View: Cooperative Strategy and Sources of Interorganizational Competitive Advantage [J]. Lead article in: Academy of Management Review, 1998, 23 (4): 660-679.

[156] Edward H. Chow, Wayne Y. Lee and Michael E. Solt, The Exchange-Rate Risk Exposure of Asset Returns [J]. The Journal of Business, Vol. 70, No. 1 (Jan, 1997), pp. 105-123.

[157] Edwin M. Truman, The Management of China's International Reserves: China and a SWF Scoreboard [A], Conference Paper for Conference on China's Exchange Rate Policy, 2007.

[158] Edwin M. Truman, The Rise of Sovereign Wealth Funds: Impact on US Foreign Policy and Economic Interests [R]. Peterson Institute for International Economics, 2008.

[159] Ekholm, K., and J. Markusen. Foreign Direct Investment and Eu-Cee Integration. Background Paper For Conference on Danish and International Economic Policy, University of Copenhagen, May 2002, pp: 23-24.

[160] Eli Bartov and Gordon M. Bodnar, Firm Valuation, Earnings Expectations, and the Exchange-Rate Exposure Effect [J]. The Journal of Finance, Vol. 49, No. 5 (Dec, 1994), pp. 1755-1785.

[161] Enright, M. J. Regional Clusters And Multinational Enterprises: Independence, Dependence, or Interdependence? International Studies of Management and Organization, 2000, Vol. 30 (2), 114-138.

[162] Faccio, M., "Politically connected firms" American Economic Review, 2006, 96 (1): 369-386.

[163] Faccio, M., Differences between Politically Connected and Nonconnected Firms: A Cross-Country Analysis Financial Management, 2010, 39 (3): 905-927.

[164] Fama, E. and K. French, The Cross-Section of Expected Stock Return Journal of Finance, 1992, 47: 427-465.

[165] Fama, E. and K. French, Common risk factors in the returns on stocks and bonds Journal of Financial Economics, 1993, 33: 3-56.

[166] Fan, J. P. H., T. J. Wong and T. Y. Zhang, Politically connected CEOs, corporate governance, and Post-IPO performance of China's newly partially privatized firms Journal of Financial Economics, 2007, 84 (2): 330-357.

[167] Fernandez D. G. & Eschweiler B., Sovereign Wealth Funds: A Bottom-up Primer [R]. JP Morgan Research, 2008.

[168] Fisman, R., Estimating the value of political connections American Economic Review, 2001, 91 (4): 1095-1102.

[179] Fosfuri, A. and Motta, M. Multinationals Without Advantages. Scandinavian Journal of Economics,, 1999, 101, 617-630.

[170] Fosfuri, A., Motta, M. and Ronde, T. Foreign Direct Investment and Spillovers Through Workers' Mobility [J]. Journal of International Economics, 2001, 53 (1): 205-222.

[171] Foss, N. J. Networks, Capabilities, and Competitive Advantage. Scandinavian Journal of Management, March 1999, 15, 1-15.

[172] Future Fund Board of Guardians, Future Fund: Australia's Sovereign Wealth Fund 2010-2011 [R], 2011.

[173] George S. Yip, Javier Gomez Biscarri & Joseph A. Monti, The Role of the Internationalization Process in the Performance of Newly Internationalizing Firms [J]. Journal of International Marketing, 2000, Vol. 8, No. 3: pp. 10-35.

[174] Gerard Lyons, State Capitalism: The Rise of Sovereign Wealth Funds [R]. Thought Leadership, Standard Chartered, October 15, 2007.

[175] Gereffi G. Memedovic O. The Global Apparel Value Chain: What Prospects for Upgrading by Developing Countries? Sectoral Studies Series, United National Industrial Development Organization, Geneva, 2003.

[176] Gereffi G. Humphrey J. Sturgeon T. The governance of global value chains [J]. Review of international political economy, 2005, 12 (1): 78-104.

[177] Gillian Rice & Essam Mahmoud, Political Risk Forecasting by Canadian firms [J]. International Journal of Forecasting, 1990, Vol. 6, No. 1: pp. 89 – 102.

[178] Giorgio Barba Navaretti & Davide Castellani. Investments Abroad and Performance at Home Evidence from Italian Multinationals. Development Working Papers, University of Milano. 2003.

[179] Goldberg L. & Klein M., Foreign Direct Investment, Trade and Exchange Rate Linkages in South – East Asia and Latin America [R], NBER Working Paper, No. 6344, 1997.

[180] Gordon I. R & McCann P. Industrial Cluster: Temporary Collaboration in Social Context [J]. Regional Studies, 2000, 36 (3): 205 – 214.

[181] Gordon M. Bodnar, Bernard Dumas and Richard C. Marston, Cross – Border Valuation: The International Cost of Equit Capital [R]. University of Pennsylvania, Wharton School, Weiss Center in its series Working Papers with number 03 – 3.

[182] Grabher G, The weakness of strong ties: the lock – in of regional development in the Ruhr area [J]. In The Embedded Firm: On the Socioeconomics of Industrial Networks Ed. G Grabher. 1993: pp: 255 – 277.

[183] Guillermo A. Calvo and Carlos Alfredo Rodriguez, A Model of Exchange Rate Determination under Currency Substitution and Rational Expectations [J]. The Journal of Political Economy, Vol. 85, No. 3, Jun 1977, pp. 617 – 626.

[184] Håkanson, L., Nobel, R. Technology characteristics and reverse technology transfer [J]. Management International Review, 2000, 40 (1): 29 – 48.

[185] Hamel G. Competition for competence and interpartner learning within international strategic alliances [J]. Strategic Management Journal, 1991.

[186] Hashmi M. Anaam & Guvenli Turgut, Importance of Political Risk Assessment Function in U. S. Multinational Corporations [J]. Global Finance Journal, 1992, Vol. 3, No. 2: pp. 137 – 144.

[187] Heidelberg Institute for International Conflict Research, Conflict Barometer 2010 [R]. 2011.

[188] Hijzen, A., Gorg, H. and Hine, R. C.. International Outsourcing and the Skill Structure of Labour Demand in The United Kingdom, Economic Journal, 2005, Vol. 115, 860 – 878.

[189] Hirschman. The Strategy of Economic Development. New Haven, Conn.: Yale University Press, 1958.

[190] Holger Gorg & Katharine Wakelin, The Impact of Exchange Rate Volatility

on US Direct Investment [J]. The Manchester School, 2002, Vol. 70: pp. 380 – 397.

[191] Humphrey J. & Schmitz H. How Does Insertion In Global Value Chains Affect Upgrading In Indust Rial Clusters [J]. Regional Studies, 2002, 36 (9): 1017 – 1027.

[192] Hwy – Change Moon, Thmas. W. Roehl. Unconventional foreign direct investment and the imbalance theory [J]. International Business Review, 2001, 10 (2): 197 – 215.

[193] Ikujiro Nonaka. A Dynamic Theory of Organizational Knowledge Creation [J]. Organization Science, 1994, 5 (1), 14 – 37.

[194] Inkpen AC, Beamish PW. Knowledge, Bargaining Power and International Joint Venture Instability. Academy of Management Review, 1997, 22 (1), 177 – 202.

[195] Jaan Masso, Urmas Varblane, and Priit Vahter. The Effect of Outward Foreign Direct Investment on Home – Country Employment in a Low – Cost Transition Economy. Eastern European Economics, Vol. 46, No. 6, November – December 2008, 25 – 59.

[196] Jaffe, Adam B. Technological Opportunity and Spillovers of R&D: Evidence from Firms' Patents, Profits, and Market Values [J]. American Economic Review, 1986, 76 (5): 984 – 1001.

[197] Jaffe, A., Trajtenberg, M. and R. Henderson. Geographic Localization of Knowledge Spillovers as Evidenced by Patent Citations [J]. Quarterly Journal of Economics August, 1993: 577 – 598.

[198] James H. Love, Technology Sourcing Versus Technology Exploitation: An Analysis of Us Foreign Direct Investment flows, Applied Economics, 2003, 35, 1667 – 1678.

[199] Jansen, K. The Macroeconomic Effects of Direct Foreign Investment: The Case of Thailand [J]. World Development, 1995, 23 (2): 193 – 210.

[200] Jeannine N. Bailliu. Private Capital Flows, Financial Development, and Economic Growth In Developing Countries [J]. Bank of Canada Working Paper, 2000, 15.

[201] Jensen, M. C., 1986, "Agency Costs of Free Cash Flow, Corporate Finance, and Takeovers" The American Economic Review, 76 (2): 323 – 329.

[202] Jeremy Howells, andrew James and Khaleel Malik, The Sourcing of Technological Knowledge: Distributed Innovation Processes and Dynamic Change, R&D Management 2003, 33, 4.

[203] Johansson J, Yip G. Exploiting Globalization Potential: U. S. and Japanese

Strategies. Strategic Management Journal, 1994, 15 (8), 579 – 601.

[204] Jonathan Eaton, Mark Gersovitz & Joseph E. Stiglitz, The pure theory of country risk [J]. European Economic Review, 1986, Vol. 30, No. 3: pp. 481 – 513.

[205] Jongmoo Jay Choi, Takato Hiraki and Nobuya Takezawa, Is Foreign Exchange Risk Price in the Japanese Stock Market [J]. Journal of Financial and Quantitative Analysis, Vol. 3, 1998, pp. 361 – 382.

[206] Kathryn M. E. Domingueza, Linda L. Tesar, Exchange rate exposure [J]. Journal of International Economics, Volume 68 Issue 1, January 2006, 188 – 218.

[207] Khwaja, A. I. and A. Mian, Do lenders favor politically connected firms? Rent provision in an emerging financial market Quarterly Journal of Economics, 2005, 120 (4): 1371 – 1411.

[208] King, R. and R. Levine, "Finance and Growth: Schumpeter Might be Right", Quarterly Journal of Economics, 1993, 108, 717 – 38.

[209] Kogut B. Foreign Direct Investment as a Sequential Process. in The Multinational Corporation In The 1980s, Kindleberger Cp, Audretsch Db (Eds). Mit Press: Cambridge, Ma; 1983, 38 – 56.

[210] Kogut, B., Chang, S., Technological Capabilities and Japanese Foreign Direct Investment in the United States, The Review of Economics and Statistics, 1991, Vol. 73, 401 – 413.

[211] Kokko, Ari. Tansini, Ruben. Local technological capability and productivity spillovers from FDI in the Uruguayan Manufacturing Sector [J]. Journal of Development Studies, 1996, 32 (4): 602 – 611.

[212] Kokko, A. The Home Country Effects of Fdi In Developed Economies. Working Paper 225, European Institute of Japanese Studies, Stockholm. 2006.

[213] Kravis, I. and R. E. Lipsey, The Effect of Multinational Firms'foreign Operations on their Domestic Employment, NBER Working Paper No. 2760,, Nber, Cambridge, Ma. 1988.

[214] Krueger, A. O., "The Political Economy of the Rent – Seeking Society" The American Economic Review, 1974, 64 (3): 291 – 303.

[215] Krugman, P. Trade Geography Cambridge MA: MIT Press, 1991.

[216] Kumar, N., "How Emerging Giants Are Rewriting the Rules of M&A" Harvard Business Review. 2009.

[217] Lall, S. Vertical interfirm linkages in LDCs: an empirical study [J]. Oxford Bulletin of Economics and Statistics, 1980, 42 (3): 203 – 226.

［218］Li, H. B. , L. S. Meng, Q. Wang and L. A. Zhou, 2008, "Political connections, financing and firm performance: Evidence from Chinese private firms" Journal of Development Economics, 2: 283 – 299.

［219］Linda S. Goldberg & Charles D. Kolstad, Foreign Direct Investment, Exchange Rate Variability and Demand Uncertainty ［J］. International Economic Review, 1995, Vol. 36, No. 4: pp. 855 – 873.

［220］Lipsey & Sjöholm. Foreign direct investment, education and wages in Indonesian manufacturing ［J］. Journal of Development Economics, 2004, 73 (1): 415 – 422.

［221］Lipsey, R. E. , Home and Host Country Effects of FDI, NBER Working Paper 9293. 2002.

［222］Lipsey, R. E. and M. Y. Weiss, Foreign Production and Exports of Individual Firms, Review of Economics and Statistics, 1984, 66, 304 – 308.

［223］Lundvall B. A. Nationalsystem of Innovation, Towards a Theory of Innovation and Interactive Learhing ［M］. London Printer. 1992.

［224］Manop Udomkerdmongkol, Oliver Morrissey and Holger Görg, Exchange Rates and Outward Foreign Direct Investment: US FDI in Emerging Economies ［J］. Review of Development Economics, Vol. 13, No. 5 2009, pp. 754 – 764.

［225］Mansfield. E (ed.). Technology Transfer, Productivity and Economic Police. W. W. Norton, 1982: 242.

［226］Margarethe F. Wiersema and Harry P. Bowen, Corporate Diversification: The Impact of Foreign Competition, Industry Globalization, and Product Diversification, Strategic Management Journal. J. , 2008, 29, 115 – 132.

［227］Mariotti S, Mutinelli M, Piscitello L. Home Country Employment and Foreign Direct Investment: Evidence From The Italian Case. Cambridge Journal of Economics, 2003, 27, 419 – 431.

［228］Marko Maslakovic, Sovereign Wealth Funds ［R］, February 2012.

［239］Markusen & Venables. Foreign direct investment as a catalyst for industrial development ［J］. European Economic Review, 1999, 43 (2): 335 – 356.

［230］Markusen A. Sticky places in slippery space: a typology of industrial districts ［J］. Economic Geography, 1996, 72 (30): 293 – 3130.

［231］Marshall A. Principles of Economics ［M］. London: Macmillan. 1920.

［232］Maskell, P. and Malmberg, A. Localized Learning and Industrial Competitiveness. Cambridge Journal of Economics, 1999, 23, 167 – 185.

[233] Maskell, P. Knowledge creation and diffusion in geographic clusters [J]. International Journal of Innovation Management, 2001b, 5 (2): 213-237.

[234] McKinsey, Sovereign Wealth Funds [R], Global Institute, 2007.

[235] Mehmet Caner & Thomas Grennes, Sovereign Wealth Funds: The Norwegian Experience [J]. The World Economy, 2010, Vol. 33: pp. 597-614.

[236] MH Lazersona and G Lorenzoni. The firms that feed industrial districts: A return to the Italian source [J]. Industrial and Corporate Change, 1999, 8 (2): 235-266.

[237] Michael F. Martin, China's Sovereign Wealth Fund: Developments and Policy Implications [R], Federal Publications, 2010, Paper 755.

[238] Michael Papaioannou, Exchange Rate Risk Measurement and Management: Issues and Approaches for Firms [R]. International Monetary Fund in its series IMF Working Papers with Number 06/255.

[239] Mike K. P. Soa, Philip L. H. Yub, Empirical analysis of GARCH models in value at risk estimation [J]. International Financial Market, Institutions and Money, Vol. 16, 2006, pp. 180-197

[240] Mitchell, M. L. and J. H. Mulherin, The impact of industry shocks on takeover and restructuring activity journal of Financial Economics, 1996, 41 (2): 193-229.

[241] Molano, W., Approaches to Political Risk Analysis. In Howell, L. D. (Ed.), Political Risk Assessment: Concept, Method and Management. East Syracuse, 2001, NY: PRS Group, 17-36.

[242] Monetary and Capital Markets and Policy Development and Review Departments, Sovereign Wealth Funds - A Work Agenda [R]. International Monetary Fund, February 29, 2008.

[243] Morgan J. P. RiskMetrics Technical Document [M]. Morgan: Guaranty Trust Company, 1996.

[244] Mowery DC, Oxley JE, Silverman BS. Strategic Alliances and Interfirm Knowledge Transfer. Strategic Management Journal, 1996. Winter Special Issue 17, 77-92.

[245] Muller and Willem F. C. Verschoor, The Latin American exchange exposure of U. S. multinationals [J]. Journal of Multinational Financial Management, Volume 18, Issue 2, April 2008, pp. 112-130.

[246] Neven D. and Siotis G., "Foreign Direct Investment in the European Com-

munity: Some Policy Issues", Oxford Review of Economic Policy, 1993, Vol. 9 (2), 72-93.

[247] Neven, D. and Siotis, G. , Technology Sourcing and FDI in the EC: an empirical evaluation, International Journal of Industrial Organization, 1996, Vol. 14 (5), pp. 543-560.

[248] Norwegian Ministry of Finance, The Management of the Government Pension Fund in 2010, Report No. 15 (2010-2011) to the Storting [R]. 2011.

[249] Oaxaca, R. , "Male-Female Wage Differentials in Urban Labor Markets" International Economic Review, 1973, 14: 693-709.

[250] OECD, Sovereign Wealth Funds and Recipient Country Policies [R]. Investment Committee Report, April 4, 2008.

[251] Owen-Smith J. & Powell W. W. Knowledge Networks as Channels and Conduits: the Effects of Spillovers in the Boston Biotechnology Community [J]. Organization Science, 2004, 15 (1): 2-21.

[252] Owen-Smith, J. and Powell, W. W. Knowledge Networks in the Boston Biotechnology. Community. Paper presented at the Conference on "Science as an Institution and the Institutions of Science" in Siena. 2002.

[253] Pahud de Mortanges, C. & Allers, V. , Political Risk Assessment: Theory and the Experience of Dutch Firms [J]. International Business Review, 1996, Vol. 5, No. 3: pp. 303-318.

[254] Paola Criscuolo, Rajneesh Narula and Bart Role of Home and Host Country Innovation Systems In R&D Internationalisation: A Patent Citation Analysis [J]. Verspagen. Econ. Innov. New Techn. , 2005, 14 (5): 417-433.

[255] Patel, P. and Vega M. Patterns of Internationalisation of Corporate Technology: Location Vs. Home Country Advantages [J]. Research Policy, 1999, Vol. 28, pp. 145-155.

[256] Philip Cooke and Kevin Morgan. The Associational Economy: Firms, Regions and Innovation. Oxford University Press, 1998.

[257] Philippe Gugler, Serge Brunner, FDI Effects On National Competitiveness: A Cluster Approach, International Atlantic Economic Society 2007, 13, 268-284.

[258] Philippe Jorion, The Exchange-Rate Exposure of U. S. Multinationals [J]. Journal of Business, Vol. 3, 1990, pp. 331-345.

[259] Piachaud, Binaca. Outsourcing Technology. Research Technology Manage-

ment, 2005, 48 (3): 40 -6.

[260] Piergiuseppe Morone and Richard Taylor. Knowledge diffusion dynamics and network properties of face - to - face interactions [J]. Journal of Evolutionary Economics, 2004, 14: 327 -351.

[261] Porter M., Monitor Group on the Frontier, and Council on Competitiveness, Clusters of Innovation: Regional Foundations of US Competitiveness. Council on Competitiveness, Washington, Dc. 2001.

[262] Porter M. E. Changing Patterns of International Competition. California Management Review, 1986, 28, 9 -40.

[263] Porter M. E. The Competitive Advantage of Nations. Free Press: New York. 1998.

[264] Porter M. E. Competitive Strategy: Techniques For Analyzing Industries and Competitors. New York: Free Press. 1980.

[265] Porter. M. E. Clusters and New Economics of Competition [J]. Harvard Business Review, 1998 (11).

[266] Prabhath Jayasinghe, Albert K. Tsui, Exchange rate exposure of sectoral returns and volatilities: Evidence from Japanese industrial sectors, Japan and the World Economy, 2008, Volume 20, 639 -660.

[267] R. T. Rockafeller, S. Uryasev, Optimization of Conditional Value at Risk [J]. The Journal of Risk, Vol. 2, 2000, pp. 21 -41.

[268] Ricci L., Uncertainty, Flexible Exchange Rates and Agglomeration [R], IMF Working Paper, number 98/9, 1998.

[269] Roger J. Calantone and Michael A. Stanko: Drivers of Outsourced Innovation: An Exploratory Study, Journal of Product Innovation Management, 2007; 24: 230 -241.

[270] Roland Beck & Michael Fidora, The Impact of Sovereign Wealth Funds on Global Financial Markets [R]. European Central Bank Occasional Paper Series, No. 91, July 2008.

[271] Roll, R., "The hubris hypothesis of corporate takeovers" Journal of Business, 1986, 59: 197 -216.

[272] Ron Martin and Peter Sunley. Paul Krugman's Geographical Economics and Its Implications for Regional Development Theory: A Critical Assessment [J]. Economic Geography, 1996, 72 (3): 259 -292

[273] Sachs J, Warner A. Economic Reform and the Process of Global Integra-

tion. Brookings Papers on Economic Activity 1995, 1, 1 – 118.

[274] Sapienza, P., The effects of government ownership on bank lending Journal of Financial Economics,, 2004, 72 (2): 357 – 384.

[275] Schmidt, Klaus M., The Political Economy of Mass Privatization and the Risk of Expropriation [J]. European Economic Review, 2002, Vol. 44: pp. 393 – 421.

[276] Schmidt, Christian W. and Broll, The effect of exchange rate risk on U. S. foreign direct investment: An empirical analysis [R]. Dresden Discussion Paper Series in Economics, Aug. 2008.

[277] Schmitz, H., Collective efficiency and increasing returns [J]. Cambridge Journal of Economics, 1999, 23: 465 – 483.

[278] Schumpeter, J. A.. The Theory of Economic Development. Cambridge, MA: Harvard University Press. 1934.

[279] Shleifer, A. and R. W. Vishny, 1994, "Politicians and Firms" Quarterly Journal of Economics, 109 (4): 995 – 1025.

[280] Simon Johnson, The Rise of Sovereign Wealth Funds [J]. Finance and Development, September 2007, Vol. 44, No. 3.

[281] Söhnke M. Bartram, Corporate Cash Flow and Stock Price Exposures to Foreign Exchange Rate Risk [J]. Journal of Corporate Finance, 2007, Volume 13, 981 – 994.

[282] Steffen Kern, Sovereign Wealth Funds – State Investment on the Rise [R]. Deutsche Bank Research, September 10, 2007.

[283] Stephen D M, Stephen P H. Foreign Currency Risk Management Practices In U. S Multinationals. Journal of Applied Business Research, 1997. 13 (2), 73 – 86.

[284] Stephen Jen, How Big Could Sovereign Wealth Funds Be by 2015 [R]. Morgan Stanley Research Global, May 4, 2007.

[285] Stevens, G. V. G. and R. E. Lipsey, Interactions Between Domestic and Foreign Investment, Journal of International Money and Finance, 1992, 11, 40 – 62.

[286] Stoper M. & Venables A. J. Buzz: The Economic Force of The City. Paper Presented at the DRUID Summer Conference on Industrial Dynamics of The New and Old Economy: Who Is Embracing Whom? in Copenhagen & Elsinore, 2002.

[287] Suhejla Hoti & Michael McAleer, An Empirical Assessment of Country Risk Ratings and Associated Models [J]. Journal of Economic Surveys, September 2004, Vol. 18, No. 4: pp. 539 – 588.

[288] Sun, H. Direct Foreign Investment and Linkage Effects: The Experience of China [J]. Asian Economics, 1996, 25 (1), 5-28.

[289] Svetlicic, M., and A. Jaklic. Outward Fdi By Transition Economies: Basic Features, Trends, and Development Implications. In Facilitating Transition By Internationalization, Ed. Marjan Svetlicic and Matija Rojec, 2003, 49-78. Aldershot, Uk: Ashgate.

[290] Teck-Yong Eng. Relationship Value of Firm In Alliance Capitalism and Implications For FDI, International Journal of Business Studys, 2007, Vol 15, No1.

[291] Terry Miller, Kim R. Holmes & Edwin J. Feulner, 2012 Index of Economic Freedom: Promoting Economic Opportunity and Prosperity [R]. 2011.

[292] Transparency International, Corruption Perception Index 2011 [R]. 2011.

[293] Tybout Jr. Plant and Firm-Level Evidence On "New" Trade Theories. National Bureau of Economic Research, International Trade and Investment Working Paper, No. 8418. 2001. Nber, Cambridge, Ma.

[294] U. S. Treasury Department, Appendix: Sovereign Wealth Funds, Semiannual Report on International Economic and Exchange Rate Policies [R]. June 2007.

[295] UNCTAD: World Investment Report. Transnational Corporations and the Internationalization of R&D. United Nations, New York and Geneva, 2005.

[296] Uzzi B. Social structure and competition in interfirm networks: The paradox of embeddedness [J]. Administrative Science Quarterly, 1997, 42.

[297] Van Pottelsberghe De La Potterie, B. and Lichetenberg, F., Does Foreign Direct Investment Transfer Technology Across Borders, Review of Economics and Statistics, 2001, Vol 83, 490-497.

[298] Wang, Jian-Ye & Blomstrom, Magnus. Foreign investment and technology transfer: A simple model [J]. European Economic Review, 1992 36 (1): 137-155.

[299] Williamson O. E. The Economic Institutions of Capitalism. Free Press: New York. 1985.

[300] Wolfe D. The Role of Higher Education in Regional Innovation and Cluster Development, in Jones G., Mccarney P. and Skolnick M. (Eds) Creating Knowledge, Strengthening Nations. University of Toronto Press, Toronto, Ont. 2005

[301] Wu, C. and N. Xie, Determinants of Cross-Border Merger & Acquisition Performance of Chinese Enterprises Procedia Social and Behavioral Sciences, 2010, 2 (5): 6896-6905.

[302] Yadong Luo; Seung Ho Park. "Strategic Alignment and Performance of Market – Seeking Mncs In China" Strategic Management Journal, Feb. 2001, Vol. 22 Issue 2, 141 – 156.

[303] Yu – Fu Chen & Michael Funke, Political Risk, Economic Integration, and the Foreign Direct Investment Decision [R]. Dundee Discussion Papers in Economics, Working Paper, No. 208, February 2008.

[304] Yu, H. – Y., Politically Connected Boards and the Structure of CEO Compensation Packages in Taiwanese Firms Asia – Pacific Journal of Financail Studies, Forthcoming. 2010.

[305] Z. Bodie & M. Brière, Sovereign Wealth and Risk Management [R]. Boston University School of Management Research Paper Series, No. 2011 – 8, February 28, 2011.

第三篇 中国海外投资的经营与管理风险防范与管控战略研究

[1] 陈菲琼,范良聪. 基于合作与竞争的战略联盟稳定性分析 [J]. 管理世界,2007 (7).

[2] 陈岩,王蕾. 企业技术整合的组织模式研究 [J]. 科技管理研究,2008,(6): 94 – 100.

[3] 褚音. 中国企业海外并购的财务绩效研究——基于上市公司的实证分析. 复旦大学研究生论文,2008.

[4] 邓艳. 我国机械电子制造行业的技术整合研究 [D]. 清华大学硕士研究生论文,2005.

[5] 杜强. SPSS 统计分析从入门到精通 [M]. 北京:人民邮电出版社,2009: 271 – 278.

[6] 冯根福,吴林江. 我国上市公司并购绩效的实证研究 [J]. 经济研究,2001 (1): 54 – 68.

[7] 傅家骥,雷家骕,程源. 技术经济学前沿 [M]. 北京:经济科学出版社,2003.

[8] 干春晖. 并购经济学 [M]. 北京:清华大学出版社,2004.

[9] 顾露露,Robert Reed. 中国海外并购失败了吗? [J]. 经济研究,2011 (7): 116 – 129.

[10] 关涛. 跨国公司内部知识转移过程与影响因素的实证研究 [M]. 上海:复旦大学出版社,2006.12.

[11] 江积海. 企业知识传导理论与实证研究 [M]. 上海三联书店,2007.

[12] 李梅. 中国企业跨国并购绩效的实证研究 [M]. 武汉大学出版社,

2010.

[13] 李善民. 上市公司并购绩效及其影响因素研究 [J]. 世界经济, 2004 (9): 60 - 67.

[14] 任晤, 邓三鸿. 知识迁移的重要步骤——知识整合, 情报科学, 2002, 20 (6): 650 - 653.

[15] 荣泰生. AMOS 与研究方法 [M]. 重庆: 重庆大学出版社, 2010.

[16] 尚东涛. 技术问性论 [J]. 自然辩证法研究, 2003, 19 (4): 22 - 26.

[17] 田钢. 集群创新网络演化的复杂适应性研究 [J]. 科研管理, 2010 (1).

[18] 温巧夫, 李敏强. 中国企业海外并购的风险与对策研究——基于 2000 至 2005 年中国企业海外并购实证分析 [J]. 经济理论与经济管理, 2006 (5): 24 - 29.

[19] 吴晓波, 耿帅. 区域集群自稔性 [J]. 经济地理, 2003 (6).

[20] 阳华. 我国上市企业海外并购绩效的影响因素研究 [D]. 中南大学硕士研究生论文, 2011.

[21] 杨洁. 企业并购整合研究 [M]. 北京: 经济管理出版社, 2005.

[22] 张米尔, 杨阿猛. 基于技术集成的产品创新和产品衍生研究 [J]. 科研管理, 2006 (26): 36 - 41.

[23] 张友棠, 黄阳. 基于行业环境风险识别的企业财务预警控制系统研究 [J]. 会计研究, 2011, 3, 41 - 48.

[24] 赵保国, 李卫卫. 中国企业海外并购财务风险分析与对策研究 [J]. 中央财经大学学报, 2008 (1): 75 - 79.

[25] 赵曙明, 张捷. 中国企业海外并购中的文化差异整合策略研究 [J]. 南京大学学报, 2005 (5).

[26] Adam B. Jaffe. Real Effects of Academic Research [J]. The American Economic Review, 1989, 79 (5): 957 - 970.

[27] Afsaneh Nahavandi and Ali R. Malekzadeh. Acculturation in Mergers and Acquisitions. [J]. The Academy of Management Review. 1988. Vol. 13, No. 1. pp. 79 - 90.

[28] Ahammad, M. F. & Glaister, K. W. The pre - acquisition evaluation of target firms and cross border acquisition performance [J]. International Business Review, 2013.

[29] Altman, E. I, Financial Rations, discriminant analysis and the prediction of corporate bankruptcy [J]. The Journal of Finance, 1968, Vol. 23: pp. 589 - 609.

[30] Altunba, Y. and Marqués, D. Mergers and acquisitions and bank perform-

ance in Europe: The role of strategic similarities. Journal of Economics and Business2008, 60 (3): 204 - 222.

[31] andersson, U., Johanson, J., Vahlne, J. - E. Organic acquisitions in the internationalization process of the business firm. Management International Review, (1997) 37 (2) (Special Issue), 67 - 84.

[32] Angwin, D. Mergers and acquisitions across European borders: National perspectives on preacquisition due diligence and the use of professional advisers [J]. Journal of world business, 2001, 36 (1): 32 - 57.

[33] Anna Nagurney, Trisha Woolley, Qiang Qiang. Multi - product supply chain horizontal network integration: models, theory, and computational results [J]. International Transactions in Operational Research. 2010, (17): 333 - 349.

[34] Arjen H. L. Slangen. National cultural distance and initial foreign acquisition performance: The moderating effect of integration [J]. Journal of World Business. 2006, (41): 161 - 170.

[35] Bannert V. Tschirky H. Integration planning for technology intensive acquisitions [J]. R&D Management, 2004, 34 (5): 481 - 494.

[36] Barney J B. 1991. Firm resources and sustained competitive advantage. Journal of Management 17 (1): 99 - 120.

[37] Barney, J. B. The Resource - Based Theory of the Firm. Organization Science 1996, 7 (5): 469.

[38] Baron JN, Pfeffer JP. The social psychology of organization and inequality. Social Psychology Quarterly 1984, 57: 190 - 209.

[39] Beaver W. H, Financial rations as predictors of failure [J]. Journal of accounting research, 1966, Vol. 4: pp. 71 - 111.

[40] Bekier MM, Shelton MJ. 2002. Keeping your sales force after the merger. McKinsey Quarterly 5: 106 - 115.

[41] Ben De Haldevang. A new direction in M&A integration: how companies find solutions to value destruction in people - based activity [J]. Global Business and Organizational Excellence. 2009, (5): 6 - 28.

[42] Birkinshaw, J., Bresman, H. and Hakanson, L. Managing the post - acquisition integration process: How the human integration and task integration processes interact to foster value creation. Journal of Management Studies 2000, 37 (3): 395 - 425.

[43] Bo Carlsson, Staffan Jacobsson, Magnus Holménb, Annika Rickne. Innovation systems: analytical and methodological issues. Research Policy [J]. 31 (2002)

233 – 245.

[44] Brandenburger AM, Stuart HWJ. Value – based business strategy. Journal of Economics & Management Strategy 1996. 5 (1): 5 – 24.

[45] Bresman, H., Birkinshaw, J. and Nobel, R. Knowledge Transfer in International Acquisitions. Journal of International Business Studies 1999, 30 (3): 439 – 462.

[46] Brouthers, K. D, Brouthers, L. E. Acquisition or greenfield start – ups? Institutional, culture and transaction cost influence [J]. Strategic Management Journal. 2000, (21): 89 – 97.

[47] Buono AF, Bowditch JL, Lewis JW. When cultures collide: the anatomy of a merger. Human Relations 1985, 38: 477 – 500.

[48] Cao Dechun. Multiplied cultures and market information communication behaviors [D]. Hong Kong: City University of Hong Kong, 2008: 1 – 176.

[49] Capron, L. The long – term performance of horizontal acquisitions. Strategic Management Journal 1999, 20 (11): 987 – 1018.

[50] Capron, L. and Mitchell, W. Selection Capability: How Capability Gaps and Internal Social Frictions Affect Internal and External Strategic Renewal. Organization Science 2009, 20 (2): 294 – 312.

[51] Capron, L., Dussauge, P. and Mitchell, W. Resource redeployment following horizontal acquisitions in Europe and North America, 1988 – 1992. Strategic Management Journal 1998, 19 (7): 631 – 661.

[52] Carmen Weigeltc. The Impact of outsourcing new technologies on integrative capabilities and performance. Strategic Management Journal [J]. 30: 595 – 616 (2009).

[53] Cartwright S, Cooper CL. The psychological impact of merger and acquisition on the individual: a study of building society managers. Human Relations 1993, 46: 327 – 348.

[54] Cebenoyan A. S., G. J. Papaioannou, N. G. Travlos, Foreign takeover activity in the U. S. and wealth effect for target firm shareholders [J]. Financial Management, 1992, Vol. 21, pp. 58 – 68.

[55] Chakrabarti AK. 1990. Organizational factors in postacquisition performance. IEEE Transactions on Engineering Management 37: 259 – 268.

[56] Chen, C. H., Chang, Y. Y. and Lin, M. J. J. The performance impact of post – M&A interdepartmental integration: An empirical analysis. Industrial Marketing

Management 2010, 39 (7): 1150 – 1161.

[57] Ching – Chi Lee, Cou – Chen Wu, Hsiang – Ming Lee. Factors that influence employees' organizational identity after M & A: The acquirer and acquired perspective [J]. African Journal of Business Management. 2009. (3): 695 – 704.

[58] Christian Homburg, Matthias Bucerius. Is speed of integration really a success factor of mergers and acquisitions? An analysis of the role of internal and external relatedness. Strategic Management Journal. [J]. 27: 347 – 367 (2006).

[59] Clemente MN, Greenspan DS. Keeping customers satisfied while the deal proceeds. Mergers and Acquisitions 1997, 32: 24 – 28.

[60] Collis, D. J. a. M., C. A. Competing on resource strategy in the 1990s: Harvard Business Review 73 (4), 118 – 128 (July – Aug 1995). Long Range Planning 28 (5): 131.

[61] Czesław Zając. Barriers to cultural and organizational integration in international holding groups – nature, scope and remedial measures [J]. Journal of Intercultural Management. 2009, (11): 50 – 58.

[62] Datta and Grant. Relationships between type of acquisition, the autonomy giben to the acquired firm, and acquisition success: An empirical analysis. [J]. Management. 1990. 16 29 – 44.

[63] Datta, D. K. Organizational fit and acquisition performance: Effects of post – acquisition integration. Strategic Management Journal 1991, 12 (4): 281 – 297.

[64] David G Sirmon、Peter J Lane. A model of cultural differences and international alliance performance. [J]. Journal of international Business Studies. 2004. 35, 306 – 319.

[65] David Keeble & Frank Wilkinson. Collective Learning and Knowledge Development in the Evolution of Regional Clusters of High Technology S MEs in Europe [J]. Regional Studies, 1999, 33 (4): 295 – 303.

[66] David M. Schweiger, Philip K. Goulet. Facilitating acquisition integration through deep – level cultural learning interventions: A longitudinal field experiment [J]. Organization Studies. 2005, (26): 1477 – 1499.

[67] Deng, P. Why do Chinese firms tend to acquire strategic assets in international expansion? Journal of World Business 2009, 44 (1): 74 – 84.

[68] Deng, P. Outward investment by Chinese MNCs: Motivations and implications [J]. Business Horizons. 2004, (47): 8 – 16.

[69] Diego Quer. Enrique Claver and Laura Rienda. The impact of country risk

and cultural distance on entry mode choice. [J]. Cross Cultural Management: An International Journal 2007 Vol. 14 No. 1, pp. 74 – 87.

[70] Dierickx, I. and K. Cool. "Asset stock accumulation and sustainability of competitive advantage" [J]. Management Science, 1989. 35 (12), pp. 1504 – 1514.

[71] Dosi. G. Technological Paradigms and Technological Trajectories [J]. Research Policy, 1982, 11 (2): 147 – 162.

[72] Edstrom, A. and J. R. Galbraith. 'Transfer of managers as a coordination and control strategy in multinational organizations', Administrative Science Quarterly, 1977, 22, pp. 248 – 263.

[73] Eero Vaara, Riikka Sarala, Guenter Stahl and Ingmar Björkman. The Impact of Organizational and National Cultural Differences on Social Conflict and Knowledge Transfer in International Acquisitions [J]. Journal of Management Studies. 2010: 1 – 27.

[74] Elsass, P. M. and Veiga, J. F. Acculturation in Acquired Organizations: A Force – Field Perspective. Human Relations 1994, 47 (4): 431 – 453.

[75] Eric Flamholtz. Corporate culture and the bottom line [J]. European Management Journal. 2001, (19): 268 – 275.

[76] Finkelstein, S., Haleblian, J. Understanding acquisition performance: The role of transfer effects [J]. Organization Science. 2002, (13): 36 – 47.

[77] Fleck, J., Learning by Trying: The Implementation of Configurational Technology [J]. Research Policy, 1994, 23 (6): pp. 637 – 652.

[78] G. andrade, M. Mitchell & E. Stafford, New evidence and perspectives on mergers [J]. Journal of Economic Perspectives, 2001 (15): 43.

[79] Ganesh Chand. Mergers and acquisitions: issues and perspectives from the Asia – Pacific region [C]. Tokyo: the Asian Productivity Organization, 2009: 133 – 147.

[80] GautamAhuja, RiittaKatil. Technological acquisitions and the innovation performance of acquiring firms: A longitudinal study. Strategic Management Journal. [J]. 22: 197 – 220 (2001).

[81] Gereffi G. Humphrey J. Sturgeon T. The governance of global value chains [J]. Review of international political economy, 2005, 12 (1): 78 – 104.

[82] Ghoshal, S. and C. A. Bartlett. "Creation, adoption, and diffusion of innovation by subsidiaries of multinational corporations", Journal of International Busi-

ness Studies, 1988, 19, pp. 365 – 388.

[83] Ghoshal, S. Global strategy – an organizing framework [J]. Strategic Management Journal, 1987, (8): 25 – 40.

[84] Gordon I. R & McCann P. Industrial Cluster: Temporary Collaboration in Social Context [J]. Regional Studies, 2000, 36 (3): 205 – 214.

[85] Grant Jones. Enhancing due diligence – examination of the organizational culture of a merger and acquisition target [J]. Journal of Business & Economics Research. 2008, (6): 11 – 16.

[86] Günter K Stahl; andreas Voigt. Do Cultural Differences Matter in Mergers and Acquisitions? A Tentative Model and Examination. [J]. Organization Science; Jan/Feb 2008; 19, 1; ABI/INFORM Global pg. 160.

[87] Guo Bin. Technology acquisition channels and industry performance: An industry – level analysis of Chinese large and medium size manufacturing enterprises [J]. Research Policy. 2008 (37): 194 – 209.

[88] Ha_kansson, L. Learning through acquisitions: Management and integration of foreign R&D laboratories. International Studies of Management & Organisation, ISMO, 1995, 25 (1 – 2), 121 – 157.

[89] Habeck, M. M., Kroger, F., & Tram, M. R. After the merger: seven strategies for successful port – merger integration. London: Financial Times/Prentice Hall. 2000.

[90] Hal R. Arkes, David Hirshleifer, Danling Jiang, Sonya S. Lim. A cross – cultural study of reference point adaptation: evidence from China, Korea, and the US [J]. Organizational Behavior and Human Decision Processes. 2010, (112): 99 – 111.

[91] Harrison, J. S., Hitt, M. A., Hoskisson, R. E. and Ireland, R. D. Synergies and Post – Acquisition Performance: Differences versus Similarities in Resource Allocations. Journal of Management (1991) 17 (1): 173 – 190.

[92] Harry G. Barkema, John H. J. Bell, Johannes M. Pennings. Foreign Entry, Cultural Barriers, and Learning. [J]. Strategic Management Journal, Vol. 17, No. 2 (Feb., 1996), pp. 151 – 166.

[93] Haspeslagh, P. C. and Jemison, D. B. Managing acquisitions: Creating value through corporate renewal. New York: Free Press. 1991.

[94] Haunschild PR, Miner AS. Modes of interorganizational imitation: the effects of outcome salience and uncertainty. Administrative Science Quarterly 1997, 42: 472 – 500.

［95］Helfat CE, Peteraf MA. The dynamic resource – based view: capability lifecycles. Strategic Management Journal, October Special Issue 2003, 24: 997 – 1010.

［96］Hitt, M. A., Harrison, J. S. and Ireland, R. D.. Mergers and Acquisitions: A Guide to Creating Value for Stakeholders. Oxford: University Press. 2001.

［97］Hofstede Geert, G. J. Hofstede, M. Minkov, Cultures and organizations: software of the mind. Revised and expanded 3rd edition. New York: McGraw – Hill USA, 2010.

［98］Hofstede, G. Culture's consequence: International differences in work – related values［C］. CA: Sage Publications, 1980.

［99］Hofstede, G., M. H. Bond. The confucius connection: From cultural roots to economic growth［J］. Organizational Dynamics. 1988, (16): 4 – 21.

［100］Hofstede, G., Neuijen, B., Ohayv, D. D., & Sanders, G. Measuring organizational cultures: A qualitative and quantitative study across twenty cases［J］. Administrative Science Quarterly. 1990, (35): 286 – 316.

［101］Hogg and Terry. Social identity and self – categorization processes in organizational contexts.［J］. Acad. Management Rev. 2000. 25 121 – 140.

［102］Huaichuan Rui, George S. Yip. Foreign acquisitions by Chinese firms: A strategic intent perspective［J］. Journal of World Business. 2008, (43): 213 – 226.

［103］Huseyin Tanriverdi, N. Venkatraman. Knowledge relatedness and the performance of multibusiness firms. Strategic Management Journal.［J］. 26: 97 – 119 (2005).

［104］Ian A. Harwood, Chris B. Chapman. Risk bartering: what post – M&A integration teams really do［J］. Strategic Change. 2009, (18): 157 – 178.

［105］Iansiti M, Clark K B. Integration and dynamic capability: evidence from product development in automobiles and mainframe computers［J］. Industrial and Corporate Change, 1994. 3 (3).

［106］Ingmar Bjorkman, Gunter k Stahl and vaara. Cultural differences and capability transfer in cross – border acquisitions: the mediating roles of capability complementarity, absorptive capacity, and social integration.［J］. Journal of International Business Studies. 2007 38, 658 – 672.

［107］Ishtiaq P. Mahmood, Hongjin Zhu, Edward J. Zajac. Where can capabilities come from? Network ties and capability acquisition in business groups. Strategic Management Journal.［J］. 32: 820 – 848 (2011).

［108］Jan Y. Sand. Efficiency in Complementary Partnerships with Competition. Managerial and decision economics. [J]. 30: 57 – 70 (2009).

[109] Jason P. Davis, Kathleen M. Eisenhard, Christopher B. Bingham. Developing theory through simulation. Academy of Management Review. [J] 2007, Vol. 32, No. 2, 480 – 499.

[110] Jaspers, F. and Ende, J. V. D. The organizational form of vertical relationships: Dimensions of integration. Industrial Marketing Management 2006, 35 (7): 10.

[111] Jehn, K. A qualitative analysis of conflict types and dimensions in organizational groups [J]. Administrative Science Quarterly, 1997, (40): 53 – 57.

[112] Jens Hagendorff, Kevin Keasey. Post – merger strategy and performance: evidence from the US and European banking industries [J]. Accounting and Finance. 2009, (49): 725 – 751.

[113] Jensen, M. C, Agency costs of free cash flow, corporate finance and takeovers [J]. The American Economic Review, 1986, Vol. 76: pp. 323 – 329.

[114] Ji – Yub (Jay) Kim, Sydney Finkelstein. The effects of strategic and market complementarity on acquisition performance: Evidence from the U. S. commercial banking industry, 1989 – 2001. Strategic Management Journal. [J] 30: 617 – 646 (2009).

[115] Jongtae Shin, David Jalajas. Technological relatedness, boundary – spanning combination of knowledge and the impact of innovation: Evidence of an inverted – U relationship. Journal of High Technology Management Research. [J]. 21 (2010) 87 – 96.

[116] Jos Bartels, Rynke Douwes, Menno de Jong et al. Organizational identification during a merger: determinants of employees' expected identification with the new organization [J]. British Journal of Management. 2006, (17): 49 – 67.

[117] Kaplan S. and Wiesbach MS. The Success of Acquisitions: Evidence from Divestitures. Journal of Finance 1992. 47 (1): 107 – 138.

[118] Kaplan, S. and Weisbach, M. S. The Success of Acquisitions: Evidence From Disvestitures. National Bureau of Economic Research Working Paper Series No. 3484. 1992.

[119] Kim, J. Y. and Finkelstein, S. The Effects of Strategic and Market Complementarity on Acquisition Performance: Evidence from the Us Commercial Banking Industry, 1989 – 2001. Strategic Management Journal 2009, 30 (6): 617 – 646.

[120] Kim, J. Y. and Sydney Finkelstein. The effects of strategic and market complementarity on acquisition performance: Evidence from the U. S. commercial banking industry, 1989 – 2001. Strategic Management Journal 2009. 30: 617 – 646.

[121] Kimberly M. Ellis, Taco H. Reus, Bruce T. Lamint. The effects of procedural and informational justice in the integration of related acquisitions [J]. Strategic Management Journal. 2009, (30): 137 – 161.

[122] King, n, D. Dalton, et al. Meta. Analyses of post – acquisition performance: indications of unidentified moderators [J]. Strategic Management Journal, 2004, (2): 187 – 200.

[123] Knott, A. M. and Posen, H. E. Firm R&D Behavior and Evolving Technology in Established Industries. Organization Science 2009, 20 (2): 352 – 367.

[124] Kogut Bruce, Harbir Singh, The effect of national culture on the choice of entry mode [J]. Journal of International Business Studies, 1988, Vol. 19: pp. 411 – 432.

[125] Kramer. Trust and distrust in organizations: Emerging perspectives, enduring questions. [J]. Ann Rev. Psych. 1999. 50 569 – 598.

[126] Kristina Kersiene, Asta Savaneviciene. The formation and management of organizational competence based on cross – cultural perspective [J]. Inzinerine Ekonomika – Engineering Economics. 2009, (5): 56 – 66.

[127] Krug, J. A., Nigh, D. Executive perceptions in foreign and domestic acquisitions: An analysis of foreign ownership and its effect on executive fate [J]. Journal of World Business. 2001, (36): 85 – 105.

[128] Lane, P. J. and Lubatkin, M. Relative absorptive capacity and interorganizational learning. Strategic Management Journal. 1998, 19 (5): 461 – 477.

[129] Larsson, R. and Finkelstein, S. Integrating Strategic, Organizational, and Human Resource Perspectives on Mergers and Acquisitions: A Case Survey of Synergy Realization. Organization Science 1999, 10 (1): 1 – 26.

[130] Laurence Caprom, Mauro Guillen. National corporate governance institutions and post – acquisition target reorganization [J]. Strategic Management Journal. 2009, (30): 803 – 833.

[131] Leroy F, Ramanantsoa B. The cognitive and behavioral dimensions of organizational learning in a merger: an empirical study. Journal of Management Studies 1997, 34: 871 – 894.

[132] Li SX, Greenwood R. The effect of within – industry diversification on firm performance: synergy creation, multi – market contact and market structuration. Strategic Management Journal 2004. 25 (12): 1131 – 1153.

[133] Liebowitz, S. J. and Margolis, S. E. Network Externality: An Uncommon

Tragedy. The Journal of Economic Perspectives, 1994, 8 (2): 133 – 150.

[134] Lubatkin, M. Merger strategies and stockholder value. Strategic Management Journal 1987, 8 (1): 39 – 53.

[135] Lubatkin, M., Florin, J. and Lane, P. Learning together and apart: A model of reciprocal interfirm learning. Human Relations, 2001, 54 (10): 1353 – 1382.

[136] Luedi Thomas, China's track record in M&A [R], The McKinsey Quarterly, 2008, Vol. 2: pp. 75 – 81.

[137] Lynn Imai, Michele J. Gelfand. The culturally intelligent negotiator: The impact of cultural intelligence (CQ) on negotiation sequences and outcomes [J]. Organizational Behavior and Human Decision Processes. 2010, (112): 83 – 98.

[138] Maero. From technological Potential to Product Performance [J]. Research Policy, 1993, 36 – 38.

[139] Maero. Technology integration [M]. Boston: Harvard Business Press, 1998, 201 – 216.

[140] Makri, M., Hitt, M. A. and Lane, P. J. Complementary Technologies, Knowledge Relatedness, and Invention Outcomes in High Technology Mergers and Acquisitions. Strategic Management Journal. 2010, 31 (6): 602 – 628.

[141] Margaret Cording, Petra Christmann, David R. King. Reducing causal ambiguity in acquisition integration: Intermediate goals as mediators of integration decision and acquisition performance. Academy of Management Journal. [J] 2008, Vol. 51, No. 4, 744 – 767.

[142] Marianna M, M. A. Hitt, P. J. Lane. "Complementary technologies, knowledge relatedness, and invention outcomes in high technology mergers and acquisitions", Strategic Management Journal, 2010. Vol. 31, No. 6, pp. 602 – 628.

[143] Marianna Makri, Michael A. Hitt, Peter J. Lane. Complementary technologies, knowledge relatedness, and invention outcomes in high technology mergers and acquisitions. Strategic Management Journal 2010, 31 (6): 602 – 628.

[144] Markusen & Venables. Foreign direct investment as a catalyst for industrial development [J]. European Economic Review, 1999, 43 (2): 335 – 356.

[145] Mary Jo Hatch. The Dynamics of Organizational Culture. [J]. Academy of Management Review. 1993, Vol. 18, No. 4, 657 – 693.

[146] Mary Yoko Brannen, Mark F Peterson. Merging without alienating: interventions promoting cross – cultural organizational integration and their limitations [J]. Journal of International Business Studies. 2009, (40): 468 – 489.

［147］Massimo G Colombo, Larissa Rabbiosi. Technological relatedness, post-acquisition reorganization and innovation performance: looking inside the black box. Paper to be presented at the Summer Conference 2010. June 16－18, 2010.

［148］Maurizio Zollo, Harbir Singh. Deliberate learning in corporate acquisition: Post-acquisition strategic and integration capability in U. S. bank mergers. Strategic Management Journal. ［J］25: 1233－1256（2004）.

［149］Melissa E. Graebner. Momertum and serendipity: How acquired leaders create value in the integration of technology firms. Strategic Management Journal. ［J］. 25: 751－777（2004）.

［150］Milgrom P, Roberts J. Complementarities and fit strategy, structure, and organizational change in manufacturing. Journal of Accounting & Economics 1995, 19（2－3）: 179－208.

［151］Mitchell, W., J. M. Shaver and B. Yeung. Foreign entrant survival and foreign market share: Canadian companies. experience in United States medical sector markets. ［J］. Strategic Management Journal, 1994. 15（7）, pp. 555－567.

［152］Mo Yamin, Sougand Golesorkhi. Cultural distance and the pattern of equity ownership structure in international joint ventures ［J］. International Business Review. 2010,（19）: 457－467.

［153］Montgomery, C. A., V. A. Wilson, Mergers that last: a predictable pattern? ［J］. Strategic Management Journal, 1986, Vol. 7: pp. 91－96.

［154］Morall K. Managing a merger without losing customers. Bank Marketing 1996, 28: 18－23.

［155］Morgan, R. M., S. D. Hunt. The commitment-trust theory of relationship marketing ［J］. Journal of Marketing. 1994,（58）: 20－38.

［156］Morosini Piero, S. Shane, H. Singh, National cultural distance and cross-border acquisition performance ［J］. Journal of International Business Studies, 1998, Vol. 29: pp. 137－158.

［157］Mowbray, R. The Case against Psychotherapy Registration: A Conservation Issue for the Human Potential Movement, London, Trans Marginal Press.（1995）

［158］Myriam Cloodt, John Hagedoorn, Hans Van Kranenburg. Mergers and acquisitions: Their effect on the innovative performance of companies in high-tech industries. Research Policy. ［J］35（2006）642－654.

［159］Nadler, D. A. and M. L. Tushman. Strategic Organization Design. Scott, Foresman, New York. National Register. International Directory of Corporate Affiliations:

1990 – 1991. Wilmette, IL.

[160] Nonaka. A Dynamic Theory of Organizational Knowledge Creation [J]. Organization Science, 1994, 5 (1), 14 – 37. 103.

[161] Nonaka, L., Takeuchi, H. and Umemoto, K. A theory of organizational knowledge creation. International Journal of Technology Management 1996, 11 (7 – 8): 833 – 845.

[162] Oded Shenkar. Cultural Distance Revisited: Towards a More Rigorous Conceptualization and Measurement of Cultural Differences. [J] Journal of International Business Studies, 2001. Vol. 32, No. 3, pp. 519 – 535.

[163] Odilon Patrick, Lemieux, John C. Banks. High tech M&A – strategic valuation. Management Decision. [J] Vol. 45 No. 9, 2007 pp. 1412 – 1425.

[164] Olie, R. Shades of Culture and Institutions – in International Mergers. Organization Studies 1994, 15 (3): 381 – 405.

[165] Oosterbeek, Hessel, Randolph Sloof, Gijs Van de Kuilen. Cultural differences in ultimatum game experiments: Evidence from a meta – analysis [J]. Experimental Economics. 2004, (7): 171 – 188.

[166] Palich LE, Cardinal LB, Miller CC. Curvilinearity in the diversification – performance linkage: an examination of over three decades of research. Strategic Management Journal 2000, 21 (2): 155 – 174.

[167] Palmatier, R. W., Miao, C. F. and Fang, E. Sales channel integration after mergers and acquisitions: A methodological approach for avoiding common pitfalls. Industrial Marketing Management 2007, 36 (5): 589 – 603.

[168] Park, B. I. and Ghauri, P. N. Key factors affecting acquisition of technological capabilities from foreign acquiring firms by small and medium sized local firms. Journal of World Business 2011, 46 (1): 116 – 125.

[169] Paruchuri, S., Nerkar, A. and Hambrick, D. C. Acquisition integration and productivity losses in the technical core: Disruption of inventors in acquired companies. Organization Science 2006, 17 (5): 545 – 562.

[170] Peng W. M., Making M&A Fly in China [J]. Harvard Business Review, 2006, Vol. 84 Issue 3: pp. 26 – 27.

[171] Perry, J. S., Herd, TJ. Mergers and acquisitions: Reducing M&A risk through improved due diligence, Strategy and Leadership [J]. Strategy & Leadership, 2004, Vol. 32 (2): pp. 12 – 19.

[172] Piergiuseppe Morone and Richard Taylor. Knowledge diffusion dynamics

and network properties of face – to – face interactions [J]. Journal of volutionary economics. 2004. 14: 327 – 351.

[173] Pinches G. E, K. A. Mingo, J. K. Caruthers, The stability of financial patterns in industrial organizations [J]. The journal of finance, 1973, Vol. 28: pp. 389 – 396.

[174] Ping Deng. Why do Chinese firms tend to acquire strategic assets in international expansion [J]. Journal of World Business. 2009, (44): 74 – 84.

[175] Poole, M. S. and Van de Yen, A. H., Using paradox to build management and organization theories. Academy of Management Review 1989, 14: 562 – 578.

[176] Pothukuchi, V., Damanpour, F., Choi, J., Chen, C. C. and Park, S. H. National and Organizational Culture Differences and International Joint Venture Performance. Journal of International Business Studies (2002) 33 (2): 243 – 265.

[177] Pressey, A. D., D. Salassie. Are cultural differences overrated? Examining the influence of national culture [J]. Journal of Consumer Behavior. 2003, (2): 354 – 374.

[178] Puranam, P. and K. Srikanth. What they know vs. what they do: How acquirers leverage technology acquisitions. Strategic Management Journal, 2007. Vol. 28, No. 8, pp. 805 – 825.

[179] Puranam, P. and Srikanth, K. What they know vs. what they do: How acquirers leverage technology acquisitions. Strategic Management Journal 2007, 28 (8): 805 – 825.

[180] Puranam, P. H. Singh, M. Zollo. A bird in the hand or two in the bush? Integration trade – offs in technology – grafting acquisitions. European Management Journal, 2003. Vol. 21, No. 2, pp. 179 – 184.

[181] Puranam, P. H. Singh, S. Chaudhuri, Integrating Acquired Capabilities: When Structural Integration Is (Un) necessary, Organization Science, 2009, Vol. 20, No. 2, pp. 313 – 328.

[182] Puranam, P. The Management and Performance of Technology Grafting Acquisitions. Work in Progress. First Draft Nov 1, 2000/This draft Feb. 1, 2001.

[183] Puranam, P.; H. Singh; M. Zollo. Organizing for innovation: Managing the coordination – autonomy dilemma in technology acquisitions, Academy of Management Journal, 2006. Vol. 49, No. 2, pp. 263 – 280.

[184] Ramaswamy K. The performance impact of strategic similarity in horizontal mergers: evidence from the U. S. banking industry. Academy of Management Journal

1997, 40: 697 - 715.

[185] Ranft, A. L. and Lord, M. D. Acquiring new technologies and capabilities: A grounded model of acquisition implementation. Organization Science 2002, 13 (4): 420 - 441.

[186] Reichheld F, Henske B. The only sure method of recouping merger premiums. Journal of Retail Banking 1991, 8: 9 - 17.

[187] Richard Yu Yuan Hung, Baiyin Yang, Bella Ya - Hui Lien, Gary N. McLean, Yu - Ming Kuo. Dynamic capability: Impact of process alignment and organizational learning culture on performance [J]. Journal of World Business. 2010, (45): 285 - 294.

[188] Riikka M. Sarala. The impact of cultural differences and acculturation factors on post - acquisition conflict [J]. Scandinavian Journal of Management. 2010, (26): 38 - 56.

[189] Rikard Larsson, Sydney Finkelstein. Resource perspectives on mergers and acquisitions: A case survey of synergy realization [J]. Organization Science. 1999, (10): 1 - 26.

[190] Robins J, Wiersema MF. Resource - based approach to the multibusiness firm: empirical analysis of portfolio interrelationships and corporate financial performance. Strategic Management Journal 1995, 16 (4): 177 - 299.

[191] Romanelli, E. and Khessina, O. M. Regional industrial identity: Cluster configurations and economic development. Organization Science 2005, 16 (4): 344 - 358.

[192] Rui, H. C. and Yip, G. S. Foreign acquisitions by Chinese firms: A strategic intent perspective. Journal of World Business 2008, 43 (2): 213 - 226.

[193] Satu Teerikangas, Philippe Very. The culture - performance relationship in M&A: From yes/no to how [J]. British Journal of Management. 2006, (17): 31 - 48.

[194] Satyabhusan Dash, Ed Bruning, Kalyan Ku Guin. Antecedents of long - term buyer - seller relationships [J]. Academy of Marketing Science Review. 2007, (11): 1 - 28.

[195] Schmitz, H., Collective efficiency and increasing returns [J]. Cambridge Journal of Economics, 1999, 23: 465 - 483.

[196] Schweiger DM, DeNisi AS. Communication with employees following a merger: a longitudinal field experiment. Academy of Management Journal 1991, 34: 110 - 135.

[197] Schweiger DM, Goulet PK. Integrating mergers and acquisitions: an international research review. In Advances in Mergers and Acquisitions, Vol. 1, Cooper G, Gregory A (eds). JAI Press: Greenwich, CT; 2000, 61 –91.

[198] Servaes Henri, Marc Zenner, The role of investment bank in acquisitions [J]. The review of financial studies, 1996, Vol. 9: pp. 787 –815.

[199] Shanley, M. T. and Correa, M. E. Agreement between top management teams and expectations for post acquisition performance. Strategic Management Journal 1992, 13 (4): 245 –266.

[200] Shiers, A. F. Branch banking, economic diversity and bank risk. The Quarterly Review of Economics and Finance 2002, 42 (3): 587 –598.

[201] Shimizu K., Michael A., Deepa V. et al., Theoretical foundations of cross –border mergers and acquisitions: A review of current research and recommendations of the future [J]. Journal of International Management, 2004, Vol. 10: pp. 307 –353.

[202] Sitkin and Stickel. The road to hell: The dynamics of distrust in an era of quality. [J]. R. M. Kramer, T. R. Tyler, eds. Trust in organizations. Sage, Thousand Oaks. CA, 1996. 196 –215.

[203] Slangen, A. H. L. National cultural distance and initial foreign acquisition performance: The moderating effect of integration. Journal of World Business 2006, 41 (2): 161 –170.

[204] Steven H. Appelbaum, Jesse Roberts, Barbara T. Shapiro. Cultural strategies in M&As: Investigating ten case studies [J]. Journal of Executive Education. 2009, (8): 33 –58.

[205] Susan Cartwright and Cary L. Cooper. The Role of Culture Compatibility in Successful Organizational Marriage. [J]. The Academy of Management Executive, Vol. 7, No. 2. 1993, pp. 57 –70.

[206] Szulanski, G. Exploring internal stickness: impediments to the transfer of best practice within the firm [J]. Strategic Management Journal, 1996, 17 (Special Issue): 27 –43.

[207] Tajfel H, Turner JC. The social identity theory of intergroup behaviour. In Psychology of Intergroup Relations (2nd edn), Worchel S, Austin WG (eds). 1986.

[208] Tanriverdi, H. and Venkatraman, N. Knowledge relatedness and the performance of multibusiness firms. Strategic Management Journal 2005, 26 (2): 97 – 119.

[209] Taylor Cox, Jr. The Multicultural Organization. [J]. The Executive, 1991. Vol. 5, No. 2 pp. 34 – 47.

[210] Teece, D. J. Economies of scope and the scope of the enterprise. Journal of Economic Behavior & Organization 1980, 1 (3): 223 – 247.

[211] Tichy, G. What do we know about success and failure of mergers? [J]. Journal of Industry, Competition and Trade. 2001, (4): 347 – 394.

[212] Tsang, E. W. K., & Yip, P. S. L. Economic distance and the survival of foreign direct investments [J]. Academy of Management Journal. 2007, (50): 1156 – 1168.

[213] UNCTAD, World Investment Report [R], United Nations Publication, 2000, 2011.

[214] UNCTAD: World Investment Report. Transnational Corporations and the Internationalization of R&D. United Nations, New York and Geneva, 2005.

[215] Urban, D. J. and Pratt, M. D. Perceptions of banking services in the wake of bank mergers: an empirical study. Journal of Services Marketing 2000, 14 (2): 118 – 131.

[216] Valerie Bannert, Hugo Tschirky. Integration planning for technology intensive acquisitions. R&D Management [J] 34, 5, 2004.

[217] Van Knippenberg D, van Leeuwen E. 2003. Organizational identification after a merger: sense of continuity as the key to post – merger identification. In Social Identity Processes in Organizational Contexts, Hogg MA, Terry DJ (eds). Psychology Press: Philadelphia, PA; 249 – 264.

[218] Van Maanen, J. and E. H. Schein. 'Toward a theory of organizational socialization'. In B. M. Staw (ed.), Research in Organizational Behavior, Vol. 1. JAI Press, Greenwich, CT, (1979) pp. 209 – 264.

[219] Very, P., Schweiger, D. M. The acquisition process as a learning process: Evidence from a study of critical problems and solutions in domestic and cross – border deals [J]. Journal of World Business. 2001, (36): 11 – 31.

[220] Volker Bach, Martin Whitehill. The profit factor: how corporate culture affects a joint venture [J]. Strategic Change. 2008, (17): 115 – 132 Walsh JP. 1989. Doing a deal: merger and acquisition negotiations and their impact upon target company top management turnover. Strategic Management Journal 10 (4): 307 – 322.

[221] Walsh, J. P. Doing a deal: Merger and acquisition negotiations and their impact upon target company top management turnover. Strategic Management Journal

1989, 10 (4): 307 - 322.

[222] Wang, Jian - Ye & Blomstrom, Magnus. Foreign investment and technology transfer: A simple model [J]. European Economic Review, 1992, 36 (1): 137 - 155.

[223] Wang, L. and Zajac, E. J. Alliance or acquisition? A dyadic perspective on interfirm resource combinations. Strategic Management Journal 2007, 28 (13): 1291 - 1317.

[224] Weber, Y., Shenkar, O., & Raveh, A. National and corporate acquisitions: An exploratory study [J]. Management Science. 1996, (42): 1215 - 1227.

[225] Wernerfelt B. A resource - based view of the firm. Strategic Management Journal 1984, 5 (2): 171 - 180.

[226] Weston J. F., M&As as adjustment process [J]. Journal of Industry, Competition and Trade, 2002, 43 (3): 56 - 63.

[227] Wilson, David, T. An integrated model of buyer - seller relationship [J]. Journal of the Academy of Marketing Science. 1995, (23): 335 - 345.

[228] Yuan Yi Chen, M. N. Young, Cross - border mergers and acquisitions by Chinese listed companies: A principal - principal perspective [J]. Asia Pacific Journal of Management, 2010, Vol: 27: pp. 523 - 539.

[229] Zhang Lin, Mike W. Peng, Haibin Yang, Sunny Li Sun. How do networks and learning drive M&As? An institutional comparison between China and the United States [J]. Strategic Management Journal. 2009, (30): 1113 - 1132.

[230] Zollo M, Singh H. Deliberate learning in corporate acquisitions: post - acquisition strategies and integration capability in U. S. bank mergers. Strategic Management Journal 2004, 25 (13): 1233 - 1256.

教育部哲学社会科学研究重大课题攻关项目成果出版列表

书　名	首席专家
《马克思主义基础理论若干重大问题研究》	陈先达
《马克思主义理论学科体系建构与建设研究》	张雷声
《马克思主义整体性研究》	逄锦聚
《改革开放以来马克思主义在中国的发展》	顾钰民
《新时期　新探索　新征程 ——当代资本主义国家共产党的理论与实践研究》	聂运麟
《坚持马克思主义在意识形态领域指导地位研究》	陈先达
《当代中国人精神生活研究》	童世骏
《弘扬与培育民族精神研究》	杨叔子
《当代科学哲学的发展趋势》	郭贵春
《服务型政府建设规律研究》	朱光磊
《地方政府改革与深化行政管理体制改革研究》	沈荣华
《面向知识表示与推理的自然语言逻辑》	鞠实儿
《当代宗教冲突与对话研究》	张志刚
《马克思主义文艺理论中国化研究》	朱立元
《历史题材文学创作重大问题研究》	童庆炳
《现代中西高校公共艺术教育比较研究》	曾繁仁
《西方文论中国化与中国文论建设》	王一川
《中华民族音乐文化的国际传播与推广》	王耀华
《楚地出土戰國簡冊〔十四種〕》	陳　偉
《近代中国的知识与制度转型》	桑　兵
《中国抗战在世界反法西斯战争中的历史地位》	胡德坤
《近代以来日本对华认识及其行动选择研究》	杨栋梁
《京津冀都市圈的崛起与中国经济发展》	周立群
《金融市场全球化下的中国监管体系研究》	曹凤岐
《中国市场经济发展研究》	刘　伟
《全球经济调整中的中国经济增长与宏观调控体系研究》	黄　达
《中国特大都市圈与世界制造业中心研究》	李廉水
《中国产业竞争力研究》	赵彦云

书　名	首席专家
《东北老工业基地资源型城市发展可持续产业问题研究》	宋冬林
《转型时期消费需求升级与产业发展研究》	臧旭恒
《中国金融国际化中的风险防范与金融安全研究》	刘锡良
《全球新型金融危机与中国的外汇储备战略》	陈雨露
《中国民营经济制度创新与发展》	李维安
《中国现代服务经济理论与发展战略研究》	陈　宪
《中国转型期的社会风险及公共危机管理研究》	丁烈云
《人文社会科学研究成果评价体系研究》	刘大椿
《中国工业化、城镇化进程中的农村土地问题研究》	曲福田
《东北老工业基地改造与振兴研究》	程　伟
《全面建设小康社会进程中的我国就业发展战略研究》	曾湘泉
《自主创新战略与国际竞争力研究》	吴贵生
《转轨经济中的反行政性垄断与促进竞争政策研究》	于良春
《面向公共服务的电子政务管理体系研究》	孙宝文
《产权理论比较与中国产权制度变革》	黄少安
《中国企业集团成长与重组研究》	蓝海林
《我国资源、环境、人口与经济承载能力研究》	邱　东
《"病有所医"——目标、路径与战略选择》	高建民
《税收对国民收入分配调控作用研究》	郭庆旺
《多党合作与中国共产党执政能力建设研究》	周淑真
《规范收入分配秩序研究》	杨灿明
《中国社会转型中的政府治理模式研究》	娄成武
《中国加入区域经济一体化研究》	黄卫平
《金融体制改革和货币问题研究》	王广谦
《人民币均衡汇率问题研究》	姜波克
《我国土地制度与社会经济协调发展研究》	黄祖辉
《南水北调工程与中部地区经济社会可持续发展研究》	杨云彦
《产业集聚与区域经济协调发展研究》	王　珺
《我国货币政策体系与传导机制研究》	刘　伟
《我国民法典体系问题研究》	王利明
《中国司法制度的基础理论问题研究》	陈光中
《多元化纠纷解决机制与和谐社会的构建》	范　愉
《中国和平发展的重大前沿国际法律问题研究》	曾令良
《中国法制现代化的理论与实践》	徐显明
《农村土地问题立法研究》	陈小君

书　名	首席专家
《知识产权制度变革与发展研究》	吴汉东
《中国能源安全若干法律与政策问题研究》	黄　进
《城乡统筹视角下我国城乡双向商贸流通体系研究》	任保平
《产权强度、土地流转与农民权益保护》	罗必良
《矿产资源有偿使用制度与生态补偿机制》	李国平
《巨灾风险管理制度创新研究》	卓　志
《国有资产法律保护机制研究》	李曙光
《中国与全球油气资源重点区域合作研究》	王　震
《可持续发展的中国新型农村社会养老保险制度研究》	邓大松
《农民工权益保护理论与实践研究》	刘林平
《大学生就业创业教育研究》	杨晓慧
《新能源与可再生能源法律与政策研究》	李艳芳
《中国海外投资的风险防范与管控体系研究》	陈菲琼
《生活质量的指标构建与现状评价》	周长城
《中国公民人文素质研究》	石亚军
《城市化进程中的重大社会问题及其对策研究》	李　强
《中国农村与农民问题前沿研究》	徐　勇
《西部开发中的人口流动与族际交往研究》	马　戎
《现代农业发展战略研究》	周应恒
《综合交通运输体系研究——认知与建构》	荣朝和
《中国独生子女问题研究》	风笑天
《我国粮食安全保障体系研究》	胡小平
《城市新移民问题及其对策研究》	周大鸣
《新农村建设与城镇化推进中农村教育布局调整研究》	史宁中
《农村公共产品供给与农村和谐社会建设》	王国华
《中国大城市户籍制度改革研究》	彭希哲
《国家惠农政策的成效评价与完善研究》	邓大才
《中国边疆治理研究》	周　平
《边疆多民族地区构建社会主义和谐社会研究》	张先亮
《新疆民族文化、民族心理与社会长治久安》	高静文
《中国大众媒介的传播效果与公信力研究》	喻国明
《媒介素养：理念、认知、参与》	陆　晔
《创新型国家的知识信息服务体系研究》	胡昌平
《数字信息资源规划、管理与利用研究》	马费成
《新闻传媒发展与建构和谐社会关系研究》	罗以澄
《数字传播技术与媒体产业发展研究》	黄升民

书 名	首席专家
《互联网等新媒体对社会舆论影响与利用研究》	谢新洲
《网络舆论监测与安全研究》	黄永林
《中国文化产业发展战略论》	胡惠林
《教育投入、资源配置与人力资本收益》	闵维方
《创新人才与教育创新研究》	林崇德
《中国农村教育发展指标体系研究》	袁桂林
《高校思想政治理论课程建设研究》	顾海良
《网络思想政治教育研究》	张再兴
《高校招生考试制度改革研究》	刘海峰
《基础教育改革与中国教育学理论重建研究》	叶 澜
《公共财政框架下公共教育财政制度研究》	王善迈
《农民工子女问题研究》	袁振国
《当代大学生诚信制度建设及加强大学生思想政治工作研究》	黄蓉生
《从失衡走向平衡：素质教育课程评价体系研究》	钟启泉　崔允漷
《构建城乡一体化的教育体制机制研究》	李 玲
《高校思想政治理论课教育教学质量监测体系研究》	张耀灿
《处境不利儿童的心理发展现状与教育对策研究》	申继亮
《学习过程与机制研究》	莫 雷
《青少年心理健康素质调查研究》	沈德立
《灾后中小学生心理疏导研究》	林崇德
《民族地区教育优先发展研究》	张诗亚
《WTO主要成员贸易政策体系与对策研究》	张汉林
《中国和平发展的国际环境分析》	叶自成
《冷战时期美国重大外交政策案例研究》	沈志华
《我国的地缘政治及其战略研究》	倪世雄
*《中国政治文明与宪法建设》	谢庆奎
*《非传统安全合作与中俄关系》	冯绍雷
*《中国的中亚区域经济与能源合作战略研究》	安尼瓦尔·阿木提
……	

* 为即将出版图书